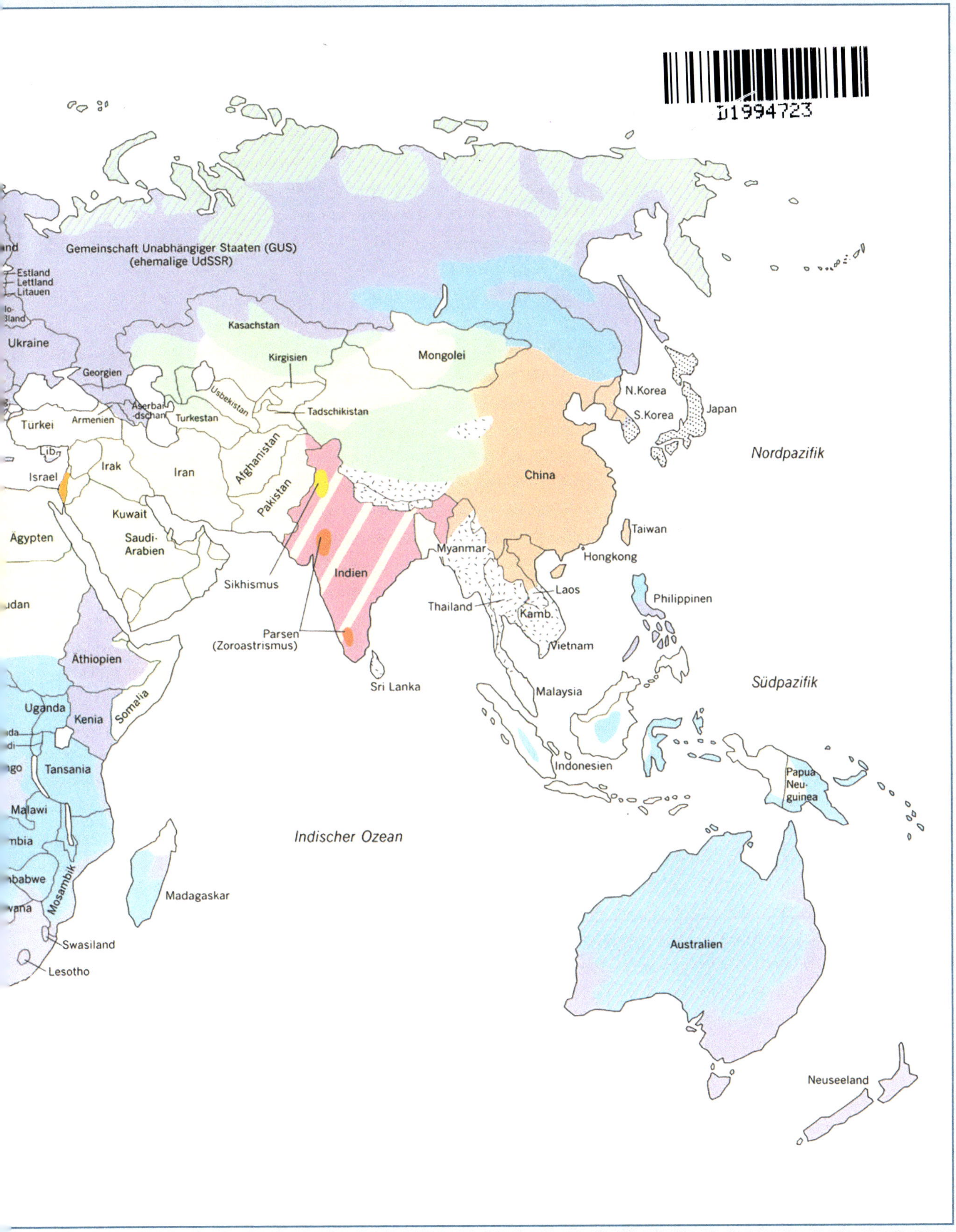
Gemeinschaft Unabhängiger Staaten (GUS)
(ehemalige UdSSR)
Estland
Lettland
Litauen
Ukraine
Kasachstan
Kirgisien
Mongolei
Georgien
Usbekistan
Aserbaidschan
Turkestan
Tadschikistan
N.Korea
S.Korea
Japan
Türkei
Armenien
Israel
Irak
Iran
Afghanistan
Pakistan
China
Nordpazifik
Kuwait
Ägypten
Saudi-Arabien
Taiwan
Hongkong
Myanmar
Indien
Sikhismus
Laos
Thailand
Philippinen
Kamb.
Parsen
(Zoroastrismus)
Vietnam
Äthiopien
Sri Lanka
Malaysia
Südpazifik
Uganda
Kenia
Somalia
Tansania
Indonesien
Papua Neuguinea
Malawi
Indischer Ozean
Mosambik
Madagaskar
Australien
Swasiland
Lesotho
Neuseeland

Religionsbuch
Oberstufe

Herausgegeben von Prof. Dr. Ulrike Baumann
Prof. Dr. Friedrich Schweitzer

Erarbeitet von Prof. Dr. Ulrike Baumann
Bernhard Böttge
Dr. Harmjan Dam
Udo Marenbach
Hans Jürgen Rundnagel †
Prof. Dr. Friedrich Schweitzer
Dr. Tobias Ziegler

Cornelsen

Redaktion: Peter Süß, Heidelberg
Bildassistenz: Svea Schade
Umschlaggestaltung: Ulrike Kuhr und Josephine Wolff, Berlin, unter Verwendung einer Darstellung der Taufe Jesu (Ausschnitt aus einer Glasmalerei in einer katholischen Kirche in Dublin)
Grafik: Arnold & Domnick, Leipzig
Layout und technische Umsetzung: Arnold & Domnick, Leipzig

www.cornelsen.de

1. Auflage, 3. Druck 2020

Alle Drucke dieser Auflage sind inhaltlich unverändert und können im Unterricht nebeneinander verwendet werden.

Druck und Bindung: Livonia Print, Riga

ISBN 978-3-06-120206-4 (Schülerbuch)
ISBN 978-3-06-065323-2 (E-Book)

PEFC
PEFC/12-31-006

PEFC zertifiziert
Dieses Produkt stammt aus nachhaltig bewirtschafteten Wäldern und kontrollierten Quellen.

www.pefc.de

Inhalt

Religion – Vertrauen in das Unverfügbare

Bernhard Böttge, Friedrich Schweitzer

Wenn Sie das Kapitel bearbeitet haben, können Sie

- exemplarische gesellschaftliche Fragestellungen darlegen, die sich bei der Ausübung verschiedener Religionen ergeben, und dazu eine inhaltliche Position formulieren;
- erfahrungsbezogene Aspekte und Hintergründe von Religiosität darstellen und in ihrer Bedeutung interpretieren;
- wichtige Phasen der Religionsgeschichte überschauen und in ihrer Aktualität und Bedeutung für die biblische Religion darstellen;
- Grunderfahrungen mit dem „Ganz-Anderen" in Judentum, Christentum, Islam und Buddhismus in Unterschieden und Gemeinsamkeiten darlegen;
- die Heilsfrage als zentralen Inhalt der Religionen darstellen sowie die unterschiedlichen Wege zum Heil entfalten und vergleichen;
- Religion und Religionen aus der Perspektive unterschiedlicher wissenschaftlicher Konzepte analysieren und zueinander in Beziehung setzen;
- Wahrheitsanspruch und Pluralismus der Religionen darstellen sowie Wege zu Friedensfähigkeit und Dialog unter den Religionen aufzeigen.

Wir und die Wirklichkeit

Udo Marenbach

Wenn Sie das Kapitel bearbeitet haben, können Sie

- Grundpositionen zum Verhältnis zwischen Mensch und Außenwelt klären und vergleichen;
- Hypothesen zur Entstehung von Erkenntnis gewinnen und überprüfen;
- den Wahrheitsanspruch „Inneren Sehens“ in Mythologie und Religion verstehen und beschreiben;
- die Bedeutung „Inneren Sehens“ für das eigene Leben abschätzen;
- grundlegende Regeln wissenschaftlichen Arbeitens verstehen und anwenden;
- Geltungsanspruch und -bereich wissenschaftlicher Ergebnisse anhand von Beispielen erläutern;
- unterschiedliche Positionen zum Verhältnis von Schöpfungsglauben und Evolutionstheorie vergleichen und einen eigenen Standpunkt begründen;
- den eigenen Standpunkt in der Frage nach der Wirklichkeit verorten und reflektieren.

Die Bibel verstehen

Bernhard Böttge

Wenn Sie das Kapitel bearbeitet haben, können Sie

- Wirkungen biblischer Traditionen in heutigen Zusammenhängen von Alltag und Kultur identifizieren und beschreiben;
- Grundfragerichtungen von Auslegung und Verständnis biblischer Texte darstellen, an Beispielen erläutern und in ihrer bleibenden Bedeutung darlegen;
- wichtige Stationen der Bibelauslegung in der Geschichte wiedergeben und in ihrer Bedeutsamkeit für ein heutiges Bibelverständnis einschätzen;
- Grundelemente gegenwärtiger Methoden der Bibelexegese darstellen und an Textbeispielen anwenden; ➜

- den speziellen Charakter der biblischen Sprache und ihr Wirklichkeitsverständnis gegenüber heutigen Vorstellungen beschreiben;
- die zweifache Funktion der Bibel als Buch der Kirche(n) und kritisches Potenzial gegenüber dem Bestehenden erläutern und nachvollziehen;
- die Bedeutsamkeit der Bibel als heilige Schrift darstellen und mit dem Koran vergleichen.

Gott als Geheimnis

Ulrike Baumann

Wenn Sie das Kapitel bearbeitet haben, können Sie

- unterschiedliche Aspekte der Gottesfrage erkennen
- Positionen zur Gottesfrage verstehen und dazu Stellung nehmen;
- die Tragfähigkeit theologischer Antworten auf den Atheismus prüfen;
- Zugänge zur Gotteserkenntnis unterscheiden und diskutieren;
- die Relevanz biblischer Gottesbilder für die Gegenwart beurteilen; ➜

- den Glauben an die Trinität Gottes deuten;
- diesen Glauben mit Gottesvorstellungen anderer Religionen vergleichen;
- zum Verhältnis von Gott und dem Leid in der Welt Position beziehen;
- eigenen Antworten auf die Gottesfrage kreativ Ausdruck verleihen.

Wer ist Jesus für uns heute?

Hans Jürgen Rundnagel, Tobias Ziegler

Wenn Sie das Kapitel bearbeitet haben, können Sie

- die persönliche Sicht und Bedeutung Jesu artikulieren;
- die Unterscheidung historischer Jesus – verkündigter Christus erklären;
- Bilder von Jesus Christus beschreiben und interpretieren;
- Jesu Botschaft vom Reich Gottes anhand von Gleichnissen entfalten;
- unterschiedliche Deutungsansätze der Wunder Jesu kritisch darstellen;
- die Bedeutung von Jesu Tod und Auferstehung erläutern und dazu Stellung nehmen;
- die Sicht Jesu in anderen Religionen mit der christlichen vergleichen.

Was ist der Mensch?

Ulrike Baumann, Harmjan Dam

Wenn Sie das Kapitel bearbeitet haben, können Sie

- eigene Erfahrungen des Menschseins und der Sinnsuche reflektieren;
- Menschenbilder aus dem Bereich verschiedener Wissenschaften darstellen und bewerten;
- die biblischen Vorstellungen von der Geschöpflichkeit und Gottebenbildlichkeit des Menschen erläutern;
- daraus folgende Begründungen für die Würde des Menschen verstehen;
- vor dem Hintergrund der Begrenztheit des Menschen den gedanklichen Gehalt der Rechtfertigungslehre erklären;
- unterschiedliche Vorstellungen von Freiheit und Determination kritisch reflektieren sowie mögliche Konsequenzen für die Lebenspraxis aufzeigen;
- Gestaltungsaufgaben erkennen, die sich für das Zusammenleben der Geschlechter heute stellen, und Perspektiven für Ihr eigenes Leben entwickeln; ➜

- Vorstellungen vom Tod und einem Leben danach mit ihrer Bedeutung für die Wahrnehmung dieser Welt beschreiben und mit biblischen Hoffnungsbildern vergleichen;
- für die Diskussion der Frage nach dem Menschen unterschiedliche Kommunikationsformen verwenden.

Umstrittene Kirche

Harmjan Dam

Wenn Sie das Kapitel bearbeitet haben, können Sie

- die unterschiedlichen Wahrnehmungen von Kirche und ihre Erfahrungen artikulieren;
- sich mit der Notwendigkeit und Ambivalenz der Kirche als Großinstitution auseinandersetzen;
- die vielfältige Gestalt von Kirche, ihr Wesen und ihre Aufgaben reflektieren;
- die Kirche mit Gemeinschaftsformen in anderen Religionen, insbesondere dem Islam, vergleichen;
- das Verhältnis von Religion und Gesellschaft in unterschiedlichen historischen Gestalten bewerten;
- das partnerschaftliche Miteinander von Kirche und Staat in der Bundesrepublik Deutschland kritisch würdigen.

Werte und Normen für Mensch, Gesellschaft und globale Welt

Friedrich Schweitzer

Wenn Sie das Kapitel bearbeitet haben, können Sie

- ethische Problemstellungen wahrnehmen;
- die Notwendigkeit von Werten und Normen darstellen;
- Grundformen der Ethik beschreiben;
- sich ein ethisches Urteil bilden;
- Grundbegriffe der Ethik – wie zum Beispiel Gewissen und Schuld – erläutern;
- gesellschaftliche Situationen unter dem Aspekt der Gerechtigkeit beurteilen;
- die Begründung von Normen und Werten überprüfen;
- aktuelle Probleme von Wirtschaft und Ökologie, Bioethik und Globalisierung unter ethischen Gesichtspunkten diskutieren.

Anhang

Religion – Vertrauen in das Unverfügbare

1 *Beschreiben und interpretieren Sie die symbolischen Elemente, die das Bild ausmachen.*

2 *Erarbeiten Sie in Kleingruppengesprächen mögliche Aussagen des Bildes und setzen Sie diese mit dem Thema des Kapitels in Beziehung.*

Religionen – weltweit

Religionen sind ein weltweites Phänomen. Sie prägen das Denken und Verhalten der Menschen und sind ein wichtiger Faktor der unterschiedlichen Kulturen in allen Ländern der Erde – selbst da, wo gegenüber früheren Jahrhunderten ihre Bedeutsamkeit weniger hoch eingeschätzt wird. Über die Anzahl der Menschen, die einer bestimmten Religion angehören, gibt es im weltweiten Maßstab nur Schätzungen. Sie zeigen aber langfristige Tendenzen und Veränderungen in den Religionszugehörigkeiten.

M1 Zur Situation der Religionen

Gläubige in Prozent der Weltbevölkerung 2007

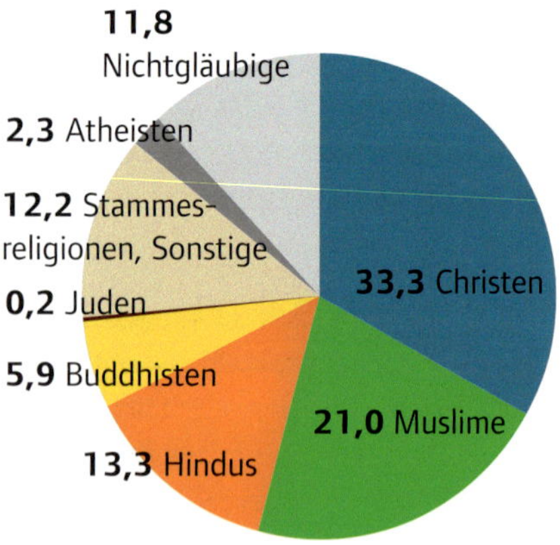

Christen und Muslime in Prozent der Weltbevölkerung

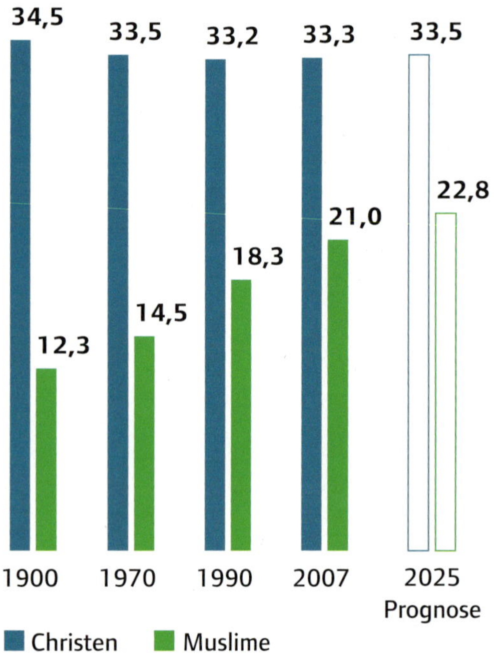

Im Blick auf die Religionszugehörigkeit ist es von Bedeutung, wie intensiv die Bindung der Menschen an die jeweilige Religion und ihre Ausübung ist. Mit einer Untersuchung in 21 Ländern haben Forscher daher ein „Religiositätsprofil" erarbeitet, in dem sich die Befragten der Kategorie „religiös" oder „hochreligiös" zuordnen sollten. Das prozentuale Ergebnis dieser Befragung ist in folgender Grafik zusammengestellt. Der Anteil der Nichtreligiösen ergibt sich jeweils aus der Differenz zu 100.

Intensität der Religionsausübung

M2

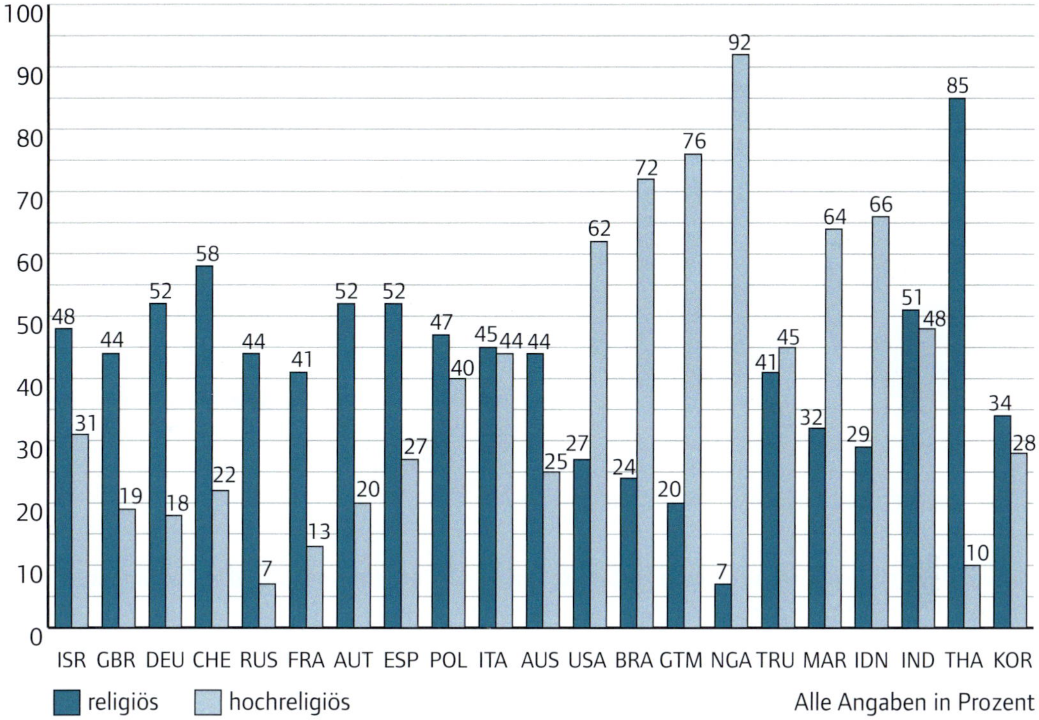

AUS	Australien	**ESP**	Spanien	**IND**	Indien	**POL**	Polen
AUT	Österreich	**FRA**	Frankreich	**ISR**	Israel	**RUS**	Russland
BRA	Brasilien	**GBR**	Großbritannien	**ITA**	Italien	**THA**	Thailand
CHE	Schweiz	**GTM**	Guatemala	**KOR**	Südkorea	**TUR**	Türkei
DEU	Deutschland	**IDN**	Indonesien	**MAR**	Marokko	**USA**	Vereinigte Staaten von Amerika
				NGA	Nigeria		

1 *Identifizieren Sie die 21 Länder auf der Weltkarte der Religionen (Umschlagseite innen). Stellen Sie das entsprechende Religiositätsprofil fest und vergleichen Sie es mit Ihren Erwartungen.*

2 *Diskutieren Sie mögliche Zusammenhänge zwischen der politischen Situation im Land, der mehrheitlich vertretenen Religion und dem Anteil von „religiös“ und „hochreligiös“.*

3 *Sammeln und diskutieren Sie mögliche Ursachen für den Zuwachs des Islam.*

Die religiöse Situation in Deutschland

Durch die Globalisierung auf wirtschaftlichem, touristischem und kommunikativem Gebiet sowie durch Migrationsbewegungen aus politischen und ökonomischen Gründen kommt es in allen Ländern verstärkt zu Begegnungen der unterschiedlichen religiösen Kulturen – so auch in Deutschland. Auch wenn hier der Anteil von Menschen mit nichtchristlicher Religionszugehörigkeit mit insgesamt ca. 5 Millionen gegenüber der Gesamtbevölkerung von 82 Millionen noch immer recht gering ist, gibt es doch bestimmte Bereiche – beispielsweise in Großstädten –, in denen ausländische und damit meist auch andersreligiöse Menschen fast eine Mehrheit bilden. Dabei stoßen in der Regel Muslime auf die größte Aufmerksamkeit und zugleich auf die meisten Vorbehalte; sie stellen neben dem Christentum die weitaus größte Religionsgruppe in Deutschland dar.

M3 Religionszugehörigkeit in Deutschland

Zugehörigkeit zu einer Religionsgemeinschaft – West- und Ostdeutschland

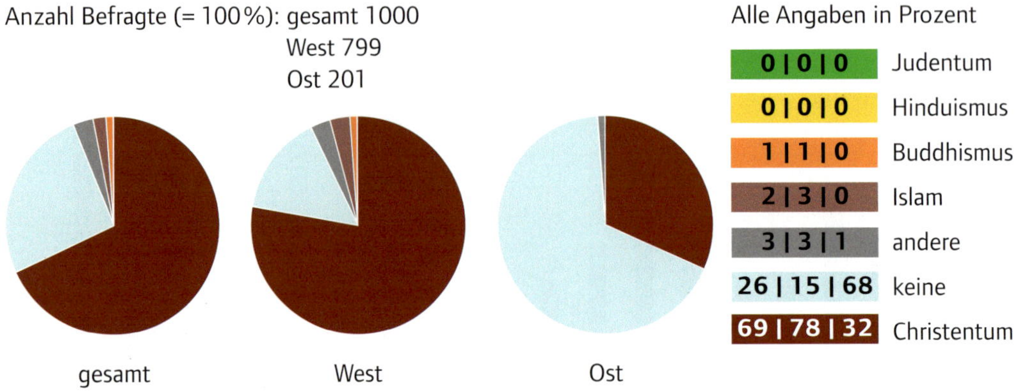

1 *Interpretieren und diskutieren Sie die Zahlen in M3.*

Motiviert durch religiöse, aber auch kulturelle Prägungen ergeben sich für das Zusammenleben in einem säkularen Staat gerade für Muslime Probleme. Aber auch für Juden kann das Leben in Deutschland bei aller offiziellen Anerkennung mit Komplikationen verbunden sein: Kaum eine der wiedereröffneten Synagogen kommt ohne regelmäßigen Polizeischutz aus, nicht selten gibt es Übergriffe nicht nur auf muslimische, sondern auch auf jüdische Menschen. Der religiöse Brauch der Beschneidung, für beide von zentraler Bedeutung, ist durch ein deutsches Gericht als Körperverletzung definiert worden (↗ S. 52 f.).

M4 Religionen – Konfliktpotenzial?

1 *Wie beurteilen Sie es, durch äußere Zeichen (Kleidung usw.) religiöse Besonderheit sichtbar zu machen?*

2 *Beide Frauen sind ausgebildete Lehrerinnen. Sollten sie in dieser Kleidung in den Unterricht gehen? Was spricht dagegen, was spricht dafür?*

Religiöse Konflikte mit dem säkularen Staat

M5

Hamburg schließt Vertrag mit islamischen Verbänden

Scholz: Eine Selbstverständlichkeit / Muslimische Feiertage wie kirchliche behandeln

F.P. HAMBURG, 14. August. Nach fünf Jahren sind die Verhandlungen zwischen der Stadt Hamburg und drei islamischen Verbänden sowie der Alevitischen Gemeinde in Deutschland über einen gemeinsamen Vertrag erfolgreich abgeschlossen worden. Danach sollen an staatlichen Schulen künftig auch muslimische Lehrer das Fach Religion unterrichten dürfen. Der Hamburger Religionsunterricht ist überkonfessionell angelegt, wird aber von der evangelische Kirche verantwortet. Das soll so bleiben, allerdings unter Einbeziehung muslimischer Lehrer.

Der Vertrag sieht außerdem vor, dass einige muslimische Feiertage (das Opferfest, Ramadan und Aschura) künftig in Hamburg wie kirchliche Feiertage behandelt werden.

Schulschwimmen ist Pflicht

Kassel. Eine Muslima ist vor Gericht mit der Forderung gescheitert, vom gemischten Schwimmunterricht befreit zu werden. Der Verwaltungsgerichtshof wies am Freitag die Berufung der Schülerin ab. Sie hatte feststellen lassen wollen, dass sie im abgelaufenen Schuljahr zu Unrecht nicht vom Schulschwimmen befreit worden war. Das Tragen eines Burkinis sei möglich gewesen.

CDU für straffreie Beschneidungen – Solange rituelle Beschneidungen von Jungen medizinisch sachgerecht ausgeführt werden, sollen sie straffrei bleiben.

1 *Diskutieren Sie diese und andere Konfliktfelder, die für Muslime und Juden im Blick auf das Leben in Deutschland entstehen können.*

2 *Bilden Sie Gruppen zu einzelnen Konfliktfeldern und stellen Sie mögliche Lösungen zusammen.*

3 *Sammeln und diskutieren Sie Informationen über andere Religionsgruppen, ihr Leben und ihre Akzeptanz in Deutschland.*

Viele Menschen in Deutschland, aber auch in Europa insgesamt, begegnen den religiös motivierten Auseinandersetzungen in der Welt mit zunehmender Ablehnung, vor allem, wenn diese Konflikte sich in Gewalt und Terror ausdrücken. Sind die Religionen geradezu ein Hemmnis für die Verständigung verschiedener Menschen untereinander? Würde die Welt friedlicher, wenn es keine Religionen mehr gäbe?

M6 Traum vom Ende der Religionen

Mein Traum ist, dass irgendwann in der Zukunft die Religionen als vergangenes und überholtes Relikt im Geschichtsunterricht behandelt werden und die Schüler sich fragen, wozu ihre Vorfahren dies brauchten und warum deswegen Menschen andere Menschen töteten.

Vera Binnig, Sulz

1 *Nehmen Sie Stellung zu diesem „Traum vom Ende der Religionen".*

2 *Welche Folgen könnte es haben, wenn dieser Traum in Erfüllung ginge?*

Nach Klärungsprozessen, die in der Bundesrepublik Deutschland bis etwa 1980 zurückgehen, wird islamischer Religionsunterricht an Schulen in den Bundesländern schrittweise eingeführt. Er tritt damit neben den etablierten evangelischen oder katholischen Unterricht. Dazu haben sich verschiedene islamische Verbände auf Lehrplanentwürfe verständigt und so eine vergleichbare Funktion wie die Kirchen übernommen.
In Münster wurde ein Zentrum für islamische Theologie gegründet, das von Mouhanad Khorchide geleitet wird und in dem die angehenden islamischen Religionspädagoginnen und -pädagogen ausgebildet werden. Vom WDR wurde er zu den Zielsetzungen dieser Ausbildung befragt.

„Den Islam im europäischen Kontext vermitteln“

M7

Mouhanad Khorchide (1971)*

WDR.de: Welche Inhalte wollen Sie den Studierenden konkret vermitteln?

Khorchide: Zum einen geht es um theologische Inhalte. Wobei ich die Studierenden befähigen will, traditionelle islamische Theologie kritisch zu reflektieren und nicht alles unkritisch zu übernehmen. Zum anderen vermittle ich religionspädagogische Inhalte. Dabei ist es mir wichtig, dass sich die Studierenden nicht als Prediger, sondern als Religionspädagogen definieren. Ausgangspunkt des islamischen Religionsunterrichts sollen nicht Dogmen, sondern die Schüler mit ihren Bedürfnissen sein. Es geht darum, die Religion mit der Lebenswirklichkeit der Schüler zu verbinden. Ich will meinen Studierenden den Islam im europäischen Kontext vermitteln.

WDR.de: Welches Islamverständnis lehren Sie?

Khorchide: Meine Studierenden sollen den Islam nicht als Gesetzesreligion verstehen. Es geht nicht um Restriktionen, also nicht um die Vermittlung von Erlaubtem und Verbotenem. Im Islam geht es vielmehr um den Menschen und sein Wohl. Ich bezeichne meine Lehre daher als humanistische Auslegung des Islam. Es geht darum, die Liebe Gottes zu erfahren und sie im Umgang mit seinen Mitmenschen auszudrücken. Der Islam bietet einen Weg zu einem schönen, aufrichtigen und verantwortungsvollen Leben im Diesseits. Aber dieser Weg ist nur einer unter vielen. Er ist nicht besser, aber auch nicht schlechter als andere Wege anderer Weltanschauungen. (2010)

1 *Stellen Sie die wichtigsten Aussagen von Khorchides Islam-Interpretation zusammen.*

2 *Führen Sie auf diesem Hintergrund ein Interview mit Ihrem Religionslehrer. Befragen Sie ihn nach vergleichbaren Anliegen und Zielsetzungen, aber auch nach Unterschieden.*

Angehörige anderer Religionen erscheinen oft in ihrer Religiosität entschiedener als viele Christen, von denen zudem Tausende pro Jahr aus der Kirche austreten (S. 282, 303 f.), sodass bei einigen die Sorge wächst, die christlichen Kirchen könnten langfristig zugunsten islamischer Gemeinschaften an Bedeutung für die Gesellschaft verlieren. Zugleich wird immer wieder geltend gemacht, dass die Veränderungen, die in der Bindekraft der großen Organisationen (nicht nur der Kirchen) zu beobachten sind, einen Mentalitätswandel anzeigen und Veränderungen in der Religiosität der Menschen andeuten, die auch vor dem Islam auf Dauer nicht haltmachen würden.

Schwindet die Bedeutung der christlichen Kirchen?

M8

Karl Gabriel (1943)*

[...] wie andere Großorganisationen gelten sie (die Kirchen) seit längerem als typische Verlierer der gesellschaftlichen Modernisierung: Sie sehen sich [...] mit stetigen Austritten konfrontiert, ihre Mitgliederschaft hat eine deutliche Tendenz zur Überalterung, der regelmäßige Gottesdienstbesuch ist [...] rückläufig [....] und die Zustimmung zu ihren zentralen Glaubenssätzen und Normvorschriften ist gesunken.

Auf der anderen Seite [...] (hat) eine große Mehrheit der Bevölkerung [...] an der Mitgliedschaft festgehalten, die Kirchen verantworten Sonntag für Sonntag, besonders aber bei Großveranstaltungen wie Kirchentagen und Papstbesuchen, die öffentlichen Veranstaltungen mit den höchsten Teilnahmezahlen in der Republik; erkennbaren Einfluss haben sie nach wie vor auf Gesellschaft und Politik, besonders im Bereich sozialer Dienste, Schule, entwicklungspolitischer Verantwortung und Grenzfragen der medizinischen Ethik [...]. (2009)

M9 Kirchentag: Interesse an Religion in der Gesellschaft

1 *Sammeln Sie Informationen über die Mitgliederzahlen anderer Großorganisationen in Deutschland (z. B. Gewerkschaften, Parteien, Fußballklubs), bestimmen Sie deren prozentualen Anteil an der Gesamtbevölkerung und diskutieren Sie die Ergebnisse.*

2 *Was sagen die hohen Teilnehmerzahlen der Kirchentage über die Bedeutung von Religion für die Menschen aus?*

Analyse der Präsentation von Religionen in den Medien

Für das Bild der Religionen, das in der Öffentlichkeit vorherrscht, ist die Art und Weise, wie Religionen in den Medien präsentiert werden, besonders bedeutsam. Dabei ist an alle möglichen Medien zu denken: Fernsehen, Internet, Zeitungen, Zeitschriften, Bücher usw. Im Folgenden geht es um solche Medien, die wie Nachrichtensendungen, Tageszeitungen oder Info-Websites eine regelmäßige Berichterstattung enthalten. Bei der Analyse sind drei Schritte zu unterscheiden:

1. Datenerhebung

Analysen sollten über einen bestimmten Zeitraum (eine Woche, ein Monat) hinweg durchgeführt werden (Ergebnisse täglich schriftlich festhalten, am besten in ein Erhebungsblatt mit Spalten). Aufschlussreich ist unter Umständen ein Vergleich zwischen den Nachrichtensendungen verschiedener Kanäle (z. B. öffentliche und private) oder zwischen verschiedenen Websites.

Besonders folgende Fragen sind zu beantworten:

- Welche Personen werden gezeigt (Aussehen und persönliche Eindrücke notieren, z. B. Sympathie, Fremdheit, Angst)? Wer wird nicht gezeigt?
- Über welche Inhalte wird berichtet (religiöse oder politische Aussagen usw.)?
- Wie umfangreich sind die einzelnen Darstellungen?
- Welcher Bildhintergrund wird jeweils gewählt?
- Wie ist der akustische Hintergrund (Geräusche, Stimmen, falls Musik: welche Art)?
- Welche Farben herrschen vor und wie wirken sie (z. B. auf Landkarten: Welche Farbe symbolisiert welche Religion)?

2. Auswertung

Damit die Ergebnisse der Analyse nicht vorschnell verallgemeinert werden, müssen Datenerhebung und Auswertung in getrennten Schritten erfolgen. Zunächst werden nun die Einzelfunde zu den oben genannten Fragen zusammengefasst. Dazu kommen weitere Fragen allgemeinerer Art, zum Beispiel:

- Werden Religionen als einheitliche Größen dargestellt oder spielt auch die Vielfalt innerhalb religiöser Gemeinschaften eine Rolle?
- Welche Gefühle werden durch die Präsentation in den Medien vermutlich ausgelöst oder verstärkt?
- Welches Gesamtbild von Religion oder Religionen entsteht durch die jeweilige Berichterstattung?
- Gibt es Unterschiede zwischen den verschiedenen Darstellungen?
- Gibt es Unterschiede bei der Darstellung verschiedener Religionen (Islam, Judentum, Christentum usw.)?
- Wie lassen sich die beobachteten Unterschiede erklären?

3. Präsentation der Ergebnisse

Für die Präsentation gelten auch hier die allgemeinen Anforderungen an Präsentationen. Wichtig ist vor allem, dass die Präsentation nicht allein an der Auswertung ausgerichtet ist, sondern auch an der Zielgruppe.

Was ist – und wie entsteht Religion?

Seit den Anfängen der Menschheitsgeschichte gibt es Religion. Funde aus frühester Zeit belegen religiöse Rituale, Jenseitsglaube, vielleicht auch die Vorstellung einer höchsten Gottheit. Warum gibt es, woher kommt Religion? Liegt ihr Grund in der Seele des Menschen, in seinem Erleben der Wirklichkeit – oder geht Religion auf eine Kraft „von außen" zurück? Kritiker sagen, Religion sei ein veraltetes Verständnis der Wirklichkeit, das durch die Entwicklung der modernen Wissenschaften aussterben werde. Warum ist das bis heute nicht geschehen? Warum entstehen vielmehr auch heute neue Religionen und religiöse Gemeinschaften? Der polnische Philosoph Leszek Kolakowski (1927–2009) hat dazu einmal ironisch formuliert: „Der Mensch ist unheilbar religiös."

M 10 „Es gibt Götter ...": Grunderfahrungen von Religion

Ein berühmter Religionsforscher des 20. Jahrhunderts, Karl Kerenyi (1897–1973), unternahm um 1930 eine Forschungsreise nach Griechenland, um archäologische Spuren der antiken griechischen Religion zu untersuchen. An einem heißen Sommertag war er mit seiner Forschergruppe zu Fuß unterwegs in der Nähe des Heiligtums von Delphi. Als sein Blick über die lichterfüllten Hügel der Umgebung streifte, er die Wärme und einen sanften Windhauch spürte, soll er plötzlich ausgerufen haben: „Ich bin gewiss: Es gibt Götter!" Was hatte den als nüchtern und rational geltenden Wissenschaftler zu einer solchen Äußerung hingerissen?

Bestimmte Momente in unserem Leben können Menschen so wahrnehmen, als gebe es darin eine über das „Normale", „Alltägliche" hinausgehende Botschaft. Wir spüren dabei ein „Zusammenklingen" von Eindrücken, die wir aufnehmen, mit einem inneren Empfinden. Dieses Zusammenklingen hat bei Kerenyi, wie es scheint, zu einem spontanen Verständnis der griechischen Religion geführt: Ihre Vorstellung der Gottheiten sah er wirken in dieser Landschaft, diesem Klima, in der Schönheit der Natur.

Jeder Ort, jede Situation kann solche Erfahrungen des „Zusammenklangs" auslösen. In der römischen Religion wurde dafür der Begriff „genius loci" geprägt. Dabei wird auch spürbar, dass wir ein kleiner Teil eines umfassenden Ganzen sind. In bestimmten Augenblicken können wir eine Wirklichkeit erleben, die größer ist als wir selbst. Solche Erfahrungen beschreibt man in der Religionswissenschaft als „Transzendenz-Erfahrungen" (lat. transcendere = überschreiten; ➚ S. 69).

1 *Erörtern Sie in Kleingruppen, was Menschen „religiös macht", welche Erfahrungen zu religiösen Vorstellungen führen könnten.*

2 *Stellen Sie zusammen, welche Erfahrungen im Text mit „Transzendenz" in Verbindung gebracht werden können.*

Transzendenz und die Erfahrung des Mystischen

M 11

Albert Einstein (1879–1955)

Das Schönste, was wir erleben können, ist das Geheimnisvolle. Es ist das Grundgefühl, das an der Wiege von wahrer Kunst und Wissenschaft steht. Wer es nicht kennt und sich nicht mehr wundern, nicht mehr staunen kann, der ist sozusagen tot und sein Auge erloschen.
Das Erlebnis des Geheimnisvollen – wenn auch mit Furcht gemischt – hat auch die Religion gezeugt. Das Wissen um die Existenz des für uns Undurchdringlichen, der Manifestationen tiefster Vernunft und leuchtendster Schönheit, die unserer Vernunft nur in ihren primitivsten Formen zugänglich sind, dies Wissen und Fühlen macht wahre Religiosität aus; in diesem Sinn und nur in diesem gehöre ich zu den tief religiösen Menschen. (1934)

Ein Mensch ist ein räumlich und zeitlich beschränktes Stück des Ganzen, das wir „Universum" nennen. Er erlebt sich und sein Fühlen als abgegrenzt gegenüber dem Rest, eine optische Täuschung seines Bewusstseins. Das Streben nach Befreiung von dieser Täuschung ist der einzige Gegenstand wirklicher Religion. Nicht das Nähren der Illusion, sondern nur ihre Überwindung gibt uns das erreichbare Maß inneren Friedens. (1950)

Herr, du bist unsere Zuflucht für und für.
Ehe denn die Berge wurden und die Erde
und die Welt geschaffen wurden, bist du,
Gott, von Ewigkeit zu Ewigkeit. (Ps 90,1 f.)

Friedrich Schleiermacher (1768–1834)

[…] was ist natürlicher, als von inniger Ehrfurcht vor dem Ewigen und Unsichtbaren durchdrungen zu werden? Und wenn wir von dannen zurücksehen auf unser Ich, wie es im Vergleich mit ihm ins unendlich Kleine verschwindet: Was kann dem Sterblichen dann näher liegen als wahre, ungekünstelte Demut? Wenn wir in der Anschauung der Welt auch unsere Brüder wahrnehmen, und es uns klar ist, wie jeder von ihnen ohne Unterschied […] gerade dasselbe ist, was wir sind, eine eigene Darstellung der Menschheit: Was ist natürlicher, als sie alle ohne Unterschied mit inniger Liebe und Zuneigung zu umfassen? (1799)

1 *Vergleichen Sie die inhaltlichen Aspekte, die Einstein und Schleiermacher aus ihren Erfahrungen ableiten.*

2 *Beschreiben Sie, worin der Unterschied zwischen religiösen Erfahrungen besteht, die durch die verschiedenen „Medien“ (Natur, Mensch, Wort) ausgelöst werden können.*

3 *Prüfen Sie, ob sich Bezüge zwischen den einzelnen Texten und Bildern herstellen lassen.*

Religion – Grundelement der „Menschwerdung“?

In der paläontologischen* Forschung nimmt man aufgrund von Skelettfunden an, dass erste menschenähnliche Lebewesen in Südafrika lebten. Weitere älteste Funde gibt es u.a. im heutigen Äthiopien und in Asien. Man schätzt das Alter dieser ersten Funde auf zwei bis drei Millionen Jahre. Eine lange Zeit verging, bis sich aus Vorstufen der heutige Mensch, der „homo sapiens sapiens“, entwickelte, den man in den Zeitraum vor rund 500 000 Jahren datiert. Erst aus dieser Zeit stammen erste Werkzeuge und Gefäße, die bei archäologischen Untersuchungen gefunden wurden. Sicherlich begann damit auch eine Fortentwicklung der geistigen Auseinandersetzung mit der Welt, deren erste Spuren in die Zeit von ca. 35 000 v. Chr. zu datieren sind – so auch die ältesten Höhlenmalereien (z. B. in Südfrankreich).

Höhlenzeichnungen in Lascaux und Chauvet

M 12

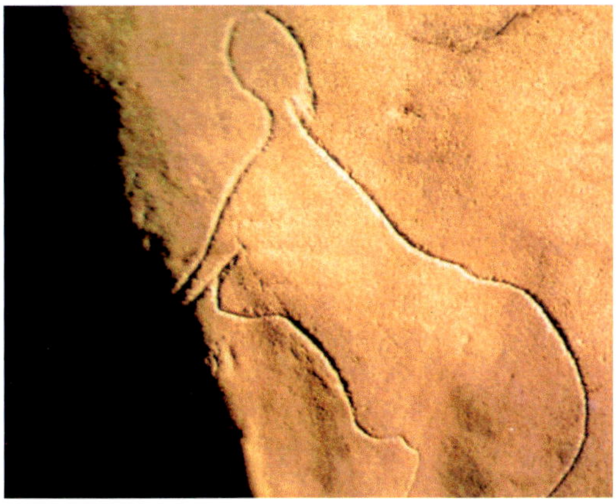

1 *Beschreiben Sie, was Sie in den Zeichnungen wahrnehmen, und versuchen Sie eine Deutung.*

Was diese Zeichnungen für die Menschen damals bedeuteten, kann man nur vermuten – auch im Blick darauf, ob es sich dabei um Ausdrucksformen handelt, die bereits als „religiös" zu bezeichnen wären. Im Zusammenhang mit anderen, zum Teil noch älteren Funden lassen sich jedoch Erfahrungsbereiche beschreiben, die zumindest auf einen religiösen Hintergrund hinweisen.

M 13 Vier Bereiche des Lebens – erste religiöse Zeugnisse

I Leben – Fruchtbarkeit
Frauenstatuetten/Wandzeichnungen von Frauen (Südfrankreich)/die Frau als Quelle des Lebens einer Menschengruppe/Kaurimuscheln als Amulette (Symbol für die „Pforte", aus der das Kind in die Welt kommt)

II Überleben – Nahrungsbeschaffung
Bildmotive (Höhlen) mit Jagdzauber, Jagdriten, aber auch zur Pflanzenwelt/pietätvolle Deponierung von Bärenschädeln in Höhlengräbern (vermutlich als Opfer gedacht, das weiteres Jagdglück ermöglichen sollte)

III Sterben – Tod – Jenseits
Bestattungsbräuche als älteste nachweisbare Zeugnisse von Religion: Beerdigung, Grabbeigaben (z. B. Nahrung, Werkzeuge, Schmuck, roter Ocker – vermutlich als Symbol für das Blut als Lebenskraft)/Vorstellung eines Weiterlebens im Jenseits/Kult der Ahnen und Toten

IV Naturerleben – Erde und Gestirne
Eindrucksvolle Naturerscheinungen lösen religiöse „Reaktionen" aus: Berge, Bäume, Quellen (hier gibt es Bezüge zu II)./Die Sonne wird früh als „Lebensspenderin" erkannt, ebenso der geheimnisvolle Zusammenhang der Mondphasen mit der weiblichen Periode. Planeten und Sternbilder werden wohl erst in einer späteren Kulturstufe wichtig, aber Sonne und Mond werden bereits früh als Grundlagen für die Zeiteinteilung (und später für die Aufstellung eines genauen Kalenders) genutzt.

1 *In diesen vier Bereichen ergeben sich Grunderfahrungen, die mit der Entwicklung religiöser Vorstellungen zusammenhängen. Überlegen Sie, wie man das Phänomen „Religion" und seine Entwicklung auf diesem Hintergrund beschreiben/definieren könnte.*

2 *Inwiefern stellen diese Bereiche zugleich auch „Transzendenz-Erfahrungen" dar?*

Faszination urtümlicher Religiosität

Für die an die „Ur-Religionen" vermutlich anschließende Phase der Primär-, Natur- oder auch Stammesreligionen gibt es sicherere Kenntnisse, denn diese Vorstellungen haben sich in manchen heutigen Gruppen und Stämmen noch erhalten, etwa bei den Tuvas in Zentralasien, den Aborigines in Australien, zum Teil auch bei den Indianern Nord- und Südamerikas. Diese Primärreligionen stoßen heute auf großes Interesse; Elemente daraus finden sich auch im weiten Bereich der heutigen „Esoterik"*.
Vor allem fasziniert ihre „spirituelle" Dimension, die die uns vertraute Trennung von „Geist" und „Materie" aufzuheben scheint und die Grenze zwischen Tod und Leben fließend werden lässt. Das folgende Gedicht des senegalesischen Politikers und Dichters Léopold Sédar Senghor vermittelt dazu einen Eindruck.

Die Toten sind nicht fortgegangen

M 14

Léopold Sédar Senghor (1906–2001)

Die Toten sind nicht
fortgegangen;
sie sind hier in
schwelenden Schatten.
Die Toten sind nicht
unter der Erde;
sie sind in raschelnden
Bäumen,
sie sind im ächzenden
Holz,
sie sind im strömenden
Wasser,
sie sind im ruhenden
Wasser,
sie sind in den Hütten,
sie sind in der Menge
der Leute,
die Toten sind nicht
tot.
Die Toten sind nicht
fortgegangen;
sie sind in der Brust
einer Frau,
sie sind in dem
jammernden Kind
und in den lodernden
Flammen.
Die Toten sind nicht
unter der Erde;
Sie sind im
verlöschenden Feuer,
sie sind in weinenden
Gräsern,
sie sind in wimmernden
Felsen,
sie sind im Wald, sie
sind im Haus,
die Toten sind nicht
tot. (1968)

1 *Stellen Sie zusammen, welche Sicht von Tod und Leben, „Diesseits" und „Jenseits", „Natur" und „Mensch" in diesem Gedicht entfaltet wird.*

Eine besondere „Organisation" oder Struktur gibt es in den frühen Religionen nicht. Aber es gibt Menschen, die als Repräsentanten von spirituellen Kräften gelten. Vor allem die sogenannten Schamanen werden als Mittelsmänner zwischen der physischen und geistigen Welt angesehen. Sie entwickeln besondere Fähigkeiten, die u. a. auch Heilkräfte umfassen. Der indianische Medizinmann John Lame Deer vom Stamm der Sioux hat dem österreichischen Schriftsteller Richard Erdoes sein Leben erzählt und dabei viel über die weisen und heiligen Männer enthüllt, die bei den Sioux-Indianern „wićaśa wakan" heißen.

„Wer die Augen schließt, sieht viele Dinge klarer"

M 15

John Lame Deer (ca. 1903–1976)/Richard Erdoes (1912–2008)

Der *wićaśa wakan* will für sich sein. Er will abseits von der Menge und dem täglichen Kleinkram sein. Er will meditieren, will sich gegen einen Baum oder einen Felsen lehnen, will die Bewegungen der Erde unter sich spüren. Auf diese Weise kann er Dinge herausfinden und Fragen beantworten. Indem er seine Augen schließt, sieht er viele Dinge klarer. Was du mit geschlossenen Augen siehst, das zählt.

Der *wićaśa wakan* liebt die Ruhe, in sie hüllt er sich ein wie in seine Decke – eine laute Stille mit einer Donnerstimme, die ihm vieles erzählt. Ein solcher Mann bevorzugt einen Platz, wo außer dem Summen der Insekten nichts zu hören ist. Er sitzt und blickt nach Westen und bittet um Hilfe. Er spricht zu den Pflanzen, und sie antworten ihm. Er lauscht den Stimmen der *wama káskan* – den Stimmen all derer, die sich auf der Erde bewegen, den Tieren. Er ist eins mit ihnen. Von allen Lebewesen fließt ständig etwas in ihn hinein, und etwas fließt aus ihm zu ihnen. (1979)

1 *Stellen Sie zusammen, was für den „wićaśa wakan" wichtig ist. Vergleichen Sie damit das heutige Lebensgefühl.*

Biblische Religion und „Heidentum"

Eines der wichtigsten Merkmale der biblischen Religion ist der Ein-Gott-Glaube (Monotheismus), der die Natur und ihre Kräfte als von Gott geschaffen ansieht und ihnen damit eine eigene göttliche „Qualität" entzieht. Gott „verbietet" (z. B. im Dekalog, Ex 20,2) seinem Volk, „andere Gottheiten" anzubeten. Auch im Koran besteht ein zentrales Anliegen in der Bekämpfung der verschiedenen Gottheiten, die in den arabischen Völkern zur Zeit Mohammeds verehrt wurden. Gerade die Heftigkeit mancher Aussagen in Bibel und Koran dazu lässt vermuten, dass diese nichtmonotheistischen Vorstellungen weiterhin wirksam blieben. Die christliche Mission Europas hat die vorchristlichen Elemente nicht immer beseitigt, sondern auch bewusst aufgenommen und umgeformt. So gibt Papst Gregor die folgende Anweisung:

M 16 „Die Tempel mit Weihwasser besprengen …"

Papst Gregor I. (Papst von 589 bis 604)

Man besprenge mit Weihwasser die Tempel, man errichte Altäre und lege Reliquien hinein. Denn sind jene Gebäude gut gebaut, so muss man sie von Götzendienst zur wahren Gottesverehrung umschaffen, damit das Volk, wenn es sieht, dass seine Tempel nicht zerstört werden, von Herzen den Irrglauben ablege, den wahren Gott erkenne und so lieber sich an den Stätten versammle, an die es gewöhnt war. (597)

M 17 San Lorenzo in Miranda (Rom)

1 *Mit welchen Argumenten begründet Papst Gregor seine Anweisung, welche Motive stehen dahinter?*

2 *Überlegen Sie, welche Gründe zu diesem „Überbauen" vorchristlicher Stätten geführt haben könnten.*

3 *Deuten Sie M17 als „Sinnbild" für die Praxis der christlichen Mission.*

Vorchristliche, vor allem naturreligiöse Anschauungen haben sich bis heute erhalten und leben zum Teil in der Esoterik fort. Auch die Auffassung von besonderer Ausstrahlung und „Heiligkeit" bestimmter Orte und der Natur insgesamt stößt auf große Zustimmung. Viele Menschen sehen darin eine ursprüngliche, heilsame Religiosität, die von der christlichen Mission zerstört worden sei. Diese Bewegung wird oft mit „Neo-Paganismus" (Neuheidentum) bezeichnet. Dies wird exemplarisch sichtbar an der vorkeltischen Anlage von Stonehenge (Südwestengland, ca. 2500–1500 v. Chr.) und den Ruinen der sogenannten Matronentempel in der Eifel (um 200–400 n. Chr.), bei denen zu bestimmten Zeiten (Sonnenwende, Vollmond) heute wieder religiöse Feiern durchgeführt werden.

Bleibende Wirkung vorchristlicher Kultstätten

M 18

Stonehenge (Südengland), um 2000 v. Chr.

Gallo-römischer Tempel, Weihestein (Nettersheim/Eifel), um 200 n. Chr.

1 *Stellen Sie Motive/Gründe dafür zusammen, dass „heidnische" Religionselemente heute neu faszinieren.*

2 *Kann jemand heute an solchen Festen teilnehmen und sich dennoch als Christ verstehen? Diskutieren Sie diese Frage.*

Naturreligion und Monotheismus

Bedeutet es einen „Rückfall", wenn heute z. B. die keltische Religion, Schamanismus und viele andere „heidnische" Vorstellungen wieder aufleben? Was unterscheidet solche Religionen von Judentum, Christentum, Islam? Gibt es Verbindendes? Der rumänische Religionswissenschaftler Mircea Eliade hat sich zu diesen Fragen geäußert.

M 19 Das Heilige manifestiert sich

Mircea Eliade (1907–1986)

Der Mensch erhält Kenntnis vom Heiligen, weil dieses sich *manifestiert*, weil es sich als etwas vom Profanen völlig Verschiedenes erweist. Diese Manifestation des Heiligen wollen wir hier mit dem Wort *Hierophanie* (aus: griechisch *hieros* = heilig und *phainomai* = sich zeigen) bezeichnen. Dieser Ausdruck ist brauchbar, weil er nichts anderes ausdrückt als das, was seine etymologische Zusammensetzung enthält, nämlich: *dass etwas Heiliges sich uns zeigt*. Man könnte sagen, dass die Geschichte der Religionen – von den primitivsten bis zu den hoch entwickelten – sich aus einer großen Anzahl von Hierophanien, d. h. Manifestationen heiliger Realitäten, zusammensetzt. Von der elementarsten Hierophanie (etwa der Manifestation des Heiligen in irgendeinem Gegenstand, einem Stein oder einem Baum) bis zur höchsten Hierophanie (für einen Christen die Inkarnation Gottes in JESUS CHRISTUS) reicht eine ununterbrochene Kontinuität. Wir stehen immer demselben geheimnisvollen Vorgang gegenüber: Das ‚ganz Andere', eine Realität, die nicht von unserer Welt ist, manifestiert sich in Gegenständen, die integrierende Bestandteile unserer ‚natürlichen', ‚profanen' Welt sind.

Der moderne Abendländer empfindet ein gewisses Unbehagen gegenüber manchen Manifestationsweisen des Heiligen; es fällt ihm schwer zu begreifen, dass für gewisse menschliche Wesen das Heilige sich in Steinen oder in Bäumen manifestieren kann. Wir werden jedoch bald sehen, dass es sich nicht um eine Anbetung *des Steines als solchen* oder um einen Kult *des Baumes als solchen* handelt. Der heilige Stein, der heilige Baum werden nicht als Stein oder als Baum verehrt – sie werden verehrt, weil sie *Hierophanien* sind, weil sie etwas zeigen, was nicht mehr Stein oder Baum ist, sondern *das Heilige*, das ‚ganz Andere'.

Man kann nie genug hervorheben, dass jede Hierophanie – auch die elementarste – ein Paradoxon darstellt. Indem er das Heilige offenbart, wird der Gegenstand zu etwas ‚ganz Anderem' und bleibt doch weiterhin er selbst, denn er hat weiterhin teil an seiner kosmischen Umwelt. Ein *heiliger* Stein bleibt nichtsdestoweniger ein Stein; scheinbar (genauer: von einem profanen Gesichtspunkt aus) unterscheidet ihn nichts von allen anderen Steinen. Für diejenigen aber, denen sich ein Stein als heilig offenbart, wird seine unmittelbare Realität in eine übernatürliche Realität verwandelt. Mit anderen Worten: Für die Menschen, welche ein religiöses Erlebnis haben, kann die ganze Natur sich als kosmische Sakralität offenbaren. Der Kosmos in seiner Ganzheit wird dann zur Hierophanie. (1957)

1 *Wie erklärt Eliade die „Heiligkeit" bestimmter Erfahrungen oder Dinge/Orte?*

2 *Arbeiten Sie Verbindungslinien zu einer Weltreligion wie dem Christentum heraus.*

Ganz anders geht der christliche Theologe Ton Veerkamp vom biblischen Hintergrund her mit diesen Fragen um. In seinem Buch „Die Vernichtung des Baal" (dabei geht es um den Konflikt der israelitischen Religion mit den Kulten der Umgebung) schreibt er:

„Gottnichtse“

M 20

Ton Veerkamp (1933)*

Für die Schrift sind die Götzen nichts als eine bunte Vielfalt von Masken, hinter denen nie ein wirkliches Gesicht ist: „Nicht ist Geistbraus darin, Tand sind sie, ein Gaukelgemächt“, sagt Jeremia (10,15). Mit dem Wort „Gottnichtse“ übersetzt Buber manchmal das Wort élilim (hebr.: Götter, „Götzen“). Gerade diese Nichtigkeit aber macht sie so ungeheuerlich effektiv, denn die Leere kann jede Hoffnung und jede Angst aufnehmen, sie ist wahrhaft allumfassend. Die Masken, die Bilder, die heiligen Hallen und Orte sind nie einfach Projektionen* solcher Hoffnungen und Ängste, sondern sie temperieren das Nichts, damit eine solche Projektion überhaupt möglich wird. Die Masken sind gütig, erhaben, dämonisch; sie sind Raum, sie sind Tierwesen oder Bäume: Immer ist hinter ihnen die Unendlichkeit des Nichts. Der Blick des verängstigten oder hoffenden Menschen heftet sich an die Maske, er erwartet Rettung und Erfüllung von ihr, weil er von nichts anderem mehr Rettung oder Erfüllung erwartet. Genau das bewirkt die Religion. Sie ist letztendlich politische Resignation. Die Hoffnungslosigkeit der Zustände, durch die die Menschen buchstäblich vernichtet werden, lässt sie von nichts auf dieser Welt noch Rettung erwarten. Das bringen sie zum Ausdruck, wenn sie sich vor diesen Masken niederwerfen und sagen: „Rette mich, du bist mein Schutzgott“; der Schutzgott ist das „Nichts an Heil“, die heillose Welt. Das ist absurd [...]. (1983)

1 *Veerkamp spricht von „politischer Resignation“ (Z. 23), die hinter der „heidnischen“ Religion stehe. Prüfen Sie, ob man die heutige Zuwendung zu vorchristlichen religiösen Vorstellungen gegenüber der Politik oder dem praktizierten Christentum ähnlich interpretieren könnte.*

2 *Vergleichen Sie die Aussagen Veerkamps mit denen von Eliade (M19).*

3 *Bilden Sie Gruppen, in denen Sie in einer Pro- und Kontra-Diskussion die Positionen von Eliade und Veerkamp gegenüberstellen.*

Schon Paulus setzte sich mit diesen Fragen auseinander und kam – im Brief an die Römer – zu einem überraschenden Ergebnis.

Wege zur Erkenntnis Gottes

M 21

Röm 1,18–23

[18] Denn Gottes Zorn wird vom Himmel her offenbart über alles gottlose Wesen und alle Ungerechtigkeit der Menschen, die die Wahrheit durch Ungerechtigkeit niederhalten. [19] Denn was man von Gott erkennen kann, ist unter ihnen offenbar; denn Gott hat es ihnen offenbart. [20] Denn Gottes unsichtbares Wesen, das ist seine ewige Kraft und Gottheit, wird seit der Schöpfung der Welt ersehen aus seinen Werken, wenn man sie wahrnimmt, sodass sie keine Entschuldigung haben. [21] Denn obwohl sie von Gott wussten, haben sie ihn nicht als Gott gepriesen noch ihm gedankt, sondern sind dem Nichtigen verfallen in ihren Gedanken, und ihr unverständiges Herz ist verfinstert. [22] Da sie sich für Weise hielten, sind sie zu Narren geworden [23] und haben die Herrlichkeit des unvergänglichen Gottes vertauscht mit einem Bild gleich dem eines vergänglichen Menschen und der Vögel und der vierfüßigen kriechenden Tiere.

1 *Sammeln und diskutieren Sie die Vorwürfe, die Paulus der heidnischen Religiosität macht.*

2 *Beschreiben Sie die Funktion, die Paulus den Dingen der Schöpfung im Blick auf die Erkenntnis Gottes zuweist, und bestimmen Sie das Verhältnis zu seiner Darstellung der heidnischen Religiosität.*

3 *Gestalten Sie eine Podiumsdiskussion zum Thema: Gibt es auf der Grundlage der Position von Paulus eine Möglichkeit, die Positionen von Eliade und Veerkamp zu versöhnen?*

In der Bibel werden die Dinge der Natur als von dem einzigen Gott geschaffen dargestellt und damit „entgöttert". Aber die Erscheinungen der Natur sind als „Zeichen" beschrieben, die auf die Größe Gottes als Schöpfer hinweisen (Gen 1,14; Ps 8 u. a.).
Nach Paulus (Röm 1 und 2) führt die Betrachtung dieser „Zeichen" Gottes in der Natur ebenso zur Erkenntnis Gottes wie der Blick in die Heilige Schrift. In der Theologie wurde immer wieder versucht, das Neue und Besondere des biblischen Glaubens gegenüber den Natur- und vorchristlichen Hochreligionen zu definieren.

M 22

Das Neue des biblischen Glaubens

Eugen Drewermann (1946)*

Der Grundgedanke der alten Hochkulturen lag darin, dass Mensch und Natur miteinander verbunden sind, indem sie die Naturmächte selber anschauten als personifizierte Kräfte. Die Götter der Griechen sind geboren aus vermenschlichten Naturkräften, und bei den Ägyptern sind sie nicht sehr verschieden von dieser Vorstellungsweise. Demgegenüber hat die Bibel eine wirkliche Kulturschwelle überschritten und etwas radikal Neues in die Welt gebracht. Gott sollte nicht identisch sein mit den Kräften der Natur, sondern ganz und gar im Hintergrund der Natur stehen. […]

Der Mensch steht plötzlich auf der Weltenbühne in einer so bislang nie gekannten Verantwortung. […] Und gleichzeitig, so fremd der Mensch der Natur wird, wird Gott unterschieden von jeglicher Natur. Es gibt jetzt nicht mehr viele Götter, sondern in einem langen theologischen Lernprozess, allerdings auch auf dem Boden der Bibel beinahe über 1500 Jahre, um genau zu sein: Bis ins sechste, fünfte vorchristliche Jahrhundert hinein formt sich schließlich die Vorstellung, dass es überhaupt nur einen einzigen Gott gibt als eine einzige machtvolle Person, die der oft ohnmächtigen Person jedes einzelnen Menschen gegenübersteht. Und das Gespräch zwischen diesen beiden, der Dialog zwischen Gott und Mensch, ist der Inhalt, der Hintergrund und die Themenstellung dieser ganzen Frömmigkeit. […]

Alle religiösen Fragen dienen nicht der Erklärung der Welt draußen, sondern der Sinnfindung des Menschen inmitten seines Lebens. Erst wenn sich ein bestimmtes Vertrauen bildet, dass man leben kann und darf und dass es Gründe der Dankbarkeit dafür gibt, beginnt auch die Welt ringsum immer objektiver in dieses Gefühl einbezogen zu werden. Und dann wird aus dem Gott, der am Anfang der Bibel ein bestimmtes Volk beruft und der, ein Stück ausgedehnt davon, die menschliche Geschichte in seine Hände nimmt, der Gott, der auch die Bühne der menschlichen Geschichte als Schöpfer in die Hände nimmt. Mit anderen Worten, der Schöpfungsglaube ist nicht das erste, sondern er ist das letzte Credo der biblischen Erfahrung und Religionsgeschichte. Und mir scheint, dass auch wir existentiell immer wieder denselben Weg gehen müssen, wie ihn die Bibel gegangen ist, denn sonst sind Enttäuschungen aufgrund von Fehlantworten kaum revidierbar. (2001)

1 *Stellen Sie dar, welchen „Weg der Bibel" Drewermann beschreibt.*

2 *Erläutern Sie seine Auffassung, dass dieser Weg von ihren Leserinnen und Lesern „immer wieder" zu gehen sei.*

Religion in der Menschheitsgeschichte

Religion entwickelt sich aus der Erfahrung des Unverfügbaren, der Unverfügbarkeit menschlicher Existenz. Ihr gegenüber sucht und findet Religion Wege und Formen, die Gewissheit und Vertrauen ermöglichen. Der lateinische Begriff *religio* ist in seiner Wortbedeutung unsicher, umfasst aber vor allem die Bedeutung von „Bindung" und „Gewissenhaftigkeit".

Es gibt wohl keine Phase der Menschheitsgeschichte ohne Religion, sodass RELIGION als eine menschliche Grundkonstante erscheint. **Paläontologische* Religionsforschung** versucht, anhand der Funde aus der Frühzeit der Menschheitsgeschichte (z. B. in Grabbeigaben) erste religiöse Elemente zu erschließen. Die **allgemeine Religionswissenschaft** erforscht die historischen und gegenwärtigen Religionen im Zusammenhang mit gesellschaftlich-kulturellen Entwicklungen und Entstehungsbedingungen. Die **Religionspsychologie** untersucht die menschlichen Erfahrungen, die sich in bestimmten religiösen Anschauungen und Ausdrucksformen manifestieren. Die **neurologische Forschung** versucht herauszufinden, welche Prozesse sich im Gehirn eines Menschen bei einer religiösen Handlung (etwa einem Gebet, einer Meditation) vollziehen (Neurotheologie, ➚ M31). Stark vereinfacht lassen sich drei Phasen der Religionsentwicklung unterscheiden, die sich auch gegenseitig überschneiden:

1. Naturreligionen: In den frühen Gesellschaften waren es vor allem die Grunderfahrungen von Leben und Sterben, Naturerscheinungen, Fruchtbarkeit, die die religiöse Vorstellungswelt prägten. Hinter diesen Erscheinungen sahen die Menschen „übersinnliche Kräfte" und „Geister", mit denen man durch bestimmte Riten umzugehen hatte.

2. Hochreligionen: In den beginnenden Stadtkulturen und Staaten nahm die Betroffenheit durch elementare Lebensbedürfnisse und Naturereignisse ab; der Blick richtete sich nun vor allem auf das menschliche Miteinander, auf die soziale Gerechtigkeit und ethische Perspektiven. Diese Phase brachte eine (meist) religiös begründete Gesetzgebung hervor, wie etwa die Zehn Gebote in der Bibel (Beispiele: die antiken Hochreligionen Israels, der Ägypter und der Griechen).

3. Weltreligionen: Auf dem Hintergrund dieser Religionen trat das Individuum hervor, das die Frage nach religiöser Erfahrung, Gott und Heil stellte, oft unabhängig von staatlichen, ethnischen Zusammenhängen und religiösen Organisationen. Dabei kommt es wiederum zu neuen Untergliederungen und Gruppierungen, die eine gemeinsame religiöse Tradition neu oder anders verstehen (z. B. die unterschiedlichen Konfessionen und Kirchen im christlichen Bereich, die Parallelen in fast allen vergleichbaren Weltreligionen finden). Als klassische Weltreligionen gelten Judentum, Hinduismus, Buddhismus, Christentum und Islam.

Durch Begegnung unterschiedlicher Religionen kommt es zu Abgrenzungen, Neu- und Umbildungen von Religionen. Zur Wirklichkeit der meisten Religionen gehört, dass sie öffentlich ausgeübt und „bekannt" werden. Die „Allgemeine Erklärung der Menschenrechte" der UNO von 1948 definiert die Glaubens- und Gewissensfreiheit sowie das Recht auf die öffentliche Ausübung der Religion als grundlegendes Menschenrecht.

Weltreligionen: unterschiedliche Wege zum selben Ziel?

M 23 Ein Gotteshaus angemessen betreten

1 Welche Weltreligionen sind dargestellt? Sind die Familien zum Betreten der unterschiedlichen „heiligen Orte" richtig gekleidet?

2 Diskutieren Sie, wie es zu den unterschiedlichen Vorschriften, wie ein Gotteshaus zu betreten ist, gekommen sein könnte.

Erfahrungen mit dem „Ganz-Anderen"

In der religionsgeschichtlichen Entwicklung liegt die Tendenz, „anthropomorphe"* oder an Dinge der Natur gebundene Gottesvorstellungen hinter sich zu lassen, zugleich aber zu beschreiben, was Gott von den Menschen fordert und/oder was zum Heil dient. Einerseits ist Gott unerkennbar und rätselhaft (der/das „Ganz-Andere"/der verborgene Gott), andererseits begegnet er Menschen und teilt ihnen sein Wort, seinen Willen, mit (der/das „Nicht-Andere"/der offenbare Gott). Der mittelalterliche Theologe Nikolaus von Kues beschreibt in einem fiktiven Dialog zwischen einem Heiden und einem Christen die Unerkennbarkeit, das „Ganz-anders-Sein" Gottes.

Gott – weder nichts noch etwas

M 24

Nikolaus von Kues (1401–1464)

Christ: Ich weiß, dass all das, was ich kenne, nicht Gott, und alles, was ich begrifflich fasse, ihm nicht ähnlich ist.
Heide: So fiele Gott überhaupt nicht unter das, was „ist"?
Christ: So ist es.
Heide: Dann ist er also überhaupt nichts?
Christ: Er ist weder nichts noch etwas; noch ist er nicht, noch ist er und ist er zugleich nicht, sondern er ist Urquell und Quellgrund aller Ursprünge von Sein und Nichtsein.
Heide: Ist Gott nicht die Wahrheit?
Christ: Nein! Er ist vor aller Wahrheit.
Heide: Ist er etwas anderes als die Wahrheit?
Christ: Auch nicht! Er ist unendlich weit über und vor all dem, was von uns als Wahrheit begriffen und benannt wird. (1452)

Judentum, Buddhismus, Christentum und Islam ist gemeinsam, dass Menschen durch eine besondere Erfahrung, „Offenbarung" oder „Erleuchtung" zu dem „Ganz Anderen" in Verbindung treten, das oft als das „Eigentliche", „Wahre" angesehen wird. Diese Erfahrung verändert meist auch konkrete Lebensumstände. Man weiß sich berufen, einen göttlichen Auftrag auszuführen, einen neuen Weg zu gehen oder Einsichten in die „eigentliche" Wahrheit weiterzugeben. Solche Erfahrungen gelten besonders für die Personen, die als „Stifter" einer „neuen" Religion gelten. Judentum, Buddhismus, Christentum und Islam nennt man daher auch „Stifterreligionen"*.

Die Berufung des Mose

M 25

Ex 3,1–14

[1] Mose aber hütete die Schafe Jitros, seines Schwiegervaters, des Priesters in Midian, und trieb die Schafe über die Steppe hinaus und kam an den Berg Gottes, den Horeb.

[2] Und der Engel des HERRN erschien ihm in einer feurigen Flamme aus dem Dornbusch. Und er sah, dass der Busch im Feuer brannte und doch nicht verzehrt wurde.

[3] Da sprach er: Ich will hingehen und die wundersame Erscheinung besehen, warum der Busch nicht verbrennt.

[4] Als aber der HERR sah, dass er hinging, um zu sehen, rief Gott ihn aus dem Busch und sprach: Mose, Mose! Er antwortete: Hier bin ich.

[5] Gott sprach: Tritt nicht herzu, zieh deine Schuhe von deinen Füßen; denn der Ort, darauf du stehst, ist heiliges Land!

[6] Und er sprach weiter: Ich bin der Gott deines Vaters, der Gott Abrahams, der Gott Isaaks und der Gott Jakobs. Und Mose verhüllte sein Angesicht; denn er fürchtete sich, Gott anzuschauen.

[7] Und der HERR sprach: Ich habe das Elend meines Volks in Ägypten gesehen und ihr Geschrei über ihre Bedränger gehört; ich habe ihre Leiden erkannt.

[8] Und ich bin herniedergefahren, dass ich sie errette aus der Ägypter Hand und sie herausführe aus diesem Lande in ein gutes und weites Land, in ein Land, darin Milch und Honig fließt […].

[10] […] so geh nun hin, ich will dich zum Pharao senden, damit du mein Volk, die Israeliten, aus Ägypten führst. […]

[12] Er sprach: Ich will mit dir sein. Und das soll dir das Zeichen sein, dass ich dich gesandt habe: Wenn du mein Volk aus Ägypten geführt hast, werdet ihr Gott opfern auf diesem Berge.

[13] Mose sprach zu Gott: Siehe, wenn ich zu den Israeliten komme und spreche zu ihnen: Der Gott eurer Väter hat mich zu euch gesandt! und sie mir sagen werden: Wie ist sein Name?, was soll ich ihnen sagen?

[14] Gott sprach zu Mose: **Ich werde sein, der ich sein werde.** Und sprach: So sollst du zu den Israeliten sagen: „Ich werde sein", der hat mich zu euch gesandt.

M 26 Die Berufung des Saul/Paulus

Apg 9

1 Saulus aber schnaubte noch mit Drohen und Morden gegen die Jünger des Herrn und ging zum Hohenpriester

2 und bat ihn um Briefe nach Damaskus an die Synagogen, damit er Anhänger des neuen Weges, Männer und Frauen, wenn er sie dort fände, gefesselt nach Jerusalem führe.

3 Als er aber auf dem Wege war und in die Nähe von Damaskus kam, umleuchtete ihn plötzlich ein Licht vom Himmel;

4 und er fiel auf die Erde und hörte eine Stimme, die sprach zu ihm: Saul, Saul, was verfolgst du mich?

5 Er aber sprach: Herr, wer bist du? Der sprach: Ich bin Jesus, den du verfolgst.

6 Steh auf und geh in die Stadt; da wird man dir sagen, was du tun sollst.

7 Die Männer aber, die seine Gefährten waren, standen sprachlos da; denn sie hörten zwar die Stimme, aber sahen niemanden.

8 Paulus aber richtete sich auf von der Erde; und als er seine Augen aufschlug, sah er nichts. Sie nahmen ihn aber bei der Hand und führten ihn nach Damaskus;

9 und er konnte drei Tage nicht sehen und aß nicht und trank nicht.

10 Es war aber ein Jünger in Damaskus mit Namen Hananias; dem erschien der Herr und sprach: Hananias! Und er sprach: Hier bin ich, Herr.

11 Der Herr sprach zu ihm: Steh auf und geh in die Straße, die die Gerade heißt, und frage in dem Haus des Judas nach einem Mann mit Namen Saulus von Tarsus. […]

13 Hananias aber antwortete: Herr, ich habe von vielen gehört über diesen Mann, wie viel Böses er deinen Heiligen in Jerusalem angetan hat;

14 und hier hat er Vollmacht von den Hohenpriestern, alle gefangen zu nehmen, die deinen Namen anrufen.

15 Doch der Herr sprach zu ihm: Geh nur hin; denn dieser ist mein auserwähltes Werkzeug, dass er meinen Namen trage vor Heiden und vor Könige und vor das Volk Israel. […]

17 Und Hananias ging hin und kam in das Haus und legte die Hände auf ihn und sprach: Lieber Bruder Saul, der Herr hat mich gesandt, Jesus, der dir auf dem Wege hierher erschienen ist, dass du wieder sehend und mit dem heiligen Geist erfüllt werdest.

18 Und sogleich fiel es von seinen Augen wie Schuppen, und er wurde wieder sehend; und er stand auf, ließ sich taufen […].

Nach allgemeiner Überzeugung sind die Suren 96,1–5 und 97,1–5 auf die Berufung des Mohammed bezogen. Die Verse 1–5 gelten als die erste koranische Offenbarung. Nach muslimischer Tradition empfing Mohammed sie vom Engel Gabriel im Jahre 620 in der Höhle Hira oberhalb von Mekka. Mit „dem sich Anklammernden" wird der Befruchtungsvorgang, das Einnisten des männlichen Samens im weiblichen Ei umschrieben.

M 27 Die Berufung Mohammeds

Sure 96, 1–5; 97, 1–5

96-DAS SICH ANKLAMMERNDE (al-'Alaq)
Geoffenbart zu Mekka
Im Namen Allahs, des Erbarmers, des Barmherzigen!

1. Lies! Im Namen deines Herrn, Der erschuf –
2. Erschuf den Menschen aus einem sich Anklammernden.
3. Lies! Denn dein Herr ist gütig,
4. Der durch die (Schreib-)Feder gelehrt hat –
5. Den Menschen gelehrt hat, was er nicht wusste.

97-DAS SCHICKSAL (al-Qadr)
Geoffenbart zu Mekka
Im Namen Allahs, des Erbarmers, des Barmherzigen!

1. Wir haben ihn wahrlich in der Nacht des Schicksals herabgesandt.
2. Und was lässt dich wissen, was die Nacht des Schicksals ist?
3. Die Nacht des Schicksals ist besser als tausend Monate.
4. In ihr kommen die Engel und der Geist mit ihres Herrn Erlaubnis herab, mit jeglichem Auftrag.
5. Frieden ist sie bis zum Anbruch der Morgenröte.

1 Arbeiten Sie aus M25, M26 und M27 gemeinsame und unterschiedliche Merkmale des Berufungsgeschehens heraus. Achten Sie dabei besonders auf die Art, wie Mose und Paulus das „Ganz Andere" erfahren und welche Auswirkungen diese Erfahrung jeweils hat.

2 Vergleichen Sie diese Erfahrungen mit den Aussagen in M24.

Nach vielen vergeblichen Versuchen, die Wahrheit zu finden, so wird erzählt, kommt Siddharta Gautama in Uruvela am Fluss Netajara zur Ruhe und versinkt in Kontemplation, in deren Verlauf ihm die Grundwahrheit der Ursachen und der Überwindung des Leidens zuteil wird. Aufgrund der dort gewonnenen Erleuchtung – nun als „Buddha" – formuliert er die „Predigt von Benares", die den Inhalt dieser Erkenntnisse wiedergibt.

Die Erleuchtung des Siddharta Gautama

M 28

Siddharta Gautama (ca. 560–ca. 480 v. Chr.)

Dies, ihr Mönche, ist die edle Wahrheit vom Leiden: Geburt ist *Leiden*, Alter ist Leiden, Krankheit ist Leiden, Sterben ist Leiden; mit Unlieben vereint ist Leiden. Von Lieben getrennt sein ist Leiden. Nicht erlangen, was man begehrt, ist Leiden. Kurz, das Verbundensein an die fünf Objekte des Ergreifens (skandhas) ist Leiden. Dies, ihr Mönche, ist die edle Wahrheit von der *Entstehung des Leidens*: Es ist der die Wiedergeburt erzeugende Durst, begleitet von Wohlgefallen und Begier, der hier und dort seine Freunde findet: nämlich der Durst nach Lust, der Durst nach Werden und Dasein, der Durst nach Vergänglichkeit. Dies, ihr Mönche, ist die edle Wahrheit von der *Aufhebung des Leidens*: Die Aufhebung dieses Durstes durch restlose Vernichtung des Begehrens, ihn fahren lassen, sich seiner entäußern, sich von ihm lösen, ihm keine Stätte gewähren. Dies, ihr Mönche, ist die edle Wahrheit von dem Weg, *der hinführt zur Aufhebung des Leidens*: Es ist dies der edle „achtfache Pfad", der da heißt: rechtes Glauben, rechtes Denken, rechtes Sprechen, rechtes Tun, rechtes Leben, rechtes Streben, rechte Konzentration, rechtes Sichversenken. (um 520 v. Chr.)

1 Beziehen Sie M28 auf die Texte aus Bibel und Koran (M25 bis M27). Worin liegt der Hauptunterschied?

2 Stellen Sie gemeinsame Aspekte zusammen, die die Erfahrung des „Ganz-Anderen" in M25 bis M28 ausmachen.

Wege zum „Heil des Menschen"

Die Frage nach dem Heil ist in allen Religionen zentral – ihre unterschiedlichen Wege und Aussagen lassen sich im Fokus dieser Frage am ehesten in Beziehung setzen. Der Publizist Gerhard Szcesny hat Vertreter des Judentums, des Hinduismus, des Buddhismus, des Islam und des katholischen und evangelischen Christentums gebeten, zu beantworten, wie sich die Heilsfrage in ihrer Religion/Konfession darstellt. Ausgangspunkt für diese Statements war eine für alle gleich lautende Frage: „Worin besteht das Heil des Menschen?"

M 29 Worin besteht das Heil des Menschen?

Gerhard Szcesny (1918–2002)

Worin besteht das „Heil" des Menschen? In der möglichst vollkommenen Ausbildung und Ausschöpfung seiner Anlagen und der bestmöglichen Erfüllung der individuellen und gesellschaftlichen Aufgaben, die ihm seine Zeit stellt, oder in der Konzentration auf jene Talente und Tugenden, die ihn mit der „anderen Wirklichkeit" in Berührung bringen und auf sie vorbereiten? Ist es vor allem wichtig, dass der Mensch sich unablässig darum bemüht, die Heilswahrheiten seiner Religion zu erkennen, oder ist es wichtiger, dass er sich in seinem Leben den ethischen Erfordernissen seiner Religion entsprechend verhält? (1971)

M 30 Die Antworten der Religionen

Judentum – Kurt Wilhelm (1900–1965)

Wenn der Mensch einst zur Rechenschaft gezogen wird, so lehrt ein babylonischer Meister des Talmuds*, werden folgende Fragen an ihn gerichtet: Hast du Redlichkeit geübt in Handel und Wandel? Hast du bestimmte Zeiten dem Studium der Tora gewidmet? Hast du das Gebot erfüllt: Seid fruchtbar und mehret euch? Hast du auf das Heil gehofft? – Das Heil besteht in mehr als im „Heil", es geht um mehr als um die persönliche Seligkeit, die der Glaube an einen Mittler gewährt, weil ohne diesen Glauben der Mensch heillos preisgegeben sei. Hier stehen wir an einer fundamentalen jüdisch-christlichen Wegscheide: Christus ist der Mittler des Heils, Mose und die Propheten Israels sind die Mittler der religiösen Wahrheit, für deren Studium Zeit festzusetzen ebenso heilsam ist wie die Begründung einer Familie und Redlichkeit in Handel und Wandel, wie die Hoffnung auf das „Heil", die Vervollkommnung der Welt in der messianischen Zeit. […] Hast du auf das Heil gehofft? Der Versöhnungstag der Zukunft, das Reich des Messias, ist ein Reich von dieser Welt. Sein Heil heilt Israel, das nicht mehr von den Mächten dieser Welt geknechtet sein wird, und es heilt die Menschheit, die sich zum einen Gott bekennen wird. Das Gottesreich des jüdischen Universalismus ist die Vollendung des eigenen Weges als Weltreligion.

Christentum: Katholizismus – Johann Baptist Metz (* 1928)

Die christliche Heilslehre ist keine innerweltliche Zukunftsutopie; sie weiß und bekennt, dass der Mensch in allem berechtigten Fortschritt, in aller Entfaltung seiner eigenen Möglichkeiten noch einmal bei sich selbst als dem endlichen, leid- und schuldbetroffenen sterblichen Dasein ankommt. Darum hat die christliche Heilslehre von vornherein einen wesenhaft *personalen*, den Menschen in seiner individuellen Geschichte betreffenden Zug: Sie lehrt und bekennt die Ankunft einer unendlichen und vergebenden Liebe als die eigentliche Heilszukunft des Menschen. Für den Christen ist Heil ursprünglich zuvorkommendes Heil, geschenktes, frei begegnendes Heil, *Heil als Huld*. Heil ist, christlich gesehen, die unwiderrufliche Nähe und Herrschaft der je größeren unbegreiflichen Liebe Gottes, wie sie uns im Antlitz Jesu Christi aufgeschienen ist (vgl. Tit

3,4) […]. Für den Christen ist das Heil nicht Erlösung von seinem geschichtlichen mitmenschlichen Dasein, sondern gerade Erlösung und Vollendung dieses geschichtlichen mitmenschlichen Daseins selbst. Ja, der Christ bekennt ein Heil, das sich *in* diesem Dasein jeweils schon präsentisch anbahnt, er glaubt die Geschichte selbst als Heilsgeschichte und die zwischenmenschliche Begegnung und Verantwortung als Richtmaß für Heil oder Unheil: „Wir wissen, dass wir vom Tode zum Leben übergegangen sind, da wir die Brüder lieben" (l. Joh 3,14; vgl. 4,20 f.; Matth 25,40.45).

Christentum: Protestantismus – Ernst Wolf (1902–1971)

Es gibt einen weit verbreiteten christlichen Heilsegoismus, der sich das als jenseitig verstandene *Heil* mehr oder minder methodisch zu besorgen sucht, wobei dieses Heil selbst durch religiöse Wunschbilder im Einzelnen näher bestimmt wird. Das ist die christliche Erfüllung eines Glückseligkeitsverlangens, welches nach Augustin allen Menschen innewohnt und ihr sittlich-religiöses Streben motiviert: religiöser Eudämonismus*. Derselbe Augustin hat aber auch mit dem bekannten Satz vom Herzen, das unruhig sei, bis es in Gott Ruhe finde, das Heil in Anlehnung an die evangelische Botschaft auf dem Grund jenes idealistischen Eudämonismus als den ewigen Frieden des Reiches Gottes umschrieben, als „die ganz einträchtige Gemeinschaft, die Gott genießt und sich gegenseitig in ihm". In dieser „Seligkeitsformel" Augustins wirken sich zwei für das Evangelium als der Heilsbotschaft wesentliche Erkenntnisse aus: einmal, dass das Heil Befreiung bedeutet von der die Existenz des Menschen als Menschen erfahrungsgemäß charakterisierenden Sorge hinter allem Tun und jeglichem Be-sorgen, die Befreiung von den Zwängen einer Bindung durch selbstsüchtige Interessen; und sodann, dass das Heil für den Menschen bei Gott bereitliege, ihm verheißen, angeboten, zugesprochen werde. […] Christlich gesprochen, geht es hier um das Widerfahrnis der Sündenvergebung, womit nicht das „Vergeben" sittlicher Verfehlungen von Fall zu Fall gemeint ist, sondern die von Gott geschenkte Überwindung der Selbsttrennung von Gott und damit auch von dem Mitmenschen und von der Einigkeit mit sich selbst, das neue Leben auf dem Grund von rückhaltlosem Vertrauen, von Glauben, ein Leben, das eine „selbstlose" Zuwendung zu den Aufgaben des innerweltlichen Daseins fordert und zugleich ermöglicht; ein Leben aus der Kraft des Reiches Gottes, welches die Alternative zwischen Bemühung um Erkenntnis der „Heilswahrheiten" und der Erfüllung ethischer Forderungen hinter sich lässt.

Islam – Muhammad Asad (1900–1992)

[…] erkennt man, dass im Rahmen der islamischen Lehre der Begriff „Heil" nur *eine* Bedeutung haben kann: nämlich ein Verschmelzen von Geist und Körper, Denken und Handeln, Neigung und tatsächlichem Verhalten zu einer harmonischen Einheit des Seins im Zeichen dessen, das man als „Rechtlichkeit" bezeichnet – des Menschen Rechtlichkeit Gott und sich selbst gegenüber (ausgedrückt in dem Bestreben, sich völlig dem offenbarten Willen Gottes hinzugeben und die eigenen eingeborenen, positiven Eigenschaften zu voller Entfaltung zu bringen), sowie auch Rechtlichkeit den Mitmenschen gegenüber (geäußert in dem ständigen Bestreben, ihre moralische Entwicklung zu fördern, ihre Rechte zu wahren und ihren gesellschaftlichen Zustand zu verbessern). Wer diesen Erfordernissen entspricht, erreicht – im islamischen Sinne – das Heil. Der Islam misst nämlich dem bloßen Glauben – und sei es auch der rechte Glaube – keinen wesentlichen Wert bei, falls er nicht auch zu entsprechend rechtmäßigem *Tun* führt und von ihm begleitet ist. Und daraus folgt es nun, dass der innerste Zweck des koranischen Glaubensaufrufs darin besteht, es dem Menschen zu ermöglichen, sowohl körperlich wie auch geistig und gefühlsmäßig „rechtlich" zu leben, und zwar nicht nur als Einzelperson, sondern auch als ein Mitglied der menschlichen Gesellschaft.

Hinduismus – B. H. Bon (1901–1982)

Unsterblichkeit, sei es als persönliche Unsterblichkeit oder als unpersönliche Unsterblichkeit in dem Absoluten, kann nicht erlangt werden; sie ist da. Das Ideal einer rationalen Weltordnung, ein Königtum Gottes auf Erden, all solch hochklingendes Gerede erscheint wie eine Fantasiedichtung, ähnlich wie ein goldener Berg oder ein Berg aus Juwelen. Erlösung, entweder als liebende Hingabe an die höchste Person oder als ein Sich-selbst-Aufgeben im Absoluten, lässt sich durch die „via negativa“ erlangen, den negativen Weg, um der Diesseitigkeit zu entfliehen, und die vollständige Hinwendung zum geistigen Reich. Erlösung besteht in der unmittelbaren Erfassung Brahmans, der absoluten Person, die weitere Wiedergeburten ausschließt. Man gelangt dazu durch ständige Kontemplation* der Natur Brahmans, des absoluten Wesens, wie es in den Veden niedergelegt ist. Läuterung des Herzens ist notwendig, um ständige Kontemplation des höchsten Wesens zu ermöglichen. Das Vollbringen guter Taten ohne Nebengedanken und ohne Wunsch nach Lohn läutert das Gemüt. Die vorzüglichsten guten Taten sind Gottesverehrung, Werke der Menschenliebe und Kasteiungen. Ferner ist die Erlösung des Menschen in vier wesentlichen Worten niedergelegt: *nirdvanda*, d.h. Freiheit von Gegensätzen, *nitya-satvastho*, d.h. ständige Lauterkeit, *nir-yoga-kshema*, d.h. Freiheit von Sorge um das Auskommen, und *âtmavân*, d.h. immer um die wahre Natur des Selbst wissen. Indem man sich bemüht, das eigene Leben mit den ethischen Forderungen seiner Religion in Einklang zu bringen, begreift man allmählich die erlösenden Wahrheiten der eigenen Religion. Tatsächlich kann man Religion und Ethik nicht in getrennten Fächern halten, ohne Beziehung zueinander. Alle Bemühungen sollten sich auf rechte Erkenntnis richten, auf rechtes Fühlen und rechtes Handeln, ohne Verlangen nach dem Lohn des Handelns.

Buddhismus – Anagarika Govinda (1898–1985)

Das Heil des Menschen besteht nach der Lehre des Buddha in seinem Erwachen zur Wirklichkeit – zur Ganzheit – durch Überwindung von Gier, Hass und Verblendung. Die Verblendung besteht in dem Wahn einer separaten Ichheit, die im Kampf um ihre Selbsterhaltung alles hasst, was ihr entgegensteht, und die begehrt, was ihr Genuss bereitet oder ihren selbstischen Zwecken dient. Nur Einsicht in die potenzielle Universalität unseres Wesens und die Gesetze alles Lebendigen kann uns von diesem Wahn und seinen Leid bringenden Konsequenzen befreien. Diese Einsicht kann auf dem dreifachen Wege der Welterfahrung, der Weltüberwindung und der Weltverwandlung gewonnen werden. Der Weg der Welterfahrung gipfelt in der Erkenntnis des Leidens und seiner Ursachen, der Weg der Weltüberwindung gipfelt in der Aufhebung der Leidensursachen durch Selbstentäußerung, der Weg der Weltverwandlung gipfelt in der Verwirklichung der Ganzheit, in der die Dualität von Welt und Ich aufgehoben ist. Es handelt sich hier nicht um drei verschiedene, voneinander getrennte Wege, sondern um drei Phasen oder Aspekte desselben Weges, die sowohl als ein Nacheinander als auch als ein Miteinander aufgefasst werden können. [...] Der vom Buddha aufgezeigte Weg umfasst also den ganzen Menschen. In der vollkommenen Ausbildung und Ausschöpfung seiner Geistesanlagen entwickelt er sein Erkenntnisvermögen. In der Erfüllung seiner individuellen und gesellschaftlichen Pflichten entwickelt er seine ethischen Qualitäten, und durch Konzentration aufs Innere entwickelt er jene Kräfte und Eigenschaften, die ihn mit der „anderen Wirklichkeit“ in Berührung bringen. [...] Dem Buddhisten genügt es nicht, den ethischen Forderungen seiner Religion nachzukommen, sofern er nicht ihre Berechtigung erkannt hat, sofern seine eigene Überzeugung nicht dahinter steht. Die Erkenntnis der Heilswahrheiten ist der erste Schritt auf dem religiösen Wege, Ethik ist die natürliche Folge. (1971)

1 *Bilden Sie Gruppen, von denen sich jede mit je einem der Texte der Religionsvertreter beschäftigt. Arbeiten Sie dann das „Bild vom Heil“ heraus, das Sie Ihrem Text entnehmen können, und setzen Sie die wichtigsten Aspekte in eine Grafik um, die im Plenum präsentiert wird.*

2 *Achten Sie in einer Gesamtbetrachtung auf Gemeinsamkeiten und Unterschiede, die in den sechs Texten der Religionen deutlich werden. Vergleichen Sie auch die ethischen Aspekte, die hervortreten.*

Religion im Spiegel der Wissenschaften

Die Hirnforschung gehört heute zu den weithin stark beachteten Wissenschaften, von denen viele Menschen sich große Erkenntnisfortschritte versprechen. Diese Forschungsrichtung wendet sich zunehmend allgemeinen Themen zu, darunter auch Religion. Ein SPIEGEL-Artikel „Hotline zum Himmel", der großes Aufsehen erregte, dient hier als Einstieg in diese Fragen.

„Hotline zum Himmel": Religion und Hirnforschung

M 31

Warum beten Menschen Götter an? Bisher grübelten die Kulturforscher über diese Frage nach. Nun bekommen sie Unterstützung von Hirnforschern, die im Geflecht der grauen Zellen den Ursprung der Religion finden wollen. Schon steht eine bestimmte Hirnregion als Sitz Gottes unter Verdacht.

Ein paar Elektroden, einen Monitor, ein Strommessgerät: Mehr benötigte Vilayanur Ramachandran nicht, um Gott auf die Schliche zu kommen. Den Weg wie es ihm einer seiner Patienten, dessen Namen er mit Paul angibt.

Paul war 32 Jahre alt, als er erstmals in Ramachandrans Labor an der University of California in San Diego auftauchte, und er hatte sein Leben Gott verschrieben. [...] Bald dämmerte dem Neurologen, warum ihm Pauls Verhalten so vertraut vorkam: Selbstbewusst war dieser befremdliche Patient, arrogant und überheblich, für Humor fehlte ihm jeder Sinn, sein Interesse galt fast ausschließlich der Religion – genau so wird in den Neurologie-Lehrbüchern eine „Schläfenlappenpersönlichkeit" beschrieben.

Tatsächlich stellte Ramachandran fest, dass Pauls Hirn genau hinter der Schläfe regelmäßig von elektrischen Stürmen heimgesucht wurde – Anfällen, die der Patient jedoch als Momente großer Erleuchtung erlebte [...]. Zwei Ursachen von Pauls Verzückung schienen Ramachandran denkbar: Entweder die Anfälle erzeugten einen allgemeinen Erregungszustand, den Paul als so überwältigend empfand, dass er ihn mystisch deutete. Oder aber die epileptischen Anfälle flackerten auf in einer Art „Gott-Modul", einem eigens für das Wahrnehmen des Übersinnlichen verdrahteten Nervenschaltkreis.

Um zu testen, welche dieser Erklärungen richtig sei, begann Ramachandran seine Strommessungen: Er zeigte seinem Patienten Bilder, die bei den meisten Menschen emotionale Reaktionen auslösen. [...] Erst als der Arzt ihm Bilder des Gekreuzigten und andere religiöse Symbole zeigte, schlug das Messgerät plötzlich heftig aus. Zeigte sich hier die Wirkung jenes Gott-Moduls, das Ramachandran in dem Schläfenlappen vermutet? „Haben wir jetzt eine Hotline zum Himmel?", grübelte er. [...]

Noch allerdings steht die neu ausgerufene Disziplin der „Neurotheologie" am Anfang. Zurückgreifen können die Forscher nur auf wenige Experimente, die nachweisen, dass sich im menschlichen Körper etwas verändert, wenn er betet oder meditiert: Die Atmungsrate sinkt erheblich, der Sauerstoffverbrauch geht um 20 bis 30 Prozent zurück. [...] Auch im Gehirn sind Veränderungen nachweisbar: Etwa 50 Sekunden, nachdem eine Meditation begonnen hat, erscheinen sogenannte Alpha-Wellen im Elektroenzephalogramm – was sonst bei geöffneten Augen sehr ungewöhnlich ist. In einigen Fällen lassen sich sogar, trotz offener Augen, Theta-Wellen messen, normalerweise ein Indiz dafür, dass der Proband schläft und Traumbilder ihn umgaukeln.

Das allerdings beweist nicht mehr, als dass sich der tranceartige Zustand des Meditierenden auch in der Aktivität der Nerven niederschlägt. Doch was bedeutet das? Was genau ist es, das den Geist glauben lässt, er entschwebe in andere Sphären?

Einer, der diesen Fragen nachgeht, ist der Radiologe Andrew Newberg an der University of Pennsylvania. Er forderte Buddhisten zum Meditieren auf. Ehe jedoch ihr Geist mit dem Kosmos verschmolz, zogen sie noch rasch an einer Strippe. Damit öffneten sie ein Ventil, durch das eine schwach radioaktive Substanz in ihre Venen tröpfeln konnte. Mit Hilfe einer Technik namens SPECT (Single photon emission computed tomography) konnte Newberg dann messen, an welchen Stellen im Hirn die Nervenzellen so aktiv arbeiteten, dass sich dieser Stoff anreichert.

Tatsächlich erkannte der Forscher schon bald ein charakteristisches Muster auf dem Tomogramm – und mehr noch: Es glich in verblüffender Weise jenem, das sich unter ähnlichen Umständen bei betenden Franziskaner-Nonnen gezeigt hatte. (2002)

1 *Untersuchen Sie, ob der Text die Ausgangsfrage „Warum beten Menschen Götter an?" beantwortet.*

2 *Stellen Sie fest, welche Erkenntnisse über Religion die Hirnforschung der Darstellung in M31 zufolge bietet.*

In der neuzeitlichen Wissenschaft, wie sie besonders seit der Aufklärung im 18. Jahrhundert betrieben wird, wird Religion vor allem vom Menschen her betrachtet. Auch die neuzeitliche Theologie will vielfach nicht einfach Gott erforschen, sondern fragt nach den Erfahrungen, die Menschen mit Gott machen und von denen sie etwa in der Bibel berichten.
Für die neuzeitliche Theologie und für das moderne Religionsverständnis war der Beitrag Friedrich Schleiermachers besonders bedeutsam. In seinen Reden „Über die Religion" (1799), die an die „Gebildeten unter ihren Verächtern" adressiert waren, versucht er klarzumachen, dass Religion nicht in Widerspruch zu wissenschaftlicher Erkenntnis (im Folgenden als „Metaphysik"* bezeichnet) oder zu einer modernen Ethik („Moral") stehe. Sie sei vielmehr ein eigener Bereich des Menschseins (➚ S. 22).

M 32 Religion – vom Menschen her betrachtet

Friedrich Schleiermacher (1768–1834)

Ihr mögt die Religion nicht, davon sind wir schon neulich ausgegangen; aber indem Ihr einen ehrlichen Krieg gegen sie führt, der doch nicht ganz ohne Anstrengungen ist, wollt Ihr doch nicht gegen einen Schatten gefochten haben, wie dieser, mit dem wir uns herumgeschlagen haben; sie muss doch etwas Eigenes sein, was in der Menschen Herz hat kommen können, etwas Denkbares, wovon sich ein Begriff aufstellen lässt, über den man reden und streiten kann, und ich finde es sehr unrecht, wenn Ihr selbst aus so disparaten Dingen etwas Unhaltbares zusammennähet, das Religion nennt und dann so viel unnütze Umstände damit macht. [...] Sie begehrt nicht, das Universum seiner Natur nach zu bestimmen und zu erklären wie die Metaphysik, sie begehrt nicht, aus Kraft der Freiheit und der göttlichen Willkür des Menschen es fortzubilden und fertig zu machen wie die Moral. Ihr Wesen ist weder Denken noch Handeln, sondern Anschauung und Gefühl. Anschauen will sie das Universum, in seinen eigenen Darstellungen und Handlungen will sie es andächtig belauschen, von seinen unmittelbaren Einflüssen will sie sich in kindlicher Passivität ergreifen und erfüllen lassen [...]. Praxis ist Kunst, Spekulation ist Wissenschaft, Religion ist Sinn und Geschmack fürs Unendliche. [...]

Anschauung ist und bleibt immer etwas Einzelnes, Abgesondertes, die unmittelbare Wahrnehmung, weiter nichts; sie zu verbinden und in ein Ganzes zusammenzustellen, ist schon wieder nicht das Geschäft des Sinnes, sondern des abstrakten Denkens. So die Religion; bei den unmittelbaren Erfahrungen vom Dasein und Handeln des Universums, bei den einzelnen Anschauungen und Gefühlen bleibt sie stehen [...].

1 *Fassen Sie zusammen, wie Schleiermacher Religion versteht.*

2 *Wenden Sie Schleiermachers Religionsverständnis auf verschiedene Beispiele aus der Gegenwart an.*

3 *Ziehen Sie Verbindungslinien zu den „Transzendenz-Erfahrungen" und Wirkungen der Bilder auf S. 20ff. dieses Kapitels.*

In seiner weithin bekannt gewordenen Schrift „Das Wesen des Christentums" versteht der Philosoph Ludwig Feuerbach (1804–1872) Religion als menschliche Wunschvorstellung und Illusion. Alle religiösen Inhalte, einschließlich Gott selbst, seien das Resultat von Projektionen, denen keine Realität zukomme. Real sei lediglich der Mensch selbst – das Wesen der Theologie sei deshalb letztlich die Anthropologie.

Religion als Projektion und Illusion

M 33

Ludwig Feuerbach gilt als der Philosoph, der im 19. Jahrhundert die Religionskritik neu begründet hat. Feuerbach argumentierte, dass der Mensch sich im Göttlichen letztlich nur selber idealisiere. Gott sei also nach dem Bilde des Menschen geformt (in Umkehrung der Gottebenbildlichkeit nach Gen 1,26 f.). Damit will er aber ausdrücklich nicht einfach sagen, dass Religion bloßer Unsinn sei. Religion sei vielmehr der „Traum des menschlichen Geistes". In ihr vergegenständliche der Mensch „sein eignes geheimes Wesen".

Feuerbach macht dies etwa am Beispiel der Wunder deutlich. Für ihn ist das Wunder ein „realisierter supranaturalistischer Wunsch – sonst nichts"; seine Macht sei „nichts andres als die Macht der Einbildungskraft".

Die Wahrheit der Religion bestehe darin, dass der Mensch sich in ihr zu sich selbst verhält. Das „Geheimnis der Theologie" sei daher die „Anthropologie". Insofern sei Religion nichts anderes als eine Illusion, verbunden mit der Gefahr des Fanatismus.

1 *Benennen Sie menschliche Wunschvorstellungen, die in der Religion aufgenommen werden.*

Die religionskritische Sicht Feuerbachs fand im 19. und frühen 20. Jahrhundert breiten Widerhall – im Bereich der Gesellschaftstheorie vor allem bei Karl Marx (1833–1886), der Religion als „Opium des Volkes" verstand (✎ S. 141 f.). In dieser Sicht wird Religion erklärbar, nämlich als Folge menschlicher Wünsche, die ihrerseits auf ein Leben in Mangel und Armut zurückgehen.
Für die Religionswissenschaft wurde der von Rudolf Otto (1869–1937) unternommene Versuch maßgeblich, Religion vom „Irrationalen" her zu sehen. Die allem rationalen Denken vorausliegende Erfahrung in der Begegnung mit dem Heiligen deutete er als die Wurzel der Religion. Religion könne deshalb auch nicht aus anderem abgeleitet werden, sondern sei eine eigene und insofern ursprüngliche Erfahrung des Menschen.

Religion als das nicht ableitbare Heilige

M 34

Rudolf Otto sucht nach dem, was man als „Innerstes" der Religion ansprechen und was man seines Erachtens nur erfühlen kann. Um zum Ausdruck zu bringen, dass es sich dabei um etwas ganz Unverwechselbares, allein der Religion Eigenes handelt, bildet er dafür ein neues Wort: das „Numinose", abgeleitet von „numen", dem lateinischen Begriff für göttliches Wesen, Gottheit usw. Wichtig ist ihm die numinose Gemütsstimmung in der Begegnung mit dem Heiligen. Er spricht von feiernder Andacht und von Ergriffenheit, von Dankbarkeit und Vertrauen, Liebe, Zuversicht und Ergebenheit. All dies könne das Numinose nur umschreiben, nicht aber wirklich erfassen.

Das Numinose selbst könne, weil es zutiefst irrational sei, in Begriffen nicht erklärt werden. Angebbar werde es allein durch die besondere Gefühlsreaktion, die es bei den Menschen in deren Erleben auslöst: „Es ist so, dass es ein menschliches Gemüt mit der und der Gefühlsbestimmtheit ergreift und bewegt." Daraus folgt für Otto: „Diese ‚die und die' Gefühlsbestimmtheit müssen wir versuchen anzudeuten, indem wir sie wieder durch Entsprechungen und Entgegensetzungen verwandter Gefühle und durch symbolisierende

Ausdrücke zugleich anklingen zu lassen versuchen."

Diese Sicht des Heiligen wird nicht nur auf den einzelnen Menschen angewendet, sondern auch auf die Religionsgeschichte. Die ergreifende, Ehrfurcht gebietende Begegnung mit dem Heiligen erkläre das eigentliche Entstehen von Religion in der Geschichte der Menschheit. Von dem „Gefühle eines ‚Unheimlichen', das fremd und neu in den Gemütern der Urmenschheit auftauchte", sei die gesamte religionsgeschichtliche Entwicklung ausgegangen. Otto spricht hier auch von einem „aus anderem nicht ableitbaren Grundfaktor und Grundtrieb". Nur unter Voraussetzung eines solchen Faktors oder Triebes lasse sich die Entwicklung von Religion überhaupt plausibel erklären. Kennzeichnend für Ottos Religionsverständnis ist die doppelte Beschreibung des Heiligen und Geheimnisvollen (lateinisch: *mysterium*) als zutiefst Furcht einflößend (lateinisch: *tremendum*) und als ebenso anziehend und faszinierend (lateinisch: *fascinosum*). „So grauenvoll-furchtbar das Dämonisch-Göttliche dem Gemüte erscheinen kann, so lockend-reizvoll wird es ihm. Und die Kreatur, die vor ihm erzittert in demütigstem Verzagen, hat immer zugleich den Antrieb, sich zu ihm hinzuwenden, ja es irgendwie sich anzueignen. Das Mysterium ist nicht bloß das Wunderbare, es ist auch das Wundervolle." Zusammenfassend kann man Religion oder das Heilige bei Otto mit der viel zitierten Wendung als das *mysterium tremendum et fascinosum* ansprechen: das Geheimnis, das Furcht und Zittern auslöst und das den Menschen doch nicht aus seinem Bann der Faszination entlässt.

1 *Suchen Sie in Ihrem Alltag Beispiele dafür, was Ihnen heilig ist.*

2 *Vergleichen Sie die Sichtweise Rudolf Ottos mit den Inhalten von M10 und M19 bis M21.*

Im 20. Jahrhundert fanden neben philosophischen vor allem soziologische und psychologische Forschungsansätze zu Religion zunehmend Beachtung. Der amerikanische Soziologe Charles Y. Glock wurde vor allem durch seinen Ansatz zur empirischen Untersuchung von Religion weltbekannt. Bis heute werden die von ihm beschriebenen „Dimensionen von Religion" in der Forschung verwendet.

M 35 Dimensionen von Religion

*Charles Y. Glock (*1919)*

Wenn wir die verschiedenen uns bekannten Weltreligionen betrachten, wird sofort deutlich, wie sehr sie in ihren religiösen Ausdrucksformen variieren. Verschiedene Religionen richten höchst unterschiedliche Erwartungen an ihre Anhängerschaft. So wird etwa von Katholiken wie von Protestanten erwartet, dass sie regelmäßig an der christlichen sakramentalen Handlung der heiligen Kommunion oder des Abendmahls partizipieren. Dem Moslem ist diese Übung unbekannt. Umgekehrt findet das Gebot, dass jeder Moslem im Laufe seines Lebens eine Pilgerfahrt nach Mekka unternehmen sollte, keine Entsprechung in der christlichen Religion.

Trotz derartiger Unterschiede besteht jedoch eine gewisse Übereinstimmung zwischen den Weltreligionen über mehr allgemeine Dimensionen, in denen sich Religiosität ausdrücken sollte. Wir wollen im Blick auf sie von den Kerndimensionen der Religiosität sprechen. […] In diesem Sinne unterscheiden wir die Dimension der religiösen Erfahrung (experiental dimension), die ritualistische Dimension (ritualistic dimension), die ideologische Dimension (ideological dimension), die intellektuelle Dimension (intellectual dimension) und die Dimension der Konsequenzen aus religiösen Überzeugungen (consequential dimension).

Mit der Kategorie der Dimension der religiösen Erfahrung tragen wir dem Umstand Rechnung, dass alle uns bekannten Religionen mehr oder weniger ausdrücklich die Annahme treffen, dass der religiöse Mensch irgendwann einen direkten Zugang zur letzten Wirklichkeit gewinnen oder eine religiöse Gemütsbewegung erfahren wird. Die Art dieser Gemütsbewegung, wie sie von den verschiedenen Religionen für adäquat erklärt oder wie sie von verschiedenen Individuen tatsächlich erfahren wird, mag beträchtlich variieren [...]. Doch jede Religion legt einen gewissen Wert auf die subjektive religiöse Erfahrung als ein Zeichen individueller Religiosität.

Mit der Kategorie der ideologischen Dimension werden jene Erwartungen erfasst, die sich darauf richten, dass jeder religiöse Mensch sich zu bestimmten Glaubensaussagen bekennt. Inhalt und Umfang dieser Glaubensaussagen werden wiederum nicht nur im Blick auf verschiedene Religionen, sondern auch innerhalb der gleichen religiösen Tradition unterschiedlich sein. Doch etabliert eine jede Religion ein bestimmtes System von Glaubenssätzen, sie erwartet von ihren Anhängern, dass sie sich zu diesen Glaubenssätzen bekennen.

Mit der Kategorie der ritualistischen Dimension werden alle jene spezifischen religiösen Praktiken erfasst, an die sich die Anhänger einer Religion zu halten haben. Hierher gehören Handlungsformen wie jede Art von Gottesdienst, Gebet, Partizipation an besonderen sakramentalen Handlungen, Gebräuche des Fastens und ähnliches.

Wenn wir von der intellektuellen Dimension sprechen, dann meinen wir den Umstand, dass vom religiösen Menschen in allen Religionen erwartet wird, dass er mit den grundlegenden Lehrsätzen seines Glaubens und den heiligen Schriften bekannt und vertraut ist. Zwischen der intellektuellen und der ideologischen Dimension gibt es enge Verbindungen, da das Wissen um einen Glauben notwendige Voraussetzung dafür ist, dass man ihn übernimmt. Doch muss der Glaube aus dem Wissen um ihn nicht notwendig folgen, und auch nicht alles religiöse Wissen wirkt sich unmittelbar im Glauben aus.

Die consequential dimension unterscheidet sich von den vier bisher genannten. [...] Hier erscheinen alle jene religiösen Vorschriften, die bestimmen, was Menschen tun sollten und welche Einstellungen sie als Konsequenz ihrer Religion haben sollten. (1962)

1 *Wenden Sie das Modell der verschiedenen Dimensionen auf den christlichen Glauben und auf den Islam an.*

In der Psychologie hat besonders der Begründer der Psychoanalyse*, Sigmund Freud (1856–1939), eine vor allem religionskritische Sicht im Anschluss an Feuerbach vertreten (↗ S. 41 und 140 f.). Religion sei ein Ausdruck verdrängter Wünsche, und durch den Zusammenhang mit der Verdrängung gleiche sie einer neurotischen Erkrankung. Spätere Psychoanalytiker wie Erik H. Erikson halten an dem von Freud behaupteten Zusammenhang zwischen Religion und menschlichen Sehnsüchten fest, nehmen dies aber nicht mehr als krankhaft wahr. In seiner Untersuchung zur Lebensgeschichte Martin Luthers beschreibt Erikson Religion als Ausdruck dreier Sehnsüchte im Leben.

Religion als Ausdruck menschlicher Sehnsüchte

M 36

Erik H. Erikson (1902–1994)

Eine dieser Sehnsüchte ist das einfache, inbrünstige Verlangen, mit wohltuenden Substanzen versorgt zu werden – eins zu sein mit einem mütterlichen Urgrund. Dieses Ziel wird durch das gütig und bejahend zugeneigte Gesicht der Barmherzigkeit symbolisiert, die dem Gläubigen die Gewissheit gibt, dass alle, die an ihre Brust zurückkehren, bedingungslos angenommen werden. [...]

Ziel seiner zweiten Sehnsucht ist die väterliche Stimme des lenkenden Gewissens, die dem einfachen Paradies der Kindheit ein Ende setzt und tatkräftiges Handeln gutheißt und bestätigt. Aber sie weist ihn auch auf die Unabwendbarkeit schuldhafter Verstrickung hin und droht mit dem Wetterleuchten des Zorns. Den drohenden Ton dieser Stimme – wenn notwendig, durch teilweise Unterwerfung und mancherlei Selbstbeschneidung – zu wandeln, ist das zweite drängende Verlangen, das religiösem Bemühen zugrunde liegt. Die Gottheit muss um jeden Preis dazu gebracht werden, kundzutun, dass sie in ihrer Gnade Schuld und Strafe um der Erlösung willen selbst geplant habe.

Schließlich zeigt der Spiegel das reine Selbst, den ungeborenen Kern der Schöpfung, in dem Gott „ein lauter Nichts" ist. […] Die östliche Mystik kennzeichnet Gott vielfach auf diese Weise. Dieses reine Selbst ist das Selbst, das nicht mehr an dem Konflikt zwischen Recht und Unrecht krankt, das keiner Fürsorge und keines Wegweisers zu Vernunft und Wirklichkeit mehr bedarf. (1975)

1 *Welche drei „Sehnsüchte" und zugleich Ausdrucksformen der Religion beschreibt Erikson?*

Der Theologe Gerhard Ebeling versteht den christlichen Glauben als eine bestimmte Gestalt von Religion. Insofern weise er viele Gemeinsamkeiten mit anderen Religionen und Glaubensweisen auf. Zugleich besitze das Evangelium eine religionskritische Kraft, was dem christlichen Glauben eine besondere Ausrichtung verleiht.

M 37 Religion als Lebensbedingung des Glaubens – Glaube als Religionskritik

Gerhard Ebeling (1912–2001)

Das Christentum ist eine Religion. Die Religion ist zwar nicht die einzige Weise, wie der Mensch den Lebensproblemen begegnet, jedoch die originäre, umfassendste und geschichtsmächtigste. Darum muss sich die Aufmerksamkeit zunächst dem Phänomen Religion zuwenden, um sodann die Stellung des Christentums inmitten der anderen Religionen zu bestimmen. Dabei ist abschließend zu klären, ob Glaube und Religion beliebig auswechselbare Begriffe sind. […]

Ob die Frage nach der Entstehung von Religion je beantwortbar sein wird, erscheint zweifelhaft. Wenn nicht alles trügt, treibt der genetische Erklärungsversuch in die Nachbarschaft der Frage nach der Entstehung des Menschen überhaupt. Das Religiöse scheint mit dem Menschlichen gleichursprünglich zu sein. Die ältesten Zeugnisse genuin menschlichen Verhaltens in frühesten Spuren kultureller Art sind bereits mit religiösem Einschlag versehen. […] Dies wird durch die Tatsache bestätigt, dass die Ethnologie bei allen Völkern und in allen Kulturen auf religiöse Lebensformen stößt, und zwar bei den Primitivvölkern der verschiedenen Kontinente unabhängig voneinander. […]

Auch das Christentum ist die geschichtlich geformte Verehrung einer Manifestation des Geheimnisses der Wirklichkeit […], obwohl im Vergleich mit den vielen anderen Religionen eine Gestalt für sich […]. Man mag sich dies an Urelementen des Religiösen verdeutlichen: an der Gottesvorstellung oder am Gebet. Obwohl an ihnen aufs stärkste eine Gemeinsamkeit mit anderen Religionen greifbar wird, tritt doch eben darin zugleich auch die Verschiedenheit zutage. Um es formelhaft zu sagen: Gott ist der Vater Jesu Christi, und das Gebet zu ihm wird im Namen Jesu Christi gesprochen. […]

Der Glaube ist das Kriterium der Religion. Die Unterscheidung zwischen Glaube und Religion […] wäre völlig missverstanden, wenn man dabei den Glauben mit dem Ganzen christlicher Religion identifizierte und somit das Christentum als etwas anderes als Religion auszugeben versuchte, wenn man also das Christentum durch das Insistieren auf einem absoluten Offenbarungsanspruch allen Problemen der Religionsvergleichung und Religionskritik entziehen wollte. Gemeint ist vielmehr die im Christentum selbst aufweisbare und für es charakteristische […] Unterscheidung zwischen der Religion als vielgestaltigem Gebilde und dem Evangelium, das von einer enormen religionskritischen Kraft ist, so jedoch, dass dadurch die Religion zu ihrer Wahrheit gebracht werden soll. […]

Religion ist jedoch die Lebensbedingung des Glaubens. Für die Existenz des heutigen Christentums zwischen Religion und Religionslosigkeit ist die Tatsache von schwerwiegender Bedeutung, dass das Evangelium ohne Religion nicht verkündbar ist. […] Das Evangelium kann gar nicht anders laut werden als in einer Spannung zur Religion. Das Evangelium hat jedoch in der christlichen Religion seine Spuren hinterlassen und hier den Weg der Befreiung wie zum rechten Gebrauch der Welt so auch zum rechten Gebrauch von Religion gewiesen. Deshalb ist zwar nicht das Christentum ohne weiteres als die wahre Religion zu bezeichnen. Wohl aber kann man sagen: Die im Sinne des Evangeliums in Brauch genommene christliche Religion ist die zur Wahrheit gebrachte Religion. (1979)

1 *Fassen Sie zusammen, wie Ebeling das Verhältnis von „Religion" und „Christentum/christlichem Glauben" beschreibt, und stellen Sie Bezüge zum Text von Erikson (M36) und zur Position von Otto (M34) her. Welche Unterschiede und welche Gemeinsamkeiten stellen Sie fest?*

Wahrheitsanspruch und Friedensfähigkeit der Religionen

An vielen Orten in Deutschland sind „Runde Tische der Religionen" entstanden, die sowohl praktische Fragen des religiösen Lebens „vor Ort" ansprechen als auch Grundfragen des unterschiedlichen religiösen Glaubens und der Exegese der heiligen Schriften erörtern. Im hessischen Marburg wird dieser Runde Tisch sogar vom Magistrat unterstützt, der damit einen Beitrag zum friedlichen Zusammenleben in der Stadt leisten will.

M 38 Der Runde Tisch der Religionen

Der „Runde Tisch der Religionen", […] im Anschluss an die Internationalen Rudolf-Otto-Symposien der Philipps-Universität gegründet, trifft sich seit März 2006 zu interreligiösem Austausch. Ihm gehören zur Zeit Buddhisten und Christen sowie Mitglieder der Bahai-, der Synagogen- und der Moscheegemeinde an. Die Zusammenkünfte finden abwechselnd in der Synagoge, in der Moschee, im buddhistischen Shambala-Zentrum, in verschiedenen kirchlichen Häusern oder auch privat statt. Im geschützten Raum eines überschaubaren Kreises können Fragen angesprochen werden, die sich auf unterschiedliche religiöse Traditionen und Symbole, klassische spirituelle Texte oder auf brennende Probleme, wie das der Religionsfreiheit oder des religiösen Fundamentalismus, beziehen. Hinzu kommen öffentliche Veranstaltungen, z. B. unter Mitwirkung des Magistrats im Rathaus […]. Der Marburger „Runde Tisch der Religionen" dient dem gegenseitigen Kennenlernen, der interreligiösen Verständigung und damit dem Frieden in unserer Stadt.

1 *Stellen Sie Fragen und Probleme zusammen, die Sie in einem solchen Kreis ansprechen würden.*

2 *Sammeln Sie Aspekte, die aus Ihrer Sicht Grundlage einer interreligiösen Verständigung sein könnten und sollten.*

3 *Stellen Sie sich vor, Sie wollten einen solchen Kreis an Ihrer Schule ins Leben rufen. Wie würden Sie vorgehen?*

Insbesondere in den „Buchreligionen“ Judentum, Christentum und Islam ist die Vorstellung ausgeprägt, nur die jeweils eigene Offenbarung sei im umfassenden Sinne wahr und führe zum Heil. Heute gibt es aber auch die stark an Gemeinsamkeiten ausgerichtete „Theologie der Religionen“. Ziel ist es, die unterschiedlichen Religionen auf ihre Wahrheitsansprüche zu untersuchen, zu vergleichen und die hinter ihnen liegenden gemeinsamen Erfahrungen zu thematisieren. Diese u. a. vom englischen Theologen John Hick (1922–2012) entwickelte Sichtweise unterscheidet drei „Grundmodelle“, wie die Religionen mit dem Wahrheits- und Absolutheitsanspruch umgehen.

Wahrheitsanspruch der Religionen

M 39

Modell 1: Exklusivismus
Nur (m)eine Religion hat die Wahrheit, alle anderen sind Täuschungen oder Fehlformen, die abgewehrt oder bekämpft werden müssen.

Modell 2: Inklusivismus
(M)eine Religion hat die volle Wahrheit, aber diese „volle“ ist in wertvollen Aussagen anderer Religionen teilweise mit enthalten, auch wenn diese insgesamt nicht das Niveau der einen wahren Religion erreichen.

Modell 3: Pluralismus
(M)eine Religion hat Anteil an der Wahrheit wie andere Religionen auch; vor allem die heutigen Weltreligionen sind weitgehend gleichwertig.

1 *Welchem Modell würden Sie zustimmen? Sammeln Sie Pro- und Kontra-Argumente.*

2 *Bedenken Sie Konsequenzen dieser Modelle im Blick auf Wahrheitsfrage und gegenseitige Toleranz.*

Der Eisenacher Theologe Wolfgang Pfüller beschreibt, worum es beim Modell des Pluralismus geht.

Pluralismus der Religionen

M 40

Wolfgang Pfüller (1951)*

Als Pluralismus kann man eine Position bezeichnen, die die Vielzahl der Religionen grundsätzlich als gleichermaßen wahr sowie als gleichwertige Heilswege betrachtet. Allein, sowohl das Wort „kann“ wie das Wort „grundsätzlich“ signalisieren Klärungsbedarf. […] So unterstreicht besonders John Hick den altbekannten theologischen Grundsatz, wonach die göttliche Wirklichkeit immer größer ist als unser Begreifen („deus semper maior“). Daraus aber zieht er die Konsequenzen im Blick auf die Beurteilungen der religiösen Traditionen. Sie haben demnach alle als immer unzulängliche Interpretationen der transzendenten göttlichen Wirklichkeit zu gelten. Wenn wir von ihr sprechen, wenn wir zu ihr – etwa im Gebet – in Beziehung treten, so geschieht dies in den uns möglichen Denk- und Erfahrungsweisen. Die religiösen Traditionen nun sind kulturell variable Denk- und Erfahrungsweisen der transzendenten, göttlichen Wirklichkeit. Insofern sind sie gleichermaßen wahr und heilswirksam. Freilich hält Hick keineswegs alle religiösen Traditionen für gleichwertig; er weiß wohl um fragwürdige religiöse Traditionen und Bewegungen bis hin zu Perversionen, etwa des Nazismus. Um dies bewerten zu können, bedarf es abgesicherter Kriterien. Hicks Kriterium, das er der Gemeinsamkeit der großen religiösen Traditionen entnimmt, ist die Heilswirksamkeit der religiösen Traditionen. Die Frage lautet also: Ermöglichen und befördern die religiösen Traditionen den Heilsprozess der Transformation des menschlichen Daseins von der Selbstzentriertheit zur Zentriertheit in der göttlichen Wirklichkeit? Ethisch gewendet: Ermöglichen und befördern die religiösen Traditionen Liebe und Güte im Blick auf Mensch und Gesellschaft? Da man nun zumindest die großen religiösen Traditionen des

Hinduismus und Buddhismus, des Judentums, Christentums und des Islams für gleichermaßen heilswirksam halten muss, sind sie als gleichwertig einzuschätzen. Eine Rangabstufung zwischen ihnen, die ja nicht einfach behauptet werden kann, sondern nachgewiesen werden muss, ist jedenfalls mittels des angegebenen Kriteriums nicht auszumachen. Hick verglich diese neue, pluralistische Sicht der religiösen Traditionen mit der kopernikanischen Wende: Im Zentrum des Koordinatensystems der Beurteilung der religiösen Traditionen steht nicht mehr das Christentum, sondern die göttliche Wirklichkeit. (1999)

Viele Menschen gehen davon aus, dass die Zukunft der Religion durch eine friedliche Begegnung der Religionen bestimmt sein sollte. Darin sehen sie zugleich einen Beitrag zum Weltfrieden und eine Grundlage für ein Zusammenleben in wechselseitiger Achtung. Aber wie soll die Begegnung der Religionen aussehen?
Der Heidelberger Religions- und Missionswissenschaftler Theo Sundermeier hat verschiedene Modelle untersucht und dabei ein Grundkonzept entwickelt, das sich auf den Begegnungsaspekt konzentriert.

M 41 Wie weit trägt der Religionsdialog?

Theo Sundermeier (1935)*

Wir können drei Grundhaltungen im Kulturkontakt und -austausch unterscheiden [....].
1. Das Alteritätsmodell. Die fremden Völker und ihre Kulturen werden als das „Draußen" angesehen, als das Fremde, als das Feindliche, mit dem man herzlich wenig zu tun haben will. Man schaut auf sie herab. [...]
2. Das Gleichheitsmodell. Stämme und Völker könnten nicht miteinander auskommen und auf irgendeine Weise ein friedliches Zusammenleben gestalten, wenn es nicht statt der Fremdheit, Andersheit und Feindschaft auch das Bewusstsein von Gleichheit oder Zusammengehörigkeit gäbe. In jenen Kleingesellschaften, die ihre Stammesmitglieder allein als „Menschen" bezeichnen und damit alle anderen von dieser Benennung ausschließen, kann jedoch Gemeinsamkeit mit anderen Völkern über den Mythos vom gleichen Ursprung gewonnen werden, wobei die Ursprungserzählungen die Differenzen und Spaltungen ebenso begründen wie mögliche Bündnisse und Koalitionen. [...]
3. Das Komplementaritätsmodell. Das Gleichheitsmodell ist die Brücke zur dritten Begegnungsweise, die ich das Komplementaritäts- oder auch „Händlermodell" nenne. [...] Hier ist die Faszination treibendes Motiv für das Interesse am Fremden. Die andere Kultur und Religion stellt das zur Verfügung, was der eigenen fehlt. Man braucht die Ergänzung. Die Händler sind in allen Kulturen diejenigen, die den Austausch zwischen den Völkern bewerkstelligen. Sie genießen Gastrecht, aber müssen in einem Ghetto leben und dürfen sich nicht mit der einheimischen Bevölkerung mischen. Sie wecken das Verlangen nach dem, was fehlt, und befriedigen es. Die Begegnung soll bereichern, Defizite ausfüllen.

Das gilt auch für die Religion. Die andere Religion fasziniert. Sie hat etwas, was man in der eigenen vermisst. So wählt man aus und übernimmt das Besondere und Attraktive. Damit wird die andere Religion zugleich neutralisiert, denn indem man sich das Beste der anderen Religion aneignet, immunisiert man sich gegenüber ihrem Ganzheitsanspruch. Man bietet ihr nur ein begrenztes Gastrecht. [...]

Keines der drei Begegnungsmodelle führt zu einem echten Verstehen der anderen Religion. Das Gleichheitsmodell fördert zwar das Interesse an der anderen Religion, doch nur insofern, als es die Neugier zur Wissenserweiterung befriedigt. Man hat ein eigenes System, und in dieses hinein werden die anderen Religionen interpretiert. Sie bilden keine echte Herausforderung, da sie gleichwertig sind. Man weiß letztlich schon im voraus, was des „Pudels Kern" ist. Der Übergang zum Komplementaritätsmodell ist fließend, denn es geht um eine selektive Übernahme in der Begegnung der Religionen. Man kann sich nicht wirklich in Frage gestellt fühlen, da man Offenheit signalisiert und am wirklich Fremden allemal nicht interessiert ist. […]

Ist es nun die Mischung aus diesen zwei Begegnungsmodellen, dem Alteritäts- und Gleichheitsmodell, die zu einem positiven Verstehensergebnis führt, oder kann auch die Verbindung des Komplementaritäts- mit dem Gleichheitsmodell in gleicher Weise Verstehen ermöglichen? Ohne die Antwort detailliert zu begründen, kann nach meinen Kenntnissen als vorläufige Hypothese folgende Regel aufgestellt werden: Die Mischung aus Alteritäts- und Gleichheitsmodell ist eher im Protestantismus zu Hause, während im katholischen Bereich aus dogmatischen Gründen die Mischung aus Komplementaritäts- und Gleichheitsmodell zur Annäherung an die fremde Religion führt. (1999)

1 *Prüfen Sie, worin die Unterschiede in der Gesamtperspektive von M40 und M41 liegen.*

2 *Diskutieren Sie, ob es zwischen den beschriebenen drei Modellen Gemeinsamkeiten gibt.*

Zumindest der Legende nach kam es etwa um das Jahr 800 n. Chr. zu einer freundschaftlichen Begegnung zwischen Karl dem Großen und dem berühmten Kalifen Harun al-Raschid. Im 19. Jahrhundert entstand dazu ein eigenes Gemälde.

Karl der Große und Harun al-Raschid

M 42

Julius Köckert (1827–1918)

Der Kalif Harun al Raschid empfängt im Jahr 786 die Gesandten Karls des Großen in Bagdad (1864)

1 *Informieren Sie sich über die Situation des Islam im 8./9. Jahrhundert und interpretieren Sie vor diesem Hintergrund das Bild.*

M 43 Moscheen in Deutschland?

1 *Recherchieren Sie, welche Konflikte bei geplanten Moscheebauten in Deutschland entstehen.*

2 *Diskutieren Sie, was ein Religionsdialog bei solchen Konflikten bewirken könnte.*

Moschee in Köln

In Deutschland leben mehr als vier Millionen Muslime. Beim Festakt „20 Jahre Deutsche Einheit" am 3. Oktober 2010 in Bremen äußerte sich der damalige Bundespräsident Christian Wulff zum Islam und löste mit seiner Aussage, dass der Islam zu Deutschland gehört, eine breite Kontroverse aus. Wulffs Nachfolger, Bundespräsident Joachim Gauck, wurde zwei Jahre später in einem Interview der ZEIT auf die Aussage seines Vorgängers angesprochen. Seine Antwort fand ebenfalls ein breites Echo.

M 44 Gehört der Islam zu Deutschland?

Christian Wulff (1959)*

Zuallererst brauchen wir aber eine klare Haltung. Ein Verständnis von Deutschland, das Zugehörigkeit nicht auf einen Pass, eine Familiengeschichte oder einen Glauben verengt, sondern breiter angelegt ist. Das Christentum gehört zweifelsfrei zu Deutschland. Das Judentum gehört zweifelsfrei zu Deutschland. Das ist unsere christlich-jüdische Geschichte. Aber der Islam gehört inzwischen auch zu Deutschland. Vor fast 200 Jahren hat es Johann Wolfgang von Goethe in seinem „West-östlichen Divan" zum Ausdruck gebracht: „Wer sich selbst und andere kennt, wird auch hier erkennen: Orient und Okzident sind nicht mehr zu trennen." (2010)

Joachim Gauck (1940)*

ZEIT: Den Satz Ihres Vorgängers, „Der Islam gehört zu Deutschland", haben Sie bisher nicht übernommen.

Gauck: Nein, aber seine Intention nehme ich an. Die Absicht war die, zu sagen: Leute, bitte einmal tief durchatmen und sich der Wirklichkeit öffnen. Und die Wirklichkeit ist, dass in diesem Lande viele Muslime leben.

ZEIT: Wie hätten Sie den Satz formuliert, haben Sie sich das gefragt?

Gauck: Ich hätte einfach gesagt, die Muslime, die hier leben, gehören zu Deutschland. Ich habe in meiner Antrittsrede von der Gemeinsamkeit der Verschiedenen gesprochen. Dahinter steckt eine Vorstellung von Beheimatung nicht durch Geburt, sondern der Bejahung des Ortes und der Normen, die an diesem Ort gelten. Jeder, der hierher gekommen ist und nicht nur Steuern bezahlt, sondern auch hier gerne ist, auch weil er hier Rechte und Freiheiten hat, die er dort, wo er herkommt, nicht hat, der gehört zu uns, solange er diese Grundlagen nicht negiert. Deshalb sind Ein-Satz-Formulierungen über Zugehörigkeit immer problematisch, erst recht, wenn es um so heikle Dinge geht wie Religion. Da kann ich diejenigen eben auch verstehen, die fragen: Wo hat denn der Islam dieses Europa geprägt, hat er die Aufklärung erlebt, gar eine Reformation? Dafür habe ich Verständnis, solange das keinen rassistischen Unterton hat. (2012)

1 *Stellen Sie fest, worin der Unterschied der auf den Islam bezogenen Aussagen der beiden Bundespräsidenten besteht.*

2 *Diskutieren Sie, ob Sie eher der Position von Wulff oder der von Gauck zustimmen.*

Religionskonflikte und ihre Hintergründe

Immer wieder gibt es in der Welt Konflikte, bei denen auch Religionen eine Rolle spielen. Als Beispiele dafür lassen sich nennen:
- der Konflikt zwischen Katholiken und Protestanten in Nordirland;
- der Konflikt zwischen Israelis und Palästinensern im Nahen Osten;
- der Konflikt zwischen westlicher und islamischer Kultur;
- der Konflikt christlicher Gemeinden in Ländern mit mehrheitlich andersreligiösem Umfeld (vor allem in vom Islam geprägten Ländern);
- der Konflikt christlicher Gruppen mit bestimmten Politikfeldern (Schwangerschaftsabbruch, Gleichstellung von ehelichen und nichtehelichen Lebensgemeinschaften, Homosexualität usw.).

Eine angemessene Analyse dieser Konflikte macht die Berücksichtigung unterschiedlicher Aspekte und deshalb die Zusammenarbeit verschiedener Schulfächer erforderlich. Besonders interessant sind Verbindungen zum Fach Sozialkunde/Politik. Beispielsweise im Blick auf den Konflikt zwischen westlicher und islamischer Kultur in arabischen Ländern können folgende Fragen bearbeitet werden:

Religion
- Welche religiösen Überzeugungen stehen hinter dem Konflikt?
- Welche religiösen Traditionen werden aus der Sicht der Religionen durch die westliche Kultur bedroht?
- Welche Erwartungen haben die Religionen an den Staat?
- Wie wird die Zugehörigkeit zu einer Religion von den Religionsgemeinschaften definiert?
- Welche Konfliktlösungen werden von den Religionen selbst vorgeschlagen?

Sozialkunde/Politik
- Wie geht die Politik in arabischen Ländern mit Religion um?
- Welche Bedeutung hat die islamische Kultur für die Politik? Welche Interessen verbinden sich mit dieser Kultur?
- Was sieht die Verfassung in den arabischen Ländern für das Verhältnis zwischen Staat und Religion vor? Gibt es eine Trennung von Staat und Religion?
- Wie ist die Religionsfreiheit staatlich geschützt?
- Welche politischen Konfliktlösungen wären denkbar?

Obwohl die Bearbeitung der Fragen die Zusammenarbeit zwischen den Disziplinen oder Fächern voraussetzt, kommt eine solche Kooperation faktisch nur selten zustande. Gerade das Beispiel „Religionskonflikte" kann sich dazu eignen, auch die Frage zu klären, warum die Zusammenarbeit so schwerfällt.

Wille Gottes – Konflikt mit Menschenrechten?

M 45 (K)ein kleiner Unterschied

In diesem Kapitel wurden Religion und Religionen aus unterschiedlichen Perspektiven, in ihren verschiedenen Ausdrucksformen und in ihrer Bedeutung für Mensch und Gesellschaft bearbeitet. Eine entscheidende Frage dabei für die Zukunft ist: Wie wird und soll sich „Religion“ entwickeln? Und dies unter den veränderten Bedingungen von Gesellschaften, für die Ausübung und Rituale der Religionen nicht mehr zu den Selbstverständlichkeiten des Lebens gehören, ja im Einzelfall sogar in Spannung mit Rechten gesehen wird, die nach den Menschenrechtskonventionen für alle Menschen gelten sollten, wie beispielsweise:

- der Ritus der Beschneidung im Säuglings- oder Kindesalter (Judentum und Islam);
- das Recht des Ehemanns, die Ehefrau zu strafen (Islam);
- die Taufe von unmündigen Kindern (Christentum).

In welchem Verhältnis stehen dabei die religiöse Tradition, das (Erziehungs-)Recht der Eltern und das Recht des einzelnen Menschen auf Unversehrtheit und Selbstbestimmung zueinander? Bearbeiten Sie als Beispiel dieser komplexen Fragestellungen das Ritual der Beschneidung.

Ritual der Beschneidung – Perspektiven der Beurteilung

M 46

Juristische Perspektive: Nach dem Urteil eines Kölner Gerichts (Mai 2012) widerspricht die religiös motivierte Beschneidung eines (muslimischen) Kindes dem Kindeswohl und erfüllt den Tatbestand der einfachen Körperverletzung. Die Religionsfreiheit und das Erziehungsrecht der Eltern würden nicht unzumutbar beeinträchtigt, wenn sie warten, bis das Kind selbst über dieses Ritual bestimmen kann. Andere Juristen halten dieses Urteil für falsch, da die Beschneidung für Juden und Muslime als Grundritual ihrer Religion unter die grundgesetzlich garantierte freie Religionsausübung fällt. Der Deutsche Bundestag hat ein Gesetz verabschiedet, das weiterhin Rechtsschutz bietet, sofern die Beschneidung medizinisch fachgerecht ausgeführt wird.

Biblische Perspektive: Alles, was männlich ist unter euch, soll beschnitten werden […]. Das soll das Zeichen sein des Bundes zwischen mir und euch. Jedes Knäblein, wenns acht Tage alt ist, sollt ihr beschneiden bei euren Nachkommen. (Gen 17,10 ff.) Siehe, der Himmel […] und die Erde und alles, was darinnen ist, das ist des Herrn, deines Gottes. Und doch hat er deine Väter nur angenommen, weil er sie liebte, und hat ihre Nachkommen, nämlich euch, erwählt aus allen Völkern […] So beschneidet nun eure Herzen und seid nicht mehr halsstarrig. Denn der Herr, euer Gott, ist […] der Herr über alle Herren. (Dt 10,14 ff.)

Nicht der ist ein Jude, der es äußerlich ist, auch ist nicht das die Beschneidung, die äußerlich am Fleisch geschieht; sondern der ist ein Jude, der es inwendig verborgen ist, und das ist die Beschneidung des Herzens, die im Geist und nicht im Buchstaben geschieht. (Rm 2,28 f.)

Medizinische Perspektive: Professor Dr. Zernikow, Leiter des Deutschen Kinderschmerzzentrums, stellt fest, dass die Beschneidung mit heftigen Schmerzen verbunden sei, die auch bei späteren Eingriffen die Schmerzempfindlichkeit steigern könne. Der Eingriff sei nicht mit dem Eid des Arztes vereinbar, wonach keine Operation zulässig sei, die nicht aus medizinischen Gründen und mit Einwilligung des Patienten erfolgt. Dr. Deusel, Oberärztin für Kinderurologie und Gemeinderabbinerin, weist demgegenüber auf die medizinischen Vorteile des Beschnittenseins im Blick auf Hygiene hin, die nachweislich zur Vermeidung von Infektionen bis hin zu Krebserkrankungen im Geschlechtsbereich von Männern und Frauen beitragen könne.

Perspektive der Religionsgemeinschaft: Auch wenn es aus biblischer Sicht weitere konstitutive „Bundeszeichen“ für die Zugehörigkeit zu Israel gibt (z. B. den Sabbat), wird die Beschneidung als so zentral angesehen, dass der Zentralrat der Juden in Deutschland erklärt, dass derjenige, der seinen Sohn nicht beschneiden lässt oder diese Beschneidung später nachholt, sich außerhalb des Bundes zwischen Gott und Israel stellt. Im Islam wird die Beschneidung nicht im Koran geboten, ist aber Teil der bindenden Überlieferung (Hadith).

1 *Bilden Sie Expertengruppen und erarbeiten Sie zu jeder Perspektive eine Stellungnahme.*

2 *Diskutieren Sie die Frage von religiösen „Einstiegsritualen“ – wie Beschneidung und Taufe an (unmündigen) Kindern – im Hinblick auf Erziehungsrecht der Eltern, Recht des Kindes auf Unversehrtheit und Selbstbestimmung, Recht auf freie Religionsausübung, religiöses Gebot.*

3 *Erarbeiten Sie Statements zum Thema „Zukunft der Religionen in einer freien Gesellschaft“.*

Wir und die Wirklichkeit

1 Welchen Vorgang sehen Sie?

Das Bild wurde mehreren Personen zur Deutung vorgelegt. Fast alle Befragten nahmen an, das Foto zeige einen Vulkanausbruch. Einige gaben zu bedenken, dass Rauch und Asche sich nicht in einer so klar abgegrenzten Form ausbreiten könnten. Dieser Einwand ließ sie aber nicht ihre ursprüngliche Deutung zurücknehmen, obwohl sie die Voraussetzungen dafür hatten: Auf Nachfrage erwies sich, dass ihnen der Zusammenhang zwischen Lichtquelle, beleuchtetem Gegenstand und Projektionsfläche für eine Schattenbildung durchaus bekannt war. So hätten sie das fotografierte Naturschauspiel durchaus erkennen können: Einen bei Sonnenaufgang angestrahlten Berg, der seinen Schatten auf eine niedrige Wolkendecke wirft.

Wie kommt es, dass nur wenige Betrachter die richtige Lösung gefunden haben?

Diskutieren Sie:
- Es liegt am Bild.
- Es liegt am abgebildeten Naturschauspiel.
- Es liegt an den Betrachtern.
- Es liegt an den Umständen, unter denen Betrachter und Bild aufeinandertreffen.
- Es liegt an anderen Gründen, nämlich …

2 Stellen Sie Merkmale von Wahrnehmung und Deutung zusammen.

3 Vergleichen Sie Ihre Überlegungen mit den Positionen auf den folgenden Seiten.

Sinnlich erfassen – denkend gestalten

John Locke

Wie entstehen Erkenntnisse, auf die wir uns verlassen: Durch die uns umgebende Wirklichkeit, die wir nur richtig erfassen müssen? Oder durch uns Menschen, indem wir die Außenwelt mit unseren geistigen Möglichkeiten schaffen, bearbeiten, handhabbar machen? Hierzu folgen die Antworten besonders der Philosophen John Locke, Immanuel Kant und Ernst von Glasersfeld.
In seinem Werk „An Essay Concerning Human Understanding" von 1690 beschreibt John Locke, wie sich der menschliche Geist entwickle. Er geht davon aus, dass der Mensch bei seiner Geburt einer „Tabula rasa", einer unbeschriebenen Tafel, gleiche. Die angeborene Denkfähigkeit brauche, um in Aktion treten zu können, nun Material: die Ideen (ideas) – im weitesten Sinne verstanden als Bewusstseinsinhalte.

M1 Erkenntnis durch Erfassen – John Locke

Hans Joachim Störig (1915–2012)

Im zweiten Buch (seines Werkes) führt Locke den eingehenden Nachweis, dass alle Ideen aus der Erfahrung stammen. Er kommt dabei zu folgender Einteilung:
A. *Einfache Ideen* nennt er (im Gegensatz zu komplexen) die einfachsten Bausteine unseres Denkens, einfache Abbilder von Eindrücken.
a) Äußere Erfahrung (sensation) ist die eine Quelle, aus der einfache Ideen ins Bewusstsein gelangen. Die äußere Erfahrung ist das Primäre, das erste Geschäft des Menschen ist es, sich mit der ihn umgebenden Welt bekannt zu machen.

Locke erkennt, dass das, was durch solche Wahrnehmung ins Bewusstsein gelangt, niemals die Dinge (Substanzen) selbst, sondern immer nur Qualitäten sind. Er unterscheidet, wie andere Philosophen vor ihm, primäre und sekundäre Qualitäten. Zu den primären Qualitäten zählt er Ausdehnung und Gestalt der Körper, ihre Festigkeit (Undurchdringlichkeit), ihre Anzahl sowie Bewegung und Ruhe. Die Eigenschaften haften den Körpern konstant an. Es besteht kein Grund, anzunehmen, dass die Dinge in dieser Beziehung nicht so sein sollten, wie wir sie wahrnehmen. Zwischen Wirklichkeit und Wahrnehmung besteht hier ein direkter und begreiflicher Zusammenhang.

Die sekundären Eigenschaften: Farbe, Geschmack, Geruch, Temperatur, Schall kommen den Körpern nicht konstant, sondern nur gelegentlich und in bestimmten Beziehungen zu. Ein Körper ist warm, dann kalt, die Farbe kann wechseln usw. […]
b) Innere Erfahrung (reflexion) nennt Locke die Eindrücke, welche entstehen, wenn das Bewusstsein nicht Eindrücke von außen empfängt, sondern sich gleichsam auf sich selbst zurückwendet (reflektiert) und seine eigene Tätigkeit beobachtet. Er unterscheidet das Erkennen (Wahrnehmen, Erinnern, Unterscheiden, Vergleichen) und das Wollen […].
B. *Komplexe Ideen* bildet der Verstand durch Kombination aus den einfachen, so wie aus den Buchstaben des Alphabets durch Kombination die Wörter gebildet werden. Hier wie dort sind die Kombinationsmöglichkeiten fast unbegrenzt, aber so wenig durch Bildung noch so vieler Wörter ein einziger neuer Buchstabe entsteht, so wenig kann das Denken dem durch die Erfahrung gegebenen Bestand an einfachen Ideen eine einzige hinzufügen. Locke unterscheidet drei Arten zusammengesetzter Ideen:
a) Modi: Unter diesen zählt er Anzahl, Raum, Dauer u. a. auf;

b) Substanzen: Gott, Geist, Körper;
c) Relationen: Zu ihnen gehören die Begriffspaare Identität und Verschiedenheit, Ursache und Wirkung, Zeit und Raum.

Den komplexen Ideen entspricht, da sie ja nur durch Kombination im Verstand entstehen, grundsätzlich nichts Wirkliches. Das gilt insbesondere für alle Arten von allgemeinen Begriffen. (2004)

1 *Erläutern Sie die Leistungen, die das Denken für die Entwicklung des menschlichen Geistes nach Locke erbringt.*

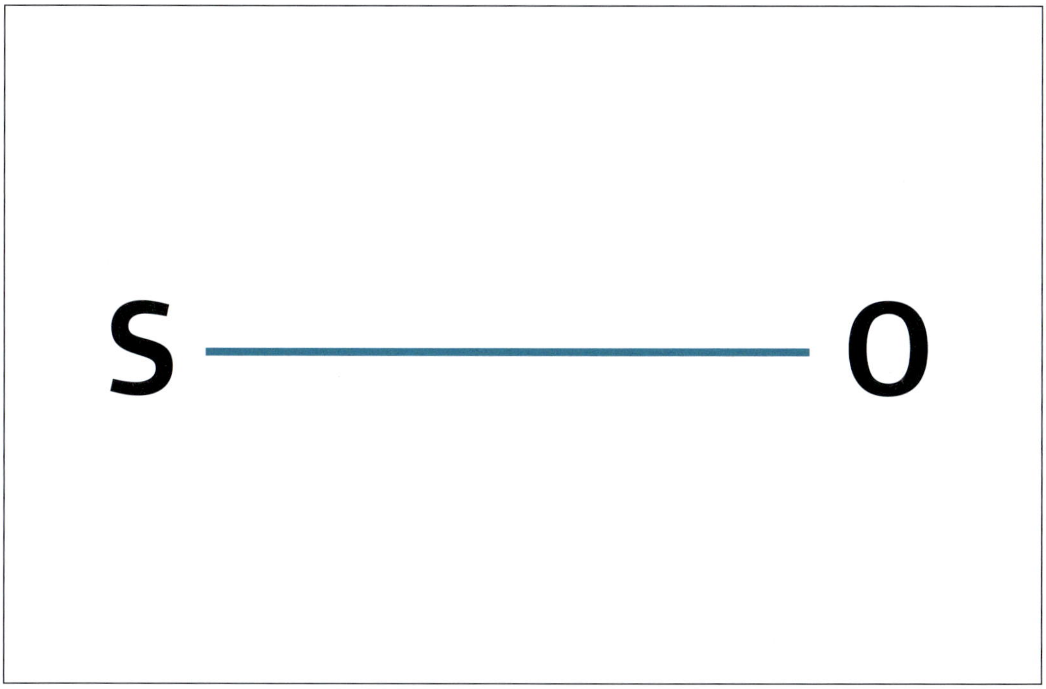

2 *Stellen Sie in einer Zeichnung dar, wie nach Locke Erkenntnis entsteht: Stellen Sie dazu Mensch (S = Subjekt) und Außenwelt/Dinge (O = Objekt) einander gegenüber (siehe Grafik) und kennzeichnen Sie deren Verhältnis zueinander durch eine Pfeilspitze. Überprüfen Sie Ihre Entscheidung für eine Pfeilrichtung, wenn Sie weitere Aussagen des Textes zur Bildung menschlicher Erkenntnis grafisch integrieren. – Anregungen und Hilfen zur Gestaltung finden Sie in der Methodenbeschreibung auf der folgenden Seite.*

Texte grafisch darstellen

Zweck:

- Starke Vereinfachung, eine Konzentration auf das Wesentliche, die Vermittlung von Übersicht, die Erhöhung von „Merkbarkeit"
- Veranschaulichung – etwa bei einem Referat
- Grundlage für Erörterung und Vergleich (in diesem Kapitel: unterschiedliche Bewertung des Verhältnisses zwischen Subjekt und Objekt, Mensch und Umwelt)

Anwendung:

- Darstellung bestimmter Personenkonstellationen (Beziehungen, Abhängigkeiten)
- Darstellung von Positionen (z. B. in philosophischen Texten)
- Darstellung von Sachzusammenhängen, Voraussetzungen eines Problems, Verknüpfung von Bedingungen und Zielen
- Darstellungen von Entwicklungen (z. B. Flussdiagramme)

Mittel:

Anordnung von Personen, Positionen, Problemen (gegenüber, oben/unten, näher/ferner, in Blöcken, isoliert)

→ Wer wirkt auf wen ein? Was folgt jeweils?

↔ Darstellung von gegenseitigen Abhängigkeiten, Reaktionen

○ Integration oder Ausschluss verschiedener Aspekte/Personen

Schnittmengen, Gemeinsamkeiten zweier Bereiche, Gruppen

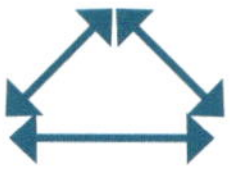

Drei Aspekte einer Sache, Abhängigkeit zwischen drei Werten, Interessen, Dreiecksbeziehung, zwei Personen mit Bezug auf eine Sache

||| Kennzeichnung von Unterbrechungen (von Kommunikation, Beziehungen, Vorgängen)

Je nach Intensität der Zusammenhänge; Einsatz unterschiedlicher Farben möglich

Linien können mit einem erklärenden Stichwort beschriftet werden.

Grundsatz:

Die Grafisierung einfach halten und nur mit wenigen grafischen Symbolen arbeiten (Beispiel für eine Grafisierung ↗ S. 69).

Verlässliche Wahrnehmung?

M2

1 *Wir sehen die mittleren Kreise unterschiedlich groß. Messen Sie nach.*

2 *Beschreiben Sie, worin die Ursache für den optischen Eindruck liegt.*

Psychologen machten diesen Sachverhalt der Täuschung zum Gegenstand einer Untersuchung. Sie ließen Golfer zehn Mal aus einer Entfernung von dreieinhalb Metern den Ball auf ein Loch spielen. Mit einem Projektor umgaben die Forscher das Ziel entweder mit kleinen oder mit großen Kreisen. Die Teilnehmer schätzten das Loch größer ein, wenn es von kleinen Kreisen umgeben war, und – das ist die verblüffende sportliche Komponente – in diesem Fall trafen sie auch besser.

3 *Äußern Sie eine Vermutung über den Zusammenhang von sinnlicher Wahrnehmung und Leistung.*

Über eine Täuschungsepidemie berichtet der Philosoph und Psychotherapeut Paul Watzlawick in seinem Buch „Wie wirklich ist die Wirklichkeit?".

Die zerkratzten Windschutzscheiben

M3

Paul Watzlawick (1921–2007)

Gegen Ende der fünfziger Jahre brach in der Stadt Seattle eine merkwürdige Epidemie aus: Immer mehr Autobesitzer mussten feststellen, dass ihre Windschutzscheiben von kleinen pocken- oder kraterähnlichen Kratzern übersät waren. Das Phänomen nahm so rasch überhand, dass Präsident Eisenhower auf Wunsch Rosollinis, des Gouverneurs des Staates Washington, eine Gruppe von Sachverständigen des Bundeseichamtes zur Aufklärung des Rätsels nach Seattle entsandte. Laut Jackson, der den Verlauf der Untersuchung später zusammenfasste, fand diese Kommission sehr bald, dass unter den Einwohnern der Stadt zwei Theorien über die Windschutzscheiben im Umlauf waren. Auf Grund der einen, der sogenannten „Fallout"-Theorie, hatten kürzlich abgehaltene russische Atomtests die Atmosphäre verseucht, und der dadurch erzeugte radioaktive Niederschlag hatte sich in Seattles feuchtem Klima in einen glasätzenden Tau verwandelt. Die „Asphalttheoretiker" dagegen waren überzeugt, dass die langen Strecken frisch asphaltierter Autobahnen, die Gouverneur Rosollinis ehrgeiziges Straßenbauprogramm hervorgebracht hatte, wiederum unter dem Einfluss der sehr feuchten Atmosphäre Seattles Säuretröpfchen gegen die bisher unversehrten Windschutzscheiben spritzten. Statt diese beiden Theorien zu untersuchen, konzentrierten sich die Männer des Eichamtes auf einen viel greifbareren Sachverhalt und fanden, dass in ganz Seattle keinerlei Zunahme an zerkratzten Autoscheiben festzustellen war.

In Wahrheit war es vielmehr zu einem Massenphänomen gekommen: Als sich die Berichte über pockennarbige Windschutzscheiben häuften, untersuchten immer mehr Autofahrer ihre Wagen. Die meisten taten dies, indem sie sich von außen über die Scheiben beugten und sie auf kürzeste Entfernung prüften, statt wie bisher von innen und unter dem normalen Winkel durch die Scheiben durchzusehen. In diesem ungewöhnlichen Blickwinkel hoben sich die Kratzer klar ab, die normalerweise und auf jeden Fall bei einem im Gebrauch stehenden Wagen vorhanden sind. Was sich also in Seattle ergeben hatte, war keine Epidemie beschädigter, sondern angestarrter Windschutzscheiben. (1976)

1 *Beschreiben Sie den Beitrag der Sinne für die Wahrheitsfindung.*

Immanuel Kant

Die Frage, wie menschliche Erkenntnis zustande kommt, findet auch in der Gegenwart unterschiedliche Antworten. Gemeinsam ist fast allen Lösungen, dass sie sich an den grundlegenden erkenntnistheoretischen Gedanken des Philosophen Immanuel Kant messen.

M 4 Das Erkenntnisvermögen des Menschen

Eine wesentliche Einschränkung macht Kant für die Erkenntnis der Dinge: Wir können nur deren Erscheinungen, nicht aber sie selbst erkennen. Die Zusammenhänge zwischen den Dingen können wir richtig und zuverlässig für alle Zeit, für jeden Menschen erfassen, weil wir ein Erkenntnisvermögen haben, das über Kategorien und Gesetzmäßigkeiten verfügt, die wir auf alles von außen Erfahrene anwenden können. Diese Kategorien – etwa der Gedanke der Kausalität – seien in uns bereits vor Einsetzen aller Erfahrung (a priori) vorhanden. Die uns begegnenden Erscheinungen werden also durch derartige Verfahren, die allen Menschen zur Verfügung stehen, geordnet, gegliedert, beurteilt, gestaltet: „Der Verstand schöpft seine Gesetze (a priori) nicht aus der Natur, sondern schreibt sie dieser vor."

In der Vorrede zur zweiten Auflage seiner „Kritik der reinen Vernunft" bezeichnet Kant seinen neuen erkenntnistheoretischen Ansatz als Kopernikanische Wende.

Erkenntnis als Schaffen

M5

Immanuel Kant (1724–1804)

Bisher nahm man an, alle unsere Erkenntnis müsse sich nach den Gegenständen richten; aber alle Versuche, über sie a priori etwas durch Begriffe auszumachen, wodurch unsere Erkenntnis erweitert würde, gingen unter dieser Voraussetzung zunichte. Man versuche es daher einmal, ob wir nicht in den Aufgaben der Metaphysik damit besser fortkommen, dass wir annehmen, die Gegenstände müssen sich nach unserem Erkenntnis richten, welches so schon besser mit der verlangten Möglichkeit einer Erkenntnis derselben a priori zusammenstimmt, die über Gegenstände, ehe sie uns gegeben werden, etwas festsetzen soll. Es ist hiemit eben so, als mit den ersten Gedanken des Kopernikus bewandt, der, nachdem es mit der Erklärung der Himmelsbewegungen nicht gut fort wollte, wenn er annahm, das ganze Sternheer drehe sich um den Zuschauer, versuchte, ob es nicht besser gelingen möchte, wenn er den Zuschauer sich drehen und dagegen die Sterne in Ruhe ließ. In der Metaphysik kann man nun, was die Anschauung der Gegenstände betrifft, es auf ähnliche Weise versuchen. Wenn die Anschauung sich nach der Beschaffenheit der Gegenstände richten müsste, so sehe ich nicht ein, wie man a priori von ihr etwas wissen könne; richtet sich aber der Gegenstand (als Objekt der Sinne) nach der Beschaffenheit unseres Anschauungsvermögens, so kann ich mir diese Möglichkeit ganz wohl vorstellen. (1787)

1 Stellen Sie in einer Skizze dar, wie nach Kant Erkenntnis abläuft.

2 Erklären Sie mit Bezug auf Locke (→ M1) die große Wende der Erkenntnistheorie bei Kant.

3 Welcher Auffassung stehen Sie näher? Begründen Sie Ihren Standpunkt.

Ernst von Glasersfeld

Der österreichische Philosoph Ernst von Glasersfeld wuchs mehrsprachig auf und machte selbst die Erfahrung, dass Zugänge zur Wirklichkeit je nach Sprache unterschiedlich sind. Dies war für ihn ein Anstoß zur Entwicklung seiner Konstruktivismus-Theorie, die auf zwei Thesen basiert:

- **Das denkende Subjekt nimmt Wissen nicht passiv auf, sondern baut es aktiv auf.**
- **Die Funktion der Kognition (Wahrnehmung) ist die Passung. Sie dient dazu, die Erfahrungswelt zu organisieren, und nicht dazu, eine „objektive" Realität zu entdecken.**

Passung schaffen – Konstruktivismus

M6

Ernst von Glasersfeld (1917–2010)

Trotz Kants These, dass der Verstand seine Gesetze nicht aus der Natur schöpft, sondern sie ihr vorschreibt, fühlen sich die meisten Wissenschaftler auch heute noch als „Entdecker", die Geheimnisse der Natur lüften und den menschlichen Wissensbereich langsam aber sicher erweitern; und unzählige Philosophen widmen sich der Aufgabe, diesem mühsam errungenen Wissen die unumstößliche Sicherheit zuzuschreiben, die alle Welt von der „echten" Wahrheit erwartet. Nach wie vor herrscht da die Auffassung, dass Wissen nur dann Wissen ist, wenn es die Welt erkennt, wie sie ist. […]

Der radikale Unterschied [des Konstruktivismus] liegt in dem Verhältnis zwischen Wissen und Wirklichkeit. Während die traditionelle Auffassung in der Erkenntnislehre sowie in der kognitiven Psychologie dieses Verhältnis stets als eine mehr oder weniger bildhafte (ikonische) Übereinstimmung oder Korrespondenz betrachtet, sieht der radikale Konstruktivismus es als Anpassung im funktionalen Sinn. In der englischen Alltagssprache kann man diesen begrifflichen Gegensatz in gewissen Zusammenhängen ziemlich klar zum Ausdruck bringen, indem man die Wörter *match* und *fit* gegeneinander ausspielt. Wenn man diese Wörter mit „stimmen" und „passen" ins Deutsche übersetzt, kann man den begrifflichen Gegensatz ebenfalls in manchen Situationen aufzeigen. Sagen wir zum Beispiel von einer Abbildung, dass sie „stimmt", so bedeutet das, dass sie das Abgebildete wiedergibt und mit ihm in irgendeiner Weise gleichförmig ist. (…)

Sagen wir andererseits von etwas, dass es „passt", so bedeutet das nicht mehr und nicht weniger, als dass es den Dienst leistet, den wir uns von ihm erhofften. Ein Schlüssel „passt", wenn er das Schloss aufsperrt. Das Passen beschreibt die Fähigkeit des Schlüssels, nicht aber das Schloss. Von den Berufseinbrechern wissen wir nur zu gut, dass es eine Menge Schlüssel gibt, die anders geformt sind als unsere, aber unsere Türen nichtsdestoweniger aufsperren. Das mag eine recht grobe Metapher sein, doch um den Hauptpunkt, um den es hier geht, ein wenig greifbarer zu machen, passt sie nicht schlecht. Vom Gesichtspunkt des radikalen Konstruktivismus aus stehen wir alle – Wissenschaftler, Philosophen, Laien, Schulkinder, Tiere, ja Lebewesen aller Art – unserer Umwelt gegenüber wie ein Einbrecher dem Schloss, das er aufsperren muss, um Beute zu machen.

Wenn das Wort „passen" so verstanden wird, dann entspricht es dem englischen „fit" in der Darwinschen und neodarwinistischen Evolutionstheorie. […] in einer Theorie, in der Überleben das einzige Kriterium der Auswahl der Arten ist, gibt es nur zwei Möglichkeiten: Entweder passt eine Art in ihre Umwelt, oder sie passt nicht; d. h. sie überlebt, oder sie stirbt aus. Nur ein außenstehender Beobachter, der ausdrücklich andere, zusätzliche Kriterien einführt als das bloße Überleben – etwa Ökonomie, Einfachheit oder Eleganz der Überlebensweise –, könnte auf Grund dieser zusätzlichen Wertungsskala von „besserem" oder „schlechterem" Überleben sprechen; aber in dem theoretischen Modell, dessen

Ein Autodieb bei der Arbeit

Funktion ja ausdrücklich nur auf der Überlebensfähigkeit der Arten beruht, lassen zusätzliche Urteile sich grundsätzlich nicht begründen.

In dieser einen Hinsicht auf den Begriff der *fitness* fällt das Grundprinzip der radikal-konstruktivistischen Erkenntnistheorie mit jenem der Evolutionstheorie zusammen: Wie die Umwelt den Lebewesen (organischen Strukturen) Schranken setzt und Varianten vernichtet, die den so umgrenzten Raum der Lebensmöglichkeiten überschreiten, so bildet die Erlebenswelt, sei es im Alltag oder im Laboratorium, den Prüfstein für unsere Ideen (kognitive Strukturen). Das gilt für die ersten Regelmäßigkeiten, die der Säugling in seiner noch kaum differenzierten Erfahrung etabliert, es gilt für die Regeln, mit deren Hilfe Erwachsene das tägliche Leben zu meistern trachten, und es gilt für die Hypothesen, Theorien und die sogenannten „Naturgesetze", die der Wissenschaftler formuliert in seinem Bemühen, der weitestmöglichen Erfahrungswelt dauerhafte Stabilität und Ordnung abzugewinnen. Regelmäßigkeiten, Faustregeln und Theorien erweisen sich im Licht weiterer Erfahrung als verlässlich oder nicht (es sei denn, wir führen den Begriff der Wahrscheinlichkeit ein – doch sobald wir das tun, geben wir die Bedingung, dass Wissen sicher sein muss, ja ausdrücklich auf). (1985)

1 *Stellen Sie das Verhältnis von Wissen und Wirklichkeit in einer Skizze dar.*

2 *Erläutern Sie, was diese konstruktivistische Position mit Kant (M4 und M5) gemeinsam hat.*

3 *Überprüfen Sie, inwieweit das Bild vom Einbruch der Erforschung der Natur entspricht.*

Inneres Sehen

M7 Der blinde Sänger

Sänger auf einer Treppenstufe des buddhistischen Bandoola Klosters in Mrauk U (Myanmar)

1 *Ist der Blinde auf dem Foto ein „behinderter" Sänger? Nutzen Sie das gesamte Bild für eine begründete Vermutung.*

M8 Die Lehre des Fuchses

In Antoine de Saint-Exupérys Buch „Der kleine Prinz" sagt der Fuchs zum kleinen Prinzen: „Hier ist mein Geheimnis. Es ist ganz einfach: Man sieht nur mit dem Herzen gut. Das Wesentliche ist für die Augen unsichtbar."

Glaubt man den vielen Zeugnissen menschlicher Erfahrung, machen die zweckgebundene Erfassung und Konstruktion, um die es in den erkenntnistheoretischen Texten geht, nur einen Teil unseres Suchens, Sehens, Auffassens aus. Das „andere Sehen", von dem der Dichter den Fuchs sprechen lässt, hat damit nichts gemein, steht sogar häufig im Widerspruch dazu. Wenn es vorkommt, dann nicht in systematisierenden Ausführungen wie in der Erkenntnistheorie, sondern eher in Geschichten, in Mythen, Poesie, in darstellender Kunst, in Visionen, Träumen und Botschaften der Religionen. Diese Art des Sehens erfasst eine andere, aber nicht geringere Realität, die unsere vordergründige Wirklichkeit widerlegen oder entkräften kann, indem sie unser Leben verändert.

Liebe und Sehen

Ein Vater-Sohn-Gespräch

M 9

VATER: Natürlich ist es deine Sache. Trotzdem verstehe ich nicht so ganz, worauf du eigentlich wartest. Also, wenn du Augen im Kopf hast … Sie ist eine sehr attraktive Frau!

SOHN: *Ich weiß, aber ich liebe sie nicht.*

VATER: Warum nicht?

SOHN: …?

VATER: Ich weiß, es ist nicht das Wichtigste, aber wichtig genug in heutiger Zeit: Ihr würdet euch beruflich fantastisch ergänzen. Du als Anwalt für Wirtschaftsrecht, sie als Steuerberaterin: Ihr passt genau in unsere Kanzlei.

SOHN: *Ich weiß, aber ich liebe sie nicht.*

VATER: Ich brauche wohl nicht zu erwähnen, dass sie Klasse hat. Ich kenne ihre Eltern ja schon aus Studienzeiten. Eine bessere Verbindung kann ich mir nicht vorstellen.

SOHN: *Ich weiß, aber ich liebe sie nicht.*

VATER: Als deine Mutter und ich heirateten, waren das auch nicht die großen Gefühle. Aber wir haben gemeinsam etwas aufgebaut und gut zusammengefunden. Eure Voraussetzungen sind da noch erheblich besser. Glaub mir, bei euch könnte nun wirklich nichts schief gehen.

SOHN: *Ich weiß, aber ich liebe sie nicht.*

VATER: Muss ich mir dieses unreife Gerede anhören? Komm in die Wirklichkeit! Das soziale und kulturelle Umfeld stimmt, die wirtschaftlichen Bedingungen sind optimal, und – keine Angst! – die Hormone werden sich bei dir auch noch bemerkbar machen. Oder wolltest du mir vielleicht etwas sagen, was ich nicht weiß oder nicht richtig sehe?

SOHN: *Ja. Ich liebe sie nicht.*

1 *Erklären Sie das Missverständnis. Wer hat Recht: der Vater, der Sohn, beide?*

2 *Welche der unterschiedlichen Sichtweisen kann/können „Wirklichkeit" für sich beanspruchen?*

3 *Begründen Sie Ihre Auffassung und erläutern Sie den von Ihnen verwendeten Wirklichkeitsbegriff.*

Verblendung und Sehen

Der Ödipus-Mythos

M 10

Einer der wohl bekanntesten Mythen der Antike handelt vom thebanischen König Oidipus: Er wird als kleines Kind ausgesetzt, weil ein Orakelspruch prophezeit hat, dass er seinen Vater, den König von Theben, töten werde. Ein Hirte findet ihn und übergibt ihn dem König von Korinth und dessen Gemahlin, die ihn als eigenes Kind aufziehen. Die unheilvolle Prophezeiung erfüllt sich, als der herangewachsene junge Mann in Delphi vom Orakelspruch erfährt und beschließt, seine vermeintlichen Eltern in Korinth zu meiden. Auf seiner Wanderung begegnet er seinem wirklichen, ihm unbekannten Vater und erschlägt ihn im Streit um die Freigabe des Weges. Danach gelangt er nach Theben und befreit die Stadt von der Sphinx, einem furchtbaren Mensch-Tier-Wesen, indem er ein Rätsel löst, das ihm das Ungeheuer stellt. Oidipus erhält als Lohn für seinen rettenden Scharfsinn die durch seine Schuld verwitwete Königin – seine Mutter – zur Frau und wird so König von Theben.

In seinem Drama „König Oidipus“ entwickelt der altgriechische Dramendichter Sophokles, wie der König selbst schrittweise die Wahrheit seiner furchtbaren Vergangenheit, den Mord am Vater und den Inzest mit der Mutter aufdeckt. Anlass dazu ist eine schwere Seuche, die Theben heimsucht. Rettung sei nur möglich – so das von des Königs Schwager Kreon befragte apollinische Orakel – wenn der Mörder des letzten Königs von Theben gefunden und bestraft werde.

Oidipus verhört den blinden Seher Teiresias, der als „Fürst der Seher“ gilt. Doch der will zunächst sein Wissen nicht preisgeben. Oidipus wird wegen dieser Weigerung immer zorniger; er droht dem alten Mann und beleidigt ihn, bis dieser sein Wissen offenbart.

M 11 König Oidipus und der blinde Seher

Sophokles (496–406)

TEIRESIAS: Der Mörder, sag ich, den du suchst, bist du!
OIDIPUS: Das sagst du nicht zum zweiten Mal so ruhig!
T.: Du ahnst nicht, sag ich dir, dass mit den Nächsten
Du gräulichen Verkehr hast, blinder Tor.
O.: Glaubst du, du kannst so ewig weiterschmähen?
T.: Solange noch die Wahrheit ist in Kraft.
O.: Sie ist's, doch nicht in dir; du kennst sie nicht.
Du bist auf Ohr und Hirn und Auge blind. [...]
Hätt ich geahnt, dass du ein Narr geworden,
Ich hätte dich zu rufen mich gehütet.
T.: So bin ich denn ein Narr in deinen Augen,
Bei deinen Eltern galt ich als ein Weiser.
O.: Bei meinen Eltern? Bleib! Wer waren sie?
T.: Noch dieser Tag gibt dir Geburt und Grab.
O.: Du sprichst in allzu rätselhaften Rätseln!
T.: Und bist du nicht der Held, der Rätsel löst?
O.: Verhöhn mich nur! Das ist doch meine Größe.
T.: Die Kunst ist's grade, die dich niederstürzt.

Nachdem die Wahrheit offenbar geworden ist, bringt sich Oidipus' Mutter/Gemahlin um. Ein Diener berichtet, wie Oidipus das Furchtbare entdeckt:

Da sehen wir die Königin erhängt,
An einem Stricke hängend überm Bett.
Bei diesem Anblick schreit der König auf,
Des Seiles Schlinge löst er ab, sodass
Der Leichnam nieder auf die Erde sinkt.
Und nun – entsetzlich war es anzuschaun –
Die goldnen Spangen, die der Königin
Das Kleid zusammenhielten, reißt er ab,
Holt aus und stößt sie sich in beide Augen
Und ruft: „Sie sollen nichts von dem mehr sehn,
Was ich erlitt und was ich Böses tat.
Nacht decke, was ich niemals sehen durfte,
Und ungesehen bleib, was gern ich sah.“
(vor 425 v. Chr.)

1 *Klären Sie die Bedeutungen von Sehen, Blindheit und Erkennen in diesem Text.*

Glaube und Sehen

Die Jünger Johannes und Petrus haben das leere Grab Jesu gesehen, und Maria von Magdala ist der Auferstandene am Grab erschienen. Sie sucht die Jünger auf, die sich in Jerusalem versteckt halten, und sagt ihnen: Ich habe den Herrn gesehen. Danach – am selben Tag noch – geschieht Folgendes:

Der ungläubige Thomas

M 12

Joh 20,19–29

19 […] als die Jünger versammelt und die Türen verschlossen waren aus Furcht vor den Juden, kam Jesus und trat mitten unter sie und spricht zu ihnen: Friede sei mit euch!

20 Und als er das gesagt hatte, zeigte er ihnen die Hände und seine Seite. Da wurden die Jünger froh, dass sie den Herrn sahen. […]

24 Thomas aber, der Zwilling genannt wird, einer der Zwölf, war nicht bei ihnen, als Jesus kam.

25 Da sagten die anderen Jünger zu ihm: Wir haben den Herrn gesehen. Er aber sprach zu ihnen: Wenn ich nicht in seinen Händen die Nägelmale sehe und meinen Finger in die Nägelmale lege und meine Hand in die Seite lege, kann ich's nicht glauben.

26 Und nach acht Tagen waren seine Jünger abermals drinnen versammelt, und Thomas war bei ihnen. Kommt Jesus, als die Türen verschlossen waren, und tritt mitten unter sie und spricht: Friede sei mit euch!

27 Danach spricht er zu Thomas: Reiche deinen Finger her und sieh meine Hände, und reiche deine Hand her und lege sie in meine Seite, und sei nicht ungläubig, sondern gläubig!

28 Thomas antwortete und sprach zu ihm: Mein Herr und mein Gott!

29 Spricht Jesus zu ihm: Weil du mich gesehen hast, Thomas, darum glaubst du. Selig sind, die nicht sehen und doch glauben! (um 100 n. Chr.)

1 *Formulieren Sie die Lehre dieser Geschichte über das Verhältnis von sinnlicher Wahrnehmung und Glauben.*

Den Heiligen sehen

Mensch und Ikone

M 13

Die orthodoxen Christen beten in ihren Häusern und Kirchen vor den Ikonen der Heiligen, die ihnen mit ihrem Leben und Sterben vertraut sind. Um die Ikonen hat es immer wieder theologischen Streit gegeben: Deren Gegner verwiesen auf das göttliche Bilderverbot (Ex 20,4) und auf den göttlichen Charakter Jesu Christi. Dagegen stand, dass in Jesus Christus Gott Mensch geworden sei.

787 präzisierte ein Konzil in Nicäa die Verehrung: Die „dem Abbild gewährte Ehre geht auf das Urbild (griech. prototypon) über." Auf diese Weise findet in der Ikone eine Verbindung zwischen dem betenden Menschen und dem Heiligen statt. Die Brückenfunktion zwischen Irdischem und Himmlischem drückt sich durch Stilisierung aus. Die Abkehr von realistischer Darstellung verweist auf Transzendenz (➚ S. 69): Verzicht auf Schatten und Perspektive, starke Betonung der Augenpartie, großer Heiligenschein (Nimbus, Aureole). Das Gold repräsentiert den Ewigkeitsbezug, die Farbe Rot bei Christus königliche Herrschaft, das Zinnoberrot bei den Heiligen ihr Blutzeugnis für ihren Glauben (Martyrium). Den Heiligen sind häufig Attribute beigegeben, die auch in der westlichen Ikonographie* eine wichtige Rolle spielen: der Hirtenstab des „guten Hirten" (Ps 23; Joh 10,1–18), das Lamm als Zeichen der Anwesenheit Jesu Christi (Joh 1,29).

Beispiel für ein derartiges Bild ist die Ikone des glaubensstarken Märtyrers Mamas, der – so die Legende – von Soldaten vor Gericht gebracht werden sollte, weil er eine drückende Steuerschuld nicht begleichen konnte. Auf dem Weg dorthin begegnet ihnen ein Löwe, der ein Lamm verschlingen will. Mamas rettet das Lamm, indem er den Löwen durch sein Wort bändigt, und reitet auf dem gezähmten Raubtier zum Gericht. Voller Furcht erlässt ihm der Richter die Steuer.

M 14 Der Heilige Mamas

gemalt von Konstanina Stephanaki

1 Nutzen Sie die Legende und den Text M13 für eine Bildbeschreibung (zur Methode *S. 179**).*

2 Erschließen Sie aus dem Bild Eigenschaften, die dem Heiligen zugeschrieben werden.

Ikone – ein Bild zwischen Himmel und Erde

M 15

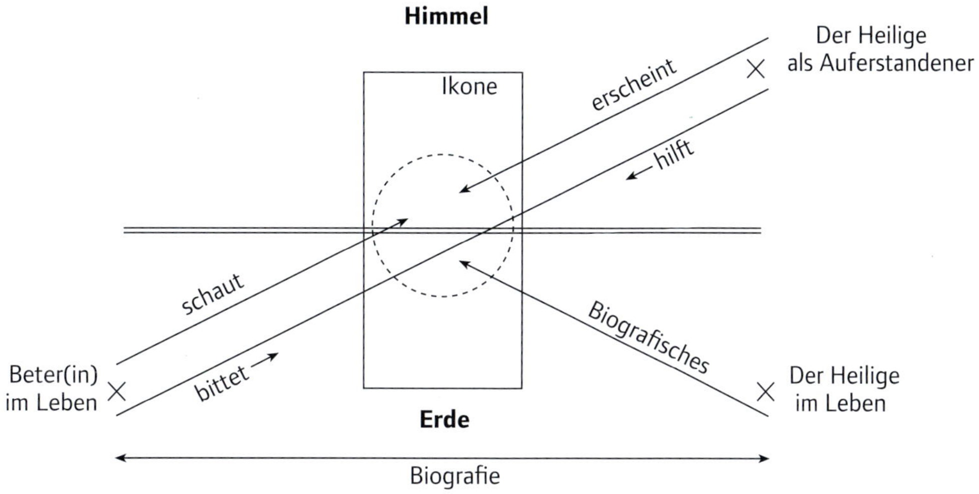

1 *Fassen Sie die Aussagen der Grafik in Worte.*

2 *Vergleichen Sie Ihre Sicht der Ikone mit der Auffassung des christlich-orthodoxen Glaubens.*

Transzendenz

Schlüsselwissen

Transzendenz kommt vom lateinischen Wort *transcendere* (übersteigen, überschreiten), z. B. im militärischen Sinn Mauern (muros), die Alpen (alpes), auch: die Grenzen des Rechts (fines iuris). Die Vorgänge enthalten drei Elemente:
- ein bekanntes diesseitiges Gebiet,
- ein jenseitiges, meist unbekanntes Gebiet,
- das Übersteigen einer Grenze zwischen beiden.

1. Viele Menschen orientieren sich allein in ihrer Umwelt und innerhalb der dadurch ermöglichten Erfahrungen. Das Verschieben von Grenzen ist für sie allein innerhalb dieses gesetzten Rahmens möglich, die letzte unabänderliche Grenze ist der Tod. Die Beschränkung auf ein innerweltliches Sein bezeichnet man als *Immanenz* (Innewohnen, -bleiben).
2. Im Gegensatz dazu glauben andere Menschen an eine Wirklichkeit, die den Gesetzen und Bedingungen der Welt nicht folgt und alle dinglichen Erfahrungen übersteigt. Die Vorstellungen von dieser Welt sind sehr unterschiedlich: Ihre Bildlichkeit leitet sich von diesseitigen Erfahrungen und Hoffnungen her: Paradies, ewige Jagdgründe, der Himmel im Sinne von *heaven* (nicht *sky*), Wohnort Gottes – mit vielen Wohnungen, Gottes Reich, ein Bei-Gott-Sein. Diese andere, verborgene und unzulänglich vorgestellte Wirklichkeit bezeichnet man – wie auch den Vorgang des Übersteigens – als *Transzendenz* (➚ M13).
3. Transzendenz als Vorgang kann sich anbahnen in der Meditation, im Gebet, in der Vision, im Traum, in der Versenkung, in die uns Musik, Bilder, Ikonen, Formen dichter Sprache begleiten und führen. Der einzelne Mensch kann sich dabei durch die Gemeinde stärken lassen, mit ihr hören, sprechen und singen an religiös bedeutsamen und feierlichen Orten. Das müssen nicht nur Kirchenräume, sondern können auch ausgesuchte, beeindruckende Plätze, Landschaften oder Erscheinungen in der Natur sein (➚ S. 24–28).

Dieses Drei-Elemente-Bild wird nach christlichem Glauben dadurch überboten, dass Gott die trennende Mauer von seiner Seite überwindet, indem er in Jesus Christus zu uns kommt und sein Reich bereits in der Immanenz auf eine Vollendung hin beginnen lässt (➚ S. 195 f.). Auch in seiner Schöpfung und deren Entwicklung ist Gott fortwährend wirksam (➚ M31 bis M34). So ist Gott beides: Er ist verborgen und unfassbar, zugleich offenbart er sich uns.

Sichtbares und Unsichtbares Sehen

Die Sehnsucht nach einer Schau, die über unsere irdischen Begrenzungen hinausreicht, findet sich in den Visionen von Sehern und Heiligen wieder, in Bildern, Musik und Kunst. Die Hoffnung in diesen Zeugnissen geht von der Vorläufigkeit und Gebrochenheit unseres Lebens und Erlebens aus und richtet sich auf Erfüllung und Vollendung. Paulus drückt das in einem seiner Briefe so aus: „Wir sehen jetzt durch einen Spiegel ein dunkles Bild; dann aber von Angesicht zu Angesicht. Jetzt erkenne ich stückweise; dann aber werde ich erkennen, wie ich erkannt bin." (1. Kor 13,12)

M 16 Bilderteppich oder 1. Korinther 13,12

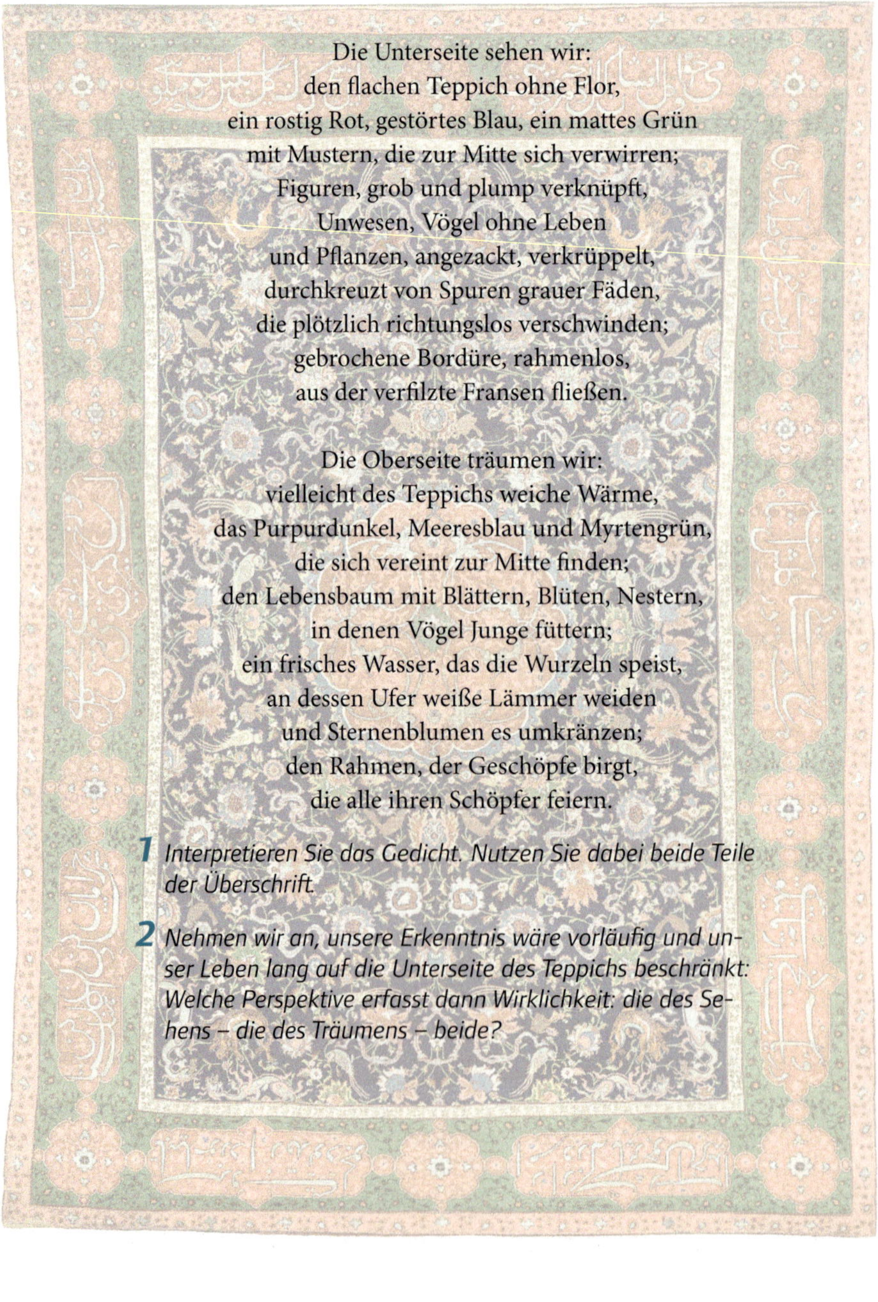

Die Unterseite sehen wir:
den flachen Teppich ohne Flor,
ein rostig Rot, gestörtes Blau, ein mattes Grün
mit Mustern, die zur Mitte sich verwirren;
Figuren, grob und plump verknüpft,
Unwesen, Vögel ohne Leben
und Pflanzen, angezackt, verkrüppelt,
durchkreuzt von Spuren grauer Fäden,
die plötzlich richtungslos verschwinden;
gebrochene Bordüre, rahmenlos,
aus der verfilzte Fransen fließen.

Die Oberseite träumen wir:
vielleicht des Teppichs weiche Wärme,
das Purpurdunkel, Meeresblau und Myrtengrün,
die sich vereint zur Mitte finden;
den Lebensbaum mit Blättern, Blüten, Nestern,
in denen Vögel Junge füttern;
ein frisches Wasser, das die Wurzeln speist,
an dessen Ufer weiße Lämmer weiden
und Sternenblumen es umkränzen;
den Rahmen, der Geschöpfe birgt,
die alle ihren Schöpfer feiern.

1 *Interpretieren Sie das Gedicht. Nutzen Sie dabei beide Teile der Überschrift.*

2 *Nehmen wir an, unsere Erkenntnis wäre vorläufig und unser Leben lang auf die Unterseite des Teppichs beschränkt: Welche Perspektive erfasst dann Wirklichkeit: die des Sehens – die des Träumens – beide?*

Wissenschaftlich denken – wissenschaftlich arbeiten

Skizze aus einem Manuskript von 1341: frater Occham iste – der Bruder Ockham

Dem Mönch und Gelehrten William of Ockham (um 1285–1347) wurde eine wissenschaftliche Regel zugeschrieben, die bis heute große Anerkennung findet: Gibt es mehrere Erklärungen zu einem Sachverhalt, wähle man die, welche mit den wenigsten Annahmen und Variablen auskommt. Dieses Prinzip der „Sparsamkeit" heißt in der Wissenschaftsgeschichte Ockhams razor (Ockhams Skalpell), weil es aufwändigere Erklärungen – mit mehr Annahmen, Bedingungen, Folgerungen – wie mit einem scharfen Messer wegschneidet.

1 *In M3 (➚ S. 59 f.) werden drei Lösungen für die Frage angeboten, was die Ursache von „zerkratzten Windschutzscheiben" sei. Wenden Sie „Ockhams razor" an.*

2 *Nennen und erklären Sie weitere Regeln, die die Wissenschaftlichkeit von Erklärungen absichern.*

Anhand von Aufsätzen zu Physik, Biologie und Wirtschaftswissenschaft stellt das folgende Teilkapitel grundlegende Fragen zu deren methodischen Vorgehensweisen und ihrem Anspruch auf Verlässlichkeit und Reichweite. Wie weit können die Wissenschaften „Gewissheit" und „Wahrheit" über ihren Forschungsgegenstand vermitteln? Wie verhalten sich Subjekt und Objekt zueinander? Welche Rolle nimmt der forschende Mensch ein?

Theorien in den Naturwissenschaften

Im Zusammenhang mit der Frage „Was ist Zeit?" referiert der Physiker Stephen Hawking, wie naturwissenschaftliche Beobachtungen in einer Theorie zusammengefasst werden können.

M 17 Merkmale einer wissenschaftlichen Theorie

Stephen Hawking (1942)*

Ich bin der Meinung, jede vernünftige wissenschaftliche Theorie, ob sie sich nun mit der Zeit oder einem anderen Konzept beschäftigt, sollte sich auf die für den Praktiker zweckmäßigste Wissenschaftsphilosophie gründen: den positivistischen Ansatz, den Karl Popper und andere entwickelt haben. Nach dieser Auffassung ist eine wissenschaftliche Theorie ein mathematisches Modell, das unsere Beobachtungen beschreibt und kodifiziert. Eine gute Theorie beschreibt ein großes Spektrum von Phänomenen auf der Grundlage einiger einfacher Postulate und macht eindeutige Vorhersagen, die sich überprüfen lassen. Wenn die Vorhersagen mit der Beobachtung übereinstimmen, dann hat die Theorie diesen Test bestanden, doch lässt sich nie vollständig beweisen, dass sie richtig ist. Stimmen die Beobachtungen hingegen nicht mit den Vorhersagen überein, müssen wir die Theorie aufgeben oder verändern. […] Wenn man, wie ich, den positivistischen Standpunkt bezieht, kann man die Frage, was die Zeit tatsächlich ist, nicht beantworten. Man kann lediglich beschreiben, was sich als sehr gutes mathematisches Modell der Zeit erwiesen hat, und sagen, welche Vorhersagen es macht. (2001)

M 18 Theoriebildung und -überprüfung

- **Der Ablauf:** Zufallsbeobachtung/Vorwissen – Hypothese – Experiment – Ergebnis – Bestätigung und Erweiterung der Ausgangshypothese
- **Vorwissen/Vorerfahrungen** sind die Voraussetzung dafür, dass man eine naturwissenschaftliche Frage, ein Problem, einen Scheinwiderspruch zwischen Abläufen und Erscheinungen überhaupt erkennt.
- **Beobachtungen/Experimente** werden in Protokollaussagen in Form von Messungen, Abbildungen oder Beschreibungen festgehalten, z. B. zu Sternenkonstellationen, Fossilienfunden (etwa „Brückentieren“).
- **Hypothese** (Unterstellung): Annahme/Vermutung, mit der die Protokollaussagen (etwa zum Stand von Planeten) erklärt werden sollen.
- Aus der Hypothese werden **Prognosen** abgeleitet, die durch weitere Experimente und Beobachtungen erhärtet oder widerlegt werden.
- Die Hypothese wird in eine **Theorie** integriert, die sich auf weitere Hypothesen, Gesetze, auch historische Ereignisse (M20) bezieht.

Zur Gültigkeit: Gesetze und Theorien sind grundsätzlich nicht endgültig, sondern werden bereits durch eine abweichende oder gar gegensätzliche Beobachtung/Protokollaussage falsifiziert, sodass sie dann neu formuliert oder gar zurückgenommen werden müssen. Andererseits verifiziert auch die größte Anzahl von bestätigenden Beobachtungen/Protokollaussagen nicht endgültig Gesetze und Theorien. Forschungsziel können also Falsifizierungen sein, die eine erneute Anstrengung zur Formulierung eines Gesetzes oder einer Theorie erzwingen (so Karl Popper).

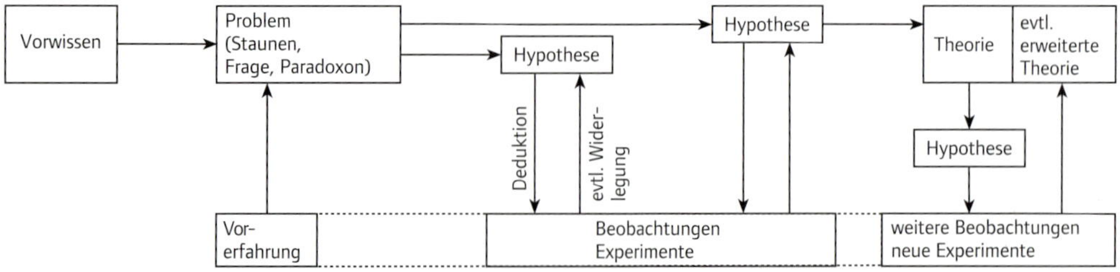

Falsifikationen

M 19

Im September 2011 meldete eine der wichtigsten physikalischen Forschungsstätten der Welt sensationelle Ergebnisse. Das Echo in der Presse war entsprechend groß – auch während der weiteren Entwicklung der Ereignisse.

Marc Engelhardt (DIE ZEIT, 23. 9. 2011)

Wankt Einsteins Relativitätstheorie?

Forschungsergebnisse gibt's, die gibt es gar nicht – oder sollte es zumindest nicht geben. So geschehen auf der Strecke zwischen Genf und Gran Sasso in Italien, genauer gesagt: zwischen dem europäischen Kernforschungszentrum CERN und dem italienischen Forschungslabor INFN. 730 Kilometer lang ist die Luftlinie zwischen beiden Instituten, womöglich auch zwanzig Zentimeter mehr oder weniger – eine größere Ungenauigkeit aber schließt die Opera-Forschungsgruppe aufgrund modernster Messmethoden (unter anderem mit GPS) aus. Mit Atomuhren wurde sichergestellt, dass an beiden Enden auf die Nanosekunde genau die gleiche Zeit herrschte – dann wurden Neutrinos, winzige Elementarteilchen, von Genf nach Gran Sasso geschossen.

Damit wollten die Forscher, zu denen auch der Berner Professor Antonio Ereditato gehört, vor allem seltene Veränderungen (Oszillationen) der in drei Variationen vorkommenden Neutrinos beobachten. Doch was sie außerdem beobachteten, könnte die Grundfesten der modernen Physik erschüttern. Denn nach 15000 Messungen scheint festzustehen: Die Neutrinos bewegen sich schneller als Licht. Das aber ist mit Einsteins spezieller Relativitätstheorie, einer der am meisten überprüften Grundfesten der modernen Physik, unvereinbar.

„Das Ergebnis ist eine absolute Überraschung für uns gewesen", sagt Ereditato. „Wir haben monatelang gegengecheckt, aber bis jetzt haben wir keinen Hinweis darauf, was einen Messfehler verursacht haben könnte." Ereditato greift deshalb zu einem ungewöhnlichen Mittel: Er legt alle Ergebnisse offen und ruft andere Forscher auf, die Ergebnisse der am CERN beheimateten Opera-Forschungsgruppe zu widerlegen.

Spiegel online, 18. 11. 2011

Zweiter Test am CERN – Neutrinos erneut schneller als das Licht

Nach Einsteins These unmöglich – im Experiment aber offenbar wahr: Wieder haben Physiker Neutrinos gemessen, die schneller als Licht sind. Erlebt die Physik eine Revolution? Noch sind die Experten skeptisch.

Detektor am europäischen Teilchenforschungszentrum CERN

Patrick Illinger (Süddeutsche Zeitung, 24. 2. 2012)

Neutrinos ausgebremst. Überlichtschnelle Teilchen waren wohl ein krasser Messfehler.
Es gab mindestens einen Fehler, einen höchst trivialen – einen schlecht sitzenden Stecker. Sollte das die Messungen verfälscht haben, wäre es für die Experimentalphysiker eine Peinlichkeit erster Klasse.

1 *Erläutern Sie die Bedeutung der Falsifikationen im Zusammenhang mit den Neutrinodaten.*

Unschärfen in den Natur- und den Sozialwissenschaften

Neben den nomologischen (von Gesetzen abhängigen) Abläufen in der Natur, wie sie mithilfe der oben erwähnten Verfahren erschlossen und dargestellt werden, spielen auch einmalige (historische) Ereignisse eine verändernde Rolle. So ist eine Herleitung der Entwicklung von Leben allein durch die Gesetze der Evolution (↗ M24) nicht möglich, wie der Biologe Ulrich Kattmann darstellt.

M 20 Geschichte und Gesetze

Ulrich Kattmann (1941)*

Die Frage nach den Ursachen der Evolution ist nur zum Teil nomologisch, zum anderen Teil historisch. Wäre die Frage nur nomologisch, dann ließe sich der Verlauf der Evolution mit allgemeinen Prinzipien oder Gesetzen vollständig erklären und (wenigstens in engen Grenzen) vorhersagen. Der konkrete Verlauf wird jedoch durch nicht vorhersagbare geschichtliche Ereignisse mit verursacht, wie das Zusammentreffen von Organismen […], die klimatischen und geologischen Ereignisse einschließlich der Dezimierung durch erdgeschichtliche Katastrophen. Eine Abfolge von erdgeschichtlichen „Glücksfällen", vom Überleben der Chordatiere beim Massensterben in der Wende vom Kambrium zum Devon bis zu dem der Säugetiere beim Übergang von der Kreide zum Tertiär, bestimmte z. B. mit, dass der Mensch in der Evolution entstehen konnte. (1998)

Der Physiker Werner Braunbek verdeutlicht, warum der Vorgang der naturwissenschaftlichen Untersuchung zugleich die Grenze für deren Erfolg schafft.

M 21 Grenzen der Naturerkenntnis

Werner Braunbek (1901–1977)

Gibt es überhaupt eine objektive äußere Wirklichkeit? Man kann, auch wenn man diese Frage bejaht, die weitere Frage stellen: Ist denn diese Wirklichkeit unbeeinflusst davon, dass wir sie beobachten? Oder stören wir nicht vielmehr dadurch, dass wir Vorgänge beobachten, diese Vorgänge selbst? […] Diese Frage ist schon in der klassischen Physik gestellt und auch beantwortet worden: Wir stören tatsächlich jeden Vorgang, wenn wir ihn beobachten. Denn für jede Beobachtung, ob sie durch ein Sinnesorgan erfolgt, durch das Auge oder durch das Ohr oder irgendein anderes Sinnesorgan, oder aber durch ein Messinstrument – für jede Beobachtung, für jede Messung bedarf es einer Energieübertragung, einer wenn auch noch so kleinen Energieübertragung von dem Vorgang auf das Sinnesorgan oder auf ein Messinstrument. Diese Energie wird dem Vorgang entzogen, und der Vorgang wird dadurch abgeändert. Wenn wir also an einem Vorgang etwas messen oder auch nur beobachten, dann läuft der Vorgang anders ab, als er abgelaufen wäre, wenn nichts an ihm gemessen worden wäre, und wir bekommen durch die Messung nicht eigentlich den wahren, unbeeinflussten Vorgang. Das ist eine grundsätzliche Erkenntnis, die schon sehr früh in der Physik bekannt war. So sonderbar es klingt – es klingt geradezu absurd, aber es stimmt –: Wenn Sie auf der Straße ein vorbeifahrendes Auto ansehen, dann ändern Sie den Weg dieses Autos. Das geht so vor sich: Das Licht, dieser kleine Anteil Licht von dem Auto, der in Ihre Pupille fällt, wird dort absorbiert und für den Sehvorgang verbraucht. Davon kommt nichts wieder heraus, deswegen ist die Pupille schwarz. Wäre nicht Ihre Pupille an dieser Stelle, sondern etwa ein Blatt eines Baumes oder eine Hauswand oder irgendetwas anderes, dann würde ein Teil dieses Lichtes wieder reflektiert werden. Von diesem Teil würde wieder ein sehr kleiner Teil das Auto treffen, würde dort einen minimalen Strahlungsdruck ausüben – jeder Lichtstrahl übt einen Strahlungsdruck aus –, und dieser Strahlungsdruck würde den Weg des Autos ändern. Natürlich sind derartige Einflüsse bei groben Vorgängen unterhalb jeder Messbarkeit.

Wenn Sie aber jetzt nicht ein Auto ansehen, sondern mit Hilfe eines Riesenmikroskopes, das man sich etwa konstruiert denken könnte, ein Elektron, das sich in einem Atom bewegt, dann liegen die Dinge anders. Dann ist nämlich das Licht, das Sie zur Feststellung des Elektrons brauchen, durch seinen Rückstoß, Strahlungsdruck oder Rückstoß, wie man sagen will, so stark in der Wirkung, dass es die Bahn des Elektrons, wenn wir davon einmal reden wollen, grundlegend ändert.

Nun hat man in der klassischen Physik geglaubt, dass dieser Einfluss der Beobachtung auf die Vorgänge zwar vorhanden ist, aber durch geschickte Messungen beliebig verkleinert werden kann. Man hat auch in der klassischen Physik subtile Messungen angestellt, um den Vorgang möglichst wenig zu stören. Man hat, um dem Vorgang möglichst wenig Energie zu entziehen, Messinstrumente benutzt, die möglichst wenig Energie brauchen. Erst die Quantenphysik hat aber aufgedeckt, dass man mit diesem zunehmenden Herunterdrücken der Energieübertragung nicht beliebig weit gehen kann. Die Quantenphysik hat aufgedeckt, dass es für eine Energieübertragung immer eine untere Grenze gibt. Wenn wir etwa mit Licht etwas beobachten, dann ist die kleinste Energieübertragung durch ein Lichtquant dieser Lichtsorte bestimmt; halbe Lichtquanten gibt es nicht. Es gibt also für die Energieübertragung und damit für die Störung des Vorgangs eine untere Grenze. Und damit wird eine Unbestimmtheit in die Naturgesetze getragen, die umso deutlicher sichtbar wird, je feiner die Vorgänge sind.

Den Weg eines massiven Körpers, eines Autos etwa, kann man mit jeder wünschbaren Genauigkeit beobachten, ohne dass er durch die Beobachtung merklich gestört wird. Die Bahn eines Elektrons aber kann man nicht mit jeder gewünschten Genauigkeit beobachten, weil das Elektron notwendig durch die Beobachtung gestört wird, und zwar um einen relativ beträchtlichen und nicht korrigierbaren Wert. Diese Unsicherheit, die in die Naturerkenntnis hineingetragen worden ist und die etwa in den berühmten Heisenbergschen Unbestimmtheitsrelationen* ihren Ausdruck findet, ist eine der wesentlichen Erkenntnisse der modernen Physik. […]

Es ist daher sehr viel richtiger, den Standpunkt einzunehmen, dass die Grenzen, die durch die heute schon recht genau erforschten Quantengesetze gezogen sind und die scheinbar eine beliebig gute Erkenntnis der Natur verhindern, dass diese Grenzen mit zur Wirklichkeit gehören, da sie ja selber Naturgesetze darstellen. Dass wir also die Wirklichkeit samt diesen Grenzen betrachten müssen, dass wir nicht sagen können, es gibt dahinter eine streng definierte Wirklichkeit, der wir uns nur eben nicht genügend nähern können, dass wir vielmehr sagen müssen: Die Wirklichkeit trägt in sich diese Unbestimmtheit. (1966)

1 *Erläutern Sie den letzten Satz des Textes. Beschreiben Sie die Schwierigkeiten, den zugrunde liegenden Sachverhalt anschaulich zu vermitteln.*

Dass trotz vieler wissenschaftlicher Anstrengungen und verwertbarer Datenmengen sich Voraussagen zur Konjunkturentwicklung, zu politischen Trends, zu Verkaufserfolgen von Produkten als fehlerhaft oder gar falsch erweisen, liegt zum einen an der Fülle der Faktoren, die jeweils Einfluss nehmen und sich unvorhersehbar ändern können. Eine wichtige Ursache dafür liegt jedoch auch in den Forschenden selbst: in ihren Interessen, Zielvorstellungen und in dem Einfluss, den ihre veröffentlichten Ergebnisse haben können, wie der Journalist Boris Holzer verdeutlicht:

M 22

Mertons Trick: Die Wahrfalschaussage

Boris Holzer (1970)*

Der Soziologe Robert K. Merton hat einst durch den Begriff der „sich selbst erfüllenden Prophetie" unterstrichen, dass hier jede Prognose, sobald sie bekannt wird, den Lauf der Dinge beeinflusst. Wenn die Meinungsforscher den Wahlsieger voraussagen, kann das nicht zuletzt deshalb zutreffen, weil die Menschen eben lieber Sieger als Verlierer wählen. [...]

Donald MacKenzie, Soziologe an der Universität von Edinburgh, sprach jüngst auf der Tagung „Social Studies of Finance" in Konstanz über einen besonders interessanten Fall: die sogenannte Black-Scholes-Formel.

Die amerikanischen Finanzwissenschaftler Fischer Black und Myron S. Scholes studierten in den sechziger Jahren ein lange ungelöstes Problem der Finanztheorie: Was ist der marktgerechte Preis für eine Option, also für das Recht, ein Wertpapier zu einem zuvor festgelegten Preis und zu einem bestimmten Termin in der Zukunft zu kaufen oder zu verkaufen? Erst nach zehn Jahren gelang es Black und Scholes, eine solche Lösung zu finden; beinahe gleichzeitig fand ein junger Mathematiker, Robert C. Merton, der Sohn des Erfinders der „self-fulfilling prophecy", eine alternative Herleitung der von da an fundamentalen Gleichung der modernen Finanzökonomie, der Black-Scholes-Formel (BSF). Bald nach der Veröffentlichung im Jahr 1973 aber setzte sie sich durch und brachte Merton und Scholes – Black war 1995 gestorben – den Wirtschaftsnobelpreis ein. So weit die Geschichte einer normalen wissenschaftlichen Entdeckung. Doch es fehlt ein Detail: Zum Zeitpunkt ihrer Veröffentlichung war die BS-Formel zwar revolutionär – aber sie stimmte nicht. Als sie die Ergebnisse ihrer Formel mit tatsächlichen Marktdaten verglichen, stellten Black und Scholes schnell fest, dass diese deutlich von den vorhergesagten Werten abwichen. Erstaunlicherweise verschwanden diese Differenzen zwischen erwarteten und tatsächlichen Werten jedoch im Laufe der Jahre – nachdem die Formel bekannt geworden war und zunehmend von Marktteilnehmern zur Preisermittlung benutzt wurde.

Ein Aktienhändler verlässt die Frankfurter Börse

Eine erste Erklärung dafür ist, dass Black für Optionshändler in Chicago einen kostenpflichtigen Informationsdienst eingerichtet hatte, der für die gehandelten Optionen die Resultate der Black-Scholes-Formel handlich zusammenfasste. Damit sollten die Händler in die Lage versetzt werden, „Fehlbewertungen“ gewinnbringend zu nutzen. Ein weiterer Grund für den zunehmenden Realitätsgehalt war, dass die in der Formel postulierten Bedingungen erst relativ spät geschaffen wurden. Black und Scholes gingen unter anderem davon aus, dass der Aktienhandel ununterbrochen und ohne Transaktionskosten erfolgt. Diese Annahmen waren zunächst ganz unrealistisch. Erst im Zuge der Liberalisierung und Technisierung der Finanzmärkte näherte sich die Realität dem Modell an. Der springende Punkt ist, dass es ohne die Black-Scholes-Formel dazu gar nicht oder nur viel langsamer gekommen wäre. Denn erst die mathematische Begründung holte das Geschäft mit den Derivaten aus dem Dunstkreis irrationaler Spekulation in den Kern moderner Finanzökonomie. Davon ließen sich unter anderem auch die Regulierungsbehörden beeindrucken, die nun Hindernisse des Handels mit Derivaten aus dem Wege räumten. Indem sie diesen Prozess beschleunigte, glückte der BS-Formel etwas, wovon Theorien nur träumen können: sich die Welt, fast, nach dem eigenen Bilde zu erschaffen. (2003)

1 *Erörtern Sie die Angemessenheit der Bezeichnung „Wahrfalschaussage“ in der Überschrift.*

2 *Nennen Sie Beispiele für gesellschaftliche oder politische Prognosen und deren Einfluss auf die gesellschaftliche Wirklichkeit. Wo stellen Prognosen ihre eigene Wahrheit her?*

Max Frischs Roman „Homo faber“

Um den Umgang mit unterschiedlichen Wirklichkeiten geht es in Max Frischs Roman „Homo faber“: Der Ingenieur Walter Faber ist der Typ des technischen Menschen (lat. homo faber), der die Welt mithilfe seines technologisch-mathematischen Verständnisses beschreibt und blind für eine andere Wirklichkeit ist, die für ihn furchtbare Schuldverstrickungen bereithält. Als er sich in die Studentin Sabeth verliebt, ahnt er nicht, dass sie seine Tochter ist. Nachdem er erfahren hat, dass Hanna, seine Geliebte aus der Studienzeit, Sabeths Mutter ist, beweist er sich mit Rechnerei, dass deren späterer Ehemann der Vater sei. Die glückliche Zeit der Liebe mit Sabeth findet ihr Ende, als Sabeth durch einen Sturz nach einem Schlangenbiss stirbt. Während der letzten Lebenstage Sabeths kommt Faber mit Hanna zusammen und erfährt, dass sie das Kind damals nach seinem Weggang nicht – wie verabredet – hat abtreiben lassen und er der Vater ist.

Ein bestimmendes Motiv des Romans ist das Sehen: Fabers sich wandelndes Verständnis von allem, was wichtig und wirklich ist, verändert seine Wahrnehmung der Umwelt.

Sehen als homo faber: Angesichts einer mondbeschienenen Wüstenlandschaft mit gezackten Felsen, urweltlichen Tieren gleich, sagt Faber: „Ich habe mich schon oft gefragt, was die Leute eigentlich meinen, wenn sie von Erlebnis reden. Ich bin Techniker und gewohnt, die Dinge zu sehen, wie sie sind. Ich sehe alles, wovon sie reden, sehr genau; ich bin ja nicht blind. […] Wozu weibisch werden? […] Warum soll ich erleben, was gar nicht ist?“ (S. 24 f.)

Sehen als Liebender: Faber erinnert sich, wie er mit Sabeth durch die Nacht wanderte und sie miteinander wetteifernd Vergleiche für alles fanden, was sie wahrnehmen: „Gegen fünf Uhr das erste Dämmerlicht: Wie Porzellan! […] – und dann die ersten Strahlen aus dem Meer: Wie eine Garbe, wie Speere, wie Sprünge in einem Glas, wie eine Monstranz, wie Fotos von Elektronen-Beschießungen. […] Ich werde nie vergessen, wie sie auf diesem Felsen sitzt, ihre Augen geschlossen, wie sie schweigt und sich von der Sonne bescheinen lässt.“ (S. 152 f.)

Sehen nach Sabeths Tod: Nach einem beruflichen Aufenthalt in Düsseldorf fährt Faber nach Zürich: „Wozu auch zum Fenster hinausblicken? Ich habe nichts mehr zu sehen. Ihre zwei Hände, die es nirgends mehr gibt, ihre Bewegung, wenn sie das Haar in den Nacken wirft oder sich kämmt, ihre Zähne, ihre Lippen, ihre Augen, die es nirgends mehr gibt, ihre Stirn: wo soll ich sie suchen? Ich möchte bloß, ich wäre nie gewesen. (…) Ich sitze im Speisewagen und denke: Warum nicht diese zwei Gabeln nehmen, sie aufrichten in meinen Fäusten und mein Gesicht fallen lassen, um die Augen loszuwerden?“ (S. 192)

Zusammenfassung: Fabers Irrtum, Hybris und Schuld beruhen auch auf einer bestimmten Wissenschaftsauffassung. Als Techniker sieht er die Dinge distanziert und sachlich, „wie sie sind“. Dem Oidipus gleich (✎ M10) wird ihm der Inzest zum Verhängnis. In der Liebe lernt er von seiner Tochter/Geliebten ein anderes erlebendes Sehen, durch ihren Tod wird ihm in furchtbarer Weise seine Blindheit bewusst, die ihm das Erkennen über den vordergründigen Schein hinaus verwehrt hat.

Evolution oder Schöpfung?

Affen als Kunstrichter

M 23

Gabriel von Max: Affen als Kunstrichter (1889)

1 *Beschreiben und deuten Sie das Bild. Berücksichtigen Sie dabei auch den kulturgeschichtlichen Hintergrund der Entstehungszeit – etwa die Auseinandersetzungen über Darwins Thesen zur Abstammung des Menschen.*

2 *Erörtern Sie, inwieweit das Bild einen Beitrag zur gegenwärtigen Diskussion der Frage „Evolution oder Schöpfung?“ leisten kann.*

Einen begründeten eigenen Standpunkt zur Frage „Evolution oder Schöpfung?“ sollen Ihnen die folgenden Texte ermöglichen.

M 24

Ursachen der Evolution nach Darwin

*Ulrich Kattmann (*1941)*

Theorie der Abänderung durch natürliche Selektion

Erfasst Ursachen der Evolution: Faktoren, Regeln, Gesetze (Dynamik).

1. Lebewesen haben die Tendenz, sich in geometrischer Rate zu vermehren.
2. Mittelfristig bleibt die Anzahl der Lebewesen in einer Population annähernd konstant.
3. Die Ressourcen in einem Lebensraum sind begrenzt.
4. Die Individuen in einer Population unterscheiden sich in erblichen Eigenschaften.
5. Der Fortpflanzungserfolg der Individuen entscheidet sich in der Konkurrenz um die Ressourcen („Kampf ums Dasein“).
6. Individuen, die mehr vorteilhafte Eigenschaften haben, produzieren durchschnittlich mehr Nachkommen.
7. Die natürliche Selektion reichert vorteilhafte Varianten in der Population an, so dass die Arten unbegrenzt abgeändert werden.
8. Unterschiedliche Umweltbedingungen bewirken die Divergenz der Charaktere, so dass neue Arten entstehen, die unterschiedlichen Stellen des Naturhaushaltes angepasst sind.
9. Evolution ist in der Vergangenheit nach denselben Gesetzmäßigkeiten abgelaufen, die wir noch heute als wirksam erkennen können. […]

Aus der Selektionstheorie leitet sich logisch die Annahme der Evolution ab: Wenn Arten unbegrenzt variieren, dann kann ihre Abänderung durch Konkurrenz und Selektion ebenfalls unbegrenzt erfolgen. Kleine Abänderungen können so über lange Zeit durch immer wiederholte Auslese in der Summe zu völliger Umkonstruktion führen. […]

Der Einwand gegen die Evolutionsbiologie lautet nun, als historische Wissenschaft könne diese gar keine Vorhersagen machen […]. Ihre Hypothesen seien empirisch nicht überprüfbar und somit keine naturwissenschaftlichen Aussagen. Da diese Kritik von prominenter Seite, nämlich vom Erkenntnistheoretiker Karl Popper, vorgetragen wurde, hat man sie weithin übernommen, obgleich sie Popper später widerrufen hat. Das Problem empirischer Überprüfung löst sich nämlich auf, wenn Prognosen nicht nur auf die Zukunft, sondern auf unbekannte Ereignisse in der Vergangenheit angewendet werden. Derartige Retrodikte sind mit empirisch überprüfbaren Vorhersagen logisch gleichwertig und daher als rückwärtsgerichtete Prognosen anzusehen. Im Übrigen sind innerhalb der Evolutionsbiologie auch (vorwärtsgerichtete) Prognosen nicht ungewöhnlich. (1998)

1 *Vergleichen Sie die Intentionen Kattmanns und von Glasersfelds (✎ M6) bei ihren Ausführungen zur Evolutionstheorie.*

Kreationismus – Intelligent Design – Spezifisches Design

M 25

Gegen die Evolutionslehre wandten und wenden sich die *Kreationisten*, die die Bibel und ihre Aussagen Satz für Satz wörtlich verstehen. Aus ihrem Glauben und Schriftverständnis entwickelte sich eine „Schöpfungswissenschaft", die auf den Schöpfungsgeschichten der Bibel fußt. Danach wurden alle heute existierenden und als Fossilien nachgewiesenen Lebewesen als Grundtypen vor einigen tausend Jahren fertig geschaffen – noch im goldenen Zeitalter des Paradieses. Auch der Mensch sei entsprechend der Schöpfungsgeschichte von Gott als fertiges Lebewesen ohne Vorstufen gemacht. Gegen die schulische Vermittlung dieser Lehre in einigen Staaten der USA klagten 1987 Eltern erfolgreich, indem sie sich auf die amerikanische Verfassung beriefen, die den Unterricht religiöser Inhalte in staatlichen Schulen nicht zulässt.

Daraufhin definierten „New Creationists" – evangelikale Wissenschaftler des einflussreichen „Discovery Institute" in Seattle – ihre Auffassung und ihr Fach neu unter dem Begriff des *Intelligent Design (ID)*. Dabei wird angenommen, dass Merkmale vieler Lebewesen – z. B. das Auge – in ihrer Komplexität nur dann verstanden werden können, wenn man einen intelligenten Bauplan (*design*) mit einem erkennbaren Ziel (Teleologie) zugrunde legt. Die Frage nach dem Autor des Bauplans wird dabei ausdrücklich ausgeklammert – mit dem Hinweis, dass eine Aussage darüber außerhalb eines wissenschaftlichen Zugriffs liege. Der herkömmliche Wissenschaftsbegriff wird dahingehend erweitert, dass die Annahme eines ID wissenschaftlichen Kriterien nicht widerspreche, sondern Lücken erst erkläre, die die Evolutionslehre mit ihrem „Naturalismus" natürlicher Selektion nicht füllen könne. Als „wissenschaftliches" Fach, scheinbar ohne religiösen Bezug, wurde die neu formulierte Lehre als Alternative zur Evolutionstheorie in amerikanischen Schulen vermittelt. 2005 untersagte ein weiteres Gerichtsurteil den Unterricht über ID. In der Folge erhielten Privatschulen großen Zulauf, in denen ID gelehrt wurde.

In Deutschland vermitteln evangelikale Wissenschaftler der „Studiengemeinschaft Wort und Wissen" den Designansatz des Discovery Instituts. Im Unterschied aber zum ID vertreten sie das *Spezifische Design (SD)*, das folgende Bedingungen erfüllt: Wie beim ID wird Merkmalen von Lebewesen, dem Auge etwa, Designqualität zugesprochen, wenn sie ein hohes Maß an Komplexität aufweisen und keine plausible evolutionsbiologische Erklärung zur Qualität dieses Organs vorliegt. Der Designansatz zielt also auf Lücken, die die Evolutionsbiologie gelassen hat. Gedanklicher Hintergrund ist auch hier eine teleologische Weltsicht.

Anders als beim ID werden die ausgesuchten Merkmale auf spezifische Designmuster hin untersucht, die menschlichen Erfahrungen und Konzeptionen entsprechen und als typisch für bestimmte Designer (z. B. Menschen) gelten. Die Frage nach dem Designer und seiner Gestaltung wird damit einbezogen, deutliche Kriterien für die Suche nach Designindizien werden vorgegeben. Als solche Indizien werden etwa „Luxusstrukturen" in der Natur genannt, die über die erforderliche Funktionalität hinaus gehen. Als Beispiel werden etwa die komplizierten Bestäubungsmechanismen beim Frauenschuh genannt. Hingewiesen wird auch auf Ähnlichkeiten im menschlichen und biologischen Design, die in der Bionik für technische Lösungen genutzt werden.

Die Prüfung der Natur auf SD wird theologisch mit der Gottesebenbildlichkeit des Menschen begründet. Hier wird die Brücke zum göttlichen Designer gesehen: Die gefundenen „menschlichen" Designindizien, die einer evolutionsbiologischen Erklärung nicht zugänglich seien, seien somit denkbare Spuren des biblischen Gottes in der Schöpfung. Nur auf der Basis der von Gott geschaffenen und mit Designindizien ausgestatteten Grundtypen sei Evolution denkbar – für größere Flexibilität und Anpassungsfähigkeit.

1 *Lesen Sie Thomas von Aquins Darstellung des fünften „Weges" (↗ S. 148).*

2 *Erläutern Sie die Bedeutung dieses „Gottesbeweises" für ID und SD.*

In dieser Design-Diskussion melden sich die Vertreter der Evolutionsbiologie zu Wort. Besondere Aufmerksamkeit erhielt der 2005 in der „ZEIT“ veröffentliche Aufsatz von Steve Jones, Professor für Genetik und Verfasser populärwissenschaftlicher Bücher über Evolution.

M 26

Gott pfuscht auch

Steve Jones (1944)*

Warum Intelligent Design religiös motivierter Unfug ist

Intelligent Design ist keine wissenschaftliche Theorie. Sie speist sich aus Denkfaulheit und Arroganz: „Ich bin ein kluger Kerl, und ich kann nicht verstehen, wie das alles durch Evolution entstehen konnte. Also konnte es nicht durch Evolution entstehen.“ Jeder Beweis, dass die Evolution an einer Stelle am Werk ist, wird sofort gekontert: Die nächste Ebene von Komplexität in einem biologischen System sei aber nur durch Design zu erklären. Wird den Kreationisten auch das widerlegt, gehen sie einen Schritt weiter und deuten Intelligenz als Ausdruck des Schöpferplans. Es ist ein endloses Spiel – und wie so viele Spiele reine Zeitverschwendung. Wissenschaftler interessieren solche Spiele nicht, ihre Zunft arbeitet an Hypothesen, die getestet werden können. Solche Hypothesen hat ID nicht zu bieten, nur leere Worte. […]

Evolution ist eine Serie erfolgreicher Fehler. Sie beruht auf natürlicher Selektion, auf erblichen Unterschieden und auf der Fähigkeit zur Reproduktion. Sie braucht Variation und kann nur mit dem arbeiten, was zufällige Mutationen ihr bieten. Das Resultat sieht oft nach Perfektion aus, ist aber das genaue Gegenteil. Augen verschiedener Art haben sich 50-mal oder mehr unabhängig voneinander in den verschiedenen Tiergruppen entwickelt. Das Problem, dem Licht Informationen über die Umwelt zu entnehmen, wurde auf einem Dutzend verschiedener Wege gelöst. Alle Augen in der Natur sind gerade nur so kompliziert wie nötig. Tatsächlich ist ihre nur scheinbare Vollkommenheit ein Argument gegen Intelligent Design, denn jede Augenkonstruktion hat ihre eigenen großen Schwächen. […]

Insektenaugen sind spezialisiert auf den großen Rundumblick, sehen aber Details sehr schlecht. Obwohl diese Augenkonstruktion nur begrenzte Leistungen erlaubt, hat die natürliche Selektion alle Möglichkeiten genutzt, die das Sehen von Insekten verbessern. Nachtfliegende Insekten haben besonders große Linsen, die die Lichtempfindlichkeit um das Hundertfache steigern, Libellen besitzen Facettenaugen mit sehr vielen Einzelkameras, um ihre Beute im Flug gegen den Himmel zu erspähen. Wenn es darum geht, ein eigentlich schwächliches Design zu verbessern, tut die Evolution ihr Bestes. Doch ihr Bestes ist nicht besonders beeindruckend. Die Augen der Libellen sehen heute so aus, wie sie aussehen – nicht weil ihre Konstruktion so überzeugend ist, sondern weil ihre Konkurrenzentwürfe noch schlechter waren. Für das Sehvermögen der Insekten oder uns Menschen und alle anderen biologischen Systeme ist Exzellenz ein relativer Begriff, weshalb wir Brillen, Teleskope und Mikroskope konstruieren mussten.

Für die Evolution ist Perfektion nicht notwendig. Sie kennt diese Konzeption ebenso wenig wie das der Komplexität. Beides entsteht erst im Auge des Betrachters. Auch wenn die Kreationisten Beispiel auf Beispiel häufen für das, was sie als Design ansehen – die Evidenz spricht gegen sie. Das evolutionäre Lied von den Augen hat viele Dissonanzen. Es ist nicht das Werk eines großen Komponisten, sondern eines Arbeitstiers ohne Bewusstsein. Kein grandioser Ingenieur hat Augen und alles andere in der Welt des Lebens geschaffen. Es war ein Kesselflicker. Ob es einen großen Designer da draußen gibt, ist nicht Gegenstand der Wissenschaft. Wenn es ihn geben sollte, beweist die Evolution vor allem eins: Er erledigt seinen Job miserabel. (2005)

1 *Analysieren Sie Argumente, mit denen Jones die Vertreter von ID angreift.*

2 *Untersuchen Sie die Angemessenheit der Überschrift „Gott pfuscht auch“.*

Einer der bekanntesten deutschen Vertreter des Neokreationismus ist der Biologe und Theologe Reinhard Junker. Als Mitglied der „Studiengemeinschaft Wort und Wissen" hat er sich in vielen Veröffentlichungen zum Verhältnis von Evolutionstheorie, Biologie und Schöpfungsglauben geäußert. In seinem Buch „Spuren Gottes in der Schöpfung?" setzt sich Junker mit der Kritik an den Designargumenten von Intelligent Design bzw. Spezifischem Design auf biologischer und theologischer Ebene auseinander und geht u. a. auf das Lücken-Argument, die Erkennbarkeit von Spezifischem Design und die Frage nach Designfehlern eines göttlichen Schöpfers ein.

Spuren Gottes in der Schöpfung?

M 27

Reinhard Junker (1956)*

Wenn sich in naturalistischen Erklärungen trotz allen Wissensfortschritts markante Lücken zäh halten oder sogar noch größer bzw. deutlicher werden (das ist ein Teil der Design-Apologetik), stützt dies die Annahme eines direkten Eingreifens Gottes in der creatio originalis (1. Mose 1). Dass das Lücken-Argument zusammenbrechen könnte, macht es nicht schlecht; im Gegenteil, es zeigt sich gerade daran sein Realitätsbezug. Und es wird dann stark, wenn es sich gegen immer neue Anläufe naturalistischer Erklärungsversuche behaupten kann. [...] Ein Eingreifen Gottes ist dabei nicht so zu verstehen, als wäre Gott ein weiterer Kausalfaktor neben anderen. Gottes Wirken ist vielmehr Ausdruck einer übergeordneten Instanz, die sich die innerweltlichen Kausalmechanismen beliebig zunutze machen kann, ähnlich wie ein Konstrukteur über dem von ihm gestalteten Material und seinen Gesetzmäßigkeiten steht. Gottes Wirken ist mehr als bloße Kausalität, nämlich Finalität bzw. Teleologie. Es ist plausibel, Gottes Wirken als Technik-analog bzw. Informations-analog und damit Intelligenz-analog, also final bzw. teleologisch aufzufassen. [...]

Ein methodisch sauberer Design-Ansatz kann die Vernünftigkeit des Schöpfungsglaubens ein Stück weit mit *naturwissenschaftlichen* Argumenten demonstrieren, weil er rational kontrollierbare Bedingungen nennt, die seine Aussagen stützen können (nämlich wenn sich bei zunehmenden Wissen die Erklärungslücken hartnäckig halten oder sogar größer werden). In einer wissenschaftsgläubigen Welt sollte man das nicht verachten.

Soll nun ein Bezug zum schöpferischen Wirken Gottes hergestellt werden, stellt sich die Frage, wie und woran wir das Design Gottes erkennen können. Schließlich können wir sein schöpferisches Wirken nicht beobachten und wir haben auch keinen Zugang zu seinen Bauplänen. Wenn sich der Design-Ansatz bewährt, stellt sich für Christen immer noch die Frage, mit welcher Begründung das erkannte Design der Lebewesen dem in der Bibel bezeugten Schöpfer des Himmels und der Erde zugeschrieben werden kann.

Hier muss man die Annahme treffen, dass das göttliche Design dem menschlichen teilweise ähnlich ist. Ist dies biblisch begründbar? Gibt es biblische Aussagen über Gott als Schöpfer, die es rechtfertigen, Gottes schöpferisches Wirken mit menschlicher kreativer Tätigkeit zu vergleichen? Das kann durchaus bejaht werden, denn der Mensch ist zum Bilde Gottes (1. Mose 1,27) und als Gegenüber Gottes geschaffen, das mit Gott kommunizieren kann. Gott spricht mit dem Menschen. Kommunikation setzt Ähnlichkeit voraus. Obwohl das Argument der „Design-Fehler" theologischer Natur ist, kann es auch durch Argumente entkräftet werden, die nicht theologischer Natur sind [...].

Selbst wenn bestimmte Konstruktionen der Lebewesen fehlerhaft wären, würde dies nichts an den diskutierten Argumenten *für* Design ändern. Die Fülle hervorragender Konstruktionen, die einer Erklärung bedürften, wäre damit nicht aus der Welt geschafft. [...] Das Unvollkommenheits-Argument steht und fällt mit dem Nachweis, dass die betrachtete Struktur besser konstruiert werden könnte. Dieser Nachweis aber gestaltet sich als äußerst schwierig, wenn nicht als unmöglich. Das gilt insbesondere auch für das „Paradebeispiel" von vermeintlicher Unvollkommenheit: die inverse Lage der Netzhaut der Linsenaugen der Wirbeltiere. Die Forschung hat schon seit Jahrzehnten zahlreiche funktionale Gründe für den Bau und die Lage der Netzhaut nachgewiesen, so dass ein Konstruktionsfehler nicht nachweisbar ist; das scheint eher in die Konstruktion hineingelesen zu werden. [...] Vermutlich gibt es zahlreiche Organe, deren Funktionalität nicht vollständig geklärt ist. Aber auch dann gilt, dass es sich allenfalls um mögliche Hinweise auf Unvollkommenheiten in der Natur handeln könnte; das „Unvollkommenheits-Argument" ist auch dann ein „weiches" Argument, da es jederzeit durch Erweiterung der Funktionskenntnisse des jeweils in Rede stehenden Organs widerlegt werden kann.

Im Rahmen einer an der Bibel orientierten Schöpfungslehre ist zu bedenken, dass nach biblischen Aussagen die heutige Schöpfung von einer ursprünglichen unterschieden wird. Während die Schöpfung heute als „unter der Knechtschaft der Vergänglichkeit seufzend" geschildert wird (Römer 8,19 ff.), gab es in der ursprünglichen Schöpfung keinen Tod. [...] Naturwissenschaftlich untersuchbar ist aber nur die heutige Schöpfung, einschließlich der fossil erhaltenen Zeugnisse. Die ursprüngliche Schöpfung (der „Urstand") ist hingegen dem forschenden Zugriff des Menschen grundsätzlich entzogen. Aus der Struktur der heutigen Schöpfung kann daher nicht unmittelbar auf Gottes ursprüngliches Schöpfungshandeln geschlossen werden [...]. Damit ist dem Argument der Unvollkommenheit im Rahmen einer biblischen Theologie der Boden entzogen. (2010)

1 *Junker nennt in seinem Buch „Spuren Gottes in der Schöpfung?" ausdrücklich den Text von Steve Jones: Gott pfuscht auch. Stellen Sie dar, wie er den Designansatz dagegen verteidigt.*

M 28 ID, SD – eine Naturwissenschaft?

Die amerikanischen Gerichte hatten mithilfe von Sachverständigen die Streitfrage zu klären, „whether ID is science". Kriterien für eine Prüfung der ID-Theorie waren und sind:

- Progressivität: Leistet sie mehr als eine schon bestehende Theorie?
- Konsistenz: Ist sie frei von Widersprüchen?
- Überprüfbarkeit: Ist sie durch empirische Beobachtung/Prüfung falsifizierbar?
- Beobachtungen: Weist sie eine ausreichend hohe Anzahl von Beobachtungen auf?
- Vorläufigkeit: Steht sie von vornherein unter dem Vorbehalt der Widerlegung?
- Korrigierbarkeit: Kann sie nach neuen Beobachtungen geändert werden?
- Sparsamkeit: ➚ „Ockhams Skalpell" (S. 71)

1 *Erarbeiten Sie ein eigenes Urteil zur Frage nach der Wissenschaftlichkeit von ID und SD.*

Der eigentliche Grund für den großen Aufwand, den die Vertreter von ID und SD in ihrer Auseinandersetzung mit der Evolutionstheorie betreiben, liegt in ihrem Bibelverständnis: Es erfasst biblische Aussagen auch heute noch nur wörtlich – mittelalterlichen Bildern gleich (M29). Der katholische Theologe Hans Küng führt dagegen aus, wie die Bildsprache der Bibel im Unterschied zur Wissenschaftssprache verstanden werden sollte – wenn es etwa um die Schöpfung geht (M30).

Die Schöpfung des Menschen

M 29

Bartoli di Fredi (um 1330–um 1409)

1 *Beschreiben und deuten Sie das Bild. Gehen Sie dabei besonders auf den Akt der Schöpfung ein.*

2 *Erörtern Sie, ob dieses Bild auch in einer modernen Kirche denkbar ist.*

Die Sprache der Bibel

M 30

Hans Küng (1928)*

Die Bibel ist also nicht einfach Gottes Offenbarung, sondern menschliches Zeugnis von ihr – in einer Sprache von Bildern und Gleichnissen, die ihren eigenen „Sitz im Leben" (z. B. Kult, Gemeindeordnung …) haben. In Bildern und Gleichnissen beantwortet die Bibel Fragen, die schon damals Menschen umgetrieben haben, aber auch für Menschen von heute nach wie vor wichtig sind: auf den ersten Seiten die Fragen nach Anfang und Wesen von Welt und Mensch. Wie aber sollte der vorwissenschaftliche Mensch gerade Gottes Schöpfertätigkeit anders beschreiben als durch Metaphern und Analogien, die dem Bereich menschlicher Tätigkeiten entnommen sind und deren sich auch die Philosophie der Griechen und ihrer Nachfolger hilfsweise bedient!

Besonders in den Psalmen kommt dies zum Ausdruck: Ähnlich wie der Erbauer einer Stadt oder eines Palastes habe Gott den „Erdkreis gegründet". Wie ein Zeltmacher habe er den Himmel „ausgespannt wie ein Zelt". Wie ein Baumeister habe er das Dach „festgemacht", die „großen Wasser" aus dem Bereich des Lebens vertrieben, „das Firmament gemacht" und „die beiden großen Lichter …". Nein, die wirkmächtigen Bilder und lebendigen Metaphern sind kein Beweis für einen „kosmischen Designer oder Architekten". Sie sind eine Einladung zum glaubenden Vertrauen auf den einen, nicht direkt konstatierbaren und beschreibbaren unsichtbaren Gott, der das Universum schafft und erhält und von dem man sich nicht Abbilder malen oder formen soll. (2006)

1 *Nutzen Sie den Text für die Klärung der Frage: ID, SD – eine wissenschaftliche Theologie?*

Evolution *und* Schöpfung

In unterschiedlichen Punkten sehen die Theologen Hans Küng, Michael Beintker, John B. Cobb und Jürgen Moltmann naturwissenschaftliche Erkenntnis und theologische Weltsicht als sich gegenseitig bereichernde Verbündete; zumindest aber setzen sie eine friedliche Koexistenz voraus, wenn klare Grenzen für die jeweiligen Geltungsbereiche gezogen sind. Von daher leisten sie auch einen Beitrag für eine Auseinandersetzung mit kreationistischen Positionen.

M 31

Gott als Designer?

Michael Beintker (1947)*

Nach wie vor ist eine wichtige Grundregel im Umgang mit naturwissenschaftlichen Erkenntnissen zu beachten, deren Missachtung sich zu rächen pflegt: Gott darf nicht als Lückenbüßer in die offenen Lücken unserer Erkenntnisse geschoben werden. Solche Lücken pflegen sich im Laufe der Zeit zu schließen. Und dann ist Gott wieder auf dem Stück, für das er als Hypothese herhalten sollte, „arbeitslos" und „überflüssig". Wenn Kreationisten solche Lücken im Bereich der Evolution aufspüren, um an ihnen das direkte Eingreifen Gottes zu belegen, leisten sie Gott einen ganz schlechten Dienst. Denn sie schieben ihn mit jeder dann durch neue Erkenntnis wieder geschlossenen Lücke aus der Welt hinaus, in die sie ihn doch gerade hineinholen wollten und in die er als Grund, Ursache und Wirkprinzip aller Wirklichkeit auch tatsächlich hineingehört.

Wer das Wirken Gottes mit den Mitteln der Physik darstellen wollte, müsste faktisch zeigen, wie Gott als Schöpfer funktioniert. Schon daran wird deutlich, dass wir uns an Gott vergreifen, wenn wir so vorgehen wollten. [...] Da Gott in jeder Hinsicht von allem, was wir als Wirklichkeit beschreiben können, kategorial unterschieden ist und in seiner Wirklichkeit alles Vergleichbare, Vorstellbare sprengt, können wir nur in Analogien von seinem „Handeln", seinem „Wirken", seinem „Schaffen" reden. [...] So können wir Gott auch nicht auf der naturwissenschaftlichen Ebene als Designer ins Spiel bringen wollen. Die Rede vom „intelligent design" ist als physikalische oder biologische Hypothese unbrauchbar. Sie sagt entschieden mehr, als Physiker oder Biologen sagen können, und lässt sich weder theoretisch noch experimentell überprüfen. Gerade harte Wissenschaft bleibt bescheiden: Sie verzichtet auf Sinn- und Wozu-Fragen. Man muss aber deshalb die Idee eines „intelligent design" nicht pauschal ablehnen.

Hilfreich kann diese Auffassung für die theologische Deutung, aber möglicherweise auch für die philosophische Interpretation des Prozesses der Evolution werden. Denn auf theologischer und auch auf philosophischer Ebene sind Sinn- und Wozu-Fragen sehr wohl zulässig, auch wenn man am Ende vielleicht nur zu dem Ergebnis kommt, dass man an diesen Fragen scheitert. Auf der Linie des biblischen Schöpfungszeugnisses ist die Rede von einem dem Willen des Schöpfers entspringenden Plan ebenso legitim wie die Rede, dass solch ein Plan die Prozesse der Selbstorganisation der Materie durchwaltet. Und auch dies ist sagbar, dass Gott nicht einfach nur die Basisinformationen für „Big Bang" zur Verfügung stellte, sondern den Weg der Evolution bis zum heutigen Tage beeinflusste und begleitete, wie er jeden Einzelnen von uns durch unsere Eltern ins Leben rief und wie er Himmel und Erde der Verheißung des neuen Himmels und der neuen Erde entgegenführt, indem die uns bekannte Schöpfung – von allem Leiden und Sterben befreit – zu unvorstellbarer Schönheit verwandelt werden wird. [...]

In der Frage nach einer angemessenen Deutung der Wirklichkeit treffen und überschneiden sich die Erkenntnisperspektiven der verschiedenen Wissenschaften und Wissensgebiete. Das, was wir ein wenig hilflos die „Wirklichkeit" nennen, bietet sich uns dar als ein Gewebe mit unendlich vielen Kontexten und mit unauslotbaren Tiefenstrukturen. Das menschliche Erkennen bleibt immer Stückwerk.

Wir können es in der gebotenen Erkenntnisdemut freilich wagen, die Wirklichkeit aus verschiedenen Perspektiven heraus wahrzunehmen, zu erkunden und zu beschreiben. Wir können sie beschreiben in der Perspektive der Theologie: als dreigliedrigen Geschehniszusammenhang von Gott, Welt und Mensch. Wir können sie beschreiben in der Perspektive der heutigen Physik: als ein strukturiertes, feingliedriges, prozessuales System mit unendlichen Entfaltungsmöglichkeiten. Wir können sie beschreiben in der Perspektive der Biologie: als den Prozess des Lebens, das sich in einer Fülle von Arten manifestiert und reproduziert und im menschlichen Bewusstsein die höchste Stufe seiner Selbstorganisation erreicht. Wir können sie auch auf der Ebene der Philosophie beschreiben, wobei die Philosophie schon im Spiel ist, wenn wir solche Perspektiven entwickeln und handhaben. „Wirklichkeit" ist ja ein philosophisches Wort, und wer definieren möchte, was „Wirklichkeit" überhaupt ist, muss nolens volens (ob man will oder nicht) philosophieren.

Wir werden bei solchen Beschreibungsversuchen Reibungen und Spannungen und gelegentlich sogar Unverträglichkeiten zwischen den verschiedenen Perspektiven feststellen. Die Bilder, die sich uns auftun, werden immer von der Perspektive beeinflusst, die wir gewählt haben. Deshalb können wir auch nicht einfach sagen: Dieses Bild ist falsch und nur jenes ist richtig. Vielmehr können wir den Versuch wagen, die jeweiligen Perspektiven mit ihren jeweiligen Bildern aufeinander zu beziehen, nichtwissend wissend, dass alles, was zur Wirklichkeit gehört, von der Liebe Gottes gehalten und durchwirkt ist. Solches nichtwissende Wissen ist in der Bibel ein Wesenszug des Glaubens – *Wissen* in der Gewissheit, dass die Schöpfung mit all ihren Schönheiten und mit all ihren Verletzungen in Gott geborgen ist, Nichtwissen in der Achtung des Geheimnisses Gottes und im Verzicht auf die denkerische Synthese aller Dinge. (2007)

1 *Erläutern Sie die theologischen Argumente, mit denen Beintker den Kreationisten begegnet. Erklären Sie dabei auch, warum Beintker die Idee eines Intelligent Design nicht pauschal ablehnt.*

Im Zentrum der nordamerikanischen „Prozesstheologie" steht der Gedanke, dass Gott eine Welt ermöglicht, die sich unter Einfluss frei entscheidender Menschen fortwährend selbstschöpfend verändert und entwickelt. Die Vorstellung einer Anfangsschöpfung (creatio ex nihilo) tritt zurück zugunsten einer creatio continua (andauernde Schöpfung), die gedanklich auch mit der Evolutionstheorie Berührungspunkte hat. John B. Cobb ist einer der wichtigsten Vertreter dieser theologischen Richtung.

Lifestyle

M 32

Banksy (Graffitikünstler): Graffito im Londoner Finanzviertel (2012)

M 33

Gottes Schöpfung – jetzt

*John B. Cobb (*1925)*

Gegenüber den einzelnen Dingen ist Liebe, Sorge und Anteilnahme die Einstellung, die wir brauchen. Aber gegenüber dem Prozess, der ihnen das Leben gibt und das Leben bereichert, ist eine andere Einstellung angemessen. Für diesen Prozess können wir uns selbst engagieren. Man braucht dieses Engagement nicht zögernd, vorläufig oder versuchsweise einzugehen. Es kann und sollte den Einzelnen total betreffen. Wenn das der Prozess ist, den wir als „Natur" oder „Leben" bezeichnen, dann könnten und sollten wir „Leben" oder „Natur" als heilig ansehen. Es wird aber besser sein, von einem kreativen Prozess oder von Gott zu sprechen.

Wenn wir uns in diesem Sinne für Gott engagieren, dann heißt das: Wir suchen nach besten Kräften das Leben in seiner Vielfalt und Intensität, in seiner Bewusstheit und Liebe zu befördern. Diese Einstellung würde uns auch dazu ermutigen, uns auf eine reflektive Untersuchung und eine selektive Abschätzung der Zweck-Mittel-Relation einzulassen. Ferner würde sie uns zu Sensibilität, Emotionalität und zur Gemeinschaft fähig machen. Als eine kritische Norm könnte sie uns dabei helfen, die zahlreichen Forderungen nach Loyalität und Dienst zu prüfen. Sie würde unser Verantwortungsgefühl für eine gesunde Balance zwischen menschlichem und nichtmenschlichem Leben verstärken und uns die Sensibilität für die ökologischen Konsequenzen unserer Taten erhalten. Schließlich würde sie die Ausdehnung der Liebe auf die nichtmenschliche Welt bekräftigen und sogar voraussetzen. Das wäre – alles in allem – ein Meilenstein zu einem neuen Christentum. […]

Wenn wir von der Schöpfung reden, dann beziehen wir uns nicht auf einen Akt Gottes vor vielen Milliarden Jahren. Wir meinen damit auch nicht die ein für alle Mal verordneten und als unveränderlich vorausgesetzten Naturgesetze. Dieser Standpunkt war im Zeitalter Newtons sinnvoll, aber nicht in dem unseren. Er wäre nur dann von Bedeutung, wenn wir annehmen könnten, dass Gott von außen in die Schöpfung eingreift, um den Menschen vor den Konsequenzen seiner Taten zu bewahren. Wer das glaubt, der schaltet die menschliche Verantwortung aus und rennt gegen ganze Zeitalter menschlicher Erfahrung und geistiger Emanzipation an.

Die kreative Tat Gottes, die uns betrifft und unmittelbar angeht, ist die Schöpfung, die jetzt in unserer Umgebung und in uns selbst stattfindet. In jedem Augenblick konfrontiert Gott die Totalität der Vergangenheit mit neuen Möglichkeiten. Wie die Welt reagiert – ob sie diese Möglichkeiten annimmt oder verwirft –, das determiniert Gott nicht. Seine Schöpfertätigkeit vollzieht sich durch Überzeugung und freie Entscheidung seiner Geschöpfe. Gottesglaube heißt darum, dass wir auf sein schöpferisches Werk unter und in uns vertrauen, dass wir uns in dieses Werk integrieren.

Glauben an Gott heißt weiter, dass wir darauf achten, wie der kreative Prozess in allen Kreaturen wirksam ist. Und schließlich, dass wir dafür sensibel werden, wie er in uns wirkt. Kurzum: Wir müssen uns durch diesen kreativen Prozess zu ganz neuen Risiken herausfordern lassen.

Glaube an Gott ist insofern nicht nur Teil einer universalen Vision, in der Naturwissenschaft und Technologie Diener des Lebens und nicht Beherrscher der Natur werden. Der Glaube an Gott gibt auch die Grundlage dafür ab, wie wir mit der gegenwärtigen Krise fertig werden können. (1972)

1 *Stellen Sie dar, worin sich die Vorstellung von Schöpfung als Prozess gegenüber der Annahme eines einmaligen Schöpfungsaktes unterscheidet.*

2 *Unterscheiden Sie die Anteile Gottes und der Menschen am Schöpfungsprozess.*

3 *Interpretieren Sie das Graffito (M32) im Kontext von M33 und M34. Welche Zeitdauer wäre hier dem „currently" zuzumessen?*

Gott in der Schöpfung

M 34

Jürgen Moltmann (1926)*

Eine ökologische Schöpfungslehre impliziert ein *neues Denken über Gott*. Nicht mehr die *Unterscheidung* von Gott und Welt steht in ihrem Zentrum, sondern die Erkenntnis der Präsenz Gottes *in* der Welt und der Präsenz der Welt in Gott.

In einer von pantheistisch* denkenden, matriarchalischen Naturreligionen geprägten Umwelt hatte der *Jahweglaube*, wie er im Alten Testament bezeugt wird, mühsam und beharrlich die *Differenz* von Gott und Welt gelehrt: Gott ist nicht weltlich und die Welt ist nicht göttlich aufzufassen. Gott manifestiert sich nicht in den Kräften und Rhythmen der Natur, sondern er offenbart sich in der menschlichen Geschichte, die durch seinen Bund und seine Verheißung bestimmt ist. Darum dürfen die Kräfte der Fruchtbarkeit nicht als göttliche Kräfte verehrt werden. […]

Die rücksichtslose Eroberung und Ausbeutung der Natur, von der die europäische Neuzeit fasziniert war, fand ihre passende religiöse Legitimation in jener alten Unterscheidung von Gott und Welt. Damit wurde freilich die kritische Wahrheit jener alttestamentlichen Unterscheidung verfälscht. Ohne sie preiszugeben, muss eine ökologische Schöpfungslehre heute die *Weltimmanenz* Gottes wahrnehmen und lehren. Sie weicht damit nicht von den biblischen Traditionen ab, sondern kommt vielmehr auf ihre ursprüngliche Wahrheit zurück: Gott der *Schöpfer* von Himmel und Erde ist in jedem seiner Geschöpfe und in ihrer Schöpfungsgemeinschaft durch seinen kosmischen Geist präsent. […]

Gott ist nicht nur der Schöpfer der Welt, sondern auch der *Geist des Universums*. Durch die Kräfte und Möglichkeiten des Geistes wohnt der Schöpfer seinen Geschöpfen ein, belebt sie, erhält sie im Dasein und führt sie in die Zukunft seines Reiches. Die *Geschichte der Schöpfung* ist in dieser Hinsicht die Wirkungsgeschichte des göttlichen Geistes. Es ist darum schon im Blick auf die ursprünglichen biblischen Traditionen einseitig, die Schöpfung nur als Werk der „Hände Gottes" anzusehen und als sein „Werk" von ihm selbst nur zu unterscheiden. Schöpfung ist auch die differenzierte Gegenwart Gottes des Geistes, die Präsenz des Einen *in* den Vielen. […]

Ist der Schöpfer kraft des Geistes in seiner Schöpfung selbst präsent, dann ist seine Beziehung zur Schöpfung eher als ein vielfältiges *Netz* einseitiger, wechselseitiger und mehrseitiger Beziehungen anzusehen. In diesem Beziehungsnetz benennen „Schaffen", „Bewahren", „Erhalten" und „Vollenden" zwar die großen *einseitigen* Beziehungen, aber „Einwohnen", „Mitleiden", „Teilnehmen", „Begleiten", „Erdulden", „Erfreuen" und „Verherrlichen" sind *wechselseitige* Beziehungen, die eine kosmische Lebensgemeinschaft zwischen Gott dem Geist und allen seinen Geschöpfen bezeichnen. (1985)

1 *Vollziehen Sie Moltmanns Gedankengang anhand der kursiv geschriebenen Stichwörter nach.*

2 *Formulieren Sie den Auftrag, den Moltmann und Cobb (M33) dem Menschen zuschreiben.*

Die Höhle verlassen

In diesem Kapitel ging es um unterschiedliche erkenntnistheoretische Positionen mit den Fragen, wie das menschliche Bild von der Außenwelt entsteht, ob der Mensch Wirklichkeit erfasst oder schafft und welche Mittel er dabei nutzt. Im Vergleich dazu verlangten andere Wirklichkeiten – etwa von Religion und Mythen – ganz andere Wege der Erschließung. Bei den Beispielen zu den Voraussetzungen und Methoden unterschiedlicher Wissenschaften erwies sich, dass diese aus unterschiedlichen Gründen keine gewisse Kenntnis über eine „wirkliche" Wirklichkeit liefern wollen und können. Im letzten Teilkapitel ging es bei der Frage nach Evolution und/oder Schöpfung um die Verträglichkeit von biologischen und theologischen Positionen.

In seinem Werk „Politeia“ (Das Staatswesen) beschreibt Platon u. a., wie sein Lehrer Sokrates den Aufstieg von geringeren Erkenntnisstufen zur Schau höchster Erkenntnis und die möglichen Folgen wahrer Erkenntnis durch ein – hier nacherzähltes – Gleichnis verdeutlicht.

Das Höhlengleichnis

M 35

Platon (427–347)

Man möge sich vorstellen, dass Menschen in einer unterirdischen Höhle leben, die seitlich einen zum Licht aufsteigenden Zugang hat. In dieser Höhle seien sie von Kindheit an gefesselt an Hals und Schenkeln, sodass sie auf demselben Fleck bleiben und nur nach vorn sehen können. Licht aber haben sie – indirekt – von einem Feuer, welches von oben und von ferne her hinter ihnen brennt. Zwischen dem Feuer und den Gefangenen geht eine Mauer, hinter der Menschen entlanggehen und Geräte und Bilder tragen, die über die Mauer herüberragen. Die Gefesselten sehen ihr ganzes Leben nur die Schatten, die die beleuchteten Gegenstände und Bilder auf die Wand vor ihnen werfen. Und als Höchste und Klügste unter ihnen gelten diejenigen, die Art und Reihenfolge der vorbeiziehenden Schatten sich merken und voraussagen können.

Wenn nun einer entfesselt würde, sich umdrehte und das Feuer selbst sähe, müsste ihn das schmerzen, weil er nur den Anblick von Schatten gewohnt ist. Und wenn ihn sein Befreier mit Gewalt von dort durch den steilen Aufgang nach oben schleppte und nicht losließe, bis er ihn an das Licht der Sonne gebracht hätte, würde er noch mehr Schmerzen verspüren.

Wenn ihn nun das Tageslicht blendete, könnte er nicht das Geringste sehen von dem, was ihm nun als das Wahre bezeichnet wird. Er müsste sich allmählich gewöhnen: Zuerst könnte er Schatten am leichtesten erkennen, danach die gespiegelten Bilder der Menschen und anderen Dinge im Wasser und dann erst sie selbst. Und hierauf würde er den Himmel bei Nacht betrachten und in das Mond- und Sternenlicht sehen. Zuletzt aber wird er auch die Sonne ansehen können und nicht nur deren Spiegelungen im Wasser.

Und dächte er nun an sein Leben in der Höhle und an die Qualifikation seiner damaligen Mitgefangenen, täten die ihm wohl leid. Vielleicht sollte er zu ihnen hinuntersteigen, um sie über ihre trügerischen Annahmen aufzuklären? Dann aber müsste er sich an die Dunkelheit gewöhnen, und hier wäre das Sehvermögen der Gefangenen besser geeignet. Wenn er jetzt wieder in der Begutachtung jener Schatten wetteifern sollte mit denen, die immer dort gefangen waren, würde man ihn auslachen und von ihm sagen, seine Augen seien oben schlecht geworden und es lohne nicht, dass man auch nur versuche, hinaufzukommen; sondern man müsse jeden festhalten und umbringen, der ihre Fesseln lösen und sie hinaufbringen wolle.

1 *Gliedern Sie den Text und deuten Sie die einzelnen Stationen des Gleichnisses.*

2 *An welcher Stelle können Sie Ihre Erkenntnisstufe innerhalb des Höhlengleichnisses verorten, wenn es um die Frage nach der Wirklichkeit geht? Begründen Sie Ihre Antwort.*

3 *Vergleichen Sie den Aufstieg des Höhlenforschers (S. 90) mit dem des Entfesselten aus Platons Gleichnis. Beurteilen Sie, welcher Darstellung Ihre eigenen Arbeitsprozesse eher entsprechen sollen.*

Ein Psalm Davids, vorzusingen.
Die Himmel erzählen die Ehre Gottes,
und die Feste verkündigt seiner Hände Werk.
in Tag sagt's dem andern,
und eine Nacht tut's kund der andern,
ne Sprache und ohne Worte;
nhörbar ist ihre Stimme.
chall geht aus in alle Lande
d ihr Reden bis an die Enden der Welt.
19
Ps 19 besteht aus zwei ursprünglich selbständigen, inhaltlich und formal ganz verschiedenen Psalmen. – V. 2–7: Der erste Psalm ist ein offenbar sehr alter Lobpsalm in hochpoetischer Sprache. Er beschreibt das geheimnisvolle Gotteslob der Gestirne, zunächst das Lob der Majestät Gottes und seines Schöpfungswerkes durch die Himmel,

Die Bibel verstehen

1 *Erklären und deuten Sie das Verhältnis der drei Bestandteile des Bildes in ihrer Kombination sowie in ihrer Bedeutung im Blick auf die Frage des Umgangs mit der Bibel.*

2 *Sprechen Sie auf dieser Basis in Kleingruppen darüber, wie Ihnen Bibeltexte bisher begegnet sind und was Ihnen dabei wichtig war.*

Die Bibel – das bekannte, fremde Buch

Die Bibel – Teil unseres Alltags

Die Bibel und die von ihr ausgegangenen Religionen des Judentums und Christentums haben die abendländische Kultur stark geprägt. Bis heute wirken biblische Inhalte und Aussagen in unserem Alltag und unserer Kultur, ohne dass das immer bewusst ist. Die folgenden Materialien bieten dazu Beispiele als Anstöße zu einer Spurensuche und Diskussion.

M1 Die Bibel in der Werbung

M2 Die Bibel im Internet

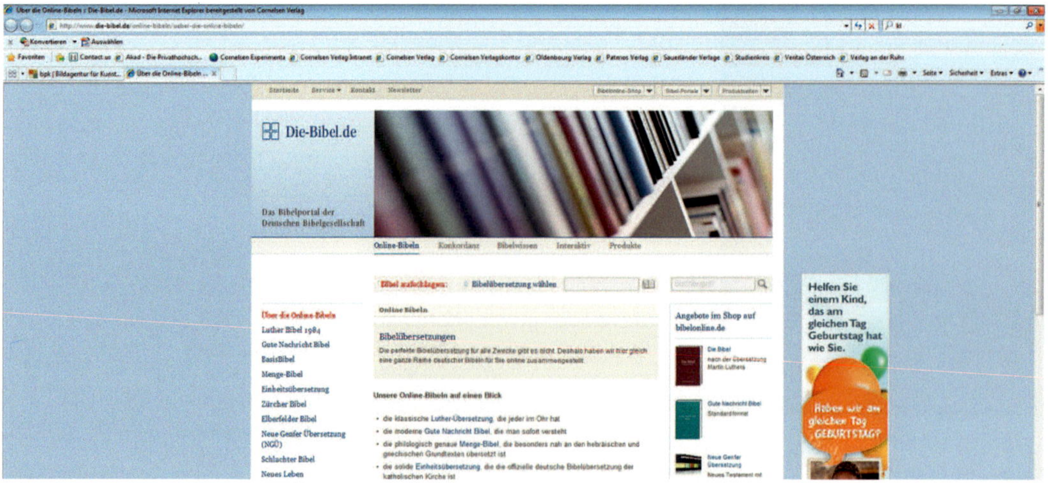

Worte der Bibel in der Alltagssprache

M3

- Wie Sand am Meer (Gen 41, Jes 10 u. a.)
- Der Mensch lebt nicht vom Brot allein (Deut 8, Mt 4)
- Im Dunkeln tappen (Deut 28)
- Vom Scheitel bis zur Sohle (Deut 28 u. a.)
- Wie seinen Augapfel hüten (Deut 32, Ps 17)
- Mit Füßen treten (Jos 10)
- Sein Herz ausschütten (1. Sam 1 u. a.)
- In Sack und Asche (Esth u. a.)
- Mir geht ein Licht auf (Hi 25 u. a.)

- Auf Herz und Nieren prüfen (Ps 7 u. a.)
- Hochmut kommt vor dem Fall (Spr 16)
- Alles hat seine Zeit (Pr Sal 3)
- Stein des Anstoßes (Jes 8 u. a.)
- Niemand kann zwei Herren dienen (Mt 6)
- Perlen vor die Säue werfen (Mt 7)
- Suchet, so werdet ihr finden (Mt 7 u. a.)
- Ein Herz und eine Seele (Apg 4)
- Buch mit sieben Siegeln (Offb 20)
- Geben ist seliger als Nehmen (Apg 20)

Die Bibel in der Kunst

M4

*Bettina Rheims (*1952)*

1 *Welche Motive vermuten Sie bei Werbepsychologen, auch auf biblisch-religiöse Stoffe Bezug zu nehmen? Recherchieren Sie weitere Beispiele dazu in den Medien, auf öffentlichen Werbeflächen usw.*

2 *Welche der Worte in M3 sind Ihnen schon begegnet? Interpretieren Sie ihre Bedeutung. In welchem Zusammenhang stehen diese Worte in der Bibel? Überprüfen Sie, ob der ursprüngliche Sinn vom heutigen Gebrauch abweicht.*

3 *Wie aktualisiert Bettina Rheims die Kreuzigung Jesu? Was beabsichtigt sie damit?*

Kein Alltag: alte Texte, alte Sprachen

Die Bibel enthält Texte, die etwa im Zeitraum 1. Jahrtausend bis 150 v. Chr. (Altes Testament) und etwa 50 bis 120 n. Chr. (Neues Testament) gesammelt und bearbeitet worden sind. Das Alte Testament ist in Hebräisch und z. T. in Aramäisch verfasst, das mit dem Hebräischen eng verwandt ist; das Neue Testament in Griechisch. Aus alten Quellenfunden und Handschriften haben Forscher den Bibeltext rekonstruiert. Diese wissenschaftlichen Textausgaben dienen heute als Grundlage für die modernen Bibelübersetzungen.

M5 Alte Handschriften und wissenschaftliche Textausgaben

Ausgangstext auf Papyrus, von Hand geschrieben

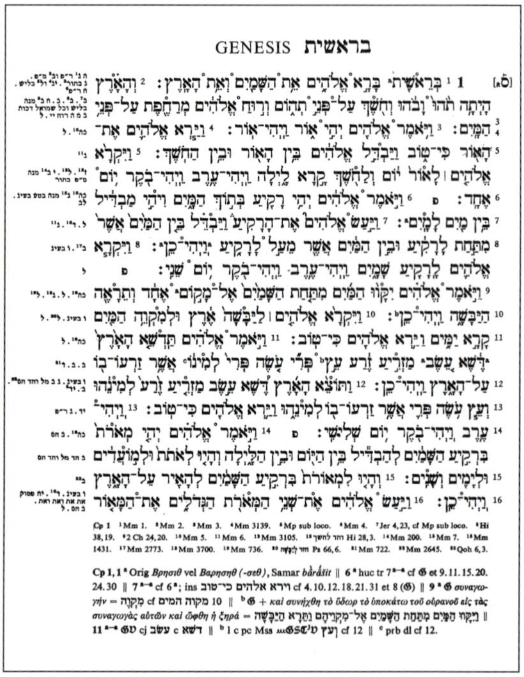

Heutige wissenschaftliche Ausgabe (Beispiel: Gen 1)

1 *Diskutieren Sie, welche Probleme sich bei der langen Textgeschichte der Bibel ergeben könnten.*

Warum sich mit der Bibel beschäftigen?

„Wer sich heute noch für die Bibel interessiert, scheint eher ein Exot zu sein als aus unserer Welt zu stammen – denn wer steht noch mit beiden Beinen auf der Erde und interessiert sich für die Bibel?" So beginnt der evangelische Exeget Ingo Broer sein Lehrbuch „Einleitung in das Neue Testament" (2006). Welche Gründe gibt es für Menschen im 21. Jahrhundert, sich mit den zwei- bis dreitausend Jahre alten Texten der Bibel zu befassen? In seinem Buch „Zur Bibel motivieren" (2003) entwickelt der Theologe und Bibelwissenschaftler Gerd Theißen vier grundlegende Aspekte, die er als „Lernchancen" versteht, welche aus der Beschäftigung mit der Bibel erwachsen.

Lernchancen mit der Bibel

M6

Gerd Theißen (1943)*

1. Die Bibel stellt menschliche Erfahrungen und Einsichten zur Verfügung, die jedem Einzelnen und jeder Generation voraus sind. Sie werden durch Auslegung zur Lebensorientierung aktiviert. Die Bibel wirkt dabei nicht naturwüchsig als Tradition in der Gegenwart fort, sondern ist Teil des „kulturellen Gedächtnisses", das ohne Gedächtnisarbeit verloren geht. Angestrebt werden nicht nur Horizontverschmelzungen mit ihr, sondern auch Horizontdurchbrüche durch Erinnerungen, die kontrapräsentisch der Gegenwart widersprechen.
2. Die Bibel enthält ein Problemlösungspotential, das zur Lösung der großen Probleme im Umgang mit Schöpfung, Gerechtigkeit, Frieden und Freiheit beiträgt, aber auch destruktiv wirken kann! Vor allem zeigt sie Wege, wie wir mit den Grenzen unserer Problemlösungskompetenz umgehen können. […]
3. Die Bibel enthält die Elemente einer universal verbreiteten Symbolsprache […]. Symbole sensibilisieren unsere Wahrnehmung für den religiösen Hintergrund der Welt. Aber die Religion enthält als Zeichensprache auch unsymbolische Weisungen, Normen und Werte […].
4. Die Bibel ist eine Chance, Kontakt mit einer letztgültigen Wirklichkeit aufzunehmen, so dass ein Tropfen Ewigkeit in das menschliche Leben fällt und ihm unbedingten Wert verleiht. Sie ist Grundlagentext einer lebendigen Religion. Eine für alle offene Bibeldidaktik wird dafür Verständnis wecken wollen – nicht durch Predigten, die zum Glauben auffordern, sondern durch religionswissenschaftliche Interpretationen, die Verständnis und Achtung für die in den Religionen bezeugten Offenbarungsdurchbrüche wecken, ohne deshalb zu fordern, man müsse sie als normative Grundlage des eigenen Lebens anerkennen. (2003)

1 *Überlegen Sie in Kleingruppen – zunächst ohne den Text M6 – eine Antwort auf die Frage von Ingo Broer (➚ Einleitung zu M6). Stellen Sie diese Antworten im Plenum zur Diskussion.*

2 *Stellen Sie die wichtigsten Aussagen der vier Aspekte von M6 in einer Übersicht zusammen und nehmen Sie dazu Stellung.*

Übersetzen – interpretieren – verstehen

Wie ist es möglich, einen Text „richtig" zu verstehen? Diese Frage verschärft sich mit dem geschichtlichen Abstand, mit fremden Sprachen und den anderen Zeitumständen, die bei einem biblischen Text begegnen. Schon bei der Übersetzung geht es um die Frage des Verstehens, die zu einer bestimmten Auswahl im Blick auf die Bedeutungsvielfalt der im Text enthaltenen Wörter führt. In einem direkten Gespräch könnte man das Gegenüber fragen, wie diese oder jene Aussage eigentlich gemeint sei. Beim biblischen Text entfällt diese Möglichkeit. Darum kommen hier der Interpretation und der Übersetzung größte Bedeutung zu.

M7 Jesus, die Schriftgelehrten und eine Frau (Joh 8, 3-11)

3 The scribes and the Pharisees brought a woman who had been caught in adultery, and placing
her in the midst 4 they said to him, "Teacher, this woman has been caught in the act of adultery.
5 Now in the Law Moses commanded us to stone such women. So what do you say?" 6 This they
said to test him, that they might have some charge to bring against him. Jesus bent down and wrote
with his finger on the ground. 7 And as they continued to ask him, he stood up and said to them,
"Let him who is without sin among you be the first to throw a stone at her." 8 And once more he
bent down and wrote on the ground.
9 But when they heard it, they went away one by one, beginning with the older ones, and Jesus was
left alone with the woman standing before him. 10 Jesus stood up and said to her, "Woman, where
are they? Has no one condemned you?" 11 She said, "No one, Lord." And Jesus said, "Neither do I
condemn you; go, and from now on sin no more."

3 Tout à coup, les spécialistes de la Loi et les pharisiens traînèrent devant lui une femme qui avait
été prise en flagrant délit d'adultère. Ils la firent avancer dans la foule et la placèrent, bien en vue,
devant Jésus. 4 Maître, lui dirent-ils, cette femme a commis un adultère; elle a été prise sur le fait.
5 Or, dans la Loi, Moïse nous a ordonné de lapider les femmes de ce genre. Toi, quel est ton
jugement sur ce cas ? 6 En lui posant cette question, ils voulaient lui tendre un piège, dans l'espoir
de trouver quelque prétexte pour l'accuser. Mais Jésus se baissa et se mit à écrire du doigt sur le sol.
7 Eux, ils insistaient, répétant leur question. Alors il se releva et leur dit: Que celui d'entre vous qui
n'a jamais péché lui jette la première pierre! 8 Puis il se baissa de nouveau et se remit à écrire sur le
sol. 9 Après avoir entendu ces paroles, ils s'esquivèrent l'un après l'autre, à commencer par les plus
âgés, laissant finalement Jésus seul avec la femme, qui était restée au milieu de la cour du Temple.
10 Alors Jésus leva la tête et lui dit: Eh bien, où sont donc passés tes accusateurs? Personne ne t'a
condamnée? 11 Personne, Seigneur, lui répondit elle. Alors Jésus reprit: Je ne te condamne pas non
plus. Va, mais désormais, ne pèche plus.

3 adducunt autem scribae et Pharisaei mulierem in adulterio deprehensam et statuerunt eam in
medio 4 et dixerunt ei magister haec mulier modo deprehensa est in adulterio 5 in lege autem
Moses mandavit nobis huiusmodi lapidare tu ergo quid dicis 6 haec autem dicebant temptantes
eum ut possent accusare eum Iesus autem inclinans se deorsum digito scribebat in terra 7 cum
autem perseverarent interrogantes eum erexit se et dixit eis qui sine peccato est vestrum primus in
illam lapidem mittat 8 et iterum se inclinans scribebat in terra 9 audientes autem unus post unum
exiebant incipientes a senioribus et remansit solus et mulier in medio stans 10 erigens autem se
Iesus dixit ei mulier ubi sunt nemo te condemnavit 11 quae dixit nemo Domine dixit autem Iesus
nec ego te condemnabo vade et amplius iam noli peccare

1 *Bilden Sie Gruppen und fertigen Sie jeweils eine schriftliche Übersetzung eines Textes an, auf die Sie sich in der Gruppe einigen. Dabei sollte jeder Text zweimal von verschiedenen Gruppen bearbeitet werden.*

2 *Vergleichen Sie Ihre Übersetzungen und diskutieren Sie die Probleme, die Ihnen beim Übersetzen begegnet sind.*

3 *Vergleichen Sie Ihre Übersetzungen mit der Übersetzung der Lutherbibel 1984.*

Text und Kontext

Beim Verstehen eines jeden Textes ist der „KON-TEXT" zu beachten: der Zusammenhang, in den die Aussagen eingebettet sind.

- **Jeder Text hat einen (geschichtlichen) Kontext, aus dem er hervorgegangen ist; ihn muss man erschließen, um so weit wie möglich zu verstehen, was der Text (damals) aussagte.**
- **Zum anderen muss die Leserin/der Leser sich den eigenen (heutigen) Kontext bewusstmachen, also die Voraussetzungen und Interessen, die sie/ihn beim Verstehen in der gegenwärtigen Situation beeinflussen.**

Verstehen ist somit ein Vorgang, in dem Leser(in) und Gelesenes wechselseitig aufeinander einwirken. Solche Fragen werden in einer besonderen Auslegungswissenschaft behandelt, die man Hermeneutik nennt (griech. hermeneuein: auslegen, verständlich machen). Die Wechselwirkung gilt generell. Auch in den Naturwissenschaften muss berücksichtigt werden, in welcher Weise die Art der Untersuchung (z. B. ein Experiment) das Ergebnis beeinflusst.
Hans Georg Gadamer kennzeichnet dies in seinem Werk „Wahrheit und Methode", das eine grundlegende Bedeutung für die moderne Hermeneutik gewonnen hat.

M8

Wahrheit und Methode

Hans-Georg Gadamer (1900–2002)

Wenn in der modernen Mikrophysik der Beobachter aus den Ergebnissen der Messung nicht zu eliminieren ist und in ihren Aussagen selber vorkommen muss, so hat das einen exakt angebbaren Sinn, der sich in mathematischen Ausdrücken formulieren lässt.

Wenn in der modernen Verhaltensforschung der Forscher Strukturen aufdeckt, die auch sein eigenes Verhalten aus stammesgeschichtlicher Erbbestimmtheit bestimmen, so lernt er vielleicht auch über sich selber etwas, aber gerade weil er sich mit anderen Augen ansieht als denen seiner „Praxis" und seines Selbstbewusstseins. (1960)

1 *Worin bestehen die Chancen des Forschers, wenn er die „hermeneutische Wechselwirkung" beachtet?*

2 *Übertragen Sie diese Perspektive auf die Bearbeitung eines biblischen Textes: Welche Chancen für den Leser/die Leserin ergeben sich dabei?*

3 *Beziehen Sie diese Aspekte auf die „Lernchancen mit der Bibel", die Gerd Theißen in M6 formuliert.*

Interpretationsbeispiel: Jesus und „die Juden"

Wie wichtig die Beachtung der wechselseitigen Beeinflussung von Text und Leser(in) im Blick auf biblische Texte ist, zeigt das folgende Beispiel im schwierigen geschichtlichen Kontext von Judenfeindschaft und Antisemitismus gerade in Deutschland.

M9

Die Kritik Jesu an den Schriftgelehrten und „den Juden"

Mk 12,38 ff.

38 Und er lehrte sie und sprach zu ihnen: Seht euch vor vor den Schriftgelehrten, die gern in langen Gewändern gehen und lassen sich auf dem Markt grüßen 39 und sitzen gern obenan in den Synagogen und am Tisch beim Mahl; 40 sie fressen die Häuser der Witwen und verrichten zum Schein lange Gebete. Die werden ein umso härteres Urteil empfangen.

Joh. 8,44

44 Ihr habt den Teufel zum Vater, und nach eures Vaters Gelüste wollt ihr tun. Der ist ein Mörder von Anfang an und steht nicht in der Wahrheit; denn die Wahrheit ist nicht in ihm. Wenn er Lügen redet, so spricht er aus dem Eigenen; denn er ist ein Lügner und der Vater der Lüge.

In der nationalsozialistischen Zeitung „Der Stürmer" wurde 1934 eine Karikatur präsentiert, die sich auf diese neutestamentlichen Texte bezieht.

Den Pharisäern und Schriftgelehrten

M 10

Den Pharisäern und Schriftgelehrten

Vor zweitausend Jahren habe ich die Juden als Teufelsvolk verflucht, und Ihr macht ein Gottesvolk aus ihnen

„Der Stürmer", 13. März 1934, S. 1

1 *Rekonstruieren Sie den geschichtlichen Kontext der Aussagen im Mk- und Joh-Evangelium auf der Grundlage von M11.*

2 *Klären Sie den geschichtlichen Kontext der Karikatur M10 und untersuchen Sie, welche Absichten dahinter stehen.*

3 *Lesen Sie die parallele, aber umfangreichere Textüberlieferung in Mt 23,1–36. Welche Differenzierungen der Kritik Jesu werden hier deutlich?*

Hintergrund: Jesus, sein Volk und seine Führer

M 11

- Massive Kritik an den religiösen und gesellschaftlichen Verhältnissen und dem Verhalten religiöser Würdenträger, ja des Volkes insgesamt, gehört zumindest seit den Propheten des 8. Jahrhunderts v. Chr. zum Grundbestand der Religion Israels. Dabei ging es nicht um Ablehnung des eigenen Volkes, sondern darum, aus Liebe zu Israel und Gott das Volk wieder auf den „Weg Gottes" zu bringen. Niemand würde etwa die Kritik des Amos, die in manchem der von Jesus ähnelt, so deuten: Erst eine spätere Zeit hätte ihm die Äußerungen in den Mund gelegt, eigentlich sei gar nichts zu kritisieren gewesen. Vgl. dazu z. B. Am 2,6–12; 3,1–8; 8,4–10.
- Auch Zeitgenossen Jesu, z. B. Johannes der Täufer oder die Leute von Qumran, haben gegenüber der damaligen religiösen und gesellschaftlichen Praxis scharfe Kritik geübt. Auf der anderen Seite liest man oft in den Evangelien, dass das einfache Volk Jesus „gern hörte" (z. B. Mk 12,37) – von einer Frontstellung gegen „die Juden" kann also nicht die Rede sein. Vgl. dazu beispielsweise die Kritik des Johannes in Lk 3,7–14.
- Auch heute gibt es unter verschiedenen Gruppen innerhalb Israels schwere Differenzen: Orthodoxe Juden lehnen im Grunde den weitgehend säkularen, demokratischen Staat Israel ab und erwarten einen „Gottesstaat".
- Man kann damit rechnen, dass die Evangelisten im Verhältnis zwischen Jesus und Repräsentanten des damaligen Judentums die Gewichte zuungunsten „der Juden" verschoben haben. Die Christen lebten im Römischen Reich und mussten sich unter diesen Bedingungen behaupten – vielleicht haben sie deshalb z. B. Pilatus als Vertreter des römischen Staates menschenfreundlicher dargestellt, als er in sonstigen Berichten der damaligen Zeit erscheint, und „die Juden" stattdessen „Kreuzige ihn!" schreien lassen (Mk 15,9–15).
- Außerdem war das Verhältnis der Christen zur jüdischen Kultgemeinde in Jerusalem gespannt: Apostel wurden in Jerusalem gelyncht oder hingerichtet, so beispielsweise Stephanus (vgl. Apg 7,54–60) und der Bruder von Jesus, Jakobus, der die christliche „Urgemeinde" in Jerusalem etwa von 50–62 n. Chr. leitete. Der spätere Ausschluss der Christen als „Abtrünnige" aus den Synagogen (um 85/90 n. Chr.) hatte schwerwiegende Folgen. Sie verloren nun als Nichtjuden die religiösen Rechte, die für die Juden im Römerreich galten (u. a. Befreiung vom Kaiserkult), und gerieten unter staatliche Verfolgung.

Die Bibel und ihr geschichtlicher Hintergrund

Das Wort „Bibel" kommt vom griechischen „biblos" oder „biblion" und bedeutet wörtlich zunächst „Bastfäden der Papyrusstaude". In biblischer Zeit wurde aus den Papyrusstauden, die vor allem in Ägypten wuchsen, das Material für die Beschriftung gewonnen, sodass dieses Wort gleichbedeutend mit Papyrusrolle oder „Buch" wurde.

Zur Bezeichnung: Im christlichen Bereich sind für die Teile der Bibel die Bezeichnungen Altes und Neues Testament (AT/NT) üblich. Um eine Wertung alt/neu auszuschließen, benutzt man heute oft die Bezeichnung „Erstes" bzw. „Zweites" Testament, oder, nach den Sprachen, „Hebräische" bzw. „Griechische" Bibel.

Sprache: Die Texte des AT sind in Hebräisch und zum Teil in Aramäisch, einer besonderen Form des Hebräischen, verfasst. Die Schrift umfasste nur Konsonanten; die Vokale wurden selbstverständlich mitgesprochen.
Das NT ist in der Form des Altgriechischen verfasst, die zur Zeit Jesu im Mittelmeerraum überwiegend gesprochen oder verstanden wurde – der Bedeutung des heutigen Englisch vergleichbar. Jesus selbst hat wohl, wie die meisten seiner jüdischen Zeitgenossen, Aramäisch gesprochen, aber viele Forscher nehmen an, dass er auch Griechisch verstand. Paulus und die Evangelisten waren wohl eher im Griechischen beheimatet als im Hebräischen/Aramäischen. Das zeigt sich auch daran, dass sie, wenn sie auf Zitate aus dem Alten Testament zurückgreifen, den Wortlaut der sogenannten Septuaginta* verwenden, einer griechischen Übersetzung von Schriften des Alten Testaments, die um 200 v. Chr. entstand.

Geschichte: Die historischen Anfänge Israels werden in das Ende des zweiten Jahrtausends v. Chr. datiert. Dass schon aus dieser Zeit Texte im AT stammen, ist eher unwahrscheinlich. Die überwiegende Zahl der Texte wird erst in der Zeit in oder nach dem babylonischen Exil verfasst bzw. in ihre jetzige Form gebracht worden sein, etwa im Zeitraum von 550 bis 150 v. Chr. Die Texte des NT gehen nicht auf die Geschichte Israels, sondern eines einzelnen Juden zurück, Jesus von Nazareth. Die ältesten Dokumente des NT sind nicht die Evangelien, sondern die Briefe des Paulus; sie werden in die Zeit von rund 50 bis 60 n. Chr. datiert. Einige Briefe des Paulus sind wahrscheinlich von Schülern des Paulus verfasst (z. B. 1./2. Timotheus, Kolosser und Epheser). Die Evangelien sind vermutlich von ca. 65 bis 95 n. Chr. entstanden; auch ihren Texten gehen mündliche Überlieferungen voraus. Schon aufgrund dieser zeitlichen Distanz wird deutlich, dass die biblischen Texte nicht als Geschichtsschreibung im Sinne der Wiedergabe historischer Fakten zu betrachten sind. Es geht vielmehr um religiöse Literatur, die auf der Basis historischer Erinnerungen mit Blick auf die jeweilige Gegenwart gestaltet ist.

Kanon (griech. „[Mess-]Stab", „Richtschnur", „Regel"/„Norm"): Nach dem Untergang Jerusalems und des Tempels als dem religiösen Zentrum sammelten sich jüdische Schriftgelehrte und Rabbiner um ca. 80 bis 90 n. Chr., um Inhalt und Gliederung der Hebräischen Bibel festzulegen. Dabei wurden u. a. jüngere Schriften ausgegliedert, die im Original nicht hebräisch, sondern griechisch verfasst waren. Ein Teil von ihnen begegnet uns in katholischen Bibelausgaben als Teil des AT und in Ausgaben der Lutherbibel als „alttestamentliche Apokryphen". Dies rührt daher, dass in der frühen Kirche die Septuaginta in Gebrauch war, die diese Schriften neben den hebräischen mit aufgenommen hatte. Luther orientierte sich bei seiner Bibelübersetzung an den Festlegungen des jüdischen Kanons und stellte diese Schriften in einem „Extrateil" zwischen AT und NT. Der neutestamentliche Kanon bildete sich in einem Prozess zwischen ca. 100 bis 350 n. Chr.

Wege und Methoden des Verstehens

„Er lehrte mit Vollmacht" – Bibeldeutung in der Bibel

Schon in den biblischen Texten selbst wird „interpretiert". Das ist vor allem im NT oft zu beobachten, z. B. bei Paulus oder Jesus. Ihre „Bibel" waren die schon weitgehend vorliegenden alttestamentlichen Texte: „die Schrift". Sie hatte unantastbare Autorität. Aber es war ihnen selbstverständlich, dass nur durch Deutung und Interpretation ihre Bedeutung erschlossen werden kann.

Dabei kam Jesus oft zu anderen Ergebnissen als die Theologen und Schriftgelehrten seiner Zeit. Markus beschreibt, welche Wirkung das auslöste: „[...] sie entsetzten sich über seine Lehre, denn er lehrte mit Vollmacht und nicht wie die Schriftgelehrten" (Mk 1, 22). Lesen Sie die Erzählung „Der barmherzige Samariter" (Lk 10,25 ff.) als ein Beispiel, wie Jesus die Tradition seines Volkes im AT interpretiert.

1 *Welche Funktion hat hier das „Gesetz", also die Tora? Wie geht Jesus, wie geht der Schriftgelehrte damit um? Bilden sie dazu arbeitsgleiche Gruppen und vergleichen Sie die Ergebnisse.*

2 *Leiten Sie aus der Erzählung ab, wie im Sinne Jesu „der Nächste" zu beschreiben wäre.*

Hintergrund: Nächstenliebe und ewiges Leben (Lk 10,25 ff.)

M 12

- Was bedeutete damals „ewiges Leben"? Wir denken dabei heute an ein Leben über den Tod hinaus; die AT-Zitate und der NT-Text meinen aber etwas anderes. „Ewig" kann man eher mit „beständig" übersetzen, es geht also um ein Leben, das (vor Gott und der Tora) Bestand hat. Diese „Bewährung" bezieht sich zunächst auf das „diesseitige" Leben. Die Antwort Jesu bedeutet darum auch: „Wenn du wirklich tust, was du aus der Tora zitiert hast, wirst du dein Leben nicht verfehlen."
- Aber in der Tora, den Fünf Büchern Mose, steht zu diesem Thema weit mehr als diese beiden Zitate. Die Schlüsselfrage ist daher nicht nur, „was" liest du, sondern auch „wie" liest du – also: Was greifst du in dieser Frage aus der Fülle der Tora-Texte heraus? Was bedeutet das für dich? Dies entspricht auch der korrekten Übersetzung der Frage Jesu in Lk 10,26. Die Zitate sind eine Zusammenstellung von zwei Sätzen aus zwei unterschiedlichen Büchern des AT. In ihrer Kombination liegt das entscheidende Element der Interpretation der Tora durch Jesus.
- In Lev 19,18 wird aus dem Zusammenhang klar, dass als „Nächster" die „Kinder deines Volkes", also die Israeliten, gemeint waren. Der Samaritaner wurde zur Zeit Jesu nicht als diesem Volke zugehörig betrachtet, als unrein und gering eingeschätzt. Das gibt der Geschichte in Bezug auf die Auslegung der Tora ihren besonderen Akzent.
- Dass Jesus gerade die vorbeigehen lässt, von denen besonders erwartet wird, dass sie ein „Leben führen, das Bestand hat", darf nicht aus heutiger Perspektive zu voreiligen Schlüssen führen, in dem Sinne: „Da haben wir es wieder, die Pfarrer tun selbst nicht, was sie predigen", oder: „Sie mussten schnell zum Dienst, deshalb nahmen sie sich keine Zeit." Die Richtung ihres Weges ist eindeutig von Jerusalem weg (nach Jericho), denn es heißt: „Er zog hinab"; der umgekehrte Weg (nach Jerusalem) wird als der Weg „hinauf" bezeichnet. Also: Ihr Tempeldienst war zu Ende, sie waren auf dem Weg nach Hause, sie hatten Zeit. Warum handeln sie nicht so, wie es die „Nächstenliebe" erfordert?

– Hier wird eine besondere Tiefendimension dieser Beispielerzählung deutlich: Sie wussten ja nicht, wer dort „halb tot“ lag. War es vielleicht ein „Heide“? Konnte man sich, wenn man ihn berührte, unrein machen, was die Tora zu verbieten scheint, vor allem, wenn man gar mit dem Blut des anderen in Berührung kam (vgl. Lev 7,27; 15; 17,11)? So könnte es sein, dass die Treue zu den Reinheitsgeboten der Tora die Hilfeleistung verhinderte. Demgegenüber der Samaritaner: Er galt aus der Perspektive „orthodoxer“ Juden bereits als unrein, hatten sich die Samaritaner doch schon vor Jahrhunderten mit „Heiden“ vermischt. Steht ihm deshalb nichts im Wege, seinem Erbarmen (V. 33 und 37) zu folgen, und damit den wahren Sinn der Tora zu praktizieren? Liebe zu Gott – und Leben, das „Bestand hat“ – besteht also nicht darin, die eigene „Reinheit“ zu bewahren, sondern dem Nächsten zu tun, was er braucht.

1 *Welche Akzente setzt die Erzählung vom Samaritaner gegenüber dem Wortlaut der Tora in Dt 6,5 und Lev 19,18? Wie geht Jesus hier mit dem Gebot der Tora um?*

2 *Beschreiben Sie das Dilemma im Blick auf die Orientierung an der Tora zwischen den beiden Forderungen Reinheit und (Nächsten-)Liebe.*

M 13 Wozu gibt es, wem dient das Gesetz?

Ein Autofahrer fährt mit 75 km/h durch eine enge Ortsdurchfahrt. Er hat es eilig. Er weiß: In der engen und belebten Straße ist eine Radarkontrolle nicht möglich, eine Strafe ist nicht zu erwarten. Allerdings: Wenn ein Kind zwischen parkenden Autos auf die Straße rennt, wäre ein Unfall unvermeidlich. Zum Glück geschieht das nicht. Erst auf der breiten Straße am Ortsausgang geschieht etwas: Er übersieht, dass dort, wo 75 km/h geradezu als Schneckentempo erscheinen und niemand mehr gefährdet ist, eine Radarkontrolle steht. Er wird mit 25 km/h Geschwindigkeitsüberschreitung geblitzt und muss 150 Euro Strafe zahlen.

Ein Religionslehrer beteiligt sich für einige Stunden an einer Sitzblockade an einer Bahnstrecke, auf der atomarer Restmüll zu einem Endlager transportiert werden soll. Wegen der vielen Demonstranten entlang der Gleise fährt der Zug so langsam, dass kein Leben gefährdet ist. Bald jedoch sieht der Lehrer sich von Polizisten umringt. Mehreren Aufforderungen, wegzugehen, verschließt er sich. Nach Stunden wird er weggetragen. Die Personalien werden festgestellt, es wird Anzeige erstattet, eine Gerichtsverhandlung findet statt. Urteil: Nötigung in Tateinheit mit Widerstand gegen die Staatsgewalt. Eine Geldstrafe von 1000 Euro wird verhängt. Nun gilt der Religionslehrer als vorbestraft. Er soll auch die Kosten des Polizeieinsatzes mittragen.

1 *Diskutieren Sie diese Fälle – auch im Hinblick auf das Verhältnis von Gefährdung und Strafmaß.*

2 *Beziehen Sie diese Fälle auf die Interpretation des Gesetzes (Tora), die Jesus in der Beispielgeschichte Lk 10,25 ff. entwickelt.*

3 *Überlegen Sie, wie unter diesen Perspektiven rechtliche Vorschriften (z. B. Schulordnung, Straßenverkehrsordnung) zu bewerten wären.*

Bibeldeutung in der Bibel

Die Autoren des NT nehmen vielfach Bezug auf Texte des AT, vor allem aus der Tora, den Propheten und den Psalmen. Daraus lässt sich rekonstruieren, wie diese religiösen Texte damals verstanden und ausgelegt wurden. Dabei lassen sich drei wichtige Aspekte erkennen.

Ähnlichkeit mit der jüdischen Schriftinterpretation: Alle Fragen des Glaubens und der Lebensgestaltung versuchte man mit Zitaten aus den heiligen Schriften zu lösen. Wenn dann noch etwas ungeklärt zu bleiben schien, wurden entweder weitere Zitate herangezogen oder eine Interpretation des verwendeten Zitats geboten, die auch in einer Beispielgeschichte bestehen konnte. So ist offensichtlich auch Jesus oft verfahren.

Neuinterpretation der Tradition: Der „historische Jesus" (➚ S. 186, 188) hat sich wahrscheinlich im Rahmen dieser jüdischen Schriftinterpretation bewegt, dabei aber aufsehenerregende Sichtweisen und Folgerungen entwickelt:

- Wegen der Nähe Gottes sind der Mensch und sein Handeln jederzeit ganz gefordert. Selbst am Sabbat gibt es kein „frommes, neutrales" Nichtstun: „Soll man am Sabbat Gutes tun oder Böses, Leben bewahren oder vernichten?" fragt er, als er einen Kranken am Sabbat heilen will und andere ihm das als Verstoß gegen das Ruhegebot ankreiden wollen (vgl. Mk 3,4).
- Vor diesem Hintergrund verändert sich auch das Verständnis der Tora. Wie Gott selbst als Schöpfer und Erhalter der Welt verstanden wird, dient auch das „Gesetz" nur dem einen Zweck: Leben zu fördern und zu bewahren. Dies gilt auch für die Gesetzesvorschriften zum Sabbat: „Der Sabbat ist um des Menschen willen geschaffen und nicht der Mensch um des Sabbats willen" (Mk 2,28). Jesus erkannte in vielen religiösen Praktiken und Regelungen seiner Zeit, dass dieser heilsame Sinn der Tora zugunsten von menschlichen Interessen außer Kraft gesetzt wurde, und unterschied darum „Menschensatzungen" von den göttlichen Geboten (vgl. Mk 7,1–13).

Perspektivänderung bei den ersten Christen: Paulus und die frühen christlichen Autoren glaubten, dass im Geschehen um Jesus Christus Gott selbst heilsam gehandelt hat, sodass nun die Frage nach dem Heil sozusagen neu beantwortet ist: Im Leiden und Sterben des Gottessohnes wird den Menschen Heil zugesprochen, die Tora und die Botschaft der alttestamentlichen Propheten finden ihre Vollendung in diesem Geschehen um Jesus Christus. So konzentriert sich Paulus zum Beispiel im Römerbrief auf den Nachweis, dass nicht mehr die Befolgung der Tora, sondern der Glaube und das Vertrauen auf Gott, der sich in Jesus Christus den Menschen liebevoll zugewandt hat, zu Erlösung, zum Heil und zur „Gerechtigkeit" führe. Nach Paulus läuft die gesamte Überlieferung Israels auf Jesus Christus zu; so kann er formulieren: „Christus ist des Gesetzes (der Tora) Ende" (Rm 10,4). Das griechische Wort „telos" bedeutet neben „Ende" zugleich Ziel und Vollendung.

Diese Sicht eint alle christlichen Autoren, die sich im NT zu Wort melden – trotz vieler Differenzen in einzelnen Fragen, und aus dieser Perspektive wird die alttestamentliche Überlieferung gedeutet. Jesus Christus erscheint also gleichsam als der Deutungsschlüssel, mit dem die Geheimnisse der Schrift aufgedeckt werden können. Auch deshalb haben die Christen später das AT neben den neutestamentlichen Schriften als Teil ihrer Bibel betrachtet.

Das Buch der Wahrheit für die Welt – Bibelinterpretation im Mittelalter

Im Mittelalter entstand die Vorstellung, dass der Bibel als dem „Buch Gottes" die gesamte Wahrheit über die Welt und den Lauf der Geschichte zu entnehmen sei. Die Worte des Textes deuteten immer auf ein geheimnisvolles „Mehr" hin, das den göttlichen Plan von den Anfängen der Schöpfung über Jesus bis in die Geschichte der Kirche entwickelte. Dieses „Mehr" ist Gegenstand des Glaubens. Um diese Zusammenhänge zu erschließen, wurde u. a. die Interpretation des „vierfachen Schriftsinns" entwickelt. Dieser sah im Bibeltext vier Bedeutungen vereint.

M 14 Vom „vierfachen Schriftsinn"

Die heilige Schrift hat
- einen historischen Sinn („Littera gesta docet": was [„real"] geschehen ist);
- einen allegorischen Sinn („quid credas allegoria": was du glauben sollst);
- einen moralischen Sinn („moralis quid agas": was du tun sollst);
- einen anagogischen Sinn („quo tendas anagogia": was du hoffen darfst).

1 *Wenden Sie dieses Interpretationskonzept auf den Text vom „Barmherzigen Samariter" (Lk 10,25 ff.) an. Bilden Sie zu den Perspektiven des „Vierfachen Schriftsinns" jeweils eine Gruppe.*

2 *Vergleichen Sie Ihre Ergebnisse mit den Aspekten in M12.*

„Allein durch Christus, allein durch den Glauben" – Bibelinterpretation in der Reformation

Martin Luther interpretierte die Bibel unter dem zentralen Aspekt, der auch sein eigenes Glaubensleben wesentlich bestimmte: der Rechtfertigung des Sünders aus Gnade, die im Glauben an Jesus Christus empfangen wird. Damit gewann er eine zentrale Kategorie der christlichen Deutung der biblischen Überlieferung zurück und rückte die Frage nach Sinn und Bedeutung der Bibel für das Heil der Menschen – und nicht für die Lehre der Kirche – in den Vordergrund. Von da aus bewertete er auch die biblischen Schriften. Zu den neutestamentlichen Büchern stellt er Folgendes fest:

M 15 „Bücher, die Christus zeigen"

Martin Luther (1483–1546)

Die besten Bücher: So nämlich sind des Johannes Evangelium und Sankt Pauli erste Episteln, sonderlich die an die Römer, und Sankt Peters erste Epistel* der rechte Kern und (das) Mark unter allen Büchern, die auch billig an erster Stelle stehen sollten. Und einem jeglichen Christen wäre zu raten, dass er dieselben zuerst und am allermeisten lese und sich durch tägliches Lesen so vertraut mache wie das tägliche Brot. Denn in diesen findest du nicht viele Werke und Wundertaten Christi beschrieben; du findest aber ganz meisterhaft herausgestrichen, wie der Glaube an Christus Sünde, Tod und Hölle überwindet und das Leben, Gerechtigkeit und Seligkeit gibt, welches die rechte Art des Evangeliums ist, wie du gehört hast.

Denn wenn ich irgendwann eins von beiden entbehren sollte, der Werke oder der Predigt Christi, so wollte ich lieber das Werk als seine Predigt entbehren. Denn die Werke helfen mir nichts, aber seine Worte, die geben das Leben, wie er selbst sagt. Weil nun Johannes recht wenig von Christus (selbst), aber sehr viel von seiner Predigt schreibt, wiederum die anderen drei Evangelisten viele von seinen Werken, wenige von seinen Worten beschreiben, ist des Johannes Evangelium das alleinige, zarte, rechte Hauptevangelium, und den anderen drei weit, weit vorzuziehen und über sie zu erheben. Genauso überragen auch Sankt Pauli und Petri Episteln die drei Evangelien des Matthäus, Markus und Lukas weit.

Summa: Sankt Johannes' Evangelium und seine erste Epistel, Sankt Pauli Epistel, sonderlich an die Römer, Galater, Epheser, und Sankt Peters erste Epistel, das sind die Bücher, die dir Christus zeigen und alles lehren, das dir zu wissen nötig und selig ist, ob du schon kein anders Buch noch eine andere Lehre je siehst noch hörst. Darum ist Sankt Jakobs Epistel eine recht stroherne Epistel gegen sie, denn sie hat doch keine evangelische Art an sich. (1522)

1 *Arbeiten Sie heraus, worin für Luther „Kern" und „Mark" der „besten Bücher" der Bibel bestehen.*

2 *Wie unterscheidet er „Werke" und „Predigt" Christi? Welche Begründung gibt er dafür?*

3 *Vergleichen Sie Rm 3,28 mit Jak 2,24. Leiten Sie daraus Luthers Urteil über den Jakobusbrief ab.*

Glaube und Vernunft – Pietismus und Aufklärung

Drei Prinzipien standen am Ende des Reformationszeitalters: „sola scriptura, sola fide, sola gratia" (allein durch die Heilige Schrift, allein durch den Glauben, allein durch die Gnade kann der Mensch das Heil erfahren). Diese Grundsätze wurden in der Folgezeit aus unterschiedlichen Perspektiven problematisiert.

Der Theologe Philipp Jacob Spener, der u. a. Pfarrer in Frankfurt am Main war, kritisierte, dass das „richtige Vortragen" der Rechtfertigungslehre allein nicht den richtigen Umgang mit der Bibel ausmache. Er formulierte in seiner Reformschrift „Pia desideria":

Rechter Glaube und christliches Leben

M 16

Philipp Jacob Spener (1635–1705)

Das Allerbetrüblichste ist, dass bei vielen Predigern das Leben und der Mangel an Glaubensfrüchten beweisen, dass es ihnen selber am rechten Glauben fehlt, und dass dasjenige, was sie für Glauben halten, menschliche Einbildung ist. Sie haben zwar aus der Schrift, aber nur dem Buchstaben nach, ohne Wirkung des Heiligen Geistes, die rechte Lehre erfasst, pflichten ihr auch bei und wissen sie anderen vorzutragen; aber von dem wahren himmlischen Licht und Leben des Glaubens sind sie weit entfernt.

Wie viele führen ganz offen ein unchristliches Leben und bilden sich gleichwohl mit fester Zuversicht ein, dass sie selig werden. Fragt man, worauf sich dieser ihr Glaube gründet, so erklären sie, dass sie sich darauf verlassen, weil wir ja aus unserm Leben nicht selig werden könnten. Deshalb glaubten sie an Christum und setzten all ihr Vertrauen auf ihn. Da könne es ihnen nicht fehlgehen. (1675)

Spener ging es vor allem um die Wirkung des biblischen Wortes auf den „inneren Menschen", auf seine „Erbauung" im Glauben, auf ein entsprechendes Leben und Handeln. Diese „frommen" Zielsetzungen führten zur Bezeichnung seiner Bewegung als „Pietismus" (von lateinisch „pius" = fromm).

Ab etwa der Mitte des 18. Jahrhunderts entwickelte sich eine historische und rationalistische Bibelkritik im Zeitalter der „Aufklärung". Einer der ersten Kritiker war Hermann Samuel Reimarus, Philosoph, Theologe und Orientalist. Er lehnte die Bibel als „Offenbarung Gottes" ab und bezweifelte die Historizität mancher biblischer Berichte. Zur Auferstehungsgeschichte schrieb er:

M 17 Fragwürdigkeit der biblischen Auferstehungsberichte

Hermann Samuel Reimarus (1694–1768)

Die vornehmste und erste Frage, worauf das ganze neue System der Apostel ankommt, ist demnach diese: ob Jesus, nachdem er getötet worden, wahrhaftig auferstanden ist.

Das erste, was wir bei der Zusammenhaltung der vier Evangelisten bemerken, ist, dass ihre Erzählung fast in allen und jeden Punkten der Begebenheit so sehr voneinander abgehet und immer bei dem einen anders lautet wie bei dem andern. Und ob nun gleich dieses unmittelbar keinen Widerspruch anzeiget, so ist es doch auch gewiss keine einstimmige Erzählung, zumal da sich die Verschiedenheit in den wichtigsten Stücken der Begebenheit äußert, und bin ich gewiss versichert, wenn heutigentages vor Gericht über eine Sache vier Zeugen besonders abgehöret würden und ihre Aussage wäre in allen Umständen so weit voneinander unterschieden, als unserer vier Evangelisten ihre: Es würde gewiss der Schluss herauskommen, dass auf dergleichen variierender Zeugen Aussage nichts zu bauen sei. (um 1750)

1 *Worauf legt Spener (M16) beim Umgang mit der Bibel wert?*

2 *Beurteilen Sie die Kritik von Reimarus zu den Auferstehungsberichten und arbeiten Sie heraus, was sie für die Glaubwürdigkeit der Botschaft von der Auferstehung bedeutet.*

Wissenschaftliche Wege des Verstehens

Die „historisch-kritische Exegese"

Widersprüchlichkeiten und kritische Fragen an die Bibel führten seit dem 19. Jahrhundert zu einer neuen Art der Bibelinterpretation, die durch besondere Untersuchungsmethoden nach den Gründen für die jetzige Gestalt der biblischen Texte suchte. Man ging davon aus, dass in der Bibel zwar religiöse Erfahrungen enthalten sind, der Text aber von Menschen in ihrer zeitlichen Bedingtheit verfasst wurde, wie die Texte anderer historischer Bücher auch. Er muss also ohne „Glaubensvoraussetzung" kritisch erforscht werden. Dabei wurden Methoden angewendet und weiterentwickelt, die auch in der Geschichts- und Literaturwissenschaft zur Anwendung kommen.

Wichtige Schritte der historisch-kritischen Exegese

M 18

Textkritik: Die Textüberlieferungen der Bibel weisen in den alten Handschriften manchmal Abweichungen auf. Durch den Vergleich verschiedener Handschriften versucht man, mögliche Fehler zu ermitteln und den ursprünglichen Wortlaut zu rekonstruieren.

Überlieferungskritik: Im Blick auf die gesamte Textüberlieferung stößt man oft auf Varianten, Parallelen eines gleichen oder ähnlichen Inhalts. Durch eine vergleichende Analyse will man feststellen, durch welche Faktoren dieser Befund zustande gekommen sein und welches die älteste Fassung sein könnte. Dabei wird auch eine vortextliche mündliche Überlieferung betrachtet.

Redaktionskritik: In vielen Texten lassen sich „Bearbeitungen" eines schon bestehenden Textes erkennen oder auch die Überarbeitung einer Abfolge von vorgegebenen Texten. Hier versucht man, die Überarbeitung und ihre Absichten zu ergründen. Ein „klassischer" Bereich für diese Arbeit sind vor allem die synoptischen Evangelien.

Formkritik: In der gesamten Textüberlieferung der Bibel finden sich viele Textformen, die durch eine gemeinsame, wiederkehrende Struktur gekennzeichnet sind und zum Teil auch in außerbiblischen Texten vorkommen. Es wird untersucht, ob dabei vorgeprägte literarische Sprach- und Ausdrucksmuster, sogenannte Gattungen, vorliegen.

Historischer Ort/„Sitz im Leben": Man geht davon aus, dass große Teile der biblischen Texte in bestimmten Zusammenhängen regelmäßig verwendet wurden (Gottesdienst, Gemeindeleben, Lehrkontroversen). Diesen „Sitz im Leben" und die Funktion des Textes darin versucht man zu bestimmen – und damit die Situation hinter dem Text zu erschließen.

Jesus in vierfacher Gestalt – die synoptische Frage

Viele Texte in den ersten drei Evangelien stimmen fast wörtlich überein. Deswegen werden Matthäus, Markus und Lukas als „synoptische" Evangelien bezeichnet (von griech. „Synopsis" = Zusammenschau). Daneben treten aber immer wieder Textunterschiede auf.

Es gelang der historisch-kritischen Forschung, die Entstehung der drei synoptischen Evangelien aus zwei Quellen wahrscheinlich zu machen: dem Markus-Evangelium und einer aus dem Vergleich der über Markus hinausgehenden gemeinsamen Texte bei Lukas und Matthäus rekonstru-

ierbaren Schrift, die man nach ihrem Inhalt Rede-, Logien- oder (Spruch-)Quelle nannte („Q"). Lukas und Matthäus integrierten auf der Grundlage des schon bestehenden Markus-Evangeliums diese Texte und fügten weitere Überlieferungen hinzu. Diese Ergänzungen, die nur bei einem Evangelisten auftreten, nennt man „Sondergut" („Sg"). Diese sogenannte „Zwei-Quellen-Theorie"* klärt nicht alles, hat aber ein hohes Maß an Plausibilität. Das Johannes-Evangelium hat nur bei wenigen Texten direkte Ähnlichkeiten mit den Synoptikern und ein anderes theologisches Profil.

M 19 Synopse: Johannes der Täufer und Jesus

Mt 3,11–12	Mk 1,7–8	Lk 3,16–18	Joh 1,24–27
	7 Er verkündete:	16 Doch Johannes gab ihnen allen zur Antwort: Ich taufe euch nur mit Wasser.	24 Unter den Abgesandten waren auch die Pharisäer. 25 Sie fragten Johannes: Warum taufst du dann, wenn du nicht der Messias bist, nicht Elija und nicht der Prophet?
11 Ich taufe euch nur mit Wasser (zum Zeichen) der Umkehr.	V. 8		
Der aber, der nach mir kommt, ist stärker als ich, und ich bin es nicht wert,	Nach mir kommt einer, der ist stärker als ich; ich bin es nicht wert, mich zu bücken, um ihm die Schuhe aufzuschnüren.	Es kommt aber einer, der stärker ist als ich, und ich bin es nicht wert,	
ihm die Schuhe auszuziehen.		ihm die Schuhe aufzuschnüren.	26 Er antwortete ihnen:
Er wird euch mit dem Heiligen Geist und mit Feuer taufen. 12 Schon hält er die Schaufel in der Hand; er wird die Spreu vom Weizen trennen und den Weizen in seine Scheune bringen; die Spreu aber wird er in nie erlöschendem Feuer verbrennen.	8 Ich habe euch nur mit Wasser getauft, er aber wird euch mit Heiligem Geist taufen.	Er wird euch mit dem Heiligen Geist und mit Feuer taufen. 17 Schon hält er die Schaufel in der Hand, um die Spreu vom Weizen zu trennen und den Weizen in seine Scheune zu bringen; die Spreu aber wird er in nie erlöschendem Feuer verbrennen.	Ich taufe mit Wasser. Mitten unter euch steht der, den ihr nicht kennt 27 und der nach mir kommt; ich bin es nicht wert, ihm die Schuhe aufzuschnüren.
		18 Mit diesen und vielen anderen Worten ermahnte er das Volk in seiner Predigt.	
			28 Dies geschah in Betanien, auf der anderen Seite des Jordan, wo Johannes taufte.

1 *Kopieren Sie die Synopse und markieren Sie mit unterschiedlichen Farben:*
- *Zeilen, die bei allen drei Evangelisten fast völlig übereinstimmen;*
- *Teile, die nur ein Evangelist wiedergibt;*
- *Zeilen, die bei zwei Evangelisten weitgehend übereinstimmen.*

2 *Stellen Sie Vermutungen darüber an, wie dieser synoptische Befund zustande gekommen sein könnte.*

3 *Bestimmen Sie das Maß an Übereinstimmungen*
- *zwischen Mt, Mk, Lk;*
- *zwischen Mt und Lk;*
- *zwischen Mt, Mk, Lk und dem Johannes-Evangelium.*

Zwei-Quellen-Theorie

M 20

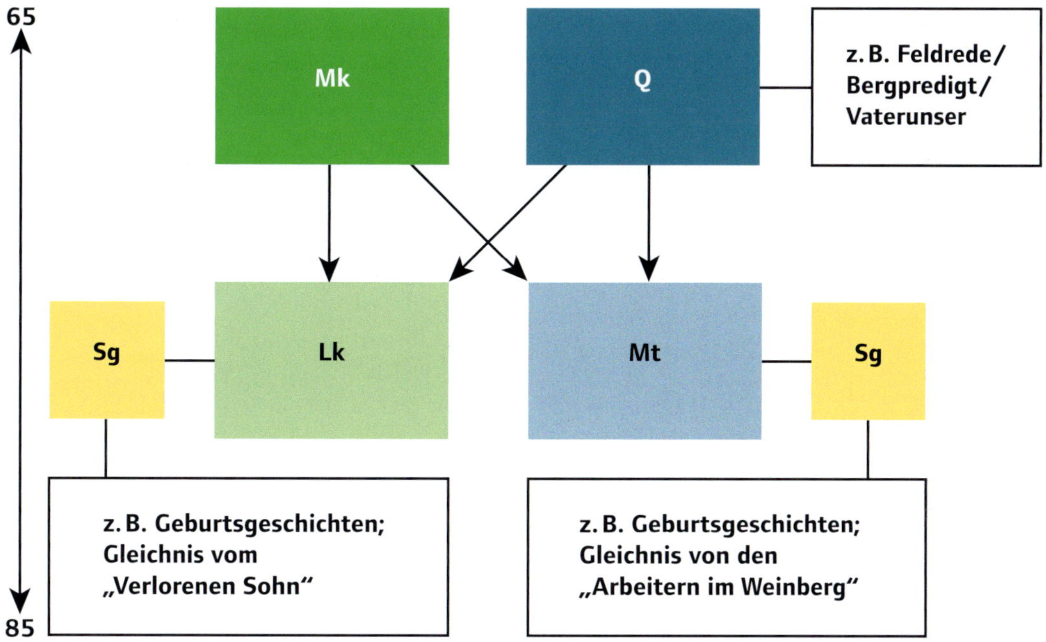

1 *Ordnen Sie die Texte von M19 diesem Überlieferungsschema zu: Welche Texte sind Markus zuzuordnen, welche der Spruchquelle, welche sind Sondergut?*

„Formkritik": Wunder, Streitgespräch, Gleichnis

Ein weiteres Ergebnis der Forschung war, dass viele Texte der Evangelien Strukturmerkmalen folgen, die auch sonst in antikem Schrifttum zu beobachten sind. So fand man in der „Formkritik" heraus, dass Erzählungen von „Wundern" einem bestimmten Schema folgen und auch Dialoge mit Gegnern („Streitgespräche") einen bestimmten Grundaufbau haben. Dasselbe gilt für die Gleichnisse. Dabei lassen sich in den Texten jeweils drei Grundbestandteile unterscheiden.

M 21 Erzählformen in den Evangelien

Wundererzählungen:
a) Situationsschilderung
b) Begegnung mit Jesus/Problemlösung
c) Reaktion der Zuschauer (Lobpreis, Erstaunen); Textbeispiel: Lk 7,11–17
Wundererzählungen kommen in vergleichbarer Form auch in antiken Texten außerhalb der Bibel vor, z. B. beim Wanderphilosophen Apollonius von Tyana.

Streit- und Lehrgespräche:
a) Situation/Streit/Anlass/Anfrage
b) Gegenfrage Jesu
c) Lösung/abschließender Satz; Textbeispiel: Mk 2,23–28
Streit- und Lehrgespräche finden sich vor allem auch in der zeitgenössischen jüdischen Literatur.

Gleichnisse:
a) Thema/(religiöse) Fragestellung;
b) Vergleichs- oder Veranschaulichungspunkt, mit dem das Thema konkretisiert wird;
c) Gesamtdeutung und Aussage
Die Gleichnistexte umspannen eine Bandbreite, die vom kurzen Bild-Wort (z. B.: „Ihr seid das Licht der Welt") über bildhafte Vergleiche (z. B.: „Das Reich Gottes gleicht einer Frau, die Sauerteig nahm") bis zu längeren Gleichnis-Erzählungen (z. B.: „Der verlorene Sohn", „Der Barmherzige Samariter") reicht. In der Auslegungsgeschichte haben sich vielfältige Wege zum Verstehen der Gleichnisse entwickelt. Insgesamt möchten die Gleichnisse abstrakt erscheinende, religiöse Inhalte in einem anschaulichen, ja alltäglichen Vergleich konkretisieren und erfahrbar machen. Oft nennen die Gleichnisse ihr Thema in der Einleitung selbst, etwa wenn dort steht: „Das Reich Gottes gleicht …"; oft ist das Thema aus dem gesamten Text zu erschließen.

1 *Bearbeiten Sie auf der Basis dieser Grundstrukturen folgende Textbeispiele und ordnen Sie sie den drei Erzählformen zu: Mk 2,13–17; 2,23–28; 3,1–6; 4,26–29; 4,30–32; 7,31–37; 8,22–26.*

2 *Ordnen Sie die einzelnen Verse jeweils nach den Strukturelementen a, b und c.*

3 *Stellen Sie gegebenenfalls Abweichungen von der Grundstruktur bzw. Mischformen fest und überlegen Sie Gründe dafür.*

Mehrperspektivische Zugänge

Die „historisch-kritische Methode" gilt heute als Grundlage des Bibelverständnisses. Inzwischen haben sich jedoch viele weitere Interpretationswege entwickelt. Sie erweitern und ergänzen diese Methode um wichtige Aspekte. Die Arnoldshainer Konferenz, ein Zusammenschluss von 16 Gliedkirchen der Evangelischen Kirche in Deutschland, beschreibt in ihrer Verlautbarung „Das Buch Gottes" (1992) elf Zugänge zur Bibel, die heute praktiziert werden. Dazu gehören:

Neue Zugänge zur Bibel

M 22

- Tiefenpsychologische Auslegung: Die Aussagen der Bibel werden u. a. mit inneren, seelischen Erfahrungen des Menschen in Beziehung gesetzt.
- Sozialgeschichtliche und materialistische Auslegung: Dabei wird besonders auf die sozialen und politischen Verhältnisse geachtet, die in den Texten deutlich werden.
- Bibliodrama: Ein Sich-Hineinversetzen des Lesers/der Leserin in Personen, die im biblischen Text vorkommen.
- Feministische Auslegung: Der Text wird vor allem auf die Situation und Bedeutung von Frauen in der damaligen Gesellschaft befragt.
- Narrative Auslegung: Textinterpretation durch Neu- oder Nacherzählen.
- Fundamentalistische Auslegung: Sie geht von der direkten Inspiration und der „faktischen" Wahrheit biblischer Texte aus und hält besondere Erklärungs- oder Auslegungsmethoden für unnötig und unsachgemäß.

Keine Sprache der Fakten – die Sprache der Bibel

Auch wenn sich in der Bibel viele historische Fakten widerspiegeln, kann sie nicht als „Faktenbuch" betrachtet und gemessen werden. Die Alternative „Fakt oder Fiktion" geht hier ins Leere. Das vorrangige Interesse der biblischen Erzähler besteht nicht darin, nur wiederzugeben, was sich einmal ereignet hat. Vielmehr werden die Erzählungen im Sinne der Glaubenstradition gestaltet. Zugleich ist deutlich, dass Fragen und Erfahrungen des Glaubens auch nicht in einer Faktensprache zum Ausdruck gebracht werden können – so ist die Sprache der Bibel oft metaphorisch und bildhaft.

Jenseits von Fakt und Fiktion: die Sprache der Bedeutung

M 23

*Susanne Heine (*1942)/Peter Pawlowsky (*1937)*

[…] die Sprache der Fakten reicht nicht aus, wenn man […] sagen möchte, was einen erfüllt, was verborgen und fast unaussprechlich ist. Wenn es sich um Liebe und Tod, Gott und den Menschen handelt. Dafür braucht es die Sprache, in der wir ausdrücken, was uns etwas bedeutet. Ein geliebter Mensch ist auch ein Faktum, das wissen Mediziner und Biologen; aber was er denjenigen bedeutet, die ihn lieben, lässt sich in keiner Faktensprache ausdrücken. Dazu müssen Geschichten erzählt, Bilder und Metaphern verwendet werden. Oder vielleicht noch einfacher: Dazu muss ein sehr persönliches und darum brüchiges und angreifbares Bekenntnis abgelegt, etwas bezeugt werden.

Deshalb ist die Sprache der Bedeutsamkeit auch die Sprache der Religionen. Wer die Bibel oder sonst ein heiliges Buch einer Religion aus historischer Perspektive liest, stößt wohl auf einige unbestreitbare Fakten. Ausgrabungen und alte Dokumente bestätigen, dass es sich nicht nur um schöne Literatur handelt. Aber die Bedeutung der Fakten und die Geschichten, die dazu erzählt werden, bleiben dem Blick von außen verborgen. Gerade auf sie kommt es aber an, wenn man herausfinden will, was etwas bedeuten soll. (2008)

Die Sprache der Bedeutsamkeit entschlüsseln

Ein zeitloser Grundsatz der Bibelinterpretation ist: „Scriptura ipsius interpres" („die Schrift/Bibel interpretiert sich selbst"), d. h., die Texte der Bibel sind durch einen gemeinsamen Glauben und eine gemeinsame Sicht der Wirklichkeit verbunden. So spiegelt sich in jeder einzelnen Geschichte gleichsam das Ganze, aber die einzelne Erzählung wird auch nur im Zusammenhang des Ganzen verständlich. Man spricht daher von der „Einheit der Schrift" oder der „großen Erzählung", die um die Menschheitsfragen kreist: Ursprung und Ziel, Sinn und Heil, Gerechtigkeit und Frieden, Liebe und Barmherzigkeit, Gut und Böse, Angst und Vertrauen, Leben und Tod. Im NT werden viele Motive des „gemeinsamen Ganzen" der biblischen Tradition in den Jesus-Erzählungen verarbeitet. Ein Beispiel dafür ist die vielschichtige Erzählung vom „Seewandel Jesu" (Mk 6,45–52; Mt 14,22–33; Joh 6,15–21).

1 *Lesen Sie in drei arbeitsverschiedenen Gruppen diese Texte und diskutieren Sie ihre Besonderheiten.*

2 *Welche Motive der biblischen Überlieferung insgesamt klingen in der Geschichte an, welche Bezüge und Verknüpfungen könnten beabsichtigt sein?*

3 *Stellen Sie zusammen,*
- *welche (Glaubens-)Erfahrungen und Glaubensfragen der ersten Christen sich in der Geschichte andeuten;*
- *was in diesem Kontext die Episode mit Petrus, die nur Mt überliefert, bedeutet;*
- *um welche menschliche Grundfrage (s. o.) es geht und worin die Position der Geschichte dazu besteht.*

4 *Was ergäbe sich, wenn man die Erzählung unter der Kategorie „Fakt oder Fiktion" deuten würde?*

Mehrperspektivische Interpretation

Die mehrperspektivische Interpretation wendet unterschiedliche Methoden und Zugangsweisen auf den biblischen Text an. Dadurch kann das Bedeutungspotenzial biblischer Texte umfassend erschlossen werden. Zugleich werden so Anstöße zur Aktualisierung und zu handlungsorientierten Perspektiven vermittelt. Der Prozess verbindet Plenums-, Gruppen- und Einzelarbeitsphasen. Zugleich bündelt er die hermeneutischen Dimensionen, die im Laufe der Zeit in der Bibelwissenschaft entwickelt worden sind. Das Grundkonzept umfasst folgende Schritte:

- Aus dem Text werden wichtige Begriffe („Schlüsselwörter", gegebenenfalls auch Schlüsselsätze) ausgewählt und in einer Tabelle untereinander zusammengestellt (Plenum).

- Diese Schlüsselwörter werden unter drei Perspektiven interpretiert.
  - Biblisch-religiöser Kontext: In welchen Zusammenhängen kommen die Begriffe in der Bibel vor, welche Bedeutungen haben sie (motiv-/traditionsgeschichtliche Perspektive)?
  - Gesellschaftlicher Kontext: Welche sozialen Implikationen, welche Bedeutung im gesellschaftlichen Umfeld haben die Begriffe damals und heute (sozialgeschichtliche Perspektive)?
  - Psychologischer Kontext: Welche psychologischen Implikationen, welche Bedeutung für das innere Empfinden der Menschen damals und heute haben diese Begriffe (psychologische Perspektive)?

  Die Ergebnisse dieser Reflexionen werden zu den ausgewählten Begriffen in der Tabelle in Stichworten notiert (Gruppenarbeit: jede Gruppe bearbeitet je eine Perspektive).

- Der Text wird aus der jeweiligen Deutungsperspektive der Gruppe interpretiert; diese Interpretation wird in Stichworten festgehalten (Gruppenarbeit).

- Zusammenstellung der Ergebnisse und Gesamtinterpretation: Die Einzelergebnisse der Gruppenarbeit werden „synoptisch" zusammengestellt und visualisiert (Tafelbild, Computergrafik); die Textinterpretation wird auf dieser Basis vorgenommen (Plenum).

- Die Textaussagen werden auf heutige Zusammenhänge bezogen unter den Fragestellungen: Wie nimmt der Text zu heutigen Problemen Stellung? Zu welchem Handeln ruft er auf? Welche Einsichten vermittelt er?

- Schlussreflexion: Was hat sich durch diesen Interpretationsprozess gegenüber dem anfänglichen Verständnis verändert?

Geheime Botschaften zum Ende der Welt?

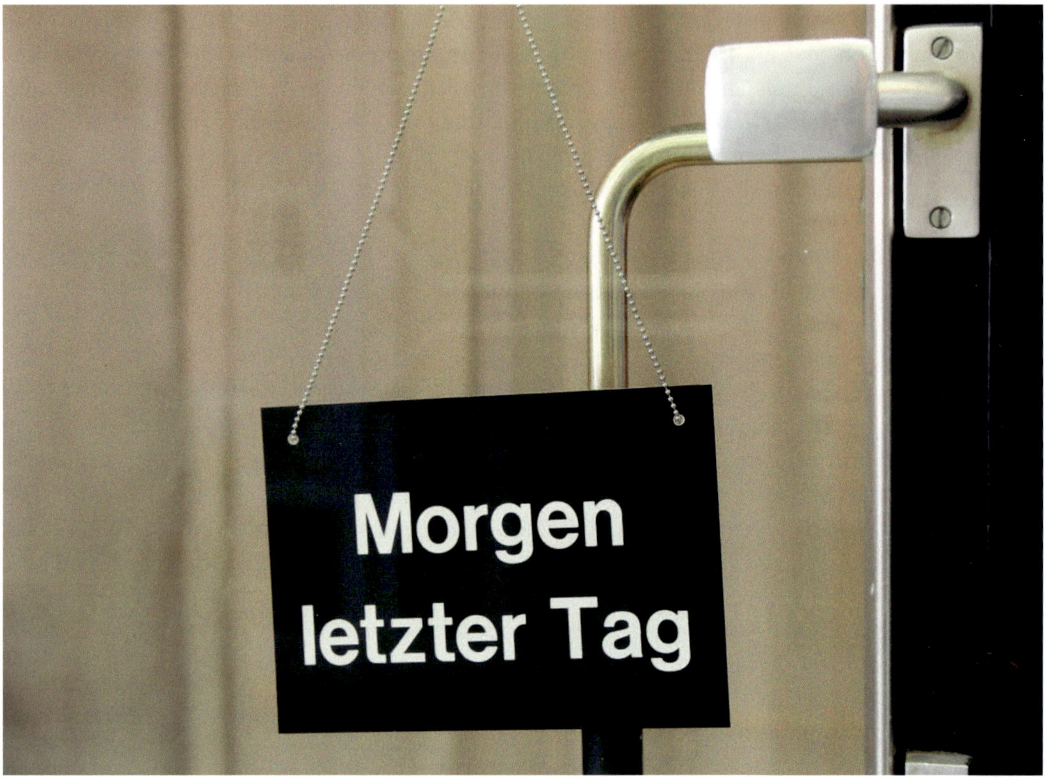

In einigen biblischen Schriften finden sich Ankündigungen von zukünftigen Ereignissen, so etwa im Buch Daniel und in der Offenbarung des Johannes. Von Verwüstung der Erde ist die Rede, von kosmischen Katastrophen, von einem Endgericht über die Menschheit – und einem „neuen Himmel und einer neuen Erde" (Offb. 21,1). Immer wieder wollte man geheime Botschaften für die Gegenwart oder Zukunft aus den zum Teil rätselhaften Worten, Zahlen und Sprachbildern herauslesen. In der Offenbarung des Johannes ist von zwei Tieren die Rede, die die ganze Erde beherrschen, von denen eines mit einer Zahl gekennzeichnet ist.

M 24 Die Zahl des Bösen

Offb. 13,1,9,11,18

Ich sah ein Tier aus dem Meer steigen, das hatte zehn Hörner und sieben Häupter und auf seinen Hörnern zehn Kronen. Und alle, die auf Erden wohnen, beten es an, deren Namen nicht vom Anfang der Welt an geschrieben stehen in dem Lebensbuch des Lammes, das geschlachtet ist. Und ich sah ein zweites Tier aufsteigen aus der Erde, und es übt alle Macht des ersten Tieres aus vor seinen Augen und es macht, dass die Erde und die darauf wohnen, das erste Tier anbeten. Wer Verstand hat, der überlege die Zahl des Tieres; denn es ist die Zahl eines Menschen, und seine Zahl ist sechshundertsechsundsechzig.

1 *Überlegen Sie, welche Bedeutung die verwendeten Sprachbilder im historischen Kontext der frühen Christenheit haben konnten.*

2 *Sammeln Sie Assoziationen zur möglichen Bedeutung der verwendeten Zahlen.*

3 *Formulieren Sie daraus eine Interpretation dieser Textstelle.*

Geheimsprache in Zahlen

M 25

Die Zahl 666 gilt vielfach noch heute als Symbolzahl des Satans. Sie geht darauf zurück, dass im Judentum, ähnlich wie bei den Römern, Zahlen mit Buchstaben ausgedrückt wurden. Friedrich Engels (1820–1895) kam auf die Idee, den Namen „Kaiser Nero" zugrunde zu legen (hebr. „nron ksr"; die Vokale fehlen in der hebräischen Sprache) und die Zahlenwerte dieser Buchstaben zusammenzuzählen:

נ (nun)	n =	50
ר (resch)	r =	200
ו (waw)	für o =	6
נ (nun)	n =	50
ק (koph)	k [q] =	100
ס (samech)	s =	60
ר (resch)	r =	200
		666

1 *Welche Rolle gewinnt hier Kaiser Nero für die frühe Christenheit? Welche Gründe gibt es dafür?*

2 *Was ergibt sich für die Bedeutung des Textes in M24, wenn man die Wirkung dieser „magischen" Zahl 666 auf diese Weise „entzaubert" und auf die historische Person des Kaisers reduziert?*

Im weiteren Verlauf wird von der grausamen Vernichtung der beiden bösen Tiere gesprochen, von einer großen Völkerschlacht und vom anschließenden Weltgericht – danach erst kommt die Vision eines neuen Jerusalem.

Das Weltgericht und das neue Jerusalem

M 26

Offb. 20,11,12/21,1,2,4,5,7,8

Und ich sah einen großen, weißen Thron und den, der darauf saß; vor seinem Angesicht flohen die Erde und der Himmel […] Und ich sah die Toten (aus der vorangegangenen Schlacht) […] stehen vor dem Thron […] Und die Toten wurden gerichtet […] nach ihren Werken […] Und ich sah einen neuen Himmel und eine neue Erde […] und ich sah die Heilige Stadt, das neue Jerusalem von Gott aus dem Himmel herabkommen […] und Gott wird abwischen alle Tränen von ihren Augen, und der Tod wird nicht mehr sein, noch Leid und Geschrei noch Schmerz […], denn das Erste ist vergangen. Und der auf dem Thron saß, sprach: Siehe, ich mache alles neu! […] Wer überwindet, der wird es alles ererben, und ich werde sein Gott sein […] Die Feigen aber und Ungläubigen und die Frevler und Mörder […] und Götzendiener und alle Lügner, deren Teil wird in dem Pfuhl sein, der mit Feuer und Schwefel brennt.

Der Theologe Gerhard Marcel Martin setzt sich mit diesen Schreckens- und Hoffnungsbildern kritisch auseinander.

M 27

Trost und Hoffnung – teuer erkauft?

Gerhard Marcel Martin (1942)*

Wenn Menschen mit ihren äußersten Ängsten und Hoffnungen befasst sind: Wie weit und wohin trägt dann die christliche Apokalyptik, hier im Fokus der Offenbarung des Johannes? Theologisch ist dieses Werk oft dadurch verteidigt worden, dass man argumentiert hat: Die Offenbarung darf man nicht als welt- und endgeschichtlichen Kalender lesen, sondern als Buch einer Märtyrerkirche und als Trostbuch einer verfolgten, in die Enge getriebenen Gemeinde […]. Die befreiende Botschaft […] ist: Es wird nicht so weitergehen […].

Kritiker fragen: Wie teuer sind dieser Trost und diese Hoffnung erkauft? […] Wo bleiben Liebe und Barmherzigkeit Gottes als umfassende Wirkmächte? […] kritisch bleibt schließlich, dass die Offenbarung des Johannes unzählige Missverständnisse und zusätzliche katastrophale Zusammenbrüche mit verursacht hat – bis hin zu den vorletzten US-amerikanischen Präsidenten, die meinten, eine Achse des Bösen ausmachen zu können und sie selbst müssten in den Endschlachten aktiv auf der richtigen Seite mitkämpfen und siegen. (2012)

1 *Welche Entstehungshintergründe für den Text der Apokalypse werden angeführt – und wie verhalten sich diese Analysen zur Bedeutung des Textes für die Gegenwart?*

2 *Prüfen und beurteilen Sie die kritischen Anfragen von Martin auf dem Hintergrund des Textes Offb. 13,20,21.*

3 *Im Zusammenhang mit den Aussagen der Offenbarung wird oft der Vorwurf erhoben, hier gehe es um eine zwar verständliche, aber letztlich illusorische Vertröstung ins „Jenseits" für diejenigen, die ein erfolgloses und leidvolles Leben erfahren hätten. Nehmen Sie dazu Stellung.*

M 28

Was weiß die Bibel über den Weltuntergang?

Dass die Verfasser des Daniel-Buches oder der Offenbarung des Johannes geheime Kenntnisse über den tatsächlichen Verlauf der Geschichte bis zum Weltende gehabt hätten, wird heute kaum noch angenommen. Die apokalyptischen Aussagen werden vielmehr darauf zurückgeführt, dass man danach suchte, wie angesichts von Not und Unterdrückung, die sowohl Israel als auch später die christlichen Gemeinden im Römischen Reich erfuhren, daran festgehalten werden konnte, dass der gütige Gott dennoch Herr der Geschichte sei. Die Vorstellung von einem „Widersacher" Gottes, dem Satan, kann in diesem Zusammenhang entstanden sein. Die oft verschlüsselte Symbolwelt der Texte kann darauf hindeuten, dass es sich angesichts der staatlichen Verfolgung um eine „Geheimsprache" handelt, die nur „Eingeweihte" verstehen und sich so auch der Verfolgung entziehen konnten. Und die Hoffnung, dass Gott in einem „Weltgericht" die Ungerechtigkeit der Welt überwindet und den Bedrängten zum Recht verhilft, klingt in vielen dieser Texte durch. Zugleich aber spiegeln sich in diesen Vorstellungen Grunderfahrungen der Menschheit: Leben ist begrenzt, es gibt Erfahrungen des Bösen, es gibt keine Garantie für die Zukunft. Darum gibt es auch in anderen Religionen Vergleichbares – und apokalyptische Fragestellungen kommen in bestimmten geschichtlichen Situationen immer wieder an die Oberfläche.

1 *Führen Sie in Gruppen eine Internetrecherche zur Thematik Weltende/Apokalyptik durch und präsentieren Sie die Ergebnisse im Plenum.*

2 *Ordnen Sie die Ergebnisse im Blick auf Unterschiede und Gemeinsamkeiten.*

3 *Diskutieren Sie mögliche Motive, aber auch Probleme, die mit solchen Vorstellungen verbunden sein können.*

NEU!
Immer in Geldnot: Sind die Gene schuld?
WISSEN & Staunen
WISSEN
& Staunen
Nur 2,95 €
So macht schlauer werden Spaß!
Geheimakte Google
Mit diesen Tricks arbeitet der Suchgigant
Forscher wissen es besser als der Maya-Kalender
Weltuntergang
Wann es wirklich so weit ist
TOP SECRET
Tierische Schluckspechte
Im Vollrausch durch die Natur
Hightech made in Germany
Warum alle Welt dieses U-Boot will
Unheimliche Phänomene
Wissenschaftler auf Geisterjagd

Was das Erbgut von Hunden über uns verrät
Februar 2012
HUNDE NACH MASS
NATIONAL GEOGRAPHIC
DEUTSCHLAND
Geht 2012 die Welt unter?
Die Prophezeiung der Maya
SAUBERE SACHEN
Deutsche Umwelttechnik ist spitze
TSUNAMIS
Weshalb man sie nicht vorhersagen kann
LEONARDO DA VINCI
Neues Gemälde gefunden?

GEO
DIE WELT MIT ANDEREN AUGEN SEHEN
02 | FEBRUAR 2012
Geistesblitze
Die 50 Forscherjahre der Volkswagenstiftung
Friedrich der Große
Wie groß war der verehrte Preußenkönig wirklich?
Nashörner
Rettet die Dicken!
Ukraine
Gestählte Körper, weiche Herzen
WANN IST DENN NUN WELTUNTERGANG?
Kosmologen und Propheten über ein Lieblingsthema des Menschen

Weltende und moderne Kosmologie

Fragen nach dem „Ende“ begegnen in nahezu allen Kulturen und Religionen. Dabei gibt es „lineare“ Konzepte wie in der Bibel (die Welt läuft auf ein – von Gott – gesetztes Ziel zu) und „zyklische“ (in der Weltgeschichte lösen verschiedene Phasen einander ab, nach dem Ende gibt es einen neuen Anfang), die eher in Hinduismus und Buddhismus begegnen.

Die moderne Kosmologie bewegt sich zwischen diesen beiden Konzepten „linear“ und „zyklisch“: Es gibt Weltmodelle, die von einem Zerfall der kosmischen Strukturen ausgehen, aber auch Theorien, die eine stetige Rekonstruktion dieser Strukturen für möglich halten. Einig sind sich die Astronomen darin, dass in etwa einer Milliarde Jahren unsere Sonne sich so entwickelt haben wird, dass alles Leben auf der Erde ausgelöscht wird. Wie könnte die Menschheit dem entgehen – die entsprechenden technischen Potenziale vorausgesetzt?

M 29 Wie Menschen der Apokalypse trotzen könnten

*Klaus Bachmann (*1960)*

Mal angenommen, alle Endzeit-Propheten irrten und die Menschheit käme kurzfristig um den Untergang herum. Wie lange könnte unsere Spezies dann angesichts der Prozesse im Universum überleben? Physiker haben sich eine fiktive Flucht ausgemalt. Zuerst gälte es, ungefähr in einer Milliarde Jahren, Abstand von der heißer werdenden Sonne zu gewinnen. Also auf zum Mars! Wasser gibt es auf unserem Nachbarplaneten ausreichend. Vier bis fünf Milliarden Jahre könnte uns der Mars eine Heimat sein. Wenn die Sonne sich zum Roten Riesen aufbläht, böte sich als nächster Fluchtpunkt der Jupitermond Europa an, unter dessen Eismantel vermutlich flüssiges Wasser verborgen ist. Wenn die Sonne schließlich gut 100 Millionen Jahre später zu einem Weißen Zwerg schrumpft, würde es zu kalt. Dann bliebe uns nur, das Sonnensystem zu verlassen. Etwa Richtung Proxima Centauri. Dieser Stern hat den Vorteil, zu den Roten Zwergen zu zählen. Diese sind kleiner und kühler als unsere Sonne, dafür „brennen“ sie 400-mal so lang. Was hieße, dass wir dort einige Billionen Jahre Ruhe hätten, wenn wir einen Planeten zum Besiedeln finden. Die Menschen könnten dann von einem Roter-Zwerg-System zum nächsten springen. Wenn der Kosmos weiter in die Dunkelheit gleitet, wird es aber wirklich schwierig, eine neue Bleibe zu finden. Geeignet wären dann nur noch Planeten um jene sehr seltenen Objekte, die bei der Kollision zweier Brauner Zwerge entstehen, deren Masse allein nicht ausreicht, ein Sonnenfeuer zu zünden. Irgendwann wäre auch damit Schluss. In einem Akt kollektiver Verzweiflung könnte sich die Menschheit dann nur noch in ein Schwarzes Loch stürzen. (2012)

1 *Die astronomische Perspektive zeigt, in welch unüberschaubaren Dimensionen die kosmischen Prozesse ablaufen, die zum „Weltende“ führen. Prüfen Sie auf diesem Hintergrund die apokalyptischen Vorstellungen, die in M24 und M26 begegnen, und schätzen Sie ein, welchen Bezug sie zu real denkbaren Entwicklungen haben.*

2 *Nehmen Sie Stellung zum astronomischen Zukunftsszenario von M29. Wie und worin unterscheidet es sich vom biblischen Szenario?*

3 *Die apokalyptischen Vorstellungen verdeutlichen die Begrenztheit des Lebens und formulieren zugleich Hoffnungen. Diskutieren Sie in Gruppen, welche Auswirkungen dies auf das Bewusstsein des Menschen haben kann.*

Die Bibel als Buch der Kirche(n)

Die Kirchen, die Bibel und Israel

Im zweiten Jahrhundert breitete sich das Christentum fast im gesamten römischen Imperium aus, oft auch da, wo bereits jüdische Gemeinden existierten. So stellte sich die Frage, was das AT als das „Buch Israels" für die Kirche bedeutet. Im Streit mit Marcion, einem Theologen im zweiten Jahrhundert, der nur Schriften des NT für die Kirche gelten lassen wollte, fiel die Entscheidung, auch das AT als Buch der Kirche zu betrachten. Dies geschah vor allem dadurch, dass man die AT-Texte nach dem Schema „Verheißung – Erfüllung" auf Christus hin interpretierte. Meliton, um 175 Bischof von Sardes in Kleinasien, gibt in einer Predigt einen Eindruck der christlichen Deutung des AT.

Israel wurde entwertet, als die Kirche entstand

M 30

Meliton von Sardes (ca. 135–180)

Das Volk wurde also eine Skizze des Plans und das Gesetz Buchstabe eines Gleichnisses, das Evangelium hingegen Auslegung und Fülle des Gesetzes, die Kirche der Ort der Wahrheit. Die Skizze war also wertvoll vor der Wahrheit und das Gleichnis bestaunenswert vor der Deutung. Das heißt: Das Volk war wertvoll vor dem Erstehen der Kirche und das Gesetz bestaunenswert vor der Erhellung des Gesetzes. Sobald jedoch die Kirche erstand und das Evangelium in den Vordergrund trat, wurde das Vorbild entwertet, übergab die Macht der Wahrheit, und das Gesetz wurde erfüllt, als das Evangelium erhellt wurde, und das Volk wurde entwertet, als die Kirche erstand; und das Vorbild wurde aufgelöst; als der Herr in Erscheinung trat, und heute ist das einst Wertvolle wertlos geworden; da das von Natur Wertvolle sich geoffenbart hat. (um 175)

1 *Mit welchen Begriffen beschreibt Meliton „das Volk" (Israel und das AT) und die Kirche/das Evangelium – und wie bestimmt er ihr Verhältnis?*

2 *Welche Auswirkungen hat dieses Verständnis auf die Beziehung zu Israel?*

Kirchen und jüdische Gemeinden der Gegenwart haben unter dem Eindruck der Vernichtung der Juden in Europa einen neuen „christlich-jüdischen Dialog" mit dem Ziel gegründet, die Auseinandersetzung um die gemeinsame heilige Schrift in einem „offenen Gespräch" weiterzuführen und die alten Sichtweisen zu überwinden.

1980 betonte z. B. die Evangelische Kirche im Rheinland die „bleibende Erwählung des jüdischen Volkes als Volk Gottes". Es sei weder notwendig noch sachgemäß, Juden für das christliche Verständnis des Alten Testaments gewinnen zu wollen. Der evangelische Exeget Frank Crüsemann versucht eine neue Verhältnisbestimmung.

M 31

Altes und Neues Testament sind gleichrangig

Frank Crüsemann (1938)*

Vor allem im Zusammenhang einer sozialgeschichtlichen Auslegung der Bibel entstand wie von selbst das Paradigma einer absoluten theologischen Gleichrangigkeit und Gleichwertigkeit beider Testamente. Ging man nicht von traditionellen dogmatischen Lehren, sondern von den biblischen Grundthemen selbst aus – zumal in sozialgeschichtlicher Perspektive –, war die Einsicht unabweisbar: In beiden Testamenten geht es um die gleiche Zuwendung zu den Armen, die gleiche befreiende Wirkung der Gegenwart Gottes, die gleiche Frage nach der Gerechtigkeit, die gleiche Rede von Liebe und Barmherzigkeit, kurz: In beiden Teilen ging es um den gleichen Gott. In Theologie und Anthropologie gibt es keine essentiellen Differenzen zwischen den Testamenten. (2011)

1 *Worin besteht nach Crüsemann die „Gleichwertigkeit" beider Testamente und wie begründet er sie?*

2 *Welche Auswirkungen hat diese Sicht auf die Bedeutung der Person Christi?*

3 *Beschaffen Sie sich Informationen über das Leben jüdischer Gemeinden in Ihrer Nähe und erforschen Sie, in welcher Weise sie am christlich-jüdischen Dialog im Blick auf das Bibelverständnis beteiligt sind.*

Die kritische Funktion der Bibel

Die Bibel ist eine wichtige Grundlage für die Kirchen, aber sie geht in dieser Funktion keineswegs auf. Immer wieder kommt es unter Berufung auf biblische Aussagen zur Kritik an der Kirche; scheinbar Feststehendes wird infrage gestellt. Dies zeigt, dass die biblische Botschaft ein Potenzial enthält, das Bestehendes infrage stellen kann – auch das, was Kirchen verkünden oder praktizieren.

M 32

Die Bibel – ein kritisches Gegenüber

Ulrich Wendel (1964)*

Wir müssen die Bibel auch gegen uns selbst lesen. Warum? Weil sie uns sonst nur bestätigt. Das ist zwar manchmal auch schön – oder sogar elementar wichtig. (Manchmal.) Aber letztlich kann man sich nicht verändern, wenn man nur bestätigt wird. Das Leben wird abgestanden und sumpfig. Deshalb also: Allen Mut zusammennehmen, tief Luft holen und die Bibel auch gegen sich selbst lesen. Ihr erlauben, dass sie einen infrage stellt. […] Heikles Thema? Heißes Eisen? Vielleicht. Aber auch ein gutes Übungsfeld, die Bibel, wenn's sein muss, gegen unsere kirchlichen Traditionen zu lesen. (2012)

1 *Überlegen Sie Beispiele, in denen biblische Aussagen zu Kritik und Veränderung des Bestehenden geführt haben.*

2 *Beziehen Sie M32 auf das katholische und evangelische Bibelverständnis (➚ M33/M34) und bedenken Sie, welche Auswirkungen die kritische Funktion der Bibel in diesem Zusammenhang hat.*

Evangelisches und katholisches Bibelverständnis

Zwischen den großen Kirchen besteht Einigkeit über die grundlegende Bedeutung der Bibel als Offenbarung Gottes und Grundlage für die Kirche und den Glauben der Menschen. Jedoch gibt es Unterschiede in der Verhältnisbestimmung von „Bibel" und „Überlieferung" des Glaubens (Tradition der kirchlichen Lehre).

Bibel und Tradition – katholisch

M 33

„KATECHISMUS DER KATHOLISCHEN KIRCHE" (von Papst Johannes Paul II. 1992 bestätigt), Artikel 3/III, 119:
Alles nämlich, was die […] Schrifterklärung betrifft, untersteht letztlich dem Urteil der Kirche, die den göttlichen Auftrag […] verrichtet, das Wort Gottes zu bewahren und auszulegen. (1992)

Der „CATECHISME DES EVEQUES DE FRANCE", den ein Jahr zuvor die französische katholische Bischofskonferenz vorgelegt hat, formuliert:
Die Tradition fügt der Schrift weniger solche Wahrheiten hinzu, die in keiner Weise in der Schrift enthalten wären, als dass sie vielmehr die Schrift in ein lebendiges Milieu setzt, nämlich die Gemeinschaft des Glaubens, in der sie selbst geschrieben wurde. […] Tatsächlich sind die heilige Tradition und die Heilige Schrift verbunden und kommunizieren aufs engste untereinander. Beide müssen daher entgegengenommen und verehrt werden mit demselben Gefühl der Liebe und des Respekts. (1991)

In der Schrift „EPITOME ARTICULORUM" (Zusammenfassung der strittigen Glaubensartikel in der Reformationszeit, 1576) formulierten die Protestanten eine Sicht, die sich bis heute nicht verändert hat.

Bibel und Tradition – evangelisch

M 34

Wir glauben, lehren und bekennen, dass die einzige Regel und Richtschnur, nach welcher alle Lehren und Lehrer beurteilt […] werden sollen, allein die prophetischen und apostolischen Schriften des Alten und Neuen Testaments sind […]. Andere Schriften alter oder neuer Lehrer […] sollen der Heiligen Schrift nicht gleich gehalten, sondern vielmehr miteinander derselben unterworfen werden […]. Andere Bekenntnisse und Schriften sind also nicht Richter über die Lehre wie die Heilige Schrift. (1576)

1 *Fertigen Sie eine Übersicht „Evangelisches Bibelverständnis – katholisches Bibelverständnis: Unterschiede und Gemeinsamkeiten" an und tragen Sie in Stichworten die diesbezüglichen Aussagen der Texte M33 und M34 ein.*

2 *Bewerten Sie in diesem Zusammenhang die Begründung des „Catéchisme des Evêques de France" für die Bedeutung der Tradition in der katholischen Kirche.*

3 *Welche Unterschiede in der Rolle von Kirche und Tradition (und auch „Zeitgeist") werden in den evangelischen und katholischen Texten deutlich?*

4 *In welchen Aussagen sehen Sie Gemeinsamkeiten?*

Die Bibel – mehr als ein historisches Dokument

M 35 Vom zweifachen Charakter der Bibel

Arnoldshainer Konferenz

Die Bibel hat einen doppelten Charakter. Sie ist Grundlage und Quelle aller Verkündigung der Kirche. Darum liegt sie in jeder evangelischen Kirche auf dem Altar oder auf dem Lesepult. Sie ist Heilige Schrift. Andererseits ist die Bibel eine Sammlung von Büchern, in denen Menschen verschiedener Zeiten und mit unterschiedlichen Mitteln ihre Begegnung mit dem Wirken Gottes bezeugen. Alle Methoden der Bibelauslegung können nur versuchen, diese geschichtliche und menschliche Seite der Schrift zu verstehen. Das geschieht in der Zuversicht, dass sie sich selbst dadurch als Heilige Schrift erweist. (1992)

1 *Sammeln Sie Aspekte, die den „doppelten Charakter" der Bibel ausmachen.*

2 *Diskutieren Sie, welche weiteren „Charaktermerkmale" die Bibel hat.*

Der Theologe Tim Schramm beschreibt am Beispiel von Gestalten aus der jüdischen und christlichen Geschichte, welche Wirkungen die Bibel auf Menschen entfalten kann.

M 36 Die Bibel „ins Leben ziehen"

*Tim Schramm (*1940)*

Die biblische Überlieferung intendiert Identifikation. Sie will nicht nur gelesen und historisch korrekt verstanden, sondern „ins Leben gezogen" werden. Als „Lebewort" kommt sie immer dann an ihr Ziel, wenn sie das Leben von Menschen heilvoll verändert. Das ist immer wieder geschehen. Einige Beispiele sollen das illustrieren.

- **Augustin** (354–430) erzählt in den „Confessiones" (Buch VIII) von der dramatischen Schlussphase seiner Bekehrung. Die Bibel wird ihm dabei auf wunderbare Weise gleichsam zu einem Orakelbuch, und er ist bereit, sich behaften zu lassen: Was Paulus der Gemeinde in Rom geschrieben hatte, trifft gut 330 Jahre später seine Situation und verwandelt sie. In der bittersten Zerknirschung meines Herzens, schreibt Augustin, hörte ich eine Stimme vom Nachbarhaus herüber, „singenden Tons, die Stimme wie von einem Knaben oder Mädchen, die immer wieder rief: Nimm, lies! Nimm, lies! […] Ich dachte nichts anderes, als dass mir Gott befehle, ein Buch zu öffnen und zu lesen, worauf zuerst mein Auge stoße. […]
  Augustin nahm einen Band der Briefe des Paulus und las die Stelle, auf die zuerst sein Auge fiel: Nicht in Fressen und Saufen, nicht in Zank und Streit, sondern ziehet den Herrn Jesum Christum an und pflegt das Fleisch nicht zur Erregung eurer Lüste (Römer 13,13 f.). „Ich wollte nicht weiterlesen und brauchte nicht weiterzulesen. Denn kaum, da ich den Satz zu Ende gelesen, kam's in mein Herz, ein Licht der Zuversicht und der Gewissheit, und alle Nacht des Zweifels war zerstoben."
- Vom **Hl. Franciscus** (1181–1226) wird berichtet, dass er in der Kirche S. Maria Portiuncula bei Assisi unter dem Eindruck der Aussendungsrede Jesu zur „apostolischen" Nachfolge bekehrt wurde. Er bezog die Aufforderung „Geht hin und predigt: Das Himmelreich ist nahe herbeigekommen!" unmittelbar auf sich, ebenso die folgenden Bestimmungen: „Umsonst habt ihr empfangen, so gebt auch umsonst! Gold, Silber und Kupfer sollt ihr euch nicht verschaffen […] Nehmt keinen Ranzen auf den Weg mit, auch nicht zwei Hemden, keine Schuhe, keinen Stab." (Matthäus 10,6 ff.) Franz hatte den Eindruck, diese Worte seien aufgespart worden für ihn; sie bestimmten seinen weiteren Weg; er wurde zum Wanderpre-

diger; der 24. Februar 1209 war der „Tag seiner Vermählung mit der Armut“.

- Als drittes Beispiel einer großartigen Identifikation nenne ich **Luthers „Liebe“ zu Psalm 118**, dem „schönen Confitemini“*: „Danket dem Herrn, denn er ist freundlich, und seine Güte währet ewiglich.“ [...] Luther [...] bedauert, dass es leider nur wenige gibt, „die zur Heiligen Schrift oder zu einem einzigen Psalm ihr Leben lang einmal von Herzen sagen: Du bist mein liebes Buch, oder: Du sollst mein eigenes Psälmlein sein“, und bekennt sich voller beglückender Emotionalität zu diesem seinem Text wie zu einem geliebten Menschen: „Denn es ist mein Psalm, den ich lieb habe. Obwohl der ganze Psalter und die Heilige Schrift im ganzen – die mein einziger Lebenstrost ist – mir auch lieb sind, bin ich doch besonders an diesen Psalm geraten, dass er der meine heißen und sein muss. Denn er hat sich auch gar oft redlich um mich verdient gemacht und mir aus manchen großen Nöten geholfen, wo mir sonst kein Kaiser und keine Könige, Weisen, Klugen oder Heiligen hätten helfen können. Und er ist mir lieber als des Papstes, Türken, Kaisers und aller Welt Ehre, Gut und Macht; ich wollte auch höchst ungern um diesen Psalm mit ihnen allen tauschen.
- „Als Rabbi Schneur [...] in Petersburg gefangen saß und dem Verhör entgegensah, kam der Oberste der Gendarmerie in seine Zelle. Das mächtige und stille Antlitz des Raw*, der ihn zuerst, in sich versunken, nicht bemerkte, ließ den nachdenklichen Mann ahnen, welcher Art sein Gefangener war. Er kam mit ihm ins Gespräch und brachte bald manche Frage vor, die ihm beim Lesen der Schrift aufgetaucht war. Zuletzt fragte er: Wie ist es zu verstehen, dass Gott der Allwissende zu Adam spricht: Wo bist du? – Glaubt Ihr daran, entgegnete der Raw, dass die Schrift ewig ist und jede Zeit, jedes Geschlecht und jeder Mensch in ihr beschlossen sind? – Ich glaube daran, sagte er. – Nun wohl, sprach der Zaddik*, in jeder Zeit ruft Gott jeden Menschen an: Wo bist du in deiner Welt? So viele Jahre und Tage von den dir zugemessenen sind vergangen, wie weit bist du derweil in deiner Welt gekommen? [...]“

Martin Buber, der diese Geschichte überliefert, kommentiert: „Der Oberst fragt nach einer Stelle aus dem biblischen Bericht von der Sünde Adams. Was der Rabbi antwortet, geht darauf hinaus, dass er zu ihm sagt: Du selber bist Adam, zu dir selber spricht Gott: Wo bist du? Scheinbar hat er ihm über die Bedeutung der biblischen Stelle als solcher keine Auskunft gegeben. In Wahrheit aber beleuchtet die Antwort zugleich die Situation des von Gott befragten Adam und die Situation jedes Menschen allzeit und allerorten.“ (2003)

1 *Vergleichen Sie diese „Identifikationen“ mit dem Bibeltext; stellen Sie Gemeinsamkeiten und Unterschiede zusammen.*

2 *Konstruieren und beschreiben Sie Situationen, in denen Bibeltexte eine vergleichbare Wirkung entfalten könnten.*

3 *Lassen Sie sich selbst einmal auf eine solche Erfahrung ein, indem Sie – etwa wie Augustinus – die Bibel aufschlagen und die Textstelle, auf die Ihr Blick zuerst fällt, in ihrer Bedeutung für Sie bedenken.*

Die Bibel und andere heilige Schriften

Was ist eigentlich „heilige Schrift“?

Das Wort „heilig“ (griech. hagios) bedeutet etwa „Gott zugehörig“, unantastbar. In diesem Sinne gelten in Judentum, Christentum und Islam Tora, Bibel und Koran als „heilig“; allerdings in jeweils unterschiedlichem Verständnis. Der Koran gilt als wörtliche Offenbarung der himmlischen Urschrift Allahs. Er ist daher mit nichts Menschlichem, auch keiner anderen (heiligen) Schrift, vergleichbar. Die Tora gilt ebenso als unvergleichliches Wort Gottes, jedoch von Menschen (z. B. Mose) gehört und später aufgeschrieben. Im christlichen Verständnis begegnet dem Menschen „Gottes Wort“ in den von Menschen formulierten und aufgeschriebenen Worten durch die Wirkung des heiligen Geistes. Wichtig dabei ist Jesus Christus, der - vor allem im Johannesevangelium – als personifiziertes Wort Gottes gilt. Trotz dieser Unterschiede gibt es aber durchaus gemeinsame Kennzeichen „heiliger Schrift“.

M 37 Kennzeichen von „heiliger Schrift“

- Sie sind empfangen, nicht erdacht.
- Sie sind lebendig im gehörten Wort.
- Sie werden über Jahrhunderte textgenau überliefert.
- Sie werden von anderen Texten unterschieden/abgegrenzt.
- Sie haben für die Gläubigen eine zentrale Bedeutung.
- Sie dürfen wohl interpretiert, aber nicht verändert werden.

1 *Überprüfen Sie diese Kennzeichen im Blick auf die historisch-kritische Erforschung der Bibel und formulieren Sie auf dieser Grundlage eine eigene Definition von „heiliger Schrift“.*

Die Zeitschrift „Der Spiegel“ veranstaltete im Februar 1991 eine Gesprächsrunde, in der Vertreter von Islam (Elsayad Elshahed, * 1946) und Judentum (Henry Brandt, * 1927; Abraham Steinberg, * 1945) und als Christ der mit Lehrverbot belegte katholische Theologe Hans Küng (* 1928) über Unterschiede und Gemeinsamkeiten ihrer Religionen diskutierten. Ihr Gespräch berührte auch die Frage nach der Bedeutung der heiligen Schriften der Bibel und des Koran und ihres Wahrheitsanspruches.

M 38 „Heilige Schrift“ – im Spiegel von Juden, Christen und Muslimen

KÜNG: Die hebräische Bibel kennt drei Bünde Gottes mit den Menschen. Der erste ist der Bund mit Noah nach der Sintflut. Das ist ein Bund mit der ganzen Menschheit. Dann kommt der Bund Gottes mit Abraham. Der schließt die arabischen Völker und damit heute auch die Muslime ein. Denn von Abrahams Sohn Ismael stammen die Araber ab, von Abrahams Sohn Isaak die Israeliten.

ELSHAHED: Aber die Juden erheben einen Exklusivanspruch auf Abraham. Abraham ist auch der Vater der Muslime, und der Islam ist eine Religion, die auf Abraham zurückgeführt wird.

KÜNG: Nun gut, immerhin hat Abraham mehr als 1500 Jahre vor dem Propheten Muhammad und damit vor der Gründung des Islam gelebt. Abraham und sein Gott sind jedenfalls den drei Religionen gemeinsam. Aber den dritten und engsten Bund schloss Gott, jedenfalls nach der hebräischen Bibel, mit Mose und dem Volk Israel. Und in diesem Bund liegt die Ursache für den Glauben an die Auserwähltheit des Judentums. Bittere Verse über andere Völker finden sich freilich in der hebräischen Bibel – Verse, die für Muslime und Christen gleichermaßen kaum zumutbar sind.

BRANDT: Sicherlich finden Sie solche Verse auch im Koran oder in der christlichen Bibel. Und sie sind eigentlich nur historisch zu verstehen, so in dem Sinne von Stoß und Gegenstoß, Macht und Gegenmacht – nach dem Motto: Beleidigst du mich, beleidige ich dich. […] Wenn es ans Eingemachte geht, dann werden Sie sehen, dass auch der Islam und das Christentum Exklusivität beanspruchen. Der Islam behauptet etwa, die einzig vollendete Offenbarung Gottes zu besitzen. Und das römische Christentum hat über Jahrhunderte nach der Devise gelebt „Außerhalb der Kirche kein Heil". Aber das sind alles Zerrbilder, die entstehen, wenn Religionen zu politischen Zwecken missbraucht werden. Völlig unberührt bleiben davon jene Gemeinsamkeiten, die wir zu Beginn unseres Gesprächs feststellen konnten. Wenn wir uns darauf beschränken, kommen wir fast zwangsläufig zu einer Annäherung der Religionen.

KÜNG: Glauben Sie denn, dass man sich dieser Gemeinsamkeiten allgemein genügend bewusst ist? Viele Christen hierzulande wissen ja nicht einmal, dass die arabischen Christen, wenn sie zu Gott beten, „Allah" sagen. Das ist derselbe Allah, zu dem auch die Muslime beten.

STEINBERG: Richtig. Und diese Verwandtschaft erklärt sich allein mit der hebräischen Bibel, die ja um viele Jahrhunderte älter ist als der Koran und die das Fundament aller drei Religionen bildet.

ELSHAHED: Das können wir Muslime natürlich so nicht akzeptieren […]

Spiegel: Und schon ist es wieder vorbei mit der Gemeinsamkeit?

ELSHAHED: Es steht nun einmal fest, dass die Tora, also die hebräische Bibel, und auch die Evangelien des Christentums teilweise verfälscht worden sind. Die reinen, unverfälschten Offenbarungen aus der Tora und den Evangelien sind nur im Koran überliefert. Nur der Koran ist nie verfälscht worden, und er wird auch nie verfälscht werden.

1 *Stellen Sie fest, welche Gemeinsamkeiten und Gegensätze die Gesprächsteilnehmer in den drei Religionen und ihren heiligen Schriften sehen.*

2 *Wie geht der Muslim mit der Tatsache um, dass die Bibel Jahrhunderte vor dem Koran entstanden ist?*

3 *Für eine „Verfälschung" der religiösen Botschaft in der Bibel gibt es aus wissenschaftlicher Sicht keine Anhaltspunkte. Überlegen Sie, wozu der Muslim dieses Argument dennoch verwendet.*

Was Koran und Bibel eint und trennt

Die Beschreibung des Korans in Sure 2 und die Aussage der Bibel in 2. Tim 3 lassen sich gut zueinander in Beziehung setzen.

M 39 Wie sich Bibel und Koran selbst verstehen

Sure 2 – DIE KUH
(al-Baqara) Geoffenbart zu Medina
Im Namen Allahs, des Erbarmers, des Barmherzigen! […] 2. Dies Buch, daran ist kein Zweifel, ist eine Rechtleitung für die Gottesfürchtigen, 3. Die da glauben an das Verborgene und das Gebet verrichten und von Unserer Gabe spenden: 4. Und die da glauben an das, was auf dich herabgesandt wurde und vor dir herabgesandt wurde, und fest aufs Jenseits vertrauen. 5. Diese folgen der Leitung ihres Herrn, und ihnen wird es wohlergehen.

2. Brief des Paulus an Timotheus, Kap. 3
14 Du aber bleibe bei dem, was du gelernt hast und was dir anvertraut ist; du weißt ja, von wem du gelernt hast
15 und dass du von Kind auf die heilige Schrift kennst, die dich unterweisen kann zur Seligkeit durch den Glauben an Christus Jesus.
16 Denn alle Schrift, von Gott eingegeben, ist nütze zur Lehre, zur Zurechtweisung, zur Besserung, zur Erziehung in der Gerechtigkeit,
17 dass der Mensch Gottes vollkommen sei, zu allem guten Werk geschickt.

1 *Beschreiben Sie Parallelen und Unterschiede in diesen beiden „Definitionen" von „heiliger Schrift" in Koran und Bibel.*

2 *Welche grundlegende Unterscheidung wird deutlich? Wie ist sie zu erklären?*

Der Koran setzt sich vielfältig mit jüdischen und christlichen Aussagen auseinander. Sie zeigen, dass Mohammed intensive Gespräche mit christlichen und jüdischen Gelehrten geführt hat und dabei ihren Anspruch auf Wahrheit kennenlernte. Sure 2, 135 ff. spiegelt wider, wie Mohammed gegenüber diesen beiden älteren Religionen einen eigenen Wahrheitsanspruch begründet.

M 40 Juden und Christen aus der Sicht des Koran

Sure 2, 135–141

135. Und sie sprechen: „Werdet Juden oder Christen, damit ihr rechtgeleitet seid," Sprich: „Nein; die Religion Abrahams, der den rechten Glauben bekannte und kein Götzendiener war, (ist unsere Religion.)" 136. Sprecht: „Wir glauben an Allah und an das, was Er zu uns herabsandte, und was Er zu Abraham und Ismael und Isaak und Jakob und den Stämmen herabsandte, und was Moses und Jesus und was den Propheten von ihrem Herrn gegeben wurde. Wir machen keinen Unterschied zwischen einem von ihnen; und wahrlich, wir sind Muslime." 137. Glauben sie demnach, was ihr glaubt, so sind sie rechtgeleitet. Wenden sie sich jedoch ab, dann sind sie Abtrünnige, und Allah wird dir gegen sie genügen; Er ist der Hörende, der Wissende. 138. Von Allah sind wir gekennzeichnet, und was ist besser, als von Allah gekennzeichnet zu sein. Und wahrlich, Ihm dienen wir. 139. Sprich: „Wollt ihr mit uns über Allah rechten, wo Er unser Herr und euer Herr ist? Wir haben unsere Werke, und ihr habt euere Werke (zu verantworten), und Ihm sind wir aufrichtig ergeben. 140. Oder wollt ihr etwa behaupten, dass Abraham und Ismael und Isaak und Jakob und die Stämme ‚Juden' waren oder ‚Christen'?" Sprich: „Wisst ihr es besser oder Allah?" Und wer ist sündiger als wer ein Zeugnis verbirgt, das er von Allah erhalten hat? Aber Allah lässt euer Tun nicht unbeachtet. 141. Jenes Volk ist nun Vergangenheit. Ihm wurde nach Verdienst vergolten, und so wird euch nach euerem Verdienst vergolten; und ihr seid nicht für sie verantwortlich.

1 *Wie geht der Koran mit dem Anspruch der Christen und Juden auf „Rechtleitung" um?*

2 *Wie werden Mose und Jesus gesehen?*

3 *Tragen Sie Aspekte und Argumente zusammen, mit denen der Islam seinen Wahrheitsanspruch in dieser Sure begründet, und setzen Sie sich damit kritisch auseinander.*

Die Religionen und ihre heiligen Bücher

Die Religionen der Naturvölker kommen ohne Schriften aus. Ihr religiöses Wissen geben sie allein durch mündliche Tradition an die nachfolgenden Generationen weiter. Wahrscheinlich ist dies auch in der Anfangszeit der heutigen „Weltreligionen" ähnlich gewesen, bis unterschiedliche Schriften formuliert wurden und die Frage aufkam, welche Schriften nun kanonischen Charakter haben (so werden diese Schriften erst zur normativen „Heiligen Schrift"). Im Judentum mag dieser Prozess rund 650 Jahre gedauert haben, im Buddhismus (im Blick auf die Schriften des sog. PALI = „Reihe, Ordnung", also unserem „Kanon" vergleichbar) vielleicht 250 Jahre, im Christentum etwa dieselbe Zeit und im Islam nur wenige Jahrzehnte.

Entscheidend für diese Entwicklungen war, dass es mit Autorität ausgestattete Personen und Institutionen gab, die festlegten, was aus der Fülle der Schriften und Überlieferungen wirklich gelten sollte. Daneben sammelte man ebenso eifrig Interpretationen und Auslegungen, doch stellte man sie nicht auf dieselbe Stufe. So gibt es im Judentum Mischna und Talmud, im Islam Sunna und Hadith, im katholischen Christentum Konzilsbeschlüsse und Papstdekrete, im evangelischen Christentum die evangelischen Bekenntnis-Schriften (wie etwa die „Confessio Augustana" von 1530 oder die „Barmer Theologische Erklärung" von 1934). Sinn dieser Schriften ist eine Ausdeutung der „Heiligen Schrift" auf neue Herausforderungen hin, nicht deren Relativierung. Was jedoch sich ähnlich anhört, ist verschieden im Blick auf den Umgang mit der heiligen Schrift selbst.

Der Koran gilt als dem Mohammed durch den Erzengel Gabriel direkt offenbart; zeitlich soll dies ab dem Jahr 610 bis zu seinem Tod 632 erfolgt sein. Das von Mohammed Aufgeschriebene hat schon bald danach (um 650) der dritte Kalif Uthman in Suren und Versen zusammengestellt. Da der so entstandene Koran die wörtliche Offenbarung an Mohammed enthielt, durfte es – bis heute – im „rechtgeleiteten" Islam keine Übersetzung geben; der Text muss arabisch gelesen werden. Ebenso wird eine historische Erforschung seines Zustandekommens abgelehnt. Allerdings finden sich z. B. in Europa und der Türkei unter Wissenschaftlern Ansätze zur historischen Analyse des Korans.

Vergleichbar dazu ist die Haltung der orthodoxen jüdischen Gemeinden zumindest zu den Fünf Büchern Mose, der Tora. Sie gelten als dem Mose direkt von Gott offenbart. Eine historische Nachfrage oder Kritik gilt als nicht statthaft.

Anders im Christentum: Zwar gibt es auch hier die Vorstellung von (wörtlicher) „Inspiration" der Texte durch Gott. Aber seit am Anfang des 18. Jahrhunderts die Frage nach ihrer Geschichte und Verlässlichkeit aufkam, beginnt die kritische Überprüfung der biblischen Texte. Die Impulse zu dieser historischen Erforschung kamen zuerst von Philosophen und Historikern und wurden erst nach heftigen Auseinandersetzungen auch von den kirchlichen Gremien akzeptiert, im protestantischen Bereich früher als im katholischen. Auch wenn sie nicht überall im christlichen Bereich Zustimmung findet, ist doch die geschichtliche Erforschung der biblischen Texte heute eine Normalität. „Gottes Wort" muss also im menschlichen Wort des Bibeltextes wahrgenommen und erfahren werden.

Eine methodisch abgesicherte, sorgfältige historische Exegese gilt als wichtiger Beitrag zur Abwehr von einseitigem Verständnis der Bibel, das in Sondergruppen und Sekten gelegentlich begegnet.

Die Erschaffung der Welt – eine Erzählung der Bibel auf dem Prüfstand

Die biblische Darstellung der Welt als Schöpfung Gottes steht in einer Spannung zu den naturwissenschaftlichen Perspektiven von Evolution und Kosmologie, die in den Fächern Physik und Biologie entwickelt werden. Diese Spannung kann zu einem fruchtbaren Gespräch zwischen diesen Fächern führen, wenn gemeinsam erarbeitet wird, welche Ausgangspunkte und Zielperspektiven hier von Bedeutung sind und wie sich religiöse und (natur-)wissenschaftliche Sichtweisen unterscheiden. Wichtig bei diesem Gespräch wäre es, aus einer Alternative „richtig/falsch" herauszukommen und stattdessen nach den Motiven zu fragen, die dazu geführt haben könnten, den Kosmos als Schöpfung zu interpretieren und zu prüfen, wie sich diese Interpretation zu den naturwissenschaftlichen Erkenntnissen verhält. Die Arbeit dazu könnte in drei Phasen geschehen.

Phase 1
Erarbeiten Sie die biblische Schöpfungserzählung (Gen 1–2, 4a) eventuell in Kombination mit Ps 8. Sinnvoll ist, wenn Sie damit beginnen, Ihre eigene Position zur Frage der Weltentstehung, von Evolution und Vorstellungen einer Erschaffung durch Gott sich vorher bewusst zu machen. Wählen Sie dann methodische Schritte aus dem Kapitel aus, die Sie am Text anwenden. Nutzen Sie dazu z. B. die Methode „Mehrperspektivische Bibelinterpretation" (➚ S. 115). Da sich die Schöpfung besonders eignet, die Wahrheitsfrage zu reflektieren, gehört dazu auch die Berücksichtigung des fundamentalistischen Bibelverständnisses, das – gegen das heutige Verständnis von Kosmologie und Evolution – von der wortwörtlichen Richtigkeit des Bibeltextes ausgeht („Kreationismus"). Dazu finden Sie im Kapitel „Wir und die Wirklichkeit" auf den Seiten 79 ff. entsprechendes Material.

Phase 2
Nach den Überlegungen im Kontext des Religionsunterrichts sollten Sie die Interpretationsarbeit nun unter Mitwirkung von Mitschülern(innen) und Lehrkräften aus dem Bereich der naturwissenschaftlichen Fächer weiterführen. Als Anknüpfungspunkt bietet sich dazu die Überprüfung der kreationistischen Argumente an. Wie gehen die Naturwissenschaften mit den dort angesprochenen Lücken und Fragwürdigkeiten der Evolutionstheorie um? Zugleich sollte die Sicht der modernen Bibelexegese thematisiert werden: Die Bibel ist nicht der Versuch eines Tatsachenberichtes, sondern eine Beschreibung der Wirklichkeit vom Glauben her. Welchen Sinn hat es z.B., bei der Entstehung und Entwicklung der Welt „Gott" ins Spiel zu bringen? Wie verändert sich die Weltsicht dadurch gegenüber den Fächern Physik/Biologie?

Phase 3
Diese Phase könnten Sie als Podiumsdiskussion gestalten. Verschiedene Schülerinnen und Schüler nehmen die Positionen der Physik, der Biologie, des Kreationismus und der Bibelwissenschaft ein. Ein/e Moderator/in übernimmt die Gesprächsleitung; das Gespräch wird in den Phasen 1 und 2 vorbereitet und vor interessierten Schülerinnen und Schülern durchgeführt, die ihrerseits durch Anfragen und Stellungnahmen das Gespräch bereichern.

Der Koran – Gottes Wort in Menschenworten

Auch wenn es in der islamischen Welt weiterhin vielfach auf Ablehnung stößt, gibt es inzwischen eine Reihe von islamischen Exegeten, die historische und vergleichende Textstudien am Koran vornehmen, so wie dies in der christlichen Theologie mit der Bibel geschieht. Ein bekannter kritischer Exeget des Koran ist Nasr Hamid Abu Zaid (1943–2010). Er lehrte an der Universität Kairo. Wegen seiner Auslegung wurde ihm der Vorwurf gemacht, vom Islam abgefallen zu sein. Er verließ Ägypten und leitete ab 2004 einen Lehrstuhl für Humanismus und Islam in Utrecht. In seiner Antrittsvorlesung am 27. Mai 2004 „Rethinking the Qur'an. Torwards a Humanistic Hermeneutics" beleuchtet er Texte des Koran im Blick auf historische Hintergründe.

„Ehrbare Frauen und ehrbare Männer" M 41

Sure 5, 5: „Und (erlaubt sind euch auch) die ehrbaren gläubigen Frauen und die ehrbaren Frauen derer, die vor euch die Schrift erhalten haben (Juden und Christen), wenn ihr ihnen ihren Lohn gebt als ehrbare Männer (also in der Ehe), nicht als solche, die Unzucht treiben und sich Liebschaften halten […]."

Dazu kommentiert Zaid: „Mit Blick auf die moderne Frage der Geschlechtergleichheit in interreligiösen Ehen kann man sagen, dass die Adressaten des koranischen Diskurses über die Fragen von Eheschließung und Scheidung Männer waren […]. Das erklärt, warum hier ausschließlich Männern erlaubt wird, bestimmte Frauen zu heiraten […]. Die Rechtfertigungen der modernen Religionsgelehrten zur Unterstützung der klassischen Position (in Sure 5) lassen sich leicht in Frage stellen. Mit Blick auf die Frage der Gleichheit in interreligiösen Ehen braucht man hier nur festzuhalten, dass diese Gelehrten noch immer an die Überlegenheit des Mannes in Familienangelegenheiten glauben. […] Man sieht, dass die Gelehrten weiter in einer patriarchalen […] Weltsicht befangen sind. Entscheidungen in Ehefragen sind aber Entscheidungen der Einzelnen, oder sie sollten es sein. Und so liegt es in seiner bzw. ihrer Hand, die Bedingungen festzulegen, unter denen er bzw. sie mit einem Partner zusammenleben möchte. (2004)

1 *Vergleichen Sie die Interpretation Zaids mit Ihren Kenntnissen über religionsverschiedene und auch konfessionsverschiedene Ehen sowie damit verbundene Probleme – auch im christlichen Bereich.*

2 *Gestalten Sie eine Talkrunde zur Frage: Worin besteht die „Heiligkeit" der heiligen Schriften, auch wenn vieles darin zeitbedingt ist?*

„... und was bringt es mir selbst?"

In diesem Kapitel sind Grundfragen der Bibelinterpretation und verschiedene Wege des Bibelverständnisses entfaltet worden. Helfen diese Verstehenswege, das „Buch der Bücher" besser zu verstehen? Bringen sie uns näher an die Inhalte der Bibel heran oder erschweren sie den unbefangenen Umgang mit der Bibel?

Die Kasseler Religionspädagogin Petra Freudenberger-Lötz erforscht, wie Jugendliche mit religiösen Fragen umgehen und welche Bedeutung für sie Inhalte des Religionsunterrichts haben. In ihrem Buch „Theologische Gespräche mit Jugendlichen" findet sich das Protokoll eines Gesprächs über die wissenschaftliche Bibelinterpretation mit Jugendlichen der Sek II. Daraus einige Statements:

M 42 Methoden der Bibelinterpretation – Bonus-Level oder mehr?

Matthias: Wenn ich die Bibeltexte lese, verstehe ich sie so, dass sie für mein Leben einen Sinn haben. Sicherlich kann ich durch die exegetischen Methoden was ganz Neues erfahren, aber mir reicht es, wenn ich sie einfach so lese und mir Gedanken mache. Was dabei rauskommt, reicht für mein Leben [...].

Rike: Das ist ja spannend. Würdest du, Matthias, jetzt sagen: Eigentlich sind die ganzen exegetischen Methoden unsinnig, weil du für dein eigenes Leben auch ohne die Methoden einen Sinn findest?

Matthias: Sie sind schon sinnvoll, aber ich würde sagen, als Bonus-Level.

Rike: Dass sich manchmal damit vielleicht etwas ganz Neues für einen ergibt?

Matthias: Ja.

Tobias: Also ich selbst würde sagen, man braucht sie einfach nicht. Man muss die einzelnen Bibeltexte oder Bibelstellen nicht interpretieren, wenn man sie einfach liest. Mir haben zum Beispiel, als ich klein war, meine Eltern abends Geschichten vorgelesen. Die von den Wundern Jesu und so. Aber ich habe nie das Bedürfnis gehabt, diese Stellen zu interpretieren. Man liest halt das raus, was man für sich selbst eben herauslesen will. [...]

Lara: Wenn du so eine Wundergeschichte von Jesus als Gute-Nacht-Geschichte hörst, und dann ist es auch gut damit, oder? Aber wenn du das irgendwie verstehen willst, was damit gemeint ist, dann interpretierst du es doch eigentlich wenigstens ein bisschen, wenn du dir dann darüber Gedanken machst: Kann das passiert sein? Was ist da passiert? Warum ist es so überliefert, dass da ein Wunder geschehen ist?

Tobias: Naja, Jesus hat halt 'ne gute Tat vollbracht und hat jemanden geheilt, wie ein Arzt quasi. Ich finde, dieses Interpretieren macht auch vieles manchmal einfach kaputt. Mich nervt das eigentlich nur. [...]

Matthias: Wir haben die Geschichte von dem Besessenen von Gerasa mit den historisch-kritischen Anmerkungen durchgenommen. Da war es so, dass man jeden Satz halt irgendwie historisch einordnen kann, was es bedeutet usw. Das hat schon ziemlich viel kaputtgemacht. Die stellen die Kraft von Jesus infrage, und ob das wirklich so passiert ist oder ob es einfach eine Geschichte ist, um eben in Metaphern oder Bildern etwas auszudrücken. [...]

Stephanie: Ich meine, für die Wissenschaft kann man das ja gerne machen, diese ganzen Exegesen. Aber bringt es dir selbst was?

Marco: Lest ihr denn jetzt die Bibel anders, nachdem ihr das gelernt habt?

Tobias: Nein, für mich hat sich durch dieses Themenfeld jetzt eigentlich nichts verändert. [...]

Stephanie: Ich habe vorher überhaupt keinen Bezug der Bibel zu mir gesehen. Ich habe wirklich nicht verstanden, warum die Leute die Bibel lesen, was es ihnen bringt. Erst als wir gelernt haben, dass es diese Methoden gibt und dass man das wirklich so interpretieren kann, habe ich eher verstanden, dass man auch etwas für sich daraus nehmen kann. Bei mir hat sich da schon was dran verändert.

1 *Formulieren Sie ein eigenes Statement zu den Fragen:*
- *Inwiefern kann die wissenschaftliche Bibelauslegung „etwas kaputtmachen?"*
- *Wozu können verschiedene Interpretationswege beitragen, was „bringen" sie?*

2 *Diskutieren Sie im Plenum die Aussagen zur Bibel in M42 vor dem Hintergrund dessen, was Sie in diesem Kapitel erarbeitet haben.*

Gott als Geheimnis

Die Online-Bibel „The Brick Testament" erzählt biblische Geschichten mithilfe von Spielzeugbausteinen. Die Figur für Gott ist auf dieser Seite zu sehen.

1 *Charakterisieren Sie die Figur und stellen Sie Vermutungen an, weshalb sie verwendet wurde.*

2 *Diskutieren Sie, ob es angemessen ist, sich Gott in dieser Weise vorzustellen.*

3 *Beurteilen Sie weitere Darstellungen, die Sie für Gott finden. Beziehen Sie dabei den Titel des Kapitels ein.*

Die Frage nach Gott

„Wer oder was für mich Gott ist? Puh, schwierige Frage … Gott ist für mich alles, was der Mensch sich nicht logisch erklären kann. Darum ist Gott für mich auch eine große Freiheit. Eigentlich schade, dass wir für alles immer eine konkrete Antwort haben müssen. Ich finde es schön, wenn Dinge im Leben Geheimnisse bleiben. Denn kennt man einmal die ganze Wahrheit, hat man genau noch zwei Möglichkeiten: Sie gefällt dir oder nicht. Wieso also immer nach der Lösung und nach Erklärungen streben, wo doch das Rätseln und Erforschen viel mehr Spaß macht?" Nadia, 19 Jahre, fallen bei der Frage nach Gott die Geheimnisse des Lebens ein. Ist Gott das größte Geheimnis?

Der christliche Glaube verbindet mit Gott nicht etwas völlig Unzugängliches, eine überlegene Macht, die allen Fragen entzogen wäre. Dieses Geheimnis lädt dazu ein, sich mit ihm auseinanderzusetzen. Der Glaube geht dabei von Erfahrungen der Nähe und Ferne Gottes aus.

Gibt es einen Gott?

Ob und wie stark Menschen über diese Frage nachdenken, hängt auch davon ab, was sie von Gott erfahren haben und was ihnen von Gott erzählt worden ist. Weil wir sehr verschiedenen Arten, von Gott zu reden, begegnen, kommt es zu unterschiedlichen Versuchen, auf die Frage nach der Existenz Gottes einzugehen.

M 1 Machen wir uns Gott selbst?

Martina, 16 Jahre

Jeder schafft Gott für sich selbst, meist in Situationen, in denen er Hilfe benötigt. Will heißen: Es gibt einen Gott für die, die dran glauben und das Gefühl haben, es müsse ihn geben. Etwas, das helfen kann, wenn es nicht gut geht. Der Glaube lässt einen hoffen. Und für die, die nicht daran glauben, gibt es ihn nicht, oder sie nennen dieses Etwas einfach nicht Gott. Es ist aber nicht so, dass man ihn erkennen könnte. Dies würde voraussetzen, dass es mit Sicherheit einen Gott gibt und man diesen nur erkennen kann oder nicht. Ich habe nicht das Gefühl, dass es einen Gott als solchen gibt, der mit einer unsichtbaren Hand die Leute steuert. Dieser selbst geschaffene Gott kann einen auch dazu bringen, anderen Menschen zu helfen. Vielleicht hilft er gewissen Menschen sogar, bessere Menschen zu werden. So viel zu meiner Theorie. Ich bin mir nicht sicher, ob das mit Gott wirklich auch so ist. Ich habe das nicht alles zu Ende gedacht. Wobei – geht ja auch gar nicht, so was durchzudenken und zu einer abschließenden Ansicht zu gelangen.

Ich schaffe mir meinen Gott auch selbst, allerdings nur, wenn es mir schlecht geht. Eigentlich nenne ich das nicht Gott, es sind eher meine Gedanken. Dieses Unbewusste haben wohl alle, und alle schaffen es sich zeitweise. Es ist wie ein Teil vom Unbewussten, das uns sagt: Ich bin ja gar nicht alleine und trage nicht die Verantwortung für alles. Gott erschafft man sich auch, damit noch etwas da ist, das einem helfen kann, wenn einem sonst gar nichts mehr hilft. Er spendet vielen Trost.

Was ich krass finde: Die Menschen haben schon megamegalange diese Vorstellung von Gott. Das zeigt doch, dass sie einen Ursprung haben muss. Irgendwer musste auf die Idee kommen, dass es noch eine zusätzliche Dimension gibt. […] Ich finde es eine komische Vorstellung, dass man mit Gott so richtig sprechen kann, weil ich nicht an einen von mir losgelösten Übergott glaube.

1 „Jeder schafft Gott für sich selbst." – Nehmen Sie Stellung zu Martinas Ausführungen.

2 Führen Sie ein Streitgespräch über folgende Thesen: Dass Gott existiert, kann man nicht beweisen. – Dass Gott existiert, kann man nicht widerlegen.

Was heißt: „einen Gott haben"?

Uns Menschen zieht in der Welt manches an, aber ist es deshalb schon geheimnisvoll? Wir können uns für vieles begeistern, aber haben deshalb alle einen Gott? Wie sich zeigt, dass Menschen einem Gott vertrauen, verdeutlicht Martin Luther mit der Auslegung des ersten Gebots in seinem „Großen Katechismus".

Du sollst nicht andere Götter haben

M 2

Martin Luther (1483–1546)

Das ist:
Du sollst mich alleine für Deinen Gott halten. Was bedeutet das, und wie versteht mans? Was heißt, „einen Gott haben", oder was ist Gott?

Antwort:
Ein Gott heißet das, dazu man sich versehen soll alles Guten und Zuflucht haben in allen Nöten. Also dass „einen Gott haben" nichts anders ist, als ihm von Herzen trauen und glauben; wie ich oft gesagt habe, dass alleine das Vertrauen und Glauben des Herzens beide macht: Gott und Abgott. Ist der Glaube und Vertrauen recht, so ist auch Dein Gott recht; und umgekehrt: wo das Vertrauen falsch und unrecht ist, da ist auch der rechte Gott nicht. Denn die zwei gehören zu Haufe (zusammen), Glaube und Gott. Woran Du nun Dein Herz hängest und verlässest, das ist eigentlich Dein Gott.

Darum ist nun die Meinung dieses Gebots, dass es rechten Glauben und Zuversicht des Herzens fordert, welche den rechten einzigen Gott treffe und an ihm alleine hange. Und will so viel gesagt haben: siehe zu und lasse mich allein Deinen Gott sein und suche ja keinen andern; das ist: was Dir an Gutem mangelt, des versiehe Dich zu mir und suche es bei mir, und wo Du Unglück und Not leidest, kriech und halte Dich zu mir. ICH, ich will Dir genug geben und aus aller Not helfen, lass nur Dein Herz an keinem andern hangen noch ruhen. […]

Da hat jedermann das zum sonderlichen Gott erhoben, davon er sich Gutes, Hilfe und Trost versehen hat. […]

Außerdem ist auch das ein falscher Gottesdienst und die höchste Abgötterei, was wir bisher getrieben haben und was noch in der Welt regieret, darauf auch alle geistlichen Stände gegründet sind, welche allein das Gewissen betrifft, das da Hilfe, Trost und Seligkeit in eigenen Werken suchet, sich vermisst, Gott den Himmel abzuzwingen, und rechnet, wie viel es gestiftet, gefastet, Messe gehalten hat usw. Verlässt sich und pochet darauf, als wolle es nichts von ihm geschenkt nehmen, sondern es selbst erwerben oder im Übermaß verdienen, gerade als müsste er uns zu Dienst stehen und unser Schuldner, wir aber seine Lehnsherrn sein. Was ist das anders, als aus Gott einen Götzen, ja einen Apfelgott gemacht und sich selbst für Gott gehalten und aufgeworfen? […]

Frage und erforsche Dein eigenes Herz recht, so wirst Du wohl finden, ob es allein an Gott hange oder nicht. Hast Du ein solches Herz, das sich eitel Gutes zu ihm versehen kann, sonderlich in Nöten und Mangel, dazu alles gehen und fahren lassen will, was nicht Gott ist, so hast Du den einzigen rechten Gott. Umgekehrt: hanget es an etwas anderem, dazu sichs mehr Guts und Hilfe vertröstet denn zu Gott, und läuft es nicht zu ihm, sondern flieht vor ihm, wenn es ihm übel gehet, so hast Du einen andern Abgott. (1529)

M3 Goldener Vogel

HA Schult: Goldener Vogel (1989)

1 *Setzen Sie Luthers Überlegungen zum Gottesglauben in Beziehung zur Skulptur von HA Schult.*

Ist Gott nicht angebracht?

Im Februar 2012 veröffentlichte die Wochenzeitschrift „Christ und Welt" einen Bericht über die zentrale Gedenkfeier für die Mordopfer der Neonazis in Deutschland. Neben den Familien der Opfer waren bei dieser Veranstaltung in Berlin Menschen christlichen und muslimischen Glaubens aus verschiedenen Schichten der deutschen Bevölkerung anwesend.

M4 Gott war nicht geladen

*Hans-Joachim Neubauer (*1960)*

Die Programme waren schon gedruckt. Erst am Vorabend der Gedenkfeier für die Opfer der Neonazis beschloss Ismail Yozgat zu sprechen. Er sorgte für protokollarische Unruhe und religiöse Wahrhaftigkeit zugleich. „Bismillahi r-rahmani r-ahimi. Im Namen Gottes, des Allerbarmers, des Barmherzigen: Guten Tag an alle", begann der muslimische Vater, dessen Sohn Halit am 6. April 2006 von Rechtsextremisten erschossen wurde, seine bewegende Rede. Die Übersetzerin fasste zusammen: „Meine Damen und Herren. Exzellenzen, ich möchte Sie alle herzlich begrüßen …" Der Allerbarmer war „lost in translation".

Gott war nicht geladen. Die Anrufung des Allerbarmers durch den trauernden Vater blieb die einzige Hinwendung zu Gott beim Berliner Gedenkakt. […] Die Berliner Gedenkfeier zeigt, wie sich der Staat als autonom gegenüber der Religion begreift. Kanzlerin Angela Merkel, die zentrale Rednerin, hat Religion zwar erwähnt, aber nicht zum Thema gemacht – und das in einem Zusammenhang, der den Blick auf Transzendentes hätte nahelegen können. Eine Reihe von brennenden Kerzen beherrschte die Bühne in Berlin – zehn für die einzelnen Opfer, eine für die ungenannten, unbekannten Opfer rechtsextremer Gewalt. Die zwölfte sollte als Symbol der Hoffnung und der Zuversicht begriffen werden. Am Ende der Feier wurde sie von den beiden türkischen Rednerinnen aus dem Saal getragen – hinaus in die Welt, eine Hoffnung, die bewusst ohne transzendenten Bezug auskommen soll. Auch der Auszug der Kerze erinnert an religiöse Zeremonien, aber dieses Zitat ist formal. [...] Ein Staat braucht Rituale, um sich zu inszenieren und sichtbar zu machen. Er hat das Recht, das ohne Berufung auf Gott zu versuchen. Ob er allerdings gut daran täte, sich über die Negation der Religion zu definieren, ist eine andere Frage. (2012)

1 *Nehmen Sie in Leserbriefen an die Zeitschrift „Christ und Welt" Stellung zum Umgang mit der Gottesfrage während der Gedenkfeier.*

2 *Tragen Sie die Briefe im Religionskurs vor und fassen Sie die Argumente in einer Mindmap (✎ S. 162) zusammen.*

Gottesglaube oder Atheismus?

„Es gibt (mit an Sicherheit grenzender Wahrscheinlichkeit) keinen Gott" – mit diesem Spruch fuhr im Jahr 2009 ein roter Doppeldeckerbus drei Wochen lang durch 24 deutsche Städte. Überzeugte Atheisten warben auf diese Weise für ein erfülltes Leben ohne Gott. „Und wenn es ihn doch gibt ..." stand auf dem Bus der christlichen Vereinigung „Campus für Christus", der dem Atheistenbus stets folgte. Im Fokus der Kampagne stand die Internetseite www.Gottkennen.de, auf der Menschen von ihrem Gottesglauben erzählen.

M5 Die Kampagne

1 *Sie betreiben eine Werbeagentur. Ein Busunternehmen möchte die Debatte um Gott weiterführen und beauftragt Sie, entsprechende Slogans zu entwickeln. Finden Sie drei Slogans, die Sie für angemessen halten, und inszenieren Sie deren Präsentation beim Busunternehmen.*

2 *Formulieren Sie Ihre Eindrücke von dieser Form der öffentlichen Auseinandersetzung mit der Gottesfrage.*

Gott – eine Projektion des Menschen?

Wie tragfähig ist die Argumentation des Atheismus? Die Überzeugung, dass es kein göttliches Geheimnis gibt, gewann als Grundlage des modernen Atheismus seit dem 19. Jahrhundert an Bedeutung. In seiner Schrift „Das Wesen des Christentums" (1841) rief Ludwig Feuerbach zur Vollendung der Aufklärung auf: Der Mensch sei in allen Lebensbereichen als auf sich selbst gestellt zu betrachten. Den Gottesglauben kann man nach Feuerbach psychologisch erklären (↗ Kap. 1, S. 41).

Gottesglaube als Wunschdenken

M6

Ludwig Feuerbach (1804–1872)

Der Mensch glaubt Götter nicht nur, weil er *Fantasie* und *Gefühl* hat, sondern auch, weil er den *Trieb hat, glücklich zu sein*. Er glaubt ein seliges Wesen, nicht nur, weil er eine Vorstellung der Seligkeit hat, sondern weil er selbst selig sein will; er glaubt ein vollkommenes Wesen, weil er selbst vollkommen zu sein wünscht; er glaubt ein unsterbliches Wesen, weil er selbst nicht zu sterben wünscht. Was er selbst nicht ist, aber zu sein *wünscht*, das stellt er sich in seinen Göttern als seiend vor; *die Götter sind die als wirklich gedachten, die in wirkliche Wesen verwandelten Wünsche des Menschen*; ein Gott ist der in der Fantasie befriedigte Glückseligkeitstrieb des Menschen. Hätte der Mensch keine Wünsche, so hätte er trotz Fantasie und Gefühl keine Religion, keine Götter. Und so verschieden die Wünsche, so verschieden sind die Götter, und die Wünsche sind so verschieden, als es die Menschen selbst sind. Der Trieb, aus dem die Religion hervorgeht, ihr letzter Grund, ist der *Glückseligkeitstrieb*, und wenn dieser Trieb etwas Egoistisches ist, also der *Egoismus*. (1845)

1 *Feuerbachs Ausführungen zur Beziehung zwischen Gott und Mensch hat man als „Projektions-Theorie" bezeichnet. Begründen Sie diese Bezeichnung aus dem Text.*

2 *Vergleichen Sie Feuerbachs Theorie mit den Positionen Martin Luthers (M2).*

Karl Marx fragte nach den Gründen und Bedingungen, die zu dem von Feuerbach als Projektion beschriebenen Gottesglauben führten. Die Antwort fand er in gesellschaftlichen Widersprüchen zur Zeit der Industriellen Revolution und in deren ökonomischen Wurzeln.

Religion als verkehrtes Bewusstsein

M7

Karl Marx (1818–1883)

Der Mensch, der in der fantastischen Wirklichkeit des Himmels, wo er einen Übermenschen suchte, nur den *Widerschein* seiner Selbst gefunden hat, wird nicht mehr geneigt sein, nur den *Schein* seiner Selbst, nur den Unmenschen zu finden, wo er seine wahre Wirklichkeit sucht und suchen muss.

Das Fundament der irreligiösen Kritik ist: *Der Mensch macht die Religion*, die Religion macht nicht den Menschen. Und zwar ist die Religion das Selbstbewusstsein und das Selbstgefühl des Menschen, der sich selbst entweder noch nicht erworben oder schon wieder verloren hat. [...]

Der Mensch, das ist die *Welt des Menschen*, Staat, Sozietät. Dieser Staat, diese Sozietät produzieren die Religion, *ein verkehrtes Weltbewusstsein*, weil sie eine *verkehrte Welt* sind. Die Religion ist die allgemeine Theorie dieser Welt, ihr enzyklopädisches Kompendium, ihre Logik in populärer Form, ihr spiritualistischer *Point d'Honneur* [Ehrenpunkt], ihr Enthusiasmus, ihre moralische Sanktion, ihre feierliche Ergänzung, ihr allgemeiner Trost- und Rechtfertigungsgrund. Sie ist die *fantastische Verwirklichung des menschlichen Wesens*, weil das menschliche Wesen keine wahre Wirklichkeit besitzt. Der Kampf gegen die Religion ist also mittelbar der Kampf gegen *jene Welt*, deren geistiges *Aroma* die Religion ist. Das religiöse Elend ist in einem der Ausdruck des wirklichen Elends und in einem die *Protestation* gegen das wirkliche Elend. Die Religion ist der Seufzer der bedrängten Kreatur, das Gemüt einer herzlosen Welt, wie sie der Geist geistloser Zustände ist. Sie ist das *Opium* des Volks. Die Aufhebung der Religion als des *illusorischen Glücks* des Volkes ist die Forderung seines wirklichen Glücks. [...]

Die Kritik der Religion ist also im Keim die Kritik des *Jammertales*, dessen *Heiligenschein* die Religion ist. Die Kritik hat die imaginären Blumen an der Kette zerpflückt, nicht damit der Mensch die fantasielose, trostlose Kette trage, sondern damit er die Kette abwerfe und die lebendige Blume breche. Die Kritik der Religion enttäuscht den Menschen, damit er denke, handle, seine Wirklichkeit gestalte wie ein enttäuschter, zu Verstand gekommener Mensch, damit er sich um sich selbst und damit um seine wirkliche Sonne bewege. Die Religion ist nur die illusorische Sonne, die sich um den Menschen bewegt, solange er sich nicht um sich selbst bewegt. (1844)

1 *Inwiefern steht der Gottesglaube nach Marx der Menschlichkeit im Weg?*

2 *Lesen Sie Psalm 23 und Amos 5,11–15. Wenden Sie Feuerbachs und Marx' Theorien auf den Gottesglauben in diesen Bibelstellen an.*

Gottesglaube – ein Zeichen kindlicher Hilflosigkeit?

Sigmund Freud, der Begründer der Psychoanalyse*, wuchs in Wien in einer jüdischen Familie auf. Schon als Jugendlicher wandte er sich dem Atheismus zu. In seinem Werk hat er sich kritisch mit jüdischen und christlichen Traditionen auseinandergesetzt. In Freuds Psychoanalyse spielt das Unbewusste beim Übergang von der Kindheit zum Erwachsenenleben eine entscheidende Rolle. Auch den Gottesglauben bringt er mit der Wunschwelt des Kindes in Verbindung (↗ auch S. 43).

M8 Gott als Elternersatz

Sigmund Freud (1856–1939)

Versetzen wir uns in das Seelenleben des kleinen Kindes. […] Die Libido* folgt den Wegen der narzisstischen Bedürfnisse und heftet sich an die Objekte, welche deren Befriedigung versichern. So wird die Mutter, die den Hunger befriedigt, zum ersten Liebesobjekt und gewiss auch zum ersten Schutz gegen alle die unbestimmten, in der Außenwelt drohenden Gefahren, zum ersten Angstschutz, dürfen wir sagen.

In dieser Funktion wird die Mutter bald von dem stärkeren Vater abgelöst, dem sie nun über die ganze Kindheit verbleibt. Das Verhältnis zum Vater ist aber mit einer eigentümlichen Ambivalenz behaftet. Er war selbst eine Gefahr, vielleicht von dem früheren Verhältnis zur Mutter her. So fürchtet man ihn nicht minder, als man sich nach ihm sehnt und ihn bewundert. Die Anzeichen dieser Ambivalenz des Vaterverhältnisses sind in allen Religionen tief eingeprägt […].

Wenn nun der Heranwachsende merkt, dass es ihm bestimmt ist, immer ein Kind zu bleiben, dass er des Schutzes gegen fremde Übermächte nie entbehren kann, verleiht er diesen die Züge der Vatergestalt, er schafft sich die Götter, vor denen er sich fürchtet, die er zu gewinnen sucht und denen er doch seinen Schutz überträgt.

So ist das Motiv der Vatersehnsucht identisch mit dem Bedürfnis nach Schutz gegen die Folgen der menschlichen Ohnmacht; die Abwehr der kindlichen Hilflosigkeit verleiht der Reaktion auf die Hilflosigkeit, die der Erwachsene anerkennen muss, eben der Religionsbildung, ihre charakteristischen Züge. (1939)

Der Gottesglaube – eine Illusion

M9

Sigmund Freud

Wir wissen schon, der schreckende Eindruck der kindlichen Hilflosigkeit hat das Bedürfnis nach Schutz – Schutz durch Liebe – erweckt, dem der Vater abgeholfen hat, die Erkenntnis von der Fortdauer dieser Hilflosigkeit durchs ganze Leben hat das Festhalten an der Existenz eines, aber nun mächtigeren Vaters verursacht. Durch das gütige Walten der göttlichen Vorsehung wird die Angst vor den Gefahren des Lebens beschwichtigt, die Einsetzung einer sittlichen Weltordnung versichert die Erfüllung der Gerechtigkeitsforderung, die innerhalb der menschlichen Kultur so oft unerfüllt geblieben ist, die Verlängerung der irdischen Existenz durch ein zukünftiges Leben stellt den örtlichen und zeitlichen Rahmen bei, in dem sich diese Wunscherfüllungen vollziehen sollen. Antworten auf Rätselfragen der menschlichen Wissbegierde, wie nach der Entstehung der Welt und der Beziehung zwischen Körperlichem und Seelischem, werden unter den Voraussetzungen dieses Systems entwickelt; es bedeutet eine großartige Erleichterung für die Einzelpsyche, wenn die nie ganz überwundenen Konflikte der Kinderzeit aus dem Vaterkomplex ihr abgenommen und einer von allen angenommenen Lösung zugeführt werden.

Wenn ich sage, das alles sind Illusionen, muss ich die Bedeutung des Wortes abgrenzen. Eine Illusion ist nicht dasselbe wie ein Irrtum, sie ist auch nicht notwendig ein Irrtum. [...] Für die Illusion bleibt charakteristisch die Ableitung aus menschlichen Wünschen, sie nähert sich in dieser Hinsicht der psychiatrischen Wahnidee, aber sie scheidet sich [...] auch von dieser. An der Wahnidee heben wir als wesentlich den Widerspruch gegen die Wirklichkeit hervor, die Illusion muss nicht notwendig falsch, d.h. unrealisierbar oder im Widerspruch mit der Realität sein. Ein Bürgermädchen kann sich z.B. die Illusion machen, dass ein Prinz kommen wird, um sie heimzuholen. Es ist möglich, einige Fälle dieser Art haben sich ereignet. Dass der Messias kommen und ein goldenes Zeitalter begründen wird, ist weit weniger wahrscheinlich; je nach der persönlichen Einstellung des Urteilenden wird er diesen Glauben als Illusion oder als Analogie einer Wahnidee klassifizieren. [...] Wenden wir uns nach dieser Orientierung wieder zu den religiösen Lehren, so dürfen wir wiederholend sagen: Sie sind sämtlich Illusionen, unbeweisbar. (1927)

1 *Beschreiben Sie die Funktion, die der Gottesglaube nach Freud für den einzelnen Menschen und die Gesellschaft erfüllt.*

2 *Vergleichen Sie die Aussagen Freuds (M9) und Feuerbachs (M6) zum Gottesglauben als Wunschvorstellung. Inwiefern radikalisiert Freud diese Vorstellung?*

Gott – naturwissenschaftlich überholt?

Der Evolutionsbiologe Richard Dawkins beklagt, dass eine atheistische* Haltung immer noch gesellschaftlich diskriminiert werde. Mit seinem Buch „Der Gotteswahn" kämpft er gegen ein fundamentalistisches Christentum (↗ S. 81) und bezeichnet den Gottesglauben als Hypothese*.

M 10 Die Gotteshypothese ist widerlegt

Richard Dawkins (1941)*

Ich möchte die Gotteshypothese [...] wie folgt definieren: Es gibt eine übermenschliche, übernatürliche Intelligenz, die das Universum und alles, was darin ist, einschließlich unserer selbst, absichtlich gestaltet und erschaffen hat. In diesem Buch wird dagegen eine ganz andere Ansicht vertreten: Jede kreative Intelligenz, die ausreichend komplex ist, um irgendetwas zu gestalten, entsteht ausschließlich als Endprodukt eines langen Prozesses der allmählichen Evolution. Da kreative Intelligenz durch Evolution entstanden ist, tritt sie im Universum zwangsläufig erst sehr spät in Erscheinung. Sie kann das Universum deshalb nicht entworfen haben. Gott im eben definierten Sinn ist eine Illusion. [...] Es ist eine natürliche Versuchung, den Anschein von Gestaltung auf tatsächliche Gestaltung zurückzuführen. Bei Produkten der Menschen, beispielsweise einer Uhr, war der Gestalter tatsächlich ein intelligenter Ingenieur. Man ist leicht versucht, die gleiche Logik auch auf ein Auge oder einen Flügel, eine Spinne oder einen Menschen anzuwenden.

Diese Versuchung führt in die Irre, denn die Gestalterhypothese wirft sofort die umfassendere Frage auf, wer den Gestalter gestaltet hat. [...] Wir brauchen keinen „Himmelshaken", sondern eine „Kran-Konstruktion", denn nur der Kran kann die Aufgabe erfüllen, von etwas Einfachem auszugehen und dann allmählich und auf plausible Weise eine ansonsten unwahrscheinliche Komplexität aufzubauen.

Der genialste und leistungsfähigste „Kran", den man bisher entdeckt hat, ist die darwinistische Evolution durch natürliche Selektion. Darwin und seine Nachfolger haben uns gezeigt, wie Lebewesen mit ihrer ungeheuren statistischen Unwahrscheinlichkeit und ihrer scheinbaren Gestaltung sich langsam und allmählich aus einfachen Anfängen heraus entwickelt haben. Heute können wir mit Sicherheit sagen, dass die Illusion der gezielten Gestaltung genau das ist: eine Illusion. [...]

Wenn man die Argumentation [...] anerkennt, ist die Grundvoraussetzung der Religion – die Gotteshypothese – nicht mehr haltbar. Gott existiert mit ziemlicher Sicherheit nicht. (2008)

1 *Deuten Sie die im Text gebrauchten Bilder des Himmelshakens und des Krans.*

2 *Nehmen Sie Stellung zu Dawkins' Behauptung, er habe den Gottesglauben als Illusion erwiesen.*

3 *Klären Sie den Unterschied zwischen Glauben und Hypothesenbildung. Beurteilen Sie vor diesem Hintergrund Dawkins' Rede von Gott.*

Atheismus und christlicher Glaube

Der evangelische Theologe Dietrich Bonhoeffer sah in der Mündigkeit des modernen Menschen eine Herausforderung des Gottesglaubens.

Gott mitten im Leben

M 11

Dietrich Bonhoeffer (1906–1945)

Wir gehen einer völlig religionslosen Zeit entgegen; die Menschen können einfach, so wie sie nun einmal sind, nicht mehr religiös sein. [...] Ich möchte von Gott nicht an den Grenzen, sondern in der Mitte, nicht in den Schwächen, sondern in der Kraft, nicht also bei Tod und Schuld, sondern im Leben und im Guten des Menschen sprechen. [...] Gott ist mitten in unserem Leben jenseitig. [...] In dem, was wir erkennen, sollen wir Gott finden, nicht aber in dem, was wir nicht erkennen; nicht in den ungelösten, sondern in den gelösten Fragen will Gott von uns begriffen sein. Das gilt für das Verhältnis von Gott und wissenschaftlicher Erkenntnis. Aber es gilt auch für die allgemein menschlichen Fragen von Tod, Leiden und Schuld. Es ist heute so, dass es auch für diese Fragen menschliche Antworten gibt, die von Gott ganz absehen können. [...] Gott ist auch hier kein Lückenbüßer; nicht an den Grenzen unserer Möglichkeiten, sondern mitten im Leben muss Gott erkannt werden. [...] Ich will also darauf hinaus, dass man Gott nicht noch an irgendeiner allerletzten Stelle hineinschmuggelt, sondern dass man die Mündigkeit der Welt und des Menschen einfach anerkennt, dass man den Menschen in seiner Weltlichkeit nicht „madig macht", sondern ihn an seiner stärksten Stelle mit Gott konfrontiert. (1944)

Der Berliner Pfarrer Alexander Garth wendet sich bewusst an Menschen, die durch traditionelle Gemeindearbeit nicht erreicht werden. Er nimmt Stellung zur atheistischen Buskampagne (**↗ M5****).**

Kein Gott – eine gute Nachricht?

M 12

Alexander Garth (1958)*

Wenn es keinen Gott gibt, dann wäre der Mensch völlig auf sich selbst gestellt in einem kalten und sinnlosen Universum. Er wäre den Abgründen in sich und der Bosheit dieser Welt hilflos ausgeliefert. Es gäbe keinen Gott, der die Herzensschreie von Menschen erhört. Niemand spräche zu uns: „Du lebst, weil ich dich will. Du bist da, weil ich dich liebe!" Wir wären nichts weiter als Produkte eines paranoiden Zufalls, in ein kaltes, sinnloses Leben geworfen, verurteilt, um uns selbst zu kreisen, um unsere kleine Ego-Welt. Das Leben wäre ein belangloser Kreislauf von Bedürfnisbefriedigung. Ohne Gott gibt es keine Antwort auf die Fragen, woher ich komme, wozu ich da bin und wohin ich gehe. Das Herz friert und die Seele dürstet. Da ist keine Liebe, die uns Menschen ins Leben rief, die uns begleitet und uns ein Ziel setzt. Das Leben wäre ein Tanz auf der Falltür zum Nichts. Der Mensch hätte nichts zu hoffen, außer das, was er unmittelbar vor Augen hat. Atheismus ist die Falltür ins Nichts. Das ist keine gute Nachricht. (2010)

1 *Prüfen Sie, ob die in den Texten M11 und M12 genannten theologischen Argumente stichhaltige Antworten auf den modernen Atheismus darstellen.*

Positionen zur Gottesfrage

Die systematische Auseinandersetzung mit der Frage nach dem Verhältnis von Gott und Welt geschieht vor allem in der Theologie (*theos* = Gott; *logos* = Wort, Begriff, Vernunft, Verstand). Dabei steht sie in der Auseinandersetzung mit anderen Wissenschaften. Lange Zeit fand das Gespräch vor allem mit der Philosophie statt. Bei ihrer Suche nach Erkenntnis haben Theologie und Philosophie ihre Einsichten wechselseitig aufgenommen, sich aber auch voneinander abgegrenzt. Im Laufe der Geschichte haben sich so für die Rede von Gott unterschiedliche Denkmuster entwickelt. Sie lassen sich in fünf Positionen zusammenfassen.

Deismus: Ein Gott existiert als Ursprung und Grund der Welt, die er vollkommen geschaffen habe. Deshalb greife er in das Weltgeschehen nicht weiter ein (S. 163). Er zeige sich nicht durch besondere Ereignisse in der Geschichte oder durch die Menschwerdung in Jesus Christus. Der Deismus macht über Gott nur wenige abstrakte Aussagen. Gottes Wille sei in die natürliche Ordnung der Welt eingebunden und könne von der menschlichen Vernunft als innere Verpflichtung erkannt werden.

Theismus: Gott existiert als personales Gegenüber für die Welt, die er geschaffen hat. Lenkend und erhaltend greife er in das Weltgeschehen und das Leben der Menschen ein. Der Monotheismus bezeichnet die Anerkennung eines universalen Gottes. Wenn die Allmacht und Vollkommenheit Gottes hier allerdings auf Kosten der Menschen in ihrer Schwachheit gedacht wird, ist nicht mehr vom Gott der Liebe die Rede, der sich bei Jesus zeigt (M26, M16).

Pantheismus: Gott existiert in allen Erscheinungen der Natur. Er wird nicht getrennt von der Welt gedacht, sondern durchdringt sie. Es besteht kein Interesse, Gott und Welt zu unterscheiden. In letzter Konsequenz kann hier Gott in der Schöpfung aufgehen.

Agnostizismus: Ob Gott existiert oder nicht, bleibt unentschieden. Das bloße Wort „Gott" sei bedeutungsleer. Der Mensch müsse den Sinn seines Lebens und Handelns innerweltlich finden und sei auf keine transzendente Größe angewiesen.

Atheismus: Die Annahme, dass es keinen Gott gibt, charakterisiert dieses Denkmuster. Der Mensch habe sich Gott nach seinen Wunschvorstellungen geschaffen. Davon müsse er sich lösen, um sein Leben aus eigener Kraft menschlich zu gestalten. Der Mensch allein sei das höchste Wesen für den Menschen (M6 bis M9). Leicht wird hier der Mensch überhöht, seine negativen Seiten werden unterschätzt.

Der christliche Glaube an den dreieinigen Gott (M27, M28) entgeht dem Streit und der Alternative zwischen Theismus und Atheismus: Gott wird hier nicht nur jenseitig und herrschend, sondern auch diesseitig, menschlich und leidend gedacht, nicht nur als Autorität und Gesetz, sondern auch als Lebenskraft und Liebe.

Gottesglaube oder Gottesbeweise?

Ist der Gottesglaube mehr als eine unbeweisbare Illusion? Kann man beweisen, dass es einen Gott gibt? Wie ist die Rede von Gott als Geheimnis zu begründen? Menschen wollen ihren Glauben mit dem Denken verbinden.

Der Denker

M 13

Das Bild des Malers Egon Schiele (1890–1918) zeigt den Wiener Industriellen Hugo Koller (1867–1949) in seiner mehr als tausend Bände umfassenden Bibliothek kostbarer Bücher. Koller hatte breite Interessen, u. a. auf dem Gebiet der Mathematik, der Physik und der Künste.

1 *Stellen Sie sich vor, Koller hat in seine Bibliothek eine Malerin, einen Pfarrer und einen Arzt eingeladen. Sie diskutieren über die Frage: „Existiert Gott?" Führen Sie ein Rollenspiel durch.*

2 *Halten Sie anschließend die Pro- und Kontra-Argumente fest.*

Beweist die Wirklichkeit Gottes Sein?

Der Wunsch, zu erkennen, dass ein Gott existiert, findet sich auch in der christlichen Tradition. Im Mittelalter hat der Dominikaner Thomas von Aquin in seiner „Summa Theologica" eine theoretische Systematisierung des Glaubens vorgelegt. Dass es einen Gott gibt, ist für den Einzelnen im Glauben subjektiv gewiss. Thomas wollte diese Erfahrung auf rationalem Weg allgemein nachvollziehbar belegen. Er schlug fünf gedankliche Wege vor, um durch die Erforschung der weltlichen Strukturen dem guten Wirken Gottes auf die Spur zu kommen und dadurch sein Dasein nachzuweisen.

M 14

Die fünf Wege

Thomas von Aquin (um 1225–1274)

Fünf Wege gibt es, das Dasein Gottes zu beweisen. Der erste und nächstliegende geht von der *Bewegung* aus. Es ist eine sichere, durch das Zeugnis der Sinne zuverlässig verbürgte Tatsache, dass es in der Welt Bewegung gibt. Alles aber, was in Bewegung ist, wird von einem andern bewegt. [...] Das kann aber unmöglich so ins Unendliche fortgehen, da wir dann kein erstes Bewegendes und infolgedessen überhaupt kein Bewegendes hätten. [...] Wir müssen also unbedingt zu einem *ersten Bewegenden* kommen, das von keinem bewegt ist. Dieses erste Bewegende aber meinen alle, wenn sie von Gott sprechen.

Der zweite Weg geht vom Gedanken der *Wirkursache* aus. Wir stellen nämlich fest, dass es in der sichtbaren Welt eine Über- und Unterordnung von Wirkursachen gibt; dabei ist es niemals festgestellt worden und ist auch nicht möglich, dass etwas seine eigene Wirk- oder Entstehungsursache ist. Denn dann müsste es sich selbst im Sein vorausgehen, und das ist unmöglich. [...] Wir müssen notwendig eine erste Wirk- oder Entstehungsursache annehmen: Und die wird von allen „Gott" genannt.

Der dritte Weg geht aus von dem *Unterschied des bloß möglichen und des notwendigen Seins.* [...] Alles notwendige Sein hat den Grund seiner Notwendigkeit entweder in einem anderen oder nicht in einem anderen. In der Ordnung der notwendigen Wesen, die den Grund ihrer Notwendigkeit in einem anderen haben, können wir nun aber nicht ins Unendliche gehen, sowenig wie bei den Wirkursachen. Wir müssen also ein Sein annehmen, das durch sich notwendig ist und das den Grund seiner Notwendigkeit nicht in einem anderen Sein hat, das vielmehr selbst der Grund für die Notwendigkeit aller anderen notwendigen Wesen ist. Dieses notwendige Sein aber wird von allen „Gott" genannt.

Der vierte Weg geht aus von den *Seins- (= Wert-)Stufen*, die wir *in den Dingen* finden. Wir stellen nämlich fest, dass das eine mehr oder weniger gut, wahr, edel ist als das andere. Ein Mehr oder Weniger wird aber von verschiedenen Dingen nur insofern ausgesagt, als diese sich in verschiedenem Grad einem Höchsten nähern. So ist dasjenige wärmer, was dem höchsten Grad der Wärme näher kommt als ein anderes. Es gibt also etwas, das „höchst" wahr, „höchst" gut, „höchst" edel und damit im höchsten Grad „Sein" ist. [...] Es muss etwas geben, das für alle Wesen Ursache ihres Seins, ihres Gutseins und jedweder ihrer Seinsvollkommenheiten ist: Und dieses nennen wir „Gott".

Der fünfte Weg geht aus von der *Weltordnung.* Wir stellen fest, dass unter den Dingen manche, die keine Erkenntnis haben, wie z. B. die Naturkörper, dennoch auf ein festes Ziel hin tätig sind. Das zeigt sich darin, dass sie immer oder doch in der Regel in der gleichen Weise tätig sind und stets das Beste erreichen. Das beweist aber, dass sie nicht zufällig, sondern irgendwie absichtlich ihr Ziel erreichen. Die vernunftlosen Wesen sind aber nur insofern absichtlich, d. h. auf ein Ziel hin tätig, als sie von einem erkennenden geistigen Wesen auf ein Ziel hingeordnet sind, wie der Pfeil vom Schützen. Es muss also ein geistig-erkennendes Wesen geben, von dem alle Naturdinge auf ihr Ziel hingeordnet werden: Und dieses nennen wir „Gott". (1266–1272)

Hildegard von Bingen war eine bedeutende Theologin des Mittelalters. Sie hatte zunächst Scheu, sich als Frau in das Gespräch der Theologen einzumischen. Aber das Schweigen über ihre außergewöhnlichen Gotteserfahrungen – lichtvolle Visionen – machte sie krank. Nach einer erlösenden Berufungsvision vertraute sie sich 1114 einem Mönch an, dem sie ihre Gotteserkenntnisse diktierte. So entstand „Scivias – Wisse die Wege" als erstes von drei Visionswerken. Eine päpstliche Kommission prüfte die Schriften und gab sie zur Veröffentlichung frei.

Scivias – Wisse die Wege

M 15

Hildegard von Bingen (1098–1179)

Und ich, ein Mensch, der ich nicht glühe nach der Art der starken Löwen noch auch durch ihren Unterricht belehrt wurde, [...] sah, durchweht von geheimnisvollem Hauch, ein hell leuchtendes Feuer, das unbegreiflich, unauslöschlich, ganz lebendig, ganz Leben war. Und ich hörte aus dem vorerwähnten lebendigen Feuer eine Stimme, zu mir sprechend: O du, die du bist [...] unter dem Namen Weib ungelehrt, [...] zu lesen Schriften mittels des Verstandes der Philosophen, sondern nur angerührt von meinem Licht, das dich zuinnerst berührt mit einem Feuer wie glühende Sonne, schreibe und erzähle erschöpfend und schreibe diese meine Mysterien, die du siehst und hörst in mystischer Schau. Wolle also nicht furchtsam sein, sondern sage das, was du erkennst im Geist, auf die Weise, wie ich es durch dich rede. (1140/1147)

1 *Nehmen Sie begründet Stellung zur Frage, ob Thomas von Aquin die Existenz Gottes plausibel nachgewiesen hat.*

2 *Charakterisieren Sie die Art, wie sich für Hildegard von Bingen und wie sich für Thomas von Aquin Gott als existent erweist. Stellen Sie die Unterschiede heraus.*

3 *Das Staunen über die Vollkommenheit der Natur, z. B. über die geordnete Struktur einer Blume, führte zur Annahme des Wirkens Gottes in der Welt. Thomas macht diesen Gedanken in seinem fünften Weg explizit zum Thema. Setzen Sie sich kritisch mit dieser Argumentation auseinander.*

Glaube ohne Beweise?

Joseph Fiennes als Luther im gleichnamigen Film von 2003

Menschen erfahren im Alltag auch Krankheit, Zerstörung und Unterdrückung. Ob sich in allem Seienden Gott wiederfindet, erscheint fragwürdig. Der Augustinermönch und Theologieprofessor Martin Luther wurde von der Frage umgetrieben: Wie erkenne ich, ob Gott mir gnädig ist? Eine Antwort fand er durch das Bibelstudium in der Auseinandersetzung mit Römer 3,21–28. Nur durch den Glauben als bedingungsloses Vertrauen auf Gott ist nach Luther die Existenz Gottes zu erkennen. Im menschlichen Leben ist das Vertrauen durch den Zweifel bedroht, und das gilt auch für die Beziehung zu Gott. Nach Luther kann Gott den Menschen nah und fern erscheinen. In dieser Spannung kann er nur leben, wenn ihm der Glaube immer neu geschenkt wird. Luthers theologische Entdeckung war ein wesentlicher Anstoß für die Reformation.

M 16

Theologie des Kreuzes

Martin Luther (1483–1546)

XIX. Der ist nicht wert, ein Theologe zu heißen, der Gottes „unsichtbares Wesen durch das Geschaffene erkennt und erblickt“ (Röm 1,20). [...]

XX. Sondern nur der, der Gottes sichtbares und zugewandtes Wesen durch Leiden und Kreuz erblickt und erkennt. [...]

XXI. Der Theologe, der Gottes unverborgene Herrlichkeit sucht, nennt das Übel gut und Gutes übel, der Theologe des Kreuzes nennt die Dinge beim rechten Namen.

Das ist klar. Denn solange er Christus nicht kennt, erkennt er auch den in Leiden verborgenen Gott nicht. Daher zieht er die Werke den Leiden, die Herrlichkeit dem Kreuze, die Macht der Schwachheit, die Weisheit der Torheit und überhaupt das Gute dem Übel vor. Solche sind es, die der Apostel „Feinde des Kreuzes Christi“ nennt (Phil 3,18). Und gewiss deshalb, weil sie Kreuz und Leiden hassen, die Werke und ihre Herrlichkeit jedoch lieben; so nennen sie das Gut des Kreuzes ein Übel und das Übel des Werkes ein Gut. Aber es ist schon gesagt, dass Gott nur in Leiden und Kreuz zu finden ist. [...]

XXVIII. Die Liebe Gottes findet ihren Gegenstand nicht vor, sondern schafft ihn sich erst, menschliche Liebe entsteht an ihrem Gegenstand. [...]

Der erste Teil des Satzes wird daran deutlich, dass Gottes Liebe, wenn sie am Menschen lebendig wirksam ist, Sündige, Böse, Törichte und Schwache liebt, um sie zu Gerechten, Guten, Klugen und Starken zu machen, und so strömt sie heraus und teilt Gutes aus. Denn die Sünder sind deshalb schön, weil sie geliebt werden, sie werden nicht deshalb geliebt, weil sie schön sind. Menschliche Liebe flieht daher die Sünder als Böse. So sagt Christus: „Ich bin nicht gekommen, Gerechte zu suchen, sondern Sünder“ (Mt 9,13). Das aber ist die am Kreuz geborene Liebe des Kreuzes, die sich nicht dorthin wendet, wo sie Gutes findet, um es für ihre eigenen Zwecke zu gebrauchen, sondern dorthin, wo sie den Bösen und Armen Gutes bringen kann. (1518)

1 *Erläutern Sie die folgende These des Theologen Eberhard Jüngel: „Der Glaube ist darauf bedacht, Gott zu denken. Das Denken wiederum kann, wenn es wirklich Gott denken will, nur so vorgehen, dass es dem Glauben nachdenkt.“ (1986) – Beziehen Sie M16 in Ihre Überlegungen ein.*

Wer garantiert das Gute?

Was kann menschliches Denken leisten? Diese Frage beschäftigte Immanuel Kant, Professor in Königsberg und Philosoph der Aufklärung. Seine Antwort hatte theologische Konsequenzen. Kant hat alle theoretischen Gottesbeweise einer radikalen Kritik unterzogen. Die Frage, ob Gott existiert, übersteigt nach Kant die Möglichkeiten menschlichen Denkens. Alle Versuche, auf logischem Weg zu beweisen, dass es Gott gibt, lehnte er ab. Das Denken sei an die innerweltlichen Grenzen gebunden und könne sie nicht überschreiten.

Trotzdem muss nach Kant die menschliche Vernunft zu der Auffassung kommen, dass es einen Gott gibt. Das hat praktische Gründe: Um in der Praxis zu verwirklichen, was sein soll, brauche der Mensch eine das Handeln regulierende Idee. Zwar kenne er den Kategorischen Imperativ* (↗ S. 235), habe also eine vernünftige Einsicht in das, was unbedingt geboten ist. Aber woher kommen die Motive, das Gute auch zu tun?

Moralische Gewissheit

M 17

Immanuel Kant (1724–1804)

Es ist notwendig, dass unser ganzer Lebenswandel sittlichen Maximen untergeordnet werde; es ist aber zugleich unmöglich, dass dieses geschehe, wenn die Vernunft nicht mit dem moralischen Gesetze, welches eine bloße Idee ist, eine wirkende Ursache verknüpft [...]. Ohne also einen Gott und eine für uns nicht sichtbare, aber gehoffte Welt, sind die herrlichen Ideen der Sittlichkeit zwar Gegenstände des Beifalls und der Bewunderung, aber nicht Triebfedern des Vorsatzes und der Ausübung [...].

Zwar wird freilich sich niemand rühmen können: Er wisse, dass ein Gott und dass ein künftiges Leben sei [...]. Nein, die Überzeugung ist nicht *logische*, sondern *moralische* Gewissheit [...]. Das heißt: Der Glaube an den einen Gott und eine andere Welt ist mit meiner moralischen Gesinnung so verwebt, dass, so wenig ich Gefahr laufe, die Erstere einzubüßen, ebenso wenig besorge ich, dass mir der Zweite jemals entrissen werden könne. (1781)

Gott als oberster Gesetzgeber

M 18

Immanuel Kant

Da alle Religion darin besteht: dass wir Gott für alle unsere Pflichten als den allgemein zu verehrenden Gesetzgeber ansehen, so kommt es bei der Bestimmung der Religion in Absicht auf unser ihr gemäßes Verhalten darauf an, zu wissen, wie *Gott* verehrt sein wolle. – Ein göttlicher gesetzgebender Wille aber gebietet entweder durch an sich *bloß statutarische* oder durch *rein moralische* Gesetze. In Ansehung der letztern kann ein jeder aus sich selbst durch seine eigene Vernunft den Willen Gottes, der seiner Religion zum Grunde liegt, erkennen; denn eigentlich entspringt der Begriff von der Gottheit nur aus dem Bewusstsein dieser Gesetze und dem Vernunftbedürfnisse, eine Macht anzunehmen, welche diesen den ganzen, in einer Welt möglichen, zum sittlichen Endzweck zusammenstimmenden Effekt verschaffen kann. Der Begriff eines nach bloßen rein moralischen Gesetzen bestimmten göttlichen Willens lässt uns so, wie nur einen Gott, also auch nur eine Religion denken, die rein moralisch ist. [...]

Diesem Bedürfnisse der praktischen Vernunft gemäß ist nun der allgemeine wahre Religionsglaube der Glaube an Gott 1) als den allmächtigen Schöpfer Himmels und der Erden; d. i. moralisch als *heiligen* Gesetzgeber; 2) an ihn, den Erhalter des menschlichen Geschlechts, als gütigen Regierer und moralischen Versorger desselben; 3) an ihn, den Verwalter seiner eignen heiligen Gesetze, d. i. als *gerechten* Richter.

Dieser Glaube enthält eigentlich kein Geheimnis, weil er lediglich das moralische Verhalten Gottes zum menschlichen Geschlechte ausdrückt; auch bietet er sich aller menschlichen Vernunft von selbst dar und wird daher in der Religion der meisten gesitteten Völker angetroffen. (1794)

1 *Vergleichen Sie den von Kant geschilderten Gottesglauben mit den Gottesvorstellungen in den Texten M14 und M16.*

2 *Für Kant enthält dieser Gottesglaube kein Geheimnis. Vergleichen Sie diese Position mit Joh 1,14–18.*

3 *Erweitern Sie Ihre Argumente zur Frage nach der Existenz Gottes (✎ S. 147) durch überzeugende Antworten aus diesem Kapitel.*

Zugänge zur Gotteserkenntnis: Theologie – Philosophie – Religionswissenschaft

Der Gottesglaube ist das zentrale Thema der Theologie, aber auch die Philosophie und die Religionswissenschaft setzen sich mit Gott auseinander. Auf ihrem Weg zur Erkenntnis gehen sie von drei Zugängen aus: vom Glauben, von der Vernunft und vom Vergleich der Äußerungen verschiedener Religionen über Gott.

Die **christliche Theologie** gewinnt ihre Erkenntnis durch die systematische und methodisch kontrollierte Reflexion des christlichen Glaubens. Dabei macht sie den Vorbehalt, dass Menschen Gott niemals erfassen oder begreifen können. Aber Gott selbst erschließt sich den Menschen, sodass sie ihm vertrauen und ihr Leben in einem neuen Licht sehen. Die Theologie spricht von Offenbarung. Sie ereignet sich nicht nur auf dramatische Art, wie in Hildegard von Bingens mystischer Schau (M15) oder in Luthers plötzlicher Entdeckung im Römerbrief (M16). Sie kann sich auch vollziehen, wenn Menschen in der Auseinandersetzung mit in der Bibel bezeugten Gotteserfahrungen allmählich ihre Gottesvorstellungen verändern und weiterentwickeln. Die Bibel ist die wichtigste Grundlage der evangelischen Theologie, weil Gott sich hier in der Person des Menschen Jesus von Nazareth zu erkennen gibt (M26). Der katholischen Theologie zufolge kann Gott auch aus den Elementen der Schöpfung erkannt werden, selbst wenn bei aller Ähnlichkeit eine noch größere Unähnlichkeit zwischen Schöpfer und Geschöpfen bleibt. Für die Theologie als Wissenschaft ist entscheidend, dass ihre Deutungen von Zeugnissen des Gottesglaubens revidierbar und auch von Nichtgläubigen nachvollziehbar sein müssen. Eine große Herausforderung für die christliche Theologie besteht heute darin, dass mit dem Islam eine weitere Offenbarungsreligion an Bedeutung gewonnen hat.

Die **Philosophie** sucht den Zugang zur Gotteserkenntnis, indem sie menschliche Erfahrungen mit der Vernunft im Hinblick auf eine zugrunde liegende und alles bestimmende Wirklichkeit untersucht. Auf dem philosophischen Denkweg – unter Berücksichtigung der mittelalterlichen Physik – hat auch Thomas von Aquin seine Gotteslehre formuliert (M14). In der Theologie sollen Glaube und Vernunft nicht auseinanderfallen. Aber der Glaube an Gott beruht auf Erfahrungen, die sich nicht automatisch aus menschlichem Erkennen ergeben. Für die Theologie geht der Glaube deshalb der Vernunft voraus.

Die **vergleichende Religionswissenschaft** versucht, den Gottesglauben in Religionen von einem neutralen Standpunkt aus zu beschreiben. Bei genauerem Hinsehen zeigt sich aber, dass Wissenschaftler auch hier bestimmte Perspektiven einnehmen und speziellen Erkenntnisinteressen folgen. Es gehört zur Wissenschaftlichkeit, diese Standpunkte offenzulegen und zu reflektieren.

Viele Bilder für den einen Gott

Im Alltag sprechen Menschen häufig unbefangen vom „lieben Gott". Ist damit mehr gemeint als eine harmlose Figur? Mit welchen Gottesvorstellungen kann man in unserer Zeit als erwachsener Mensch leben?

Nicht mehr gültig?

M 19

Schülerin, 16 Jahre

Früher dachte ich, Gott wäre so ein alter Herr mit Bart, grauhaarig mit einem weißen Gewand. Er war für mich sehr weise und gütig und hat eine in gewisser Weise feierliche und getragene Stimmung verbreitet. Wahrscheinlich hat das damit zu tun, dass man, wenn man klein ist, Gott nur mit bestimmten Festen wie Weihnachten oder Ostern oder mit Sonntagen in Verbindung bringt. Als ich dann älter wurde, konnte ich, vor allem um meine Konfirmandenzeit herum, so gut wie gar nichts mit Gott anfangen. Die alte Vorstellung ist nicht mehr gültig, aber man hat auch noch keine neue.

Hans-Georg Rauch, 1993

1 *Analysieren Sie die Karikatur. Formulieren Sie Gründe, weshalb die Schülerin mit diesem Gott nichts mehr anfangen kann.*

2 *Tragen Sie Gottesbilder zusammen, die Sie aus der Bibel kennen. Inwieweit helfen sie der Schülerin bei ihrer Suche nach neuen Vorstellungen?*

Gott der Schöpfer

Die Menschen, die uns in den biblischen Texten begegnen, erfahren nicht nur den lieben Gott. Damit ist die Bibel ein kritischer Maßstab für Äußerungen über Gott in der Gegenwart. Dass die Bibel in zahlreichen Bildern von Gott redet, spiegelt die Lebendigkeit und Vielfalt der zugrunde liegenden Gotteserfahrungen. Sie versteht Gott z. B. als Quelle des Lebens, als Schöpfer, der Himmel und Erde gemacht hat.

Schöpfer und Erhalter

M 20

Psalm 121 zeigt den Schöpfer als verlässlichen Grund des Vertrauens. Aber die Vorstellungen, wie Gott die Welt geschaffen hat, sind schon in der Bibel vielfältig. Psalm 8 bezeichnet die Schöpfung als Werk seiner Hände. Gott kann durch seinen Atem Leben geben und wieder entziehen (Ps 104,29 f.). Diese Lebenskraft Gottes bewirkt als Schöpferkraft das Lebendigsein aller Lebewesen. Am Anfang von Psalm 104 ist sie bei der Weltschöpfung als Wind und Sturm beteiligt. Am

Ende des Psalms kommt sie im Zusammenhang mit der Ernährung aller Lebewesen vor. Sie ist die aktive Liebe Gottes, die das Leben aller Lebewesen garantiert. In Psalm 39,9 und Genesis 1 ruft Gottes Wort alle Dinge ins Leben und bringt einen Sinn in die Schöpfung: Gott bezeichnet sie als „sehr gut“ (Gen 1,31).

Gleich in den ersten Kapiteln der Bibel finden sich zwei Schöpfungserzählungen. Beide sind in einer Zeit entstanden, als Israel bereits Erfahrungen als Staat gemacht hatte und über die eigenen Grenzen hinweg in die Welt blickte. Der ältere Text, Gen 2,4b–25, spiegelt noch die Weltsicht sesshaft werdender Halbnomaden wider: Die unbewohnbare Welt ist eine Wüste, und erst die Existenz des Wassers garantiert einen Raum, in dem sich Leben entfalten kann. In diesen Raum pflanzt Gott den Garten Eden, ein Paradies für die Menschen. Der zweite Teil der Erzählung lässt keinen Zweifel daran, dass die Menschen das Paradies verloren haben. Doch dieser Verlust bedeutet nicht, dass die Vorstellung von Gottes guter Schöpfung außer Kraft gesetzt ist.

In der Zeit des babylonischen Exils (6. Jahrhundert v. Chr.) wird – wahrscheinlich von jüdischen Priestern – noch einmal eine Schöpfungserzählung verfasst. Gen 1–2,4a beschreibt den Urzustand als ein ungeordnetes Wasserchaos, ein „Tohuwabohu“. Durch sein ordnendes Handeln macht Gott dieses Chaos bewohnbar. Er hält die Wassermassen hinter der Himmelsfeste von der Erde fern, trennt Finsternis und Licht und ermöglicht so die Strukturierung der Zeit. Diese Erzählung nimmt wahrscheinlich das Weltbild der babylonischen Gelehrten auf, aber um auf neue Weise den Gott Israels als Schöpfer und Erhalter der Welt zu bezeugen. Die Schöpfungserzählungen sind Bekenntnisse zu einem menschenfreundlichen Gott. Er entschließt sich zur Erschaffung von Mann und Frau als ein Bild, das ihm gleich ist (Gen 1,26). In der Zeit des Exils gewann auch die Vorstellung von der Weisheit Gottes an Bedeutung. Sie ist die Erstgeborene vor aller Schöpfung, die als Mitgestalterin an der Schöpfung beteiligt ist. Sie stellt sich wie eine Tochter Gottes vor; alles ordnend, wirkt sie mit dem Schöpfer zusammen (Spr 8,22–30).

M21 Weise geordnet

1 Prüfen Sie, ob sich die in M20 geschilderten biblischen Vorstellungen vom Schöpfer mit diesem Foto verbinden lassen.

Gott in der Geschichte

Der Glaube an den biblischen Gott hat einen Anfang und eine Geschichte. Seine Wurzeln liegen in der Verehrung eines Familiengottes von Nomaden und Halbnomaden in den Wüsten des Vorderen Orients. Von ihnen sprechen die Erzählungen von Abraham, Isaak und Jakob und ihren Familien (Gen 12–35). Ursprünglich existierten diese Erzählkreise unabhängig voneinander. Sie handelten von einzelnen Sippen, die jeweils ihren Gott verehrten. Die Bibel verknüpft sie auch mit den Erzählungen von der „Mose-Schar" (✎ S. 33), die aus Ägypten geflohen ist (Ex 1–20).
In diesen Erzählkreisen spielen Gottesnamen eine große Rolle. Sie sagen immer etwas über das Wesen des Gottes aus, an den die Menschen glauben. Drei Namen sind von besonderer Bedeutung: die allgemeinen Gottesbezeichnungen „El" und „Elohim" sowie der Eigenname „JHWH".

El soll sich als stark erweisen

M 22

Die Anbetung nur einer Gottheit und die Bindung an sie, ohne dadurch zu bestreiten, dass es auch andere Götter gibt, nennt man Monolatrie. Eine solche Wendung des Glaubens vollzieht Abraham. Er setzt auf den Gott, der ihm als El-Schaddai erschienen ist (Gen 17,1). Dieser Name dient dazu, Gott in bestimmter Weise zu charakterisieren: Er zeigt sich als Macht, die in der Beziehung zu Abraham, Sara und ihrer Familie ein freundliches Gesicht annimmt. Gott verheißt Abraham Land, Fruchtbarkeit und Segen (Gen 12,1–4). Er schließt einen Bund mit ihm und seinen Nachkommen (Gen 15) und erwartet dafür Hingabe und Vertrauen.

Auch der Name „Israel" ist mit dem Gottesnamen El gebildet und bedeutet ursprünglich „El herrscht", „El soll sich als stark erweisen". Wenn also in Kanaan lebende Halbnomaden sich lange vor der Staatenbildung unter dem Namen Isra-El zusammenschlossen, brachten sie damit zum Ausdruck, dass sie individuell und politisch als Verehrer des einen und für sie höchsten Gottes leben wollten.

Ich bin da

M 23

Die grundlegende Bedeutung des Namens JHWH für die Beziehung zwischen Israel und Gott kommt in der Erzählung von der Berufung des Mose in Exodus 3 zum Ausdruck. Zur Legitimierung seines Auftrags gegenüber den Israeliten muss Mose den Namen des Gottes wissen, der ihn gesandt hat. Auf seine Frage danach gibt Gott eine geheimnisvolle Antwort (V. 14). Es handelt sich um ein Wortspiel mit den vier Konsonanten, aus denen der Gottesname besteht: JHWH. Die häufig gebrauchte Wendung „Ich bin, der ich bin" übersetzt das zugrunde liegende hebräische Verb für „sein, werden, wirksam sein" zu statisch. „Ich werde sein, der ich sein werde" oder „Ich bin da, so wie ich da sein werde" sind angemessenere Umschreibungen dieses Namens. Gott gibt diesen Namen bekannt, um eine Beziehung zu begründen. Der Name JHWH drückt aus, in welchem Verhältnis Gott zu den Menschen steht, zu denen Mose sprechen soll. Gott sagt zu, jetzt und in Zukunft für sie da zu sein, wie er es schon in der Vergangenheit war (V. 15). JHWH ist die Form, in der Israel „von Geschlecht zu Geschlecht" Gottes gedenken soll, sodass die Verbindung zu ihm nicht abreißt.

Die zentrale Bedeutung des Gottesnamens kommt besonders prägnant in der Formel „Ich bin JHWH" zum Ausdruck. In herausgehobener Stellung steht diese Wendung in der Einleitung der Zehn Gebote (Ex 20,2; Dtn 5,6). Hier wird Gott durch die Herausführung aus Ägypten näher bestimmt: „Ich bin JHWH, dein Gott, der ich dich herausgeführt habe aus dem Lande Ägypten, aus dem Sklavenhaus." Diese Selbstvorstellungsformel betont die Menschenfreundlichkeit Gottes und verdeutlicht sie durch die Apposition „dein Gott". Alles, was JHWH seinem Volk zu sagen und anzukündigen hat, erscheint als Entfaltung dieser grundlegenden Aussage. Mit dem Namen Gottes verbindet sich im Alten Testament die Vorstellung einer heilvollen Zukunft: Schließlich sollen „alle Völker der Erde seinen Namen erkennen" (1. Kön 8,43) und damit Gott selbst erkennen.

1 *Lesen Sie Exodus 12–14. Entschlüsseln Sie danach das Bild M24 „Auszug aus Ägypten" von Marcus van Loopik anhand der erkennbaren Kontraste. Beziehen Sie dabei die in M23 entfalteten Gottesvorstellungen ein.*

2 *Befreiung und aufrechter Gang – wem wünschen Sie heute solche Erfahrungen? Diskutieren Sie, ob der Gottesglaube dazu hilfreich sein kann.*

M24 Auszug aus Ägypten

Marcus van Loopik (1950)*

Kann der biblische Glaube an den einen Gott im Umgang mit den negativen Zügen der Wirklichkeit, mit Gewalt und Ungerechtigkeit bestehen? Es muss von Gott und den Taten der Menschen die Rede sein. Mit der Vorstellung vom richtenden Gott bringt die Bibel zum Ausdruck, dass der Mensch für seine Taten zur Verantwortung gezogen wird.

So spricht JHWH

M25

Gott, der „Richter aller Welt“ (Gen 18,25), ist zugleich Gott der Gesetzgeber, der Gebote und Verbote erlässt. Den Kern dieser Gesetzgebung bilden die Zehn Gebote, die Basis einer Sozialordnung in Israel gewesen sind. Das „Recht JHWHs“ und seine Rechtsordnung stehen in Spannung zum altorientalischen Königsrecht. Von dieser Auseinandersetzung zwischen JHWH-Recht und Königsrecht erzählt das biblische Werk, das mit dem Deuteronomium [5. Buch Mose] beginnt und die Geschichte Israels bis in die Zeit der Könige hinein deutet. Bei der Durchsetzung des JHWH-Rechts spielen Propheten eine entscheidende Rolle.

Die Verfügungsgewalt über die Menschen und das Land steht dem JHWH-Recht grundsätzlich entgegen. Immer wenn ein König gegen diesen Grundsatz verstößt, treten Propheten auf, um im Namen JHWHs dagegen vorzugehen. Ein Beispiel dafür ist das Auftreten des Propheten Nathan nach der Affäre des Königs David mit Bathseba, der Frau des Uria, eines Hauptmanns im königlichen Heer (2. Sam 11–12). Nathan stellt den König im Auftrag JHWHs durch ein Gleichnis geschickt zur Rede. Das Gebot JHWHs gegen die Willkür des Königs – darum geht es in dieser Geschichte. Allerdings nimmt Nathan Gottes Verheißung an David, dass sein Sohn „meinem Namen ein Haus bauen wird“ (2. Sam 7,13), nicht zurück. Sein Sohn Salomo kann sich später als König darauf berufen (1. Kön 8,17–20).

Es gibt aber auch falsche Propheten, die sich das Reden im Namen Gottes anmaßen, ohne von Gott dazu berufen zu sein. Die Auseinandersetzung um die Unterscheidung von wahrer und falscher Prophetie hat besonders das Leben des Propheten Jeremia geprägt. In seiner tiefsten Krise wollte er nicht mehr im Namen Gottes reden. Aber er konnte es nicht lassen, weil es ihn sonst innerlich verbrannt hätte (Jer 20).

1 *Tragen Sie Situationen zusammen, in denen heute das Recht von Schwächeren bedroht ist. Suchen Sie für eine Situation nach Lösungen und vergleichen Sie Ihre Maßstäbe dafür mit M25.*

Musik als Ausdrucksform für den Glauben

Im Glauben wenden sich Menschen direkt an Gott; sie sprechen zu ihm in Gebeten, Liedern oder allein mit musikalischen Mitteln. Singen und Musizieren können die Grenze zwischen Denken und Fühlen überschreiten. Musik ist mehrdimensional: Sie umfasst neben Worten auch Klangfarben und Rhythmen. Durch Musik werden nicht nur Gefühle angesprochen; es entstehen eigene Erlebnisbereiche. Musik geht zu Herzen und kommt dem nah, woran das Herz hängt (✐ M2). Deshalb lohnt sich das Gespräch mit dem Fach Musik, wenn es darum geht, Gotteserfahrungen, Gottesbekenntnisse oder Fragen nach Gott zu verstehen.

In seinem Oratorium „Elias“ von 1846 hat der Komponist Felix Mendelssohn Bartholdy (1809–1847) die Gottesbegegnung des Propheten am Berg Horeb (1. Kön 19,11–13) für Chor und Orchester vertont (Nr. 34). Als Elia sich niedergeschlagen in eine Höhle zurückzieht, begegnet Gott seiner Verzweiflung, indem er sich ihm zeigt. „Der Herr ging vorüber“, beginnt in *forte* der Frauenchor nach einer Einleitung durch aufstrebende Streicher, die sich rasch von *pianissimo* zu *fortissimo* steigern. „Und ein starker Wind, der die Berge zerriss und die Felsen zerbrach, ging vor dem Herrn her“, fällt der volle Chor ein. Dieser rasche Wechsel der Lautstärken zwischen den Stimmen und die Steigerung der Instrumentalbegleitung kennzeichnen das gesamte in *Allegro molto* gespielte Stück und machen seine besondere Dramatik aus. Sie entspricht den nun folgenden, überwältigenden Naturereignissen (Erdbeben, Meeresbrausen, Feuer). Aber in ihnen allen ist Gott nicht und durchkreuzt so gängige Majestäts- und Machtvorstellungen. Es kommt ein stilles, sanftes Sausen. „Und in dem Säuseln nahte sich der Herr“, fügt Mendelssohn im Libretto dem Bibeltext hinzu. Ein heller Flötentriller hebt diese Bewegung in der piano gesungenen Passage hervor, die Streicher sanft zum Ausklang bringen. Bis heute werden solche Kunstwerke für Menschen zur Quelle der Gottesbegegnung. Kann Gott sich in Musik, Klängen und Rhythmen offenbaren?

Ein explizites Bekenntnis repräsentiert der alte Text „Ubi caritas et amor deus ibi est“. 1981 wurde dazu für die Gemeinschaft von Taizé ein vierstimmiger Gesang komponiert (EG 587). Die Melodie ist eingängig und bewegt sich nur über ein Spektrum von sechs Tönen. In Andachten wird der schlichte Gesang so oft wiederholt, bis eine dichte, meditative Stimmung entsteht. Alle Beteiligten verbinden sich harmonisch mit dem Bekenntnis.

In ihrem Song „One of us“ (1996) stellt die Amerikanerin Joan Osborne nur Fragen: „What if God was one of us?“ Nach einem realitätsfernen Gott im Himmel fragt die Sängerin nicht mehr. Aber was, wenn Gott einer von uns wäre, ein Fremder im Bus auf dem Weg nach Hause? Wenn Gott ein Gesicht hätte: Wie sähe es aus? Zu gleichmäßigen Rhythmen von Gitarre, E-Piano und Schlagzeug spielt der Song mit der Möglichkeit, dass Gott uns auf dem Weg des Lebens im menschlichen Gegenüber begegnet. Gott bleibt in der Pop-Musik bis heute fragwürdig.

Der liebende Gott

Auch Jesus spricht in seiner endzeitlichen Rede Mt 25,31–46 vom richtenden Gott. Aber er ist zugleich der gütige Gott, der seine Sonne aufgehen lässt über Gute und Böse und es regnen lässt über Gerechte und Ungerechte (Mt 5,45).

Wie weit Gott in seiner Liebe geht

M 26

Markus erzählt, dass Jesus Gott mit „Abba" angeredet habe (Mk 14,36), ein aramäisches Wort für Vater, das eine besondere Nähe ausdrückt. Jesus verwendet auch weibliche Bilder für Gott: Er vergleicht Gottes Handeln an den Sündern mit einer Frau, die einen verlorenen Groschen sucht, und zwar „mit Fleiß, bis sie ihn findet" (Lk 15,8-10). In Mt 13,33 erscheint Gott, der für die Ausbreitung seines Reiches sorgt, im Bild einer Frau, die einen Sauerteig unter einen halben Zentner Mehl mengt, „bis er ganz durchsäuert ist". Was Jesus über Gott sagen will, kommt gerade dort zum Ausdruck, wo er die kulturellen und sozialen Grenzen seiner Umwelt durchbricht. Ein Beispiel dafür ist das Gleichnis vom verlorenen Sohn (Lk 15,11–32). Welche besondere Gerechtigkeit in Gottes Nähe zu finden ist, erzählt das Gleichnis von den Arbeitern im Weinberg (Mt 20,1-16). Jesus hat nicht nur geredet, sondern in seinem Leben und Handeln wird in einzigartiger Weise deutlich, wie Gott sich zu den Menschen verhält. Er wendet sich auch von Menschen nicht ab, denen vieles andere im Leben wichtig ist, wie Jesus am Beispiel eines jungen Mannes verdeutlicht (Mt 19,16-26).

Die Identifizierung Gottes mit dem Menschen Jesus ist das eigentliche Geheimnis des christlichen Glaubens. Wie kam es von den Gleichnissen Jesu zur Verkündigung „Jesus ist Gottes Liebe" und zum Glauben an Jesus Christus? Bereits im Alten Testament ist vom liebenden Gott die Rede. Dieser Gott leidet mit den Menschen. Gott ist verletzlich und wird verletzt (Hosea 11,1–11). Der Glaube muss die gesamte Wirklichkeit, auch alles Schreckliche, mit diesem Gott in Berührung bringen. Im gleichen Moment gilt es, Gott davon zu unterscheiden. Gott, der in der Höhe und immer zugleich bei den Gedemütigten und Zerschlagenen (Jes 57,15) wohnt, lebt unter uns gerade auch in solcher Gestalt.

Wie weit Gott in seiner Liebe geht, wird in besonderer Weise an der Person Jesu Christi deutlich. Welche Konsequenzen diese Liebe für das Leben der Menschen hat, die an Jesus Christus glauben, beschreibt der Apostel Paulus in einem Brief an die Gemeinde in Korinth (1. Kor 1,18–31).

1 *Führen Sie zum Gleichnis Lk 15,11–32 eine argumentative Übung durch. Reflektieren Sie darin, wie das Verhalten des Vaters auf verschiedene Mitglieder der Großfamilie damals gewirkt haben könnte.*
- *Teilen Sie dazu den Kurs in zwei Gruppen. Eine Gruppe argumentiert aus der Perspektive des zurückgekehrten Sohnes. Die zweite Gruppe vertritt den Standpunkt eines anderen Familienmitglieds (**➜ S. 162**). In welcher Situation befindet sich diese zweite Person gerade? Was denkt und fühlt sie? In welcher Beziehung steht sie zum Vater?*
- *Werten Sie die Übung gemeinsam aus: Wie haben die dargestellten Personen das Verhalten des Vaters empfunden und bewertet?*
- *Prüfen Sie, ob darin heute noch tragfähige Vorstellungen von Gott zum Ausdruck kommen.*

2 *Eine vergleichbare Übung ist zum Text Mt 19,16-26 möglich: Ein Jünger Jesu trifft den reichen jungen Mann erneut. Wie will er künftig als Erwachsener leben – auch mit dem Glauben an Gott? Inszenieren Sie ein Gespräch zwischen beiden.*

Der dreieinige Gott

In Johannes 3 sagt Jesus, dass jemand das von ihm verkündete Gottesreich nur sehen kann, wenn er durch den Geist neu geboren wird. Christen glauben an Gott als Vater, als Sohn und als Heiligen Geist. Diese Rede von Gott wird von Muslimen nicht akzeptiert, obwohl sie sich über die Person Jesu mit den Christen verbunden fühlen. Der Islam vertritt einen strengen Monotheismus, der die Einzigkeit Gottes besonders hervorhebt. Dem christlichen Glauben zufolge stehen Monotheismus und Dreieinigkeit (Trinität) nicht im Widerspruch zueinander. Aber wie soll man sich das vorstellen?

M27 Bilder der Dreieinigkeit

Um die Trinität zu symbolisieren, wird gelegentlich das Bild der Sonne verwendet: Der Sonnenkörper steht hier für Gott, die Strahlen für Christus und die von beiden ausgehende Wärme und Lebenskraft für den Heiligen Geist.

Unzählige Bilder aus der christlichen Kunst bringen den Glauben an den dreieinigen Gott zum Ausdruck. Unter ihnen stellt das Trinitätsfresko der Sankt-Jakobus-Kirche in Urschalling (Chiemgau) das Beziehungsgeschehen zwischen den drei Personen dar. Das Bild wird auf das Ende des 14. Jahrhunderts datiert und zeigt die drei Gestalten in unterschiedlichem Alter. Das Hauptaugenmerk ist auf den Heiligen Geist gerichtet, der die mittlere Position einnimmt und durch die Handhaltung wie von Vater und Sohn präsentiert erscheint. Theologisch hat man diese Mittelstellung als Sinnbild für die Einheit der Trinität gedeutet, für die wechselseitige Liebe zwischen Vater und Sohn. Im Mittelalter ist diese Liebe häufig mit weiblichen Zügen dargestellt worden.

Als Inbegriff des christlichen Glaubens gilt das mit der trinitarischen Formel verbundene und als Segensgeste vollzogene Kreuzzeichen. In seinem „Kleinen Katechismus“ (1529) empfiehlt Martin Luther: „Des Morgens, wenn du aufstehst, kannst du dich segnen mit dem Zeichen des heiligen Kreuzes und sagen: Das walte Gott Vater, Sohn und Heiliger Geist! Amen.“ So wollte Luther alles Leben dem Wirken Gottes anvertrauen.

Dreieinigkeit, 14. Jahrhundert

Der Theologe Wilfried Härle erläutert die Trinität mit sprachwissenschaftlichen Mitteln.

Warum drei?

M 28

Wilfried Härle (1941)*

Alle Erkenntnisse des Glaubens werden zurückgeführt auf das Wirken Gottes, und dieses Wirken wird bezeichnet als Geist. Das ist geradezu alternativlos, denn Geist ist die einzige Weise, wie wir trotz räumlicher Trennung bei oder in einem anderen sein können. Darum bezeichnet das Wirken des Geistes das Sein und Wirken Gottes in uns. Der gesamte Prozess der inhaltlich bestimmten Gotteserkenntnis ist darauf zurückzuführen, dass er von Gott erschlossen ist. Und wenn das Wesen Gottes barmherzige Liebe ist, dann besagt das doch auch, dass man sich Gottes Gnade nicht verdienen muss und dass auch die Erkenntnis dessen nur auf Gottes gnadenhafte Selbsterschließung zurückgeführt werden kann. Das heißt aber, dass die Trinitätslehre das genau dazu passende erkenntnistheoretische Modell ist. […]

Menschen begegnen Christus, sie hören von ihm, sie werden überzeugt und sagen: „Das ist es. Der ist es. Daran kann und will ich glauben.“ In ihm erscheint Gott als das Gegenüber, formal gesprochen als das „Objekt“, nach dem Menschen gesucht und gefragt haben. Dieses „Objekt“ nennt die Christenheit den „Vater“. Das Objekt erscheint durch ein Zeichen, und dieses Zeichen nennt die Christenheit den „Sohn“. Aber dass dieses Zeichen (Z) ein Zeichen für dieses Objekt (O) ist, das ergibt sich nicht schon aus diesem Zeichen und nicht aus dem Objekt, sondern es bedarf eines Dritten, das in der Semiotik der Interpretant (I), das Auslegende oder das Interpretierende genannt wird. Wir brauchen den Interpretanten, um zu erkennen, dass Jesus der Sohn dieses Vaters ist. Dieser Interpretant ist der Geist. Und das Ganze ist das Zeichen, das trinitarische Zeichengebilde für Gott. Das Besondere an der Trinität ist, dass diese drei Größen wesensgleich sind. Man könnte auch sagen: Sie sind identischen Wesens. Dieser Dreischritt der Erkenntnis gilt für jeden Erkenntnisakt. Man kann ihn anwenden, wo immer nach Erkenntnis gesucht oder von Erkenntnis geredet wird. Wenn das Element „Interpretant/Geist“ wegfällt, ist es inkomplett. […]

Die Trinitätslehre ist eine Metatheorie, man kann auch sagen, die Trinitätslehre ist die Grammatik des christlichen Glaubens hinsichtlich des Redens von Gott. Normalerweise sprechen wir im Alltag nicht über die Grammatik, sondern wir gebrauchen sie. Aber in besonderen Situationen muss man auch mal über die Grammatik reden und fragen: Ist das nun ein Adverb oder ein Adjektiv? Die Grammatik kann man durch sprachliche Praxis lernen und sie anwenden, ohne dass sie einem bewusst ist. Aber in der Konfrontation mit eigenem Zweifel oder in der Begegnung und Auseinandersetzung mit anderen Religionen reicht das meist nicht aus. Andere haben sogar ein Recht, die Grammatik kennenzulernen. Sie brauchen sie, um unsere Aussagen verstehen und kritisch prüfen zu können. (2007)

1 *Befragen Sie Mitschülerinnen und Mitschüler, welche der Deutungen in M27 und M28 sie am besten verstehen, ob sie ihr zustimmen können oder nicht.*

2 *Ziehen Sie aus den Antworten Konsequenzen für Ihr eigenes Verständnis der Erscheinungsformen Gottes. Bringen Sie dieses Verständnis in einer Skizze (✎ S. 162) bildlich zum Ausdruck oder in einem Text, der die Antworten Ihrer Mitschülerinnen und Mitschüler kommentiert.*

Kreatives Gestalten

Die Beschäftigung mit dem Gottesglauben vollzieht sich nicht nur in der Auseinandersetzung mit biblischen und theologischen Texten oder in der Deutung von Werken aus Kunst und Musik, sondern auch in Form eigenen kreativen Gestaltens.

- Bildliche Gestaltung fördert die Wahrnehmungs- und Darstellungsfähigkeit. Theologische Einsichten erhalten einen individuellen Ausdruck.
  Skizze: Sie reduziert einen Sachverhalt auf wenige Linien und Formen, sodass Charakteristisches hervortritt. Diese Grafik zur Trinität kommt mit einer einzigen Linie aus.
  Mediale Präsentation: Fotos werden zu einem theologischen Thema zusammengestellt und mithilfe von Computer und Präsentationsprogramm gezeigt. Texte können ergänzend eingeblendet werden. Die Rede von Gott als Schöpfer lässt sich beispielsweise so veranschaulichen.

- Szenische Gestaltung ermöglicht Kommunikation in exemplarischen Situationen und damit vertieftes Begreifen und Bewerten von Sachverhalten.
  Streitgespräch: Zu einem Thema werden mindestens zwei kontroverse Standpunkte ins Gespräch gebracht.
  Rollenspiel: Eine konkrete Situation sowie Rollenbeschreibungen für zwei bis fünf Personen werden zu einem Thema vorgegeben. Die Beteiligten gestalten diesen Rahmen während des Spiels differenziert aus.
  Standbild: Für eine Szene aus einem Handlungsverlauf wird eine typische Haltung eingenommen. Die Spieler verharren eine Weile wortlos in dieser Position.
  Bei allen drei Formen ist eine Abschlussreflexion notwendig, die auch überzeugende Lösungen hervorheben kann.
- Textliche Gestaltung dient der argumentativ schlüssigen Präsentation eigener Gedanken in schriftlicher Form.
  Mindmap: Sie hilft, die Gedanken vor der Textproduktion zu ordnen. Im Zentrum steht ein Thema oder ein Stichwort. In Haupt- und Nebenästen, die mit Begriffen versehen sind, wird das Thema ausdifferenziert.
  Brief: Beim Brief stehen konkrete Adressaten im Vordergrund, die Fragen aufgeworfen und Bedürfnisse signalisiert haben. Der Brief nimmt beides verständnisvoll auf und kommt zu einer persönlichen Antwort. Der Schülerin, die auf der Suche nach neuen Gottesvorstellungen ist (↗ M1, S. 136), können beispielsweise Gottesbilder der Bibel aufgezeigt werden.
  Essay: Als argumentativer Sachtext entfaltet er einen eigenen Standpunkt zu einem theologischen Thema oder zu einer Streitfrage. Dabei nimmt er andere Positionen auf. Er umfasst eine problemeröffnende Einleitung, einen entfaltenden Hauptteil und einen bündelnden Schluss.
  Erzählung: Zum Schreiben einer Erzählung wird Fantasie benötigt. Unter Verwendung poetischer und religiöser Sprachformen werden eine Handlung konstruiert und eine Geschichte erzählt.

Wo ist Gott, wenn Menschen leiden?

Angesichts von Katastrophen und Not in der Welt zweifeln viele Menschen, ob es einen Sinn hat, an Gott zu glauben. Sie stellen die Frage, wie es Gott und das Leiden gleichzeitig geben kann. Philosophie und Theologie bezeichnen dieses Problem als Theodizeefrage*. Der Universalgelehrte Gottfried Wilhelm Freiherr von Leibniz (1646–1716) ging davon aus, dass Gott, der Grund alles Bestehenden, und sein Handeln vollkommen sind. Er vertrat deshalb die Überzeugung, dass „es eine Unendlichkeit von möglichen Welten gibt, aus der Gott notwendig die beste gewählt hat". Er handle immer der höchsten Vernunft gemäß. Mit diesem Argument will Leibniz in seinen „Studien zur Theodizee" (1710) den Gottesglauben angesichts des Übels in der Welt rechtfertigen. Wenn Menschen im Leiden weiterhin von Gott reden, bringen sie ihn aber auch als dunkles Geheimnis zur Sprache.

Warum lässt Gott das Übel zu?

Ein Seebeben vor der Ostküste Japans löste am 11. März 2011 einen Tsunami aus, der viele Orte zerstörte und ein Atomkraftwerk schwer beschädigte. In den Ruinen der Stadt Onagawa begegnete der Fotograf Ryu Voelkel einheimischen Kindern. An Orten, die für sie bedeutsam sind, erzählten sie vom Tag der Katastrophe.

Was geschah

M 29

Kanon, 9 Jahre

Als der Tsunami kam, war ich in der Schule. Ich konnte meine Eltern nicht erreichen. Schließlich kam meine Mutter, doch dann war plötzlich überall Wasser. Wir kamen mit dem Auto nicht weiter. Später schafften wir es, zu unserem Haus zu gelangen, aber dort war alles verwüstet. Wir schliefen in dieser Nacht im Auto. Meine Eltern hatten früher einen Supermarkt, was davon übrig ist, sieht man hinter mir. Ich habe meinen Großonkel durch den Tsunami verloren, auch Mitarbeiter unseres Ladens starben.

Wenn eine Katastrophe passiert, fragen Menschen bis heute, wo Gott ist. Der Theologe und ehemalige Bischof Wolfgang Huber geht dieser Frage nach.

M 30 Wo ist Gott?

Wolfgang Huber (1942)*

Die Welt, in der wir leben, ist Gottes Schöpfung. Aber sie ist keine heile, immer glückliche Welt. Es gibt in ihr nicht nur den plätschernden Bach, sondern auch den reißenden Tsunami. […] Zu ihr gehören auch Erdplatten, die sich gegeneinander verschieben und ein gewaltiges Erdbeben auslösen können, so wie jetzt in Japan. Die Erde, auf der wir leben, ist in ständiger Bewegung. Sie bietet Raum für Schönes, das wir bewundern, für Gutes, das sich entwickeln kann. Doch ihre Kräfte können auch zerstörerisch wirken. Beides gehört zusammen. In dieser Spannung ist die Welt geschaffen. Nicht nur Menschen üben Gewalt aus, streiten und kämpfen; auch die Natur kann gewaltsam sein. […] Es kann sogar vorkommen, dass die Kräfte der Natur und menschliche Fehler zusammenwirken; dann wächst die Gefahr. In Japan hat sich eine Naturkatastrophe mit einer von Menschen verursachten Katastrophe verbunden.

Wenn so etwas geschieht, darf man sich nicht ausmalen, Gott säße an einem Schalter, um solche Vorgänge in Gang zu setzen oder abzuschalten. Er hat der Natur mit ihren Gesetzen ihr eigenes Recht eingeräumt; und er hat uns Menschen die Freiheit anvertraut. Mit den Gesetzen der Natur müssen wir rechnen – auch mit der Verschiebung von Erdplatten, mit Erdbeben und Tsunamis. Und durch unsere Freiheit dürfen die Gefahren nicht noch vergrößert werden. Gott ist auf der Seite der Opfer. Ihr Leiden müssen wir Menschen verhüten, soweit es irgend geht. Wenn doch Schlimmes geschieht, sind wir zur Hilfe herausgefordert. […] Deshalb müssen wir uns selbst bemühen, die Risiken nicht zu hoch zu schrauben. Für unsere Zukunft und die unserer Mitmenschen. Denn bei ihnen wie bei uns ist Gott. (2011)

1 *Vergleichen Sie Hubers Antwort auf die Frage nach Gott mit der Position, die Leibniz (➚ S. 163) vertritt.*

2 *Nehmen Sie unter Berücksichtigung der Ereignisse in Japan zu beidem Stellung.*

Ist Gott grausam?

Viele biblische Texte spiegeln schweres Leid, das auf der Welt geschieht. Wie ein Mensch sich in dieser Situation mit Gott auseinandersetzt, erzählt das Buch Hiob.

M 31 Was mit Hiob geschah

Der Hiob der Bibel ist ein frommer und gottesfürchtiger Mann, den plötzlich ein Schicksalsschlag nach dem anderen trifft: Er verliert seinen Besitz, seine Familie und wird von schweren Krankheiten befallen. Am Anfang trauert Hiob gottergeben (Hiob 1,20–22; 2,10). Er kann sich sein Unglück nicht anders erklären, als dass Gott ihn verurteilt hat. Aber er ist sich keiner Schuld bewusst. Hiob will einen fairen Prozess vor Gott und fordert Gründe für sein Leid. Vier Freunde eilen herbei, um Hiob zu trösten und ihm sein Leid zu erklären (z. B. Hiob 4–5; 34), aber alle menschlichen Argumente scheitern. Nur Gott selbst kann die Antwort geben. Hiob bekommt vor Gott Recht, aber auf andere Weise, als er gedacht hat: Gott verweist ihn auf sein Handeln in der Weite der Schöpfung (Hiob 38–41).

Hiob ändert seine Sichtweise (Hiob 42,1–5). Damit sind nicht alle Fragen beantwortet, aber Hiob versteht, dass Gott nicht der Verursacher seines Elends und kein neutraler Zuschauer ist. Mitten im Leiden schenkt Hiob Gott sein Vertrauen. Im Buch Hiob behält der Gott anklagende Hiob Recht – nicht seine Freunde, die ihn zur Ergebung in sein Schicksal bewegen wollen (Hiob 42,8). Damit wehrt das Buch Versuche ab, das Leid in schicksalhafter Ergebenheit hinzunehmen. Es vertröstet auch nicht auf eine Zukunft, in der sich das Leid als einem höheren Ziele dienend erweist.

Das Buch Hiob hört an dieser Stelle aber nicht auf, sondern endet mit dem Abbruch der Leidensgeschichte und der Beschreibung von Hiobs neuem Glück (Hiob 42,7–17). Der Himmel ist nicht leer, und wie Hilfe im Himmel aussehen kann, erfahren die Freunde Hiobs. Sie werden zwar für ihr frommes Gerede von Gott getadelt, sogar schuldig gesprochen und verurteilt. Aber sie können der Strafe entgehen, wenn Hiob sich mit seinem Gebet für sie einsetzt (Hiob 42,7–9.). Hiobs Stimme hat Gewicht.

1 *Arbeiten Sie Begründungen heraus, die Hiobs Freunde Elifas, Bildad und Elihu für das Leid anführen (Hiob 4,7–9; 5,6–7,17–18; 25; 34,10–11,20–25). Diskutieren Sie vor diesem Hintergrund die Frage: Ist Gott grausam?*

2 *Der wunderbare Schluss des Buches erklärt nicht Hiobs unfassbares Leid. Von Hiobs Frau ist nur in seinem Leid und nicht in seinem neuen Glück die Rede, aber auch sie hat Söhne und Töchter verloren. Nehmen Sie Stellung zu der Frage: Ist Gott ungerecht?*

Hat Gott sich zurückgezogen?

Gläubige Juden, die noch in den Vernichtungslagern jeden Morgen das „Höre Israel" beteten, haben gezeigt, dass es eine Gottesbeziehung geben kann, die im größten Elend hält. Dem steht jedoch die Bemerkung eines KZ-Häftlings gegenüber: „Unsere Gebete glichen Telefongesprächen mit einem unverbundenen Apparat." Andere sind in ihrem Schmerz zu Atheisten geworden. Was für ein Gott konnte das geschehen lassen?
In seinem Vortrag „Der Gottesbegriff nach Auschwitz. Eine jüdische Stimme" setzt sich der Philosoph Hans Jonas mit dieser Frage auseinander. Er greift dabei auf den Begriff „Zimzum" zurück, der schwer zu übersetzen ist und so viel wie „Leerraum" bedeutet. Dieser Vorstellung zufolge hat Gott sich gleichsam in sich selbst zurückgenommen. Durch diese Konzentration kam ein leerer Raum zustande, in den hinein die Welt überhaupt erst entstehen konnte. Allerdings entstand damit auch ein Raum für das Böse.

Der Gottesbegriff nach Auschwitz

M 32

Hans Jonas (1903–1993)

Unsere Lehre, die Thora, beruht darin und besteht darauf, dass wir Gott verstehen können, nicht vollständig natürlich, aber etwas von ihm – von seinem Willen, seinen Absichten und sogar von seinem Wesen, denn er hat es uns kundgetan. Es hat Offenbarung gegeben, wir besitzen seine Gebote und sein Gesetz, und manchen – seinen Propheten – hat er sich direkt mitgeteilt, als seinem Mund für alle in der Sprache der Menschen und der Zeit, gebrochen daher in diesem beschränkenden Medium, doch nicht in dunklem Geheimnis. Ein gänzlich verborgener, unverständlicher Gott ist ein unannehmbarer Begriff nach jüdischer Norm. […]

Wenn aber Gott auf gewisse Weise und in gewissem Grade verstehbar sein soll (und hieran müssen wir festhalten), dann muss sein Gutsein vereinbar sein mit der Existenz des Übels, und das ist es nur, wenn er nicht *all*-mächtig ist. Nur dann können wir aufrechterhalten, dass er verstehbar und gut ist und es dennoch Übel in der Welt gibt. Und da wir sowieso den Begriff der Allmacht als zweifelhaft in sich selbst befanden, so ist es dieses Attribut, das weichen muss. […]

Kein rettendes Wunder geschah; durch die Jahre des Auschwitz-Wütens schwieg Gott. Die Wunder, die geschahen, kamen von Menschen allein: Die Taten jener einzelnen, oft unbekannten Gerechten unter den Völkern, die selbst das letzte Opfer nicht scheuten, um zu retten, zu lindern, ja, wenn es nicht anders ging, hierbei das Los Israels zu teilen. Von ihnen werde ich noch einmal sprechen. Aber Gott schwieg. Und da sage ich nun: Nicht weil er nicht wollte, sondern weil er nicht konnte, griff er nicht ein. Aus Gründen, die entscheidend von der zeitgenössischen Erfahrung eingegeben sind, proponiere ich die Idee eines Gottes, der für eine Zeit – die Zeit des fortgehenden Weltprozesses – sich jeder Macht der Einmischung in den *physischen* Verlauf der Weltdinge begeben hat; der dem Aufprall des weltlichen Geschehens auf sein eigenes Sein antwortet, nicht „mit starker Hand und ausgestrecktem Arm", wie wir Juden alljährlich im Gedenken an den Auszug aus Ägypten rezitieren, sondern mit dem eindringlich-stummen Werben seines unerfüllten Zieles. […] Im bloßen Zulassen menschlicher Freiheit liegt ein Verzicht der göttlichen Macht. […]

Nur mit der Schöpfung aus dem Nichts haben wir die *Einheit* des göttlichen Prinzips zusammen mit seiner *Selbst*beschränkung, die *Raum* gibt für die Existenz und Autonomie einer Welt. Die Schöpfung war der Akt der absoluten Souveränität, mit dem sie um des Daseins selbstbestimmender Endlichkeit willen einwilligte, nicht länger absolut zu sein – ein Akt also der göttlichen Selbstentäußerung. […]

Die Zusammenziehung ist total, als Ganzes hat das Unendliche, seiner Macht nach, sich ins Endliche entäußert und ihm damit überantwortet. […]

All dies ist Gestammel. Selbst die Worte der großen Seher und Beter, der Propheten und Psalmisten, die außer Vergleich stehen, waren ein Stammeln vor dem ewigen Geheimnis. Auch jede Antwort auf die Hiobsfrage kann nicht mehr als das sein. Die meine ist der des Buches Hiob entgegengesetzt: Die beruft die Macht*fülle* des Schöpfergottes; meine seine Macht*entsagung*. Und doch – seltsam zu sagen – sind beide zum Lobe: Denn der Verzicht geschah, dass wir sein könnten. Auch das, so scheint mir, ist eine Antwort an Hiob: dass in ihm Gott selbst leidet. (1984)

1 *Beurteilen Sie Hans Jonas' Entscheidung, das Attribut „allmächtig" auf Gott nicht mehr anzuwenden.*

2 *Jonas spricht von einem „leidenden", einem „werdenden" (in der Zeit hervorgehenden) und einem „sich sorgenden" Gott. Vergleichen Sie diese Vorstellungen mit dem christlichen Gottesglauben.*

Ist Gott stärker als der Tod?

Starr, fast wie gelähmt waren die Jugendlichen an einer Realschule in Winnenden am 11. März 2009: Tim K. war in die Schule gestürmt, erschoss fünfzehn Menschen und später sich selbst. Wie lässt sich eine solche Erfahrung bewältigen? Für manche Jugendliche war das Schreiben eine Hilfe, um die Erlebnisse und Eindrücke zu verarbeiten.

M 33 Es ist nichts mehr wie es war!

Von einem Moment auf den anderen brach für uns eine Welt ein, wie ein Kartenhaus fiel sie in sich zusammen. Diese Welt, in der es Krieg, Waffen und Tod meistens nur im Fernsehen gab. Man verliert jeden Blick in die Zukunft, weil man nicht weiß, wie es jetzt weitergehen soll. Egal, aus welcher Perspektive man seine Situation betrachtet, sie ergibt keinen Sinn. Nichts ergibt mehr Sinn.

Wir haben Freunde, Klassenkameraden, Verwandte oder Lehrer auf eine Art verloren, wie man sie sich im schlimmsten Albtraum nicht hätte ausmalen können. […] So etwas kann man

nicht vergessen, denn dieser Tag hat unser Leben geprägt. Uns musste irgendwann bewusst werden, dass der 11.03. für immer ein Teil von uns bleiben wird, jedes Jahr wird das Datum aufs Neue im Kalender stehen. Vielleicht ist das gut, damit die Menschen nicht vergessen, was passiert ist. Auf der anderen Seite werden jedoch die alten Bilder und Erinnerungen wahrscheinlich immer wieder hochkommen, ganz egal, ob 5 oder 50 Jahre vergehen.
Denise, 16 Jahre

Es ist einfach alles anders! Ich nehme Dinge anders wahr. Worte oder Gesten, die mir früher nichts ausgemacht haben, lösen nun Gefühle in mir aus, die mich zerreißen, welche mich kaputtmachen. Es sind Kleinigkeiten, bestimmte Geräusche oder Gerüche, die in mir alles wieder aufwühlen. Es ist nichts mehr wie es war! […]

Wie kann man denn „ganz normal" weiterleben, wenn einem die Zuversicht auf ein friedliches Zusammenleben und der Glaube an das Gute im Menschen genommen wurden? Was mir persönlich sehr viel Kraft gibt, ist, dass wir ehemaligen Schüler uns auch jetzt noch oft treffen und gemeinsam reden. Wir helfen uns gegenseitig, wenn jemand nicht mehr kann. Ich weiß, dass jederzeit jemand für mich da wäre, der mich versteht, weil er dasselbe erlebt hat. […] Was wir alleine nicht schaffen, das schaffen wir dann zusammen!
Katharina, 18 Jahre

Wie ist angesichts solch schwerer Erfahrungen Vertrauen auf die Zukunft Gottes möglich? Nach dem Amoklauf eines Schülers im Jahr 2002 in einem Gymnasium in Erfurt erinnerte der evangelische Pfarrer Wolfgang Klein an Offenbarung 21,1–6.

Die Hoffnung auf Vollendung

M 34

*Wolfgang Klein (*1944)*

Angst hat mit Enge zu tun, deshalb ist es nun Zeit, unseren Blick zu weiten und die Welt mit dem „Auge Gottes" zu betrachten […]. Was mir dazu Mut macht, ist der Grund für diese Hoffnung auf eine neue Zukunft: Er liegt nämlich nicht im Menschen selbst, sondern in Gott, der alles neu machen will, der seinen ersten Wohnsitz endgültig unter uns auf Erden nehmen will, der seine neue Welt gegen unsere alte durchsetzen will. Er selbst bürgt für die Verlässlichkeit und Wahrheit seiner Worte.

Johannes, der Seher von Patmos, hat sie in diese grandiosen Bilder seiner Visionen gefasst, […] die am Ende mit den Erfahrungen unseres Lebens übereinstimmen werden, dass nichts unüberwindbar und endgültig ist in dieser Welt – außer Gott, auf den wir vertrauen und der Anfang und Ende, A und O, unseres Lebens ist, und dass selbst der Tod seine lebensbestimmende und vernichtende Kraft verloren hat, weil Gott das letzte Wort behält! In seinen Augen ist deshalb das Leben der Opfer von Erfurt nicht vergeblich gewesen, er wird bei ihnen sein, ihre und unsere Tränen trocknen, und frisches Wasser aus dem Lebensquell ist uns versprochen für unseren Durst nach Gerechtigkeit und Gewaltlosigkeit.

Das ist beileibe kein Opium oder billige Jenseitsvertröstung, sondern der wirkliche Trost, aus dem wir Kraft schöpfen können und der uns auch nach vorn schauen lässt. Denn, wer dies hofft, der lebt anders, der wischt heute schon Tränen ab und kämpft morgen gegen Leid, Geschrei und Schmerz als Vorboten des Todes. Wer so aktiv die neue Welt unter uns erhofft und sichtbar werden lässt, investiert zugleich in die alte. Mit dieser Hoffnung würde es dann aber auch wieder wärmer in der Eiszeit unserer sozialen Kälte, würde dann auch der Tod der Opfer von Erfurt unter uns nicht ganz sinnlos gewesen sein. (2002)

Der Künstler Uwe Appold (* 1942) hat Offenbarung 21,1–6 mit den Mitteln der modernen Malerei Gestalt gegeben.

M 35

Das neue Jerusalem

Uwe Appold (1942)*

1 *Uwe Appold sagt zu seinem Werk: „Der Wandel von Anfang und Ende zu Ende und Anfang ist ein wesentlicher Aspekt meiner Arbeit." – Deuten Sie das Bild und den Bibeltext vor dem Hintergrund dieser Äußerung.*

2 *Diskutieren Sie, ob das Bild und die Gedanken von Pfarrer Klein (M34) den Menschen in Winnenden Trost spenden könnten.*

Der evangelische Theologe Dietrich Bonhoeffer schrieb den folgenden Text wenige Monate vor seiner Verhaftung an enge Freunde.

M 36

Das Walten Gottes in der Geschichte

Dietrich Bonhoeffer (1906–1945)

Ich glaube, dass Gott aus allem, auch aus dem Bösesten, Gutes entstehen lassen kann und will. Dafür braucht er Menschen, die sich alle Dinge zum Besten dienen lassen. Ich glaube, dass Gott uns in jeder Notlage so viel Widerstandskraft geben will, wie wir brauchen. Aber er gibt sie nicht im Voraus, damit wir uns nicht auf uns selbst, sondern allein auf ihn verlassen. In solchem Glauben müsste alle Angst vor der Zukunft überwunden sein. Ich glaube, dass auch unsere Fehler und Irrtümer nicht vergeblich sind, und dass es Gott nicht schwerer ist, mit ihnen fertig zu werden, als mit unseren vermeintlichen Guttaten. Ich glaube, dass Gott kein zeitloses Fatum [Schicksal] ist, sondern dass er auf aufrichtige Gebete und verantwortliche Taten wartet und antwortet. (1942)

1 *Bonhoeffer beteiligte sich am Widerstand gegen den Nationalsozialismus in Deutschland und wurde dafür kurz vor Ende des Zweiten Weltkriegs hingerichtet. Erörtern Sie sein Bekenntnis auch vor diesem Hintergrund.*

2 *Setzen Sie die Frage nach Gott und dem Leid in Beziehung zu Kreuz und Auferstehung Jesu Christi.*

Gott im Gespräch der Religionen

In Europa leben heute Angehörige verschiedener Religionen zusammen. Besonders unter Jugendlichen ist die Tendenz zu erkennen, Gott jenseits aller menschlichen Vorstellungen anzusiedeln. Immer wieder wird die Auffassung vertreten, dass die Religionen unter verschiedenen Namen eigentlich denselben Gott meinen.

Suche nach dem Verbindenden

M 37

Gott ist für mich der Schöpfer der Welt und der Lehrmeister der Menschen, d.h., er entwickelt und verbreitet das humane oder christliche Gedankengut. Allerdings muss die Gottesvorstellung nicht allein auf das Christentum fixiert sein. Ich meine damit, dass in allen monotheistischen Religionskulturen ein Teil dieses Grundgedankens enthalten ist. [...] Ich gehe also von einem universellen Glauben aus, der sich in den einzelnen Kulturkreisen anders entwickelt und verändert hat. Gott ist eine „Institution", die Glauben und Trost schenken kann, ohne beweisbar sein zu müssen, und damit für alle Menschen verständlich ist.
Schülerin, Jahrgangsstufe 12

Ich glaube nicht, dass da irgendwo ein Gott im Himmel sitzt, oder so. Ich glaube eher, dass da irgendwie 'ne höhere Macht ist, oder so. Das kommt auf jeden selber an. Und ich denk mal, also Gott, dass das eben das Gute ist. Und wenn alles gut ist, dann kommen ja auch alle miteinander zurecht, und dann ist Frieden, und dann ist das doch der Himmel, oder?
Schülerin, Jahrgangsstufe 11

Die Kammer für Theologie der Evangelischen Kirche in Deutschland hat 2003 in theologischen Leitlinien auch Unterschiede im Gottesglauben der Religionen hervorgehoben.

Zugleich das Trennende?

M 38

Evangelische Kirche in Deutschland

Durch den Glauben an Jesus Christus unterscheidet sich das Christentum von allen anderen Religionen. Im Bekenntnis der Kirche zu Gottes Gegenwart in Jesus Christus und in der Taufe wird dieser Unterschied zwischen der „Versammlung der Glaubenden" und denjenigen, die in anderen Religionen anderes bekennen, sichtbar und wirksam. Dieses Unterschiedensein stellt Gottes gnädige Zuwendung zu allen Menschen nicht in Frage, macht aber deutlich, dass andere Religionen die Erfahrung des in Jesus Christus allen Menschen nahe kommenden Gottes nicht vermitteln. Das den christlichen Glauben mit den Menschen aller Religionen Verbindende (Gott ist allen Menschen gnädig nahe) ist insofern das sie zugleich Trennende. (2003)

1 *Diskutieren Sie, welche Bedeutung die Existenz verschiedener Religionen, die an einen Gott glauben, für Sie hat. Beziehen Sie M37 und M38 in Ihre Überlegungen ein.*

2 *Führen Sie in Ihrer Jahrgangsstufe eine Umfrage zum Thema „Glauben alle an denselben Gott?" durch. Wie beurteilen Sie die Ergebnisse?*

Gott ist Einer – im Gespräch mit dem Judentum

Kern des jüdischen Gottesglaubens ist das Bekenntnis zur Einzigkeit Gottes, des Gottes Israels. Alle Juden sollen es täglich morgens und abends und in der letzten Stunde ihres Lebens beten mit den Worten des „Höre Israel": Höre Jisrael: ER unser Gott, ER Einer! Liebe denn IHN deinen Gott mit all deinem Herzen, mit all deiner Seele, mit all deiner Macht (Dtn 6,4–5, nach der Übersetzung von Martin Buber, 1954).
Der jüdische Theologe Schalom Ben-Chorin erläuterte, worum es bei diesem Bekenntnis zur Einzigkeit Gottes geht.

M 39 Die Einzigkeit Gottes

Schalom Ben-Chorin (1913–1999)

Die Proklamation der Einzigkeit Gottes stellt das Kennzeichen des Judentums schlechthin dar. Nach einer talmudischen Auffassung ist Jude, wer dieses Bekenntnis ablegt. Es wurde immer als der Inbegriff des Judentums aufgefasst. Wenn Jesus von Nazareth es an erster Stelle der vornehmsten Gebote aufführt, so bewegt er sich damit ganz auf der Linie des traditionellen Judentums. […]

Hier wird nun deutlich, dass dieser Gott von Ewigkeit zu Ewigkeit, durch alle Zeiten hindurch war, ist und sein wird, aber dass über sein Wesen damit nichts ausgesagt wird und nichts ausgesagt werden kann.

Hier scheint mir ein fundamentaler Unterschied zwischen Judentum und Christentum vorzuliegen. Für das Christentum ist die wahre und bleibende Offenbarung Gottes in der Person Jesu Christi gegeben. In ihm ist die Fülle der Gottheit Person geworden. Nichts von alledem im Judentum. Es ist derselbe Gott, der sich im Feuer und Sturm, aber auch wiederum nicht im Feuer, nicht im Erdbeben, sondern in der Stimme feinen Schweigens dem Elija offenbart (1. Kön 9,12). Zu Jeremia spricht er aus dem blühenden Mandelzweig und zu Hiob aus dem Gewitter.

Die Manifestationsformen Gottes sind ebenso wenig zu begrenzen wie seine Wesensmerkmale. Es kann nicht mehr von diesem Gott gesagt werden, als dass er der Seiende ist. (1979)

יהוה

Der hebräische Gottesname JHWH

Mit einer rein abstrakten Vorstellung von Gott hat sich das Judentum nicht abgefunden. Eine jüdische Auslegung von Ex 19,17 sagt, dass Gott Israel entgegenging wie der Bräutigam der Braut. Im Anschluss an Ex 25,8 wurde die Vorstellung von der „Einwohnung" Gottes entwickelt. Sie stellt die Israel und der Welt zugewandte Seite des bildlos zu verehrenden Gottes dar. Dass Gott bei seinem Volk wohne, wird vor allem im Zusammenhang mit dem Heiligtum in der Wüste gesagt und später vom Jerusalemer Tempel. Dem jüdischen Glauben zufolge begleitete Gott Israel auch in die Gefangenschaft.

1 *Vergleichen Sie Schalom Ben-Chorins Ausführungen mit Lukas 10,25-28. Schlagen Sie auf dieser Grundlage eine Brücke zwischen jüdischem und christlichem Gottesglauben.*

2 *Deuten Sie den Glaubenssatz „Gott selbst ist heimatlos geworden mit seinem Volk" vor dem Hintergrund dessen, was Sie von der Geschichte des jüdischen Volkes wissen.*

Kein Gott außer Gott – im Gespräch mit dem Islam

Das islamische Glaubensbekenntnis, die Shahada, lautet: „La ilaha illa Llah" – kein Gott außer Allah. Um falsche Konfrontationen abzubauen, setzen sich viele deutschsprachige Christen dafür ein, im Deutschen für „Allah" auch den Begriff „Gott" zu verwenden. Es geht um den Gott, neben dem es keine anderen Götter gibt. Im Islam gilt das Bilderverbot: „So führt für Gott keine Gleichnisse an. Gott weiß, ihr aber wisst nicht Bescheid" (Sure 16,74).
Was das islamische Glaubensbekenntnis positiv bedeutet, führt der Gelehrte Muhammad Salim Abdullah aus.

Die Shahada des Islam

Das Glaubenszeugnis (shahada)

M 40

*Muhammad Salim Abdullah (*1931)*

Das islamische Glaubensbekenntnis oder -zeugnis lautet in deutscher Sprache: *„Ich bezeuge, dass keine Gottheit ist außer Gott; ich bezeuge, dass Mohammad Gottes Diener und Gesandter ist."*

Das Bekenntnis des Islam ist also nicht nur ein Ausdruck des Glaubens. Der Moslem bezeugt vielmehr gleichzeitig, dass es einen ewigen und unsichtbaren, lebendigen Gott gibt, der der Schöpfer allen Seins ist und der allein diese Welt regiert („tauhid" = Glaube an die Einheit Gottes). Der Moslem ist also ein Gotteszeuge, ein Mensch, der sich und seine Mitmenschen an die Existenz Gottes erinnert.

Die Bezeugung der Einheit Gottes ist die erste und vornehmste Pflicht eines jeden Moslems – mit der Lehre von Gottes Einzigartigkeit steht und fällt der Islam als Religionsgemeinschaft. Man kann diese Lehre in einen einzigen dogmatischen Satz kleiden: „Niemand ist anbetungswürdig, und es gibt keinen Gegenstand der Liebe und des Verlangens außer Gott." […] Kein anderes Wesen kann göttliche Attribute besitzen, und niemand kann Werke tun, die Gott vollbracht hat oder noch vollbringen mag. […] Gott selbst ist es, der seine Einheit in der Natur – die sein Werk ist – bezeugt. Er bezeugt sie aber auch durch sein Wort, das auf dem Wege der Offenbarung zu den Menschen gelangt. Die Einheit Gottes ist nach Auffassung des Islam die einzige zentrale und unbestreitbare Tatsache in der Schöpfung und der grundlegende Glaubenssatz jeder wahren Religion. Die Ordnung, von der das Universum – der Makrokosmos wie der Mikrokosmos – durchdrungen ist, trägt das Zeugnis dieser grundlegenden Wahrheit.

Die Engel als Übermittler der Wahrheitsbotschaft und die Propheten, die Gesandten Gottes, die diese Botschaft in der Welt verkündet haben – und die Menschen guten Willens, die sie angenommen und gelebt haben –, sie alle fügen ihr Zeugnis dem Selbstzeugnis Gottes hinzu und erfüllen damit den Bund, den Gott von Anbeginn der Geschichte mit dem Menschengeschlecht geschlossen hat. Damit ist eine der vornehmsten Aufgaben des im Islam lebenden Menschen angesprochen: Er ist Gotteszeuge. […]

Gott wird schließlich auch vor dem Hintergrund des Gerichtes als Herrscher und Meister dargestellt, dessen Barmherzigkeit keine Grenzen kennt. Mit anderen Worten: Der Gott des Islam ist der Gott der Gerechtigkeit – aber auch der Gott der Liebe, der Vergebung und der Barmherzigkeit. (1995)

Doch was sagt der Koran zum Gottesglauben anderer Religionen?

M 41 Wir sind Ihm ergeben

Sure 2

136 Sprecht: Wir glauben an Gott und an das, was zu uns herab gesandt wurde, und an das, was herab gesandt wurde zu Abraham, Ismael, Isaak, Jakob und den Stämmen, und an das, was Mose und Jesus zugekommen ist, und an das, was den (anderen) Propheten von ihrem Herrn zugekommen ist. Wir machen bei keinem von ihnen einen Unterschied. Und wir sind Ihm ergeben. **137** Wenn sie aber das Gleiche glauben, woran ihr glaubt, so folgen sie der Rechtleitung. Wenn sie sich abkehren, so befinden sie sich im Widerstreit. Gott wird dich vor ihnen schützen. Er, der alles hört und weiß.[…]

163 Und euer Gott ist ein einziger Gott, es gibt keinen Gott außer Ihm, dem Erbarmer, dem Barmherzigen. **164** In der Erschaffung der Himmel und der Erde; im Aufeinanderfolgen von Nacht und Tag; […] im Wechsel der Winde und der zwischen Himmel und Erde in Dienst gestellten Wolken, (in alledem) sind Zeichen für Leute, die verständig sind.

Sure 112

Im Namen Gottes, des Erbarmers, des Barmherzigen

1 Sprich: Er ist Gott, ein Einziger, **2** Gott, der Undurchdringliche. **3** Er hat nicht gezeugt, und Er ist nicht gezeugt worden, **4** und niemand ist Ihm ebenbürtig.

1 *Informieren Sie sich im Internet über die Tradition der „99 schönen Namen Allahs". Vergleichen Sie diese mit den Attributen Gottes, die Abdullah (M40) hervorhebt, und mit Bezeichnungen Gottes, die Sie aus dem Christentum kennen.*

2 *Ziehen Sie aus den zitierten Suren Konsequenzen für das Gespräch zwischen Christen und Muslimen. Beachten Sie dabei auch Sure 19 (✐ Kap. 5, S. 213).*

Das Absolute – im Gespräch mit fernöstlichen Religionen

Der Buddhismus macht direkt über Gott keine Aussagen. Er meint letztlich den Weg zur Erleuchtung als Erlösung vom Leben als Leiden. Obwohl sich dieser Weg von jüdischen und christlichen Vorstellungen deutlich unterscheidet, sind fernöstliche religiöse Symbole im Westen populär. Das gilt besonders für das Yin-Yang, das aus dem Taoismus stammt.

Yin und Yang

Dieses Symbol drückt die Erfahrung von Gegensätzen aus, wobei das Eine immer auch im Anderen enthalten ist. Es gilt im Taoismus als zweites Prinzip, dem das Wu Gi, der leere Kreis als Symbol ursprünglicher Einheit, zugrunde liegt. Das Wu Gi kommt dem TAO am nächsten, das höchstes Prinzip, erste Ursache ist. Dem TAO folgen heißt z. B., dem Vorbild des Wassers folgen, das mühelos fließt und doch eine ungeheure Kraft entfaltet. Es ist dem „Nirvana" des Buddhismus vergleichbar, dem Zustand der endgültigen Befreiung von den Grundübeln des Daseins. Der buddhistische Gelehrte Daisetz Teitaro Suzuki sieht hier auch Parallelen zum Christentum.

Über die Welt der Gegensätze hinausgelangen

M 42

Daisetz Teitaro Suzuki (1870–1966)

Die Grundidee des Buddhismus ist, über die Welt der Gegensätze hinauszugelangen, einer Welt, die aus verstandeshaften Unterscheidungen und emotionellen Verwirrungen aufgebaut ist, und eine geistige Welt der Nichtunterschiedenheit zu verwirklichen, die das Erreichen eines absoluten Standpunktes voraussetzt. Doch das Absolute ist in keiner Weise von der Welt der Unterschiedenheit getrennt, denn das würde heißen, es dem unterscheidenden Verstand gegenüberzustellen und so eine neue Dualität zu schaffen. Wenn wir von einem Absoluten sprechen, sind wir geneigt zu glauben, es müsste, als Verneinung der Gegensätze, in Opposition zum unterscheidenden Verstand gesetzt werden. Aber so zu denken, hieße, das Absolute in die Welt der Gegensätze hinunterzudrängen, was die Vorstellung eines größeren oder höheren Absoluten notwendig machte, das beide enthält. Kurz: Das Absolute ist in der Welt der Gegensätze und nicht getrennt von ihr. Das scheint ein Widerspruch und kann niemals verstanden werden, solange wir in einer Welt der Unterschiedenheit sind. Über diese Welt hinauszugehen, hilft ebenso wenig, wie in ihr zu verbleiben. Daher der intellektuelle Zwiespalt, dem wir alle so vergeblich zu entgehen streben. […]

Ohne über sich selbst hinauszugelangen, kann der Verstand niemals sich von den Gegensätzlichkeiten, die er verursacht hat, befreien. Im Sinne christlicher Überlieferung können wir sagen, das ist das Leben in Christus, nachdem man mit dem Adam gestorben ist, oder Christi Auferstehung vom Tode. Paulus sagt: „Und wenn Christus nicht auferstanden wäre, würden unsere Worte eitel sein, und euer Glaube würde ebenso eitel sein“ (1. Kor 15,14). Man muss sterben, ehe man auferstehen kann, und diese Auferstehung ist für den Glauben annehmbar, aber nicht für den Verstand. Die Verschmelzung der Gegensätze, die Identität von Unterscheiden und Nicht-Unterscheiden, wird durch den Glauben erlangt, der eine persönliche Erfahrung ist: das Öffnen des Prajna-chakshu [„des Auges der transzendentalen Weisheit“], das Denken des Undenkbaren. […]

Die Frage von Glaube und Verstehen ist zuweilen verwirrend, weil die meisten von uns nicht die Tiefen unseres geistigen Lebens kennen, das zum Bereich von Achintya, dem Undenkbaren, gehört. Nur ein Buddha erkennt einen anderen Buddha. Solange unsere Einsicht nicht der eines Buddha gleicht, wird uns die Lehre des Srimala [Lehrrede] für immer ein versiegeltes Buch bleiben.

Soweit ich zu sehen vermag, lehrt die christliche Erfahrung das Gleiche; das buddhistische Undenkbare entspricht der göttlichen Offenbarung, die etwas Übernatürliches und über den Verstand Hinausgehendes ist und völlig außerhalb der menschlichen Denkfähigkeit liegt. Wir werden diese Offenbarung so lange nicht verstehen, solange wir nicht die Fesseln unseres Verstandes und unserer Logik abgestreift haben. Gott wird sich niemals Köpfen offenbaren, die mit rationalen Vorstellungen vollgestopft sind; nicht, weil er rationalem Verstehen abgeneigt wäre, sondern weil er einfach jenseits eines solchen Verständnisses ist. Er ist jederzeit bereit, vor uns zu erscheinen, aber wir sind es, die ihn fliehen. Wir können das Sich-Offenbaren Gottes trotz aller unserer Bemühungen nicht erzwingen, es kommt von selbst und freiwillig. Gott ist immer in uns und bei uns, aber auf Grund unseres menschlichen Verstehens stellen wir ihn aus uns hinaus, uns gegenüber, wie wenn er im Gegensatz zu uns stünde, und strengen unseren Verstand aufs äußerste an, daran auch festzuhalten. (1947)

1 *Benennen Sie die Parallelen, die Suzuki zwischen christlichem Glauben und Buddhismus beschreibt.*

In unserer Welt von Gott sprechen

In diesem Kapitel ging es um Fragen, die der Gottesglaube der Menschen aufwirft. Atheistischen Positionen, die diesen Glauben als Projektion, Vertröstung und Ausdruck kindlicher Hilflosigkeit ablehnen, stand die Überzeugung von Gott als Antwort auf die Frage nach dem Sinn des Lebens und dem Grund unseres Daseins gegenüber. Zugleich legten sich damit neue Fragen nahe: Kann dieser Glaube angesichts von Leid und großen Katastrophen bestehen? Welche Wahrheit zeigt sich im Gespräch der Religionen über Gott? Der Gottesglaube beruht nicht auf logischen Beweisen, sondern auf Formen, in denen Gott selbst sich zeigt. In der Bibel ist von vielfältigen Offenbarungen Gottes die Rede. Welche Bedeutung gewinnen sie heute im Gespräch über den Gottesglauben?

M 43

1 *Schreiben Sie einen Essay (✎ S. 162) zum Thema: „Ein Gott – drei Religionen".*
- *Erarbeiten Sie dazu die zentralen Aussagen der Karikatur.*
- *Setzen Sie sich kritisch mit dem Gottesbild auseinander, von dem die Karikatur ausgeht. Lesen Sie dazu in der Bibel Exodus 20,4–6 und im Koran Sure 42,10–11.*
- *Erläutern Sie Ihre Position zum Verständnis des Glaubens an den einen Gott.*

„Wie sehe ich aus", fragte Gott – unter diesem Titel hat Rafik Schami, ein deutschsprachiger Erzähler syrischer Herkunft, ein Buch für Kinder verfasst. Es beginnt so:

Wie sehe ich aus?

M 44

Rafik Schami (1946)*

Eines Tages wollte Gott wissen, wie die Wesen seiner Schöpfung ihn sahen. Er, der alles erschaffen hatte, die Sonne und die anderen Sterne, die Erde und die anderen Planeten, wusste nicht genau, was seine Geschöpfe über ihn dachten.

Und so kam Gott auf die Erde, unsichtbar wie ein Gedanke und neugierig wie ein Kind. Der Zufall wollte es, dass das Erste, was ihm begegnete, eine kleine Wolke war. „Wie sieht Gott aus?", fragte Gott die Wolke.

„Er ist unsichtbar und doch immer da: Ich spüre ihn bei jeder Bewegung. Viel weiß ich nicht, ich bin noch sehr jung, aber er ist mächtiger als alles auf der Welt. Er bewegt mich, wohin er will. Manchmal bringt er mich dorthin, wo ich am liebsten sein möchte, als hätte er meine Gedanken gelesen, und wenn er wütend ist, wirbelt er mich durch den Himmel, dass ich nicht mehr weiß, wo oben und wo unten ist."

Und weil Gott in diesem Moment wusste, wohin die Wolke wollte, zu den durstigen Feldern nämlich, blies er sie dorthin. Erleichtert sah er bald auf ihre Freudentränen.

Danach trifft Gott weitere Geschöpfe, z. B. den Schmetterling, ein Schneeglöckchen, ein Atom, ein spielendes Mädchen. Sie alle haben fantasievolle und weise Vorstellungen von ihm. Das Buch endet mit der folgenden Szene:

Er ging weiter und besuchte einen Mann in seinem Atelier. Es war ein alter, sehr bekannter Meister der Malerei.

„Wie sieht Gott aus?", fragte er den Maler.

Der lächelte, schaute sich in einem großen Spiegel an und malte. Immer wieder betrachtete er sein Spiegelbild und malte emsig und mit geschickter Hand und leuchtenden Farben ein großes Bild von sich, samt Gewand und weißem Bart. Er prüfte das Gemälde und lächelte zufrieden. „Das ist Gott", sagte er stolz.

Gott schüttelte nur den Kopf.

Leise verließ er die Erde, und Zweifel nagten an ihm, ob er beim Menschen nicht irgendetwas falsch gemacht hatte. (2011)

1 *Beurteilen Sie Rafik Schamis Erzählidee und den Schluss seiner Geschichte.*

2 *Setzen Sie das Kinderbuch mit einer selbst geschriebenen Szene (**✎ S. 162**) fort. Berücksichtigen Sie dabei Gottesvorstellungen, die Sie in diesem Kapitel kennengelernt haben.*

Wer ist Jesus für uns heute?

1 *Betrachten Sie das Bild aus unterschiedlichen Entfernungen. Beschreiben Sie, wie sich Ihre Wahrnehmung verändert.*

2 *Zeigen Sie Merkmale des Bildes auf, an denen man das Gesicht Jesu erkennt. Vergleichen Sie mit Ihrem Bild von Jesus: Welche typischen Attribute hat Ihr Jesus?*

3 *Setzen Sie das Bild in Bezug zu dem vom Künstler gewählten Titel bzw. zur Kapitelüberschrift und interpretieren Sie das Bild.*

4 *Was wäre, wenn Jesus heute wiederkäme? Notieren Sie dazu Ihre Gedanken, Fragen oder Vorstellungen.*

Unbekannter Künstler: Ich suche dein Gesicht (1989)

Bilder und Vorstellungen von Jesus

Wie Jesus ausgesehen hat, wird im Neuen Testament nicht beschrieben. Die ersten bildlichen Darstellungen stammen aus dem 3. Jahrhundert n. Chr. und zeigen ihn als bartlosen jungen Mann in der Rolle des guten Hirten. Das gängige Bild Jesu mit Bart und langen Haaren oder seine Darstellung als Gekreuzigter haben sich erst im Laufe der Jahrhunderte herausgebildet. Bei genauerem Hinsehen zeigen die künstlerischen Darstellungen eine große Vielfalt. Gemeinsam ist ihnen, dass sie nicht primär zeigen wollen, wie Jesus ausgesehen hat, sondern welche Bedeutung er für die Menschen hat.

1 M. Grünewald, Kreuzigung Christi (1512–1516)

2 Jesus-Wallpaper (21. Jhd.)

3 Rembrandt, Christuskopf (1648)

4 Orthodoxe Christus-Ikone, Katharinenkloster Sinai (6. Jhd.)

5 O. Pankok, Christus zerbricht das Gewehr (1950)

6 Der gute Hirte, Calixtus-Katakombe, Rom (3. Jhd.)

1 *Wählen Sie ein Jesusbild aus, das Sie am ehesten, und eines, das Sie am wenigsten anspricht. Begründen Sie Ihre Wahl.*

2 *Beschreiben und interpretieren Sie die Bilder.*

Bilder wahrnehmen, beschreiben, deuten

Im Unterschied zu Texten, die wir in der Regel als zeitliches Nacheinander erschließen, wirken Bilder ganz unmittelbar und lösen oft spontane Emotionen oder Stimmungen bei uns aus. Doch warum hat ein Bild eine bestimmte Wirkung? Was ist seine tiefere Aussage? Was bedeuten einzelne Elemente, Formen, Farben? – Um solche Fragen zu beantworten, empfiehlt sich ein systematisches Vorgehen in mehreren Schritten, deren Abfolge nicht zwingend, aber sinnvoll ist, denn das Wahrnehmen und Deuten eines Bildes ist ein komplexer Vorgang, den man üben muss.

1. Erste Begegnung: Das Bild in Ruhe wahrnehmen und spontan reagieren. Mit den Augen im Bild „spazierengehen" und spontane Eindrücke äußern:
   - Was fällt besonders auf? Was ist seltsam oder unverständlich?
   - Was löst das Bild in mir aus (Gefühle, Stimmungen, Erinnerungen, Fragen …)?
   - Was könnte Inhalt/Thema/Aussage des Bildes sein (Interpretationshypothese)?

2. Genaue Beschreibung: Das Bild nach verschiedenen Kriterien analysieren. Dabei sollte man sich vom ersten Eindruck nochmals freimachen, um nicht wichtige künstlerische Details zu übersehen. Je nachdem, ob es ein gegenständliches oder abstraktes Bild ist, kann es unterschiedliche Schwerpunkte der Analyse geben.
   - Komposition: Wie ist das Bild aufgebaut, wie wird der Blick des Betrachters gelenkt (vom Vordergrund zum Hintergrund, vom Zentrum zum Rand des Bildes …)? In welcher Beziehung stehen die einzelnen Elemente des Bildes zueinander?
   - Bildnerische Mittel: Welche Farben und Formen gibt es? Welche Maltechnik? Wie sind hell und dunkel verteilt? Bei Personen: Wie sind Mimik, Gestik, Körperhaltung? Welche Wirkung wird mit all dem erzielt? Symbolik?

3. Deutung: Die Bedeutung des Bildes formulieren und das Bild im Kontext deuten. Die zunächst vornehmlich werkimmanente Analyse wird erweitert, indem man über das Bild hinausgehende Aspekte mit einbezieht (kontextuelle Deutung):
   - Thematik: Welche Motive/Symbole/Geschichten aus der Bibel oder anderen Quellen werden aufgenommen. Wie werden sie dargestellt bzw. gedeutet?
   - Künstler und seine Zeit: Welchen Einfluss haben Biografie, Religiosität, Epoche, Geschichte, Politik, Gesellschaft usw. auf das Bild und seine Darstellung/Aussage?
   - Vergleich: Was ist das Besondere des Bildes im Vergleich zu anderen Darstellungen desselben Themas/derselben Person(en)?

4. Aneignung: Durch (kreative) Auseinandersetzung die persönliche Bedeutung klären. Im Rückblick auf Punkt 1 (↗ oben) tritt man nochmals in einen Dialog mit Bild und Betrachtern.
   - Begründung: Inwiefern hat sich mein erster Eindruck bestätigt/verändert? Wie kann ich ihn im Gespräch gegenüber anderen erklären und begründen?
   - Kreative Aneignung: beispielsweise durch Hineinversetzen in Personen des Bildes, Nachzeichnen oder Nachstellen in einem Standbild, Verfremdung oder Übermalung.

M1 Was ich über Jesus denke … – Äußerungen Jugendlicher

– Jesus war ein Prophet. Er war Jude und kam aus Israel. Er war das Kind von Maria und Josef und wurde am Abend (in der Nacht) des 24. Dezember geboren. Er wurde als heilig angesehen und sollte anderen Menschen helfen. Er reiste durch sein Land, gab blinden Menschen die Kraft, wieder zu sehen, gab armen Menschen etwas zu essen und brachte Gehbehinderte wieder zum Gehen. Die Menschen glauben an ihn, da er eine Person ist, an die man sich immer wenden kann, in jeder Lebenslage. Man betet ihn an und hofft auf Besseres. Man könnte natürlich auch eine andere Person anbeten und an die glauben, da aber Jesus ein Prophet ist und besondere Kräfte hat, ist er dazu auserkoren. Er ist seit über 2000 Jahren tot, und wir denken immer noch an ihn. Er hatte Grundsätze und Regeln (Zehn Gebote), an die wir uns noch heute halten. Wir begannen sogar in seinem Todesjahr mit unserer Zeitrechnung. Ich weiß eigentlich nicht genau, was Jesus für mich bedeutet. Er ist eine Person, die im Himmel ist, an die alle eigentlich glauben, egal in welcher Form, er mag auch einen anderen Namen haben. Aber was und wer er eigentlich genau ist, weiß ich nicht.
Lena, 17 Jahre

– Ich persönlich denke, dass Jesus direkt nicht existiert hat. Ich habe mein eigenes Weltbild und meine persönliche Art von Glauben, welcher wissenschaftlich geprägt ist. Über Jesus gibt es jedoch keine historischen Quellen, die seine Existenz beweisen würden, nur die religiösen Texte beschäftigen sich mit ihm. Rund 30 Jahre nach seinem Tod schrieb man seine Worte und Werke nieder. Ich glaube jedoch, dass die Bibel kein Beweis für Jesu Existenz sein kann, da sie einen religiös verklärten Eindruck von Jesus vermittelt. Handfeste historische Beweise, wie wir sie z. B. von Augustus oder Cäsar haben, gibt es nicht über Jesus. Dies legt die Vermutung nahe, dass es einen Jesus, wie in der Bibel beschrieben, wohl nicht gegeben hat. Sein Leben, seine Lehren und sein früher Tod haben bei den Menschen einen so tiefen Eindruck hinterlassen, dass man ihn im Nachhinein als Gottes Sohn idealisiert hat. Jesus ist eine Legende.
Timo, 17 Jahre

– Jesus war ein junger Mann, der den Menschen das Reich Gottes näherbringen wollte. Er wollte den Menschen helfen, eine Religion zu finden, in der jeder anerkannt wird und gleich viel wert ist, egal ob Pharisäer, Zöllner, Prostituierte, Arme oder Kranke. Er hatte jedoch auch menschliche Schwächen, denn in einer Geschichte heißt es, er wäre von einer Frau angefleht worden, ihre Tochter zu heilen, doch er beschimpft sie als Heidin und wollte erst nicht, bis sie ihn dann doch überzeugt hat. Jesus war also nicht nur irgendein perfekter, von Gott gesandter Heilsbringer, er war mehr als das: Ein junger Mensch, der seine Überzeugung vertritt und nicht davor bewahrt bleibt, etwas dazuzulernen und Fehler eingestehen zu müssen. Viele glauben an ihn, weil man sich auch mit ihm identifizieren kann: Jemand, der anders ist als die anderen, der es schwer hat, seiner Überzeugung bis zuletzt treu zu bleiben (am Kreuz ruft er, warum Gott ihn verlassen hat), er wird von seinem Freund verraten, muss Beschimpfungen erdulden, weil er gegen den Strom schwimmt, aber findet letztendlich doch das Glück.
Silke, 17 Jahre

1 *Setzen Sie sich kritisch mit den Schüleräußerungen auseinander. Prüfen Sie auch, inwiefern Aussagen über Jesus sachlich richtig sind.*

2 *Verfassen Sie einen eigenen Text zu Ihrer Sicht Jesu und suchen oder gestalten Sie dazu ein passendes Bild.*

Und wenn Jesus heute wiederkäme?

„Ernst und das Licht", ein ebenso humorvoller wie tiefgründiger Film, übt auf subtile Weise Kritik an den Werten und Zielen der Gesellschaft. Ernst, ein Handelsvertreter von Reinigungsmitteln, kehrt von einer Geschäftsreise zurück. Auf dem Weg vom Flughafen zu seiner Frau nimmt er einen ungewöhnlichen Anhalter mit.

„Ernst und das Licht"

M 2

*Anders Thomas Jensen (*1972)*

„Du hast 'nen Sockenschuss, mein Freund! Gehörst du zufällig zu einer Sekte, oder so?", erwidert Ernst dem merkwürdigen Anhalter, der gerade in sein Auto eingestiegen ist und behauptet, der Sohn Gottes zu sein. Es ist spätnachts, Ernst will möglichst schnell nach Hause zu seiner Frau Conny. Sein Handy ist defekt, und überhaupt hat der Reinigungsmittelvertreter alles andere im Kopf als tiefschürfende Gespräche über Gott und die Welt. Auch der Tatsache, dass die Medien von einem globalen unerklärlichen Lichtphänomen berichten, schenkt er keine Beachtung; ihm geht der „Missionsmist" seines Fahrgasts zunehmend auf den Geist. Als er ihn kurzerhand an die Luft setzen will, fällt der Motor aus. Ein „Ich-bin-der-Sohn-Gottes" aus dem Munde Jesu genügt jedoch, und schon geht's wieder weiter. Von so viel konkreter Wundermacht ist Ernst beeindruckt. Zwischen den beiden entwickelt sich ein amüsanter, dabei keineswegs oberflächlicher Dialog. Der Sohn Gottes scheint 2000 Jahre nach seiner Geburt von der Realität keine Ahnung zu haben. Umso plastischer schildert ihm Ernst das „wirkliche Leben", sodass Jesus sich entschließt, wieder zu entschwinden – umgeben von himmlisch-hellem Licht und ziemlich nachdenklich. Ernst dagegen stellt ebenso erfreut wie lapidar fest, dass sein Handy wieder funktioniert.

Radio: […] letzte Nacht wurde der Erdball etwa 14 Sekunden lang von einem hellen Licht erleuchtet. […] Noch gibt es keine logische Erklärung für das gestrige Phänomen, […] ein Sprecher der Sekte meinte, das Licht sei eindeutig ein Zeichen für die Auferstehung Jesu Christi. […]

JESUS: Ich bin der Sohn Gottes.
ERNST: Dann lass den Motor wieder an!
JESUS: Na los, fahr weiter!
ERNST: Das ist Teufelswerk.

II

ERNST: Okay. Mal angenommen, du sagst die Wahrheit. … Was willst du bei uns?
JESUS: Die Menschheit wartet seit beinahe 2000 Jahren auf meine Rückkehr. Nun werde ich sie erlösen.
ERNST: Ich möchte dich nicht enttäuschen, aber daraus wird nichts werden. Klar, in den ersten Wochen wirst du wie 'ne Bombe einschlagen. Boulevardzeitungen und so … Die Welt hat sich verändert.
JESUS: Ja.
ERNST: Aber daran seid ihr selbst schuld da oben … 2000 Jahre ist 'ne lange Zeit. Eins kann ich dir sagen …
JESUS: Ja?
ERNST: Wenn ich meine Aufträge nicht innerhalb 'ner Woche erledige, gehen die Kunden zur Konkurrenz. Verstehst du?
JESUS: Naja … Vielleicht.
ERNST: Die Menschen vergessen dich, wenn du keinen Dampf machst. Hättet ihr wenigstens gesagt „In 50 Jahren ist er wieder da." Aber so?

III

ERNST: Jeder verlässt sich auf seine eigene Stärke. Nimm die Japaner. Die machen doch alles besser, billiger und schneller. Und wenn dann einer daherkommt und sagt „Ich tu, was mein Vater will", na, vielen Dank. Heute schnauzt man die Leute an: „Was willst du? Du kriegst gleich eins in die Fresse von mir."

JESUS: Aber …
ERNST: Vergiss es. Nix ‚aber'. Ich fürchte, dein Gott hat die Sache versaut. Ihr werdet nicht mehr gebraucht. Schluss, aus, vorbei […].
JESUS: Soll das etwa heißen, es gibt auf dieser Welt niemanden mehr, der noch an Gott glaubt?
ERNST: Du sagt es. Die Leute interessieren sich nur für Gewalt, Sex und Geld … Und für Reinigungsartikel.
JESUS: Aber meine Aufgabe?
ERNST: Vergiss sie. […]
JESUS: Äh, nein, weißt du, wenn wir heute, ich meine, wenn wir nicht zusammenbleiben, dann …
ERNST: Na, was dann? Heißt das, dann geht die Welt unter, oder was?
JESUS: Ja … Denn … ich bin die Rettung.
ERNST: Du brauchst hier keinen zu retten. Du brauchst nur ein bisschen an dich selbst zu denken […].
JESUS: Ich gehe wieder zurück.
ERNST: Du bist nicht gut drauf, was? War wohl zu viel für dich?
JESUS: Auf Wiedersehen, Ernst.
ERNST: War mir ein Vergnügen. (1996)

1 Analysieren Sie den Dialog und zeigen Sie, warum das Gespräch scheitert.

2 Wählen Sie zu zweit eine der folgenden Aufgaben:
a) Formulieren Sie den Dialog zwischen Ernst und Jesus neu und mit einem anderen Gesprächsende.
b) Formulieren Sie zwei innere Monologe: Ernst und Jesus denken am Ende über ihre Begegnung nach.

Gespräch von Jesus und Ernst im Auto

Gottes Sohn oder nur besonderer Mensch?

Das Geheimnis um Jesu Identität

„Seit 2000 Jahren diskutieren die Theologen […], was Christus über sich selbst dachte. War ihm von Anfang an bewusst, dass er Gottes Sohn war, oder hat er das erst mit der Zeit herausgefunden? War ihm der Messias gleichsam angeboren, oder ist ihm das erst später aufgefallen?" – So formuliert der französische Schriftsteller Eric-Emmanuel Schmitt im Nachwort seines Romans „Das Evangelium nach Pilatus" zentrale Fragen der Christologie, die er im Roman aufgreift: Darin lässt er Jesus als Ich-Erzähler am Abend vor seiner Verhaftung auf sein Leben zurückblicken und reflektieren, was ihn in diese brisante Lage gebracht hat. Im folgenden Dialog zwischen Jeschua (Jesus) und seinem engsten Freund Jehuda Ischariot (Judas) diskutieren beide über Jesu Besonderheit und sein Verhältnis zu Gott.

Karikatur: Polo

Jesus, der Sohn Gottes? – Ein fiktiver Dialog

M3

Eric-Emmanuel Schmitt (1960)*

„Er [Gott] ist immer so nah. So bei mir", sagte ich.

„Er zeigt sich nur dir und in dir. Wir anderen sehen ihn nicht."

„Doch, du musst dich nur mehr bemühen, Jehuda." […]

Er hatte mich davon überzeugt, dass ich eine andere Beziehung zu Gott hatte als andere Menschen. Ich war weder Rabbi, weil ich das Licht nicht in den Schriften fand, noch Prophet, weil ich nichts ankündigte, nur Zeugnis ablegte, fand dank meiner Versenkungen jedoch im bodenlosen Brunnen zum Wesen der Welt.

„Verhülle nicht dein Gesicht, Jeschua, du weißt sehr wohl, was das heißt. Johanaan der Taucher [Johannes der Täufer] hat es dir vor aller Welt offenbart: Du bist Der, den er ankündigt, du bist Gottes Sohn."

„Ich verbiete dir, diesen Unfug zu wiederholen, Jehuda. Ich bin ein Menschensohn, nicht der Sohn Gottes."

„Warum sagst du dann ‚mein Vater' zu ihm?"

„Lass den Unsinn!"

„Und warum behauptest du, dass du Ihm in deinem Innersten begegnest?"

„Lege meine Worte nicht immer auf die Goldwaage. Wenn ich der Messias wäre, dann wüsste ich es."

„Du weißt es! Und obwohl du über Kenntnis und über die Zeichen verfügst, weigerst du dich, sie anzuerkennen."

„Schweig! Ein für allemal!"

Ich bezweifle, dass er das unglaubliche Gerücht in die Welt gesetzt hat, das immer weiter anschwoll, bis es ein furchterregendes Ausmaß angenommen hatte und wie ein Hagelschauer auf die Dächer Galiläas niederprasselte: Jeschua aus Nazareth ist der Messias, der in den Schriften angekündigt wird. Vermutlich war es ganz von selbst entstanden, weil die Juden wie alle Menschen die Dinge gern ihren Wünschen und Erwartungen anpassten. Ich konnte nicht mehr unter die Menschen gehen, ohne dass mich einer fragte: „Bist du Gottes Sohn?“

Dann fragte ich meist zurück: „Wer hat das gesagt?“

„Antworte! Du bist doch der Messias?“

„Das sagst du.“

Eine andere Antwort fiel mir nicht ein: Das sagst du. Nie hätte ich es gewagt, mich als Christus auszugeben. Ich konnte von Gott sprechen, von seinem Licht, von meinem Licht, weil es in mir strahlte. Nicht mehr. Doch die anderen führten meine Rede ohne Skrupel zu Ende. Sie überhöhten mich. Die mich liebten, taten es, um mich zu preisen. Die mich hassten, um meine Verhaftung zu beschleunigen.

„Jehuda, ich flehe dich an, bring dieses absurde Gerücht zum Verstummen. An mir ist nichts Besonderes, außer was Gott mir gab.“

„Davon spricht das Gerücht, Jeschua: von dem, was Gott dir gab. Er hat dich erwählt. Er hat dich ausgezeichnet.“

Und dann erging sich Jehuda für den Rest der Nacht in Betrachtungen über die Weissagungen der Propheten. In den unsinnigsten Einzelheiten meiner Existenz fand er die Bestätigung dessen, was Elias, Jeremias, Ezechiel oder Hosea vorhergesagt hatten. […] Da er sich gut in den Schriften auskannte, brachte er mich manchmal ins Wanken. Aber ich weigerte mich, ihm recht zu geben. (2005)

1 *Beschreiben Sie die Karikatur und arbeiten Sie ihre Aussageabsicht heraus.*

2 *Zeigen Sie auf, wie sich Jesus nach Schmitts Vorstellung zur Frage seiner Gottessohnschaft verhielt.*

3 *Beurteilen Sie die historische Wahrscheinlichkeit dieser Haltung Jesu vor dem Hintergrund von M4 und dem Schlüsselwissen (➜ S. 185). Ziehen Sie auch M35 heran.*

Christologische Hoheitstitel – was sie über Jesus sagen

Um zu verdeutlichen, was eine Person so bedeutsam macht, kann man eine Geschichte erzählen oder ihr einen Bei- oder Ehrennamen geben, in dem sich die Bedeutung verdichtet, wie z.B. „King of Pop" oder „der Kaiser". Da die auf Jesus bezogenen Beinamen ihm eine hoheitliche, göttliche Würde zusprechen, nennt man sie Hoheitstitel. Christologie setzt sich zusammen aus Logos (= Lehre) und Christus (= der Messias, der von Gott gesandte Retter). Ein christologischer Hoheitstitel drückt also aus, inwiefern Jesus Rettung, Heil und Hoffnung für die Menschen bringt und in welcher besonderen Beziehung er zu Gott steht. Im NT findet sich eine Vielzahl solcher Hoheitstitel, die damals leichter verständlich waren als für uns heute, da sie bereits anderweitig in Gebrauch waren, ehe sie auf Jesus übertragen wurden. Dazu gehören z.B. Lamm Gottes, Logos (Wort), Sohn Davids oder Menschensohn; letzterer ist vermutlich der einzige, den Jesus selbst auf sich bezogen hat. Durch den Bezug auf Jesus erhielten die Titel einen neuen Sinn. Durch Übersetzung in andere Sprachen veränderte sich teilweise ihre Bedeutung, manche verblassten. Gleichzeitig entstehen bis in die Gegenwart immer noch neue. Die drei bis heute wichtigsten aus dem NT werden hier kurz erläutert.

Messias (hebr. maschiach = Gesalbter, griech.: Christos): Im AT war Messias der Name für regierende Könige (z.B. 1. Sam 10,1; 24,7.11) und Hohepriester, die durch Salbung mit Öl in ihre Würde eingesetzt wurden. Später wurde Messias zum Namen für den verheißenen Erlöser, einer diesseitig-irdischen Person, die von Gott gesandt werden wird, um Israel wieder zu einen und zu befreien. Das NT sieht Jesus als Erfüllung der jüdischen Messias-Hoffnung, jedoch anders als erwartet: Statt eines politischen Umsturzes in Israel bringt der Messias (inneren) Frieden und Gerechtigkeit für alle Menschen (Mt 5–7); Zeichen und Wunder bestätigen seine Messianität (Mt 11,1 ff.). Im griechischen Sprachbereich wurde „Christos" schnell zu Jesu Beinamen, um ihn von anderen Trägern seines Namens zu unterscheiden.

Herr (griech. kyrios; vgl. kyrie eleison = Herr erbarme dich): Im hebräischen AT ist „Herr" keine Gottesbezeichnung, außer dass Gott „Herr aller Herren" genannt wird (Ps 100,3); der unaussprechbare Gottesname JHWH, den Juden mit adonai (= Herr) umschreiben, wird in der griechischen Septuaginta stets mit kyrios und in der Lutherbibel mit HERR wiedergegeben. Mit „Herr" (lat. dominus) wurde auch der römische Kaiser angeredet. Im NT wird kyrios für Jesus verwendet, um seine göttliche Autorität als Lehrer (Joh 13,13) und seine Nähe zu Gott (1 Kor 8,6; Phil 2,11) zu verdeutlichen.

Sohn Gottes/Gottessohn: Im alten Israel wurden das Volk (Ex 4,22) und auch Könige (Ps 2,7) „Gottes Sohn" genannt, um eine enge Beziehung zu Gott auszudrücken, die durch Adoption bestätigt wird. Im griechischen Sprach- und Kulturbereich erfährt diese Vorstellung eine Erweiterung. Dort nannte man einen König oder Menschen, dem man besondere Kräfte zuschrieb, Gottessohn; man führte dies auf eine wunderbare Geburt mit einem Gott als Vater zurück. Die Übertragung der Bezeichnung auf Jesus drückte für Juden vor allem dessen Nähe zu Gott und die ihm mit der Auferstehung übertragene Herrscherfunktion aus (Röm 1,3 f.). Mk 1,9–11 verlagert die Proklamation Jesu als Sohn Gottes mit der Taufe auf den Beginn seines Wirkens. Durch Mt 1 und Lk 1, die von einer Zeugung durch den Heiligen Geist und der Jungfrauengeburt sprechen, kommt die griechische Vorstellung hinzu, dass bereits Jesu Geburt die Gottessohnschaft begründet. So lag schließlich der Gedanke einer göttlichen Natur Jesu nahe.

Da Jesus selbst nichts Schriftliches hinterlassen hat, lässt sich die Frage, wie er sich selbst gesehen hat, allenfalls indirekt aus den Erzählungen der Evangelien erschließen. Die dabei angewandten Kriterien, um zwischen dem nach Ostern verkündigten Christus und dem historischen Jesus von Nazareth zu unterscheiden, waren und sind jedoch seit dem Aufkommen dieser Fragestellung in der Epoche der Aufklärung umstritten. Gerd Theißen gilt als einer der besten Kenner der historischen Jesus-Forschung.

M4

Vom historischen Jesus zum verkündigten Gottessohn

Gerd Theißen (1943)*

In der Jesusforschung ist es Konsens, dass Jesu Anhänger nach Ostern mehr von Jesus sagten, als er vor Ostern von sich gesagt hat. Der Schatten seines Kreuzes und das Licht von Ostern durchdrangen alle Erinnerungen an ihn. Überall, wo die Hoheit Jesu aufleuchtet, könnte das ein Glanz von Ostern sein. Überall, wo der Hinrichtung Jesu Sinn verliehen wird, könnte das nachösterliche Sinngebung sein.

Aber nicht alles ist Rückprojektion. Schon der historische Jesus besaß ein außergewöhnliches Charisma; schon er wurde abgelehnt. Wie sich dieser historische Jesus zu seiner nachösterlichen Verehrung als kerygmatischem* Sohn Gottes verhält, ist bis heute ein zentrales Problem. Man unterscheidet meist drei Phasen der Forschung:

Die liberale Theologie des 19. Jahrhunderts wollte hinter dem dogmatisch entstellten Bild von Jesus den historischen Jesus entdecken – eine menschliche Persönlichkeit mit so großer Ausstrahlungskraft, dass die Jünger ihn später als Gottheit verehrten. Man suchte nach der überragenden Menschlichkeit Jesu, um den kirchlichen Christus vom historischen Jesus her zu kritisieren. Die „neue Frage" (*new quest*) nach dem historischen Jesus ging dagegen (seit Mitte des letzten Jahrhunderts) vom kirchlichen Christus aus und suchte nach Anhaltspunkten für ihn im historischen Jesus: Sie fand diese in seinem singulären eschatologischen* Vollmachtsbewusstsein; Jesus beanspruchte, dass mit ihm die Gottesherrschaft beginnt. Man suchte nach der Analogielosigkeit Jesu. Die dritte Frage (*third quest*) hat sich von den Legitimationsfragen der Theologie gelöst und will rein historisch vorgehen. Sie sucht wie die *new quest* nach dem Besonderen an Jesus – aber nicht, um seine Analogielosigkeit nachzuweisen, sondern weil jede Gestalt mit historischer Wirkung ein besonderes Profil hat. Sie sucht wie die liberale Jesusforschung nach der Menschlichkeit Jesu – aber nicht um seine spätere Verehrung als Gott zu kritisieren, sondern weil Menschen nur aus ihrem kulturellen und sozialen Kontext heraus zu verstehen sind. (2008)

1 *Erläutern Sie Theißens Unterscheidung zwischen historischem Jesus und dem nach Ostern verkündigten Christus mithilfe des Schlüsselwissens (**➚ S. 188**).*

2 *Stellen Sie die drei Phasen der Jesusforschung mit ihren Intentionen durch eine grafische Skizze dar, die ihr Verhältnis zueinander verdeutlicht.*

3 *Bewerten Sie: Was bringt die historische Forschung über Jesus?*

Die Überzeugung, dass Jesus Gott ist, führte im 2. bis 5. Jahrhundert in der Kirche zu Streitfragen: Ist dies mit einem strikten Monotheismus vereinbar? Und falls ja, wie verhalten sich Göttliches und Menschliches in Jesus zueinander? Schließlich einigte man sich auf paradox anmutende Bekenntnisaussagen: Jesus habe eine göttliche und eine menschliche Natur, die eine ewig und leidensunfähig, die andere endlich und leidensfähig; als Person sei er gleichwohl eine Einheit. Sohn und Vater seien wesenseins, blieben aber dennoch zwei unterscheidbare und eigenständige Personen.

Seit der Aufklärung setzte sich die Überzeugung durch, dass Jesus zunächst als geschichtlicher Mensch wie wir verstanden werden muss, ehe man nach seinem Gott-Sein fragt. Für viele bleibt die Frage bestehen, wie Jesus angesichts seiner Gottessohnschaft und seiner Sündlosigkeit wirklich ganz Mensch sein kann.
Die Geschichte von Jesu Versuchung im NT und ihre moderne Interpretation im Spielfilm „Jesus“ (1999) können als Impuls für Antworten auf jene Fragen dienen.

Die Geschichte von der Versuchung Jesu im Film

M5

Roger Young (1942)*

Frau: *(jung und attraktiv, in rotes Tuch gehüllt; tritt als Versucherin auf)* Jesus!
Jesus: Ich kenne dich.
Frau: Der Geist Gottes hat dich zu mir gebracht. Weißt du warum?
Jesus: Um versucht zu werden.
Frau: Der Geist Gottes hat dich hierher geführt und dir gestattet, zu fühlen, was Menschen spüren, wenn sie von mir versucht werden. Aber um dies zu können, musst du auf alle Vorrechte verzichten, du musst auf jede Weise wie sie sein, so schwach, einsam und klein werden, wie sie es sind. Verlasse den Schutz der Macht, die in dir wohnt. Verzichte auf deine Göttlichkeit, verzichte auch auf deinen Vater, Jesus. Bist du gewillt, zu fühlen, was Menschen fühlen, Jesus? Ohne den Schutz des Vaters? Du weißt, dass das notwendig ist. Der Geist Gottes sagt das, nicht ich. Nur auf diese Weise können wir einander herausfordern.
Jesus: Ich bin gewillt. *(schreit laut auf; dann schaut er der Frau direkt ins Gesicht).*
Frau: Dies ist das Leben, Jesus. *(hüllt sein Gesicht mit ihrem Tuch ein, worauf dieses davonfliegt und sich in die Figur Satans verwandelt, der als schwarz gekleideter Managertyp auftritt: Es folgt die filmische Umsetzung der eigentlichen Versuchungsgeschichte.)* (1999)

1 *Erläutern Sie die Aussagen im Dialog über Jesu Menschlichkeit bzw. Göttlichkeit.*

2 *Vergleichen Sie diese mit den Aussagen des Christus-Hymnus (Phil 2,5–11).*

3 *Lesen Sie die Geschichte von der Versuchung Jesu nach (Mt 4,1–11) und zeigen Sie auf, wie der Film „Jesus“ (1999) diese neu interpretiert.*

Gegensätzliche Perspektiven der Betrachtung Jesu

Das Aufkommen der Unterscheidung zwischen dem historischen Jesus, wie man ihn aus den biblischen und nichtbiblischen Quellen zu rekonstruieren versucht, und dem verkündigten Christus, wie er aufgrund seiner Auferstehung von Christen (z.B. in den Evangelien) bezeugt wird, hat in der Christologie zu einer Reihe von begrifflichen Unterscheidungen geführt. Diese treten meist als Gegensatzpaare auf, die sich strukturell ähnlich sind, aber nicht völlig deckungsgleich. Sie helfen, das Grundproblem der Christologie klarer zu fassen.

- **Historischer Jesus – verkündigter Christus**

Unter dem historischen Jesus versteht man die geschichtliche Person Jesus von Nazareth, wie sie sich aufgrund verschiedener – nicht immer unumstrittener – Kriterien aus den biblischen und außerbiblischen Quellen durch Wahrscheinlichkeitsurteile rekonstruieren lässt. Der verkündigte (kerygmatische) Christus ist die Person Jesu, wie sie im Neuen Testament und anderen christlichen Quellen als Grund des Glaubens verkündigt wird.

- **Vorösterliche Perspektive – nachösterliche Perspektive**

Die christlichen Quellen, wie die im NT, sind dadurch charakterisiert, dass sie von Jesu Person und seinem Leben von Anfang an bereits im Lichte der Osterereignisse sprechen und erzählen. Sie sind also aus der nachösterlichen Perspektive des Glaubens an den von Gott auferweckten Gekreuzigten verfasst. Die vorösterliche Perspektive betrachtet Jesus dagegen – unter Absehung der durch Ostern möglich gewordenen Erkenntnis – ausschließlich als historische Gestalt, deren Konturen eine hypothetische Rekonstruktion darstellen.

- **Christologie von unten – Christologie von oben**

Die traditionelle Darstellung der Bedeutung Jesu Christi setzte – von der biblischen Perspektive ausgehend – „von oben“ ein, bei der Menschwerdung (Inkarnation) bzw. Sendung des Gottessohnes in die Welt mit dem Ziel, sie durch seinen Tod und seine Auferstehung zu erlösen. Der logische Denkansatz lautet: Gott wird Mensch/sendet seinen Sohn.

Seit Aufkommen der historisch-kritischen Bibelforschung sehen die meisten Theologen es als sinnvoller an, Jesus zunächst aus historischer Perspektive darzustellen, um anschließend zu zeigen, inwiefern die Glaubensaussagen, die ihn mit Gott gleichsetzen, einen Anhalt am historisch Wahrscheinlichen haben. Man setzt also „von unten“ an, beim Menschen Jesus von Nazareth, seinem Wirken und seinem Selbstverständnis. Erst dann bezieht man darauf jene Aussagen, die ihm eine göttliche Würde und Heilsbedeutung zusprechen. Kritiker dieses Denkansatzes verweisen darauf, dass die Gewissheit, dass Gott in Jesus zum Heil aller Menschen gehandelt hat, nicht allein auf historischen Wahrscheinlichkeitsurteilen gründet, sondern sich stets einem Akt des Glaubens verdankt. Daher kann man beide Perspektiven als komplementär verstehen: Sie bedingen einander und ergänzen sich.

Wer war Jesus wirklich?

Wirken und Wirkung Jesu

M6

Christoph Burchard (1931)*

Wie die meisten antiken Menschen hat Jesus von Nazareth nichts hinterlassen, was man besichtigen kann. Er hat auch nichts geschrieben oder diktiert. Kein Augen- oder Ohrenzeuge spricht noch direkt zu uns. Wir kennen Jesus im Wesentlichen durch die Wirkung der Wirkung, die er auf Menschen hatte. Er gewann unter seinen Landsleuten Jünger und Anhänger, die mit ihm zusammen das bildeten, was man heute gern Jesusbewegung nennt, und die nach seinem Tod so oder so, in Palästina und bald auch außerhalb, seine Sache weiterführten. Mit anderen Worten, wir kennen Jesus nur durch die Geschichte des Urchristentums. Zu ihr gehört, dass sich Überlieferung von Worten, Taten und Schicksal Jesu bildete und dazu benutzt wurde, um in seinem Namen zu wirken, missionarisch und auch zur Begründung und Regelung des eigenen Lebens und Denkens. Die Jesusüberlieferung ist nach Meinung der meisten Forscher einige Jahrzehnte lang im Wesentlichen mündlich gewesen, und zwar so, dass Jesusgeschichten und Jesusworte einzeln oder in Gruppen weitergegeben wurden. Bücher, die den ganzen Jesus zu erfassen versuchten, wurden wohl frühestens in den sechziger Jahren des 1. Jahrhunderts geschrieben. Erhalten sind davon vor allem die vier Evangelien nach Matthäus, Markus, Lukas und Johannes. Sie sind unsere Hauptquelle für die Jesusüberlieferung, vor allem die ersten drei, die stark parallel laufen und deshalb Synoptiker heißen. […] Eine Biografie Jesu lässt sich nicht schreiben. Größe und Augenfarbe sind nicht überliefert. Entwicklung, Persönlichkeit, inneres Leben sind kaum noch fassbar. Was wir erfassen können, sind neben vielen Einzelheiten erstens der zeitliche und örtliche Umriss seines öffentlichen Wirkens, das mit seinem Tod endete, zweitens sein Ziel und die typischen Züge seines Vorgehens, drittens seine Wirkung. (1987)

Anfänge des Christentums

M7

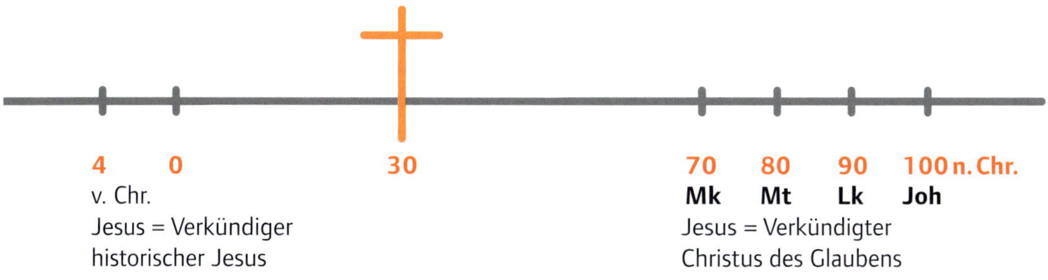

1 *Erläutern Sie die Grafik mithilfe der Aussagen C. Burchards in M6 und des Schlüsselwissens (✐ S. 188).*

2 *Machen Sie sich die Zwei-Quellen-Theorie klar (✐ S. 110 f.) und vergleichen Sie die Taufe Jesu bei Mk 1,9–13, Mt 3,13–17 und Joh 1,29–34.*

Quellen über Jesus außerhalb der Bibel

Die Tatsache, dass es auch außerhalb der Bibel Quellen aus dem 1./2. Jhd. n. Chr. gibt, die Jesus erwähnen, ist für die historische Frage nicht unerheblich, aber auch nicht zu überschätzen. Zu behaupten, die Evangelien zeichneten nur ein verklärtes Bild Jesu, während jene ein „neutrales" enthielten, wäre ein doppelter Irrtum. Denn kaum eine antike Geschichtsschreibung stellt ein Protokoll von Augenzeugen dar, sondern ist auch interessengeleitet. Viele nicht-christlichen Quellen sind vermutlich eine Reaktion auf christliche Aussagen. Frühchristliche außerkanonische Texte, die nicht Eingang in den biblischen Kanon gefunden haben, wie die apokryphen Evangelien, können eine ergänzende Perspektive bieten, sind jedoch zeitlich meist später zu datieren.

M8 Nichtchristliche Quellen

Josephus Flavius (37/38–ca. 100 n. Chr.)

In dem um 93 n. Chr. erschienenen Werk „Jüdische Altertümer" erwähnt der jüdische Historiker Josephus in einer unumstritten als echt geltenden Aussage (20,200) die Person Jesu; es ist der älteste Hinweis auf Jesus außerhalb des NT:

Ananus [ein Hohepriester] versammelte den hohen Rat zum Gericht und stellte vor dasselbe den Bruder des Jesus, der Christus genannt wird, mit Namen Jakobus, sowie noch einige andere, die er der Gesetzesübertretung anklagte und zur Steinigung führen ließ.

Tacitus (ca. 55–ca. 116)

In seinen Annalen (15.4) schreibt der römische Geschichtsschreiber Tacitus über den Brand Roms unter Nero (54–68) und dessen Vorgehen gegen die römischen Christen. Der Kaiser habe jenen die Schuld in die Schuhe geschoben, um das Gerücht, er habe den Brand selbst gelegt, zu beseitigen. Zur Erklärung des Namens „Christen" geht Tacitus auf Christus ein:

Um also dieses Gerede aus der Welt zu schaffen, schob Nero die Schuld auf andere und bestrafte sie mit den ausgesuchtesten Martern. Es waren jene Leute, die bei der ungebildeten Menge „Chrestianer" (Biedermänner) heißen, obwohl sie sich durch ihr skandalöses Verhalten mehr als unbeliebt gemacht hatten. Dieser Name kommt (aber) von Christus, der unter Tiberius durch den Prokurator Pontius Pilatus hingerichtet worden war. (Dadurch) für den Augenblick unterdrückt, trat der verhängnisvolle Aberglaube (jedoch) neuerdings auf, nicht nur in Judäa, dem Ausgangspunkt des Übels, sondern auch in Rom, wo sich ja aller Welt Gräuel und Gemeinheit ein Stelldichein gibt und Orgien feiert.

Plinius der Jüngere (ca. 61/62–ca. 113)

Der römische Adlige Plinius der Jüngere wurde von Kaiser Trajan als Statthalter in die Provinzen Bithynien und Pontus geschickt. In einer schriftlichen Anfrage will Plinius von jenem wissen, ob er sein Vorgehen bei Prozessen gegen Christen billige:

Vorläufig bin ich gegen die, die mir als Christen angezeigt wurden, in der folgenden Weise vorgegangen: Ich fragte sie selbst, ob sie Christen seien. Den Geständigen legte ich die Frage unter Androhung der Todesstrafe ein zweites und drittes Mal vor. Die dabei blieben, ließ ich zur Hinrichtung abführen. Denn mir war nicht zweifelhaft, dass Starrsinn und unbeugsamer Trotz Strafe verdiene, ganz abgesehen von Art und Inhalt ihres Geständnisses. [...] Aber sie sagten aus: „Unser ganzes Vergehen oder Versehen bestand darin, an einem bestimmten Tag vor Sonnenaufgang zusammenzukommen, um Christus als Gott im Wechselgesang einen Hymnus darzubringen und uns unter Eid zu verpflichten, nicht zu einem Verbrechen, sondern dazu, weder Diebstahl noch Raub noch Ehebruch zu begehen, nicht gegen Treu und Glauben zu verstoßen und anvertrautes Gut nicht zu unterschlagen. Nach dem Vollzug dieser Riten gingen wir regelmäßig auseinander und trafen uns erst wieder bei einem gemeinsamen Mahl, alltäglicher, unschuldiger Art." Sie hätten aber auch das nicht mehr getan nach meinem Edikt, indem ich in Ausführung deiner Mandate das Bestehen geschlossener Vereine untersagt hatte.

Der Talmud (2.–6. Jh. n. Chr.)

Im Talmud, dem Sammelwerk der Tora-Auslegungen der jüdischen Gelehrten, der Rabbinen, findet sich eine Passage im Traktat Sanhedrin 43a, deren zeitliche Einordnung und Authentizität umstritten ist, die Jesu Prozess und seine Hinrichtung erwähnt:
Am Vorabend des Pessachfestes hängte man Jesus [d. h. seinen Leichnam nach erfolgter Steinigung]. Vierzig Tage vorher hatte der Herold ausgerufen: Er wird zur Steinigung hinausgeführt, weil er Zauberei getrieben und Israel verführt und abtrünnig gemacht hat; wer etwas zu seiner Verteidigung zu sagen hat, der komme und sage es. Da aber nichts zu seiner Verteidigung vorgebracht wurde, so hängte man ihn am Vorabend des Pessachfestes.

Frühchristliche außerkanonische Quellen

M9

Das Kindheitsevangelium des Thomas (160 n. Chr.)

Die Verfasserangabe beansprucht Authentizität, aufgrund der Datierung hat Thomas aber wohl nichts mit dem gleichnamigen Apostel Jesu zu tun. Das Kindheitsevangelium enthält viele kurze Erzählungen über den jungen Jesus und erinnert von seinem Charakter her an Erzählungen, wie sie in der Antike auch über andere berühmte Personen verbreitet waren:
Ich, Thomas der Israelit, hielt es für nötig, allen Brüdern und Schwestern aus den Heidenvölkern von der Kindheit unseres Herrn Jesus Christus zu erzählen und von den Großtaten zu berichten, die er gewirkt hat, nachdem er in unserem Land geboren war. So fing es an: Als Jesus fünf Jahre alt war, gab es einmal einen starken Regenguss. Jesus spielte an einer seichten Stelle am Bach. Er leitete das vorbeifließende Wasser in kleine Vertiefungen, sammelte es dort und machte es augenblicklich – allein durch sein Wort – ganz klar. Dann knetete er weichen Lehm und formte daraus Spatzen. Es war an einem Sabbat. Als ein Jude sah, was Jesus am Sabbat beim Spielen tat, ging er sofort zu Joseph, seinem Vater, und sagte zu ihm: „Dein Sohn spielt am Bach. Er hat aus Lehm zwölf Spatzen geformt. Damit hat er den Sabbat entweiht.“ Joseph eilte an die angegebene Stelle, sah, was Jesus gemacht hatte, und rief: „Warum tust du verbotene Dinge am Sabbat?“ Doch Jesus klatschte in die Hände und rief den Spatzen zu: „Los, fliegt weg.“ Da breiteten die Spatzen ihre Flügel aus und flogen laut tschilpend davon. Als das die Juden sahen, staunten sie sehr. Sie gingen hin und erzählten ihren Ältesten, was sie Jesus hatten tun sehen.

1 *Zeigen Sie, welche historisch verwertbaren Aussagen über Jesus sich den vier Quellen entnehmen lassen.*

2 *Beurteilen Sie den Wert der Quellen im Vergleich untereinander und mit den Evangelien.*

3 *Das Kindheitsevangelium des Thomas wurde nicht in den Kanon des NT aufgenommen. Überlegen Sie aufgrund von M9, welche Gründe es dafür gibt.*

Zwei Betrachtungsweisen des Weges Jesu

Der historische Jesus im Kontext seiner Zeit

M 10

Über die Zeit und das Land, in das Jesus hineingeboren wird, lässt sich aus historischen und archäologischen Quellen viel in Erfahrung bringen. Israel war damals von den Römern besetzt, das von ihnen seit 135 n. Chr. Palästina genannt wurde. Durch abhängige jüdische Herrscher ließen sie Steuern und Abgaben eintreiben und schikanierten die jüdische Bevölkerung, von der sie weitgehend abgesondert lebten. Daher waren die Römer im Volk verhasst. Aus religiösen Gründen verachteten die Juden sie, da sie Heiden waren und ihren Kaiser als Gott verehrten.

In dieser Situation sehnten sich die Juden nach dem verheißenen Messias aus dem Stamme Davids, der die Feinde vertreiben und so Israel zu neuer Blüte führen würde. Diese stark politisch gefärbte Hoffnung führte zu einer Vielzahl von Erneuerungsbewegungen. In diesen traten immer wieder einzelne Personen hervor, die sich als Prophet oder Messias ausgaben oder als solcher angesehen wurden. Einige, wie die Zeloten, wollten durch Aufstände die erhoffte Heilszeit mit Gewalt herbeiführen; die Pharisäer betonten dagegen, dass hierfür erst eine Rückbesinnung auf die Gebote der Tora nötig sei.

Geboren wurde Jesus (hebr. Jeschua = Gott ist Retter) kurz vor Ende der Regierungszeit von Herodes I. (37–4 v.Chr.) zur Zeit der Herrschaft des römischen Kaisers Augustus, wahrscheinlich nicht in Betlehem, der Davidsstadt, sondern in Nazareth, einem kleinen Bergdorf in Galiläa. Als seine Eltern gelten Maria (hebr. Mirjam), eine noch recht junge Frau, und ihr Verlobter Josef, ein Bauhandwerker, der vermutlich um einiges älter war. Jesus hatte mehrere Geschwister; die Namen der Brüder sind teilweise bekannt. Wahrscheinlich erlernte er den Beruf des Vaters, erfuhr aber auch eine elementare jüdische Bildung. Er lernte, die Tora zu lesen und zu verstehen. Seine Muttersprache war Aramäisch. Über seine Kindheit und Jugend ist wenig bekannt.

In den 20er-Jahren des 1. Jahrhunderts n.Chr. schließt er sich der Bewegung Johannes des Täufers an. Von ihm, der angesichts des unmittelbar bevorstehenden Gerichts Gottes alle Juden zu aufrichtiger Buße und zur Umkehr aufrief, ließ er sich im Jordan zum Zeichen der Vergebung der Sünden taufen. Bald jedoch trat er als Wanderprediger unabhängig vom Täufer auf. Mit einer verwandten Botschaft, die aber die Gnade Gottes stärker betonte, begeisterte er viele aus dem einfachen Volk. Als engsten Kreis um sich berief er zwölf Jünger. Daneben begleiteten ihn aber auch Frauen, was für jüdische Lehrer ungewöhnlich war. Von seinen Anhängern verlangte er, sich völlig frei zu machen von Familie, Besitz, Heimat und Sicherheit, um bereit zu sein für die bald anbrechende Gottesherrschaft. Von dieser erzählte er in Gleichnissen und sprach von Gott in Bildern als liebendem und barmherzigem Vater. Durch Heilungen und Dämonenaustreibungen machte er zeichenhaft deutlich, dass Gottes Reich das Ende alles Bösen bedeutet. Er sprach und aß besonders oft mit Zöllnern, Prostituierten und anderen Sündern, die ausgegrenzt wurden, und vergab ihnen ihre Sünden. Das erregte Anstoß, und er wurde als „Fresser und Weinsäufer" verspottet.

Als Lehrer legte er die Tora neu aus, indem er ihre universal gültigen Aspekte verschärfte. So radikalisierte er das Gebot der Gottes- und Nächstenliebe, indem er auch forderte, die Feinde zu lieben. Bei rituellen Geboten, wie den Reinheitsvorschriften oder dem Sabbatgebot, ging es ihm darum, den eigentlichen Sinn, das Wohl der Menschen, deutlich zu machen. Damit sowie auch mit seinen Taten erntete er nicht nur Zuspruch, sondern auch Widerspruch, insbesondere bei den Pharisäern, mit denen er leidenschaftlich diskutierte.

Als er schließlich nach einigen Monaten bis drei Jahren öffentlichen Wirkens in Galiläa zum Passafest nach Jerusalem zog, brachte er durch seine radikale Kritik am Tempel die Priesterschaft gegen sich auf. Da auch die Römer die durch seine Person möglicherweise ausgelösten Unruhen fürchteten, wurde er aufgrund der Anklage, nach politischer Macht zu streben, zum Tode verurteilt. An einem Freitag des jüdischen Monats Nissan (entspricht dem April) wird er gekreuzigt. Sein Todesjahr liegt in der Amtszeit des Pontius Pilatus, des kaiserlichen Vertreters in Judäa; die Quellen lassen eine Datierung zwischen 27 und 33 zu.

Mehrere seiner Jünger, wie z.B. Petrus, die angesichts seiner Verurteilung aus Angst geflohen waren, sowie einige Frauen, darunter Maria Magdalena, berichteten jedoch wenige Tage nach seinem Tod davon, Jesus sei ihnen als Auferstandener erschienen. Die dadurch bewirkte Gewissheit, dass dieser nun an der Seite Gottes steht, ließ für sie Jesu Person, sein Wirken und seinen Tod nochmals in einem ganz neuen Licht erscheinen. Ihre Erwartung, dass Gott durch ihn die Wende zum Heil bringen würde, hatte sich erfüllt, wenn auch anders als erwartet. Mit dieser Botschaft begannen sie, Jesus unter Juden und Heiden als Messias und Gottessohn zu verkündigen. Im Laufe des 1. Jahrhunderts trennten sich Jesu Anhänger nach und nach vom Judentum; das Christentum entstand als neue Religion.

Die Anbetung der Hirten

M11

Hugo van der Goes (ca. 1440–1482)

1 *Erläutern Sie nach M10 die Messiaserwartung in ihrem geschichtlichen Kontext.*

2 *Stellen Sie Jesu Leben tabellarisch dar; zeigen Sie Lücken und Verdichtungen.*

3 *Vergleichen Sie die Anfänge der Evangelien Mk und Mt: Lesen Sie Mt 1–4 und Mk 1–2; arbeiten Sie Gemeinsamkeiten und Unterschiede in der Betrachtung des Weges Jesu heraus. Vergleichen Sie diese anschließend mit der historischen Darstellung in M10.*

4 *Beschreiben und deuten Sie das Bild von Goes und vergleichen Sie seine Perspektive der Betrachtung von Jesu Weg mit M10.*

Bildliche Darstellungen von Jesus Christus

Warum hat Jesus auf Bildern oft einen Heiligenschein? Warum haben Engel Flügel? – Um solche Fragen zu beantworten, muss man sich klarmachen: Unser „Bild“ von Jesus Christus oder unsere Vorstellungen seiner Geburt oder der Kreuzigung sind nicht allein durch die biblischen Geschichten geprägt, sondern durch deren bildliche Darstellung in der abendländischen Kunst oder auch im Film.

Bis zu Luthers Bibelübersetzung waren Bilder für die meisten Menschen oft der einzige Zugang zur Geschichte Jesu. Lange Zeit waren die Themen der Heilsgeschichte der dominierende oder gar einzig legitime Gegenstandsbereich künstlerischen Schaffens. Bilder aus dem Leben Jesu verraten daher stets auch viel über Glauben, Menschen- und Weltbild einer Zeit bzw. eines Künstlers. Ein Verständnis der europäischen Kunstgeschichte, auch der modernen, ist ohne Grundkenntnisse der Bibel kaum möglich.

Umgekehrt lassen sich Bilder von Jesus nicht als bloße Vergegenständlichung biblischer Aussagen verstehen, sondern in ihrem Gehalt und ihrer Symbolik erst dann deuten und entschlüsseln, wenn die Zusammenarbeit mit anderen Fächern, insbesondere der Bildenden Kunst gesucht wird. Typische Merkmale bzw. Attribute Jesu – wie Bart oder weißes Gewand – gehen nicht auf das NT zurück, das Jesu Aussehen nicht näher beschreibt. Sie haben sich vielmehr herausgebildet und gewandelt in einem engen Zusammenspiel von Einflüssen aus Theologie, Philosophie und Kunst, aber auch Politik und Gesellschaft.

Eine weitere wichtige Frage ist, wie es dazu kommt, dass es im Christentum im Unterschied zu Judentum und Islam überhaupt Bilder heiliger Personen, ja sogar von Gott, in heiligen Räumen wie Kirchen gibt. Gilt nicht auch für Christen das alttestamentliche Gebot „Du sollst dir von Gott kein Bild oder Gleichnis machen“ (Ex 20,4)? Da es aus den ersten zwei Jahrhunderten des Christentums keine Bilder Jesu gibt, nehmen viele an, dass Christen dieses Gebot zunächst befolgten, ehe sie begannen, Jesus und später auch Gott bildlich darzustellen. Die neutestamentliche Bezeichnung Jesu als „Ebenbild des unsichtbaren Gottes“ (Kol 1,15) hat wohl eine wichtige Rolle bei der Aufgabe dieser anfänglichen Zurückhaltung gegenüber Bildern gespielt.

Die fruchtbare Zusammenarbeit von Religions- und Kunstunterricht zeigt ein Vergleich zweier Jesusbilder von S. 178: Die Christus-Ikone (4) aus dem Katharinenkloster auf dem Sinai ist eine der ältesten Darstellungen des Antlitzes Jesu (6. Jh.). Ikonen (➚ S. 67) sind Kultbilder der Ostkirchen, deren Verehrung Ehrfurcht vor dem Göttlichen wecken und eine existenzielle Verbindung zwischen Betrachter und Dargestelltem ermöglichen soll. Jesus ist hier bewusst nur zweidimensional gemalt, da Ikonen Abbild der Wirklichkeit und nicht diese selbst sind. Der Maler orientiert sich an Formen und Farben anderer Ikonen, weil sie alle das Abbild eines „Urbildes“ darstellen. Er will nicht als Künstler Jesus Christus interpretieren, sondern zeigen, wie ihn die orthodoxe Kirche gemäß den Bekenntnissen der alten Kirche sieht, nämlich als Pantokrator, als über dem Kaiser stehender All-Herrscher. – Der Christuskopf (3) des Niederländers Rembrandt weist auf den ersten Blick viele Merkmale des traditionellen Christusbildes auf. Der Titel „Ein Christus nach dem Leben“ verweist jedoch bereits darauf, dass es Rembrandt darum geht, Jesus individuelle menschliche Gesichtszüge zu geben, die nicht zuletzt daher rühren, dass er sich eines Modells bediente, für das er bewusst einen Juden wählte. Diese Tatsache markiert eine Wende in Rembrandts Denken über Juden, deren Physiognomie er zuvor stereotyp und negativ dargestellt hatte. Obwohl Jesu Menschlichkeit so mehr betont wird als bei der Ikone, kann man in dem für Rembrandt typischen Stilmittel Licht/Schatten auch etwas von Jesu Göttlichkeit ausgedrückt sehen.

Jesus und seine Botschaft

Was ist das „Reich Gottes"?

„Reich Gottes" ist ein ebenso zentraler wie schwer zugänglicher Begriff der Verkündigung Jesu. Kinder einer 4. Klasse äußerten sich auf die Frage, was sie sich unter dem Reich Gottes vorstellen, ganz unbefangen.

Wie Grundschulkinder sich das Reich Gottes vorstellen

M 12

- „In das Reich Gottes kommt man nach dem Tod." Die gleiche Schülerin sagt kurz darauf: „Ich habe nicht nur nach dem Tod gemeint. Aber das hört man immer so."
- „Im Reich Gottes gibt es keinen Krieg. Da ist Frieden."
- „Wenn nach dem Krieg zwei Kämpfer Frieden schließen, ist das so wie bei Gott." Gefragt nach seinem Verständnis vom Senfgleichnis malt ein Schüler ein Bild: links einen Panzer und ein Flugzeug, rechts zwei Menschen mit einem Herzen darüber. Er schreibt dazu: „Ich verstehe es so wie ein Kind, das weint, das man tröstet, wenn im Krieg plötzlich Freundschaft herrscht, nach dem Streit Versöhnung. Gottes Reich beginnt dort, wo Hass und Gewalt enden und Liebe herrscht."
- „Bei Gott schließen Menschen und Tiere Frieden."
- „Oder wenn jemand wieder gesund ist. Das ist wie bei Gott, zum Beispiel wie bei Jesus. Auch wenn man schon gemeint hat, alles ist zu spät."
- Auf die Frage der Lehrerin, ob wir etwas vom Reich Gottes spüren und erfahren können, sagt ein Kind: „Wenn wir beten, zum Beispiel in der Kirche alle zusammen, dann ist das wie im Reich Gottes."
- „Wo wir in der Kirche waren in der 1. Klasse und die Lichter angezündet haben, das war so schön. So stelle ich es mir bei Gott vor."

Was bedeutet „Reich Gottes"?

M 13

Jürgen Moltmann (1926)*

Wer sich auf Jesus einlässt, lässt sich auf das Reich Gottes ein. Das ist unausweichlich so, denn die Sache Jesu war und ist das „Reich Gottes". Wer Gott sucht und nach dem Reich fragt, in dem „Gerechtigkeit und Frieden sich küssen" (Ps 85,11), soll auf Jesus sehen und sich in die Geschichten vertiefen, die in seiner Gegenwart geschehen sind und in seinem Geist heute noch geschehen. Das legt sich nah und ist wie mit Händen zu greifen, denn: Wer ist Jesus? Er ist nichts anderes als das *Reich Gottes in Person.* […]

Wie viel Unheil beginnt schon bei der Übersetzung, wenn Begriffe gewählt werden, die an etwas anderes denken lassen, als der Text im Sinn hat. „Basileia tou Theou" steht da im Griechischen. Wie sollen wir übersetzen? Sagen wir „Reich Gottes", dann denken manche an das „Römische Reich", an das „Deutsche Reich", in jedem Fall an ein „Heiliges Reich". „Das Reich" ist gewiss ein Raum, der durch eine gemeinsame Regierung geprägt ist und von Bürgern und Bürgerinnen als den „Reichsgenossen" bewohnt wird. Meint man einen begrenzten Raum, dann redet man vom „Reich des Guten" und vom „Reich des Bösen" und von den „Zwei Reichen", dem „geistlichen Reich" und dem „weltlichen Reich". Wird das Reich aber mit Gott verbunden, dann kann es nicht zwei oder mehrere Reiche geben, denn Gott ist einer und außer ihm ist keiner.

Anstelle von „Reich Gottes" hat sich seit etwa

100 Jahren die Übersetzung „Herrschaft Gottes" durchgesetzt. Das klingt dynamischer: Gott ist der Herr, weil er herrscht, und alles, was er beherrscht, ist sein Reich. So weit, aber nicht so gut, denn wir haben persönlich, beruflich und politisch so viele Formen von „Machtergreifung" erlitten, dass wir in der Sehnsucht nach einer „Gottesherrschaft" vorsichtig geworden sind. Man möchte doch erst wissen, auf welche Weise denn Gott herrscht im Vergleich zu allen diesen anderen Herrschaften, und ob wir alle […] auch etwas zu sagen haben. […]

Schlagen wir das NT auf, dann finden wir dort keine Definition des „Reiches Gottes". […] Jesus hat überhaupt keinen alten oder neuen „Begriff" des Reiches Gottes geliefert, er hat das Reich Gottes selbst gebracht. Das ist ein großer Unterschied: Es ist eines, die richtigen Begriffe vom Leben zu definieren, ein anderes, richtig zu leben. Eines ist es, einen Begriff vom Glück zu lernen, ein anderes, glücklich zu sein. Und so ist es eine Sache, das Reich Gottes „auf den Begriff zu bringen", und eine andere, das Reich Gottes zu erfahren, es zu fühlen, zu sehen und zu schmecken. Nicht der Begriff darf die Erfahrung bestimmen, sondern die Erfahrung muss den Begriff bestimmen. […]

Es ist das Besondere an Jesus, dass er das Reich Gottes in *Gleichnissen* aus der Natur- und Menschenwelt zur Sprache bringt. Wir nehmen in ihnen das Reich Gottes wahr, wie es kein Begriff geben könnte. Wir vertiefen uns in die *Krankenheilungen* Jesu, weil diese Wunder Reich-Gottes-Wunder sind. Wir sehen uns die *Tischgemeinschaften* Jesu mit den ausgegrenzten „Sündern und Zöllnern" an, weil sie das Essen und Trinken im Reich Gottes bedeuten. Zuletzt hören wir das Grundgesetz des Reiches Gottes: die *Seligpreisungen*. (1994)

1 *Arbeiten Sie die Bedeutungen heraus, die „Reich Gottes" in den Aussagen der Kinder in M12 bekommt. Ziehen Sie Vergleiche mit Ihren eigenen Vorstellungen.*

2 *Erarbeiten Sie aus folgenden Texten, was das Reich Gottes bedeutet: Gleichnisse (Mk 4: Vom Sämann, Wachsen der Saat, Vom Senfkorn), Krankenheilungen (Mk 5,25–34; Mk 9,14–29), Tischgemeinschaften (Lk 5,27–32; Lk 14,1.7–24), Die Seligpreisungen (Mt 5,1–12; vgl. dazu auch Lk 6,20–26).*

3 *Formulieren Sie aufgrund Ihrer Ergebnisse und mithilfe von M13 eine kindgerechte theologische Erklärung, die auf die Reich-Gottes-Vorstellungen der Kinder Bezug nimmt.*

Warum spricht Jesus in Gleichnissen?

Gleichnisse sind kurze, pointierte Erzählungen, mit denen Jesus Gott und sein Reich anschaulich machen will. Dazu greift er Erfahrungen aus dem Alltag der Menschen seiner Zeit auf und spitzt sie so zu, dass sich eine unerwartete Pointe ergibt. Die dabei gebrauchten Bilder wollen den Blick für Verhaltensweisen oder Eigenschaften Gottes öffnen, die in Widerspruch zu Alltagserfahrungen stehen. Gleichnisse sind aufgrund ihrer metaphorischen Redeweise deutungsbedürftig und zeigen, dass Gottes Reich von uns nicht vollständig zu ergründen ist und mehrdeutig bleibt.

M 14 Das Gleichnis von den Arbeitern im Weinberg

Wolfgang Huber (1942)*

Das Gleichnis von den Arbeitern im Weinberg (Mt 20,1–16) wird oft unter dem Gesichtspunkt betrachtet, welche sozialpolitischen Lehren man aus ihm ziehen kann. Aber zielt es wirklich auf die Botschaft, dass gleicher Lohn für ungleich lange Arbeit zu zahlen sei? Oder worum geht es? […]

Als es zur Lohnzahlung kommt, erhält jeder den gleichen Lohn: jeder einen Dinar für das tägliche Brot. Für ungleiche Arbeitsbelastung wird gleicher Lohn gezahlt. Das ist ein höchst ungewöhnlicher Umgang mit dem Problem des gerechten Lohns. Der Streit darüber entzündet sich in aller Regel umgekehrt an der ungleichen Entlohnung für gleiche Arbeitsbelastung. Ungleiche Tariflöhne für verschiedene Tarifgebiete (in Deutschland zum Beispiel zwischen West und Ost) oder ungleiche Entlohnungen für Männer und Frauen, für Ältere und Jüngere auch dann, wenn sie die gleiche Arbeit verrichten, sind Fälle, an denen sich der Streit um den gerechten Lohn entzündet. Hier aber wird bei ganz unterschiedlicher Länge der Arbeitszeit der gleiche Lohn bezahlt.

Hatte indes nicht jeder Tagelöhner mit dem Weinbergbesitzer einen Vertrag geschlossen und per Handschlag den Lohn besiegelt? Darauf verweist denn auch der Arbeitgeber, als er von denen angegangen wird, die sich ungerecht behandelt fühlen: „Mein Freund, ich tue dir nicht Unrecht. Bist du nicht mit mir einig geworden über einen Silbergroschen" (V. 13)? Er beruft sich auf die Vertragstreue und damit auf einen Wert, der nicht gering zu schätzen ist. Freilich lässt sich dagegen einwenden, dass die Ungleichbehandlung beim Abschluss des Vertrages gar nicht zu durchschauen war. Denn es ging gar nicht um Regeln für einen gerechten Lohn, sondern um ein verblüffendes Gleichnis dafür, wie Gottes Gnade sich auswirkt.

Auf diesen Kern führt die Antwort, die der Besitzer des Weinbergs demjenigen gibt, der sich ungerecht behandelt fühlt: „Siehst du so scheel drein, weil ich so gütig bin" (V. 15)? Jesus stellt mit dem Gleichnis das Handlungsprinzip Gottes dar: Er behandelt nicht Gleiches gleich; das hätte dazu geführt, [...] einen Dinar für zwölf Arbeitsstunden und einen zwölftel Dinar für eine Arbeitsstunde zu bezahlen. Gottes Perspektive ist nicht die des Rechtens und Rechnens, er zahlt nicht „in gleicher Münze heim". Sondern Gott erweist seine Güte. Er will nicht Kosten minimieren, so wie der Weinbergbesitzer bei den Tagelöhnern, die nur kurz arbeiten, etwas hätte einsparen können. Gott rechnet nicht nach größeren und kleineren Verdiensten. Er ruft jeden in seine Nähe. Er würdigt jeden auf besondere Weise. Gerade darin verleiht er allen Menschen eine Würde, die stärker ist als die Unterschiede der Leistung oder des Vermögens. So verweist das Gleichnis auf die Begründung der unvergleichlichen Würde jedes Menschen in der unausforschlichen Güte Gottes. Dadurch gewinnt es auch einen ethischen Sinn – nicht weil es einen Vorschlag für Tarifverhandlungen enthält, sondern weil es deutlich macht, dass die gleiche Würde jedes Menschen in Gottes Güte ihren Grund hat. (2008)

1 *Lesen Sie Lk 10,25–37 (✎ S. 103), Lk 15,11–32 und Mt 20,1–16. Zeigen Sie, welche Alltagserfahrungen diese Gleichnisse aufgreifen und worin ihre überraschende Pointe im Blick auf das Reich Gottes liegt.*

2 *Vergleichen Sie Ihre Deutung von Mt 20,1–16 mit derjenigen von Huber (M14).*

Die Arbeiter im Weinberg, Rembrandt Harmensz. Van Rijn (um 1648–1650)

W.W.J.D. – Was würde Jesus tun?

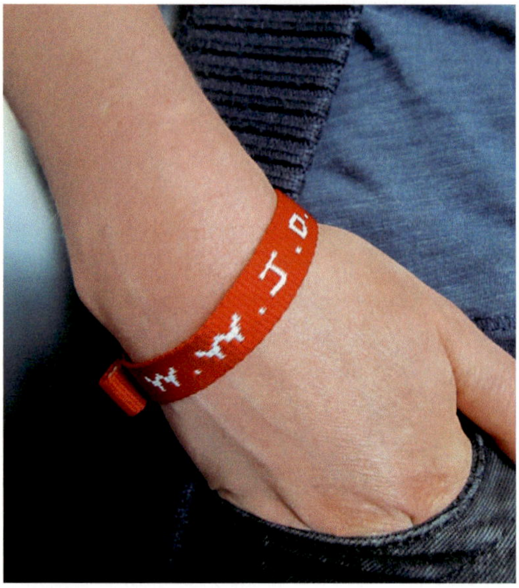

Armbändchen mit der Abkürzung W.W.J.D. sind unter jungen Christen in Mode. Der Slogan „What would Jesus do?" fordert dazu auf, sich in Alltagssituationen die Frage zu stellen, wie Jesus wohl handeln würde. Weisungen Jesu, wie man leben soll, findet man in keinem anderen Text so konzentriert und pointiert wie in der Bergpredigt (Mt 5–7), in der Jesu Auslegung der Tora gebündelt ist. Ebenso wie sie Christen bis heute wichtige Impulse für ihr Handeln gibt, ist auch umstritten, inwiefern ihre ethischen Forderungen bedingungslos bzw. für alle Christen gültig sind. Eine zweite dadurch aufgeworfene Grundfrage lautet: Wie kann ihr radikaler Anspruch mit dem bedingungslosen Zuspruch von Jesu Vergebung widerspruchsfrei zusammengedacht werden?

M 15 ich habe gelernt

*Kurt Marti (*1921)*

ich habe gelernt (in der kirche):
wer dich auf den rechten
backen schlägt, dem biete auch den anderen dar

ich habe gelernt (in nahkampfkursen):
ein tritt in die hoden des feindes
legt diesen am sichersten um

was gilt nun? (1995)

M 16 Wie soll man die Bergpredigt verstehen?

A Die Bergpredigt enthält die Vision einer vollkommen neuen Gesellschaft. Wenn wir ihre Weisungen tatsächlich befolgen, kommen wir einer gerechteren und friedlichen Welt näher.

B Die Bergpredigt kann Impulse geben für das Handeln im privaten Bereich. Politik kann man mit ihr nicht machen. Ihre Forderungen sind in unserer Gesellschaft völlig unrealistisch.

C Die Forderungen der Bergpredigt kann niemand erfüllen. Sie machen uns klar, wie sehr wir der Vergebung Gottes bedürfen, da wir seine Gebote trotz allem Bemühen immer wieder brechen.

D Die Forderungen der Bergpredigt sind nur für eine kleine Gruppe von Christen gedacht: Nur Menschen, die ihr ganzes Leben bewusst der Nachfolge Jesu widmen wie die Jünger oder Mönche und Nonnen, können sie wirklich befolgen.

E In der Bergpredigt verschärft Jesus bewusst die Gebote der Tora. Durch Übertreibung will er den ursprünglichen Sinn der Gebote neu vor Augen führen und unser Denken verändern.

1 *Verschaffen Sie sich einen Überblick über zentrale ethische Aussagen der Bergpredigt und finden Sie heraus, auf welche sich Martis Gedicht bezieht. Formulieren Sie arbeitsteilig zu einigen von ihnen strukturell ähnliche Gedichte.*

2 *Ordnen Sie die fünf Auffassungen über Gültigkeit und Funktion der Bergpredigt in M16 auf einer Skala mit den Polen erfüllbar/gültig und unerfüllbar/bedingt gültig an.*

3 *Formulieren Sie zu einer Aussage der Bergpredigt zu drei der fünf Auffassungen eine entsprechende Auslegung. Diskutieren Sie, welche am meisten überzeugt.*

Liebet eure Feinde

M 17

Martin Luther King (1929–1968)

Kein anderes Gebot Jesu ist wohl so schwer zu befolgen wie der Befehl: „Liebet eure Feinde!“ Manche Menschen halten es für unausführbar. Es sei zwar leicht, so sagen sie, den zu lieben, von dem man geliebt wird, wie aber könne man den lieben, der einem offen und insgeheim schadet?

Andere, wie etwa der Philosoph Nietzsche, behaupten, die Aufforderung Jesu, die Feinde zu lieben, mache das Christentum zu einer Religion der Schwachen und Feigen, nicht aber für die Starken und Tapferen. Jesus, so sagen sie, war ein weltfremder Idealist.

Trotz dieser immer wiederkehrenden Fragen und Einwände gilt dieser Befehl Christi heute mit besonderer Dringlichkeit. Immer neue Umwälzungen zeigen, dass der Mensch sich auf der Straße des Hasses befindet. Er ist auf einer Reise begriffen, die zu Untergang und Verdammnis führt. Der Befehl, unsere Feinde zu lieben, ist nicht die fromme Bitte eines schwärmerischen Träumers; er ist eine unbedingte Notwendigkeit für unser Überleben. Die Liebe auch zu den Feinden ist der Schlüssel, mit dem sich die Probleme der Welt lösen lassen.

Jesus ist kein weltfremder Idealist, sondern ein praktischer Realist. Er gehörte nicht zu jenen Schwätzern, die uns zungenfertig einreden sollen, wie leicht es sei, ein moralisches Leben zu führen. Er wusste, dass jeder echte Ausdruck der Liebe allein einer völligen und bewussten Ergebung in Gott entspringt. Wenn Jesus also sagte: „Liebet eure Feinde“, so kannte er die alles fordernde Vorbedingung hierfür genau. Und doch meinte er seine Worte völlig ernst. Wir müssen versuchen, den Sinn seines Befehls zu erfassen und ihn in unserem Leben zu befolgen.

1 *Bestimmen Sie, welche Auffassung von der Gültigkeit der Bergpredigt Martin Luther King vertritt. Zeigen Sie auf, wie er Mt 5,43–45 versteht.*

2 *Informieren Sie sich darüber, wie Martin Luther King Jesu Forderung nach Feindesliebe und Gewaltverzicht konkret umgesetzt hat.*

Wen wundert was?

M 18 Vorübungen für ein Wunder

Erich Fried (1921–1988)

Vor dem leeren Baugrund
mit geschlossenen Augen warten
bis das alte Haus
wieder dasteht und offen ist
Die stillstehende Uhr
so lange ansehen
bis der Sekundenzeiger
sich wieder bewegt
An dich denken
bis die Liebe
zu dir
wieder glücklich sein darf
Das Wiedererwecken
von Toten
ist dann
ganz einfach (1990)

1 *Vervollständigen Sie den Satz: „Ein Wunder ist für mich …"*

2 *Arbeiten Sie die Aussage des Gedichts heraus und diskutieren Sie diese.*

Wie Jesus übers Wasser geh'n …

M 19 Karikatur

Claude Bonneau Humarot

»Sei brav, bade jetzt!«

Sind es Tatsachen, die berichtet oder gesehen werden, die das Wunder ausmachen? Auch Ungläubige haben Augen und Ohren – und sehen oder hören doch nicht. Spielt nicht der Glaube beim Wunder eine entscheidende Rolle? Im folgenden Streitgespräch prallen zwei unterschiedliche Sichtweisen der wohl spektakulärsten Wundergeschichte über Jesus (Mk 6,45–52) aufeinander.

Ein Streitgespräch

M 20

A: Jesus ist Gott, und Gott kann so etwas.

B: Du meinst: Jesus hat göttliche Kräfte. Er ist allmächtig. Aber warum ist er dann nicht vom Kreuz gestiegen, sichtbar vor allen Feinden, um sie zu bekehren oder zu beschämen: Seht, ich bin wirklich Gott!

A: Es war nicht sein Wille, sein Auftrag, in dieser Situation so ein Wunder zu tun.

B: Und woher weißt du, dass auf dem See ein derartiger Auftrag bestand?

A: Es steht in der Bibel, die Jünger haben es erlebt. Und die Jünger lügen nicht.

B: Ich möchte auch nicht annehmen, dass die Jünger bewusst schwindeln. Aber sie können sich getäuscht haben, sie waren ja auch bloß Menschen. Oder sie haben es in bester Absicht erfunden, um etwas zu verdeutlichen.

A: Das glaube ich nicht. Es wird so passiert sein, wie sie es erzählen.

B: Aber wir haben doch von viel wichtigeren historischen Ereignissen wie dem Tod Jesu oder seiner Auferstehung ja auch sehr unterschiedliche Berichte. Der eine erzählt so, der andere so. Jeder hat etwas anderes gesehen oder erlebt.

A: Das gilt aber doch nicht für diese Geschichte! Von Jesu Gang auf dem Wasser erzählen doch Markus und Matthäus ganz übereinstimmend.

B: Na ja, nicht ganz. Unterschiedliche Details können durchaus den Sinn verändern. Aber das Entscheidende ist doch: Es sind immer Gläubige, Jünger, die da erzählen. Niemals ein Ungläubiger. Es gibt keine ungläubigen Augenzeugen, ähnlich wie bei der Auferstehung. Der Glaube sieht das Wunder – der Unglaube sieht es nicht. Dass Jesus auf dem Wasser geht, ist kein Faktum, das jeder erkennt, sondern eine Erfahrung des Glaubens.

Das Gespräch endet vorläufig unentschieden: Wunder als Tatsache oder Wunder als Glaubenserfahrung? – Doch B lässt die Sache keine Ruhe. Nach dem Wochenende geht er nochmals auf A zu:

B: Gestern war ich mit Tom am Bodensee und wir haben das letzte Schiff versäumt. Und da ist Tom einfach zu Fuß über den See gegangen.

A: Verzapf doch keinen Unsinn!

B: Warum Unsinn? Ich war doch dabei! Ich habe mich nur nicht getraut. Aber Tom hatte die Kraft dazu. Du weißt doch, wie gläubig er ist: Und wer glaubt, kann Berge versetzen, heißt es in der Bibel (Mt 17,20).

A: Hör doch auf damit! Du willst mich doch nur veräppeln!

B: Warum bist du so gereizt? Gestern warst du viel gläubiger! Dein Jesus kann auf dem See wandeln – aber Tom soll das nicht können? Er ist doch mindestens so gläubig wie Petrus. Und er ist nicht untergegangen, weil er Jesus voll vertraut und keine Angst bekommen hat.

A: Petrus ist ja nicht irgendjemand. Wenn der untergegangen ist, weil sein Glaube zu schwach war, dann gehen wir alle unter, weil unser Glaube noch viel schwächer ist. Nur Jesus kann so etwas, schließlich ist er Gottes Sohn.

B: Aber heißt es nicht, alle, die glauben, sind Gottes Kinder, d. h. seine Söhne und Töchter? Und warum machst du dir nicht einmal die Mühe, meine Wundergeschichte nachzuprüfen? Was muss denn passieren, damit du meine Geschichte auch ernst nimmst?

A: Ich sagte dir schon: Tom ist nicht Petrus und schon gar nicht Jesus!

B: Und wenn Tom zu Jesus gebetet hat, dass er ihm seine Macht dadurch zeigt? Dem Vater eines kranken Jungen, der Jesus bat, seinen Glauben durch eine Wunderheilung zu stärken, tat er den Gefallen. Und sagte: Alle Dinge sind möglich, dem, der glaubt (Mk 9,23).

A: Aber Jesus selbst sagt doch auch: Du sollst den Herrn, deinen Gott, nicht versuchen (Lk 4,12). Jesus hat es gegenüber dem Teufel gerade abgelehnt, Wunder nur so als Show zu tun.

B: Ich sehe schon, es gibt für jedes Argument einen passenden Bibelspruch … Und ich geb's ja zu, die Sache mit Tom ist erfunden. Aber woher willst du wissen, dass die Jünger die Geschichte mit Jesus auf dem Wasser nicht auch erfunden haben? Vielleicht wollten sie damit einfach beweisen, dass Jesus Gottes Sohn ist. Das hat die wundergläubigen Menschen damals überzeugt. Aber mich als naturwissenschaftlich aufgeklärten Menschen kann das heute nicht mehr überzeugen. Da muss man mir schon andere, neue Geschichten erzählen.

A: Vielleicht fällt mir ja eine ein. Die erzähl' ich dir dann beim nächsten Mal.

1 *Erarbeiten Sie die zentrale Aussageabsicht der Karikatur (M19).*

2 *Arbeiten Sie durch einen Vergleich von Mk 6,45–52 mit Mt 14,22–36 Kern und Struktur der Wundergeschichte sowie die spezifische Intention von Mk und Mt heraus. Zur Struktur von Wundergeschichten ➚ S. 112.*

3 *Geben Sie Thesen und Argumente von A und B in Teil 1 des Gesprächs wieder.*

4 *Führen Sie das Gespräch fort oder schalten Sie sich als dritte Person ein. Lesen Sie dann den zweiten Teil: Was verändert sich dadurch?*

Wie lassen sich die Wunder Jesu verstehen?

Zur Zeit Jesu kannte man keine Naturwissenschaft im modernen Sinn. In Wundern sah man daher nicht ein Durchbrechen von Naturgesetzen, sondern ein die Grenzen des Gewohnten sprengendes Geschehen, das auf eine höhere Macht hinweist. Dies belegt auch der Sprachgebrauch im NT. Im Griechischen gibt es für „Wunder" viele Begriffe. Solche, die den Akzent auf das Spektakuläre und Wunderbare legen, sind im NT selten. Vielmehr ist oft die Rede von einer Machttat (dynamis), von einem Zeichen oder einem Jesus aufgetragenen Werk. Wunder sind also weder Selbstzweck noch dienen sie der Verherrlichung Jesu, sondern sind Hinweis auf die in ihm wirksame Macht Gottes. Im Laufe der neueren theologischen Beschäftigung mit den Wundern Jesu haben sich die Ansätze ihrer Deutung und Interpretation mehrfach gewandelt.

M21 Deutungsansätze neutestamentlicher Wundergeschichten

Seit dem Entstehen der modernen Naturwissenschaft wird die historische Wahrheit der biblischen Wundergeschichten kritisch hinterfragt. Die Entdeckung der Naturgesetze ließ Wunder als Eingriff Gottes in das Naturgeschehen für viele unwahrscheinlich werden. In der Theologie wurde im Zuge der Aufklärung zu Beginn des 19. Jahrhunderts die Vernunft zum entscheidenden Maßstab der Überprüfung von Glaubensaussagen. Um die Geschichtlichkeit der Wunder Jesu zu retten, versuchte man, sie durch im Text nicht genannte, den Jüngern unbekannte Ursachen so zu erklären, dass sie nichts der Vernunft Widersprechendes mehr an sich hatten. Das Speisungswunder gehe darauf zurück, dass Menschen, die Vorräte bei sich hatten, sie nach Jesu Vorbild mit denen teilten, die nichts zu essen dabeihatten. Jesu Gang auf dem Wasser sei durch Bauhölzer erklärbar, die damals an dieser Stelle im See Genezareth gelegen hätten, ohne dass die Jünger dies erkannten.

Mosaik aus der Brotvermehrungskirche in Tabhga am See Genezareth (5. Jahrhundert)

Solche rationalistischen Erklärungsversuche erschienen ab Mitte des 19. Jahrhunderts jedoch zunehmend als unhaltbar. Man erkannte nun, dass viele Wundergeschichten Jesu alttestamentliche Traditionen und Motive aufgreifen, z.B. dass Gott die Macht über die Naturgewalten hat. Die Übertragung dieses mythologischen Motivs auf Jesus solle seine Messianität erweisen. Und wenn Jesus der Messias war, dann musste er mit seinen Wundern auch diejenigen der Propheten im AT übertreffen: Die Speisung der 5000 überbietet so z. B. das Speisungswunder des Propheten Elisa (2 Kön 2,42–44). Außerdem habe wohl oft bereits die Erwartung, dass Jesus heilen könne, bei seinen Zeitgenossen den Eindruck einer – letztlich psychosomatischen* – Heilung bewirkt.

In der ersten Hälfte des 20. Jahrhunderts wurde entdeckt, dass viele Wunder im NT in Struktur und Inhalt auffällige Parallelen in Wundergeschichten der hellenistischen Umwelt besitzen. Aus den Ergebnissen der form- und religionsgeschichtlichen Methode folgerte man, dass die Wundererzählungen über Jesus erst in den Jahrzehnten nach seinem Tod entstanden seien, als das Christentum sich im griechischsprachigen Mittelmeerraum auszubreiten begann. Die von Jesus erzählten Wunder seien als zeitbedingte Versuche zu verstehen, die christliche Glaubensbotschaft im Rahmen des mythischen Weltbilds der Antike zu entfalten. Sie könnten daher für modern denkende Menschen kein Glaubensgegenstand mehr sein, zumal eine Rückfrage nach dem tatsächlichen Geschehen kaum möglich und auch sinnlos sei.

Seit den letzten drei Jahrzehnten versucht die Theologie zum einen, die Überlieferung der Wunder Jesu aus ihrem damaligen sozialgeschichtlichen Kontext genauer zu verstehen. So gilt etwa die Austreibung von Dämonen durch Jesus als historisch durchaus wahrscheinlich, da es hierfür viele Parallelen in seiner Umwelt gibt und weil Jesu Exorzismen auch Anlass für Streit mit seinen Gegnern waren. Zum anderen wird gemahnt, man solle das uns fremde Wirklichkeitsverständnis der damaligen Zeit, die noch keine Naturgesetze kannte, zunächst einmal respektieren. Statt die Wunder Jesu gleich an unseren Maßstäben messen und beurteilen zu wollen, solle man sich durch sie auch hinterfragen lassen, ob es nicht mehr in unserer Wirklichkeit gibt als das, was man durch Naturgesetze beschreiben kann.

Wunder kontra Verstand?

M 22

Klaus Berger (1940)*

Zu den schlechten Märchen, die als solche zu entlarven sind, gehört auch dieses: Wunder seien ihrem Wesen nach alle gleichartig, und als Theologe müsse man etwa psychosomatische* Aspekte ganz aus der Diskussion herauslassen. Im Grunde geht es um die Frage, ob man die „Wunder" für sich als übernatürlichen Bereich abschirmen darf.

Nach meinem Eindruck darf man in dieser Hinsicht die Wunder nicht über einen Kamm scheren. Es gibt Wunder, die einer wissenschaftlichen Auffassung von Wirklichkeit näher stehen, es gibt solche, die ihr ferner stehen. Natürlich besagt das nichts über die Frage des Faktums. Zu denen, die näher stehen, gehören die Heilung der Blutflüssigen, auch die Heilungen von Gelähmten. Zu den anderen gehören die Speisungen, Jesu Entstehung und Auferstehung sowie sein Meerwandeln. Diese größere oder geringere Nähe zu dem, was wir für möglich halten, ist evident. Vielleicht ist es eine erste Einsicht in die Struktur dieses geheimnisvollen Bereiches der Wirklichkeit. In einem unserem Begreifen näheren Teil dieses Bereiches gibt es offenbar noch rationale oder dem Rationalen ähnliche Strukturen. In einem entfernteren Teil geht es um die vollständige Unbegreiflichkeit. Diese Nähen und Entferntheiten ändern aber nichts daran, dass es sich in jedem Fall um Wunder handelt.

Gerade die beiden hier zuletzt gebotenen Abschnitte könnten zeigen: Es kann nicht darum gehen, an Wunder zu „glauben", sondern sie sind Teile von Wirklichkeitsbereichen der Schöpfung, die zum Glauben in besonderer Beziehung stehen. (1999)

1 *Fassen Sie aufgrund von M21 und M22 zusammen, welche Deutungen und Erklärungen für die Wunder Jesu im Laufe der Zeit gegeben werden.*

2 *Lesen Sie arbeitsteilig Mk 4,35–41, Mt 8,28–34 und Joh 2,1–12. Überprüfen Sie an diesen Wundergeschichten die Tragfähigkeit verschiedener Deutungsansätze.*

Für uns gestorben!? – Die Anstößigkeit des Kreuzes Jesu

M 23 Der gemarterte Christus

Guido Rocha (1943–2007)

M 24 Die Kreuzigung

Dorothee Sölle (1929–2003)/Luise Schottroff (1934)*

Im Zentrum der christlichen Religion steht das Kreuz als das Symbol für Jesu Tod. […] Was wir historisch wissen können, ist, dass an einem Freitag im Frühjahr des Jahres zwischen 26 und 36 n. Chr. Jesus aus Nazaret durch römische Soldaten in Jerusalem hingerichtet wurde. Er war 30 bis 35 Jahre alt, die Daten lassen sich nur schätzen. Jesus wurde mit den Händen und Füßen an ein hohes Holzkreuz genagelt. Das Sterben nach der Kreuzigung dauerte lange und ist sehr schmerzhaft. Die Lunge kann nicht mehr richtig atmen, weil der Körper hängt. Die Gekreuzigten sind langsam erstickt. Wer war verantwortlich für diesen Tod? Politisch und rechtlich war der römische Statthalter Pontius Pilatus für diese Kreuzigung zuständig. Er war von 26 bis 36 n. Chr. Präfekt (so sein offizieller Titel) von Judäa. 1959 wurde in Cäsarea am Meer (im heutigen Israel) eine römische Inschrift mit seinem Namen gefunden. Solche eindeutigen historischen Dokumente gibt es für das Leben Jesu aus Nazaret nicht, jedoch ist die Verbindung seines Todes mit dem Namen Pontius Pilatus als historisch zuverlässig zu werten. Das christliche Glaubensbekenntnis, das Apostolicum, dessen Wurzeln bis in diese Zeit zurückreichen, sagt über Jesus: „… gelitten unter Pontius Pilatus". Damit soll nicht eine Datierung des Todes Jesu genannt werden, sondern der Urheber der brutalen Hinrichtung. Die rechtlichen Verhältnisse sind eindeutig. Das Recht, Todesurteile zu fällen und zu vollstrecken, hatte nur der römische Statthalter – im Judäa dieser Zeit wie in vielen Ländern, die in irgendeiner Form unter der Herrschaft Roms standen. […] Die Strafe der Kreuzigung wurde von den Repräsentanten der Herrschaft Roms sehr bewusst zur Unterdrückung politischer Unruhen und Gefahren eingesetzt. Sie galt als eine der brutalsten Tötungsweisen. (2002)

1 *Gehen Sie von folgender Annahme aus: Die Skulptur von Rocha soll in der evangelischen Kirche Ihres Ortes aufgestellt werden. Nehmen Sie dazu Stellung.*

2 *Lesen Sie Mk 15,1–41 und Joh 18,28–19,37; halten Sie wichtige Unterschiede in den Erzählungen vom Leiden und Sterben Jesu fest.*

3 *Erläutern Sie, worin nach M24 der Beitrag historischer Forschung zum Verständnis des Kreuzestodes Jesu liegt. Vergleichen Sie mit Mk und Joh.*

4 *Zeigen Sie, wie Rocha Jesu Tod am Kreuz gestaltet: Prüfen Sie, auf welche biblischen Texte und welche historischen Aussagen er sich stützen kann.*

Was bedeutet Jesu Tod?

Welchen Sinn hat Jesu Tod am Kreuz für uns?

M25

- Warum hat Gott überhaupt einen Jesus schicken müssen? Wenn es schon vor Jesus so viele schlimme Sachen gab, die gebüßt werden mussten, warum hat Gott das davor zugelassen? Gott hat also seinen Sohn geopfert, aber mir fällt kein Argument dafür ein, dass sein Tod sinnvoll war. Es war vielleicht ein Zeichen, dass Gott sein Liebstes opfert für uns, aber darauf hätte ich gut und gerne verzichten können. Ich finde das echt grausam.
  Anna, 17 Jahre
- Laut Bibel war sein Tod eine Art Opfer für die Menschheit. An einer anderen Stelle werden Menschenopfer aber verboten von Gott. Gott ist also gegen Menschenopfer, opfert aber seinen Sohn. Was soll man da glauben?
  Laura, 17 Jahre
- Durch die Kreuzigung Jesu haben die Menschen keine Schuld mehr, da Jesus all diese Schuld auf sich genommen hat. Ich finde das unlogisch: Warum muss jemand sterben, damit Gott den Bund mit den Menschen eingehen kann?
  Mirjam, 17 Jahre
- Jesus soll ja für unsere Sünden gestorben sein. Menschen brauchen wohl Helden wie ihn, die Gutes tun, um sich besser zu fühlen. Diese Helden lenken von den eigenen Mängeln und schlechten Taten ab. Egal, ob es ein Lehrer ist, der einen Amoklauf beendet, oder ein Feuerwehrmann, der im World Trade Center sein Leben opferte, um andere zu retten. Sind sie nicht auch für die Sünden anderer gestorben? Warum werden sie nicht so geehrt wie Jesus?
  Simon, 17 Jahre

1 *Stellen Sie die in den Schüleräußerungen enthaltenen Fragen bzw. Einwände zu Sinn und Bedeutung von Jesu Kreuzestod zusammen. Ergänzen Sie eigene.*

Wie es dazu kam, dass dem Tod Jesu eine für uns bzw. für alle Menschen heilvolle und rettende Bedeutung zugeschrieben wird, ist ohne die Botschaft von seiner Auferweckung nicht zu verstehen. Drei Tage, nachdem die Jüngerinnen und Jünger die Kreuzigung als Ende ihrer Hoffnungen erlebt hatten, machten sie die Erfahrung, dass der Gekreuzigte lebt und nun an der Seite Gottes wirkt. Von der Gewissheit her, dass es dadurch für alle Menschen neue Hoffnung gibt, versuchten sie nun, auch Jesu Tod und sein irdisches Leben in neuem Licht zu verstehen. Dabei halfen ihnen Jesu Worte und vor allem die der Propheten. Die darin verwendeten Begriffe und Metaphern sind für uns heutzutage schwer verständlich und bedürfen der Erklärung.

M 26 Deutungen des Todes Jesu im Neuen Testament

Die Lebenshingabe als Lösegeld (Mk 10,45)

Jesu Aussage in Mk 10,45, er sei nicht gekommen, um sich dienen zu lassen, sondern um zu dienen und sein Leben als „Lösegeld“ für viele dahinzugeben, greift einen Begriff auf, der damals weniger im Zusammenhang mit Entführungen als vielmehr mit dem Freikauf von Sklaven oder Kriegsgefangenen gebraucht wurde. „Sein Leben dahingeben“ ist eine in der damaligen jüdischen Literatur recht verbreitete Wendung. Sie besagt nicht, dass derjenige, der sein Leben dahingibt, es dabei notwendig auch verliert, sondern nur, dass er es voll einsetzt. Mit der Hingabe als Lösegeld ist also gemeint, dass Jesus mit seinem Leben, in dem er Kranke heilte, und mit seinem Tod die Menschen von Mächten befreit hat, von denen sie sich selbst nicht freikaufen konnten. Als eine solche personifizierte Macht stellte man sich das Böse vor, das Menschen krank macht oder sie ihren selbstsüchtigen Bestrebungen ausliefert. Die Metapher spricht jedoch nicht von einem Handel mit diesen Mächten, sondern nur davon, dass Jesus als Lösegeld die Herrschaft dieser Mächte im Menschen gebrochen hat.

Das für viele vergossene Blut des neuen Bundes (Mk 14,22–24)

Beim letzten Mahl mit seinen Jüngern sagt Jesus nach Mk 14,22–24 bei der Austeilung des Brotes: „Dies ist mein Leib“, und beim Herumreichen des Weinkelchs: „Dies ist mein Blut des Bundes, das für viele vergossen wird.“ Das Motiv des Blutvergießens nimmt Bezug auf seinen Tod. Dass das Blut „für viele“ vergossen wird, verleiht ihm Heilsbedeutung. Der Ausdruck „Bundesblut“ ist 2. Mose 24,8 entlehnt und spielt auf die beim Bundesschluss am Sinai vollzogenen Opferriten an, bei denen das Blut von Tieren verspritzt wurde, um den Bund Gottes mit seinem Volk zu besiegeln und die damit Besprengten gewissermaßen zu Blutsverwandten zu machen. Weil im AT das Blut als Sitz der von Gott gegebenen Lebenskraft gilt, war das Blutvergießen von Tieren ursprünglich nur als Opferakt auf göttliche Anordnung möglich. Erst später wurde das profane Schlachten erlaubt; der Blutgenuss bleibt jedoch untersagt. Der uns bekannte Wortlaut der Einsetzungsworte des Abendmahls, demzufolge Jesu Blut „zur Vergebung der Sünde“ vergossen wird, tritt erst in Mt 26,28 hinzu, ist also ursprünglich nicht mit dem Motiv des Bundes verknüpft. Paulus fügt hinzu „der neue Bund“, um zu verdeutlichen: Durch Jesu Tod weitet Gott den alten Bund mit dem Volk Israel auch auf die Nicht-Juden aus.

Die Hingabe des Lebens für seine Freunde (Joh 15,13)

In Joh 15,13 sagt Jesus angesichts seines baldigen Abschiedes von seinen Jüngern, es gebe keine größere Liebe als die, dass jemand sein Leben für seine Freunde dahingibt. Dieser Gedanke entspricht dem antik-griechischen Ideal der Freundschaft, das in einer Gefahrensituation, etwa im Krieg oder bei Katastrophen, den stellvertretenden Einsatz des eigenen Lebens für geboten hält, um den Freund aus Not bzw. Gefahr zu retten. Doch woran ist hier gedacht? Die verwandte Metapher in Joh 10,11 f., in der sich Jesus als guten Hirten bezeichnet, der sein Leben für die Schafe gibt, nennt den Wolf, der als Personifikation einer todbringenden Macht zu verstehen ist. Wer dagegen dem guten Hirten Jesus folgt, der wird nie mehr umkommen, weil er das ewige Leben von ihm bekommt (vgl. Joh 10,27 f.).

Jesu Passion als Sühne (vgl. Lev 16) und stellvertretendes Strafleiden (Jes 53)

Schon bald nach seinem Tod wurde Jesus mit einer geheimnisvollen Gestalt identifiziert, die in Jes 53 in einem Lied angekündigt wird: dem Knecht Gottes. Dieser werde mit seinem unschuldigen Leiden stellvertretend die für andere vorgesehene Strafe ertragen und ihnen dadurch Frieden schenken. Zwischen der Beschreibung seines Leidens und dem Jesu gibt es auffällige Parallelen, sodass die Evangelisten, insbesondere Lukas, in ihren Passionserzählungen auf Aussagen aus Jes 53 zurückgreifen. So heißt es z. B. in Jes 53,7: „Als er gemartert ward, litt er doch willig und tat seinen Mund nicht auf wie ein Lamm, das zur Schlachtbank geführt wird." Oder in Jes 53,12, dass er „sein Leben in den Tod gegeben hat und den Übeltätern gleichgerechnet ist und er die Sünde der Vielen getragen hat und für die Übeltäter gebeten" (vgl. hierzu Lk 23,33 f.).

Die Vorstellung, dass es zur Vergebung von Schuld der Sühne bedarf, ist uns heute eher fremd. In alten Kulturen vieler Völker waren Tieropfer weit verbreitet, durch die der durch die Sünden der Menschen hervorgerufene Zorn der Götter besänftigt werden sollte. Im AT zeigt sich jedoch eine andere Auffassung von Sühne: Indem Gott selbst das Opfertier stiftet, ist er derjenige, der Versöhnung schafft. Die Sünden des Volkes werden durch Handauflegen des Priesters auf einen „Sündenbock" übertragen, damit sie dieser vom Volk wegnimmt, in die Wüste hinausträgt und so einen Neuanfang ermöglicht (vgl. Lev 16,6–22).

1 *Zeigen Sie an Beispielen aus unserer Lebenswelt, wie die Begriffe „Lösegeld", „Bund", „Lebenshingabe" und „Sündenbock" heute verwendet und verstanden werden.*

2 *Ziehen Sie dann M26 heran und erläutern Sie, was jene metaphorischen Begriffe im ursprünglichen biblischen Kontext und in Bezug auf Jesu Tod bedeuten.*

3 *Arbeiten Sie Gemeinsamkeiten und Unterschiede der vier Deutungsmodelle heraus. Begründen Sie, welches Ihnen für uns heute am hilfreichsten erscheint.*

4 *Verfassen Sie an die vier Jugendlichen (M25) Antwortbriefe auf deren Fragen und Einwände.*

Das Drama der Erlösung

M27

Wolfgang Huber (1942)*

In der Verurteilung Jesu – wie auch immer deren Gründe im einzelnen zu rekonstruieren sind – kommt ein menschheitsgeschichtliches Drama zu einem exemplarischen Ausdruck. René Girard hat dieses Drama darauf zurückgeführt, dass Menschen eine äußere Verunsicherung immer wieder dadurch beantworten, dass sie Opfer suchen. Von diesem Mechanismus der Opfersuche zeugen die antiken Mythen, die Sündenbockriten aller Zeiten, Hexenjagden und Judenpogrome bis hin zu Hitlers Holocaust; davon zeugen aber auch Völkermorde, Terrorhandlungen und ähnliche Ereignisse unserer Zeit. Mit der Ausstoßung und Tötung eines Opfers reinigt und befriedet sich eine Gemeinschaft: Sie ist heil, das Opfer nichtswürdig. Die Passion Jesu, so Girard, folgt genau diesem Muster. Mit der Hinrichtung Jesu wird der Friede zwischen Kaiphas und Pilatus hergestellt, das Volk findet seine Ruhe. Aber die Bewertung ist in den Evangelien eine völlig andere als in der antiken Welt: Die Täter werden verurteilt, das Opfer gerechtfertigt.

Vorbereitet durch alttestamentliche Erzählungen, wie die Josephsgeschichte oder die Prophetenverfolgungen, bekräftigt durch die Praxis Jesu von Nazareth, erwächst aus dieser Erzählung die Kultur einer Sorge um das Opfer. Sie hat die Grenzen der christlichen Welt längst überschritten und ist moralisches Allgemeingut geworden. Sie steht aber nach wie vor im Wettbewerb mit der archaischen Form der Selbsterlösung durch das Opfer. Das zeigt sich heute beispielsweise, wenn unter jungen Leuten „Loser" oder „Du Opfer!" gängige Schimpfworte sind, und wenn gerade Menschen, die bereits Opfer sind, wie Asylsuchende, Behinderte oder Obdachlose, noch einmal zu Opfern von Angriffen werden.

Ob die Barmherzigkeit und damit die Sorge um die Opfer in einer Gesellschaft lebendig ist, hängt, so können wir folgern, davon ab, wie kraftvoll die Erzählung präsent ist, auf der sie beruht. Die Vergegenwärtigung dieser Erzählung und ihrer Bilder […] hat für die Erneuerung einer Kultur der Barmherzigkeit große Bedeutung.

Weil der Kreuzestod Jesu aus der Perspektive des Opfers zu betrachten ist, kann es keinen Zweifel daran geben, dass dieses Opfer „ein für allemal" erbracht wurde (Hebräer 10,10). Das Opfer Jesu am Kreuz bedeutet das Ende jedes Opferkults; in diesem Sinn kann von einem stellvertretenden Opfer gesprochen werden.

Die stellvertretende Kraft des Kreuzestodes Jesu wird durch das Bekenntnis zur Auferweckung Jesu von den Toten bekräftigt, das in allen Schichten der neutestamentlichen Überlieferung einhellig vertreten wird. Dass Jesus den Menschen Gott bringt, ist an der Todesgrenze nicht zu Ende. Aber nicht nur seine Botschaft wirkt fort. Sondern als Gekreuzigter und Auferstandener ist er selbst der Bürge für Gottes Zuwendung zu den Menschen; indem er selbst sein Leben dafür einsetzt, bürgt er für Gottes Gnade. In ihm selbst vollzieht sich der Umschlag vom Tod zum Leben, von der Herrschaft des Bösen zur Herrschaft Gottes, von der Verschattung der Welt durch die Sünde zum Kommen des Glanzes Gottes in die Welt. (2008)

1 *Arbeiten Sie heraus, welche Deutungsmodelle Huber aufgreift und worin er die Relevanz der Passionserzählung für die heutige Gesellschaft sieht.*

M 28 Christus zerstört sein Kreuz

José Clemente Orozco (1883–1949)

1 *Beschreiben und deuten Sie das Bild; vergleichen Sie es auch mit der Darstellung in M23.*

2 *Setzen Sie das Bild in Bezug zu den Aussagen in Hubers Text (M27).*

3 *Nehmen Sie Stellung: Ist das Bild blasphemisch?*

4 *Suchen Sie ein Bild, das Ihrer Sicht der Bedeutung des Kreuzes Jesu entspricht, und erläutern Sie Ihre Wahl.*

Was bedeutet Auferstehung für mich?

Zwei Bilder zur Auferstehung Jesu

M 29

Matthias Grünewald (1512–1516)

Franz Friedrich (2001)

1 *Woran denken Sie beim Stichwort „Auferstehung"?*

2 *Zeigen Sie, durch welche künstlerischen Mittel die Auferstehung Jesu in den Bildern symbolisiert wird.*

3 *Vergleichen Sie: Was unterscheidet das moderne vom spätmittelalterlichen Bild? Welche Ursachen gibt es dafür?*

Fiktion oder Wirklichkeit?

M 30

Gerd Lüdemann (1946)*

Meine Arbeiten über die Auferstehung Jesu sind das Ergebnis eines inneren Konflikts, der mich seit Beginn des Theologiestudiums bedrängte. Ich war begeistert von der historisch-kritischen Methode, die ich bei Schülern Rudolf Bultmanns von der Pike auf lernte. Doch ich erkannte bald, dass man dort die Konsequenzen dieser Methode geflissentlich übersah. Man vereinnahmte sie für eine Theologie, die eigentlich gar nichts mit den historischen Tatsachen zu tun hatte. […] Auf die Rückfrage, ob Jesus denn wirklich auferstanden sei, kommt die Antwort, Jesus sei historisch natürlich nicht auferstanden, sondern verwest. Auferstanden sei er aber trotzdem, nämlich in die Verkündigung hinein. Damit blieb man intellektuell redlich und konnte mit gutem Gewissen predigen. Mich hat das allerdings nie befriedigt, und ich war über die Ahnungslosigkeit, mit der diese Formel der „Auferstehung Jesu in die Verkündigung" gebraucht wurde, erstaunt und manchmal auch erschüttert. Mir kam es so vor, dass bei diesen Theologen Geschichte und Theologie, Historie und Glaube, Verstand und Herz völlig unverbunden nebeneinander stehen.

Zusätzlich reifte in mir die Überzeugung, dass man nicht an die Auferstehung Jesu glauben kann, wenn feststeht, dass Jesus historisch gar nicht auferweckt worden ist. [...] Liegt hier nicht Selbstbetrug vor, wenn man meint, Jesus sei körperlich gar nicht auferstanden, und eine Täuschung der Öffentlichkeit, die natürlich annimmt, dass Geistliche glauben, was sie jeden Sonntag im Apostolikum* bekennen? (2001)

M 31

Jesu Auferstehung und das leere Grab

Dorothee Sölle (1929–2003)/Luise Schottroff (1934)*

Nach Jesu Tod haben erst die Frauen und dann die Männer, die mit Jesus zusammengearbeitet hatten, begriffen: Dieser Tod war nicht das Ende unserer Hoffnung auf die Befreiung Israels, sondern er brachte Befreiung. Das Volk ist frei von Gefangenschaft, befreit von Schuld, befreit von der Macht der Unterdrücker, vereint mit seinem Gott. Es gibt einen neuen Anfang, überall wo Menschen dieser Befreiung glauben und sie in ihrem Leben verwirklichen. [...]

Die Auferstehung der Toten zum ewigen Leben ist Ausdruck der Hoffnung, dass das Unrecht nicht siegt. Auch wenn die Gewalt von Menschen gegen Menschen im Mord einen definitiven Sieg erringt, so ist dieser Sieg nur scheinbar definitiv, sagt diese Hoffnung. [...]

Jesu Auferstehung wurde also im frühen Christentum nicht als einmaliges Geschehen gedeutet, wie es das spätere christliche Dogma bis heute sagt. Es war den Menschen, die an Jesu Auferstehung glaubten, wichtig, dass alle Toten auferstehen. Sie sagten: „Er ist der Erstling der Entschlafenen." (1. Kor 15,20 u. ö.)

Von Kritikern des Auferstehungsglaubens ist immer wieder gesagt worden: Alle Menschen verwesen, und so ist auch Jesus verwest. Damit wird das kirchliche Dogma kritisiert, das verlangt, die Christen sollten an die Durchbrechung der Naturgesetze und das einmalige Wunder der Auferstehung Jesu glauben. Aber die Frage danach, ob nun das Grab Jesu leer war nach seiner Auferstehung, oder ob man den Auferstandenen hätte fotografieren können, ist nicht die Frage, die die Menschen bewegte, die an Jesu Auferstehung zu glauben lernten. [...] Auf die moderne Frage, ob das Grab leer oder voll war, ist also zu antworten: Jesu Anhängerschaft war zwar der Meinung, dass der Leichnam Jesu nicht mehr im Grab war, aber diese Meinung war noch kein Auferstehungsglaube. Der Auferstehungsglaube ist auch nicht abhängig von den biologischen Vorstellungen. Für das heutige, von Naturwissenschaften geprägte Bewusstsein ist ein leeres Grab allenfalls eine Folge von Grabräuberei. Doch auch wenn sich heutige Menschen nur vorstellen können, dass der Leichnam Jesu im Grab verweste wie der aller Menschen, so ist doch Auferstehungsglaube immer noch eine von leeren oder vollen Gräbern unabhängige Lebenskraft. Auferstehungsglaube schafft sich vielleicht heute andere Bilder als damals, aber die Fortsetzung der Taten Jesu und die Sehnsucht nach dem anderen, dem Ewigen Leben machen noch heute christliche Identität aus. „Ewig" bedeutet nicht endlose Lebensverlängerung für die Einzelnen, sondern Einverständnis mit der von Gott „gut" genannten Schöpfung, die Kommen und Gehen einschließt. In ihr haben die Toten wie die Nachgeborenen Raum. Sie sind in Gottes Buch eingeschrieben, und Gott liest ihre Namen. „Ich glaube an das ewige Leben", sagt das christliche Glaubensbekenntnis. Ein heute oft zu lesender Satz auf Todesanzeigen begnügt sich mit: „Niemand ist tot, bis der letzte tot ist, der sich an ihn erinnert." Es ist ein Satz, der den sich erinnernden, alle ins Buch des Lebens einschreibenden Gott leugnet. Wenn wir vom Ewigen Leben sprechen, so buchstabieren wir nach, was die jüdische Tradition in dem Satz ausdrückt: Gott ist Gedächtnis. (2001)

1 *Arbeiten Sie aus M30 und M31 heraus, was jeweils unter Auferstehung verstanden wird und welche Rolle die biologische und die historische Sicht spielen.*
Zur Auferstehung Jesu *➚ S. 67 und S. 108.*

2 *Zeigen Sie, was Auferstehung nach Lk 24, 13–35 und 1 Kor 15,35–49 bedeutet.*

3 *Nehmen Sie selbst zur Frage Stellung, ob man als modern denkender Mensch an die Auferstehung Jesu glauben kann oder nicht.*

Die Botschaft der Auferweckung Jesu von den Toten steht jedes Jahr im Mittelpunkt des Osterfestes. Im folgenden Text erläutert der Politiker Kurt Beck, langjähriger Ministerpräsident von Rheinland-Pfalz, was für ihn Auferstehung bedeutet.

Fest der Befreiung

M 32

Kurt Beck (1949)*

Während die Karfreitagsliturgie in schlichter Feierlichkeit vor allem der Erinnerung an die Hinrichtung Jesu und an seinen Tod gewidmet ist, versucht die Liturgie der Osternacht die für uns letztlich unbegreifliche Botschaft der Auferweckung und damit unsere persönliche Hoffnung bildhaft zu machen. Die Auferweckung Jesu nach seinem menschlichen Tod bietet jedem von uns eine neue, unerforschliche Perspektive über unser irdisches Leben hinaus. Eine Aussicht, die uns, gerade auch beim Tod von Menschen in unserem persönlichen Umfeld, Trost und Hilfe sein kann.

Zugleich wird in der Osterliturgie aber auch für uns als Gemeinschaft eine neue Botschaft übermittelt. So wird in jedem Jahr bei den Schriftlesungen eine uralte Geschichte aus dem Buch Exodus vorgetragen, die von der größten der Wundertaten Gottes im Alten Testament erzählt: dem Durchzug der Israeliten durch das Rote Meer, der Vernichtung der ägyptischen Armee und damit der Befreiung aus jahrzehntelanger Sklaverei.

Diese Geschichte in Verbindung mit der Auferweckung Jesu ist für mich eine der zentralen Botschaften des Osterfestes und damit des Christentums: Nicht nur, dass wir individuell auf ein neues, ganz anderes Leben jenseits des Todes hoffen dürfen, sondern dass dieses bereits jetzt Auswirkungen auf unser Leben als einzelne Menschen und als Gemeinschaft hat. Diese befreiende Perspektive der christlichen Botschaft hat auch Konsequenzen für politische Maßstäbe und politisches Handeln. Eine solche Politik kann mit Ungerechtigkeiten und unsolidarischem Verhalten weder in unserer Gesellschaft noch im globalen Zusammenhang ihren Frieden machen. Sie muss auf Veränderungen setzen. Sie darf dabei auch Konflikte mit wirtschaftlich Mächtigen und Verteidigern des Status quo nicht scheuen. Politik, die von Christen verantwortet wird, nimmt ganz besonders die Perspektive der kleinen Leute auf, ihre Freude und Hoffnung, ihre Trauer und Angst. Eine solche Politik lebt von der Vision und von der tröstenden und herausfordernden Kraft der Hoffnung, dass eine bessere Welt möglich ist. Sie weiß aber auch, dass die Fähigkeiten und Möglichkeiten der Menschen begrenzt und endlich sind und sich mächtige Interessen unserer Gesellschaft gegen Veränderungen sträuben, dass also Niederlagen und Scheitern im privaten wie im politischen Leben immer möglich sind. Denn schon das Leben Jesu war keine ungebrochene Erfolgsgeschichte, keine Siegergeschichte nach unseren Maßstäben. […] Es ist uns als Christen aufgegeben, in unserem jeweiligen Umfeld darauf hinzuwirken, dass sich nicht nur an Ostern das Fest der Auferstehung ereignet. (2008)

1 *Arbeiten Sie aus M32 heraus, worin für Beck die Bedeutung der Auferstehung Jesu besteht. Setzen Sie sich mit seiner Auffassung auseinander.*

2 *Bringen Sie Ihre persönliche Sicht von Auferstehung zum Ausdruck. Sie können dazu ein Bild malen, einen Essay verfassen oder ein Gedicht schreiben.*

Jesus aus der Sicht anderer Religionen

In fast allen Weltreligionen haben sich Menschen mit Jesus auseinandergesetzt. In den asiatischen Religionen ist dies jedoch erst im 20. Jahrhundert geschehen, eher durch Einzelne (z. B. Gandhi als Hindu) oder durch bestimmte Richtungen (etwa des Buddhismus). Der Islam dagegen ist die Religion, in der Jesus von Anfang an eine wichtige Rolle als Prophet und Vorläufer Mohammeds zukommt. Aiman Mazyek, Vorsitzender des Zentralrats der Muslime in Deutschland, erläutert zentrale Aussagen des Korans über Jesus.

M 33 Jesus im Islam

Aiman Mazyek (1969)*

Beide, der Prophet Jesus wie auch seine Mutter Maria, genießen ein ausgesprochen hohes Ansehen im Islam. […] Nach islamischem Verständnis ist Marias Schwangerschaft ein Zeichen Gottes. Erschrocken wendet sich Maria in Sure 3 Vers 45 an ihren Schöpfer und spricht: „Mein Herr, soll mir ein Sohn (geboren) werden, wo mich doch kein Mensch berührte?" Und so wird Jesus auf wunderbare Weise geboren – mit dem Befehl Gottes, der auch den ersten Menschen Adam ohne irdischen Vater hervorgebracht hat. […]

Muslime respektieren und verehren Jesus, so wie sie auch den anderen Gesandten Gottes mit Hochachtung und Ehrerbietung begegnen. Die Gläubigen, so der Koran, „glauben an Gott und Seine Engel, an Seine Bücher und Seine Propheten. Wir machen keinen Unterschied zwischen Seinen Gesandten" (Sure 2:285). Mit Büchern sind hier die Thora und das Evangelium gemeint, an die Muslime in ihrer herabgesandten Form glauben. […]

Christen und Muslime glauben an den einen Gott, der uns Menschen erschuf, die Welt und den Kosmos formte und der Anfang und Ende kennt. Nach muslimischer Gottesvorstellung ist und bleibt Gott eins und ungeteilt (Sure 5:116). Jesus ist – entgegen der christlichen Lehre – nicht Sohn Gottes. „Es steht Gott nicht an, sich einen Sohn zu nehmen. Gepriesen sei Er! Wenn Er etwas beschließt, so spricht Er nur: ‚Sei!', und es ist." (Sure 19:35)

Jesus ist Gottes Gesandter für sein Volk, die Juden, und in diesem Sinne wird er Mahdi (Messias) genannt, der vor dem Tag der Auferstehung nochmals diese Welt betreten wird. Alle Propheten, wie auch der Prophet Jesus, sind mit Wundern bedacht worden. Im Koran spricht Jesus zu den Menschen: „Seht, ich bin zu euch mit einem Zeichen von eurem Herrn gekommen." Zum Ende desselben Verses heißt es: „Ich heile den Blindgeborenen und den Aussätzigen und mache die Toten mit Gottes Erlaubnis lebendig." (Sure 3:49)

Wie Muhammad kam Jesus nicht, um die Grundlehre früherer Propheten – den Glauben an den einen Gott – zu ändern. Jesus kam, um sie zu bekräftigen und zu erneuern. […] Nach islamischer Auffassung ist Jesus von Nazareth nicht am Kreuz gestorben. Die Feinde Jesu wollten ihm zwar schaden, doch, so heißt es im Koran, „sie machten Pläne und Gott macht Pläne, und Gott macht die besten Pläne" (Sure 8:30). „…sie sprachen: „Wir haben den Messias, Jesus, den Sohn der Maria, den Gesandten Gottes getötet", während sie ihn doch weder erschlagen noch gekreuzigt hatten, sondern dies wurde ihnen nur vorgetäuscht …" (Sure 4:157). Die meisten Koranausleger erklären diesen Vers als „er schien ihnen so", d. h., der Mann, der von den Feinden Jesu getötet und gekreuzigt wurde, schien nur Jesus zu sein, war es aber tatsächlich nicht. Und schließlich heißt es: „Vielmehr hat Gott ihn zu Sich emporgehoben, und Gott ist Allmächtig, Allweise." (Sure 4:158)

Wenn die Christen an Weihnachten die Geburt von Jesus feiern, so ist das auch für Muslime ein Freudentag, wegen der hohen Wertschätzung die Isa – so das arabische Wort für Jesus – im Islam genießt. (2007)

1 *Zeigen Sie, welche Sichtweisen Jesu die Muslime mit den Christen laut Aiman Mazyek teilen und in welchen Punkten sie anderer Ansicht sind.*

2 *Recherchieren Sie zu mindestens zwei gewichtigen Unterschieden im Internet, welche Gründe Muslime für ihre abweichende Sicht haben.*

3 *Kann die Person Jesu im Dialog von Christen und Muslimen eine tragfähige Brücke bilden? Verfassen Sie zu dieser Frage eine begründete Stellungnahme.*

Die Geburt Jesu nach dem Koran – Sure 19: Maria (Maryam)

M 34

16 Und gedenke im Buch der Maria, als sie sich von ihren Angehörigen an einen östlichen Ort zurückzog. 17 Sie nahm sich einen Vorhang vor ihnen. Da sandten Wir unseren Geist zu ihr. Er erschien ihr im Bildnis eines wohlgestalteten Menschen. 18 Sie sagte: „Ich suche beim Erbarmer Zuflucht vor dir, so du gottesfürchtig bist." 19 Er sagte: „Ich bin der Bote deines Herrn, um dir einen lauteren Knaben zu schenken." 20 Sie sagte: „Wie soll ich einen Knaben bekommen? Es hat mich doch kein Mensch berührt, und ich bin keine Hure." 21 Er sagte: „So wird es sein. Dein Herr spricht: Das ist Mir ein Leichtes. Wir wollen ihn zu einem Zeichen für die Menschen und zu einer Barmherzigkeit von Uns machen. Und es ist eine beschlossene Sache." 22 So empfing sie ihn. Und sie zog sich mit ihm zu einem entlegenen Ort zurück. 23 Die Wehen ließen sie zum Stamm der Palme gehen. Sie sagte: „O wäre ich doch vorher gestorben und ganz und gar in Vergessenheit geraten!" 24 Da rief er ihr von unten her zu: „Sei nicht betrübt. Dein Herr hat unter dir Wasser fließen lassen. 25 Und schüttle den Stamm der Palme gegen dich, so lässt sie frische, reife Datteln auf dich herunterfallen. 26 Dann iss und trink und sei frohen Mutes. Und wenn du jemanden von den Menschen siehst, dann sag: „Ich habe dem Erbarmer ein Fasten gelobt, so werde ich heute mit keinem Menschen reden." 27 Dann kam sie mit ihm zu ihrem Volk, indem sie ihn trug. Sie sagten: „O Maria, du hast eine unerhörte Sache begangen. 28 O Schwester Aarons, nicht war dein Vater ein schlechter Mann, und nicht war deine Mutter eine Hure." 29 Sie zeigte auf ihn. Sie sagten: „Wie können wir mit dem reden, der noch ein Kind in der Wiege ist?" 30 Er sagte: „Ich bin der Diener Gottes. Er ließ mir das Buch zukommen und machte mich zu einem Propheten. 31 Und Er machte mich gesegnet, wo immer ich bin. Und Er trug mir auf, das Gebet und die Abgabe (zu erfüllen), solange ich lebe, 32 und pietätvoll gegen meine Mutter zu sein. Und Er machte mich nicht zu einem unglückseligen Gewaltherrscher. 33 Und Friede sei über mir am Tag, da ich geboren wurde, und am Tag, da ich sterbe, und am Tag, da ich wieder zum Leben erweckt werde." 34 Das ist Jesus, der Sohn Marias. Es ist das Wort der Wahrheit, woran sie zweifeln. 35 Es steht Gott nicht an, sich ein Kind zu nehmen. Preis sei Ihm! Wenn Er eine Sache beschlossen hat, sagt Er zu ihr: Sei!, und sie ist.

1 *Vergleichen Sie die Geburt Jesu nach Sure 19 mit der nach Lk 1,26–38 und 2,1–21.*

2 *An Ihrer Schule ist eine gemeinsame Weihnachtsfeier mit muslimischen Schülern geplant. Formulieren Sie Gemeinsamkeiten und Unterschiede zwischen christlicher und muslimischer Sicht Jesu, die dabei zur Sprache kommen könnten.*

Jesus war Jude. Christen haben dies lange Zeit ausgeblendet und erst wiederentdeckt, nachdem sich europäische Juden seit dem 19. Jahrhundert verstärkt mit Jesus beschäftigt haben. Juden sehen in ihm nicht den Messias; sein Leben findet in ihrer Heiligen Schrift keine Erwähnung. Als Glaubensbruder und bedeutender Lehrer hat er jedoch für viele jüdische Religionsgelehrte und Künstler eine wichtige Bedeutung erlangt und wurde so gewissermaßen ins Judentum „heimgeholt". Ihre Gedanken, die auch der christlichen Sicht Jesu neue Impulse gegeben haben, erläutert der liberale jüdische Rabbiner Walter Homolka.

M 35 Jesus aus jüdischer Sicht

Walter Homolka (1964)*

Wie sehen jüdische Theologen eigentlich den Juden Jesus? […] Seit Abraham Geiger haben sich eine Reihe jüdischer Denker mit Jesus beschäftigt. Es ist die Geschichte einer seit dem 19. Jahrhundert zu beobachtenden „Heimholung Jesu" in das Judentum: als mahnenden Propheten, als Revolutionär und Freiheitskämpfer, als großen Bruder und messianischen Zionisten. Den Anstoß dafür gaben Julius Wellhausen und die historisch-kritische Bibelwissenschaft. Wellhausen hat den Satz formuliert, an dem Christen wie Juden sich in der Folge abgearbeitet haben: Jesus war kein Christ, sondern Jude. […] Im Mittelpunkt des Streites stand die Frage nach der Messianität Jesu. […]

Der Religionsphilosoph Martin Buber (1878–1965) wird wegen seiner Rede von Jesus als Bruder häufig zitiert: „Jesus habe ich von Jugend auf als meinen großen Bruder empfunden. Dass die Christenheit ihn als Gott und Messias angesehen hat und ansieht, ist mir immer als eine Tatsache von höchstem Ernst erschienen, die ich um seinet- und meinetwillen zu begreifen suchen muss […] Gewisser als je ist mir, dass ihm ein großer Platz in der Glaubensgeschichte Israels zukommt und dass dieser Platz durch keine der üblichen Kategorien umschrieben werden kann." Der Brückenbauer Buber betonte aber dabei durchaus das Trennende: „Jesus ist mein älterer Bruder, aber der Christus der Kirche ist ein Koloss auf tönernen Füßen."

Der jüdische Religionsphilosoph und Publizist Schalom Ben Chorin (1913–1999) […] bezeichnet Jesus als eine „zentrale Gestalt der jüdischen Geschichte", als einen „Erzmärtyrer" bzw. einen „Prototyp, der das jüdische Leidensschicksal verkörpert." […] Aus einem tiefen Gefühl von Verwandtschaft mit der Gestalt Jesu und der jüdischen Welt, in der er lebte, kommt er zu dem Schluss: „Jesus ist für mich der ewige Bruder, nicht nur der Menschenbruder, sondern mein jüdischer Bruder. Ich spüre seine brüderliche Hand, die mich fasst, damit ich ihm nachfolge. Es ist nicht die Hand des Messias, diese mit Wundmalen gezeichnete Hand. Es ist bestimmt keine göttliche, sondern eine menschliche Hand, in deren Linien das tiefste Leid eingegraben ist. […] Sein bedingungsloser Glaube, das schlechthinnige Vertrauen auf Gott, den Vater, die Bereitschaft, sich ganz unter den Willen Gottes zu demütigen, das ist die Haltung, die uns in Jesus vorgelebt wird und die uns – Juden und Christen – verbinden kann: Der Glaube Jesu einigt uns, aber der Glaube an Jesus trennt uns." Für das Judentum, so Ben-Chorin, kann Jesus keinesfalls der Messias sein, denn die Welt habe sich nach dem Opfergang von Golgota nicht zum Besseren verändert. Als Mensch, der in seiner Menschlichkeit exemplarisch lebt, unbehaust und den Leiden ausgesetzt, habe sich Jesus selbst verstanden. „Und da er der Menschensohn ist, bricht in ihm die Frage des Menschen auf: Wer bin ich?" Ben-Chorin resümiert: „Durch eine Integration Jesu in seine jüdische Umwelt gewinnen die Züge des Nazareners neue Realität, die durch eine christlich-dogmatische Überhöhung zu weit spiritualisiert wurde, sodass die Gefahr eines ‚Christus-Gespenstes' entstand."(2011)

Ein jüdisches Jesusbild

M 36

Marc Chagall (1887–1985)

Exodus (1966)

1 *Zeigen Sie, was nach M35 Juden und Christen in der Sicht Jesu verbindet und trennt. Ziehen Sie dazu auch M39 auf S. 170 heran.*

2 *Beschreiben und deuten Sie vor diesem Hintergrund das Bild des Juden Marc Chagall.*

3 *Stellen sie gemeinsame und trennende Punkte in der Sicht Jesu zwischen den drei monotheistischen Religionen grafisch dar.*

Jesus – damals und heute?

In diesem Kapitel ging es um die Frage, wer Jesus war und ist und was er uns heute noch zu sagen hat. Angesichts der Vielfalt und Widersprüchlichkeit der Bilder und Vorstellungen von ihm erwies sich die Unterscheidung zwischen historischem Jesus und verkündigtem Christus als ebenso notwendige wie nicht immer einfach zu handhabende Unterscheidung, um seine Person, sein Leben, seine Botschaft und sein Leiden, Sterben und Auferstehen in ihrer Bedeutung angemessen zu verstehen. Sie zielt letztlich auf die Klärung der zentralen Frage: Was bedeutet Jesus für uns heute?

Bilder und Vorstellungen von Jesus rekonstruieren

Zwei Bilder, die beanspruchen, ein wahres Bild Jesu zu zeigen: Links das Antlitz Jesu, wie es sich auf dem Turiner Grabtuch abgebildet haben soll. Es wird seit dem Mittelalter von vielen Christen verehrt; Alter und Authentizität sind jedoch umstritten. Rechts der Versuch, aufgrund von Schädelfunden aus der Zeit Jesu in Israel sowie Abbildungen in antiken Synagogen das typische Gesicht eines Mannes der damaligen Zeit per Computersimulation zu rekonstruieren.

M 37 Zwei Bilder des Antlitzes Jesu

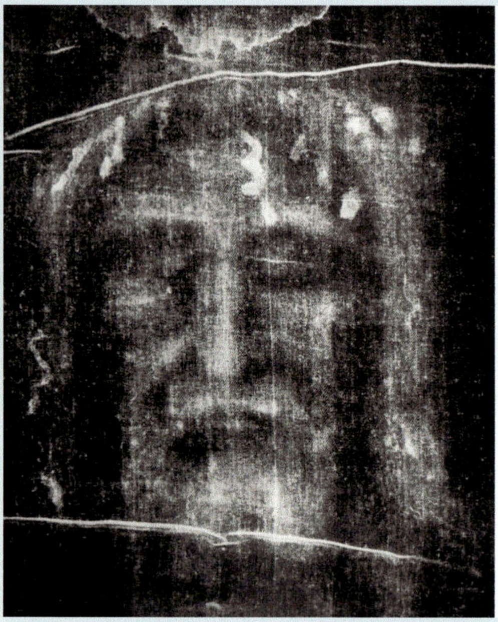

Negativ des Fotos vom Turiner Grabtuch

Rekonstruktion von Scotland Yard (2001)

1 *Beschreiben und vergleichen Sie die beiden Bilder des Antlitzes Jesu und ihre Wirkung. Was rufen sie beim Betrachter hervor?*

2 *Diskutieren Sie: Welche Folge haben unterschiedliche Antworten auf die Frage nach der „Echtheit“ bzw. Wahrheit dieser beiden Bilder?*

3 *Braucht der Glaube an Jesus Bilder? Erörtern Sie diese Frage vor dem Hintergrund des alttestamentlichen Bilderverbots (Ex 20,4).*

Sich Jesus vorstellen

M 38

Wolfdietrich Schnurre (1920–1989)

Ob ich mir Jesus schon mal vorgestellt hätte. „Ja", sagte ich. „Er ist barfuß und hat ein endloses Hemd an. Schmale Hüfte, traurige Augen. Geht immer ein bisschen vornübergebeugt, so, als suche er was."

„Eben nicht", sagte Vater. „Jesus war ein ganz gewöhnlicher junger Mann."

„Beschreib ihn." Gespannt ruckelte ich mich zurecht. Vater zuckte die Schultern. „Wir haben ihn allein auf dem Arbeitsamt bestimmt schon Dutzende von Malen gesehen."

„Dann wundert's mich", sagte ich, „dass es nur den einen Jesus gibt und nicht zweitausenddreihundert."

„Es gibt zweitausenddreihundert", sagte Vater. „Es gibt nicht nur den einen."

„Und das mit der Auferstehung?"

„Jeder kann auferstehen", sagte Vater. „Man muss nur genügend Leute zurücklassen, die das forcieren."

Ich war ziemlich enttäuscht. Ich hatte nicht direkt an ihn geglaubt. Aber irgendwie hatte er mir doch imponiert. „Und was ist mit den Wundern?"

Vater lief erst ein paar Mal im Nachthemd im Zimmer herum und rieb sich fröstelnd die Oberarme dabei. Dann blieb er dicht vor mir stehen.

„Liebst du die Menschen?" Er schien die Luft anzuhalten; man hörte auf einmal seinen Atem nicht mehr.

„Hör mal", sagte ich, „Wo wir so viele nette kennen."

„Also." Vater atmete aus und stieg wieder ins Bett.

„Was heißt ‚also'?", fragte ich.

„‚Also' heißt, dann kannst du auch Wunder vollbringen."

Ich hatte auf einmal Herzklopfen bekommen. „Du meinst, Wunder kriegt jeder fertig?" „Jeder, der liebt", verbesserte Vater und boxte sich sein Kissen zurecht.

1 *Führen Sie das Gespräch fort bzw. gestalten Sie ein ähnliches, bei dem Sie auch auf andere Aspekte wie Reich Gottes, Kreuz, Vergebung usw. eingehen.*

2 *Arbeiten Sie heraus, wie und warum der Vater die Vorstellungen seines Sohnes über Jesus, Wunder und Auferstehung zu verändern versucht. Zeigen Sie, wie er Jesus versteht. Vergleichen Sie dies mit Ihrer eigenen Sicht.*

Was ist der Mensch?

1 *Stellen Sie sich vor, jemand schaut Sie so an wie das Gesicht an der Wand. Was geht Ihnen durch den Kopf?*

2 *Sie werden täglich von vielen Personen bei verschiedensten Gelegenheiten angeschaut.*
- *Benennen Sie unterschiedliche Erwartungen, die an Sie herangetragen werden.*
- *Erläutern Sie unterschiedliche Rollen (Kind Ihrer Eltern, Schüler/-in, Partner/-in, Vereinsmitglied, Fußballfan, Badegast, Aushilfe im Restaurant usw.), die Sie ausfüllen.*

3 *Tauschen Sie sich über Situationen aus, in denen Sie gleichzeitig mit unterschiedlichen Rollenerwartungen konfrontiert werden. Beispiele: Sie treffen Ihren Lehrer im Schwimmbad; Ihre Mutter will Übungsleiterin in Ihrem Sportverein werden usw. Diskutieren Sie Möglichkeiten, mit den sich widersprechenden Rollenerwartungen umzugehen.*

Der Mensch als Frage

„Wer bin ich?" Das ist die Frage, die einen Menschen ein Leben lang bewegt. Ich möchte ein guter Mensch sein und suche nach Möglichkeiten, Gutes zu tun. Aber ist es überhaupt gut, dass es mich gibt? Bin ich frei in meinem Denken und Handeln? Habe ich es selbst in der Hand, dass mein Leben gelingt – oder wer ist sonst noch dafür verantwortlich? Manchmal habe ich Zweifel, ob ich mich selbst und die anderen wirklich kennen kann. „Was ist der Mensch?" – eine Frage mit vielen Facetten.

M1 Schimpansen sollen künftig als Menschen gelten

Washington, 20. Mai 2003 (ap). Schimpansen sollten nach Ansicht eines US-Forscher-Teams statt als Affen- in Zukunft als Menschenart eingestuft werden. Schimpansen seien enger mit Menschen verwandt als mit Gorillas oder anderen Menschenaffen, schreiben die Wissenschaftler in einem am Dienstag veröffentlichten Bericht. Deshalb sollten sie der Gattung „Homo" zugerechnet werden, fordern Morris Goodman und seine Mitarbeiter von der Universität Wayne in Detroit.

1 *Stellen Sie Vergleiche zwischen Mensch und Tier an. Suchen Sie Gründe für die Unterschiede zwischen beiden.*

2 *Überlegungen Sie, was für und was gegen den Vorschlag der amerikanischen Forschergruppe (M1) spricht.*

3 *Zeigen Sie einige Konsequenzen auf, die sich ergäben, wenn man den Vorschlag der Forschergruppe allgemein akzeptieren würde.*

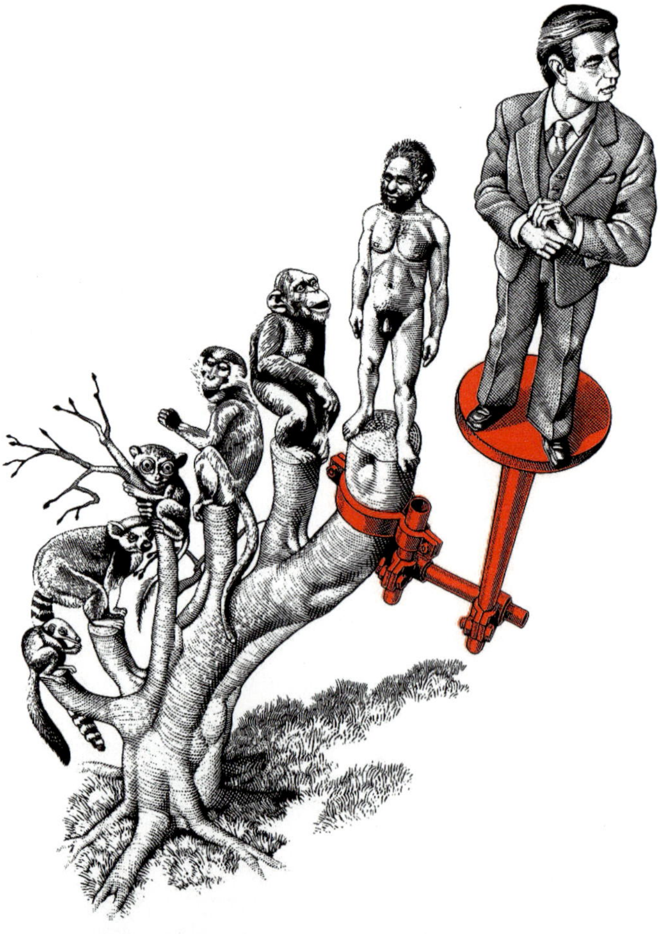

Ich

M 2

Erich Fried (1921–1988)

Was andere Hunger nennen
das ernährt mich
Was andere Unglück nennen
das ist mein Glück

Ich bin keine Blume
kein Moos
Ich bin eine Flechte
Ich ätz mich tausend Jahre lang in einen Stein

Ich möchte ein Baum sein
Ich möchte ein Leben lang
deine Wurzeln berühren
und trinken bei Tag und bei Nacht

Ich möchte ein Mensch sein
und leben wie Menschen leben
und sterben wie Menschen sterben
Ich habe dich lieb

1 *Stellen Sie dar, was das lyrische Ich in diesem Gedicht unter Mensch-Sein versteht.*

Wer bin ich – und wenn ja, wie viele?

M 3

Richard David Precht (1964)*

Der Schotte David Hume war 28 Jahre alt, als er 1739 sein „Traktat über die menschliche Natur" veröffentlichte. Und schon Hume war bei seiner Suche nach dem Ich erfolglos geblieben. Denn Seele und Ich waren keine erfahrbaren Gegenstände. Um Empfindungen, Begriffe und Gefühle wahrzunehmen, braucht der Mensch gar kein Ich. Das geht auch so, quasi von sich aus. Das Ich war damit gar nichts Reales, sondern eine Vorstellung unter anderen. Das Einzige, was Hume zur Rettung dieses Ichs einfiel, war der Gedanke, dass das Ich so etwas sein könnte wie die „Zusammensetzung der Wahrnehmungen". Eine Illusion zwar, aber möglicherweise eine notwendige Illusion, die dem Menschen das schöne (und unverzichtbare?) Gefühl gibt, einen Supervisor im Gehirn zu besitzen.

Stimmt das? Ist das Ich eine Illusion? Ist das, was jeder normale Mensch zu sein glaubt, nur ein betrügerischer Hokuspokus im Gehirn? Haben sich die Philosophen des Abendlandes zweitausend Jahre lang etwas vorgemacht, als sie mit großer Selbstverständlichkeit von einem Ich ausgingen, das sich mehr oder weniger erfolgreich mit den Dingen der Welt herumschlägt? Ist unser Ich nicht das Oberstübchen, in dem all meine geistigen, emotionalen und willentlichen Akte ein- und ausgehen? Die Trutzburg, die alles Auf und Ab des Lebens überdauert? Der ungeschnittene Spielfilm, der garantiert, dass ich mich durch alle Jahrzehnte als ein und derselbe empfinde? Wer um […] Humes willen redet denn hier jetzt gerade mit Ihnen, wenn nicht mein Ich? Und wer liest diese Zeilen, wenn nicht Sie, die Sie ebenfalls zu sich Ich sagen?

Die Hirnforschung kennt einen [anderen] Weg, um der Frage nach dem Ich beizukommen: durch die Untersuchung von Menschen, die aus der Normalität gefallen sind, über Patienten mit Störungen, deren Ich offensichtlich nicht, nur teilweise oder nur unter veränderten Vorzeichen funktioniert. Vierzig Jahre hat sich der berühmte englische Hirnforscher und Psychologe Oliver Sacks mit solchen Menschen beschäftigt. [...] In seinem Buch *Der Mann, der seine Frau mit einem Hut verwechselte* hat er das Leben seiner Patienten beschrieben; Menschen mit Ich-Störungen oder, wie Sacks sie nennt, „Reisende, unterwegs in unvorstellbare Länder – Länder, von deren Existenz wir sonst nichts wüssten": Ein Musikwissenschafter erleidet eine winzige Verletzung in der linken Hirnhälfte und erkrankt dadurch an visueller Agnosie. Er wird „seelenblind" und kann Gegenstände nicht mehr erkennen. Wenn er nach seinem Hut greifen will, greift er nach dem Gesicht seiner Frau. Ein Musikprofessor tätschelt fürsorglich Parkuhren, weil er sie für Kinder hält, eine an Neurosyphilis erkrankte alte Dame bekommt plötzlich einen unstillbaren Appetit auf junge Männer. Was Sacks vor mehr als zwanzig Jahren nur beschreiben konnte, ist seitdem vielfältig untersucht worden. Viele Hirnforscher neigen dabei der Ansicht zu, dass es nicht ein Ich gibt, sondern viele verschiedene Ich-Zustände: Mein *Körper-Ich* sorgt dafür, dass ich weiß, dass der Körper, mit dem ich lebe, tatsächlich mein eigener Körper ist; mein *Verortungs-Ich* sagt mir, wo ich gerade bin; mein *perspektivisches Ich* vermittelt mir, dass ich der Mittelpunkt der von mir erfahrenen Welt bin; mein *Ich als Erlebnissubjekt* sagt mir, dass meine Sinneseindrücke und Gefühle tatsächlich meine eigenen sind und nicht etwa die von anderen; mein *Autorschafts- und Kontroll-Ich* macht mir klar, dass ich derjenige bin, der meine Gedanken und meine Handlungen zu verantworten hat, mein *autobiografisches Ich* sorgt dafür, dass ich nicht aus meinem eigenen Film falle, dass ich mich durchgängig als ein und derselbe erlebe; mein *selbstreflexives Ich* ermöglicht mir, über mich selbst nachzudenken und das psychologische Spiel von „I" und „Me" zu spielen; das *moralische Ich* schließlich bildet so etwas wie mein Gewissen, das mir sagt, was gut und schlecht ist.

[Aber] so säuberlich diese Ich-Zustände hier geschieden werden, so zusammengekocht sind sie in der Realität unseres Gehirns. [...] Nahezu ununterscheidbar in unserem Alltagsbewusstsein spielen sie alle zusammen. (2007)

1 *Fassen Sie die Argumentation von Precht über die Frage „Wer bin ich?" zusammen und diskutieren Sie, ob die von der Hirnforschung vorgenommene Unterscheidung vieler „Ichs" zutrifft.*

In der Bibel ist das Nachdenken über die Frage „Was ist der Mensch?" oft mit der Frage nach Gott verknüpft. Schon im Buch Genesis sagt die Bibel vom Menschen, dass er dem Wesen Gottes ähnlich ist: geschaffen nach Gottes Ebenbild. Dies unterscheidet ihn von den Dingen und von anderen Lebewesen. Wie an vielen Stellen in der Bibel zeigt sich diese besondere Stellung des Menschen auch in Psalm 8.

Was sind die Menschen, dass du an sie denkst?

M 4

Psalm 8,4–10 (Bibel in gerechter Sprache)

Ich betrachte deinen Himmel,
die Werke deiner Finger: Mond und Sterne, die du befestigt hast –
Was sind die Menschen, dass du an sie denkst,
ein Menschenkind, dass du nach ihm siehst?
Wenig geringer als Gott lässt du sie sein,
mit Würde und Glanz krönst du sie.
Du lässt sie walten über die Werke deiner Hände.
Alles hast du unter ihre Füße gelegt:
Schafe, Rinder, sie alle, und auch die wilden Tiere,
Vögel des Himmels und Fische des Meeres,
alles, was die Pfade der Meere durchzieht.
Gott, du herrschst über uns alle.
Wie machtvoll ist dein Name auf der ganzen Erde.

1 *Beschreiben Sie, wie der Psalmbeter den Menschen im Verhältnis zu Gott, zum Kosmos und zu seinen Mitgeschöpfen sieht.*

2 *Jeder Mensch ist Gottes Ebenbild. Diskutieren Sie die Konsequenzen dieser Sicht.*

Mehr als nur ein nackter Affe

Der gegenüber seinen Mitgeschöpfen ausgezeichnete Mensch ist auch mit den Tieren verwandt. Im 19. Jahrhundert machten Biologen dazu entscheidende Entdeckungen. Thomas H. Huxley (1825–1895) stellte fest, dass die anatomischen Unterschiede zwischen Menschen und Gorillas oder Schimpansen nicht so groß sind wie die zwischen Gorillas und niedrigeren Affen. Er ordnete den Menschen in den Primatenstammbaum ein. Charles Darwin (1809–1882) stellte den Menschen unter die Prämisse der Gesetze von Vererbung und Auslese, die er bei seinen Arbeiten zur naturgeschichtlichen Abstammung ermittelte (✎ S. 80).

M5 Biologische Verwandtschaft

Dass die Ähnlichkeit zwischen Embryonen verschiedener Arten viel größer ist als die zwischen den entsprechenden erwachsenen Tieren, hat der deutsche Zoologe Karl Ernst von Baer (1792–1876) als Erster beschrieben. Charles Darwin erkannte diese Ähnlichkeit als echte biologische Verwandtschaft und Hinweis auf gemeinsame Vorfahren. Auf die Frage, wie sich der Menschenzweig von den anderen Ästen des Stammbaums trennen konnte, antwortet Darwin 1871 in seinem Buch „The Descent of Man, and Selection in Relation to Sex“. Er verlässt sich also auf die sexuelle Selektion, die bei der Partnersuche zur Geltung kommt. Die Natur realisiere dabei zwei Wege: männliche Rivalenkämpfe, bei denen es auf Stärke und Durchsetzungsvermögen ankomme, und die weibliche Wahl, die sich auf Reize und wahrgenommene Qualitäten ausrichte. Beide Wege seien von der leitenden Kontrolle des Gehirns abhängig. Darwin betrachtete die sexuelle Selektion als eine der wichtigsten Stützen seiner Evolutionstheorie und schrieb ihr eine auslesende und über die Generationenfolge hinweg erblich verändernde Wirkung zu. Auffällig ist allerdings, dass Darwin der tierischen Seite weiten Raum für die Erklärung menschlichen Verhaltens zugesteht.

Der Gedanke einer Abstammung des Menschen aus dem Tierreich stieß zunächst auf erbitterten Widerstand. Die Auseinandersetzung führte schon 1860 zu einer öffentlichen Debatte zwischen Huxley und Samuel Wilberforce, Bischof von Oxford. Der Biologe Huxley soll aus dieser Diskussion als anerkannter Sieger hervorgegangen sein. Etwa von 1870 an gab es immer weniger gesellschaftliche Polemiken gegen die Evolutionstheorie, und Darwins Buch zur Abstammung des Menschen wurde allgemein freundlich aufgenommen.

Muss man also nur lange genug warten und lange genug differenzieren, um eines Tages alles Menschliche aus der allgemeinen Abstammungsgeschichte entstehen zu sehen? Ist der Mensch unter dem Einfluss der Selektion und des Kampfes ums Dasein nichts anderes als ein Primat unter Primaten? Schon Darwin entdeckte selbstkritisch im Bereich von Vernunft, Moral und Religion zahlreiche Momente, die für eine Sonderstellung des Menschen sprechen.

Der Mensch biologisch und sozial

Die biologischen Gesetze, die sich durch die Evolution bewährt haben, gelten wissenschaftlich als ähnlich plausibel wie die Gesetze der Physik. Sie geben natürliche Grenzen vor, innerhalb derer sich Organismen erhalten und verändern. Das gilt für Pflanzen, Tiere und Menschen. Aber die Biologie gibt auch Auskunft über Grade und Stufen der Entwicklung. Ab wann ist der Mensch ein Mensch? Christiane Nüsslein-Volhard liefert zu dieser Frage einen Beitrag aus biologischer Sicht.

Ab wann ist der Mensch ein Mensch?

M6

Christiane Nüsslein-Volhard (1942)*

Arten sind nicht konstant, sondern verändern sich im Laufe der Erdgeschichte. Diejenigen erhalten sich und setzen sich durch, die besser an sich verändernde Lebensbedingungen angepasst sind als ihre Geschwister. [...] Arten können sich im Lauf der Stammesgeschichte dramatisch verändern, und neue Arten können durch Verzweigen entstehen. Die Schlussfolgerung aus dieser Theorie lautet, dass die Eigenschaften von Lebewesen Gesetzen unterliegen, die sich in der Stammesgeschichte herausgebildet und erhalten haben: Alle heute lebenden Formen stammen von solchen ab, die sich durchgesetzt haben. [...]

In der biologischen Forschung nimmt der Mensch eine besondere Stellung ein: Einerseits wird durch die Medizin auf manchen Gebieten, die Krankheiten, Immunsystem, Physiologie und Ernährung betreffen, viel mehr als für jedes Tier zusammengetragen. Aber bei der Erforschung der Embryologie und Entwicklung sowie der Funktionen der Gene im lebenden Organismus gibt es große Unterschiede zwischen Mensch und Tier. Denn Experimente, die man dazu bei Tieren macht, verbieten sich beim Menschen. [...] Die wichtigste Quelle für das Verständnis der Embryonalentwicklung des Menschen und der Funktion menschlicher Gene sind daher auch Untersuchungen an Labortieren, sogenannten Modellorganismen. [...] Nun ist es zwar klar, dass ein Hühnerembryo oder ein Froschembryo sich von der Befruchtung an kontinuierlich bis zum Schlupf entwickelt und auch das volle Entwicklungspotenzial hat. Bei Menschen (und Säugetieren) ist das aber erst nach der Einnistung in den Uterus der Mutter der Fall. [...] Die ist unersetzlich und unabdingbar. [...] Erst mit der Geburt ist aus dem werdenden Menschen ein getrennter, selbstständiger Organismus, der atmet und nun einen eigenen unabhängigen Stoffwechsel hat, geworden. Sicher ist der Säugling noch bedürftig, aber er wird jetzt von außen ernährt und kann daher zur Not auch ohne Mutter weiterleben. Dann ist der Mensch ein Mensch. Und da sind sich wirklich alle einig. (2004)

1 *Erarbeiten Sie aus M5 und M6 Argumente, die aus biologischer Sicht für eine Verwandtschaft zwischen Mensch und Tier und für eine Sonderstellung des Menschen sprechen.*

M7 Der Mensch als soziales Wesen

In den Sozialwissenschaften wird der Mensch als *homo socius* (lat.: Geselle, Mitmensch), als „geselliger“ Mensch gesehen. Sein Verhalten wird vor allem durch die Gesellschaft bestimmt. Nicht *nature* (Natur, genetische Struktur, Hirnphysiologie, Psyche), sondern *nurture* (Erziehung) sorgt dafür, dass der Mensch in seiner Gesellschaft funktionieren kann. Dabei spielt die *Gruppe* eine zentrale Rolle. Die erste Gruppe, in der der Mensch aufwächst, ist die Familie, dann folgen die Spielgruppe und die Schulgemeinschaft. Sie bilden die sogenannten Referenzgruppen und sind verantwortlich für die *Sozialisation**. In der Gruppe wird der *Referenzrahmen* für das Verhalten festgelegt: Werte, Normen, Institutionen. Was ist mit diesen häufig verwendeten Begriffen gemeint?

Werte geben das wieder, was Menschen viel bedeutet. Genauer ausgedrückt sind Werte die kollektiven Vorstellungen innerhalb einer Kultur, einer Gesellschaft oder einer Gruppe über das, was gut und erstrebenswert ist. Liebe, Respekt, Ehrlichkeit, Verantwortungsgefühl sind solche Vorstellungen vom Wünschenswerten. In den modernen Sozialwissenschaften verwendet man den Wertbegriff aber auch im ökonomischen Sinn.

Normen beschreiben das, was in einer Gesellschaft oder Gruppe „normal“ ist, was als Grundregel des Verhaltens befolgt werden soll, z. B., dass man Eigentum anderer achtet (nicht stehlen), das Leben anderer respektiert (nicht morden). Normen sind die kollektiven, verbindlichen Erwartungen für das Verhalten der Menschen in bestimmten Situationen.

Institutionen sind die Vorgehensweisen und Einrichtungen in einer Gesellschaft oder Gruppe, in der die Werte und Normen verfestigt sind. So ist eine Heirat auf dem Standesamt der Kommune ein Ausdruck der Norm, dass Menschen, die sich lieben, dies in der Öffentlichkeit kundtun und bestätigen lassen. Im Hintergrund steht der Wert „Treue“. Mit den Institutionen der Rechtsprechung und Bestrafung wird beispielsweise die Norm „nicht stehlen“ durchgesetzt, was auf den Wert „Ehrlichkeit“ zurückzuführen ist.

Die Gesamtheit der Normen, Werte, Institutionen, Erwartungen und Ziele, die durch eine große Gruppe von Menschen geteilt wird und auf andere übertragbar ist, wird in den Sozialwissenschaften *Kultur* genannt (lat. *colere*: bebauen, pflegen, verehren). So spricht man von der westeuropäischen Kultur, von der Kultur des Abendlandes oder der Kultur der Indianer. Dies darf nicht mit dem ästhetischen Kulturbegriff verwechselt werden, der zum Beispiel klassische Musik, Dichtkunst oder Literatur als „Kulturäußerung“ bezeichnet.

1 *Suchen Sie weitere Beispiele für den Zusammenhang von Werten, Normen und Institutionen.*

2 *Als Beweis für die kulturelle Sozialisation führen Sozialwissenschaftler oft das Beispiel des „Wolfskindes“ an, das als Säugling nicht bei Menschen, sondern bei Wölfen aufwuchs und nur als Wolf kommunizierte und handelte. Es wurde als literarische Figur „Mogly“ im „Dschungelbuch“ populär. Setzen Sie sich mit der These auseinander, dass der Mensch nur durch seine Erziehung zum Menschen wird.*

3 *Diskutieren Sie, ob die Gesetze der Evolution (Darwin) auch auf die gesellschaftliche Entwicklung des Menschen zutreffen.*

Gottebenbildlichkeit und Menschenwürde

In der Theologie entstand im 19. Jahrhundert eine Frontstellung gegen den Evolutionsgedanken, weil man ihn für nicht vereinbar mit dem Schöpfungsglauben hielt. Dieser Glaube ist theologisch von grundlegender Bedeutung. Aber auch die Schöpfungserzählung in Gen 1 ordnet die Erschaffung des Menschen in die Erschaffung der Pflanzen und Tiere ein, unmittelbar nach oder zum Teil noch mit den Landsäugetieren. Der Theologe Jürgen Ebach legt diesen Bibeltext aus.

Der Mensch – Bild Gottes

M 8

Jürgen Ebach (1945)*

Dass *ein* Mensch „Bild Gottes" sei, die Gottheit repräsentiere, in ihrem Auftrag herrsche – das ist eine auch in anderen Traditionen des Altertums bekannte Aussage. Aber dass *der* Mensch „Bild Gottes" sei, die Gottheit repräsentiere, in ihrem Auftrag herrsche – das ist die besondere Aussage in 1. Mose 1. Bild Gottes ist im alten Ägypten und im Zweistromland der König [...]. In der Bibel ist aber nicht der König Gottes Bild, sondern der Mensch, und den Menschen gibt es männlich und weiblich. Kein anderer Unterschied zwischen Menschen ist in der Schöpfung grundgelegt als dieser „kleine Unterschied" (der dann bekanntlich wieder gar nicht so klein ist). Was das bedeutet, wird erkennbar, wenn man an all die anderen Unterschiede zwischen Menschen denkt, die als „natürlich" und „schöpfungsgemäß" ausgegeben wurden: Rangunterschiede zwischen (angeblichen) Rassen und zwischen Klassen und Kasten, zwischen Priestern und Laien, den Angehörigen des eigenen Volkes und den anderen. Die uns aus der Bibel so vertraute universale Aussage, Gott habe den Menschen erschaffen, zeigt sich im Vergleich zu anderen Schöpfungsmythen als eine ganz besondere Aussage. Gott hat den ersten Menschen erschaffen, nicht den ersten König, den ersten Israeliten, den ersten Priester, den ersten Weißen, den ersten Mann. Diese prinzipielle Aussage über den Menschen in der Bibel streitet gegen jedwede Form einer Apartheidstheologie, gegen jede Klassifizierung von Menschen in wertvollere und weniger wertvolle, worin auch immer ein solcher angeblicher Wertunterschied bestehen möge. [...] In gegenwärtiger Sprache ausgedrückt liegt hier die fundamentale Begründung unteilbarer Menschenwürde. Während die Nächstenliebe, will sie Praxis sein und kein bloßes Gefühl bleiben, im konkreten Fall noch unterscheiden wird zwischen Näheren und Ferneren, ist die Gottesbildlichkeit einer jeden und eines jeden unteilbar, unverlierbar und – wie es im Grundgesetz über die Menschenwürde heißt – unantastbar.

Nun weiß auch die Bibel darum, dass es Menschen verschiedener Völker, Kulturen, Sprachen und Religionen gibt, und sie weiß ebenso, dass diese Vielfalt auch Konflikte birgt. Die Bibel kann von Feindschaften zwischen Gruppen und Völkern berichten, von Grundkonflikten und ihren Folgen. Aber all diese – zuweilen schmerzlichen, zuweilen aber auch heilsamen – Trennungen haben ihren Ort in der Geschichte und nicht in der Schöpfung. Es gibt keinen Schöpfungsauftrag für verschiedene Völker. Auch die Erwählung Israels und dessen besondere Aufgabe in der Welt hat ihren biblisch-theologischen Ort in der Geschichte und nicht in der Schöpfung. Es ist die besondere und im Religions- und Kulturvergleich ganz ungewöhnliche Perspektive Israels, in der Erzählung von der Erschaffung des Menschen von seiner besonderen Perspektive abzusehen und von der universalen Menschenschöpfung zu erzählen. (2004)

Der Theologe Wolfgang Huber deutet die Gottebenbildlichkeit mit der Beziehung zwischen Gott und Mensch.

Der Mensch – das Gott entsprechende Wesen

M 9

Wolfgang Huber (1942)*

Zunächst wird der Mensch als *antwortendes Wesen* beschrieben. Er gilt als dasjenige Lebewesen, das auf Gottes Anrede antworten und seinem Wort entsprechen kann. In dieser Fähigkeit zu entsprechen liegt die Gottebenbildlichkeit des Menschen begründet (1. Mose 1,26 f.). Weil Gott den Menschen nach seinem Bilde erschafft, ist er das Gott entsprechende Wesen. Mit dieser Entsprechung zwischen Gott und dem Menschen ist von vornherein auch die Möglichkeit gegeben, dass der Mensch das darin liegende Verhältnis zu Gott verfehlt. Er kann Gott, der ihm die Fähigkeit zur Antwort verleiht, auch die Antwort verweigern, wie die Geschichte vom Sündenfall anschaulich darlegt. Er kann aus einem Gott entsprechenden zu einem Gott widersprechenden Wesen werden. Die Freiheit des Menschen enthält aus einer solchen biblischen Perspektive beide Möglichkeiten: die Möglichkeit zur Entsprechung wie die Möglichkeit zum Widerspruch. [...]

„Gott schuf den Menschen zu seinem Bilde, zum Bilde Gottes schuf er ihn." (1. Mose 1,27) Was in der deutschen Übersetzung wie eine bloße Wiederholung klingt, ist mehr als dies. Denn der hebräische Text verwendet zwei verschiedene Wörter, die in der lateinischen Übersetzung mit *imago* und *similitudo*, also mit „Bild" und „Ähnlichkeit" wiedergegeben werden, [...] das Außerordentliche der Gottebenbildlichkeit des Menschen steigernd unterstreichen. [...] Wenn das Menschsein in der Gottebenbildlichkeit begründet ist, dann entscheidet sich dieses Menschsein an der Gottesbeziehung des Menschen. Es ist für den Menschen entscheidend, dass er nicht durch seine Eigenschaften und durch sein Handeln das Menschsein gewinnen oder eben verlieren kann. Er lebt davon, dass dieses Menschsein ihm als eine Gabe verliehen wird, die niemand ihm zu rauben vermag. Diese Gabe behält sogar Bestand, wenn ein Mensch sie ausschlägt. Er bleibt auch dann von Gott geliebt – und eben darin ein Mensch. (2008)

1 *Erarbeiten Sie aus M8 und M9 die theologische Begründung der Menschenwürde.*

2 *Vergleichen Sie diese Position mit der philosophischen Begründung bei Immanuel Kant und mit Artikel 1,1 des Grundgesetzes (**➚ S. 339**).*

Wann beginnt die Menschenwürde?

Gottebenbildlichkeit und Menschenwürde werden in der Diskussion um die Bioethik und um die Lebensqualität behinderter Menschen besonders relevant. Die Debatte wurde ausgelöst durch den australischen Philosophen Peter Singer.

M 10 Entscheidungen über Leben und Tod

Peter Singer (1946)*

Wir [haben] gesehen, dass die Tatsache, dass ein Wesen ein menschliches Wesen im Sinne der Zugehörigkeit zur Spezies Homo sapiens ist, für die Unrechtmäßigkeit seiner Tötung ohne Bedeutung ist; entscheidend sind vielmehr Eigenschaften wie Rationalität, Autonomie und Selbstbewusstsein. Säuglinge haben diese Eigenschaften nicht. Sie zu töten kann daher nicht gleichgesetzt werden mit der Tötung normaler menschlicher Wesen oder anderer selbstbewusster Wesen. Diese Schlussfolgerung beschränkt sich nicht auf Säuglinge, die wegen irreversibler geistiger Behinderung niemals rationale, selbstbewusste Wesen sein werden. [...]

Säuglinge sind empfindungsfähige Wesen, die weder Rationalität noch Selbstbewusstsein haben. Wenn wir also die Säuglinge an sich betrachten – unabhängig von der Einstellung ihrer Eltern, da ihre Spezies für ihren moralischen Status ohne Bedeutung ist –, müssen die Prinzipien, die die Unrechtmäßigkeit der Tötung nichtmenschlicher Lebewesen bestimmen, welche Empfindungsfähigkeit, aber nicht Rationalität oder Selbstbewusstsein besitzen, auch hier Anwendung finden. Wie wir sahen, sind die plausibelsten Argumente dafür, dass einem Wesen ein Lebensrecht zugeschrieben wird, nur dann anwendbar, wenn es ein gewisses Bewusstsein seiner selbst als eines in der Zeit existierenden Wesens oder eines kontinuierlichen geistigen Selbst besitzt. [...]

Sofern der Tod eines behinderten Säuglings zur Geburt eines anderen Säuglings mit besseren Aussichten auf ein glückliches Leben führt, dann ist die Gesamtsumme des Glücks größer, wenn der behinderte Säugling getötet wird. Der Verlust eines glücklichen Lebens für den ersten Säugling wird durch den Gewinn eines glücklicheren Lebens für den zweiten aufgewogen. Wenn daher die Tötung des [behinderten] Säuglings keine nachteilige Wirkung auf andere hat, dann wäre es nach der Totalansicht (des Utilitarismus*) richtig, ihn zu töten. Die Totalansicht behandelt Säuglinge ebenso als ersetzbar wie nicht-selbstbewusste Tiere [...]. Würden behinderte Neugeborene bis etwa eine Woche oder einen Monat nach der Geburt nicht als Wesen betrachtet, die ein Recht auf Leben haben, dann wären die Eltern in der Lage, in gemeinsamer Beratung mit dem Arzt und auf viel breiterer Wissensgrundlage in Bezug auf den Gesundheitszustand des Kindes, als dies vor der Geburt möglich ist, ihre Entscheidung zu treffen. (1994)

Der Theologe Ulrich Bach, der selbst seit einer Erkrankung an Kinderlähmung behindert ist, hat ebenfalls zu leidenschaftlichen Debatten herausgefordert. Als Pastor in der Evangelischen Stiftung Volmarstein versuchte er, eine Brücke zwischen behinderten und nicht behinderten Menschen zu bauen. Er erläutert, was aus christlicher Sicht für das Menschenbild und die Menschenwürde unaufgebbar ist.

Menschenwürde als Geschenk

M 11

*Ulrich Bach (*1931)*

Ich weiß nicht recht, wie unser Menschenbild auszusehen hat; ich kann auch die Menschenwürde nicht definieren; aber ich weiß: Wenn wir über beides sprechen, dann sollten wir dieses und jenes als etwas Unaufgebbares festhalten. Ich frage also: Welches sind unsere nicht verzichtbaren Eckdaten? Im Folgenden möchte ich drei Thesen vorstellen [...].

These eins: Wer im Blick auf behinderte und alte Menschen von Menschenbild und Menschenwürde spricht, darf nicht die Menschenwürde unserer sogenannten Klienten allein zum Thema erheben; denn auf diese Weise machten wir die „Menschenwürde des behinderten Menschen" zu einem Sonderthema; damit wäre aber der behinderte Mensch von vornherein, also schon von unserem Denken her, als ein Sonder-Mensch gesehen, womit seine Menschenwürde in akute Gefahr geriete. Darum muss „ich" [...] mich sofort mit zum Thema machen: Worin sehe ich meine und seine und also unsere Menschenwürde?

These zwei: Von Menschenbild und Menschenwürde können wir nicht so reden, dass wir den Menschen analysieren, dass wir feststellen, was er „hat“ (Gesundheit, Selbstbewusstsein – was immer), sondern nur so, dass wir von dem reden, was er „ist“, was ihm von außen zukommt, was ihm geschenkt wurde.

These drei: Wer realistisch und verantwortlich von Menschenwürde redet, spricht damit nie von einem Einzelnen, sondern sofort von der Gruppe. Wir Menschen sind nicht zunächst Einzelwesen, die sich dann zu Vereinen oder Gruppen zusammenfinden. Vielmehr wurde „ich“ nur Mensch, indem ich in einer Familie, also in einer Gruppe heranwuchs. […] Menschenwürde gibt es nur so wie „meinen“ Klassenausflug: den kann ich nie allein erleben; mag mein Einzelausflug noch so schön sein, mich noch so weit führen (mag sein: zum Nordpol), er wird, solange ich allein bin, niemals mein Klassenausflug. Ebenso gibt es die Menschenwürde niemals bei mir, bei ihm, bei ihr, sondern sie gibt es nur bei uns, oder sie gibt es nicht. […]

Für uns Christen heißt […] die Aufgabe, deutlich erkennbar von dem in der Bibel bezeugten „extra nos“ (= außerhalb von uns; von außen auf uns zukommend) auszugehen, also zu sagen: Die wichtigste Aussage über den Menschen ist diese, dass Gott ihn will, ihn bejaht, seiner gedenkt. Es wäre fatal, wollten wir das verschweigen, um nur ja von anderen nicht als antiquiert belächelt zu werden. […] Als Beispiel für eine geradezu mustergültige Aussage-Klarheit möchte ich zwei Sätze zitieren aus der Rheinischen Synodalerklärung (EKiR-Erklärung) „Erklärung zur Zwangssterilisierung, Vernichtung sogenannten lebensunwerten Lebens und medizinischen Versuchen an Menschen unter dem Nationalsozialismus“ […]:

„Wir erkennen, dass dem Menschen seine Würde von Gott beigelegt und darum unantastbar ist, dass sie also nicht in seinen Fähigkeiten und Leistungen begründet ist. […] Wir erkennen, dass Leiden den Menschen nicht erniedrigt und Leistung den Menschen nicht erhöht …“ (1994)

1 *Stellen Sie die charakteristischen Unterschiede zwischen den Auffassungen von Menschenwürde in M10 und M11 heraus.*

2 *Nehmen Sie Stellung zu der Frage, ob man Singers Position als eine moderne Form der Selektion (➜ S. 80) im Sinne der Evolutionstheorie bezeichnen kann.*

3 *Prüfen Sie, ob sich Singers Position im Rahmen des Utilitarismus (➜ S. 312) rechtfertigen lässt. Beziehen Sie auch die Karikatur (➜ S. 229) mit ein.*

Menschliches Leben und die Medizin

Fortschritte in den naturwissenschaftlichen Erkenntnissen und neue technische Entwicklungen haben die Möglichkeiten der Medizin heute erheblich erweitert. Damit entstehen neue Fragen, vor allem zum Anfang und Ende des menschlichen Lebens, die Menschenwürde und Gottebenbildlichkeit berühren. Im Verbund der Fächer Biologie und Religion lassen sich hier vertiefte Einsichten gewinnen.

- Bei der Pränataldiagnostik werden das ungeborene Kind und die werdende Mutter während der Schwangerschaft untersucht. Dazu kann ein „Frühscreening“ gehören, bei dem möglichst frühzeitig Hinweise auf chromosomale Abweichungen oder Fehlbildungen gefunden werden sollen. In diesem Fall wird häufig eine Fruchtwasseruntersuchung empfohlen, die durch Überprüfung der Zahl und Anordnung der Chromosomen weitere Gewissheit bringen soll. Sie ist jedoch nicht ohne Risiko für Mutter und Kind. Mit unerwünschten Testergebnissen gehen Paare sehr unterschiedlich um: Manche wollen sich früh auf ein krankes oder behindertes Kind einstellen, andere empfinden das Ergebnis während der gesamten Schwangerschaft als schwere Belastung oder neigen zu einem Abbruch.

- Gerade ältere Menschen erfahren, dass immer mehr Technik – z. B. Herzschrittmacher oder künstliche Hüften – ihre Körperfunktionen unterstützen kann. Es besteht die Gefahr, dass wir mit zunehmendem Alter unseren Körper nicht nur als natürlich verstehen, sondern ihn eher als eine unvollkommene und reparaturbedürftige Maschine sehen.

- Das Leben eines schwerkranken Menschen kann unter Umständen gerettet werden, wenn einem soeben Verstorbenen lebensfähige Organe entnommen werden, um sie zu transplantieren. Generell gilt der Hirntod als das unumkehrbare Ende des irdischen Lebens. Aber manche sehen in ihm erst den Anfang des Sterbeprozesses und sprechen Menschen in diesem Stadium noch Bewusstsein zu. Diese Annahmen verschärfen die Brisanz der Diskussion um Organspenden: Soll ich einen Organspendeausweis bei mir führen, der die Organentnahme im Falle meines Todes erlaubt? Wie sollen sich Menschen verhalten, die sich kurz nach dem Tod eines Angehörigen mit der Frage der Ärzte nach einem seiner Organe konfrontiert sehen?

Um in diesen Fragen fundiert und sachlich begründet urteilen zu können, ist das Gespräch zwischen Theologie und Biologie hilfreich.

Bin ich wirklich frei?

M 12 Selbstbestimmung?

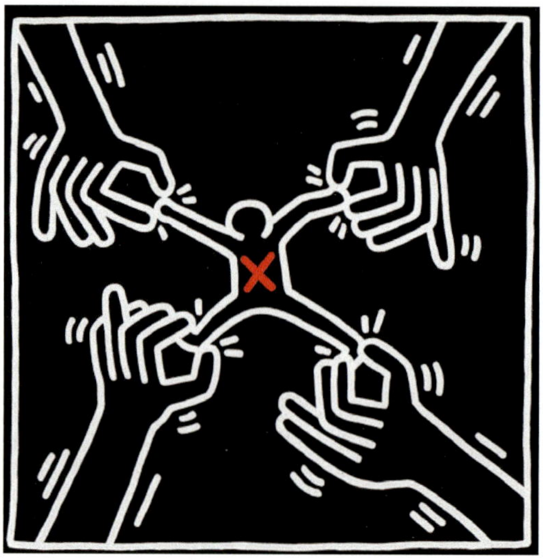

Keith Haring: Ohne Titel (1985)

1 *Kopieren Sie die Grafik. Ordnen Sie den Händen durch Beschriften Kräfte zu, die auf die Figur in der Mitte einwirken könnten.*

2 *Diskutieren Sie: Bin ich für mein gesamtes Leben selbst verantwortlich? Wer könnte noch für mich oder mein Handeln verantwortlich gemacht werden?*

Befreiender Glaube

Kann ich selbst bestimmen, wie ich handle? Paulus sagt, dass dies dem Menschen aus eigener Kraft nicht gelingt. Lesen Sie dazu Röm 7,18–20, 24–25. Martin Luther beschreibt in seiner Schrift „Von der Freiheit eines Christenmenschen", inwiefern der Glaube an die Erlösung durch Jesus Christus den Menschen frei macht.

M 13 Von der Freiheit eines Christenmenschen

Martin Luther (1483–1546)

Damit wir gründlich erkennen können, was ein Christenmensch sei und wie es um die Freiheit beschaffen sei, die ihm Christus erworben und gegeben hat, davon Paulus viel schreibt, will ich diese zwei Leitsätze aufstellen:

Ein Christenmensch ist ein freier Herr über alle Dinge und niemand untertan.

Ein Christenmensch ist ein dienstbarer Knecht aller Dinge und jedermann untertan.

Diese zwei Leitsätze sind klar: Paulus, 1. Kor 9,19: „Ich bin frei von jedermann und habe mich eines jedermanns Knecht gemacht", ebenso Röm 13,8: „Seid niemand etwas schuldig, außer dass ihr euch untereinander liebet." Liebe aber, die ist dienstbar und untertan dem, was sie lieb hat. So (heißt es) auch von Christus, Gal 4,4: „Gott hat seinen Sohn gesandt, von einem Weibe geboren, und dem Gesetz untertan gemacht." […]

Um diese zwei sich widersprechenden Reden von der Freiheit und von der Dienstbarkeit zu verstehen, sollen wir daran denken […]: Nach der Seele wird er (der Christenmensch) ein geistlicher, neuer, innerlicher Mensch genannt, nach dem Fleisch und Blut wird er ein leiblicher, alter und äußerlicher Mensch genannt. Und um dieses Unterschiedes willen werden von ihm in der

Schrift Dinge ausgesagt, die da stracks widereinander sind, wie ich jetzt von der Freiheit und der Dienstbarkeit geredet habe. […]

Wie geht es aber zu, dass der Glaube allein fromm machen und ohne alle Werke so überschwänglichen Reichtum geben kann, obwohl uns doch in der Schrift so viele Gesetze, Gebote, Werke, Stände und Weisen vorgeschrieben sind? Hier ist fleißig zu merken und ja mit Ernst zu behalten, dass allein der Glaube ohne alle Werke fromm, frei und selig machet, wie wir hernach mehr hören werden, und ist zu wissen, dass die ganze Heilige Schrift in zweierlei Wort geteilet wird, welche sind: Gebote oder Gesetze Gottes und Verheißungen oder Zusagen. […]

Wenn nun der Mensch aus den Geboten sein Unvermögen gelernet und empfunden hat, dass ihm nun angst wird, wie er dem Gebot Genüge tue (sintemal das Gebot erfüllet werden muss oder er muss verdammt sein), so ist er recht gedemütigt und in seinen Augen zunichte geworden, findet nichts in sich, damit er könne fromm werden. Dann kommt das andere Wort, die göttliche Verheißung und Zusagung, und spricht: Willst du alle Gebote erfüllen, deine böse Begierde und Sünde los werden, wie die Gebote erzwingen und fordern, siehe da, glaube an Christus, in welchem ich dir alle Gnade, Gerechtigkeit, Frieden und Freiheit zusage. Glaubst du, so hast du, glaubst du nicht, so hast du nicht. Denn was dir mit allen Werken der Gebote unmöglich ist, deren viele sind und von denen doch keines nütze sein kann, das wird dir durch den Glauben leicht und kurz. […] Aus dem allen folgt der Beschluss: Ein Christenmensch lebt nicht in sich selbst, sondern in Christus und seinem Nächsten, in Christus durch den Glauben, im Nächsten durch die Liebe. Durch den Glauben fähret er über sich in Gott, aus Gott fähret er wieder unter sich durch die Liebe und bleibt doch immer in Gott und göttlicher Liebe, gleich wie Christus Joh 1,51 sagt: „Ihr werdet den Himmel offen sehen und die Engel Gottes hinauf und herab fahren auf des Menschen Sohn."

Siehe, das ist die rechte, geistliche, christliche Freiheit, die das Herz frei macht von allen Sünden, Gesetzen und Geboten, welche alle andere Freiheit übertrifft wie der Himmel die Erde. Gott gebe uns, das recht zu verstehen und zu behalten! Amen. (1520)

1 *Erarbeiten Sie Luthers Begründung für Freiheit und Unfreiheit der Christen.*

2 *Erläutern Sie Luthers Verständnis der Freiheit vom Gesetz und der Freiheit zur Liebe.*

Die Freiheit als Idee der Vernunft

Hat der Mensch einen freien Willen oder ist sein Wille von äußerer Notwendigkeit bestimmt? Der Philosoph Immanuel Kant (1724–1804) löste diese Frage, indem er eine Unterscheidung von Sinnen- und Verstandeswelt vornahm. Erst die Unabhängigkeit von bestimmenden Ursachen der Sinnenwelt, d.h. die Freiheit, verschafft dem Menschen die Möglichkeit, seine Vernunft zu gebrauchen. Die Freiheit des Menschen ist Kant zufolge also eine Idee der Vernunft. Diese Überlegungen hat Kant in seiner Antwort auf die Frage „Was ist Aufklärung?" zusammengefasst: „Aufklärung ist der Ausgang des Menschen aus seiner selbst verschuldeten Unmündigkeit. Unmündigkeit ist das Unvermögen, sich seines Verstandes ohne Leitung eines anderen zu bedienen." In seinem Werk „Ideen zur Philosophie der Geschichte der Menschheit" stellt der Philosoph und Theologe Johann Gottfried Herder die Vereinbarkeit dieser Ideen der Freiheit und der Vernunft mit biblisch-theologischen Deutungen des Menschen heraus.

Johann Gottfried Herder

M 14

Die Bestimmung des Menschen

Johann Gottfried Herder (1744–1803)

Um die Hoheit dieser Bestimmung zu fühlen, lasset uns bedenken, was in den großen Gaben Vernunft und Freiheit liegt, und wie viel die Natur gleichsam wagte, da sie dieselbe einer so schwachen vielfach gemischten Erdorganisation, als der Mensch ist, anvertraute. [...]

Der Mensch ist der erste Freigelassene der Schöpfung; er stehet aufrecht. Die Waage des Guten und Bösen, des Falschen und Wahren hängt in ihm: Er kann forschen, er soll wählen. Wie die Natur ihm zwo freie Hände zu Werkzeugen gab und ein überblickendes Auge, seinen Gang zu leiten: So hat er auch in sich die Macht, nicht nur die Gewichte zu stellen, sondern auch, wenn ich so sagen darf, selbst Gewicht zu sein auf der Waage. Er kann dem trüglichsten Irrtum Schein geben und ein freiwillig Betrogener werden: Er kann die Ketten, die ihn, seiner Natur entgegen, fesseln, mit der Zeit lieben lernen und sie mit mancherlei Blumen bekränzen. Wie es also mit der getäuschten Vernunft ging, gehts auch mit der missbrauchten oder gefesselten Freiheit; sie ist bei den meisten das Verhältnis der Kräfte und Triebe, wie Bequemlichkeit oder Gewohnheit sie festgestellet haben. Selten blickt der Mensch über diese hinaus und kann oft, wenn niedrige Triebe ihn fesseln und abscheuliche Gewohnheiten ihn binden, ärger als ein Tier werden.

Indessen ist er, auch seiner Freiheit nach und selbst im ärgsten Missbrauch derselben, ein König. Er darf doch wählen, wenn er auch das Schlechteste wählte: Er kann über sich gebieten, wenn er sich auch zum Niedrigsten aus eigner Wahl bestimmte. Vor dem Allsehenden, der diese Kräfte in ihn legte, ist freilich sowohl seine Vernunft als Freiheit begrenzt, und sie ist glücklich begrenzt, weil der die Quelle schuf, auch jeden Ausfluss derselben kennen, vorhersehen und so zu lenken wissen musste, dass der ausschweifendste Bach seinen Händen nimmer entrann; in der Sache selbst aber und in der Natur des Menschen wird dadurch nichts geändert. Er ist und bleibt für sich ein freies Geschöpf, obwohl die allumfassende Güte ihn auch in seinen Torheiten umfasset und diese zu seinem und dem allgemeinen Besten lenket. [...] Der Mensch im Irrtum und in der Wahrheit, im Fallen und Wiederaufstehen Mensch, zwar ein schwaches Kind, aber doch ein Freigeborener: Wenn noch nicht vernünftig, so doch einer bessern Vernunft fähig, wenn noch nicht zur Humanität gebildet, so doch zu ihr bildbar. (1791)

Kant versteht die Willensfreiheit des Menschen als seine Fähigkeit, eine Folge von Handlungen von sich aus ohne äußeren und inneren Zwang zu beginnen. Er sieht eine enge Verbindung zwischen dieser Freiheit und der Möglichkeit des Menschen, sich moralisch zu verhalten. Kant war der Auffassung, dass der Mensch im Zeitalter der Aufklärung zunehmend die Freiheit gewinnt, von seiner Vernunft auch öffentlich Gebrauch zu machen. Sein Kategorischer Imperativ „Handle nur nach derjenigen Maxime, durch die du zugleich wollen kannst, dass sie ein allgemeines Gesetz werde" prägt bis heute die ethisch-philosophische Diskussion.

1 *Vergleichen Sie Luthers Auffassung von der christlichen Freiheit in M13 mit dem Freiheitsverständnis bei Herder (M14).*

2 *Verfassen Sie einen kurzen Text zu der Frage: Leben wir heute in einer aufgeklärten Gesellschaft, also vernünftig und in Freiheit, oder befinden wir uns noch in einer Zeit der Aufklärung?*

Ist die Freiheit eine Illusion?

Die Welt des Menschen wurde noch nicht zu einer menschlichen Welt. Ist das Programm der Aufklärung zu optimistisch? In den modernen Wissenschaften vom Menschen wird das Problem der Freiheit kontrovers diskutiert.
Sigmund Freud, der Begründer der Psychoanalyse*, ging davon aus, dass nicht nur die Vernunft, sondern auch die Triebe den Menschen bestimmen. Das Verhältnis zwischen beiden Bereichen stellte er in seiner Lehre von den psychischen Instanzen „Es", „Ich" und „Über-Ich" dar. Diese Instanzen entwickeln sich weitgehend unbewusst. Freud sprach dabei der frühen Kindheit große Bedeutung zu (S. 142).

Der Therapeut

M 15

1 *Beschreiben Sie die Einzelheiten des Bildes. Stellen Sie Verbindungen zum Gedanken der Freiheit des Menschen her.*

René Magritte: Der Therapeut (1937)

M 16

Drei Kränkungen

Sigmund Freud (1856–1939)

Mit [der] Hervorhebung des Unbewussten im Seelenleben haben wir aber die bösesten Geister der Kritik gegen die Psychoanalyse aufgerufen. Wundern Sie sich darüber nicht und glauben Sie auch nicht, dass der Widerstand gegen uns nur an der begreiflichen Schwierigkeit des Unbewussten oder an der relativen Unzugänglichkeit der Erfahrungen gelegen ist, die es erweisen. Ich meine, er kommt von tiefer her. Zwei große Kränkungen ihrer naiven Eigenliebe hat die Menschheit im Laufe der Zeiten von der Wissenschaft erdulden müssen. Die erste, als sie erfuhr, dass unsere Erde nicht der Mittelpunkt des Weltalls ist, sondern ein winziges Teilchen eines in seiner Größe kaum vorstellbaren Weltsystems. Sie knüpft sich für uns an den Namen Kopernikus, obwohl schon die alexandrinische Wissenschaft Ähnliches verkündet hatte. Die zweite dann, als die biologische Forschung das angebliche Schöpfungsvorrecht des Menschen zunichte machte, ihn auf die Abstammung aus dem Tierreich und die Unvertilgbarkeit seiner animalischen Natur verwies. Diese Umwertung hat sich in unseren Tagen unter dem Einfluss von Ch. Darwin, Wallace und ihren Vorgängern nicht ohne das heftigste Sträuben der Zeitgenossen vollzogen. Die dritte und empfindlichste Kränkung aber soll die menschliche Größensucht durch die heutige psychologische Forschung erfahren, welche dem Ich nachweisen will, dass es nicht einmal Herr ist im eigenen Hause, sondern auf kärgliche Nachrichten angewiesen bleibt von dem, was unbewusst in seinem Seelenleben vorgeht. Auch diese Mahnung zur Einkehr haben wir Psychoanalytiker nicht zuerst und nicht als die Einzigen vorgetragen, aber es scheint uns beschieden, sie am eindringlichsten zu vertreten und durch Erfahrungsmaterial, das jedem Einzelnen nahe geht, zu erhärten. (1917)

1 *Prüfen Sie den Hinweis, das Ich sei nicht Herr im eigenen Haus.*

2 *Nehmen Sie Stellung zu der These: Die Eltern sind das Schicksal eines Menschen, dem er nicht entrinnen kann.*

Jean-Paul Sartre gilt als der Hauptvertreter der französischen Existenzphilosophie. Er geht davon aus, dass der Mensch das einzige Wesen ist, das zunächst existiert und erst im Nachhinein etwas aus sich macht. Der Mensch sei frei, zu wählen. Seine Existenz sagt noch nichts darüber aus, wie er sein Leben versteht. Für diese Lebensauffassung sei der Mensch selbst verantwortlich.

M 17

Verurteilt, frei zu sein

Jean-Paul Sartre (1905–1980)

Der Mensch, wie ihn der Existentialist versteht, ist nicht definierbar, weil er zunächst nichts ist. Er wird erst dann, und er wird so sein, wie er sich geschaffen haben wird. Folglich gibt es keine menschliche Natur, da es keinen Gott gibt, sie zu ersinnen. Der Mensch, er ist lediglich, allerdings nicht lediglich wie er sich auffasst, sondern wie er sich will, und wie er sich nach der Existenz auffasst, nach diesem Elan zur Existenz hin; der Mensch ist nichts anderes als das, wozu er sich macht. Das ist das erste Prinzip des Existentialismus. [...]

Wenn jedoch die Existenz wirklich dem Wesen vorausgeht, ist der Mensch für das, was er ist, verantwortlich. [...] Wenn wir sagen, der Mensch wählt sich, verstehen wir darunter, jeder von uns wählt sich, doch damit wollen wir auch sagen, sich wählend wählt er alle Menschen. In der Tat gibt es für uns keine Handlung, die, den Menschen schaffend, der wir sein wollen, nicht auch zugleich ein Bild des Menschen hervorbringt, wie er unserer Ansicht nach sein soll. Wählen, dies oder das zu sein, heißt gleichzeitig, den Wert dessen, was wir wählen, zu bejahen, denn wir können niemals das Schlechte wählen; was wir wählen, ist immer das Gute, und nichts kann gut für uns sein, ohne es für alle zu sein. [...]

Wenn tatsächlich die Existenz dem Wesen vorausgeht, ist nichts durch Verweis auf eine gegebene und unwandelbare menschliche Natur erklärbar; anders gesagt, es gibt keinen Determinismus, der Mensch ist frei, der Mensch ist Freiheit.

Wenn zum anderen Gott nicht existiert, haben wir keine Werte oder Anweisungen vor uns, die unser Verhalten rechtfertigen könnten. So finden wir weder hinter noch vor uns im Lichtreich der Werte Rechtfertigungen und Entschuldigungen. Wir sind allein, ohne Entschuldigungen. Das möchte ich mit den Worten ausdrücken: Der Mensch ist dazu verurteilt, frei zu sein. Verurteilt, weil er sich nicht selbst erschaffen hat, und dennoch frei, weil er, einmal in die Welt geworfen, für all das verantwortlich ist, was er tut. (1946)

1 *Nehmen Sie begründet Stellung zu Sartres Position: Der Mensch ist dazu verurteilt, frei zu sein.*

Ökonomische Theorien sehen das Handeln des Menschen abhängig von Rationalität, Eigeninteresse und äußeren Restriktionen. Der so handelnde Mensch wird als *Homo oeconomicus* bezeichnet. Dieser „wirtschaftliche Mensch" (Kunde, Geschäftsmann) ist an sich selbst und an der Maximierung seines Nutzens interessiert. Er ist über alle (Kauf-)Optionen informiert und reagiert auf das, was ihn dabei beschränkt. Kritiker betrachten den *Homo oeconomicus* aber nicht nur als Denkmodell, mit dem man gesellschaftliche Makrophänomene* analysieren kann, sondern als zentrales Leitbild des Neoliberalismus*. Was der Kapitalismus für den modernen Menschen bedeutet, beschreibt der amerikanische Sozialwissenschaftler Richard Sennett.

Der flexible Mensch

M 18

Richard Sennett (1943)*

Heute wird der Begriff „flexibler Kapitalismus" zunehmend gebraucht, um ein System zu beschreiben, das mehr ist als eine bloße Mutation eines alten Themas. Die Betonung liegt auf Flexibilität. Starre Formen der Bürokratie stehen unter Beschuss, ebenso die Übel blinder Routine. Von den Arbeitnehmern wird verlangt, sich flexibler zu verhalten, offen für kurzfristige Veränderungen zu sein, ständig Risiken einzugehen und weniger abhängig von Regeln und förmlichen Prozeduren zu werden.

Die Betonung der Flexibilität ist dabei, die Bedeutung der Arbeit selbst zu verändern und damit auch die Begriffe, die wir für sie verwenden. „Karriere" zum Beispiel bedeutete ursprünglich eine Straße für Kutschen, und als das Wort schließlich auf die Arbeit angewandt wurde, meinte es eine lebenslange Kanalisierung für die ökonomischen Anstrengungen des Einzelnen. Der flexible Kapitalismus hat die gerade Straße der Karriere verlegt, er verschiebt Angestellte immer wieder abrupt von einem Arbeitsbereich in einen anderen. Das Wort „job" bedeutete im Englischen des 14. Jahrhunderts einen Klumpen oder eine Ladung, die man herumschieben konnte. Die Flexibilität bringt diese vergessene Bedeutung zu neuen Ehren. Die Menschen verrichten Arbeiten wie Klumpen, mal hier, mal da.

Es ist nur natürlich, dass diese Flexibilität Angst erzeugt. Niemand ist sich sicher, wie man mit dieser Flexibilität umgehen soll, welche Risiken vertretbar sind, welchem Pfad man folgen soll. [...] Heute wird der Begriff Flexibilität in diesem Sinne gebraucht. Mit dem Angriff auf starre Bürokratien und mit der Betonung des Risikos beansprucht der flexible Kapitalismus, den Menschen, die kurzfristige Arbeitsverhältnisse eingehen, statt der geraden Laufbahn im alten Sinne zu folgen, mehr Freiheit zu geben, ihr Leben zu gestalten. In Wirklichkeit schafft das neue Regime neue Kontrollen, statt die alten Regeln einfach zu beseitigen – aber diese neuen Kontrollen sind schwerer zu durchschauen.

Vielleicht der verwirrendste Aspekt der Flexibilität ist ihre Auswirkung auf den persönlichen Charakter. [...] Wie bestimmen wir, was in uns von bleibendem Wert ist, wenn wir in einer ungeduldigen Gesellschaft leben, die sich nur auf den unmittelbaren Moment konzentriert? (2006)

1 *Diskutieren Sie über mögliche Wege, dem Dilemma zu entgehen, das Sennett in seiner letzten Frage (Z. 46–49) benennt.*

Der Biologe und Philosoph Gerhard Roth (* 1942) geht davon aus, dass eine weitere Kränkung des Menschen bevorsteht, und zwar durch die neuere Hirnforschung. Das menschliche Gehirn wird gegenwärtig intensiv erforscht. Der amerikanische Physiologe Benjamin Libet (1916–2007) fand heraus, dass dem bewussten Willensentschluss zu einer einfachen Handbewegung eine unbewusste Einleitung im Gehirn um 400 Millisekunden vorausgeht. In seinem Buch „Das Gehirn und seine Wirklichkeit" (1997) vertritt Roth die Auffassung, es werde zu einer Entthronung des Menschen in seinem Selbstverständnis als frei denkendem Wesen kommen.

M 19 Der freie Wille – eine Illusion?

Beim Begriff der Willensfreiheit geht Gerhard Roth von der üblichen Vorstellung aus, dass wir uns entschließen, etwas zu tun. Nach herkömmlicher Meinung wirke dabei ein Willensakt auf das Gehirn ein. Genauer gehe es um das Gefühl, dass eine Entscheidung letztlich aus uns selbst kommt und nicht von außen aufgezwungen wurde. Nach Roth spiegelt dieses Gefühl nicht tatsächliche Entscheidungsfreiheit wider, sondern ist eine Illusion.

Im Zusammenhang mit Erkrankungen der Motorik habe die Hirnforschung folgende Frage gründlich untersucht: Was läuft im Gehirn ab, bevor und während wir Bewegungen und Handlungen willentlich ausführen? Bei Willkürbewegungen wie Schreiben, Autofahren und Klavierspielen seien drei Gebiete der Großhirnrinde wichtig. Außerdem seien an der Steuerung die Basalganglien und Bereiche des Kleinhirns beteiligt, vor allem an der Planung, am Starten und an der Organisation solcher Bewegungen. Bewusst sind uns aber nur Prozesse, die in der Großhirnrinde stattfinden. Wesentliche Anteile unserer Handlungssteuerung stammen nach Roth also aus Teilen unseres Gehirns, die dem Bewusstsein unzugänglich sind. Außerdem steuere das Bewertungsgedächtnis, in dem unsere gesamte Lebenserfahrung abgelegt ist, unser Verhalten. Dieses ist ebenfalls im Wesentlichen unbewusst. Schließlich gehe dem Gefühl, etwas zu wollen, ein Bereitschaftspotenzial im Gehirn voraus. Auch Experimente mit Versuchspersonen zeigten deutlich: Das Gefühl des Willensentschlusses ist nicht die Ursache für Handlungen, sondern eine Begleitempfindung. Was den Menschen zu Höchstleistungen antreibe, sei nicht der freie Wille, sondern die Aussicht auf Belohnung. Das Gehirn als System entscheide autonom, d. h. erfahrungsgeleitet, aber nicht das subjektive Ich.

Sind wir in unserem Verhalten determiniert? Diese Frage stellt sich im Umgang mit Erkenntnissen der Hirnforschung. Aus biologischer Perspektive sind Menschen nicht frei, sie wirken nur frei. Werden eines Tages – trotz der Komplexität jedes einzelnen Gehirns – die Gesetzmäßigkeiten, nach denen unser Denken und Verhalten funktionieren, klar erkennbar sein? Natürlich ist jedes Verhalten auch durch unsere biologische Ausstattung bestimmt. Aber lässt sich das Problem menschlicher Freiheit auf Gehirnfunktionen reduzieren?

1 *Ein neuerer Forschungsbericht bezeichnet das menschliche Gehirn als „Lernmaschine im Kopf", die nur richtig programmiert werden müsse. Sprechen Sie in Ihrem Kurs über mögliche Konsequenzen dieser Vorstellung.*

2 *Stellen Sie Vermutungen an, welche weiteren Kränkungen des Menschen in Zukunft denkbar wären.*

Menschenbilder in den Wissenschaften

Viele Wissenschaften beschäftigen sich mit anthropologischen Fragen. *Anthropos* bedeutet Mensch, *logos* Wort, Lehre oder Sinn. Grundlegende Fragen wie „Was ist der Mensch?“ oder „Wie kann man sein Handeln erklären?“ werden von den verschiedenen Wissenschaften unterschiedlich beantwortet. Auch wenn die Wissenschaften heute oft interdisziplinär arbeiten, haben sie jeweils eigene Zugänge und Sichtweisen, die implizit mit spezifischen Menschenbildern korrespondieren.

- In der **Biologie**, insbesondere in der Soziobiologie, wird der Mensch vor allem als Homo erectus, als aufrecht gehendes Lebewesen, betrachtet. Für die Erklärung seines Verhaltens wird nach Parallelen in der Tierwelt gesucht; es werden schwerpunktmäßig die organischen und physischen Voraussetzungen für das menschliche Leben betrachtet.

- In den **Sozialwissenschaften** wird der Mensch vor allem als Homo socius, als Mitmensch in der Gesellschaft, gesehen. Sein Verhalten wird aus Anpassungsprozessen in der Gruppe erklärt. Hier werden Werte (die kollektiven Vorstellungen über das, was gut und erstrebenswert ist) vermittelt und Normen (kollektiv verbindliche Erwartungen über das Verhalten in bestimmten Situationen) weitergegeben. Es sind die Institutionen (festgelegte Vorgangsweisen und Einstellungen), die diese Werte und Normen einer Kultur, Gesellschaft oder Gruppe stabilisieren.

- In der **Psychologie** wird das Verhalten des Menschen aus seiner geistigen (psychischen, seelischen) Verfasstheit erklärt. Für Sigmund Freud zum Beispiel gleicht die Psyche des Menschen einem Apparat, in der das „Ich“ zwischen Trieben („Es“) und verinnerlichten gesellschaftlichen Erwartungen („Über-Ich“) vermitteln muss. Viele Prozesse in der Psyche vollziehen sich unbewusst.

- Die **Wirtschaftswissenschaften** betrachten den Menschen vor allem als Homo oeconomicus, der sein Verhalten im Rahmen von Handelsbeziehungen von Kosten-Nutzen-Abwägung und Gewinnmaximierung leiten lässt.

- In der **Theologie** wird dem Menschen eine hohe Stellung zugemessen. Sein Wert und seine Würde werden mit seiner Geschöpflichkeit, seiner Gottesbeziehung (Ebenbild Gottes, Gen 1,27) begründet. Dies hat weitgehende Konsequenzen. Der Mensch lässt sich nicht auf ein eng geführtes Bild (erectus, socius, oeconomicus) reduzieren. Ein behinderter Mensch, der nicht aufrecht gehen kann, ist deswegen kein halber Mensch. Die Humanwissenschaften zeigen: Wenn der Mensch nach Freiheit sucht, erfährt er auch seine Gebundenheit – an seinen Körper, seine Gefühle und seine Umwelt. Es gibt, so sagen sie, keine absolute Freiheit. Wer von der Gottebenbildlichkeit des Menschen ausgeht, hält daran fest, dass der Mensch trotzdem seinen Wert und seine Würde behält. Er wird von Gott angeredet und zur Partnerschaft berufen. Ihm ist die Welt zur verantwortlichen Gestaltung anvertraut. Der Mensch soll Gott antworten, und das kann er nur in Freiheit.

Ist der Mensch gut oder böse?

Der Mensch kann das Leben anderer zerstören, aber auch sein eigenes Leben einsetzen, um andere Menschen zu retten. Er kann ein Flugzeug in ein Hochhaus hineinsteuern, seine eigenen Kinder umbringen, aber auch staunend vor dem Wunder des Lebens stehen. Er kann andere Menschen skrupellos ausbeuten, aber auch ohne Bezahlung einen schwerstbehinderten Familienangehörigen pflegen.
In der philosophischen Tradition gibt es zwei entgegengesetzte Antworten auf die Frage, ob der Mensch von Natur aus gut oder böse sei: die des französischen Philosophen Jean-Jacques Rousseau und die des englischen Staatsphilosophen Thomas Hobbes. Seinen 1762 erschienen Erziehungsroman „Émile" beginnt Rousseau mit dem Satz „Alles ist gut, wie es aus den Händen des Schöpfers kommt." In anderen Werken hebt Rousseau die „natürlichen" und guten Anfänge des Menschseins hervor.

M 20 Alles ist gut, wie es aus den Händen des Schöpfers kommt

Jean-Jacques Rousseau (1712–1778)

A. Alles, was aus den Händen des Schöpfers kommt, ist gut; alles entartet unter den Händen des Menschen. Er zwingt einen Boden, die Erzeugnisse eines anderen zu züchten, einen Baum, die Früchte eines anderen zu tragen. Er verwischt und verwirrt Klima, Elemente und Jahreszeiten. […] Nichts will er so, wie es die Natur gemacht hat, nicht einmal den Menschen. Er muss ihn dressieren wie ein Zirkuspferd. […] Ohne das wäre alles noch schlimmer, und unsere Gattung will nicht halb geformt existieren.

B. Der erste, der ein Stück Land eingezäunt hatte und es sich einfallen ließ zu sagen: dies ist mein und der Leute fand, die einfältig genug waren ihm zu glauben, war der wahre Gründer der bürgerlichen [politischen] Gesellschaft. Wie viele Verbrechen, Kriege, Morde, wie viel Not und Elend und wie viele Schrecken hätte derjenige dem Menschengeschlecht erspart, der die Pfähle ausgerissen oder den Graben zugeschüttet und seinen Mitmenschen zugerufen hätte: „Hütet euch, auf diesen Betrüger zu hören […]."

Sobald die Menschen sich wechselseitig [einzu-]schätzen begonnen hatten und die Vorstellung der Achtung in ihrem Geist gebildet war, beanspruchte jeder, ein Recht darauf zu haben, und es war nicht mehr möglich, es irgendjemanden gegenüber ungestraft daran fehlen zu lassen. Daraus gingen die ersten Pflichten des geselligen Betragens hervor, selbst unter den Wilden; und jedes vorsätzliche Unrecht wurde von da an zu einer Beleidigung, da der Beleidigte zusammen mit dem Schaden, der aus dem Unrecht entstand, in diesem die Geringschätzung seiner Person sah, die oft unerträglicher war als der Schaden selbst. Da jeder die Geringschätzung, die man ihm zu erkennen gegeben hatte, in einer Weise bestrafte, die der Wichtigkeit entsprach, welche er sich selbst beimaß, wurden die Racheakte schrecklich und die Menschen blutgierig und grausam. Das ist präzise die Stufe, auf der die meisten wilden Völker, die uns bekannt sind, angelangt waren; und weil man die Ideen nicht genügend unterschieden und nicht bemerkt hat, wie weit diese Völker schon vom ersten Naturzustand entfernt waren, haben manche sich beeilt zu schließen, dass der Mensch von Natur aus grausam sei und dass er die Zivilisation bedürfe, damit diese ihn sanfter mache. Indessen ist nichts so sanft wie der Mensch in seinem anfänglichen Zustand […].

Ich sehe es [dieses Wesen = der Mensch], wie es sich unter eine Eiche satt isst, wie es am erstbesten Bach seinen Durst löscht, wie es sein Bett am Fuße desselben Baumes findet, der ihm sein Mahl geliefert hat, und damit seine Bedürfnisse befriedigt. [...]

C. Wie findet man eine Gesellschaftsform, die mit der ganzen gemeinsamen Kraft die Person und das Vermögen jedes Gesellschaftsmitgliedes verteidigt und schützt, und kraft deren jeder Einzelne, obgleich er sich mit allen vereint, gleichwohl nur sich selbst gehorcht und so frei bleibt wie vorher? Dies ist die Hauptfrage, deren Lösung der Gesellschaftsvertrag gibt. [...]

Scheidet man also vom Gesellschaftsvertrag alles aus, was nicht zu seinem Wesen gehört, so wird man sich überzeugen, dass er sich in folgende Worte zusammenfassen lässt: Jeder von uns stellt gemeinschaftlich seine Person und seine ganze Kraft unter die oberste Leitung des allgemeinen Willens [volonté générale], und wir nehmen jedes Mitglied als untrennbaren Teil des Ganzen auf.

Rembrandt van Rhijn: Adam und Eva (1638)

Der englische Philosoph Thomas Hobbes veröffentlichte seine Vorstellungen im Buch „Leviathan oder Wesen, Form und Gewalt eines kirchlichen und bürgerlichen Gemeinwesens" (1651), das als das bedeutendste englischsprachige Werk der politischen Philosophie gilt. Hobbes' Interesse an einer starken Staatsautorität kann man auf dem Hintergrund historischer Ereignisse in England verstehen.

Konkurrenz, Misstrauen, Ruhmsucht

M21

Thomas Hobbes (1588–1679)

So liegen also in der menschlichen Natur drei hauptsächliche Konfliktursachen: Erstens Konkurrenz, zweitens Misstrauen, drittens Ruhmsucht. Die erste führt zu Übergriffen der Menschen des Gewinnens, die zweite der Sicherheit und die dritte des Ansehens wegen. Die ersten wenden Gewalt an, um sich zum Herrn über andere Männer und deren Frauen, Kinder und Vieh zu machen, die zweiten, um diese zu verteidigen, und die dritten wegen Kleinigkeiten wie einem Wort, einem Lächeln, einer verschiedenen Meinung oder jedem anderen Zeichen von Geringschätzung, das entweder direkt gegen sie selbst gerichtet ist oder in einem Tadel ihrer Verwandtschaft, ihrer Freunde, ihres Volkes, ihres Berufs oder ihres Namens besteht. [...]

Der Wunsch nach Reichtum, Ehre, Herrschaft und Macht jeder Art facht den Menschen zum Streit, zur Feindschaft und zum Kriege an; denn dadurch, dass man seinen Mitbewerber tötet, überwindet und auf jede mögliche Art schwächt, bahnt man sich den Weg zur Erreichung seiner eigenen Wünsche. [...]

Hieraus ergibt sich, dass ohne Einschränkung der Macht der Zustand der Menschen so ist, wie er zuvor beschrieben wurde, nämlich ein Krieg aller gegen alle. Denn der Krieg dauert ja nicht nur so lange, als tatsächliche Feindseligkeiten geübt werden, sondern so lange der Vorsatz herrscht, Gewalt mit Gewalt zu vertreiben. Wer hierüber noch niemals nachgedacht hat, dem muss es auffallen, dass die Natur die Menschen so ungesellig gemacht und sogar einen zu des anderen Mörder bestimmt hat. [...]

Weil nun, wie schon gezeigt worden ist, die Menschen sich im Zustand des Krieges aller gegen alle befinden und jeder sich der Leitung seiner eigenen Vernunft überlässt, und da es nichts gibt, was er nicht irgendwann zur Verteidigung seines Lebens gegen einen Feind mit Erfolg gebrauchen könnte, so folgt, dass im Naturzustande alle ein Recht auf alles, die Menschen selbst nicht ausgenommen, besitzen. Solange dieses Recht gilt, wird daher niemand, und sollte es der Stärkste auch sein, sich für sicher halten können. Also ist Folgendes eine Vorschrift oder allgemeine Regel der Vernunft; suche Frieden, solange nur Hoffnung dazu da ist; verschwindet diese, so schaffe dir von allen Seiten Hilfe und nutze sie; dies steht dir frei. [...]

Um aber eine allgemeine Macht zu gründen, unter deren Schutz gegen auswärtige und innere Feinde die Menschen im ruhigen Genusse der Früchte ihres Fleißes und der Erde ihren Unterhalt finden können, gibt es nur einen einzigen Weg: Jeder muss alle seine Macht und Kraft einem oder mehreren Menschen übertragen, wodurch der Wille aller gleichsam in einem Punkt vereinigt wird, so dass dieser eine Mensch oder diese eine Gesellschaft der Stellvertreter jedes Einzelnen wird, und jeder ihre Handlungen so betrachtet, als habe er sie selbst getan, weil er sich ihrem Willen und Urteile freiwillig unterworfen hat. [...]

Die Verpflichtung der Bürger gegen den Oberherrn kann nur so lange dauern, als dieser imstande ist, die Bürger zu schützen; denn das natürliche Recht der Menschen, sich selbst zu schützen, falls dies kein anderer tun kann, wird durch keinen Vertrag beseitigt. (1651)

1 *Fassen Sie die Argumentationen von Rousseau und Hobbes jeweils in einem Schema zusammen und vergleichen Sie die Konsequenzen.*

2 *Nehmen Sie selbst Stellung zu der Frage, ob der Mensch „gut oder böse" ist. Prüfen Sie, ob Ihre Antworten von persönlichen Lebenserfahrungen oder gesellschaftlichen und politischen Ereignissen beeinflusst sind.*

Der österreichische Biologe und Philosoph Franz M. Wuketits beantwortet die Frage nach Gut und Böse mit den Anfängen der Menschheit in der Zeit der „Jäger und Sammler".

M 22 Jeder gegen jeden?

*Franz M. Wuketits (*1955)*

Wir sollten uns von dem naiven Glauben, dass je eine Gesellschaft existierte, in der niemand belogen, beraubt oder getötet wurde, nunmehr verabschieden. [...] Egoismus und Altruismus sind in unserer (sozialen) Evolution innig miteinander verwoben. Dabei mag es zunächst paradox klingen, dass beide dem Überleben dienen, aber wir kommen gleich noch darauf zurück. Die Frage jedoch, ob der Mensch von Natur aus gut oder böse sei, stellt sich als irrelevant heraus. Er ist nämlich keines von beiden, er hatte zunächst – jenseits jeder Moral – „nur" das Problem, zu überleben, und dazu war ihm, wie allen anderen Arten, jedes Mittel recht. Kooperation und Altruismus können freilich auch egoistischen Zielen dienen. Und wenn in unserer Evolution – im Interesse des Überlebens – keineswegs jeder gegen jeden war, dann bedeutet das natürlich nicht, dass der Gedanke der Menschlichkeit den Keim unserer Entwicklungsgeschichte bildete. Dieser Gedanke ist ein Spätprodukt der (soziokulturellen) Evolution, entwickelt zu einer Zeit, als der Mensch vor moralischen Problemen stand, die die längste Zeit seiner Evolution allerdings absolut keine Rolle gespielt hatten. Wer hätte denn auch in der Steinzeit solche Probleme ernsthaft denken können... (?) Es ist ja faszinierend, dass sich der Mensch überhaupt dazu aufschwang, sein Tun und Handeln nach moralischen Kriterien zu beurteilen, und sich bemüht, Böses vom Guten zu unterscheiden. Aber zweifellos hat er sich damit sehr viel vorgenommen, und es sollte uns nicht wundern, dass „moralisches Scheitern" zu den Alltäglichkeiten im Leben unserer Spezies gehört. Damit wird zwar nichts entschuldigt, aber wir müssen uns ernsthaft mit der Frage beschäftigen, inwieweit moralisches Sollen im Rahmen unseres Könnens liegt. (2000)

1 *Nennen Sie ein Beispiel dafür, wie Egoismus und Altruismus miteinander verwoben sind.*

2 *Diskutieren Sie Wuketits' Frage, ob „moralisches Sollen im Rahmen unseres Könnens liegt". Beziehen Sie in Ihre Überlegungen auch Darwins Evolutionstheorie (M5) mit ein.*

Die Geschichten am Anfang der Bibel antworten auf Grundfragen des Menschseins, auch auf die nach Gut und Böse. Die Schöpfungsgeschichten erzählen, dass der Mensch von Gott gut geschaffen sei. Daraus folgt unmittelbar die Frage, warum er jetzt nicht mehr „gut" ist. Genesis 3 erzählt dazu: Obwohl Gott es ihnen verboten hatte, essen Adam und Eva die Frucht vom Baum der Erkenntnis; daraufhin werden sie aus dem Paradies vertrieben. Die Theologie spricht hier vom „Sündenfall". Sünde bezeichnet die gestörte Beziehung zwischen Gott und Mensch. Seit dem Sündenfall ist die Welt nicht mehr „paradiesisch", sondern auch mit schmerzhaften Lebenserfahrungen verbunden.

1 *Lesen Sie Gen 3. Welches Bild vom Menschen kommt in diesem Text zum Ausdruck?*

2 *Kennzeichnen Sie die Beziehung zwischen Gott und den Menschen am Ende des Textes.*

Kommunikations- und Diskussionsformen

Im Religionsunterricht wird viel gesprochen und diskutiert. Damit wir einander wirklich verstehen, ist es oft hilfreich, der Diskussion eine Struktur zu geben. Der Prozess des Zuhörens, Nachdenkens und Antwortens lässt sich dazu auf unterschiedliche Weise verlangsamen und in Phasen gliedern.

- *Lawinengespräch: 1 – 2 – 4 – Plenum.* Sie bekommen eine Aussage oder These und haben zuerst Gelegenheit, sich allein darüber (schriftlich) Gedanken zu machen. Nach ca. zehn Minuten setzen Sie sich mit einer anderen Person zusammen und vergleichen Ihre Antworten. 15 Minuten später gehen Sie als Zweiergruppe zu einer anderen Gruppe und versuchen, zu einem gemeinsamen Ergebnis zu kommen, oder lassen unvereinbare Meinungen nebeneinander stehen. Nach ca. 20 Minuten treffen Sie sich mit einer anderen Vierergruppe zur weiteren Debatte. Die Ergebnisse werden festgehalten und im Plenum präsentiert.
- *Fishbowl: Konsens.* Mit Stühlen werden ein Innenkreis (für ca. 5–7 Personen) und ein Außenkreis (für den Rest) gebildet. Im Innenkreis bleibt ein Stuhl frei. Das Gespräch wird im Innenkreis geführt. Wenn jemand aus dem Außenkreis sich am Gespräch beteiligen möchte, setzt er sich auf den freien Stuhl, ein anderer aus dem Innenkreis geht dann nach außen. Diese Diskussionsform ist geeignet, Konsens herzustellen.
- *Zwei Bänke: pro und kontra.* Der Kurs wird in zwei Gruppen geteilt. Beiden Gruppen liegt jeweils eine These, eine Meinungsäußerung, ein Problemfall oder eine anstößige Aussage vor. Die eine Gruppe muss Argumente dafür, die andere Argumente dagegen formulieren. Nach einer gewissen Zeit treffen sich Pro und Kontra. Hier können beide Gruppen diskutieren: zwei „Bänke". Man kann auch einige Vertreter oder zwei Sprecher/innen (zwei Stühle) delegieren. Dabei spielen die anderen die Rolle der Berater/innen im Hintergrund. Wichtig ist, bei der Debatte nacheinander und nicht durcheinander zu sprechen. Auch hier können einige Beobachter am Schluss die Argumentationen bewerten.
- *Podiumsdiskussion: Gespräch mit Experten.* Im Kurs werden einige Teilnehmer beauftragt, sich in ein bestimmtes Thema oder eine Fragestellung einzuarbeiten. Das Thema lässt sich z. B. aus verschiedenen Sichtweisen (juristisch, ökonomisch, soziologisch, biologisch usw.) betrachten. Auch kann man zwei unterschiedliche wissenschaftliche Auffassungen zum gleichen Thema miteinander konfrontieren. Die Experten setzen sich nach vorn und haben die Möglichkeit, ihre Sicht darzulegen. Der Kurs befragt sie kritisch.
- *Heißer Stuhl: Provokation.* Ein/e Kursteilnehmer/in nimmt es auf sich, eine provokante These zu verteidigen. Eine Kleingruppe sammelt zuerst die Argumente. Ein Teil des Kurses kann opponieren, ein anderer Teil ist Beobachter. Die Beobachter tragen nach der Debatte vor, wer welche inhaltlichen Argumente gebracht hat und welche plausibler waren.
- *Kugellager: viele Meinungen.* Um einen Eindruck von der Vielfalt möglicher Erfahrungen mit einem Thema oder möglichst viele Meinungen zu einer These zu bekommen, führt man ein Kugellager-Gespräch. Der Kurs teilt sich dazu in zwei gleich große Gruppen. Im Raum werden zwei Stuhlkreise vorbereitet mit einer gleichen Anzahl Stühle. Der Innen- und der Außenkreis sind einander zugewandt. Die Schüler/innen setzen sich einander gegenüber und tauschen sich aus. Nach fünf Minuten rückt der Außenkreis einen Stuhl nach rechts und fängt eine neue kurze Gesprächssequenz an. Ein/e „Spielleiter/in" kann den Fünf-Minuten-Takt angeben.

Der Mensch vor Gott

Martin Luther ging es um das Verhältnis des Menschen zu Gott. Wie kann der Mensch vor Gott bestehen, obwohl er in seinem Leben und Handeln hinter den Ansprüchen der Gerechtigkeit zurückbleibt? Aus eigener Kraft kann und muss ihm das nicht gelingen. Durch Gottes gnädiges Urteil ist er schon gerecht geworden. Dies war Luthers reformatorische Entdeckung in der Auseinandersetzung mit dem Römerbrief, z. B. Rö 3,23–28 und 7,14–25. Luther hat diese Gewissheit als Befreiung erfahren (↗ S. 232).

Gerechtfertigter und Sünder zugleich

M 23

Martin Luther (1483–1546)

Weil die Heiligen ihre Sünde immer vor Augen haben und die Gerechtigkeit von Gott nach seiner Barmherzigkeit erflehen, eben darum werden sie auch von Gott immer als gerecht angesehen. Also sind sie in ihren eigenen Augen und in Wirklichkeit ungerecht, bei Gott aber, der sie um des Bekenntnisses ihrer Sünde willen als gerecht ansieht, sind sie gerecht. In Wirklichkeit Sünder, sind sie gerecht durch das gnädige Ansehen Gottes, der sich ihrer erbarmt. Über ihr Wissen hinaus sind sie gerecht, ihrem Wissen nach ungerecht, Sünder in Wirklichkeit, gerecht aber in Hoffnung. (1514/1515)

Lukas Cranach: Gesetz und Evangelium (um 1530)

1 *In diesem Bild hat Lukas Cranach links den Menschen „unter dem Gesetz" abgebildet und rechts den Menschen, der „aus der Gnade" (aus dem Evangelium) lebt. Analysieren Sie die Elemente des Bildes und setzen Sie diese zu Luthers Verständnis von der Rechtfertigung in Beziehung.*

Luthers Fragen und Einsichten bleiben auch nach fast 500 Jahre inspirierend. Wir stellen heute vergleichbare Fragen aber anders: Genügen wir unseren eigenen Ansprüchen? Bin ich gut genug? Leiste ich genug? Hat mein Leben Sinn?
Die folgenden drei Texte sind neue Interpretationen. Elsa Tamez reflektiert darüber als Befreiungstheologin*, Helga Kuhlmann als feministische Theologin* und Wilhelm Gräb als Theologe in der Markt- und Leistungsgesellschaft.

M 24 Befähigt, Gerechtigkeit zu tun

*Elsa Tamez (*1950)*

Ich habe die Rechtfertigung durch den Glauben aus einer lateinamerikanischen Perspektive untersucht. Mit einem Blickwinkel der Geschichte von unten, von den Unterdrückten aus, von den Opfern der Sünde aus gesehen. Wenn man von Opfern der Sünde spricht und sich dann der Rechtfertigungslehre nähert, wird sie einem gleich sehr problematisch. Man kann nicht mehr einfach von der Vergebung der Sünde aus Gnade sprechen. Wenn du nämlich die Rechtfertigung durch den Glauben in einem konkreten Kontext ansiedelst, wo die strukturelle Sünde sehr stark ist, und die Opfer dieser Sünde zahlreich sind, und wo es ganz eindeutig Menschen gibt, die andere ermorden, dann ist es doch, wenn man ohne irgendeinen Bruch, ohne das Antlitz des Opfers zu betrachten, einfach von Vergebung spricht, eine gute Nachricht für den Unterdrücker. [...]

Die Sichtweise der Rechtfertigung aus dem Blickwinkel der Ausgeschlossenen führt zu einer neuen Infragestellung und einem neuen Nachdenken über die Rechtfertigung aus dem Glauben. [...] Wenn man von dem Nicht-Menschen ausgeht, d.h. von dem- oder derjenigen, der/die nicht menschenwürdig leben kann, dann kommt man dahin, dass die Gnade dazu führt, ihn oder sie zu einem würdigen Menschen werden zu lassen, dass er vom Nicht-Menschen zum Sohn oder zur Tochter Gottes wird – aus dem Glauben an das Unmögliche, nämlich die Auferstehung der Toten. Und das alles geschieht aus Glauben und nicht durch das Gesetz, das tötet und versklavt. Ich orientiere mich nicht so sehr an dem Muster Glaube oder Werke, sondern mehr an dem Glauben als Glauben an Gott, der auferweckt, der Tote auferstehen lässt, und der fähig ist, Wirklichkeit zu verändern, aus dieser Welt eine neue Gesellschaft zu schaffen durch uns. Und der Akt der Rechtfertigung besteht darin, dass Gott den Menschen dazu befähigt, Gerechtigkeit zu tun. [...] Die historische Vermittlung besteht darin, dass Gott dich dazu befähigt, Gerechtigkeit zu tun und diese Situation der Sünde zu verändern. Das ist die Kraft, die er den Ausgeschlossenen gibt, und allen anderen auch. So kann man dann auch von einer guten Nachricht für alle sprechen, für die Ausgeschlossenen und für die, die andere ausschließen, mit dem Ziel, diese Welt zu verändern, die tötet. Und wenn man einmal ausgeht von den Ausgeschlossenen, dann kann man dort auch unterschiedliche Subjekte sehen, ausgeschlossen durch ihre Hautfarbe, durch ihre Kultur, durch ihr Geschlecht. Sie werden als Kinder Gottes gesehen, und der Glaube gibt ihnen die Möglichkeit, das Unmögliche zu glauben und zu tun. (1992)

M 25 Sich nicht mehr rechtfertigen müssen

*Helga Kuhlmann (*1957)*

Frauen sind, so meine ich, in unserer Gesellschaft besonders unter das Gebot der Perfektion gestellt. Weil sie einem hohen und einem genderspezifischen Rechtfertigungsdruck ausgesetzt sind, kann für sie Rechtfertigungstheologie besonders relevant werden. [...] Die zentrale Botschaft der paulinischen Rechtfertigungslehre, durch die Liebe Gottes gerecht gesprochen und damit gerecht gemacht worden zu sein, bedeutet für Gerechtfertigte, dass sie aus einem ungerechten und unrechten Leben aus Gottes Perspektive ins „Rechte“ hineingekommen sind und daher die Chance sehen können, wieder recht zu werden und gerecht zu leben. […]

Kann und wie kann die Erfahrung, vor Gott recht und von Gott geliebt zu sein, angesichts des Rechtfertigungsdrucks anderer und angesichts des eigenen Rechtfertigungsdrucks helfen? Der christlichen Tradition ist der Zusammenhang zwischen Gottes-, sozialen und Selbsterfahrungen noch vertraut. Gegenwärtig muss die Möglichkeit, diesen Zusammenhang zu denken und für die Praxis zu nutzen, häufig erst gewonnen werden. Sie setzt voraus, einem Vertrauen auf die Zusage Gottes, ganz persönlich von ihm/ihr gemeint und geliebt zu sein, Gewicht zu verleihen und der Zusage einen Raum der Resonanz zur Verfügung zu stellen. Die göttliche Stimme spricht die einzelne Person an: „Du bist meine geliebte Tochter. Du bist mein geliebter Sohn. Ich habe dich bei deinem Namen gerufen! Fürchte dich nicht!“ Eine Person, die dieser Stimme Gottes in sich Raum geben kann, die auf sie hören kann, strahlt dies nach außen und nach innen aus. […]

In diesem Punkt ist es mit der Liebe Gottes wie mit der Liebe eines Menschen. Sie kommt erst zur Erfüllung, wenn die geliebte Person ihr glaubt, wenn sie sich freuen kann über die Liebe, wenn sie auf ihre Weise zeigen kann, dass die Liebe ankommt. Liebe ist nicht auf Revanche aus, auf die Gegengabe, aber auf die Freude über sie. […] Es kommt darauf an, dass sie es hört und sich zu Eigen macht. Bereits das Hören, die Empfängnis und die Aneignung verstehe ich als Aktivität. Sich ein Geschenk tatsächlich gut tun zu lassen, konterkariert die moderne Erwartung, sich stets selbst zu entwerfen, sowie die Erwartung, anderen gegenüber stets hilfreich zu sein. Die Wertschätzung anderer so in das eigene Selbstverständnis aufzunehmen, dass sich eine Person selbst schätzt, den liebenden Blick Gottes und den einer Person auf die eigene Person zu imitieren, das meint Rechtfertigung als „iustitia receptiva.“ (2003)

Das Leben als unverdientes Geschenk begreifen

M 26

*Wilhelm Gräb (*1948)*

Rechtfertigungszwänge bestimmen das öffentliche Leben ebenso wie das private. Wer einen Fehler gemacht hat oder auch nur in den Verdacht gerät, einen Fehler gemacht zu haben, muss sich rechtfertigen. Schließlich zeigt sich der Rechtfertigungsdruck in allen unseren Verhältnissen und Beziehungen, im Verhältnis zu uns selbst, zu anderen Menschen. Er zeigt sich im Leistungsdruck, der in der Schule und im Beruf gemacht wird, in dem verinnerlichten Verlangen nach Anerkennung, nach Beachtetwerden, nach Reichtum, nach Status. […] Die Suche nach dem Paradies, also nach erfülltem Leben, nach Sinn, nach Anerkennung zeigt sich heute v. a. in den kleinen und großen Fluchten aus dem Alltag: hinein in die Erlebnisbäder und Erlebnisparks, in die Discos und zu den Rave-Partys, ins Kino der großen Gefühle und auf die Inseln des Urlaubsglücks. Die Anforderungen, denen der Einzelne sich in der Leistungs- und Marktgesellschaft gegenübersieht, sind groß. Groß ist in der Regel auch die Bereitschaft, sie zu erfüllen. Aber man möchte dann gewissermaßen die Gegenleistung: ein schönes Leben, Erlebnisse, Spaß und Events, dann einen Lifestyle, das entsprechende Outfit, die Zugehörigkeit zu einer Szene, zu einer Clique. […]

Die Lehre von der Rechtfertigung allein aus Glauben formuliert ein bestimmtes Selbstverständnis. […] Sie lehrt, dass die Würde eines Menschen, der Grund dafür, dass er Anerkennung, Wertschätzung und Liebe verdient, nicht in dem besteht, was er hat, was er kann und wie er aussieht, sondern darin, dass er ist. Vom Haben zum Sein. Vom Sinn, den ich mir selbst schaffe, zu dem, in dem ich mich vorfinde. Du darfst sein, der du bist. Mehr braucht es nicht. Nicht die geglückten oder auch missglückten Anstrengungen, etwas aus dir und deinem Leben zu machen. Es geht um diesen Blickwechsel. Ich schaue nicht darauf, was ich alles geleistet und in Szene gesetzt habe bzw. noch leisten und in Szene setzen muss, um das Gefühl zu haben, mein Leben lohne sich.

Ich schaue mich selbst so nicht mehr an und nicht die andern. […] Der Glaube, von dem Paulus meinte, dass er ausreicht zur Rechtfertigung, rechtfertigt deshalb, weil er Glaube an Jesus ist, den menschlich nahen, Mensch gewordenen Gott. Der Glaube, der rechtfertigt, ist der Glaube an den Gott im Menschen, in Jesus, dann in jedem Wesen, das Menschenantlitz trägt. Es ist letztendlich der Glaube an den unendlichen Wert jedes Einzelnen, die unverletzliche Würde, die ihm als Gottes Geschöpf immer schon zukommt. Dieser Glaube führt dazu, dass ich mich selbst anerkannt wissen kann und andere anerkenne, unabhängig von ihrem Vermögen und ihren Leistungen, ihrer Hautfarbe, ihrem Geschlecht, ihrer nationalen und auch religiösen Zugehörigkeit.

In der überlieferten Sprache der Theologie ist das so ausgedrückt, dass der Glaube mich nicht auf mich selbst und mein Werk blicken lässt, sondern auf Jesus, den Christus und sein Kreuz, den Gott, der sich mit dem zum Tode Verurteilten identifiziert. Rechtfertigung aus Glauben heißt zugleich: Rechtfertigung des Sünders allein durch Gnade, allein durch Christus. Der Sünder blickt auf sich selbst und kreist um sich selbst. Der Glaubende blickt auf Jesus, den Christus. Deshalb nährt sich dieser Glaube von Erzählungen über Jesus, der sich denen zugewandt hat, die sich selbst nicht mehr helfen, nichts aus sich machen konnten und auch nicht mehr wollten, den Verlorenen, den Verlassenen, Verachteten, den Gescheiterten. Solche Erzählungen stiften auch heute Sinn und neue Orientierung, können den Blickwechsel, die Perspektivenverschiebung veranlassen: weg von mir selbst, hin zum menschlichen Gott, zum Gott in mir selbst und zum Gott im Angesicht des anderen. Die Perspektive meiner Selbst- und Weltansicht kann eine andere werden. Über meine Selbstachtung und die Achtung, die ich vor anderen habe, entscheiden nicht mehr Leistung, Status und Besitz. […] Das heißt Glauben: das Leben als unverdientes Geschenk begreifen. (2001)

1 *Vergleichen und beurteilen Sie die drei Neuinterpretationen der Rechtfertigungslehre. Erarbeiten Sie die Unterschiede zwischen ihnen und die Gründe dafür. Welche Sichtweise überzeugt Sie – und warum?*

Wie der Mensch vor Gott bestehen kann – Rechtfertigung

Bibel

In der Bibel kommt das Wort Rechtfertigung bei Jesus im Gleichnis vom Pharisäer und Zöllner vor (Lk 18,9–14). Jesus zeigte darin und in seinem Handeln, wie Gott sich ohne Bedingung jedem Menschen zuwendet. Dem Apostel Paulus geht es bei der Rechtfertigung um das Leben der Menschen vor Gott („coram deo“) und um die Frage, wie der Mensch vor Gott bestehen kann. Nicht das Handeln und das Befolgen bestimmter Regeln – Paulus nennt dies das „Gesetz“ –, sondern der Glaube an Christus führt zum Leben. In Römer 3,23–28 formuliert er: „Alle sind schuldig geworden und haben die Herrlichkeit verloren, in der Gott den Menschen ursprünglich geschaffen hatte. Ganz unverdient, aus reiner Gnade, lässt Gott sie vor seinem Urteil als gerecht bestehen – aufgrund der Erlösung, die durch Jesus Christus geschehen ist. [...] Denn für mich steht fest: Allein aufgrund des Glaubens nimmt Gott Menschen an und lässt sie vor seinem Urteil bestehen.“

Mittelalter

Im Mittelalter bedeutete Rechtfertigung die Wiederherstellung von Recht, z. B. durch Strafe, auch durch Hinrichtung. Gottes Gerechtigkeit hat man als (aktives) richterliches Handeln interpretiert und Rechtfertigung als Möglichkeit des Menschen, durch eigenes Handeln an seinem Heil mitzuwirken („Werkgerechtigkeit“).

Martin Luther

Der Reformator Martin Luther (1483–1546) bezweifelte als Mönch, ob er mit seinen „Werken“ und seiner Frömmigkeit vor Gott gerecht werden konnte. Durch sein Studium des Römerbriefs erkannte Luther, dass Gott uns die Möglichkeit schenkt („gratis“, aus „gratia“ = Gnade), aus dem Glauben heraus und im Vertrauen auf seine Gnade leben zu können. Diese befreiende Einsicht ist seine „reformatorische Entdeckung“. Gott rechnet uns Menschen unsere Sünde nicht an. Wir sind durch das Heilshandeln Jesu Christi in seiner Liebe aufgenommen. Im Vertrauen auf Gottes Gerechtigkeit und Treue wird der Mensch zur Gemeinschaft und zur Treue seinen Mitmenschen gegenüber fähig. Aber obwohl er als Gerechtfertigter gilt, bleibt er doch Sünder („simul iustus et peccator“ = zugleich gerecht und Sünder).

Heutige Deutungen

Im heutigen Sprachgebrauch verwenden wir das Wort Rechtfertigung im Sinne von Selbstrechtfertigung („Ich bin doch okay! Ich habe doch richtig gehandelt.“) oder im ökonomischen Wortfeld („Diese Investition ist gerechtfertigt.“). Auf die theologische Frage, was es heute bedeutet, „gerechtfertigt“ zu sein, gibt es unterschiedliche Antworten. Die Befreiungstheologie aus Lateinamerika interpretiert z. B. die Rechtfertigung als „Befähigung, Gerechtigkeit zu tun“, die feministische Theologie als Befreiung aus dem Rechtfertigungsdruck einer patriarchalen Gesellschaft. Zentral bleibt die Einsicht: Durch den Glauben, dass Gott dem Menschen Gerechtigkeit schenkt, verliert das Streben nach Anerkennung durch Leistung und Erfolg an Bedeutung. Das Gelingende und Misslingende bleiben aber vermischt, der Mensch lebt noch in einer bruchstückhaften Welt, sein Leben ist Fragment. Im Vertrauen auf Gott jedoch ist er fähig, Gutes zu tun und Sinn zu erfahren.

Frau sein – Mann sein

M 27 Zwei Welten?

Xenia Hauser: Der geteilte Himmel (1999)

1 *Teilen Sie Ihren Kurs in eine männliche und eine weibliche Gruppe. Deuten Sie das Bild in beiden Gruppen und halten Sie die Ergebnisse fest.*

2 *Lassen Sie die Ergebnisse von der jeweils anderen Gruppe kritisch kommentieren.*

Mann und Frau in der Gesellschaft

Gen 1,27 geht davon aus, dass Frau und Mann gemeinsam geschaffen wurden und ihnen mit der Gottebenbildlichkeit dieselbe Würde zugesprochen wird. Männlich und weiblich, das heißt auch: Der Mensch ist von Anfang an ein soziales Wesen. An der Grammatik der Verse 26 und 27 ist das abzulesen. Zunächst ist davon die Rede, dass Gott Menschen schaffen will. Dann heißt es: „Gott schuf den Menschen zu seinem Bilde", und zugleich: „und schuf sie als Mann und Frau". Dieser Wechsel von Singular und Plural verdeutlicht die Grundfigur biblischer Rede von Gott und den Menschen. Der eine Gott steht in Beziehung zu den Menschen, in gleicher Weise zu Mann und Frau. Aber was bedeutet das für die alltäglichen Beziehungen zwischen Jungen und Mädchen, Frauen und Männern?

Die amerikanische Philosophin Martha C. Nussbaum hat sich u. a. mit Fragen am Schnittpunkt von Philosophie und Geschlechterforschung befasst. Dabei zeigt sie, dass Mann oder Frau zu sein nicht allein auf körperlichen Unterschieden beruht.

Die soziale Bedeutung des Körpers

M 28

Martha C. Nussbaum (1947)*

Früher war es üblich, die biologische Kategorie „Geschlecht“ (sex) von der sozial konstruierten Kategorie „Genus“ (gender) zu unterscheiden, indem man das Geschlecht als „gegeben“ auffasste und das Genus als sozial gelernte Rolle. In Wirklichkeit liegen die Dinge aber nicht so einfach. Körperteile interpretieren sich nicht selbst. [...] Ausschlaggebend ist, wie sie durch soziale Anpreisung gedeutet werden. Bei den sogenannten Geschlechtsorganen liegen die Dinge gar nicht so viel anders. Ihre Form und ihre biologische Funktion ist in gewissem Maße unabhängig von der Interpretation, die ihnen durch die Kultur zuteil wird, doch die Rolle, die sie im Leben der Menschen spielen, hängt großenteils davon ab, wie Eltern und sonstige soziale Akteure diese Form und diese Funktion deuten, welche Gebrauchsmöglichkeiten sie ihnen zuschreiben, welche Metaphern sie diesbezüglich verwenden, welche Rollen und Erfahrungen sie mit ihnen verbinden. [...]

Die These der sozialen Konstruktion leistet eine Menge, wenn erklärt werden soll, wie es kommt, dass Gesellschaften die tatsächlich in ihnen vorhandenen Geschlechtskategorien besitzen. Außerdem leistet sie eine Menge, wenn es um den Nachweis geht, wie tief diese gesellschaftliche Formung von frühester Kindheit an in die Erfahrung jedes einzelnen Angehörigen der Gesellschaft eingreift und nicht nur das Denken prägt, sondern auch das Erleben des Begehrens und der eigenen Person als eines begehrenden Wesens. Sehr viel weniger angemessen ist sie als Erklärung dafür, wie es möglich ist, dass bestimmte soziale Akteure tatsächlich die Kategorien ausfüllen, denen sie angehören. Bei den Kategorien „Männlich“ und „Weiblich“ können wir erkennen, wie die elterliche Anerkennung unterschiedlicher äußerer Geschlechtsmerkmale von Anfang an zu Unterschieden in der Erfahrung führt und zu guter Letzt einen „Mann“ oder eine „Frau“ hervorbringt. Selbst in diesem Fall ist es jedoch höchstwahrscheinlich so, dass biologische Faktoren bei der Beeinflussung von Verhaltenstendenzen eine signifikante Rolle spielen, auch wenn wir weder genau angeben können, worin diese Rolle besteht, noch wie scharf hier die Trennlinie zwischen den Geschlechtern gezogen ist. Letzten Endes entdecken wir wahrscheinlich ein hohes Maß an Abweichungen innerhalb jedes einzelnen Geschlechts und infolgedessen auch ein hohes Maß an Überschneidungen zwischen den Geschlechtern. [...]

Im Hinblick auf Fragen des Geschlechts gibt es, ebenso wie bei Rassenfragen, wahrscheinlich nur Veränderungen, die schwer durchzusetzen sind und, ganz allmählich anwachsend, im Kopf des Einzelnen stattfinden sowie im Bereich der von Einzelpersonen geschaffenen Möglichkeiten zur Erziehung der nächsten Generation. Es ist unwahrscheinlich, dass es ohne Umgestaltung der Institutionen und des Rechtswesens zu solchen Veränderungen kommt. (2002)

Erziehung und Bildung sind wichtige Voraussetzungen für ein selbstbestimmtes Leben als Mann und Frau. Um die angemessenen Förderkonzepte und den Beitrag der Institution Schule wird nach wie vor gestritten. Dazu einige Thesen.

M29 Geschlechter bilden

A Der Druck zur Anpassung an die gesellschaftlich vorgegebenen Geschlechtsrollen steigt im Laufe der Kindheit. Das dürfte der Grund dafür sein, dass mitfühlendes und prosoziales Verhalten bei Mädchen von der Kindheit zur Jugendzeit im Vergleich zu den Jungen deutlicher zunimmt.

B Die Frauen, die Mädchenarbeit vorangebracht haben, waren erfolgreich. Mehr als die Hälfte der Abiturienten in Deutschland sind weiblich, und Abiturientinnen haben häufiger einen guten Notendurchschnitt als männliche Prüflinge.

C Jungen sind vom Naturell her raumgreifend, sie haben einen großen Bewegungsdrang. Solche Merkmale werden in der Schule nicht gewürdigt. Sie stören bloß. Es muss Ruhe im Klassenzimmer herrschen. Wenn Jungen raufen, wird dies sofort unterbunden. Häufig wird auf typisches Jungenverhalten mit Disziplinierung reagiert.

D Die Models sind los. Im knappsten Outfit sind sie in den Fernsehshows unterwegs, bereit, noch aus der unbequemsten Pose verführerisch in die Kamera zu lächeln. Gleichzeitig diskutieren Politik und Wirtschaft über die Frauenquote in Chefetagen. Welches weibliche Leitbild zählt wirklich?

E Es ist kontraproduktiv, wenn wir mehr Männer einstellen, um traditionelle männliche Rollen in der Schule zu stärken. Das verschärft das falsche Männlichkeitsbild vieler Schüler. Damit Schülerinnen und Schüler alle Möglichkeiten des Denkens, Fühlens und Verhaltens erleben, brauchen wir eine ausgeglichene Verteilung von Männern und Frauen in einem Kollegium.

F Der Pädagogenberuf ist zu weiblich bestimmt. Es gibt zu wenige Männer in der Schule, deshalb fehlt den Jungen das Rollenvorbild. Wenn ich als Schüler nur mit Frauen zu tun habe, weiß ich nicht, wie ein Mann mit bestimmten Situationen umgeht. Es macht für den Unterricht und die Umgangsformen einen Unterschied, ob ein Mann oder eine Frau vor der Klasse steht.

G Vielleicht brauchen wir eine neue Männerbewegung. Schließlich geht es um die Benachteiligung der Hälfte der Bevölkerung. Männer sollten ihre nicht gelebten männlichen Anteile wiederentdecken, ihre Gefühle der Verletzlichkeit, Abhängigkeit und ihren Bedarf an Beziehungen. Eigene Formen der Spiritualität sind dazu hilfreich.

1 *Suchen Sie in den Thesen Beispiele für soziale Einflüsse auf das Verständnis von Geschlechtlichkeit, wie sie Nussbaum in M28 beschreibt.*

2 *Nehmen Sie vor dem Hintergrund Ihrer eigenen Schulerfahrung Stellung zu den Thesen.*

Die Liebe leben – biblische Bezüge

Im Plural, als soziale Wesen, segnet Gott die von ihm erschaffenen Menschen. Zuvor wurde erzählt, dass er die Wassertiere und Vögel gesegnet habe. Hier spricht Gott den Segen über die Tiere aus: „Und Gott segnete sie folgendermaßen ..." Die Menschen dagegen spricht Gott als sein Gegenüber unmittelbar an: „Gott segnete sie und sprach zu ihnen ..."

Liebe in biblischer Sicht: gleichberechtigte Partner

M 30

Die Menschen sind nicht Objekte des Redens und Handelns Gottes, sondern seine Partnerinnen und Partner. Sie sollen auch partnerschaftlich miteinander leben. Das verdeutlicht besonders die zweite Schöpfungserzählung: „Es ist nicht gut, dass der Mensch allein sei", heißt es in Gen 2,18.

Das Bild von der Erschaffung der Frau aus der Rippe des Mannes in Gen 2,22 ist jahrhundertelang benutzt worden, um einseitig die Unterordnung der Frau unter den Mann zu rechtfertigen. Das gilt auch für die christliche Haustafel (Eph 5,21–33), die das Verhältnis von Mann und Frau mit Christus und der Kirche vergleicht. In beiden Fällen handelt es sich aber um Bilder der Ganzheit und Gegenseitigkeit. Mann und Frau erkennen einander, sie werden „ein Fleisch sein" und schämen sich nicht voreinander (Gen 2,23–25). Als der Leib ist die Kirche ihrem Wesen nach verbunden mit dem Haupt, Christus. Aber auch Christus, das Haupt, ist völlig eins mit dem Leib (Eph 5,29 f.). So haben die Christen Anteil an Gottes Liebe und sind in ihr gleich. Diese Liebe stiftet eine Gemeinschaft, die auch die Geschlechterunterschiede umgreift und sie zu einer Einheit in Verschiedenheit verbindet (Gal 3,28).

Sinnliche, freimütige Symbole für partnerschaftliche Liebe entdeckt man im alttestamentlichen Hohelied Salomos. Die Liebhaberin ist hier eine unabhängige Person, die Weinberge (1,6) und Viehherden besitzt. Sie erfreut sich völliger Gleichheit mit ihrem Partner – beide gehören in gleicher Weise zueinander (2,16; 6,3) und genießen ihre Beziehung.

1 *Analysieren Sie Ihnen bekannte Popsongs, in denen es um Liebe geht. Erarbeiten Sie Modelle von Partnerschaft, die darin besungen werden. Vergleichen Sie diese Vorstellungen mit den Aussagen in M30 und mit Hohelied 4–5.*

Auch aus biblischer Sicht ist die Harmonie zwischen den Geschlechtern seit dem Sündenfall nicht mehr so selbstverständlich wie im Paradies. Man muss den richtigen Partner oder die richtige Partnerin suchen. Wenn man meint, sie oder ihn erkannt zu haben, muss man sich um das Zusammenleben bemühen.
Heute gibt es verschiedene und neuartige Möglichkeiten der Partnersuche. Menschen können im Internet immer mehr aus ihrem Leben mitteilen. In sozialen Netzwerken begegnen sich auch Frauen und Männer, die sich Offline vermutlich nie kennengelernt und angenähert hätten.

M31 Die Liebenden

1 *Genesis 2,18–3,24 erzählt von der Entfremdung des Menschen von Gott und anderen Menschen. Deuten Sie das Bild in Verbindung mit dieser Entfremdung.*

2 *Erörtern Sie Ihre Erfahrungen mit dem Internet. Bewerten Sie die Möglichkeiten, sich dort individuell zu präsentieren und Kontakte zu knüpfen. Schätzen Sie die Fähigkeit virtueller Begegnungen ein, reales Glück zu erzeugen.*

M32 Vergänglichkeit

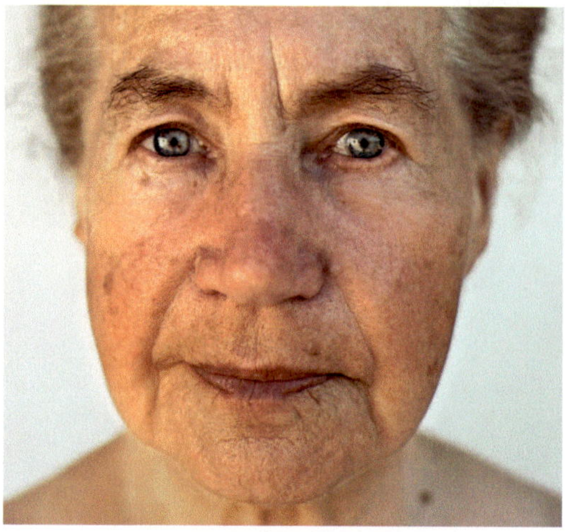

Leben nach dem Tod

Menschen haben zum Tod oft ein ambivalentes Verhältnis. Einerseits werden der Tod und das Töten in den Medien täglich präsentiert, andererseits werden Tod und Sterben immer mehr in Krankenhäuser, Hospize und abseits gelegene Altenheime weggeschoben. Menschen leben heute durchschnittlich länger als früher; über den eigenen Tod sowie die eigene Vergänglichkeit wird selten nachgedacht. Vanitas-Darstellungen (lat. vanitas = Vergeblichkeit, Vergänglichkeit) sind heute wenig beliebt. Im 17. Jahrhundert dagegen hingen sie mit der Unterschrift „Memento mori" (Gedenke deiner Sterblichkeit) in vielen Häusern.

Vanitas

M 33

1 *Betrachten Sie Bild M32 und die drei Symbole der Vergänglichkeit auf dem Bild M33. Nehmen Sie Stellung zu der Aussage: „Die einzige Sicherheit, die ein Mensch im Leben hat, ist, dass er sterben wird."*

2 *Lesen Sie Psalm 90. Welche Bilder für die Vergänglichkeit wählt der Autor?*

3 *Interpretieren Sie Ps 90,12: „Lehre uns bedenken, dass wir sterben müssen, auf dass wir klug werden."*

Worauf darf ich hoffen?

In den letzten zwei Jahrhunderten hat sich das Durchschnittsalter der Menschen in Westeuropa fast verdoppelt. Ewiges Leben ist aber im Diesseits nicht gegeben. Die Frage nach einem Leben nach dem Tod hat zwei Aspekte: „Worauf darf ich nach meinem Ableben hoffen?" und „Worauf dürfen wir als Menschheit hoffen?" Der evangelische Theologe Hans Martin Barth erläutert die christliche Vorstellung der Hoffnung auf ein ewiges Leben.

M 34 Ewiges Leben als unüberbietbare Gottesbeziehung

*Hans Martin Barth (*1939)*

In der Auferstehungshoffnung der Christen geht es gar nicht in erster Linie um postmortale Existenz, sondern um die Beziehung zu dem lebendigen Herrn, von der allerdings als selbstverständlich galt, dass sie über die Todesgrenze hinausreichen werde. Die große, kategoriale Differenz lag nun nicht mehr zwischen Leben und Tod, sondern zwischen vorhandener und fehlender Christusbeziehung. […] Christen interessieren sich nicht in erster Linie für ein postmortales Geschick, sondern sie gehen davon aus, dass sie in Christus nichts scheiden kann von der Liebe Gottes (Röm 8,38 f.); sie wollen – wie Paulus – „bei dem Herrn sein allezeit" (1. Thess 4,17). Es geht also von vornherein nicht einfach um ein „Weiterleben" nach dem Tod, sondern um eine qualifizierte, nämlich durch die Nähe des Herrn und die Beseitigung der von ihm trennenden Sünde qualifizierte „postmortale Existenz". […] Der Vorgang der Auferstehung, der zu dieser durch nichts zu überbietenden Gemeinschaft mit dem Herrn führt, wird in Bildern gedacht und angesprochen – oftmals im Bild der Verwandlung. Der erhöhte Herr wird „unsern nichtigen Leib verwandeln", dass er „gleich werde seinem verherrlichten Leibe" (Phil 3,21). Am Bild vom Samen (1. Kor 15,35–49) oder am Vorgang des Sich-Kleidens oder Bekleidet-Werdens (2. Kor 5,2–4) konnte man sich das klarmachen. […]

Eine gewisse Ausnahme bildet die Rede von einer Auferstehung zum Gericht (vgl. Joh 5,29), die zu der Vorstellung einer allgemeinen Totenauferstehung vor dem Jüngsten Gericht geführt hat, wie sie z. B. an den Portalen mittelalterlicher Dome dargestellt wird. […] Ist das Gericht im Blick auf die individuelle oder die universale Hoffnung über den Tod hinaus zu bedenken? Die christologische Pointe der christlichen Auferstehungshoffnung zeigt sich schließlich an der Erwartung der Wiederkunft Christi und des gerade mit ihr verbundenen Gerichts. (2001)

1 *Der Apostel Paulus spricht in seinen Briefen auch über Fragen zum Leben nach dem Tod. Zwei zentrale Stellen sind 1. Kor 15 und 1. Thess 4. Lesen Sie beide Kapitel und nehmen Sie vor diesem Hintergrund Stellung zur Interpretation von H. M. Barth.*

Worauf dürfen wir hoffen?

In allen Religionen und Kulturen gibt es Vorstellungen von einem Leben nach dem Tod, die über die individuelle Eschatologie* hinausgehen. Die folgenden Texte zeigen dies für den Buddhismus, das Judentum, den Islam und das Christentum.

Das Nirvana im Buddhismus

M 35

Daisetz Teitaro Suzuki (1870–1966)

IX. Alle diese Argumente sollen den Weg zur Erleuchtung (*bodhi*) weisen. Sie ist erreicht, wenn man, den Löwen vor Augen, erkennt, dass alle Dinge von Natur aus im Schweigen ruhen, das heißt, im Stand der Soheit (*Tathata*) sind, dass sie sind so, wie sie sind. Der Weg zur Erleuchtung ist offen, wenn man wahrnimmt, dass seit anfangslosen Zeiten die Dinge von allen Arten des Irrtums, der Gegensätzlichkeit und des Widerspruchs frei sind.

X. Wenn wir sowohl über das Gold wie den Löwen hinausblicken, sind wir von allen spirituellen Täuschungen befreit, und der Geist ist im Frieden gleich dem großen Ozean; wenn die quälenden Leidenschaften sich legen und alle die Irrtümer des Verstandes erledigt sind, schwindet jedes Gefühl der Bedrohung. Alle Verwirrungen sind wie weggefegt, alle Hindernisse beiseite geräumt, und die Quelle allen Leidens ist für immer versiegt. Wenn einer diesen Seinsstand der Erleuchtung und Seligkeit erreicht hat, ist er ins *Nirvana* eingegangen. (1947)

1 *Informieren Sie sich über die Jenseitsvorstellungen im Buddhismus.*

2 *Diskutieren Sie über Attraktives und Befremdliches an der Nirvana-Vorstellung im Buddhismus.*

Im Judentum spielt die Hoffnung auf ein Leben nach dem Tod für den einzelnen Menschen keine so große Rolle. Seine Hoffnung schöpft das Judentum aus der Gemeinschaft, die sich nach dem Tod des Einzelnen weiterentwickelt, bis die Gottesherrschaft eintritt. In den ältesten Geschichten der Bibel wird der persönliche Tod als das Ende akzeptiert, wenn der Mensch „alt und lebenssatt" (Gen 25,8) stirbt. Die jüngeren Bücher des Alten Testaments (z. B. Daniel) setzen sich jedoch mit dem Leben nach dem Tod und einem „Jüngsten Gericht" auseinander. Jesus glaubte daran, diskutierte aber mit den Sadduzäern, die eine solche Aussicht bestritten (Mk 12,18 f.). Beide Positionen spiegeln sich in Gebeten („Lobpreis Gottes"; „Kadisch der Erneuerung"), die bei einer jüdischen Bestattung gelesen werden.

Der jüdische Glaube an die Ewigkeit

M 36

Erhoben und geheiligt
werde sein großer Name
in der Welt,
die er nach seinem Willen geschaffen.
Er lasse sein Reich kommen.

Erhoben und geheiligt
werde sein großer Name
in der Welt,
die er einst erneuern wird,
wenn er die Toten belebt
und sie zum ewigen Leben emporführt.

Jüdischer Friedhof in Frankfurt am Main

M 37 Der islamische Glaube an das Jüngste Gericht

Abu-r Rida

Der fünfte islamische Glaubensartikel ist der Glaube an das Jüngste Gericht und an das Leben nach dem Tod. Er besagt,

- dass das Leben dieser Welt mit allem, was in ihr existiert, an einem bestimmten, bereits festgelegten Tag zu Ende gehen wird. Dieser Tag ist der „Tag des Jüngsten Gerichts";
- dass alle Menschen, die jemals auf Erden gelebt haben, dann wieder zum Leben erweckt werden und Rechenschaft über ihr irdisches Leben ablegen müssen;
- dass Allah an diesem Tag in Barmherzigkeit, Gerechtigkeit und Weisheit über die Menschen richten wird. Diejenigen, die an Allah und Seine Propheten glauben und deren gute Taten überwiegen, werden belohnt und gehen ein ins Paradies, wo sie in vollständigem Wohlbefinden ewig weiterleben werden. Diejenigen aber, die Allah und Seine Propheten leugnen oder
- deren schlechte Taten überwiegen, werden mit dem Höllenfeuer bestraft, wo sie sich in einem Zustand größter Qual befinden werden. Die Existenz des Jüngsten Gerichts und des Lebens nach dem Tod ist ein Ausdruck von Allahs Gerechtigkeit. Der Glaube daran, für seine Taten Rechenschaft ablegen zu müssen, lässt den Menschen überlegt und verantwortungsbewusst handeln.

Dass dieser Glaube absolut notwendig ist, zeigt folgende Überlegung: Wie der Mensch nun einmal ist, tut er Dinge nur dann, wenn sie ihm vorteilhaft erscheinen. Ohne den Glauben, einmal für seine irdischen Taten zur Verantwortung gezogen zu werden, bestünde für ihn nicht der geringste Anreiz, Allahs Willen zu befolgen, falls ihm menschliche Wünsche, Neigungen und Interessen entgegenstehen. Es wäre völlig unerheblich, wie er handelt.

Die Leugnung dieses Glaubenssatzes, wie wir ihn bei denen beobachten können, die von einer absoluten Freiheit des Menschen überzeugt sind, hätte demnach katastrophale Folgen: Übeltäter schreckten vor nichts zurück, kein Sünder wäre zur Reue bereit, und gute, leidende Menschen müssten ohne Trost und Hoffnung leben und sterben. (1999)

1 *Wie begründet der islamische Theologe Abu-r Rida die Notwendigkeit eines Jüngsten Gerichts?*

2 *In der christlichen Theologie des Mittelalters spielte die Vorstellung eines Jüngsten Gerichts eine zentrale Rolle. Nehmen Sie Bezug auf das Schlüsselwissen „Rechtfertigung" (→ S. 249) sowie auf die Ausführungen von H. M. Barth (M34) und erklären Sie, warum sich dies für evangelische Christen geändert hat.*

Die Verwirklichung des Reiches Gottes (Himmelreich) ist Zentrum der Verkündigung Jesu. Darum beten Christen: „Vater Unser im Himmel, geheiligt werde dein Name, dein Reich komme". Die ersten Christen erwarteten, dass das Reich Gottes noch in ihrer Generation Wirklichkeit werde. Aber die Wiederkunft Christi ereignete sich nicht so, wie sie es erwarteten. Dennoch haben die Vorstellungen von den „Letzten Dingen" (Eschatologie*) entscheidenden Einfluss auf das Denken und Handeln von Christen in Geschichte und Gegenwart. Der evangelische Theologe Jürgen Moltmann stellte diesen Gedanken ins Zentrum seiner Theologie.

Leben in der Hoffung

Jürgen Moltmann (1926)*

M 38

Menschlichkeit aus erfahrener Versöhnung führt im Angesicht dieser unerlösten Welt von selbst zu Hoffnung. Zwar wird „Hoffnung" heute groß geschrieben, aber man versteht darunter oft Optimismus oder befohlene Tapferkeit: „Hoffen und nicht verzagen". In Wahrheit ist Hoffnung ein seltenes Geschenk. In der wirksamen Hoffnung flieht der Mensch nicht aus dem unerträglichen Druck der Gegenwart in eine tröstliche, bessere Zukunft, sondern er zieht die andere, die menschliche Zukunft in seine Gegenwart hinein und lebt schon jetzt aus ihr. Das macht die Gegenwart nicht erträglicher, sondern oft eher unerträglicher, jedenfalls aber konfliktreicher. In der Hoffnung öffnet sich der Mensch für die Zukunft, die ihm versprochen ist, und verlässt das Gehäuse seines Lebens wie seiner Gesellschaft. Richtet sich die Hoffnung auf das menschliche Reich des Menschensohns, so bringt sie den Hoffenden in Widerspruch zu den Unmenschlichkeiten, die er sieht. Sie erlaubt ihm nicht mehr zu sagen, dass es nicht anders sein kann, weil es immer so war. Hoffnung ändert einen Menschen, weil sie ihm seine neuen Möglichkeiten zeigt. Diese Hoffnung macht ihn bereit, sich selbst zu verlassen und in der Liebe ganz bei dem anderen zu sein. Das Besondere der christlichen Möglichkeit zur Hoffnung liegt darin, dass sie aus der Erinnerung an die Auferweckung des gekreuzigten Menschensohns geboren wird. Dass die Zukunft des menschlichen Menschen mit diesem ausgestoßenen und verworfenen Menschensohn begonnen hat, das kann man wohl als die unmögliche Möglichkeit der Hoffnung dieser Welt bezeichnen. Denn diese Erinnerung sagt, dass Gott die Zukunft des Menschen nicht an den Spitzen des menschlichen Fortschritts begonnen hat, sondern mit diesem Erniedrigten. Hoffnung, die aus der Erinnerung des Gekreuzigten geboren ist, führt darum zum Hoffen, wo nichts zu hoffen ist. Sie sieht die Zukunft des Menschen nicht im Fortschritt, sondern bei seinen Opfern. Die Armen, die Schwarzen, die Schuldiggewordenen, die keinen Platz in der Welt haben, sind die Utopie Gottes in der Welt. Das kann man die *christliche Utopie* nennen. Während die Utopie sonst das meint, was noch keinen Ort in der Welt hat, meint diese Utopie die Zukunft des Menschsohns, der keinen Ort fand, wo er sein Haupt hinlegen konnte, außer einer Krippe und einem Kreuz. Die christliche Hoffnung ist, sofern sie christlich ist, die Hoffnung der Zukunftslosen. Sie ist darum eine Widerspruchshoffnung, gegen die selbstgefälligen Optimisten und die ebenso selbstgefälligen Pessimisten.

Leben in der Hoffnung heißt *Liebenkönnen*, und zwar das ungeliebte und verstoßene Leben lieben können. Was aber heißt Lieben anders, als mit den ungeweckten Möglichkeiten des anderen Menschen zu rechnen, einschließlich der Möglichkeiten Gottes an ihm? Versöhnung und Hoffnung werden durch konkrete persönliche und soziale Liebe verbreitet. Darum liegen endlich in der schöpferischen, versöhnenden und hoffenden Liebe die tiefsten Möglichkeiten des menschlichen Menschen in einer unmenschlichen Welt. (1983)

1 *Informieren Sie sich über die Jenseitsvorstellungen in Buddhismus, Judentum, Islam und Christentum. Führen Sie ein Expertengespräch (✎ S. 244) zum Thema „Unsere Hoffnung über den Tod hinaus". Beziehen Sie dabei Moltmanns Position (M38) ein.*

Befreiung zur Selbstliebe

In diesem Kapitel ging es um den Blick verschiedener Wissenschaften auf den Menschen und um die Rede vom Menschen aus biblischer und theologischer Sicht. Dabei spielte das Verständnis des Menschen als Geschöpf und Ebenbild Gottes eine zentrale Rolle, weil es dem Menschen eine unantastbare Würde zuspricht. Über das Zusammenleben von Frau und Mann wurde ebenso nachgedacht wie über die Hoffnung des Menschen auch jenseits des Todes. Menschliche Erfahrungen von Freiheit, Begrenztheit und Versagen wurden mit dem befreienden Gehalt der Rechtfertigungsbotschaft in Beziehung gesetzt.

M 39 Perfekter als die Natur erlaubt?

Castingshow

Die Theologin Elisabeth Moltmann-Wendel deutet den reformatorischen Gedanken der Rechtfertigung neu und bezieht dabei Erfahrungen von Frauen heute ein.

Ich bin schön

M 40

Elisabeth Moltmann-Wendel (1926)*

Wer aus den Kräften des bedingungslos liebenden Gottes lebt, ist angenommen mit seiner ganzen Existenz, mit Haut und Haar, Innen und Außen, Negativem und Positivem. Wer in diesem Lebensbereich Gottes lebt, muss heute sagen können: Ich bin gut. Ich bin ganz. Ich bin schön. […]

Annahme/Rechtfertigung ist gesellschaftlich mitbedingt, hängt ab von unseren gesellschaftlichen und anthropologischen Voraussetzungen. Was inferior ist, haben andere bestimmt. Wir müssen umdenken und umleben lernen. Aber solange wir noch von den Normen und ihren Vorurteilen abhängig sind, solange wir noch nicht souverän nach neuen Werten leben, müssen wir in diesen Normen überleben. Was wir dabei brauchen, ist das faszinierende, verwandelnde, schöpferische Selbstgefühl, schön zu sein – gegen alle uns entgegenstehenden Meinungen und Erfahrungen. […]

Schön werden wir nur, wenn uns jemand schön fand. „Die Sünder sind schön, weil sie geliebt werden", hat der junge Luther gesagt und damit etwas von der verwandelnden Gottesliebe eingebracht. Schön werden Kinder, Menschen nur, wenn wir sie schön finden. Und diese Wechselbeziehung prägt alle menschlichen Beziehungen. Wie können wir aber den fatalen Zirkel durchbrechen? Wie können wir uns in unserem tiefsten Sein annehmen?

Wenn wir einmal das Spiel ausprobieren, unsere persönlichen, als negativ erlebten Seiten anzusehen und dieselben herumzudrehen, kann der Teufelskreis durchbrochen werden, kann aus Selbsthass Liebe zu sich selbst werden. […]

Wenn Frauen es aufgeben, sich einem geschlossenen System, sei es die Kirche oder die Gesellschaft, anzupassen, um akzeptiert zu werden, beginnt etwas von der Veränderung. Wenn wir uns schön finden, den Selbsthass in Selbstliebe verwandeln, werden unsere Schwächen zu Stärken. Meine verdrängten Gefühle kann ich leben lassen. Meine dunklen Seiten werden sinnvoll für mich und meine Person, ja vielleicht Grundsubstanz meiner Persönlichkeit. Was ich verdrängt habe, bricht kreativ heraus. Meine Macken werden zu Reizen.

Wenn ich mich schön finde, bleibe ich jedoch nicht narzisstisch in mich selbst verliebt. Wenn ich mich schön finde, kann ich auch anderes, andere schön und reizvoll finden. Wenn ich Angst und Abwehr gegen meine „dunklen" Seiten verliere, kann ich leichter Angst und Aggressionen gegen andere verlieren. Dann kann aus Ängsten vor Fremdem, Unklarem, Abgewertetem, Staunen über Fremdes, Neugier auf Unbekanntes werden. Dann kann ich Dunkles, Negatives liebenswert finden. Dann kann ich neu lieben. […]

In der hier beschriebenen Annahme und Selbstannahme ist die klein machende Angst, diese Trennung von Gott aufgehoben. Die verlorene Tochter Gottes ist die, die zu sich zurückkehrt, in die Vaterarme Gottes, der unsere Mutter ist. Diese Annahme kann erfahren, erlebt, zugesprochen, gespürt werden. Sie kann von außen kommen und sie kann Selbstannahme sein. (1985)

1 *Diskutieren Sie, inwiefern ein gesellschaftlicher Druck besteht, sich dem Schönheitsideal anzupassen, das die Frauen auf dem Bild M39 repräsentieren.*

2 *Prüfen Sie, was Elisabeth Moltmann-Wendel (M40) diesem Druck entgegensetzen kann. Beziehen Sie dabei ein, was Sie in diesem Kapitel über Menschenwürde und Rechtfertigung erfahren haben.*

3 *Im Jahr 2011 verdiente die Schönheitschirurgie in Deutschland 800 Millionen Euro. Die Kosmetikindustrie setzte 1,8 Milliarden um, die Fitnessbranche 4 Milliarden. Nehmen Sie, unter Berücksichtigung der Überlegungen von Elisabeth Moltmann-Wendel, Stellung zu dieser Entwicklung.*

Martin-Luther-Statue vor der zerstörten Frauenkirche in Dresden ... und 15 Jahre nach der Wende

Umstrittene Kirche

1 *Seit dem Zweiten Weltkrieg lag die Ruine der Frauenkirche hinter der Luther-Statue im Zentrum von Dresden. Erst nach der Wende wurde die Kirche von 1994 bis 2005 wieder aufgebaut. Die Kosten hierfür betrugen 180 Millionen Euro, davon waren 115 Millionen Euro Spendengelder. Stellen Sie diesen hohen finanziellen Aufwand den Herausforderungen in der stark entkirchlichten ehemaligen DDR gegenüber. Diskutieren Sie außerdem das Für und Wider des Wiederaufbaus.*

Welche Bedeutung hat die Kirche heute?

M1 Entwicklung von Konfessionen und Religionen in Deutschland seit 1950

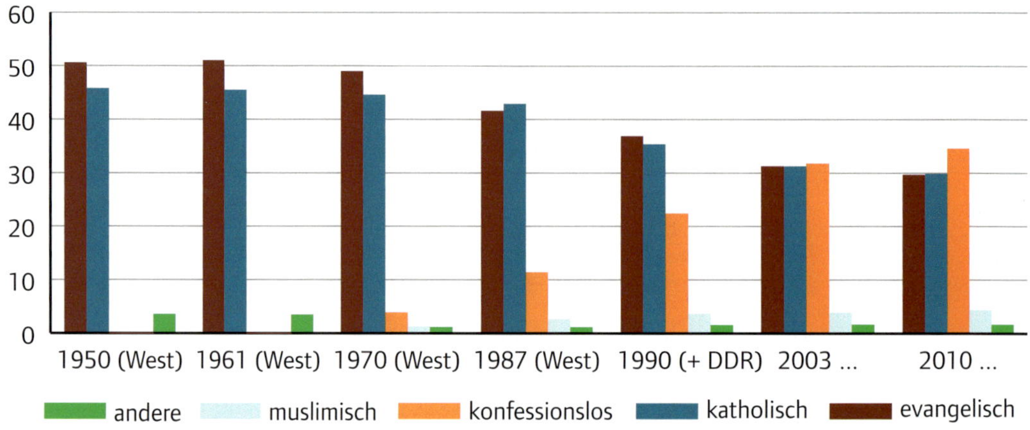

Angaben in Prozent der Gesamtbevölkerung; die Zahlen bis 1987 betreffen nur die alten Bundesländer.
1990 wurden die Zahlen der DDR dazugerechnet. Ab 2003: alte und neue Bundesländer.
Für die Jahre 1950 und 1961 gibt es zu den Bereichen „muslimisch" und „konfessionslos" keine Zahlen.

1 *Beschreiben Sie die Entwicklung der Konfessions- und Religionszugehörigkeit in Deutschland.*

M2 Erfahrungen mit Kirche

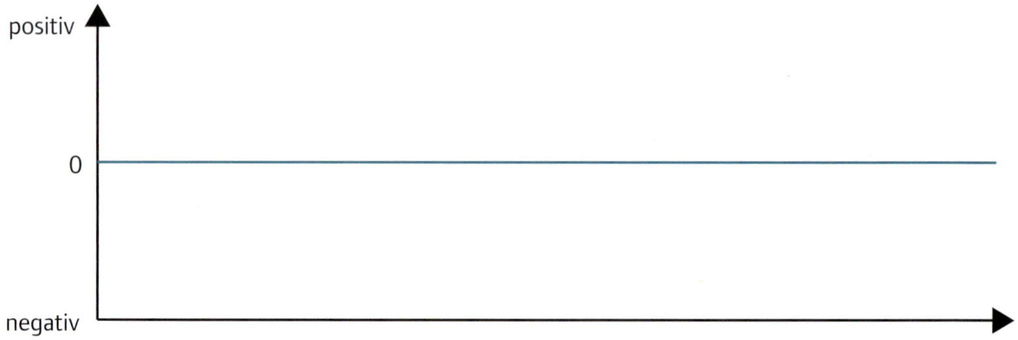

1 *Wenn über Erfahrungen mit Kirche gesprochen wird, kommen sehr unterschiedliche Aspekte zur Sprache: Gebäude, Pfarrerinnen und Pfarrer, Kirchenvorsteher, Chorleiter/-innen, diakonische Einrichtungen, Gottesdienste zur Einschulung oder Konfirmation, Krippenspiel, seelsorgliche oder soziale Hilfe, Freizeiten, Kirchentage usw. Verdeutlichen Sie in einer Grafik, welche positiven und negativen Erfahrungen Sie seit Ihrer Geburt mit Kirche gemacht haben. Tauschen Sie sich über diese Erfahrungen aus.*

2 *Vergleichen Sie Ihre positiven Erfahrungen mit den Ergebnissen der Mitgliedschaftsstudien der Evangelischen Kirche in Deutschland (EKD) seit 1972 (↗ M3). Stimmen diese mit den wichtigsten Gründen für die Mitgliedschaft überein?*

Seit 1972 untersucht die Evangelische Kirche in Deutschland ihre Mitgliederentwicklung. In der Grafik sind die „Erwartungen an Kirche" zusammengefasst. Es sind Ergebnisse von vier Mitgliederbefragungen der EKD in den Jahren 1972, 1982, 1992 und 2002.

Mitgliedschaftsgründe und Erwartungen an Kirche

M3

Mitgliedschaftsgründe der Evangelischen Kirchenmitglieder in den alten Bundesländern im Zeitvergleich (in %) . Ich bin in der Kirche, weil

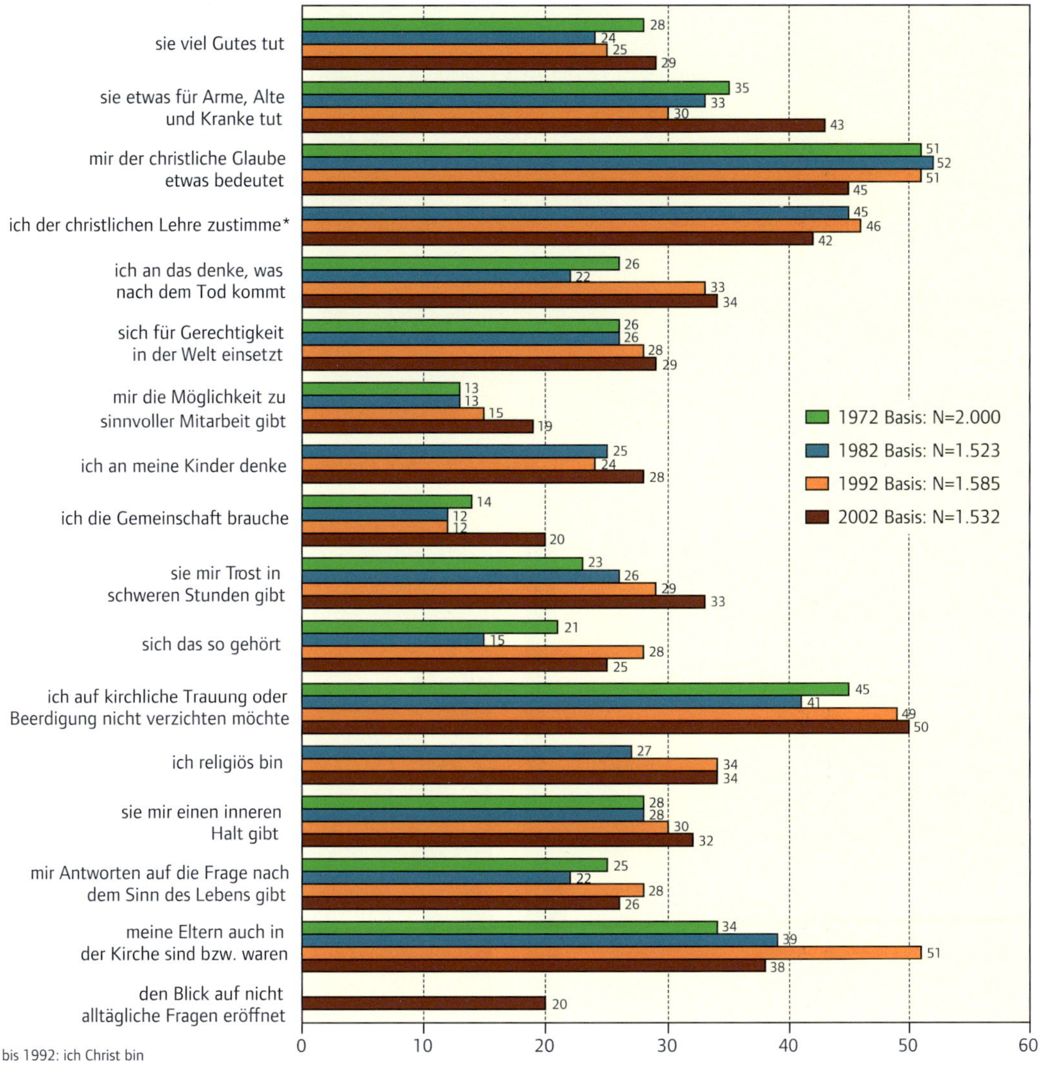

* bis 1992: ich Christ bin
Quelle KMU I bis KMU IV

1 *Fotografieren und beschreiben Sie, welche „Spuren von Kirche" Sie in Ihrem Stadtteil, Ihrem Dorf oder auf Ihrem Weg zur Schule sehen. Beispiele: Kirchengebäude, Gemeindehäuser, Friedhöfe, Wegkreuze, Heiligenstatuen, Kunstwerke, Werbeplakate mit kirchlichen Themen oder für kirchliche Veranstaltungen, Straßennamen (Kirchweg, Pfarrgasse, Kapuzinerplatz usw.), Einrichtungen der Diakonie oder der Caritas (Krankenhaus, Sozialstation), Kindergärten. Überlegen Sie die Hintergründe und Motive dieser Präsenz von Kirche.*

2 *Tauschen Sie sich darüber aus, was fehlen würde, wenn es dies alles nicht mehr geben würde.*

M4 Kirchen in Veränderung

Eine neue christliche Kirche in Namibia (Afrika) in einem einfachen Blechverschlag

Eine von einem Hochhaus überbaute orthodoxe Kapelle im Zentrum Athens

Eine zum Fitnessstudio umgebaute Synagoge in Apeldoorn (Niederlande)

Die Hagia Sophia: Bis 1453 die christliche Hauptkirche in Konstantinopel, dann Moschee, heute ein Museum in Istanbul; vier Minarette wurden ergänzt.

1 *Die vier Abbildungen zeigen, dass Kirchen und religiöse Gebäude im Laufe der Jahrhunderte immer wieder Veränderungen unterworfen sind. Untersuchen Sie, ob es auch an ihrem Wohnort Beispiele für Umbau, Abbau, Umwidmung oder Neubau von Kirchen gibt.*

2 *Für viele Menschen sind die Kirchen, in denen sie getauft und verheiratet wurden oder in denen sie über viele Jahre an Weihnachten waren, „heilige Orte", die nicht abgerissen oder verändert werden dürfen. Setzen Sie sich mit dieser Position auseinander.*

Satire auf den Zölibat, um 1640. Utrecht, Rijksmuseum Catharijne Convent

Solange es die Kirche gibt, gibt es auch Kritik an ihr. Schon in der Bibel hält Johannes in seiner Offenbarung der Gemeinde von Laodicea (Apk 3,15–18) vor, dass sie weder warm noch kalt sei: „Ihr seid lauwarm, darum werde ich euch aus meinem Mund ausspucken." Der Text des italienischen Autors Giovanni Boccaccio zeigt einen ganz eigenen Umgang mit dieser Kritik.

M5

Die Bekehrung des Juden Abraham zur katholischen Kirche

Giovanni Boccaccio (1313–1375)

Jeannot von Sevigné war von seinem Geschäftsfreund, dem Juden Abraham, so begeistert, dass er traurig darüber war, dass dieser gute Mensch nicht den wahren Glauben hatte – den seinen natürlich.

So versuchte er, ihn in langen und vielen Gesprächen zu bekehren. Abraham, der sich fest an sein jüdisches Gesetz hielt, war erst ungehalten, fand aber Vergnügen daran, mit seinem Freund Jeannot zu debattieren und disputieren. Außerdem erkannte er an, dass es reine Freundschaft war, die diesen bewog, ihn zu bekehren. Wenn sein Glaube wahr war, konnte er ihn nicht für sich behalten. Er wollte einfach seine Wahrheit mit ihm teilen. Schließlich war Abraham so weit, dass er zustimmte, Christ zu werden, stellte allerdings eine Bedingung, von der seine Entscheidung abhängig gemacht werden sollte. Er wollte nach Rom ziehen und sehen, ob der Lebenswandel des Stellvertreters Christi, des Papstes, und seiner Kardinäle dem christlichen Glauben entspräche.

Jeannot wurde traurig, denn es war ja allgemein bekannt, wie es zuging am päpstlichen Hof in Rom. Trotzdem reiste Abraham nach Rom. Wie zu befürchten, erwiesen die Prälaten sich als Schwelger, Wollüstlinge und Trunkenbolde, dazu waren sie noch geizig und habgierig. Als Abraham aus Rom zurückkehrte, begrüßte Jeannot ihn zwar mit herzlicher Freude, weil er glücklich zurückgekehrt war, aber er fragte erst gar nicht, wie die Probe ausgefallen war. Und was Abraham dann aber doch berichtete, war in der Tat so, wie es der brave Jeannot hatte kommen sehen: Wollust, Völlerei und jedes Laster dieser Welt herrschten in Rom, so, als wollten der oberste Hirte und seine Helfer alles daran setzen, um die christliche Religion Lügen zu strafen.

Wie erstaunt aber war Jeannot, als Abraham daraus gerade nicht den Schluss zog, den sein Freund nun befürchten musste, sondern genau den gegenteiligen. Weil Abraham sah, dass der christliche Glaube trotz dieser Kirchenführer sich weiter ausbreitete, war er zutiefst überzeugt, dass es nur der göttliche Geist sein konnte, der ihn dennoch am Leben erhielt. Alle Argumente seines Freundes hatten ihn nicht restlos überzeugt, jetzt aber ließ er sich taufen. (1353)

1 *Geben Sie Boccaccios Argumentation in eigenen Worten wieder und überprüfen Sie, inwieweit sie Sie überzeugt.*

Wenn man die Statistiken liest und in den Medien die Klagen über den Bedeutungsverlust der Kirchen hört, bekommt man schnell den Eindruck, dass es eigentlich kaum noch Kirchenmitglieder geben dürfte. Die Realität ist, dass einerseits viele Menschen den Kirchen den Rücken zukehren, es andererseits auch jedes Jahr zahlreiche Kircheneintritte gibt.

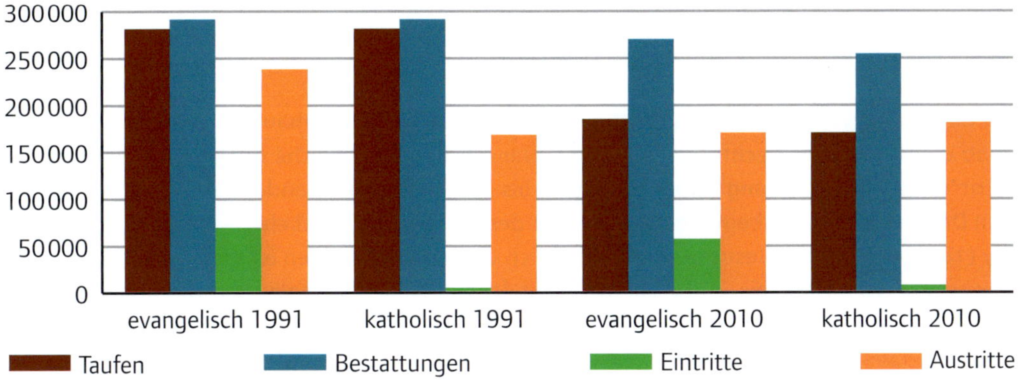

Austreten oder eintreten?

M6

- „Wenn ich mal Kinder bekomme, will ich, dass sie christlich erzogen werden. Dafür brauchen wir die Kirche.“ (Kristina, 19, Schülerin, evangelisch)
- „Ich bin zwar in der Jungen Gemeinde aufgewachsen, aber durch mein Studium im Ausland habe ich den Draht zur Kirche verloren. Irgendwann habe ich mich dann konsequenterweise abgemeldet. Meine Frau ist evangelisch und sie will jetzt, dass unser Kind getauft wird. Mich berührt Kirche aber nicht mehr so.“ (Andreas K., 43, Mathematiker, evangelisch)
- „Für die meisten, die in der Kirche heiraten, ist das nur ‚spiritueller Party-Service‘. Das finde ich verlogen.“ (Niklas S., Student, katholisch)
- „Wenn ich nie zur Kirche gehe, warum soll ich dann Kirchensteuer bezahlen? Das Geld kann ich mir sparen.“ (Sandra P., 35, Bankangestellte, evangelisch)
- „Wenn sich die Kirche nicht von anderen Großorganisationen unterscheidet, brauche ich sie nicht.“ (Peter K., 35, Event-Manager, katholisch)

1 *Diskutieren Sie die Motive für Ein- und Austritte.*

2 *Viele Kirchen haben „Beauftragte“ für Wiedereintritte. Führen Sie ein Interview mit einem dieser Beauftragten und befragen Sie ihn nach den Motiven für Wiedereintritte.*

Kein Christentum ohne Kirche

Hat Jesus die Kirche gewollt?

Es ist nicht selbstverständlich, dass es die Kirche gibt. Ob Jesus überhaupt die Kirche gewollt hat und ob die Gruppe der Nachfolger Jesu Vorläufer der heutigen Kirche genannt werden darf, ist umstritten. Bischof Wolfgang Huber, von 2003 bis 2010 Ratsvorsitzender der Evangelischen Kirche in Deutschland, setzt beim berühmten Satz des französischen Bibelwissenschaftlers Alfred F. Loisy (1857–1940) an: „Jesus predigte das Reich Gottes – gekommen ist die Kirche." Karl Kardinal Lehmann, von 1987 bis 2008 Vorsitzender der deutschen katholischen Bischofskonferenz, widerspricht diesem Gegensatz.

M7

Die Jesusbewegung und die Kirche

Wolfgang Huber (1942)*

„Jesus predigte das Reich Gottes – gekommen ist die Kirche." Mit diesem berühmt gewordenen Satz beschrieb der Franzose Loisy zu Beginn unseres Jahrhunderts den Übergang von der Verkündigung Jesu zur nachösterlichen Gemeinde. Er tat dies in durchaus wohlwollender Absicht. Verstanden wurde Loisys Satz später allerdings oft als ein abfälliges Urteil über die Kirche: Was von Jesu radikaler Reich-Gottes-Predigt blieb, war die Kirche als eine Institution, die sich auf Dauer in dieser Welt einzurichten verstand. Eine solche Einrichtung jedoch, die sich den Bedingungen des Alltags fügte, war das Gegenteil der außeralltäglichen Existenz, zu der Jesus seine Jünger einlud.

Dies ist allerdings an einer solchen kritischen Aufnahme von Loisys Satz ohne Zweifel richtig: Als Jesus von Nazareth seine Jünger in die Nachfolge berief, gründete er nicht die Kirche. Er forderte eine kleine Schar auf, alle Geborgenheit hinter sich zu lassen und mit ihm umherzuziehen: ohne Familie, ohne Besitz, ohne gesicherte Unterkunft. Resonanz und Unterstützung fanden Jesus und seine Jünger im Kreis der „Sympathisanten", die der Verkündigung Jesu Glauben schenkten, ohne ihre gewohnten Bindungen aufzugeben. Doch auch sie traten in einen neuen Lebenszusammenhang, wie Jesu Wort von den „wahren Verwandten" unterstreicht:

„Wer ist das, meine Mutter und meine Brüder? Und er ließ seinen Blick unter den Umsitzenden in die Runde gehen und sagte: Diese hier sind meine Mutter und meine Brüder! Wer den Willen Gottes tut, der ist mir Bruder, Schwester und Mutter (Markus 3,33 f.)."

Von dem „Wanderradikalismus" der Jesusbewegung zur „Kirche" ist es nicht einfach ein gleitender Übergang, sondern ein großer historischer Schritt. Von den neutestamentlichen Autoren hat zweifellos Lukas das deutlichste Bewusstsein von der geschichtlichen Zäsur, die mit dem Übergang von der Jesusbewegung zur Kirche gegeben ist. Jesus ist in der Kirche nicht leibhaftig anwesend, sondern die Kirche lebt in der Gegenwart des Geistes. Die Himmelfahrt einerseits, die Geistausgießung an Pfingsten andererseits markieren den Einschnitt (vgl. Apostelgeschichte 1,4 ff.; 2,1 ff.). Auf die Zeit Jesu folgt die Zeit der Kirche. Doch beide Zeiten sind miteinander verbunden. Denn die Kirche lebt in der Kraft des Geistes Jesu; die Gliedschaft in der Kirche wird ergriffen im Glauben an die durch Jesus, seinen Tod und seine Auferstehung bewirkte Vergebung und in der Taufe auf seinen Namen. […]

Die Kirche lebt aus der Kraft der Versöhnungstat Gottes in Christus; sie lebt in der Kraft des Geistes; und sie lebt in der Erwartung des wiederkommenden Herrn, in der Hoffnung auf die Vollendung des Reiches Gottes. Diesem ihrem heilsgeschichtlichen Ort gibt die Christenheit dadurch Ausdruck, dass sie von der Kirche im dritten Artikel ihres Glaubensbekenntnisses redet: In der Sprache des Glaubens ist der Ort der Kirche zwischen dem Bekenntnis zum Heiligen Geist und dem Harren auf die Wiederkunft Christi. Damit ist gesagt: Die Kirche hat teil an der Geschichte des Christus, der der Messias Israels und der Heiland der Völker ist. Diese Geschichte geht der Kirche voraus. Jesu Predigt und helfendes Handeln, sein Tod und seine Auferweckung liegen der Kirche als das sie begründende Geschehen voran. Und die Geschichte des Christus folgt der Kirche nach. Denn auch die Kirche wird in die Herrschaft Christi aufgenommen werden und in die vollendete Herrschaft Gottes eingehen (vgl. 1. Korinther 15,27 f.). Die Geschichte des Christus ist schließlich aber in der Kirche gegenwärtig. Der Geist bürgt für diese Gegenwart; deshalb kann darum gebetet werden, dass er im Wort und in den Zeichen von Taufe und Abendmahl wirksam ist. (1979)

Kirche ist Teil des Reiches Gottes

M 8

Karl Kardinal Lehmann (1936)*

Nicht die Kirche, sondern das Reich Gottes ist das letzte Ziel der Heilsgeschichte und die vollkommene Gestalt des Heils für Himmel und Erde.

Manche setzen freilich zwischen der Gottesreichpredigt Jesu und der Kirche einen totalen Unterschied, als ob beide Größen überhaupt nichts miteinander zu tun hätten. Die Wirklichkeit des Reiches Gottes beziehe sich letztlich nur auf eine endzeitliche Erfüllung. Jesu Verkündigung, dass die Herrschaft Gottes in der gegenwärtigen Zeit angebrochen sei, wäre dann nicht in Erfüllung gegangen. An die Stelle der Herrschaft Gottes sei – so sagen sie – dann die „Kirche" getreten. […] Die Kirche ist demnach das Überbleibsel einer enttäuschten Hoffnung und die verunglückte Gestalt dessen, was Jesus eigentlich wollte. Wie kommt es denn überhaupt zu so etwas wie Kirche? Jesus wollte Israel sammeln und für den Anbruch der Gottesherrschaft bereit machen. […]

Um diesen Prozess zu erhellen, beschreibt Kardinal Lehmann ausführlich mehrere Phasen und Stufen, die hier nur in Stichworten angedeutet werden.

- **Der umfassende Ruf Jesu: Gottes Liebe gilt für alle (Reine, Unreine, Juden, Nicht-Juden).**
- **Die Einsetzung der zwölf Jünger: Jesus hat doch wohl ein Weiterbestehen des Jüngerkreises über seinen Tod hinaus erwartet (vgl. Mk 14,25).**
- **Die Hingabe seines Leibes und seiner ganzen Existenz im Abendmahl: Sein Tod für die Vielen ist eine Voraussetzung für das Werden der Kirche.**
- **Die Auferstehung Jesu Christi: Indem Jesus sich nach seinem Sieg im Tod seinen Jüngern offenbart, richtet er die zerbrochene Gemeinschaft wieder auf.**
- **Pfingsten: Durch die Aussendung des Geistes schafft Gott die Kirche. Pfingsten ist, will man überhaupt einen „Termin" angeben, das Geburtsfest der Kirche. Zum Begriff der Kirche gehört darum, dass sie wesentlich Heidenkirche ist.**

Es darf nämlich auch keine Kluft geben zwischen der Kirche und dem Reich Gottes. Die Herrschaft Gottes wird jetzt schon mitten in der Geschichte Gegenwart: sichtbar, wenn auch noch nicht vollendet. Das Reich Gottes ist nicht etwas Freischwebendes, sondern es wird im Blick auf die Geschichte an das Volk Gottes gebunden. Die Gottesherrschaft kann nur dann in der Geschichte ankommen, wenn sie von Menschen angenommen wird. Die Zeit zwischen dem Kommen Jesu und dem endgültigen Aufrichten der Gottesherrschaft ist nicht einfach „leer", sondern als die Zeit der Kirche hat sie einen eigenen heilsgeschichtlichen Sinn. Gott führt den mit Jesus eröffneten Anfang seiner Gottesherrschaft fort, weil diese – obwohl sie an ihn gebunden bleibt – nicht einfach in seiner Person aufgeht, sondern weil ihre Dynamik auf die ganze Welt gerichtet ist. Dieser Anfang der verkündigten Nähe der Gottesherrschaft ist durch den Tod Jesu nicht einfach zunichte oder auf ein ganz anderes Gleis (erst das Reich Gottes, dann die Kirche) umgelenkt worden. Durch die liebende Hingabe Jesu „für die Vielen" ist dieser Anfang vielmehr gefüllt und bewährt worden – freilich anders, als die Erwartung der Menschen sich ausdachte. Ohne den Karfreitag als Krise und Bewährung der Sendung Jesu Christi kann es Kirche im strengen Sinn nicht geben. Gott bekennt sich, wie die Ostererfahrung und der Osterglaube bezeugen, zu diesem Geschick Jesu und seiner Botschaft. Die Kirche hat ihre Wurzeln im Sein und Handeln des irdischen Jesus, Kirche im Vollsinn kann es aber erst geben, seit Jesus auferstanden ist. So ist die Kirche ein dichtes, wirkliches Zeichen für die Gottesherrschaft, eine von Gott in die Geschichte gelegte Spur seines Reiches und ein Vortrupp der endzeitlichen Hoffnung für alle. In diesem Sinne hat die Kirche teil an der verkündigten Nähe des Gottesreiches. (1996)

1 *Vergleichen Sie den Argumentationsgang von Huber und Lehmann. Überprüfen Sie, inwiefern hier ein Unterschied zwischen einer evangelischen und katholischen Auffassung von Kirche sichtbar wird.*

Evangelischer Kirchentag: Alle zwei Jahre treffen sich etwa hunderttausend evangelische Christinnen und Christen aus ganz Deutschland vier Tage lang, um sich über aktuelle soziale, politische und religiöse Entwicklungen auszutauschen und Impulse für eine zeitgemäße Gestalt von Christ-Sein zu erhalten.

Was ist Kirche?

Aus dem Neuen Testament lassen sich unterschiedliche „Bilder" von Kirche ableiten. Sie hängen oft mit konkreten Entscheidungen zusammen, die im Alltag der ersten Gemeinden getroffen wurden.

Vorstellungen von Kirche im Neuen Testament

M 9

- Die (idealisierte) Urgemeinde, in der alles allen gemeinsam gehört (Apg 2,42–47).
- Kirche als „Leib Christi" mit verschiedenen Aufgaben (1 Kor 12,12–31 und 1 Kor 14,40).
- Die Kirche als Tempel Gottes und Christen als „lebendige Steine" (1 Petr 2,1–10).
- Kirche als Gemeinschaft, die im Sinne Jesu Christi lebt (Phil 2,1–11).
- Kirche als „Liebesgemeinschaft der Kinder Gottes" (1 Joh 3,1–2 und 18–24).

1 *Vergleichen Sie diese fünf biblischen „Bilder" von Kirche. Wie werden Wesen und Aufgaben umschrieben? Diskutieren Sie, welches „Bild" heute am meisten trägt.*

Die Vielfalt der Kirche, die schon im Neuen Testament sichtbar ist, vertieft sich durch die weitere Ausbreitung in unterschiedlichen Kulturkreisen. Es entstehen unterschiedliche Kirchen: die koptische, die armenische, die griechisch-orthodoxe, die römisch-katholische usw. Diese geschichtliche Entwicklung führte auch zu unterschiedlichen Aussagen über Wesen und Auftrag der Kirche. Sie wurden festgehalten in „Bekenntnisschriften", die den Christinnen und Christen helfen sollten, sich ihres Glaubens zu vergewissern. Die hier erwähnten Aussagen zu Kirche entstanden immer in einer bestimmten Zeit und mit einem bestimmten Ziel (**✎ Verhältnis von Kirche und Staat M29 bis M38****).**

Die Kirche im „Apostolicum" und „Nicaenum"

M 10

Das sogenannte Apostolische Glaubensbekenntnis („Apostolicum") entstand in einer ersten Fassung, kurz nachdem Kaiser Theodosius im Jahr 380 das Christentum zur Staatsreligion des Römischen Reiches erklärt hatte. Den umfangreichen christologischen Streitigkeiten sollte ein Ende gesetzt werden, um die Einheit des Reiches, auch wegen der Bedrohung durch fremde Völker von außen, zu fördern. Das „Apostolicum" geht auf alte Taufformeln und andere Bekenntnisfragmente aus den ersten Jahrhunderten der Kirche zurück. Der Name bedeutet nicht, dass das Bekenntnis von den Aposteln, d. h. von den Jüngern Jesu, aufgeschrieben worden sei. Der jetzige Text wurde wahrscheinlich im 6. Jahrhundert in Rom verfasst, um die Einheit der lateinischen Christen unter der Führung des Bischofs von Rom (also des Papstes) zu sichern. Über die Kirche formuliert das „Apostolicum": „Ich glaube an […] die heilige christliche Kirche, Gemeinschaft der Heiligen".

Das sogenannte „Nicaenum", das im Jahr 381 in einer Synode in Nicäa bei Konstantinopel verabschiedet wurde, ist das einzige Bekenntnis, das alle Christen in Ost und West anerkennen und gemeinsam beten. Hier wird zu Kirche formuliert: „Wir glauben […] an die eine, heilige, allgemeine und apostolische Kirche".

Martin Luther, Philipp Melanchthon

Für die Kirchen der Reformation formuliert das Augsburger Bekenntnis (Confessio Augustana, CA, 1530) die Merkmale der „heiligen christlichen Kirche". Philipp Melanchthon, der bedeutendste deutsche Reformator neben Martin Luther, hat es verfasst. Die CA sollte für den Reichstag 1530 die verschiedenen evangelischen Gruppierungen zu einem gemeinsamen Standpunkt bringen, um so gegenüber dem katholischen Kaiser Karl V. und dem katholischen Theologen Johannes Eck die neue „evangelische" Sache zu verteidigen. Ab hier unterscheiden sich die katholische und evangelische Kirche. Statt der sieben katholischen Sakramente* kennt die evangelische Kirche nur Taufe und Abendmahl, weil diese in den Evangelien ausdrücklich genannt sind.

M11 Das Augsburger Bekenntnis

Philipp Melanchthon (1497–1560)

Artikel 7. Von der Kirche.

Es wird auch gelehrt, dass allezeit eine heilige, christliche Kirche sein und bleiben muss, die die Versammlung aller Gläubigen ist, bei denen das Evangelium rein gepredigt und die heiligen Sakramente laut dem Evangelium gereicht werden. Denn das genügt zur wahren Einheit der christlichen Kirche, dass das Evangelium einträchtig im reinen Verständnis gepredigt und die Sakramente dem göttlichen Wort gemäß gereicht werden. Und es ist nicht zur wahren Einheit der christlichen Kirche nötig, dass überall die gleichen, von den Menschen eingesetzten Zeremonien eingehalten werden, wie Paulus sagt: „Ein Leib und ein Geist, wie ihr berufen seid zu einer Hoffnung eurer Berufung; ein Herr, ein Glaube, eine Taufe" (Eph 4,4-5). (1530)

Das Nachdenken über das Wesen von Kirche wurde in Deutschland in den 30er-Jahren des 20. Jahrhunderts durch die Auseinandersetzung mit dem Nationalsozialismus herausgefordert (✎ M35 bis M37).

Im Mai 1934 trafen sich in Barmen (Wuppertal) Vertreter aus mehreren Landeskirchen, die einen Freiraum für die Kirche neben den staatlichen Institutionen forderten. Vor allem durch den Einfluss der reformierten Theologie von Karl Barth (vor seinem Exil 1934 Professor in Bonn) wurden die Ausrichtung auf Christus und die Eigenständigkeit von Kirche stark aufgewertet. Die „Barmer Thesen" wurden das zentrale Dokument der „Bekennenden Kirche" und gewannen vor allem nach 1945 weltweit an Bedeutung.

Die Barmer Thesen

M 12

[…] 1. Jesus Christus, wie er uns in der Heiligen Schrift bezeugt wird, ist das eine Wort Gottes, das wir zu hören, dem wir im Leben und im Sterben zu vertrauen und zu gehorchen haben.
Wir verwerfen die falsche Lehre, als könne und müsse die Kirche als Quelle ihrer Verkündigung außer und neben diesem einen Worte Gottes auch noch andere Ereignisse und Mächte, Gestalten und Wahrheiten als Gottes Offenbarung anerkennen. […].
2. Wie Jesus Christus Gottes Zuspruch der Vergebung aller unserer Sünden ist, so und mit gleichem Ernst ist er auch Gottes kräftiger Anspruch auf unser ganzes Leben; durch ihn widerfährt uns frohe Befreiung aus den gottlosen Bindungen dieser Welt zu freiem dankbarem Dienst an seinen Geschöpfen.
Wir verwerfen die falsche Lehre, als gebe es Bereiche unseres Lebens, in denen wir nicht Jesus Christus, sondern anderen Herren zu eigen wären, Bereiche, in denen wir nicht der Rechtfertigung und Heiligung durch ihn bedürften. […]
3. Die christliche Kirche ist die Gemeinde von Brüdern, in der Jesus Christus in Wort und Sakrament durch den Heiligen Geist als der Herr gegenwärtig handelt. Sie hat mit ihrem Glauben wie mit ihrem Gehorsam, mit ihrer Botschaft wie mit ihrer Ordnung mitten in der Welt der Sünde als die Kirche der begnadigten Sünder zu bezeugen, dass sie allein sein Eigentum ist, allein von seinem Trost und von seiner Weisung in Erwartung seiner Erscheinung lebt und leben möchte.
Wir verwerfen die falsche Lehre, als dürfe die Kirche die Gestalt ihrer Botschaft und ihrer Ordnung ihrem Belieben oder dem Wechsel der jeweils herrschenden weltanschaulichen und politischen Überzeugungen überlassen. […]
4. Die verschiedenen Ämter in der Kirche begründen keine Herrschaft der einen über die anderen, sondern die Ausübung des der ganzen Gemeinde anvertrauten und befohlenen Dienstes.
Wir verwerfen die falsche Lehre, als könne und dürfe sich die Kirche abseits von diesem Dienst besondere, mit Herrschaftsbefugnissen ausgestattete Führer geben oder geben lassen. […]
5. Die Schrift sagt uns, dass der Staat nach göttlicher Anordnung die Aufgabe hat, in der noch nicht erlösten Welt, in der auch die Kirche steht, nach dem Maß menschlicher Einsicht und menschlichen Vermögens unter Androhung und Ausübung von Gewalt für Recht und Frieden zu sorgen. Die Kirche erkennt in Dank und Ehrfurcht gegen Gott die Wohltat dieser seiner Anordnungen an. Sie erinnert an Gottes Reich, an Gottes Gebot und Gerechtigkeit und damit an die Verantwortung der Regierenden und Regierten. Sie vertraut und gehorcht der Kraft des Wortes, durch das Gott alle Dinge trägt.
Wir verwerfen die falsche Lehre, als solle und könne der Staat über seinen besonderen Auftrag hinaus die einzige und totale Ordnung menschlichen Lebens werden und also auch die Bestimmung der Kirche erfüllen.
Wir verwerfen, die falsche Lehre, als solle und könne sich die Kirche […] staatliche Würde aneignen und damit selbst zu einem Organ des Staates werden. […]
6. Der Auftrag der Kirche, in welchem ihre Freiheit gründet, besteht darin, an Christi Statt und also im Dienst seines eigenen Wortes und Werkes durch Predigt und Sakrament die Botschaft von der freien Gnade Gottes auszurichten an alles Volk.
Wir verwerfen die falsche Lehre, als könne die Kirche in menschlicher Selbstherrlichkeit das Wort und Werk des Herrn in den Dienst irgendwelcher eigenmächtig gewählter Wünsche, Zwecke und Pläne stellen. […] (1934)

In der katholischen Kirche erhielt das Nachdenken über das Wesen der Kirche zu Beginn der 1960er-Jahre eine neue Ausrichtung, als Papst Johannes XXIII. ein Konzil einberief, um über ein „aggiornamento" – eine zeitgemäße Erneuerung der katholischen Kirche – zu beraten. In der Erklärung „Lumen Gentium" (Dogmatische Konstitution über die Kirche) heißt es, dass es nur eine Kirche gibt, die Ort und Mittel für die Fortsetzung des Heilshandelns Christi in der Welt ist. Es wurde nicht formuliert, dass dies nur die römisch-katholische Kirche sei, sondern dass das Heilshandeln sich in der katholischen Kirche verwirkliche. Auf diese Weise ist sie das Sakrament (Zeichen und Werkzeug Gottes), das das Werk Christi weiterführt.

M 13 Die Constitutio über die Kirche im II. Vatikanischen Konzil

Dies ist die einzige Kirche Christi, die wir im Glaubensbekenntnis als die eine, heilige, katholische und apostolische bekennen. Sie zu weiden, hat unser Erlöser nach seiner Auferstehung dem Petrus übertragen (Joh 21,17), ihm und den übrigen Aposteln hat er ihre Ausbreitung und Leitung anvertraut (vgl. Mt 28,1–8 ff.), für immer hat er sie als „Säule und Feste der Wahrheit" errichtet (1 Tim 3,15). Diese Kirche, die in dieser Welt als Gesellschaft verfasst und geordnet ist, ist verwirklicht in der katholischen Kirche, die vom Nachfolger Petri und von den Bischöfen in Gemeinschaft mit ihm geleitet wird. Das schließt nicht aus, dass außerhalb ihres Gefüges vielfältige Elemente der Heiligung und der Wahrheit zu finden sind, die als der Kirche Christi eigene Gaben auf die katholische Einheit hindrängen. (1964)

1 *Vergleichen Sie die drei Auffassungen von Kirche (M11 bis M13). Arbeiten Sie heraus, welche Elemente gleich sind und welche die Unterschiede der Konfessionalität begründen.*

Papst Franziskus

Einheit der Kirche?

M 14 Der Papst im römisch-katholischen Kirchenrecht

Codex Iuris Canonici, can. 331

Der Bischof der Kirche von Rom, in dem das vom Herrn einzig dem Petrus, dem Ersten der Apostel, übertragene und seinen Nachfolgern zu vermittelnde Amt fortdauert, ist Haupt des Bischofskollegiums, Stellvertreter Christi und Hirte der Gesamtkirche hier auf Erden; deshalb verfügt er kraft seines Amtes in der Kirche über höchste, volle, unmittelbare und universale und ordentliche Gewalt, die er immer frei ausüben kann.

§ 1 Der Papst hat kraft seines Amtes nicht nur Gewalt in Hinblick auf die Gesamtkirche, sondern besitzt auch über alle Teilkirchen und deren Verbände einen Vorrang ordentlicher Gewalt, durch den zugleich die eigenberechtigte, ordentliche und unmittelbare Gewalt gestärkt und geschützt wird, die die Bischöfe über die ihrer Sorge anvertrauten Teilkirchen innehaben.

§ 2 Der Papst steht bei Ausübung seines Amtes als oberster Hirte der Kirche stets in Gemeinschaft mit den übrigen Bischöfen, ja sogar mit der ganzen Kirche; er hat aber das Recht, entsprechend den Erfordernissen der Kirche darüber zu bestimmen, ob er dieses Amt persönlich oder im kollegialen Verbund ausübt. (1983)

Im 20. Jahrhundert haben sich die protestantischen und orthodoxen Kirchen einander angenähert; es entstand die ökumenische Bewegung. Sie strebt das Zusammenwachsen der verschiedenen Kirchen im gemeinsamen Auftrag für die Welt an. Im Jahr 1948 wurde in Amsterdam der Ökumenische Rat der Kirchen gegründet. Er ist ein Zusammenschluss von etwa 400 Kirchen und setzt sich das Ziel, die sichtbare Einheit der Kirchen und damit die Einheit der Welt zu fördern. Ein Meilenstein in der ökumenischen Bewegung, an dem auch die katholische Kirche beratend mitgearbeitet hat, ist die „Lima-Erklärung".

Die „Lima-Erklärung" zu Taufe, Abendmahl und Amt

M 15

Die Erklärung „Baptism, Eucharist and Ministry" wurde in Lima im Jahr 1982 nach ungefähr 50 Jahren Diskussion zwischen den Kirchen unter dem Thema „Glaube und Kirchenverfassung" („Faith & Order") verabschiedet. Sie bezog sich auf drei zentrale Elemente von Kirche: Taufe, Abendmahl und Amtsverständnis. Die Kirchen erkennen alle gegenseitig die Taufe als einzigen Zugang zur Kirche an. Es soll keine Wiedertaufe und keinen Proselytismus (Mission unter anderen Konfessionen) geben. Über das heilige Abendmahl bzw. die „Eucharistie" ist man sich uneinig. Die römisch-katholische Kirche versteht die Eucharistie als Vergegenwärtigung des Kreuzesopfers Christi und kann vom „Messopfer" sprechen. Durch die Kirche und die Priester bringt Christus sich selbst dar. Die reformierten Kirchen sehen das Abendmahl eher als Gemeinschaftsmahl mit Erinnerungscharakter. Die lutherische Kirche nimmt hier eine Zwischenposition ein. Für die Evangelischen kann ein gemeinsames Feiern des Abendmahls ein Weg zur Einheit sein. Für die Orthodoxen und Katholiken kann es erst zusammen gefeiert werden, wenn alle Kirchen wirklich eins sind. Dies beruht auf der unterschiedlichen „Amtsauffassung" (die Auffassung über Bischöfe, Papst, Zölibat* u.a.). Evangelische und Orthodoxe können den Primat des Papstes nicht anerkennen; verpflichtendes Zölibat gilt nur für katholische Priester und im orthodoxen Mönchtum. Bischöfe gibt es für die Reformierten nicht. Seit Anfang des 21. Jahrhunderts gibt es im Streben nach mehr Einheit der Kirchen wenig Fortschritte.

1 *Organisieren Sie einige Unterrichtsstunden zusammen mit dem katholischen Kurs und diskutieren Sie über die Gemeinsamkeiten und Unterschiede zwischen der evangelischen und der katholischen Kirche, insbesondere über die Rolle und Funktion des Papstes. Entwickeln Sie Perspektiven für die Chancen und Schwierigkeiten auf dem Weg zu mehr Einheit.*

Aufgaben von Kirche

Fulbert Steffensky schreibt in seinem Buch „Das Haus, das die Träume verwaltet": „In der Kirche höre ich Sprache, die mir fremd ist, die nicht aus mir selbst erwächst und mir trotzdem Heimat bietet, in der wir nie zu Hause sein können." Steffensky war bis zu seinem 36. Lebensjahr Benediktinermönch, später Professor für evangelische Religionspädagogik in Hamburg.

M 16

Ich leihe mir die Sprache meiner Geschwister

Fulbert Steffensky (1933)*

Wir sind nie ganz zu Hause, auch in unseren Kirchen nicht. Aber ist denn das so schlimm? Die Alten und die Jungen haben ein Recht, ihre Heimat einzuklagen. Aber ich habe auch eine böse Vermutung bei dieser Klage: dass nämlich die verschiedenen Gruppen immer nur sich selbst einklagen. Kann dahinter nicht auch ein bornierter Provinzialismus stecken? Zu Hause bin ich nur bei mir selbst; dort, wo meine Lieder gesungen werden, meine Sprache gesprochen wird, meine Lieblingstexte zitiert werden, und zwar in der Weise, wie es mir am besten gefällt. Zu Hause bin ich nur bei mir selbst – welch eine erstickende Heimat das wäre! Die einzigartig zu mir passende Heimat, die nur aus meinen Gesten, aus meinen Liedern und aus meinen Gedanken gebaut ist, ist ja auf Dauer auch außerordentlich langweilig; so langweilig ich eben mit mir selbst und mit mir allein bin. Ich bin mir selber nicht genug – das lernt man langsam im Leben. Und ich brauche mehr als mich selber. Ich brauche also die Fremde. Ich brauche die Gedanken, die Gesten und die Glaubensspiele meiner alten und meiner jungen Geschwister. Ich brauche die Lieder der Toten. Ich möchte ein Spieler werden, der zu Hause spielt auch in der Sprache der Geschwister, die mir nur halb zu eigen oder gar fremd ist.

Warum ist mir diese Fremde wichtig? In der fremden Sprache spiele ich immer mehr, als ich bin. Es fällt uns oft schwer, das Leben zusammenzubringen. Es fällt uns schwer, den Morgen und den Abend zu loben. Es fällt uns schwer, Gott am Leben zu preisen und zu glauben. Was soll ich tun?

Stumm bleiben, weil mir die Sprache und der Glaube nur halb gelingen? Ich kann mir Stimme leihen bei denen, die mehr Sprache haben. Wenn die Unruhe des Lebens uns verzehrt und uns selber die Sprache schwer fällt, können wir uns einen Spruch und ein Lied leihen, etwa von Johann Franck aus dem 17. Jahrhundert, und singen: „Tobe, Welt, und springe; ich stehe hier und singe in gar sichrer Ruh!“ Wenn die Tyrannen das Leben würgen, kann ich in einem fremden Lied singen: „We shall overcome!“ Ich singe in einer fremden Sprache, in diesem Falle sogar wörtlich genommen. Ich muss nicht ganz dahinter stehen. Da die Sprache nicht meine ist, identifiziere ich mich nicht ganz mit ihr. Auch mein Unglaube hat ein Recht. Aber ich identifiziere mich auch nicht völlig mit meinem Unglauben. Ich leihe mir die Sprache meiner Geschwister, der lebenden oder der toten, und lasse das Leben nicht stumm. Ein katholischer Priester hat mir einmal gesagt: „Wenn mir das Beten schwerfällt, dann spreche ich einen Psalm auf Latein. Das kann ich dann noch.“ Er betet in der fremden Sprache. Er ist nicht stumm, und er ist noch nicht im Eigenen. Er maskiert seinen halben Glauben mit dem Glauben seiner Geschwister. Auch das ist eine Weise, den Glauben zu lernen, indem man ihn den Geschwistern abguckt und vom Munde liest. Man lernt sich auch von außen nach innen. Man lernt seinen Glauben, seine Lebenshoffnung und das Vertrauen auf die Güte des Lebens, indem man nachsprechen lernt, was man erst halb glauben kann. Die Gebete der Kirche, ihre Lieder und ihre Gesten sind immer besser als sie sind, weil die Toten, die sie vor uns gesprochen und ihren Glauben darin ausgedrückt haben, sie gewaschen haben mit ihren Tränen und mit ihren Hoffnungen. Ein Psalm ist wie ein abgegriffener Stein, durch viele Hände gegangen und schön geworden durch die Wärme der Geschwister. Man braucht nicht an der eigenen Dürftigkeit zu verhungern; das heißt, eine Tradition zu haben und Geschwister zu haben. Und so ist mir die Fremde vielleicht doch wichtiger als mein eigener windschiefer Glaube und seine Sprache. (1998)

1 *Steffensky schreibt, dass „wir unseren Glauben vom Hörensagen“ haben und „als Schatz tief in uns“. Überlegen Sie auf der Basis dieses Textes, welche Funktion „andere Menschen“ für den Glauben haben.*

Wolfgang Huber hat in seiner Studie „Kirche in der Zeitenwende" Überlegungen zur Funktion und zu einer zukunftsträchtigen Veränderung von Kirche dargelegt.

Kirche in der Zeitenwende

M 17

Wolfgang Huber (1942)*

In einer mit anderen Weltgegenden unvergleichbaren Weise gehen West- und Mitteleuropa durch eine Phase der Entkirchlichung und Entchristlichung. Bisweilen ist von einem „Katastrophengebiet für die Kirchen" die Rede. Die Säkularisierung hat hier nicht nur zu einer von religiösen Bezügen weitgehend freien Verfassungsordnung, sondern auch zu einer Vorstellung vom Funktionieren der Gesellschaft geführt, die auf religiöse Sinngebung weithin verzichtet. Religiöse Themen haben sich in Stichworte alltagsweltlicher Verständigung verwandelt. Ein erheblicher Teil der deutschen Bevölkerung – im Osten ein weit größerer als im Westen – meint, das eigene Leben ohne die Frage nach einem über dieses Leben hinausweisenden Sinn meistern zu können.

Entsprechend massiv ist die Krise der Kirchen. Sie trifft die evangelische Kirche noch tiefer als die katholische. Im Protestantismus – der Religion der Freiheit – ist die Bindungskraft der Kirche als Institution traditionellerweise schwächer entwickelt als in anderen christlichen Konfessionen. Darüber hinaus hat die evangelische Kirche auf den Prozess gesellschaftlicher Differenzierung mit einer entsprechenden Differenzierung der kirchlichen Tätigkeiten geantwortet; dadurch hat sie die gesellschaftliche Säkularisierung in gewissem Umfang als Selbstsäkularisierung in sich aufgenommen. Schließlich sind auch die Kirchen von der Institutionendistanz betroffen, die zu den allgemeinen Kennzeichen des gesellschaftlichen Individualisierungsprozesses gehört.

Die Kirchen sind herausgefordert, den Menschen persönliche Gewissheit zu vermitteln und sich an der Suche nach einem neuen gesellschaftlichen Leitbild zu beteiligen. Sie können sich dabei jedoch nicht auf die Frage nach moralischen Maßstäben beschränken, sondern müssen ihre spezifische religiöse Kompetenz zur Geltung bringen. Dabei können sie dem Tatbestand nicht ausweichen, dass der christliche Glaube seine Selbstverständlichkeit verloren hat. Daraus ergibt sich die Notwendigkeit, das, was nicht mehr selbstverständlich ist, neu verständlich zu machen. Darin liegt zugleich eine große Chance. Denn die vermeintliche Selbstverständlichkeit des Glaubens hat dessen Wahrheit nicht nur erschlossen, sondern auch verdeckt. Es ist die erste Aufgabe der Kirche, das Glaubensthema wieder ins Zentrum zu rücken. Sie hat den Menschen die Botschaft von der unverdienten Gnade Gottes auf neue Weise verständlich zu machen, um ihnen so den Zugang zu Gott zu erschließen. Wenn sie dem Heiligen Raum gibt, rückt sie auch die Welterfahrung in einen neuen Horizont. Für die evangelische Kirche ergibt sich aus einer Konzentration auf das Glaubensthema vor allem eine Korrektur der Selbstsäkularisierung, in der dieses Thema oft hinter moralischen Appellen verschwand.

Individualisierung und Pluralisierung prägen die Gesellschaft. Den Gliedern dieser Gesellschaft wird abverlangt, der ihnen anvertrauten Freiheit eine überzeugende Gestalt zu geben. Eine zweite Aufgabe der Kirche verbindet sich deshalb mit dem Thema verantworteter Freiheit. Im christlichen Glauben ist ein Verständnis menschlicher Freiheit enthalten, das Individualität und Sozialität, Selbstbestimmung und Verantwortung für den Nächsten miteinander verbindet. Dieses Bild einer kommunikativen und kooperativen Freiheit entfaltet in der Wissens- und Informationsgesellschaft neue Aktualität. Diejenigen, die Zugang zu den gesellschaftlichen Gestaltungsmöglichkeiten haben, sind zu einem verantwortlichen Gebrauch ihrer Freiheit zu ermutigen. Diejenigen aber, denen ein solcher Zugang fehlt, brauchen Anwälte und Fürsprecher, die sich mit Prozessen der Ausgrenzung und Marginalisierung nicht abfinden.

Wenn der christliche Glaube für Menschen, die zu ihm bisher keinen Zugang haben, in seiner Lebendigkeit und Lebensdienlichkeit verständlich werden soll, muss er soziale Plausibilität gewinnen. Deshalb besteht eine dritte Aufgabe darin, die Sozialformen des christlichen Glaubens zu erneuern. Der Gottesdienst ist die grundlegende Sozialform des christlichen Lebens. Das gemeinsame Hören, das gemeinsame Loben und Klagen, die gemeinsame Teilhabe am Heiligen und die Sendung in die Welt bilden den Kern der Kirche als Gemeinschaft. Die Kultur des Helfens ist die wichtigste Verdeutlichung dieses Gottesdienstes im Alltag. Die Tatsache, dass mit der Sehnsucht der Menschen nach Gemeinschaft gerade in Deutschland Schindluder getrieben wurde, darf nicht daran hindern, neue Gemeinschaftsgestalten des Glaubens zu entwickeln, die an der christlichen Freiheit ihren entscheidenden Maßstab haben. (1998)

1 *Arbeiten Sie heraus, welche drei Kernaufgaben von Kirche Wolfgang Huber benennt.*

2 *Analysieren Sie die Internetseite Ihrer Landeskirche und ordnen Sie die hier präsentierten Aktivitäten diesen drei Aufgabenbereichen zu.*

Man kann die Aufgaben von Kirche auch zwei Aspekten zuordnen: Spiritualität und Engagement. Was ist mit diesen Begriffen gemeint? Wie gestaltet die Kirche Angebote in beiden Bereichen? Was kann dies für das Leben jedes einzelnen Christen/jeder einzelnen Christin bedeuten?

M 18 Spiritualität und Engagement

Spiritualität hat der englische Theologe John Vincent, der in den Slums von Sheffield arbeitet, wie folgt umschrieben: „Spirituality is what holds me together – what keeps me going on as disciple." Spiritualität ist das, was mich im Innersten zusammenhält, was mir die Kraft gibt, in der Nachfolge von Jesus Christus zu leben. Es ist das, was dafür sorgt, dass alles, was ich tue, nicht mit zentrifugaler Kraft in alle Richtungen fliegt. Das Wort Spiritualität kommt von (lat.) „spiritus": Geist. Wir kennen es im Begriff „Spiritus Sanctus": (Gottes) Heiliger Geist. Spiritualität ist eine Aktivität, die Menschen bewusst ausführen, um sich mit in einer bestimmten Weise auf Gott oder auf eine transzendente Sinngebung auszurichten. Zum Beispiel: in der Bibel lesen, Gebet, Meditation, eine bestimmte Musik hören oder klingen lassen, sich auf bestimmte Bilder (z. B. Ikonen) einlassen. Der Gottesdienst mit seiner Liturgie und seinem Ritual, die Sakramente, die regelmäßigen Feste im Kirchenjahr, der Wochenrhythmus (Sonntage!) sind spirituelle Elemente im Leben eines Christen. Aber auch das Fasten, Pilgern oder ein Klosteraufenthalt gehören dazu.

Engagement ist die Verbindung nach außen, das Nach-außen-Treten, das aktive Eintreten für die Welt, das bewusste Wahrnehmen von Verantwortung für die Gesellschaft. Das Wort Engagement enthält das französische Wort „gage": Gehalt, Lohn. Engagement ist das, wofür man sich einsetzt. Engagement richtet sich nach außen, auf die äußere Ordnung. Hier können wir an die Arbeit für Frieden, Gerechtigkeit und Bewahrung der Schöpfung denken, an Amnesty International, Aktion Sühnezeichen, Friedensdienste, Weltgebetstag, Kirchenasyl, ökologische Initiativen, Kirchentage, Mitarbeit in der Kirchengemeinde und so weiter.

Pendelbewegung: Eine Möglichkeit, um das Verhältnis von Spiritualität und Engagement zu beschreiben, ist die einer Pendelbewegung zwischen zwei Polen. Dafür kann man sich auch auf Jesus beziehen. In der Bibel lesen wir, dass es Momente gab, da Jesus sich zurückzog in die Berge, um „mit Gott zu reden", um sich zu sammeln und innerlich zu ordnen. In Einsamkeit, Ruhe und Gebet empfing er Kraft. Hier konnte er einatmen, um danach wieder unter die Menschen zu kommen. Er behielt diese Kraft aber nicht für sich selbst, sondern setzte sie für andere ein: Er machte Lahme gehend, Blinde sehend, Taube hörend. Er war aktiv, nach außen gerichtet, auf Veränderungen aus – auch strukturell: die Heilung am Sabbat, die Tempelreinigung. So vollbrachte er seine heilenden Taten – die Zeichen der heilen Welt – im Namen seines Vaters. Auch Christinnen und Christen können sich in der Nachfolge Jesu Christi auf eine Pendelbewegung zwischen Spiritualität und Engagement einlassen. Sie können entdecken, wo sie sich „in die Berge zurückziehen“ und wo sie „heilend“ arbeiten können. Der Geist Gottes ist da, wo Bewegung ist. Im Modell könnte das so aussehen:

Andere Formen der Verbindung von Spiritualität und Engagement sind die monastische und die politische Spiritualität.

Monastische Spiritualität ist das geistliche Leben der Mönche und Nonnen; „monos“ deutet hier auf das „Alleinleben“. Diese Lebensform fand in der christlichen Kirche mehr und mehr Zuspruch, als sie sich zur Staats- und Volkskirche entwickelte und die Äußerlichkeit anscheinend wichtiger wurde als die Innerlichkeit. Die ersten Mönche suchten nach verloren gegangener Tiefe. Im Kloster steht durch die regelmäßigen Gottesdienste und das „Stundengebet“ die Spiritualität mehr im Vordergrund. Aber auch Benedikt von Nursia, Gründer des westlichen Klosterlebens, ging vom Motto „ora et labora“ (bete und arbeite) aus. Der Kulturbeitrag der Mönche für unsere europäische Zivilisation durch Schulung, Wissenschaft, Agrarwirtschaft oder das Urbarmachen ganzer Landstriche kann kaum überschätzt werden. Im Gebet beschäftigen sich Mönche und Nonnen intensiv mit der Welt.

Politische Spiritualität scheint der Gegensatz zum klösterlichen Leben zu sein. Hier drängt das Engagement für eine gerechtere und friedliche Welt das geistliche Leben etwas in den Hintergrund. Hier geht es um Widerstand, um Demonstrationen und Aktionen, um Presseaktivität, Drucken von Flugblättern usw. Aber auch politisch stark engagierte Christen haben ihre Spiritualität, die Zeiten für Ruhe, Kraft und innere Ordnung. Dorothee Sölle, die bekannte politische Theologin, beschrieb in ihrem Buch „Hinreise“ die geistlichen Quellen für ihre politische Aktivität. Schwarze Christen, die in Südafrika gegen die Apartheid kämpften, verknüpften dies stets mit ihrem geistlichen Leben. Dietrich Bonhoeffer, der sich in den 30er-Jahren des 20. Jahrhunderts für die Juden in Deutschland einsetzte und u. a. ein Attentat auf Hitler mit vorbereitete, schrieb: „Nur wer für die Juden schreit, darf gregorianisch singen.“

1 *Wählen Sie eine Person oder eine Bewegung aus der Geschichte der Kirche aus und erforschen Sie, wie in ihr Aspekte von Spiritualität und Engagement sichtbar und miteinander verbunden werden.*

2 *Besuchen Sie kirchliche Einrichtungen, christlich motivierte Bewegungen oder Gruppen (vor Ort und im Internet) oder sprechen Sie mit Personen, die hauptamtlich in der Kirche arbeiten. Untersuchen Sie, wie sie das Verhältnis von Spiritualität und Engagement beurteilen. Beispiele: Pfarrerinnen und Pfarrer (Priester/Pastoren) in Gemeinde, Krankenhaus oder Gefängnis; Flughafen-, Notfall- oder Schulseelsorge; Gemeindepädagogin, Küster, Organist, Sekretärin; Diakonie, Kindertagesstätten, Behindertenarbeit; Eine-Welt-Laden, Amnesty International, Attac; Kloster auf Zeit, Meditationsgruppen, Pilgerbewegung, Kirchentag.*

Kann Kirche sich erneuern?

In einer Parabel des indischen Theologen Anthony de Mello geht es um das Schicksal von Organisationen, die im Laufe der Jahre ihre Identität geändert haben.

M 19

Die Stationen der Lebensretter

Anthony de Mello (1931–1987)

An einer felsigen Küste, an der Schiffbrüchige häufig waren, gab es früher eine kleine baufällige Lebensrettungsstation. Es war eigentlich nur eine Hütte, und es gab nur ein Boot, aber die wenigen Mann Besatzung nahmen ihre Aufgabe sehr ernst, hatten ständig ein wachsames Auge auf das Meer und fuhren furchtlos auch bei stürmischer See aus, wenn sie einen Hinweis auf ein Schiffsunglück hatten, ohne Rücksicht auf sich und ihre Sicherheit. Viele Menschenleben wurden so gerettet, und die Station wurde berühmt.

Je bekannter sie wurde, desto mehr wollten die Bewohner der Umgebung an ihrer hervorragenden Arbeit teilhaben. Großzügig boten sie Zeit und Geld an, neue Mitglieder wurden geworben, neue Boote gekauft und neue Mannschaften ausgebildet. Auch die Hütte wurde durch ein komfortables Gebäude ersetzt, das den Bedürfnissen der geretteten Schiffbrüchigen gerecht wurde, und da Schiffsunglücke nicht jeden Tag vorkamen, wurde es zu einem beliebten Treffpunkt, einer Art lokalem Klub. Mit der Zeit waren die Mitglieder so mit ihren gesellschaftlichen Belangen beschäftigt, dass das Interesse an der Rettung Schiffbrüchiger abnahm, obgleich sie stolz eben dieses Motto auf ihren Abzeichen trugen. Wenn aber tatsächlich Menschen aus der See gerettet wurden, empfand man sie als Belästigung, weil sie schmutzig waren, sich erbrachen und Teppiche und Mobiliar verunreinigten.

Bald nahmen die gesellschaftlichen Betätigungen des Klubs so zu und die Aktivitäten zur Lebensrettung so ab, dass in einer Klubversammlung darüber debattiert wurde, wobei einige Mitglieder darauf bestanden, zu dem ursprünglichen Zweck und der eigentlichen Aufgabe zurückzukehren. Es wurde abgestimmt, und die Unruhestifter, die sich als kleine Minderheit herausstellten, wurden aufgefordert, den Klub zu verlassen und einen anderen zu gründen.

Und genau das taten sie, etwas weiter südlich an der gleichen Küste, und zwar mit einer solchen Selbstlosigkeit und Kühnheit, dass sie nach kurzer Zeit durch ihren heldenhaften Einsatz berühmt wurden. Daraufhin nahm ihre Mitgliederzahl zu, ihre Hütte wurde ausgebaut … und ihr Idealismus verkümmerte. Wer heute zufällig an diese Küste kommt, findet dort eine Anzahl exklusiver Klubs. Jeder ist zu Recht stolz auf seinen Anfang und seine Tradition. Es gibt immer noch Schiffbrüchige in dieser Gegend, aber das scheint niemand weiter zu bekümmern. (2001)

1 *Vergleichen Sie de Mellos Parabel mit den Chancen und Schwierigkeiten von Institutionen, sich zu erneuern. Was bedeutet dies für die Erneuerung der christlichen Kirchen?*

Der Gottesdienst ist eine wichtige Gestaltungsform aller Kirchen. Dennoch unterscheidet sich seine konkrete Form: Eine katholische Messe ist nicht wie ein Erweckungsgottesdienst einer evangelikalen Gruppierung. In der evangelischen Kirche wird experimentiert mit „Jugendgottesdiensten", „Thomas-Messen", „Gottesdienst anders" usw. M 20 enthält zwei Ausschnitte aus Interviews von Doris Michel-Schmidt: mit Klaus Douglas, Pfarrer in Niederhöchstadt, anschließend mit dem Hamburger Pastor Ulrich Rüß, der für Gottesdienste in traditionellen Formen mit alten Texten und Liedern plädiert.

„Go Special" oder Tradition?

M 20

– *Herr Pfarrer Douglas, mit unterschiedlichen Gottesdiensten sprechen Sie unterschiedliche Gruppen an. Am Sonntag findet morgens ein „konventioneller" Gottesdienst statt und nachmittags oder abends beispielsweise ein „Go special" mit Popmusik, Theaterelementen und einem „Kreuzverhör" zu einem bestimmten Thema. Sind Zielgruppen-Gottesdienste die Lösung für die immer leerer werdenden Kirchen?*

Alle Gottesdienste sind Zielgruppenveranstaltungen! Es gibt nur Gemeinden, die das zugeben, und andere, die immer noch meinen, ihre Gottesdienste seien für alle da. Ein Pfarrer, der behauptet, sein Gottesdienst richte sich an alle, muss nur die Augen aufmachen und schauen, wer denn wirklich da sitzt. Das ist in der Regel eine sehr homogene Gruppe. Natürlich, der Pfarrer meint, er lädt alle ein. Aber das ist wie ein Metzger, der sagt: „Bei mir dürfen auch Vegetarier einkaufen." Vielleicht kommt auch mal ein Vegetarier vorbei, wenn es gutes Sauerkraut gibt, aber in der Regel bedient sich ein Vegetarier dort nicht. Und so wie unsere Gottesdienste im Allgemeinen stattfinden: mit Orgelmusik, mit der kirchlichen Sprache, den Pfarrgewändern, den harten Holzbänken, zu einer bestimmten Uhrzeit und mit fehlenden Kinderprogrammen – da darf man sich nicht wundern, wenn die Leute zu 95 Prozent sagen: „Das ist nichts für mich." Da kann man hundertmal sagen, der Gottesdienst sei aber für alle da, das ist naiv, das stimmt einfach nicht. Wir haben eine Umfrage gemacht; wir haben gefragt: „Wie müsste ein Gottesdienst aussehen, der euch gefällt?" […] Danach haben wir andere Zielgruppen definiert und entsprechend auch andere Gottesdienste kreiert.

– *Herr Pastor Rüß, Sie feiern den Gottesdienst in der traditionellen Form der lutherischen Messe. Warum ist Ihnen das traditionelle Element so wichtig?*

Ich glaube, dass die Menschen, egal ob jung oder alt, auch so etwas wie den Kultus brauchen, den Kultus als religiöse Form, die sich nicht von vornherein und immer allen erschließt, die aber ahnen lässt: Hier geht es um das Heilige. Es muss nicht immer alles profanisiert werden, damit es bei den Leuten ankommt. Wer in die Kirche kommt, wer den Gottesdienst besucht, soll durchaus auch spüren dürfen: Das hier ist nicht der Alltag, hier geht es um etwas anderes, hier geht es um das Heilige. […] Ein Zielgruppengottesdienst kann niemals den gemeinsamen Gemeindegottesdienst ersetzen. […] Wenn ich das aufdrösle in Gottesdienste für Jugendliche, für Senioren, für Akademiker, für Handwerker …, dann bleibt das Gemeinsame auf der Strecke. Und gleichzeitig ist die Gefahr gegeben, dass sich die Inhalte des Gottesdienstes nach dem jeweiligen Gegenüber ausrichten – dass die Standards fallen gelassen werden zugunsten des Hörerohrs. Das kann aber von unserem Auftrag her nicht gemeint sein. Das Ziel muss bleiben, die Gemeinde insgesamt im Blick zu haben. (2003)

1 *Diskutieren Sie in zwei „Bänken" (S. 244) das Pro und Kontra der Erneuerung des Gottesdienstes.*

Wesen und Aufgaben von Kirche

Wortbedeutung und Ursprung von Kirche

Das Wort „Kirche" (kerk, kirke, church) hängt mit dem griechischen Wort „kyrios" zusammen, das „Herr" bedeutet. „Kyriakon" ist das zum Herrn Gehörende. Im Lateinischen heißt „Haus des Herrn" „domus dei", was wir im Ausdruck „Dom", der Benennung von großen Kirchen, meist Sitz eines Bischofs, wiederfinden. Die griechische Bezeichnung von Kirche ist „ekklesia" (Apg 19,39), latinisiert „ecclesia" (vgl. iglesia, l'église). Dies bedeutet „Versammlung", „Gemeinde". Wenn in der Theologie die Kirche zum Thema wird, geht es um die Ekklesiologie. Ob Jesus überhaupt die Kirche gewollt hat und ob man die Gruppe der Nachfolger Jesu Vorläufer der heutigen Kirche nennen darf, ist umstritten. Hier gehen evangelische und katholische Positionen auseinander.

Was ist das „Wesen" von Kirche?

Durch die Ausbreitung des Christentums entstanden in der ganzen Welt viele unterschiedliche Kirchengemeinschaften. In allen Kirchen gilt das Bekenntnis zu der „einen, heiligen, allgemeinen und apostolischen Kirche", wie im Nicaenum (381 n.Chr.) formuliert. Die Kirchen der Reformation (Confessio Augustana, 1530) formulierten gegenüber der katholischen Kirche: Kirche ist „die Versammlung aller Gläubigen, bei denen das Evangelium rein gepredigt und die Sakramente* laut dem Evangelium gereicht werden." Statt der sieben katholischen Sakramente kennt die evangelische Kirche nur Taufe und Abendmahl, weil nur diese zwei in den Evangelien ausdrücklich genannt sind. Martin Luthers Kritik an der katholischen Kirche hat die Position des Individuums gestärkt (nur der Glaube allein sei entscheidend), die Position und Rolle der Kirche aber geschwächt.

Im 20. Jahrhundert haben sich die Kirchen aufeinander zu bewegt. Im Jahr 1948 wurde in Amsterdam der Ökumenische Rat der Kirchen gegründet, allerdings ohne Katholiken, um die sichtbare Einheit der Kirchen und damit die Einheit der Welt zu fördern. Mittlerweile erkennen alle Kirchen gegenseitig die Taufe als Sakrament an. Über das heilige Abendmahl und die Rolle des Papstes ist man sich uneinig; es werden kaum noch Fortschritte zur Einheit verzeichnet. Im 21. Jahrhundert ist das Verhältnis von Kirche zu anderen Religionen eine wichtige Herausforderung. Auch wenn es in anderen Religionen heilige Orte, Tempel und Moscheen gibt, stellt die christliche Kirche als „Gemeinschaft von Nachfolgerinnen/Nachfolgern" im Vergleich zu anderen Religionen eine Besonderheit dar.

Aufgaben von Kirche

Neben den theologischen Merkmalen werden in der Regel folgende Aufgaben von Kirche unterschieden:

- Lehren (martyria): das Bezeugen des Evangeliums in der Welt, z.B. Predigt, Mission, Bildung, Medienpräsenz und öffentliche Stellungnahmen;
- Feiern (leiturgia): Kirche als Ort der Spiritualität und Seelsorge, z.B. Lob Gottes, Gottesdienste;
- Dienen (diakonia): das Engagement in der Öffentlichkeit, z.B. Kindertagestätten, Krankenhäuser, Beratungseinrichtungen usw.

Kirche in der Vielfalt

Kirche gibt es nur in der Vielfalt. Die unterschiedlichen Auffassungen von Kirche im Neuen Testament vertieften sich über 2000 Jahre durch die weitere Ausbreitung in verschiedene Kulturkreise. Im Ökumenischen Rat der Kirchen sind mehr als 400 verschiedene christliche Kirchen zusammengeschlossen. Sie wissen sich vereinigt im Bekenntnis zum „Herrn Jesus Christus als Gott und Heiland".

Wie die Vielfalt der Kirchen entstanden ist (Auswahl)

M21

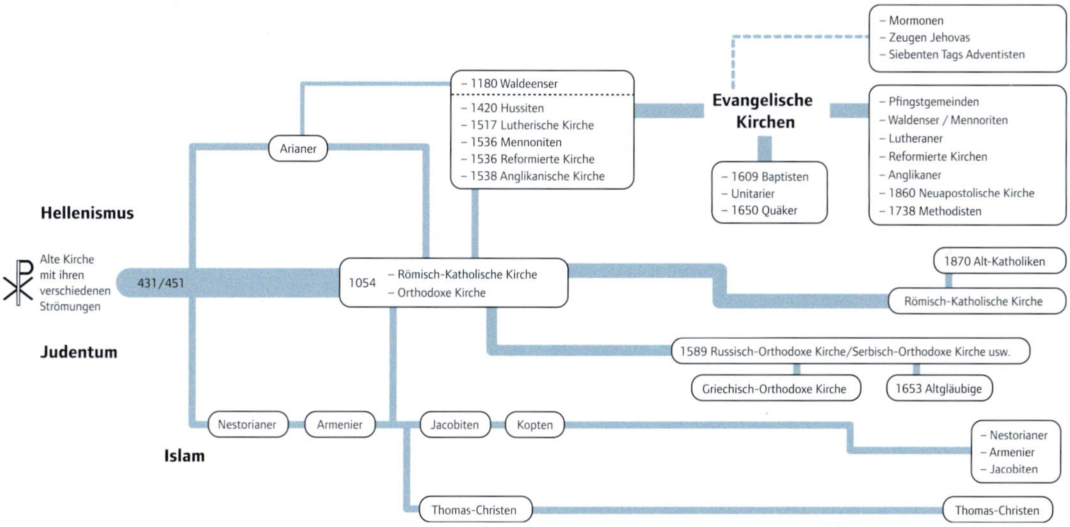

Nestorianer/Armenier: eigene kirchliche Organisationen im Nahen Osten.

Kopten: die alten orthodoxen christlichen Kirchen in Ägypten, Äthiopien und Eriträa.

Orthodoxe Kirchen: Die christliche Kirche, die im oströmischen Reich (Konstantinopel) entstand (Griechenland, Serbien, Russland usw.).

(Römisch)-Katholische Kirche: die lateinische Kirche des weströmischen Reiches unter der Leitung des Bischofs von Rom (Papst, Vatikan).

Evangelische (lutherische) Kirche: Luthers reformatorische Wiederentdeckung der paulinischen Rechtfertigungslehre im 16. Jahrhundert führte zur Trennung von Rom.

Reformierte Kirche: Sie entstand nach 1540 aus Johann Calvins umfassendem Bestreben, die Kirche nach Lehre und Leben zu reformieren. Die Waldenser schlossen sich ihr an.

Anglikanische Kirche: In England entstand eine eigene protestantische Staatskirche, die liturgisch der katholischen Kirche ähnelt, aber den Papst nicht als Oberhaupt anerkennt.

Methodisten, Mennoniten, Pfingstkirchen usw.: Protestantische Freikirchen, die unabhängig vom Staat und den großen Staatskirchen bleiben wollten.

Mormonen, Zeugen Jehovas usw.: Insbesondere in Nordamerika sind einige dem Christentum verwandte Gruppierungen entstanden, die z. B. andere Quellen neben der Bibel (Buch Mormon) oder eine abweichende Bibelübertragung (Zeugen Jehovas) haben. Sie werden manchmal „Sekten" (lat. secta = Partei, Lehre) genannt, was ursprünglich polemisch und apologetisch gemeint war, um diese Gruppen von der „offiziellen" Kirche abzugrenzen.

1 *Erforschen und präsentieren Sie arbeitsteilig mehrere kirchliche Gruppierungen. Welche theologischen, sozialen und politischen Faktoren haben zur Entstehung der jeweiligen Kirche geführt?*

M 22 Vier Baustile von Kirchen

A Eine romanische Kirche in Naturns (Südtirol)

B Eine gotische Kirche in Chartres (Frankreich)

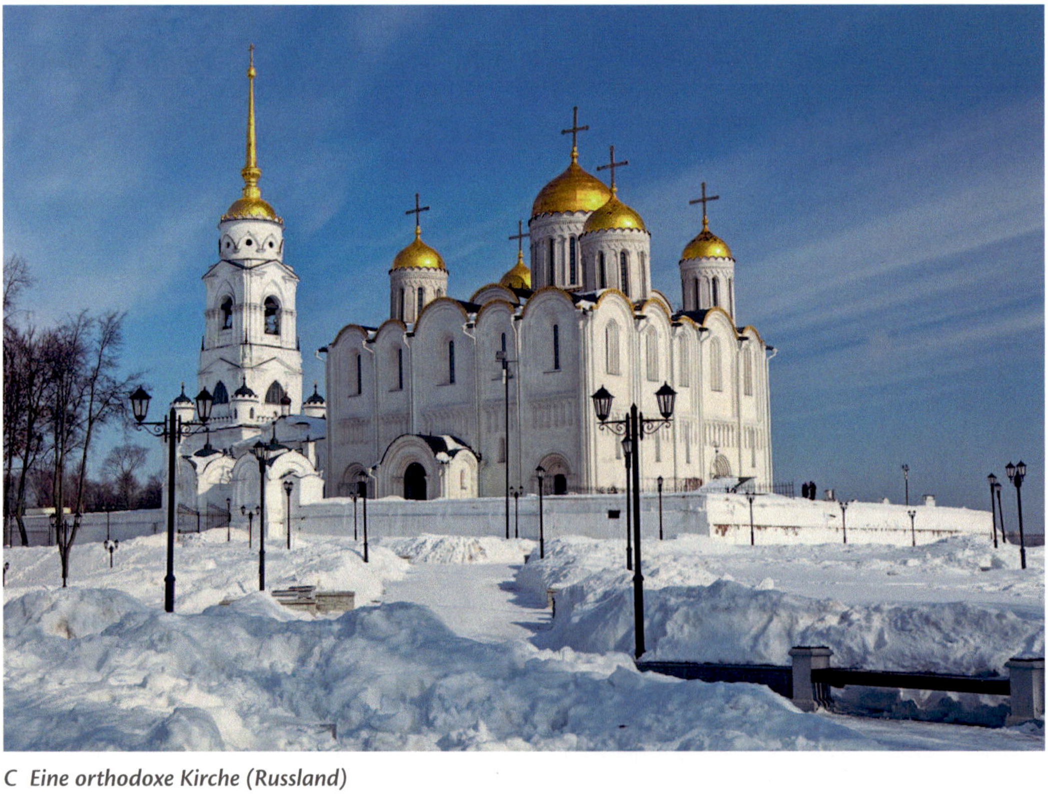

C Eine orthodoxe Kirche (Russland)

D Eine moderne Kirche (Expo-Pavillon, jetzt Volkenroda)

Menschen brauchen heilige Orte

M 23

Anselm Grün (1945), Benedektinermönch*

Auch Menschen, die sich nicht als religiös bezeichnen, suchen Orte auf, an denen alte Kultstätten waren. Sie haben den Eindruck, dass die Orte eine besondere Ausstrahlung haben, dass sie an solchen „heiligen" Orten heil werden können. Auch wenn sie nicht an Gott glauben, kommen sie an solchen Orten doch mit dem Göttlichen in Berührung. Sie erfahren Transzendenz, sie erfahren auf ihre Weise Gott, auch wenn sie ihre Erfahrung anders erklären würden. […]

Für Christen sind vor allem die Kirchen heilige Orte. Für die mittelalterlichen Kathedralen war es wichtig, das Portal der Kirche besonders zu betonen. Es ist die Schwelle, die uns in eine andere Welt führt, die Tür, durch die wir in den heiligen Bezirk treten. […]

Warum hat der Kirchenraum diese Wirkung? Die Weite des Raumes weitet unser Herz. Wir können freier atmen. Der Raum ist voll von heiligen Bildern. Wir fühlen uns umgeben von heilenden Mächten. Und wir haben eine Ahnung von Geheimnis. Es gibt noch eine andere Welt als die Welt des Geschäfts, als die Welt unserer Sorgen und Probleme. Das relativiert die Alltagsschwierigkeiten. (2001)

1 *Tauschen Sie sich miteinander über die Frage aus, was für Sie „heilige Orte" sind.*

2 *Untersuchen Sie mithilfe des Internets unterschiedliche Baustile von Kirchen (auch barocke, orthodoxe usw.). Welche Auffassung über Wesen und Aufgabe von Kirche stecken in und hinter diesen verschiedenen Baustilen?*

3 *Entwickeln Sie Kriterien für die Qualifizierung von Kirchen als „heilige Orte".*

Ein Kirchengebäude erkunden

1. Vorbereitungen im Unterricht

Vorab kann man sich im Unterricht mit folgenden Fragen beschäftigen:

- Unterschiede zwischen dem Inneren und Äußeren von Kirchen bei katholischen, orthodoxen, evangelisch-lutherischen, reformierten und freikirchlichen Gemeinden;
- Baustile (↗ M22): Welche Auffassungen über das Wesen und die Aufgaben von Kirche stecken in und hinter diesen unterschiedlichen Baustilen?
- biblisch-historische Hintergründe des Namens dieser Kirche;
- Was sind heilige Orte? Was ist mir „heilig"? Was sind meine „heiligen Orte"?
- Welche ist die schönste Kirche, die ich kenne, und warum?

2. Den Kirchenraum erleben, empfinden und genauer wahrnehmen

- Lassen Sie sich von einem Experten durch die Kirche führen und den Aufbau, die historischen Gegenstände usw. erklären.
- Gehen Sie langsam durch die Kirche und messen Sie (in Schritten) aus, wie lang und wie breit sie ist; schätzen Sie ihre Höhe.
- Suchen Sie in der Kirche nach dem Ort, der Ihnen am besten gefällt.
- Lassen Sie sich von einem Mitschüler/einer Mitschülerin die Augen verbinden und durch die Kirche führen. Was spüren Sie? Wo war es hell, dunkel, offen, bedrückend? Riecht es überall gleich?
- Gehen Sie mit einem Stück Alu-Folie durch die Kirche und „pausen" Sie etwas ab, das Ihnen gut gefällt.
- Zeichnen Sie den Grundriss der Kirche. Skizzieren Sie den schönsten Bogen, die schönste Statue, das schönste Fenster.
- Welchen Bibeltext oder welchen Liedvers ruft dieser Raum Ihnen in Erinnerung?
- Zünden Sie eine Kerze an dem Ort an, der Ihnen am wichtigsten ist.

3. Die Entdeckungen im Kirchenraum reflektieren und einordnen

Tauschen Sie Ihre Erfahrungen und Erlebnisse später in der Gruppe aus, zum Beispiel:

- Wie können wir unsere Erfahrungen in einem Erlebnisbericht festhalten?
- Wir gestalten eine kleine Feier in der Kirche und tauschen hier Erfahrungen aus.
- Welche Informationen aus der Führung und den Erklärungen wollen wir dokumentieren?
- Was ist unverstanden geblieben? Bitte nachschlagen.

4. Nachbereitung im Unterricht (Beispiele)

- Die Erfahrungsberichte werden ausgearbeitet und präsentiert.
- Die Vorbereitungen (Schritt 1) werden mit dem Wahrgenommenen verglichen: War es wirklich so, wie ich dachte? Hatte ich es mir anders vorgestellt?
- Ich vergleiche die besuchte Kirche mit berühmten Kirchen/mit der Heimatkirche.
- Wie würde meine „Traumkirche" aussehen?

Haben Juden, Muslime, Hindus und Buddhisten keine Kirche?

Die Kirche befindet sich in einer pluralen Welt, mit vielfältigen Überzeugungen und konkurrierenden Deutungssystemen. Im christlichen Abendland wird die Frage nach dem Verhältnis der Kirche zu den anderen Religionsgemeinschaften mit großer Dringlichkeit gestellt. John Hick, britischer Religionsphilosoph, geht auf die Frage ein, wie diese Vielfalt entstanden ist.

Die Wanderung aus den Tälern in die Ebene

M24

John Hick (1922–2012)

Wir verhalten uns normalerweise [...] so, als ob unsere Religion die einzige wäre. Aber wenn wir einmal über das unmittelbare Involviertsein in das Leben der eigenen Gemeinschaft und ihre Grenzen hinaussehen, dann wird ganz klar deutlich, dass unsere eigene Religion nur eine unter vielen ist – Buddhismus, Islam, Hinduismus, Judentum, Christentum usw. Wir gleichen einer Gruppe von Menschen, die ein langes Tal hinunterwandern, dabei ihre eigenen Lieder singen und im Laufe der Jahrhunderte ihre eigenen Geschichten und Slogans entwickelt haben, ohne sich der Tatsache bewusst zu sein, dass jenseits des Hügels ein anderes Tal liegt, das von einer weiteren großen Gruppe von Menschen durchwandert wird, die in derselben Richtung unterwegs sind und ebenfalls ihre eigene Sprache, ihre eigenen Lieder, Geschichten und Gedanken haben, und dass es jenseits eines weiteren Hügels noch eine Gruppe gibt. Keine dieser Gruppen weiß von der Existenz der anderen. Doch eines Tages erreichen alle dieselbe Ebene, nämlich jene Ebene, die durch die weltweiten modernen Kommunikationsmittel entstanden ist. Jetzt sehen sie einander und fragen sich, was sie miteinander anfangen sollen. Man sollte annehmen, dass sich die verschiedenen Gruppen dann einfach als Mitgefährten einer Pilgerreise begrüßen würden. Faktisch wird dies jedoch durch bestimmte Inhalte unserer jeweiligen Lieder und Geschichten erschwert; denn sofern wir Christen sind, haben wir jahrhundertelang gesungen, dass es keinen anderen Namen unter den Menschen gibt, durch den sie erlöst werden können, als nur den Namen Jesu. Und sofern wir Juden sind, haben wir gesungen, dass wir Gottes einziges auserwähltes Volk sind, ein Licht zur Erleuchtung der Welt. Und sofern wir Muslime sind, haben wir gesungen, dass Mohammed (Friede sei mit ihm) das Siegel der Propheten ist, der den Menschen die letzte und endgültige Offenbarung Gottes überbracht hat. Und sofern wir Buddhisten oder Hindus sind, haben wir wiederum andere Lieder gesungen, die implizieren, dass wir im Besitz der höchsten Wahrheit sind, während die anderen nur geringere und bruchstückhafte Wahrheiten besitzen. [...] Weshalb sollte religiöser Glaube eigentlich so viele verschiedene Formen annehmen? Weil – nach meiner Meinung – religiöser Glaube kein isolierter Aspekt unseres Lebens, sondern eng mit der menschlichen Kultur und Geschichte verknüpft ist, die wiederum eng mit grundlegenden geographischen, klimatischen und ökonomischen Gegebenheiten zusammenhängen. (1982/2001)

1 *Setzen Sie sich kritisch mit John Hicks Auffassung (M24) durch den Vergleich mit der realen Entwicklung der Vielfalt im Christentum (M21) auseinander. Zeigen Sie mögliche Konsequenzen auf.*

Die christliche Kirche stellt im Vergleich mit anderen Religionen eine Besonderheit dar. In der Kirche werden bestimmte Elemente verbunden, die in anderen religiösen Gemeinschaften nur isoliert auftreten. Hans-Martin Barth, emeritierter Professor für evangelische Theologie in Marburg, schrieb Folgendes über Kirche.

M 25 Kirche im Vergleich zu anderen Religionen

Hans-Martin Barth (1939)*

Judentum. Das Judentum kennt die Gemeinschaft des Bundes, der primär an einer ethnischen Größe orientiert ist, in dieser freilich nicht aufgeht.

Islam. Einen Begriff, der dem christlichen Verständnis von „Kirche" entspricht, gibt es im Islam nicht. Der Ausdruck, der – unabhängig von Rasse, Sprache, ethnischer Zugehörigkeit oder Nationalität – die Gesamtheit der Muslime, die „Weltgemeinschaft der Glaubensgenossen" bezeichnet, lautet „Umma". Da nach muslimischem Verständnis Religion immer in gewisser Weise bestimmte gesellschaftliche und politische Verhältnisse impliziert, schwingen in diesem Begriff auch Elemente mit, die über das Religiöse hinausgehen. Will man die religiöse Seite des Islam hervorheben, so spricht man von „djama'a", der Gemeinschaft derer, die sich durch ihren Glauben und ihre Treue zur Tradition miteinander verbunden wissen. Ist eine Staatsverfassung islamisch ausgerichtet, so dass die in ihrem Bereich lebenden Muslime ihrem Glauben entsprechend leben können, so handelt es sich um ein Territorium, das als „Gebiet des Islam" bezeichnet wird. Wo jedoch Muslime leben, ohne durch die Verfassung Rückendeckung zu erhalten, handelt es sich um das „Gebiet des Krieges". Die konkrete Zuordnung einzelner Staaten ist umstritten.

Hinduismus. Hindus haben von Hause aus kein Bedürfnis, Grenzen der „ewigen Religion" zu markieren. Zwischen den zahllosen Kulten und Traditionen innerhalb des Hinduismus gibt es fließende Übergänge. Andererseits können Familie, Clan oder Kaste als Kultgemeinschaft aufgefasst werden, die strenge Ausschlusskriterien kennt. Der einzelne Gläubige sieht sich allein auf seinem Weg zur Erlösung und zugleich hineinverwoben in die karmisch bestimmte Gemeinschaft der Menschheit, ja in kosmische Prozesse.

Buddhismus. Buddhisten verstehen sich als Befolger des von Buddha gewiesenen Wegs; es geht ihnen um die Befreiung des Einzelnen. Die auf dem Weg des Buddha Vereinten bilden die Gemeinschaft der Mönche, Nonnen und Laien, wobei sich die Laien an der Gemeinschaft der Mönche und Nonnen orientieren.

Christentum. Die theologisch gravierendste Differenz zwischen dem Selbstverständnis der Kirche und dem nichtchristlicher Religionen zeigt sich an der Metapher „Leib Christi". Christen wissen, dass sie in Jesus Christus zusammengehören, für einander verantwortlich und gemeinsam dazu berufen sind, das Heil zu bezeugen. Sie gehen davon aus, dass in ihnen – sowohl in den Einzelnen wie in der Gemeinschaft – Jesus Christus selbst sich vergegenwärtigt. […] Die Kirche begreift sich […] prinzipiell als eine Gemeinschaft von einander Dienenden. (2001)

Wie verhalten wir uns zur Vielfalt der religiösen Gemeinschaften? Welche Rolle kann die Kirche spielen als ein Ort, an dem das Gespräch über die Wahrheit und Tragfähigkeit des christlichen Glaubens geführt werden kann? Christian Troll lebte als Jesuit jahrelang in Nordafrika und war Professor in Frankfurt (St. Georgen). Seine Darlegung des Islam wird von vielen Muslimen als zutreffend charakterisiert.

Kirche und Moschee

M 26

Christian Troll (1937)*

Muslime verstehen sich als Glieder der Umma, der Gemeinschaft der Muslime, die in Gottes Augen alle gleich sind. Hier gibt es grundsätzlich keine Hierarchie, kein Lehramt, das mit Autorität über Glaubensfragen befindet, kein Priestertum und keinen Klerus. Jede(r) Einzelne steht ohne jeden Mittler unmittelbar vor Gott. Die Umma ist die Gemeinschaft aller Gläubigen, „die Gläubigen sind ja Brüder" (Sure 49,10). Der Kalif (in der Vergangenheit) und die Staatsoberhäupter (in unseren Tagen) haben die Pflicht, sich um den Zusammenhalt der Umma zu kümmern und sicherzustellen, dass das muslimische Gesetz umgesetzt wird.

Die Rolle des *imâm* ist es, dem rituellen Gebet (*salât*) vorzustehen und zu predigen (*khutba*). Normalerweise ist er ein öffentlicher Beamter, der von der Regierung bezahlt wird. In seiner Abwesenheit kann sein Platz von einem kompetenten Muslim eingenommen werden. Der *imâm* ist kein Priester. Es gibt im Islam keinen Klerus, vielmehr Religionsgelehrte, die sich gut in den religiösen Wissenschaften auskennen.

Verglichen mit dem Islam erscheint das Christentum für Muslime als gespalten, nicht zuletzt hinsichtlich der Lehre über Wesen und Bedeutung Jesu Christi […], und in Europa denken sie dabei besonders an die Spaltung der Christen in Katholiken und Protestanten.

1 *Fassen Sie zusammen, was nach Hans-Martin Barth (evangelisch; M 25) und Christian Troll (katholisch; M 26) die christliche Kirche von den Organisationsformen in anderen Religionen, insbesondere des Islam, unterscheidet.*

2 *Untersuchen Sie, wie in den religiösen Gebäuden von Gemeinschaften in Ihrer Nähe (Kirche, Synagoge, Tempel, Moschee) unterschiedliche Konzepte von Gemeinschaft sichtbar werden* *(➚ S. 288)**.*

Zum Verhältnis von Christentum und Islam veröffentlichte die EKD im Jahr 2006 die Handreichung „Klarheit und gute Nachbarschaft". Sie führte bei islamischen Verbänden zu großem Unmut: Das Trennende („Klarheit") stehe über dem Einenden („gute Nachbarschaft"). Im Folgenden vier Aussagen aus der Handreichung.

M 27

Klarheit und gute Nachbarschaft

Evangelische Kirche in Deutschland

A. Evangelische Christen wollen „Integrationslotsen" sein. Die an vielen Stellen der Bibel beschriebenen Erfahrungen von Vertreibungen, Wanderungen, Sesshaftwerden in einem fremden Land und die Regeln für den Umgang mit Fremden bestimmen wesensmäßig das Selbstverständnis der Kirchen. […]

B. Eine Verständigung zwischen Christen und Muslimen scheint zumindest darüber zu erzielen zu sein, dass beide Religionen „einen Gott" verehren. Im Christentum ist dieser Glaube nach muslimischer Überzeugung zwar verfälscht worden. Aber Muslime billigen Christen zu, dass sie sich mit der Offenbarung Gottes in Israel auf den Gott beziehen, von dem Mohammed den Islam als die aus ihrer Sicht letztgültige Offenbarung empfangen hat. Auf der anderen Seite können Christen einräumen, dass der Islam auf die Verehrung des transzendenten Gottes zielt, der zum christlichen Glauben gehört. Allerdings stellt die Offenbarung Gottes in Jesus Christus Gott als Vater Jesu Christi, des gekreuzigten und auferstandenen Erlösers, dar, der Koran sieht Gott als Schöpfer und Richter. […] Die Feststellung des „Glaubens an den einen Gott" trägt nicht sehr weit. Der Islam geht von einem eigenen Glauben und Gottesbild aus, auch wenn er auf die Bibel und ihre Lehren verweist. Deren Darstellung ordnet er seiner neuen Lehre unter, die weder die Trinitätslehre noch das Christusbekenntnis und die christliche Heilslehre kennt.

C. Die Diakonie nimmt sich Menschen in leiblicher Not, seelischer Bedrängnis und sozial ungerechten Verhältnissen an, um so Zeugnis von Gottes Liebe in Jesus Christus zu geben. Sie steht deshalb auch muslimischen Menschen zur Seite, die ihre Hilfe benötigen. Die diakonischen Einrichtungen und Dienste haben deshalb die Aufgabe, einerseits ihre Angebote für Muslime zu öffnen, aber andererseits ihr christliches Profil erkennbar zu machen. […] In den diakonischen Feldern, in denen in Besonderheit mit muslimischen Kindern und Jugendlichen, Senioren und Beratungssuchenden gearbeitet wird, können muslimische Mitarbeitende die wertvolle Rolle wahrnehmen, Barrieren abzubauen und Vermittlungsfunktionen zu übernehmen. […] Muslimische Mitarbeitende müssen wie andere nichtchristliche Dienstkräfte den kirchlichen Auftrag der Diakonie beachten und die ihnen übertragenen Aufgaben im Sinne der Kirche erfüllen.

D. Die größten Differenzen zu westlichen Auffassungen ergeben sich im Blick auf die von der Scharia vorgesehenen Körperstrafen für Kapitalverbrechen, hinsichtlich der Behandlung von religiösen Minderheiten und Konvertiten und in Bezug auf die schariarechtlich definierten Frauenrechte. In diesen Bereichen finden sich – auch in Deutschland – die häufigsten praktischen Konflikte. (2006)

1 *Diskutieren Sie, welche Thesen zur Kontroverse geführt haben – und warum. Welche Ziele sollte Ihrer Meinung nach die Begegnung von Christen und Muslimen verfolgen?*

2 *Erklären Sie, warum das Verhältnis zum Islam anders ist als das zum Judentum (➚ M28).*

Das Verhältnis zum Judentum wurde in der evangelischen Kirche nach dem Zweiten Weltkrieg intensiv diskutiert. Einen Meilenstein bildet dabei der folgende Text.

Zur Erneuerung des Verhältnisses von Christen und Juden

M 28

Landessynode der Evangelischen Kirche im Rheinland

Die Landessynode der Evangelischen Kirche im Rheinland erklärt: Nicht du trägst die Wurzel, sondern die Wurzel trägt dich. (Römer 11,18b)

1. Wir bekennen betroffen die Mitverantwortung und Schuld der Christenheit in Deutschland am Holocaust.
2. Wir bekennen uns dankbar zu den „Schriften", unserem Alten Testament, als einer gemeinsamen Grundlage für Glauben und Handeln von Juden und Christen.
3. Wir bekennen uns zu Jesus Christus, dem Juden, der als Messias Israels der Retter der Welt ist und die Völker der Welt mit dem Volk Gottes verbindet.
4. Wir glauben an die bleibende Erwählung des jüdischen Volkes als Gottes Volk und erkennen, dass die Kirche durch Jesus Christus in den Bund Gottes mit seinem Volk hineingenommen ist.

   [...] Wir wollen deshalb den unlösbaren Zusammenhang des Neuen Testaments mit dem Alten Testament neu sehen. [...] „Neu" bedeutet darum nicht die Ersetzung des „Alten". Darum verneinen wir, dass das Volk Israel von Gott verworfen oder von der Kirche überholt sei. (1980)

Das Verhältnis zwischen Kirche und Staat, Religion und Gesellschaft

Seit den Anfängen des Christentums ist das Verhältnis zwischen Kirche und Staat ein brennendes Thema. Es geht dabei nicht nur um das rechtliche Verhältnis zweier gesellschaftlicher Institutionen zueinander, sondern um wesentliche Aspekte des Christseins. Einige Positionen werden in diesem Teilkapitel exemplarisch vorgestellt.

1 *Diskutieren Sie folgende Thesen:*

a) Der Glaube ist eine private Überzeugung. Er soll im öffentlichen Leben keine Rolle spielen.
b) Eine Verbesserung unserer Welt ist nur zu verwirklichen, wenn der christliche Glaube und die Kirchen in der Gesellschaft größtmöglichen Einfluss gewinnen.
c) Die christlichen Werte, die Deutschland über Jahrhunderte geprägt haben, sollen auch von religiösen Minderheiten (Muslime usw.) respektiert werden.
d) Es ist inakzeptabel, dass der Staat für die Kirche Beiträge (Kirchensteuer) sammelt.
e) Der Staat lebt aus Werten, die er selbst nicht hervorbringen kann. Darum müssen Kirchen und religiöse Organisationen das Recht haben, den Religionsunterricht in den Schulen inhaltlich mitzugestalten.

Blick auf andere Fächer – Geschichte

Zwischen den Fächern Religion und Geschichte gibt es vielfältige Verknüpfungen. Das Christentum ist über beinahe 2000 Jahre eng mit vielen historischen Entwicklungen verbunden. Hier einige Themen aus dem Bereich Kirche/Staat, die in gemeinsamen Projekten genauer untersucht werden können:

- Die Klöster gehörten im Mittelalter zu den wichtigsten Orten für Wissenschaft und Bildung. Von Klöstern ausgehend sind auch große Gebiete urbar gemacht worden.
- Die „Konstantinische Schenkung“ (ca. 750), in der Kaiser Konstantin dem Papst die Macht über das weströmische Reich angeblich gegeben habe, hat entscheidend zur Macht der Kirche im Mittelalter und zur Entstehung des Heiligen Römischen Reiches Deutscher Nation beigetragen. Das Dokument wurde in der Renaissance durch L. Valla als Fälschung entlarvt.
- Die theologische Besinnung Martin Luthers auf die Frage nach dem gnädigen Gott (Rechtfertigung) hat zur Kirchentrennung und zur Entstehung von katholisch und evangelisch geprägten Staaten beigetragen.
- Das calvinistische Prinzip der presbyterialen Kirchenleitung hat die frühe Entwicklung von demokratischen Staaten (z. B. Niederlande, Schweiz) gefördert.
- Die Verfolgung von protestantischen Minderheiten (z. B. der Hugenotten in Frankreich) hat zur wirtschaftlichen Entwicklung in anderen Ländern (Deutschland) beigetragen.
- Das christliche Ideal der Nächstenliebe war im 19. Jahrhundert das entscheidende Motiv für eine breite diakonische Tätigkeit von Katholiken und Protestanten, die bis heute in vielen sozialen Einrichtungen sichtbar ist.
- Kolonialismus und Mission haben die europäische christliche Kultur weltweit verbreitet.
- In der DDR konnten die Kirchen einen Freiraum vom Staat bieten, in dem die Wende vorbereitet wurde.

Kirche als verfolgte Minderheit

Schon im Neuen Testament findet sich die Auseinandersetzung über die Frage des Verhältnisses zum Kaiser und zum römischen Staat. Zwei Bibelstellen, die immer wieder anders ausgelegt wurden, spielen in dieser Frage eine entscheidende Rolle. In den Evangelien (Mk 12,13–17) wird berichtet, dass Jesus sagt: „Gebt dem Kaiser, was des Kaisers ist." Paulus betont im Römerbrief (Rö 13,1–17), dass Christen der Obrigkeit gehorsam sein sollen.

Das Christentum ist im Judentum entstanden; die frühe Kirche wurde zunächst oft als jüdische Gruppierung betrachtet. Sie breitete sich aber schnell über das ganze Römische Reich aus. Als Minderheit wurden Christen manchmal zum Sündenbock für Katastrophen gemacht, etwa unter Nero im Jahr 64. Problematisch waren für den Staat das Gleichheitsideal der Christen und die Weigerung, am Kaiserkult teilzunehmen. Trajan, zwischen 98 und 117 römischer Kaiser, schrieb seinem Konsul Plinius, welche Maßnahmen er gegen Christen, die nicht am rituellen Opfer für den Kaiser teilnahmen, ergreifen müsse.

Frühe Christenverfolgung unter Trajan

M 29

Du hast, mein Sekundus, als du die Fälle derer untersuchtest, die dir als Christen angezeigt wurden, ein völlig korrektes Verfahren eingeschlagen. Denn es lässt sich in der Tat nicht allgemein Gültiges verfügen, das sozusagen als feste Norm gelten könnte. Fahnden soll man nicht nach ihnen; wenn sie aber angezeigt und überführt werden, muss man sie bestrafen, so jedoch, dass einer, der leugnet, Christ zu sein, und dies durch die Tat, d.h. durch Vollzug eines Opfers für unsere Götter, unter Beweis stellt, aufgrund seiner Reue zu begnadigen ist, wie sehr er auch für die Vergangenheit verdächtig sein mag. Anonyme Anzeigen dürfen freilich bei keiner Anklage berücksichtigt werden. Denn das wäre ein äußerst schlechtes Beispiel und entspräche nicht dem Geist unserer Zeit. (ca. 110 n. Chr.)

1 Recherchieren Sie im Internet und/oder bei den Beauftragten für Mission und Ökumene Ihrer Kirche, wo und warum Christinnen und Christen in der heutigen Zeit verfolgt werden.

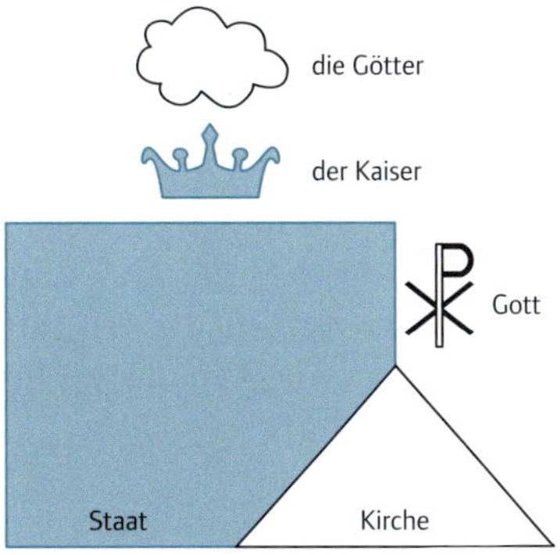

Die Kirche als kleine Minderheit im Römischen Reich zur Zeit der Christenverfolgung

Die Konstantinische Wende

Unter Diokletian, römischer Kaier zwischen 284 und 305, kamen die Verfolgungen zu einem Höhepunkt. Es gelang aber nicht, das Christentum zurückzudrängen. Im Jahr 311 verkündigte Kaiser Galerius darum ein Toleranzedikt. Auch der aufstrebende weströmische Unterkaiser Konstantin schätzte die Verachtung und Verfolgung des Christentums als weitaus gefährlicher für das römische Imperium ein als seine Akzeptanz. Als er im Jahr 313 Kaiser wurde, erhielten die Christen Glaubensfreiheit; ihre ehemaligen Gebetsstätten wurden zurückgegeben. Etwa 50 Jahre später wurde unter Kaiser Theodosius das Christentum zur alleinigen Staatsreligion erhoben. Die Ausübung heidnischer Kulte wurde verboten und mit dem Tod bestraft; Tempel wurden geschlossen, heidnische Literatur wurde verbrannt. „Heiden" blieb der Aufstieg in höhere Ämter versagt.

M 30 Das Mailänder Toleranzedikt

Als wir, Kaiser Konstantin und Kaiser Licinius, in Mailand ankamen, um alles zu besprechen, was mit der öffentlichen Wohlfahrt und Sicherheit zu tun hat, meinten wir, dass von allen Fragen, die für die Mehrheit der Menschen nützlich sein würden, vor allem die Frage der Gottesverehrung neu geregelt werden sollte. Wir sollten allen, Christen und anderen, die Freiheit und die Möglichkeit geben, die Religion auszuüben, die er wünscht, damit das, was auf dem himmlischen Sitz thront, uns und allen Einwohnern des Reiches gnädig und wohlgesonnen sei. (313)

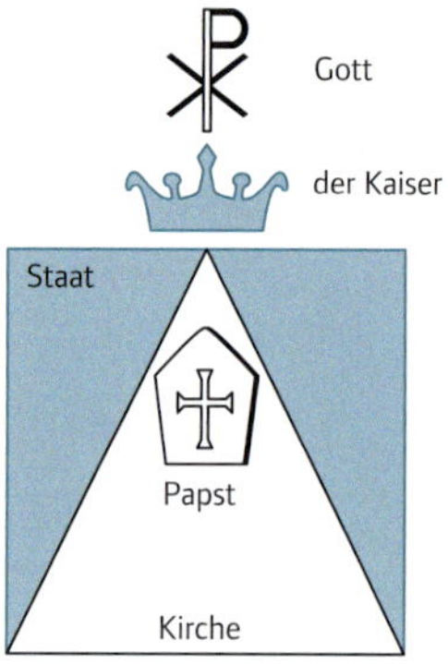

Das Verhältnis von Kirche und Staat nach Kaiser Konstantin – Kaiser Konstantin

Augustins Lehre von den zwei Reichen

Rund 30 Jahre, nachdem das Christentum Staatsreligion geworden war, im Jahr 410, hatte Alarich die Stadt Rom erobert, was das Christentum als Staatsreligion infrage stellte. Aurelius Augustinus, Bischof in Hippo, verteidigte den christlichen Glauben in seiner Schrift „De Civitate Dei" (Vom Gottesstaat). Er unterschied darin das Reich Gottes („geistliches Regiment") vom Reich der Welt („weltliches Regiment").

M 31 Zwei Arten von Liebe und zwei Staaten

Augustin (354–430)

Zwei Lieben sind es, die die beiden Staaten schufen: die Selbstliebe bis zur Gottesverachtung schuf den irdischen, die Gottliebe bis zur Selbstverachtung schuf den himmlischen Staat. Demnach rühmt sich der eine in sich selbst, der andere im Herrn. Jener sucht den Ruhm bei den Menschen, diesem ist Gott als Zeuge des Gewissens höchster Ruhm. Jener erhebt sein Haupt im eigenen Ruhm, dieser sagt zu seinem Gott: „Du bist mein Ruhm, der du mein Haupt erhebst." (Ps 3,4) Jenen beherrscht in seinen Fürsten und in den Völkern, die er unterjocht, die Herrschbegierde, in diesem dienen sich in gegenseitiger Liebe die Vorgesetzten durch sorgsamen Rat, die Untergebenen durch Gehorsam. Jener liebt in seinen Machthabern seine Stärke, dieser spricht zu seinem Gott: „Ich liebe dich, o Herr, du meine Stärke". (Ps 17,2) (427)

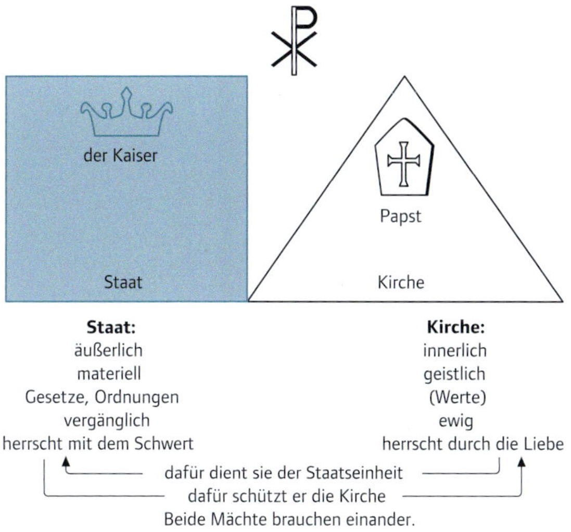

Das Verhältnis von Kirche und Staat bei Augustin (Zwei-Reiche-Lehre) – Augustin

Der Kirchenstaat unter Innozenz III.

Nach dem Zerfall des weströmischen Reiches erhielt der Bischof von Rom eine größere politische Rolle. Vom Papst ging ein einheitsstiftender Einfluss aus. Das Bündnis des fränkischen Königtums (Karl der Große, um 800) mit dem Papsttum führte zur Vermischung von Kirche und Staat: Weltliche Herrscher bekamen Rechte über die auf ihrem Grund gebauten Kirchen, Bischöfe bekamen weltliche Hoheit. Dies führte zum „Investiturstreit“: Wer darf wem die „vesta“ (Weste/Hoheitszeichen) umhängen? Wer beruft wen auf welchen Posten? Hier erlangte die Kirche gegenüber weltlichen Herrschern immer mehr (territoriale) Macht. Unter Papst Innozenz III. hatte die römische Kirche den Höhepunkt ihrer Macht erreicht. Er vertrat zwar die Lehre Augustins, behielt sich aber „in Ausnahmefällen“ das Eingreifen in weltliche Angelegenheiten vor. Die Ausnahme wurde zum Dauerzustand. Er richtete auch eine Inquisition gegen abweichende Überzeugungen („Ketzer“) ein.

Kirche und Staat: Sonne und Mond

M 32

Innozenz III. (1160–1216)

Wie Gott, der Schöpfer des Alls, am Himmel zwei große Lichter geschaffen hat, ein größeres, das den Tag, und ein kleineres, das die Nacht regieren sollte (Gen 1,16), so hat er in der katholischen Kirche, die mit dem Himmel gemeint ist, zwei große Herrscher eingesetzt, einen höheren über die Seelen und einen niedrigeren über die Leiber, die sich zueinander verhalten wie Tag und Nacht: Das sind die Autorität des Papstes und die Macht des Königs. Wie nun der Mond sein Licht von der Sonne erhält und zugleich kleiner und im Hinblick auf Helligkeit, Stellung und Wirksamkeit unbedeutender ist, so erhält die königliche Macht ihren Glanz von der Autorität des Papstes. Je enger sie in dessen Umkreis bleibt, desto weniger wird sie beleuchtet; und je weiter sie sich von ihrer Pracht entfernt, desto stärkeren Glanz gewinnt sie. (1198)

Das Verhältnis von Kirche und Staat unter Innozenz III. – Innozenz III.

1 *Untersuchen Sie mithilfe eines Geschichtsbuches (o. Ä.), wie es durch kirchliche und politische Entwicklungen seit der Konstantinischen Wende (M 30 bis M 32) zur Machtfülle von Innozenz III. kam.*

Kirche und Staat in der Reformation

Durch die zunehmende Macht einzelner Staaten, Gebiete und Städte (Aufstieg des Bürgertums) sowie durch die Teilung der Kirche in evangelisch und katholisch stellte sich die Frage nach dem Verhältnis zwischen Kirche und Staat am Ende des Mittelalters neu. Die von Martin Luther (1483–1546) beschriebene Freiheit eines Christenmenschen (✐ S. 232) hatten 1525/1526 aufständische Bauern so interpretiert, dass man sich von der Obrigkeit freimachen solle. Luther hingegen lehnte diesen gewaltsamen Aufstand ab. Vor diesem Hintergrund ist die folgende Predigt des württembergischen Reformators Johannes Brenz vom März 1525 zu verstehen. Luther formulierte Augustins Lehre neu (zwei Regimente), ohne das Grundprinzip zu ändern. Erst im Jahr 1555 wurde die lutherische Kirche im „Augsburger Religionsfrieden" anerkannt. Erst nach dem Dreißigjährigen Krieg (Westfälischer Friede, 1648) festigte sich das Prinzip, dass die Konfession des Landesherrn (seine „religio") in seinem Land/Gebiet („regio") galt: cuius regio, eius religio. So entstanden evangelische Gebiete und Landeskirchen.

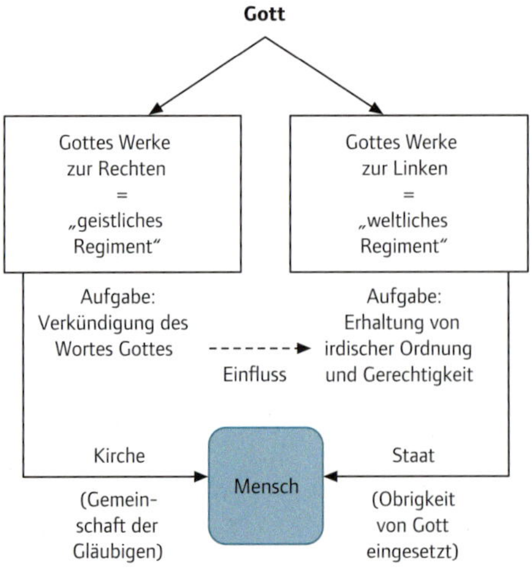

Das Verhältnis von Kirche und Staat bei Martin Luther (Zwei-Regimente-Lehre)

Predigt über den Gehorsam der Untertanen

M 33

Johannes Brenz (1499–1570)

Es sind viele, die das Wort Gottes nach ihrer Lust und Willkür verstehen; und wenn man predigt, dass die Christen alle gleich seien in ihrem Haupt, Christus, verstehen sie, man solle keine Obrigkeit mehr haben. Auch wenn man hört, dass niemand dem anderen schwere Bürde, Schmach oder Steuer auferlegen soll, fasst Herr Omnes [der kleine Mann] das so auf, dass er meint, schwere Bürde, Schmach oder Steuer nicht mehr ertragen zu sollen und sich von derselben mit dem Schwert befreien zu dürfen. Daher ist es nicht abwegig, sondern vonnöten, vom schuldigen Gehorsam zu reden. [...]

Weltliche Gewalt ist eine Ordnung Gottes, wenn auch die Person, die die Gewalt innehat, ein Christ oder Unchrist ist, ein Gläubiger oder ein Türke. [...] Man gehe mit dir so ungerecht um, wie man wolle, leistest du Widerstand, tust du ebenso unrecht. Denn es ist ebenso verboten, sich dem Übel zu widersetzen, wie es geboten ist, niemandem Übel zu tun. Was man aber in der Angelegenheit von einer Obrigkeit durch Bitten und Flehen erreichen kann, ist niemandem verboten. Wie muss man sich aber verhalten, damit man eine gottesfürchtige Obrigkeit bekomme, die ohne ungerechte Unterdrückung regiert? [...] Das wird niemals geschehen können mit Gewalt, Aufruhr und Schwertzücken, sondern mit fleißigem, ernstlichem Gebet zu Gott und mit willigem Gehorsam gegenüber der Obrigkeit. Diese zwei Dinge würden auch eine Obrigkeit, die aus Türken bestünde, zu Christen machen. [...] Christi endgültiger Befehl an jede einzelne Person ist, nicht drein zu schlagen, sondern sich geduldig unter das Kreuz zu begeben. Amen. (1525)

1 *Vergleichen Sie den Text und die Abbildungen von Augustins Zwei-Reiche-Lehre (M 31) mit der Abbildung von Luthers Verhältnis von Kirche und Staat (S. 298).*

2 *Nehmen Sie Stellung zur Position von Johannes Brenz.*

Die Französische Revolution und die Kirchen

Mit der Aufklärung vollzog sich eine entscheidende Wende in der politischen und theologischen Legitimation des Staates. An die Stelle einer von Gott gegründeten Autorität des Staates trat allmählich die Volkssouveränität. Im Staat ist der Wille der Bürger (volonté générale) ausgedrückt. Der Glaube wird zu einer individuellen Überzeugung, und die Kirche wird in einem „laizistischen" Staat auf den Status eines privaten Vereins reduziert.

Trennung von Kirche und Staat in Frankreich seit 1905

M 34

Politisch wurde es zuerst bei der amerikanischen Unabhängigkeitserklärung sichtbar (1776), in Europa durch die Französische Revolution von 1789: Nicht Gott, sondern der Mensch ist das Maß aller Dinge. In diesem Jahr entstand (wenn auch nur für kurze Zeit) der erste säkulare Staat Europas, in dem Kirche und Staat getrennt waren. Dies bedeutete auch eine Säkularisierung des kirchlichen Eigentums. Napoleon Bonaparte machte die strikte Trennung wieder rückgängig, und der Staat schloss mit der katholischen Kirche einen Staatskirchenvertrag (1801). In diesem „Konkordat" (Vertrag zwischen dem Heiligen Stuhl und einer Regierung) waren die Freiheiten und Rechte der Kirche festgelegt. Nach langem Ringen wurde im Jahr 1905 dieses napoleonische Konkordat aufgehoben. In Artikel 1 des entsprechenden Gesetzes sicherte die Republik zwar Gewissensfreiheit zu und garantierte die freie Kultausübung, in Artikel 2 wurde jedoch die Anerkennung oder Finanzierung von Kultgemeinschaften verwehrt. In den öffentlichen Schulen wird seitdem kein Religionsunterricht mehr erteilt. Frankreich gilt seitdem als laizistischer Staat.

In Deutschland verlief die Entwicklung anders. Die Staatskirche wurde zwar 1919 in der Weimarer Reichsverfassung aufgehoben, aber ohne rigorose Trennung wie in Frankreich. Die Kirchen blieben Körperschaften des öffentlichen Rechts, behielten die Selbstverwaltung und das Recht, Kirchensteuer zu erheben sowie konfessionelle Schulen zu gründen. Der Religionsunterricht wurde ordentliches Lehrfach. Im Grundgesetz von 1949 ist diese Form bestätigt. Statt der Landesfürsten bilden nun Synoden und Bischöfe die Kirchenleitungen.

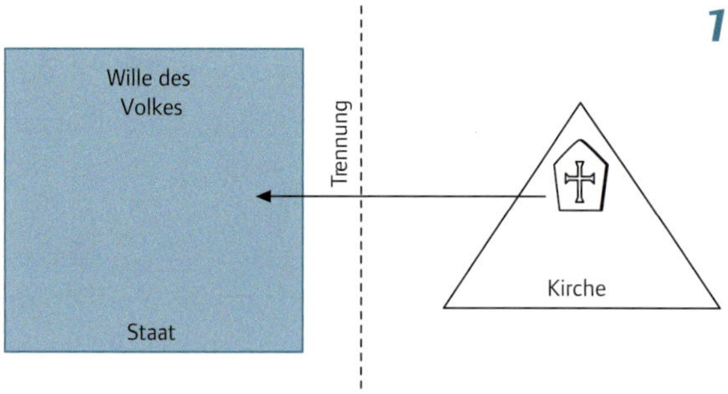

Die Trennung von Kirche und Staat nach der Französischen Revolution

1 *Diskutieren Sie das Für und Wider einer scharfen Trennung von Kirche und Staat.*

Kirche und Nationalsozialismus

Die Haltung der evangelischen Christen zum Nationalsozialismus wird erst vor dem Hintergrund des verlorenen Ersten Weltkriegs in gewissem Maße verständlich. Nicht nur die Niederlage, die erniedrigenden Klauseln des „Friedens von Versailles" (1919), sondern vor allem die Abdankung des Kaisers und der Landesfürsten, die bis dahin die Evangelische Kirche „regiert" hatten, führten zu großen Verunsicherungen. Die NSDAP erklärte schon 1920 in ihrem Parteiprogramm, auf dem Boden eines „positiven Christentums" zu stehen. Es gelang Adolf Hitler nach seinem Machtantritt 1933, die Kirchen zu beschwichtigen („Christentum, die Basis für den Erhalt der Moral des Volkes"). Viele evangelische Christen begrüßten die „nationale Erhebung" und unterstützten die Glaubensbewegung „Deutsche Christen". Diese strebten eine einheitliche Evangelische Reichskirche mit einem „Reichsbischof" als Führer an der Spitze an: Eine Volkskirche, die dem deutschen Volk dient. Bei den Kirchenvorstandswahlen im Juli 1933 erhielten die Anhänger der DC 60 bis 80 Prozent der Stimmen (außer in Bayern und Westfalen). Die folgenden Dokumente beleuchten drei Positionen in diesem Entscheidungsjahr.

Aus den Richtlinien der Glaubensbewegung „Deutsche Christen" M35

3. Die Liste „Deutsche Christen" will keine kirchenpolitische Partei in dem bisher üblichen Sinne sein. Sie wendet sich an alle evangelischen Christen deutscher Art. Die Zeit des Parlamentarismus hat sich überlebt, auch in der Kirche. Kirchenpolitische Parteien haben keinen religiösen Ausweis, das Kirchenvolk zu vertreten, und stehen dem hohen Ziel entgegen, ein Kirchenvolk zu werden. Wir wollen eine lebendige Volkskirche, die Ausdruck aller Glaubenskräfte unseres Volkes ist.

4. Wir stehen auf dem Boden des positiven Christentums. Wir bekennen uns zu einem bejahenden artgemäßen Christusglauben, wie er deutschem Luthergeist und heldischer Frömmigkeit entspricht.

5. Wir wollen das wieder erwachte deutsche Lebensgefühl in unserer Kirche zur Geltung bringen und unsere Kirche lebenskräftig machen. In dem Schicksalskampf um die deutsche Freiheit und Zukunft hat die Kirche in ihrer Leitung sich als zu schwach erwiesen. Die Kirche hat bisher nicht zum entschiedenen Kampf gegen den gottfeindlichen Marxismus und das geistfremde Zentrum [katholische, im Reichstag vertretene Partei] aufgerufen, sondern mit den politischen Parteien dieser Mächte einen Kirchenvertrag geschlossen. Wir wollen, dass unsere Kirche in dem Entscheidungskampf um Sein oder Nichtsein unseres Volkes an der Spitze kämpft. Sie darf nicht abseits stehen oder gar von den Befreiungskämpfern abrücken.

7. Wir sehen in Rasse, Volkstum und Nation uns von Gott geschenkte und anvertraute Lebensordnungen, für deren Erhaltung zu sorgen uns Gottes Gesetz ist. Daher ist der Rassenmischung entgegenzutreten. Die deutsche Äußere Mission [die Organisation der evangelischen Missionare im Ausland] ruft aufgrund ihrer Erfahrung dem deutschen Volke seit langem zu: „Halte deine Rasse rein!", und sagt uns, dass der Christusglaube die Rasse nicht zerstört, sondern vertieft und heiligt. [...]

9. In der Judenmission sehen wir eine schwere Gefahr für unser Volkstum. Sie ist das Eingangstor fremden Blutes in unseren Volkskörper. Sie hat neben der Äußeren Mission keine Daseinsberechtigung. Wir lehnen die Judenmission in Deutschland ab, solange die Juden das Staatsbürgerrecht besitzen und damit die Gefahr der Rassenverschleierung und -bastardierung besteht. [...] Insbesondere ist die Eheschließung zwischen Deutschen und Juden zu verbieten.

10. Wir wollen eine evangelische Kirche, die im Volkstum wurzelt, und lehnen den Geist eines christlichen Weltbürgertums ab. Wir wollen die aus diesem Geist entspringenden verderblichen Erscheinungen wie Pazifismus, Internationale, Freimaurertum usw. durch den Glauben an unsere von Gott befohlene völkische Sendung überwinden. (1933)

Hitler begrüßt Reichsbischof Müller und Abt Albanus Schachtleitner

Durch diese Entwicklung wurde z. B. im Herbst 1933 in der Preußischen Kirche (APU) der Arier-Paragraph angewendet. Regimekritische und nicht arische Pfarrer wurden entlassen. Martin Niemöller gründete einen „Pfarrernotbund", geleitet von einem „Bruderrat". Die „Gleichschaltung" der Kirchen schritt aber immer weiter fort: „Maulkorb-Erlasse", die Eingliederung der evangelischen Jugendorganisationen in die Hitlerjugend (Dezember 1933) usw. Im Jahr 1934 entstand in Abgrenzung zur Deutschen Evangelischen Reichskirche die „Bekennende Kirche" (BK). Ein wichtiger theologischer Vordenker dieser Gruppe war der in Bonn lehrende Schweizer Professor Karl Barth (**✐ M12, S. 275****). Die „intakten" evangelischen Landeskirchen (Hannover, Württemberg und Bayern) versuchten, einen gewissen Freiraum dem Staat gegenüber zu wahren.**

M 36 Theologische Existenz heute!

Karl Barth

Was ich zu den Richtlinien der Deutschen Christen von Mai 1933 zu sagen habe, ist einfach. Ich sage unbedingt und vorbehaltlos Nein zum Geist und zum Buchstaben dieser Lehre. […] Ich halte dafür, dass die evangelische Kirche lieber zu einem kleinsten Häuflein werden und in die Katakomben gehen sollte, als dass sie mit dieser Lehre auch nur von ferne Frieden schlösse. […] Ich nenne zur Begründung dieser meiner Ablehnung folgende Punkte:

1. Nicht dafür hat die Kirche „Alles zu tun", dass das deutsche Volk „auch wieder den Weg zur Kirche" finde, sondern dafür, dass es in der Kirche das Gebot und die Verheißung des freien und reinen Wortes Gottes finde. […]

4. Die Kirche glaubt an die göttliche Einsetzung des Staates als des Vertreters und Trägers der öffentlichen Rechtsordnung im Volke. Sie glaubt aber weder an einen bestimmten Staat, also auch nicht an den deutschen, und sie glaubt an keine bestimmte, also auch nicht an die nationalsozialistische Staatsform. Sie verkündigt das Evangelium in allen Reichen dieser Welt. Sie verkündigt es auch im Dritten Reich, aber nicht unter ihm und nicht in seinem Geiste.

6. Die Gemeinschaft der zur Kirche Gehörigen wird nicht durch das Blut und also auch nicht durch die Rasse, sondern durch den Heiligen Geist und durch die Taufe bestimmt. Wenn die deutsche evangelische Kirche die Judenchristen ausschließen oder als Christen zweiter Klasse behandeln würde, würde sie aufgehört haben, christliche Kirche zu sein. (1933)

Dietrich Bonhoeffer

Politischer Widerstand gegen den Nationalsozialismus entwickelte sich nur bei wenigen evangelischen Christen. An exponierter Stelle sei hier der Theologe Dietrich Bonhoeffer genannt. Er war Initiator und Mitglied der Bekennenden Kirche und wurde 1945 im KZ Flossenbürg für seine Beteiligung am misslungenen Anschlag auf Hitler vom 20. Juli 1944 ermordet. Schon im Frühjahr 1933 hielt er vor Pfarrern in Berlin einen Vortrag mit dem Titel „Die Kirche vor der Judenfrage". Bonhoeffer nennt drei Möglichkeiten kirchlichen Handelns gegenüber dem Staat.

Die Kirche vor der Judenfrage

M 37

Dietrich Bonhoeffer (1906–1945)

Erstens die an den Staat gerichtete Frage nach dem legitim staatlichen Charakter seines Handelns, d. h. die Verantwortlichmachung des Staates.

Zweitens der Dienst an den Opfern des Staatshandelns. Die Kirche ist den Opfern jeder Gesellschaftsordnung in unbedingter Weise verpflichtet, auch wenn sie nicht der christlichen Gemeinde zugehören.

Die dritte Möglichkeit besteht darin, nicht nur die Opfer unter dem Rad zu verbinden, sondern dem Rad selbst in die Speichen zu fallen. (1933)

1 *Vergleichen Sie die Positionen von den „Deutschen Christen" (M 35), Karl Barth (M 36) und Dietrich Bonhoeffer (M 37).*

2 *Untersuchen Sie das Verhalten Ihrer Landeskirche oder Kirchengemeinde in der Zeit zwischen 1933 und 1945.*

Kirche in Deutschland nach dem Zweiten Weltkrieg

Nach dem Ende des Zweiten Weltkriegs brachte vor allem die Haltung der Bekennenden Kirche während der Zeit des Nationalsozialismus der Evangelischen Kirche in Deutschland (EKD) viel Respekt ein. 1945 gestand die EKD in Stuttgart gegenüber internationalen Vertretern des Ökumenischen Rates der Kirchen ihre Schuld ein und ermöglichte somit einen Neubeginn: „Durch uns ist unendliches Leid über viele Völker und Länder gebracht worden." Die Teilung Deutschlands wurde von der EKD als „schmerzliche Zerrissenheit" bezeichnet. Erst 1969 wurde in der DDR ein eigener „Bund der Evangelischen Kirchen" (BEK) gegründet. Die Kirchen versuchten, einen gewissen Freiraum in einem atheistischen Staat zu erhalten und gleichzeitig „Kirche im Sozialismus" zu sein. Getragen von vielen Laien konnte die Kirche einen wichtigen Beitrag zum friedlichen Ende der deutschen Teilung 1989 leisten.

Loccumer Erklärung von EKD und BEK im Jahr 1990

M 38

I. Wir danken Gott für den Erfolg der gewaltfreien Demonstrationen und für die neu gewonnene Freiheit in der DDR. Nach langer Trennung können Menschen wieder zusammenkommen. In der Öffentlichkeit beider Staaten wurde mit großer Hochachtung der Beitrag gewürdigt, den die evangelische Kirche zum Wandel der DDR geleistet hat. Vieles ist hier zu nennen: die Friedensgebete und Fürbittgottesdienste, die Gespräche in den Gotteshäusern, die Erklärungen der evangelischen Synoden und der Ökumenischen Versammlung und besonders der persönliche Einsatz vieler Mitarbeiter und Gemeindeglieder. Wir haben in diesen Monaten neu erfahren, welche politischen Wirkungen der geistliche Auftrag der Kirche Jesu Christi hat.

II. In unseren kirchlichen Verfassungen haben wir uns zu der „besonderen Gemeinschaft der ganzen evangelischen Christenheit in Deutschland" bekannt. Diese besondere Gemeinschaft wurde jahrzehntelang in zahllosen Verbindungen gelebt. Damit wurde der kirchliche Zusammenhalt gewahrt und das Verlangen nach weiterer Gemeinschaft gestärkt. So hat sich diese Gemeinschaft als künftige Klammer zwischen den Menschen im geteilten Deutschland erwiesen. Das hat sich politisch ausgewirkt. […]

III. […] Trotz aller verständlichen Aufmerksamkeit, die derzeit den deutsch-deutschen Themen gilt, bitten wir, die Aufgaben, die wir gegenüber den Armen in unserer Welt haben, nicht zu vernachlässigen. Wir bitten die Gemeinden weiterhin, für die Gerechtigkeit, den Frieden und die Bewahrung der Schöpfung zu beten und zu arbeiten. (1990)

1 *Befragen Sie Menschen aus der Generation Ihrer Eltern und Großeltern. Wie haben sie die Wende und die Rolle der Kirche in dieser Zeit erfahren?*

Friedensgebet in der Nikolaikirche in Leipzig am 9. Oktober 1989. Diese Friedensgebete waren die Vorstufe der Montagsdemonstrationen, die ab September 1989 den Fall der Mauer einleiteten.

Für Deutschland kann man das heutige Verhältnis der Kirche zum Staat als kritisch-loyal bezeichnen. Geregelt wird es durch einen Staatsvertrag. Während der Zeit des „Kalten Krieges" gab es heftige Debatten über die Haltung der EKD zur Wiederbewaffnung und zu Atomwaffen. Die Erfahrungen im Nationalsozialismus und die Orientierung an der weltweiten Ökumene führten dazu, dass die Evangelische Kirche sich in der zweiten Hälfte des 20. Jahrhunderts verstärkt mit ihrem Beitrag zur Bewahrung von Frieden und Gerechtigkeit beschäftigt hat. Insbesondere Kirchentage waren einflussreich. Bedeutend ist zudem der Beitrag der beiden großen Kirchen zum Sozialstaat durch Diakonie und Caritas, durch Denkschriften der EKD und Erklärungen der katholischen Bischöfe.

Positionen im Verhältnis Kirche und Staat

Im Verhältnis zwischen Kirche und Staat (bzw. Religion und Gesellschaft) können vier Positionen eingenommen werden, deren Entstehung und Bedeutung in den Materialien M29 bis M38 erläutert werden:

Staatskirche. In vielen Ländern oder Teilstaaten, in denen die christliche Religion eine Mehrheitsposition einnahm, wurde die Kirche zur Staatskirche bestimmt. In der Regel oblag dem Monarchen auch die oberste Leitung der Kirche; Kirchenmitglieder hatten Privilegien. Im Römischen Reich galt dies etwa ab dem Jahr 380. In Frankreich, Italien und Belgien war die katholische Kirche lange Staatskirche. Heute findet man Staatskirchen z. B. noch in England (Church of England).

Kirchenstaat. Im Mittelalter entwickelte die Kirche in Westeuropa eine politisch so dominante Position (Papst Innozenz III.), dass man von einem Kirchenstaat sprechen kann. Seit 1929 ist nur die Vatikanstadt der Nachfolger dieses Kirchenstaates.

Trennung von Kirche und Staat (Laizismus). Mit der Aufklärung vollzog sich eine entscheidende Wende in der politischen und theologischen Legitimation des Staates. Frankreich wurde 1905 zu einem „laizistischen" Staat. An die Stelle einer von Gott gegründeten Autorität des Staates trat die Volkssouveränität. Die Kirche wurde auf den Status eines privaten Vereins reduziert. In der Türkei bedeutet Laizismus „Unterordnung der Religionsausübung unter den Staat".

Partnerschaft von Kirche und Staat. Für das Verhältnis von Kirche und Staat waren die Zwei-Reiche-Lehre von Augustinus sowie Luthers Lehre der zwei Regimente grundlegend. Der Staat solle den Frieden, die Gerechtigkeit und das Wohl seiner Untertanen fördern. So regiere Gott die Welt und verdiene Respekt und Unterstützung.

Auch in Deutschland gilt heute die Trennung von Kirche und Staat; das Verhältnis zwischen beiden kann – geschärft durch die Erfahrungen mit dem Totalitarismus – als kritisch-loyal bezeichnet werden. Bedeutend ist der Beitrag der beiden großen Kirchen zum Sozialstaat durch Diakonie und Caritas, Kirchentage, Denkschriften, Erklärungen usw.

Welche Zukunft hat die Kirche?

In diesem Kapitel ging es um die unterschiedlichen Erfahrungen, die mit Kirche gemacht werden können, und um die Auseinandersetzung mit der Ambivalenz dieser großen Institution. Was ist die besondere Rolle der Kirche im Christentum? Was sind ihre Aufgaben und Funktionen? Was ist Kirche eigentlich?
Es zeigte sich, dass es Kirche nur in der Vielfalt gibt. Sie hat im Laufe der Zeit und in unterschiedlichen Kulturen immer wieder neue Gestalt angenommen. Von besonderer Bedeutung ist dabei das Verhältnis der Kirche zu Staat und Gesellschaft sowie zu anderen Religionen. Die Beziehung von Kirche und Staat hat sich im Verlauf von zwei Jahrtausenden immer wieder grundlegend geändert. Geht es hier um einen Konflikt oder um eine fruchtbare Partnerschaft? Ist die Kirche im Europa des 21. Jahrhunderts fähig, eine zeitgemäße Gestalt anzunehmen – und wie würde diese aussehen? Welche Zukunft hat die Kirche?

Katharinenkirche in Frankfurt

Im Jahr 2017 feiert die Evangelische Kirche ihren 500. Geburtstag. Sie hat sich in den vergangenen Jahrhunderten immer auf neue Herausforderungen eingelassen. Gilt dies auch im 21. Jahrhundert? In der Evangelischen Kirche in Deutschland (EKD) findet dazu seit dem Jahr 2000 ein intensiver Denkprozess über die zeitgemäße Gestalt im 21. Jahrhundert statt (↗ M17, S. 279 f.). Im Jahr 2006 wurde ein Impulspapier unter dem Titel „Kirche der Freiheit“ zur Diskussion gestellt.

Kirche der Freiheit – Perspektiven für die evangelische Kirche im 21. Jahrhundert

M 39

Evangelische Kirche in Deutschland

Die faktischen Reaktionsweisen der Landeskirchen auf den spürbaren Veränderungsdruck stimmen darin überein, dass eine Profilschärfung des Evangelischen geistlich und theologisch die richtige Reaktion auf die anstehenden Herausforderungen bildet. „Evangelisch in Deutschland" braucht ein deutliches Profil und eine klare Qualität. Das aus einer Kommunikationskampagne der Ev. Kirche in Hessen und Nassau stammende Motto „Evangelisch aus gutem Grund" weist in diese Richtung. Ein ausgeprägtes Profil ermöglicht Erkennbarkeit in einer unübersichtlich gewordenen Welt. [...]

In der Reformationszeit vollzog sich eine positive Zuwendung zum Glauben des Einzelnen. Die im Evangelium versprochene und Wirklichkeit gewordene Rechtfertigung befreite von allen falschen Abhängigkeiten in der Welt und ermutigte zur Verantwortung für den Nächsten im Alltag des eigenen Lebens. [...]

Profilschärfung kann missverstanden werden als Verengung, als Verkirchlichung, als Abkehr von einer ökumenischen Grundhaltung oder als mangelnde Toleranz gegenüber anderen Religionen. Das ist hier nicht gemeint. Die hier beschriebene Profilschärfung ist vielmehr eingebettet in das Konzept einer Kirche der Freiheit im 21. Jahrhundert, die offen und einladend, weltverantwortlich und kulturorientiert ist. Eine evangelische Kirche der Freiheit wird auch im 21. Jahrhundert ihrem Öffentlichkeitsauftrag, ihrer diakonischen Ausrichtung, ihrer evangelisch profilierten Bildungsarbeit, ihre kulturprägenden Kraft und ihrer ökumenischen Grundorientierung verpflichtet sein. Im Umbruch der Gegenwart will sie den Platz des Christentums in der Moderne mit seiner dreifachen Gestalt (D. Rössler) stärken:

- als *kirchliches Christentum* im Leben der Gemeinde und im Handeln der kirchlichen Institutionen,
- als *öffentliches Christentum* in vielfältigen kulturellen Zusammenhängen: von der Präsenz christlichen Traditionsgutes in Sprache, in der Musik und im Stadtbild über die Geltung bestimmter Werte und den staatlichen Schutz christlicher Feiertage bis hin zu öffentlichen Erwartungen an Kirche, z. B. in Situationen kollektiven Gedenkens mit religiösen Handlungsformen zu dienen,
- als *individualisiertes Christentum*, das in den unterschiedlichsten Gestalten privater Frömmigkeit oder einer zumindest teilweise christlich geprägten Welt anzutreffen ist. [...]

Auch die private und die öffentliche Christlichkeit leben davon, dass die evangelische Kirche sichtbar und kompetent, verantwortlich und wirksam das Evangelium von der Barmherzigkeit Gottes in Jesus Christus in der modernen Welt verkündigt. (2006)

1 *Zeigen Sie auf, wie laut EKD eine Profilschärfung der evangelischen Kirche aussehen soll.*

2 *Vergleichen Sie dieses zukünftige Profil mit den in diesem Kapitel vorgelegten Überlegungen zu Wesen und Aufgaben von Kirche.*

3 *Für die konkrete Umsetzung des Profils schlägt der Rat der EKD im Impulspapier „Kirche der Freiheit" zwölf „Leuchtfeuer" vor, die als Visionen eine Orientierung geben sollten. Vergleichen Sie die oben genannten Überlegungen mit Ihren eigenen Kirchenerfahrungen und zeigen Sie auf, wie die evangelische Kirche im 21. Jahrhundert eine zukunftsträchtige Kirche im Sinne Jesu Christi sein kann.*

Werte und Normen für Mensch, Gesellschaft und globale Welt

Es passiert viel Schrott auf der Welt

Es macht sehr viel Spaß, denn es ist erstens ein gutes Gefühl, mich einzusetzen, und zweitens treffe ich meine Freunde. Im Vordergrund steht aber immer noch, dass man sich engagiert und dass es mich unheimlich schockiert, wenn ich lese, welche Dinge in der Welt passieren. Es ist Wahnsinn, es gibt so viele Sachen, die man im Allgemeinen gar nicht mitkriegt, wenn man Nachrichten hört, denn es ist immer sehr fern und sehr weit weg. Wenn ich mich dann bisschen in die Themen reindenke und mich informiere, gerade auch zu Atomstrom oder was mit dem Öl und den lecken Pipelines in Sibirien passiert. Das ist einfach unheimlich frustrierend, wenn man sieht, was da für viel Geld Scheiße passiert, und es passiert auch richtig viel Schrott auf der Welt. […]
Juliet, 17 Jahre

Wie Leute miteinander leben können

Ich glaube, dass überall in der Gesellschaft bestimmt wird, wie Leute miteinander leben können. Das fängt in der Schule an. Wenn dort das Bildungsziel Auslese ist, dann ist klar, dass in der Gesellschaft dadurch Konkurrenz gefördert wird, dass das später bleibt. Konkurrenz zu jedem und allem und gegenüber den Menschen. Ich denke auch, dass es gewisse Regeln geben muss. […] Gut sind Regeln, die das Zusammenleben regeln. Na ja, die Straßenverkehrsordnung ist okay, damit die Leute keine Unfälle bauen, oder auch das Gesetz, dass jeder seine Meinung frei äußern darf, ist wichtig […], aber ein Polizeistaat ist auch nicht schön. Ich denke, da gibt es eine Grenze, zum Beispiel wenn der Fingerabdruck und alles andere im Ausweis steht und man das jederzeit vorzeigen muss, damit man überall registriert werden kann, wenn der Arbeitgeber und meine Krankenkasse alle wissen, wie meine Gene sind.
Lea, 16 Jahre

1 *Diskutieren Sie das Bild in der Gruppe.*

2 *Setzen Sie das Bild zu den Äußerungen von Juliet und Lea in Beziehung.*

Wozu brauche ich ethische Normen und Werte?

Sich ein schönes Leben machen?

Der spanische Philosoph Fernando Savater stellt seine „Ethik für die Erwachsenen von morgen" unter das Motto „Tu, was du willst".

M 1 Mach dir ein schönes Leben!

Fernando Savater (1947)*

Was will ich dir sagen mit dem „Tu, was du willst" als grundlegendem Motto dieser Ethik [...]? Ganz einfach – auch wenn es dir schwer fallen wird: Du musst dich befreien von Befehlen und Gebräuchen, von Belohnung und Strafe, kurz von allem, was dich von außen lenken will, und du musst diese ganze Angelegenheit aus dir selbst heraus, aus deinem Gewissen und freien Willen entwickeln. Frage niemanden, was du mit deinem Leben anfangen sollst: Frage dich selbst. [...]

Klar, weil du ein kluger Kopf bist, hast du wahrscheinlich bereits bemerkt, dass es hier einen gewissen Widerspruch gibt. Wenn ich dir sage „Tu, was du willst", sieht es so aus, als ob ich dir regelrecht einen Befehl gebe: „Tu dies und nicht das", auch wenn der Befehl darin besteht, dass du aus freiem Willen handeln sollst. [...] Wenn du ihn ausführst, gehorchst du ihm nicht (weil du nicht das tust, was du willst, sondern was ich will); wenn du dem Befehl nicht gehorchst, führst du ihn aus (weil du das tust, was du willst, und nicht das, was ich dir befehle – aber das ist genau das, was ich dir befehle!). [...] Der offensichtliche Widerspruch, der in dem „Tu, was du willst" steckt, ist nur ein Reflex des Kernproblems der Freiheit: dass wir nicht frei sind, nicht frei zu sein, dass wir nicht anders können, als frei zu sein. [...]

Wenn ich dir sage, du sollst tun, was du willst, scheint es angebracht, dass du zuerst ausführlich und gründlich darüber nachdenkst, was du willst. Zweifellos gefallen dir viele, einander oft widersprechende Sachen, wie das bei allen so ist: Du möchtest ein Motorrad haben, willst dir aber nicht auf der Straße den Hals brechen, du möchtest Freunde haben, aber ohne deine Unabhängigkeit zu verlieren, du möchtest Geld haben, aber du möchtest nicht den Nächsten ausbeuten, um es zu bekommen, du möchtest etwas wissen und verstehst daher, dass man lernen muss, aber du möchtest dich auch vergnügen, du möchtest, dass ich dir nicht auf den Wecker gehe und dich nach deiner Art leben lasse, aber du willst auch, dass ich da bin, um dir zu helfen, wenn es nötig ist. Wenn du all dies resümieren und deinen wahren Wunsch in Worte fassen müsstest, würdest du mir sagen: „Was ich will, Papa, ist, *mir ein schönes Leben machen.*" [...] Genau das wollte ich dir raten: Als ich dir sagte „Tu, was du willst", wollte ich dir im Grund empfehlen, dass du es wagst, dir ein schönes Leben zu machen. (1991)

1 *Recherchieren Sie in der Werbung von Zeitschriften oder der Werbung im Fernsehen zum Thema „Ein schönes Leben".*

2 *Interpretieren Sie die Ergebnisse der Recherche mithilfe der Argumente von Savater.*

3 *Entwerfen Sie für sich selbst ein fiktives Lebensprogramm für mehrere Jahre und arbeiten Sie heraus, welche ersten Entscheidungen welche weiteren nach sich ziehen.*

Protect me from what I want

M2

Jenny Holzer (1950)*

1 *Setzen Sie das Bild in ein Verhältnis zum Text von Fernando Savater (M1).*

Was soll Line jetzt tun?

M3

Line ist 21 Jahre alt. Sie studiert Jura im zweiten Semester. Sie will Richterin werden. Heute hat ihr der Arzt mitgeteilt, dass sie wirklich schwanger ist. Ihr Freund sagt, sie solle eine Abtreibung machen lassen. Mit einem Kind könne sie nicht weiterstudieren, und auch in seinem Leben sei kein Platz für ein Kind – jedenfalls jetzt nicht. Er will noch etwas vom Leben haben.

Line weiß, dass Abtreibung in Deutschland verboten ist, auch wenn man dafür nicht bestraft wird. Außerdem ist sie sich nicht sicher, wie sie sich nach einer Abtreibung fühlen würde. Sie hat Angst vor Schuldgefühlen und davor, was ihre Eltern dazu sagen würden, falls sie es erfahren.

Ratschläge von Freundinnen und Freunden:

- Du solltest eine Abtreibung machen lassen. Wenn du jetzt das Kind zur Welt bringst, nützt das niemandem. Mit einem Kind könntest du dein Studium nicht zu Ende führen. Eine gut ausgebildete und verantwortlich urteilende Richterin kann vielen Menschen eine große Hilfe sein. Das darfst du nicht aufs Spiel setzen. Außerdem solltest du auch an die Beziehung zu deinem Freund denken.
- Das Recht auf Leben ist unverletzlich. Es gilt bedingungslos. Wer selbst leben will (wir alle also!), darf das Recht auf Leben anderer nicht verletzen.
- Ich gebe ihr keinen Rat. Um Line wirklich einen Rat geben zu können, müsste man weit mehr von den Umständen wissen. Wie geht Line selbst mit der Situation um? Was würde die Entscheidung für oder gegen eine Abtreibung für sie langfristig bedeuten? Was richtet sie damit an – bei sich selber, bei ihrem Freund, bei ihren Eltern? Wie würde das Leben für sie

aussehen, wenn sie zugleich ein Kind haben und doch weiterstudieren wollte? – Das sind nur einige der Fragen, die beantwortet sein müssten, wenn ich Line einen verantwortlichen Rat geben sollte.

- Ich kann nicht verstehen, warum du zögerst. Mit einem Kind hättest du nichts mehr vom Leben. Du bist erst 21 Jahre alt. Zumindest einige Jahre lang solltest du dein Leben noch ungehindert genießen dürfen. Ich stimme deinem Freund zu: Junge Menschen haben ein Recht, etwas vom Leben zu haben! Eine menschenfeindliche Moral oder Gesetzgebung kann dies nicht aus der Welt schaffen.
- Menschen sind Gottes Geschöpfe. Das Leben kann sich niemand selber geben. Gottes Liebe gilt allem Leben, auch dem noch nicht geborenen Leben. Mit einer Abtreibung würdest du dich selbst von der Liebe Gottes ausschließen und dich zur Herrin über Leben und Tod machen.
- Die Entscheidung muss letztlich davon abhängig gemacht werden, was eine Abtreibung für dich selber bedeutet. Wenn sie ein Verstoß gegen dein eigenes Gewissen ist, könnte dies dazu führen, dass du fortan als moralisch gebrochene Person vor dir selber keinen Bestand mehr hast. Du könntest dir selbst nicht mehr vertrauen. Aber das muss nicht so sein. Vielleicht kannst du ganz gut mit einer Ausnahme leben. Auch Richterinnen oder Richter haben nicht immer eine weiße Weste unter ihrer Robe.

1 *Diskutieren Sie, welchen Rat Sie am besten finden.*

2 *Analysieren Sie die Begründungsformen, die den verschiedenen Ratschlägen zugrunde liegen. – In der folgenden Darstellung (Schlüsselwissen) finden sich Informationen, die Sie bei dieser Aufgabe heranziehen können;* *➚ S. 314 zu Methoden der ethischen Urteilsbildung.*

Schlüsselwissen

Grundformen der Ethik: Informationen und Definitionen

In der theologischen und philosophischen Ethik unterscheidet man in der Regel folgende, sich zum Teil überschneidende Formen ethischer Begründung (die Reihenfolge drückt keine Bewertung aus):

- **Pflichten- oder Prinzipienethik:** Entscheidungen müssen obersten Prinzipien wie der menschlichen Würde entsprechen. Daraus ergeben sich Pflichten, die ohne Einschränkung gelten. Wenn beispielsweise die Wahrheit sagen als Pflicht gilt, kann es keine Notlügen geben, auch etwa nicht, um andere zu schützen. Denn die Pflicht würde dann verletzt werden.
- **Utilitaristische oder Nutzenethik:** Ethisch geboten ist das, was den größten Nutzen oder das größte Glück bringt, entweder für den Einzelnen oder für die Gesellschaft. Der Nutzen muss in diesem Falle quantifiziert werden (größer/kleiner, mehr/weniger usw.), damit unterschiedliche Entscheidungsmöglichkeiten im Blick auf den jeweils erwarteten Nutzen miteinander verglichen werden können.
- **Verantwortungsethik:** Im Unterschied zu einer reinen Pflichten- oder Gesinnungsethik fließen auch die Folgen des jeweiligen Handelns in die Entscheidung ein. Insofern kommt die Verantwortungsethik dem Utilitarismus nahe, bewertet die Handlungsfolgen aber im Unterschied zu diesem auch anhand weiter gefasster – z. B. ökologischer – Prinzipien. Die Verantwortung kann sich auf andere Menschen oder auf die Gesellschaft beziehen, aber auch und in unserer Gegenwart ganz besonders auf das Leben und Überleben der Menschheit oder der Natur.
- **Gesinnungsethik:** Ethisch bedeutsam sind bestimmte Haltungen oder Einstellungen der einzelnen Person oder auch übergreifende Lebenshaltungen. Den Ausgangspunkt stellt die Einsicht dar, dass nicht einfach Handlungen

gut oder schlecht sind, sondern dass für die Bewertung immer auch die Absicht des Handelnden berücksichtigt werden muss.

- **Universalistische Ethik:** Normen sind nur dann richtig und gültig, wenn sie allgemein, d. h. für alle Menschen gelten können. Prüfkriterium ist daher ihre Verallgemeinerbarkeit. Am klarsten ist eine solche Ethik beim sogenannten Kategorischen Imperativ (Immanuel Kant) gegeben: „Handle nur nach derjenigen Maxime, durch die du zugleich wollen kannst, dass sie ein allgemeines Gesetz werde."
- **Situationsethik:** Das Gute lässt sich nicht abstrakt nach allgemeinen Prinzipien oder Regeln bestimmen, sondern nur angesichts der jeweiligen Umstände in einer bestimmten Situation und unter Berücksichtigung der daran Beteiligten. Angesichts der Komplexität von realen Entscheidungssituationen, wie sie heute beispielsweise in der Bioethik auftreten, kann es demnach keine situationsunabhängigen ethischen Entscheidungen geben.
- **Gewissensethik:** Was gut und richtig ist, hängt letztlich vom Gewissen jedes Einzelnen ab, das manchmal mit der Stimme Gottes im Menschen gleichgesetzt wird. Auch in diesem Falle werden situations- und vor allem personunabhängige ethische Entscheidungen als unzureichend kritisiert, denn die Verantwortung vor dem eigenen Gewissen kann in dieser Sicht nur jeder einzelne Mensch übernehmen.
- **Hedonismus oder Genussethik:** Entscheidend ist, was den Lebensgenuss steigert und was Spaß macht. Jede Einschränkung des Genießens soll möglichst ausgeschlossen werden. Hinter dieser Ethik steht ein Menschenbild, das den Lebensgenuss als ausschlaggebend ansieht. Alle andere Ziele oder Werte werden demgegenüber als zweitrangig angesehen.
- **Liebesethik:** Entscheidend soll allein die liebevolle Zuwendung zu anderen sein, die sich häufig auf das biblische Gebot der Nächstenliebe beruft. Für diese Ethik ist die Zuwendung zu anderen Menschen, mitunter auch zur Natur, die wichtigste Orientierung für das Leben und Handeln. Die Liebesethik wird häufig auch als Kern der christlichen Ethik angesehen.
- **Schöpfungsethik:** Bei dieser Form der christlichen Ethik ist die Geschöpflichkeit des Menschen entscheidend, angesichts ökologischer Fragen allerdings zunehmend auch die Eingebundenheit des Menschen in das Gesamt der Schöpfung. Ausschlaggebend ist dann, dass der Mensch als Gottes Ebenbild (nach 1. Mose 1,26 f.) eine unverlierbare Würde besitzt und dass alles menschliche Handeln vor Gott als dem Schöpfer der Welt verantwortet sowie unter Berücksichtigung der Folgen für die gesamte Schöpfung gestaltet werden muss.
- **Biblische und christliche Ethik:** Aus der Bibel und aus dem christlichen Glauben ergeben sich keine eigenen Formen der ethischen Urteilsbildung, weshalb im Christentum auch alle bislang beschriebenen Formen zu finden sind (kaum allerdings Hedonismus oder Genussethik). Stattdessen sind für Bibel und Christentum bestimmte Sichtweisen des Menschen (Gottebenbildlichkeit und Menschenwürde) oder Wertorientierungen (etwa im Sinne der Schöpfungsethik oder der Gerechtigkeit) kennzeichnend, auf die sich eine biblische oder christliche Ethik beruft.

Methode

Wie kann man ein ethisches Urteil bilden?

Zur Bildung eines begründeten ethischen Urteils führen folgende Schritte:

1

Wahrnehmung, Annahme und Bestimmung eines Problems als ethische Herausforderung:
Ein ethisches Urteil ist nur erforderlich, sofern es um eine ethisch gehaltvolle Frage geht. Ein rein technisches Problem (Wie repariere ich einen platten Reifen?) erfordert keine ethische Reflexion. Allerdings gibt es auch ein Vermeidungsverhalten gegenüber ethischen Fragen, wenn z. B. jemand etwas als technisch bedingten Sachzwang hinstellt, obwohl es durchaus als solche zu verantwortende Handlungsentscheidungen gibt.

2

Situationsanalyse:
Eine verantwortliche Urteilsbildung setzt weiter voraus, dass möglichst alle beteiligten Faktoren bekannt sind (Welche Folgen für die Umwelt hat beispielsweise die Reparatur eines Reifens im Vergleich zur Herstellung eines neuen und der Entsorgung des alten?). Besonders ist auch auf die Interessen aller im weitesten Sinne an der Situation Beteiligten zu achten.

3

Sammlung von Handlungsoptionen:
Ethisches Urteilen bezieht sich immer auf mögliche Handlungsweisen, die hypothetisch erwogen und überprüft werden. Deshalb muss man zunächst genau überlegen, welche unterschiedlichen Optionen überhaupt in Frage kommen.

4

Prüfung von Normen und Werten:
In der analysierten Situation sind häufig bereits bestimmte Normen und Werte angesprochen, z. B. weil sich jemand darauf beruft oder bestimmte Interessen geltend macht.
Die eigene Urteilsbildung kann sich jedoch nicht auf die von anderen genannten Normen und Werte beschränken. Zu prüfen ist vielmehr, welche anderen Normen und Werte überhaupt angesprochen sein könnten und welche für eine Entscheidung erforderlich sind. Dabei ist es hilfreich, das Gewicht und die Reichweite der entsprechenden Normen und Werte eigens zu überprüfen. Zur Urteilsbildung gehört schließlich die Klärung möglicher Konflikte im Blick auf alle Betroffenen. An dieser Stelle sollte man über eventuell einzuräumende Ermessensspielräume nachdenken.

5

Ein Urteil fällen:
Das Urteil sollte alle bislang erhobenen Gesichtspunkte einbeziehen. Im Idealfall geht es daraus sogar hervor. Häufig muss man ein Urteil unter Zeitdruck fällen. Auf jeden Fall ist die Formulierung eines Urteils ein kreativer Akt – ein Einfall, der sich nicht einfach erarbeiten oder ableiten lässt.

Moral als Frage der Entwicklungspsychologie?

Der amerikanische Entwicklungspsychologe Lawrence Kohlberg ist durch seine Untersuchungen zur Entwicklung des moralischen Urteils weltbekannt geworden. „Moralisch" ist in diesem Falle im Sinne von „ethisch" zu verstehen. Kohlbergs Theorie zufolge lässt sich in der Entwicklung des einzelnen Menschen eine Abfolge von Stufen beobachten, wobei nicht alle Menschen die höheren und höchsten Stufen erreichen, die höheren Stufen aber den niedrigeren überlegen sein sollen. Unterschieden werden drei Niveaus mit jeweils zwei Stufen. Die Stufen unterscheiden sich nicht vom Inhalt her, sondern im Blick auf die Art und Weise, wie ein Urteil begründet wird.

Stufen des moralischen Urteils

M 4

Nach Lawrence Kohlberg (1927–1987)

Niveau und Stufe	Was rechtens ist	Gründe, das Rechte zu tun
Niveau I Präkonventionell Stufe 1 Heteronome Moral	Regeln einzuhalten, deren Übertretung mit Strafe bedroht ist.	Vermeiden von Bestrafung und die überlegene Macht der Autoritäten.
Stufe 2 Individualismus, Zielbewusstsein und Austausch	Regeln zu befolgen, soweit es den eigenen Interessen und Bedürfnissen dient und dazu, andere dasselbe tun zu lassen. Gerecht ist, was in diesem Sinne fair ist.	Um die eigenen Bedürfnisse und Interessen zu befriedigen, wobei anerkannt wird, dass auch andere Menschen bestimmte Interessen haben.
Niveau II Konventionell Stufe 3 Wechselseitige Erwartungen, Beziehungen und interpersonelle Konformität	Den Erwartungen zu entsprechen, die nahestehende Menschen oder Menschen überhaupt an mich als den Träger einer bestimmten Rolle (Sohn, Bruder, Freund usw.) richten. Beziehungen, Vertrauen, Loyalität, Wertschätzung und Dankbarkeit pflegen.	1. Das Verlangen, in den eigenen Augen und in denen anderer Menschen als „guter Kerl" zu erscheinen, 2. die Zuneigung zu anderen, 3. der Glaube an die goldene Regel, 4. der Wunsch, die Regeln und die Autorität zu erhalten, die ein stereotypes „gutes" Verhalten rechtfertigen.
Stufe 4 Soziales System und Gewissen	Die Pflichten zu erfüllen, die man übernommen hat. Gesetze sind zu befolgen. Das Recht steht auch im Dienste der Gesellschaft, der Gruppe oder der Institution.	Um das Funktionieren der Institution zu gewährleisten, um einen Zusammenbruch des Systems zu vermeiden, „wenn jeder es täte" […].
Niveau III Postkonventionell oder prinzipiengeleitet Stufe 5 Die Stufe des sozialen Kontrakts bzw. der gesellschaftlichen Nützlichkeit, zugleich die Stufe individueller Rechte	Der Tatsache bewusst, dass unter den Menschen eine Vielzahl von Werten und Meinungen vertreten wird und dass die meisten Werte und Normen gruppenspezifisch sind. Regeln beruhen auf einem sozialen Kontrakt. Doch gewisse absolute Werte und Rechte wie *Leben* und *Freiheit* müssen in jeder Gesellschaft und unabhängig von der Meinung der Mehrheit respektiert werden.	Ein Gefühl der Verpflichtung gegenüber dem Gesetz aufgrund der im Gesellschaftsvertrag niedergelegten Vereinbarung, zum Wohle und zum Schutze der Rechte aller Menschen Gesetze zu schaffen und sich an sie zu halten.

Niveau und Stufe	Was rechtens ist	Gründe, das Rechte zu tun
Stufe 6 Die Stufe der universalen ethischen Prinzipien	Spezielle Gesetze oder gesellschaftliche Übereinkünfte sind gültig, weil sie auf universalen Prinzipien beruhen (alle Menschen haben gleiche Rechte, und die Würde des Einzelwesens ist zu achten). Wenn Gesetze gegen diese Prinzipien verstoßen, dann handelt man in Übereinstimmung mit dem Prinzip.	Der Glaube einer rationalen Person an die Gültigkeit universaler moralischer Prinzipien und ein Gefühl der Verpflichtung ihnen gegenüber.

Kohlberg hat seine Stufentheorie anhand von Interviews, zum Beispiel zum Thema Ladendiebstahl, gewonnen. Es handelt sich also um eine empirisch gestützte Theorie. Hier einige der von ihm gesammelten Interview-Antworten.

M5 Warum sollte man keinen Ladendiebstahl begehen?

- „Aus einem Geschäft zu stehlen ist nicht gut. Es ist gegen das Gesetz. Jemand könnte dich sehen und die Polizei holen.“ (präkonventionell)
- „Das ist eine Rechtsfrage. Es gehört zu unseren Regeln, dass wir uns bemühen, jedermann vor Schaden zu bewahren und das Eigentum zu beschützen, nicht nur ein Geschäft. Unsere Gesellschaft ist darauf angewiesen. Wenn wir diese Gesetze nicht hätten, würden die Leute stehlen, sie brauchten nicht für ihren Lebensunterhalt zu arbeiten und unsere ganze Gesellschaft würde aus den Fugen geraten.“ (konventionell)
- „Man verletzt damit die Rechte einer anderen Person, in diesem Falle das Recht auf Eigentum.“ – „Ist dabei das kodifizierte Recht von Belang?“ – „Nun, das Gesetz gründet sich meistenteils auf das moralisch Richtige, somit handelt es sich nicht um einen selbstständigen Bereich, sondern um eine Betrachtungsweise.“ – „Welche Bedeutung hat für Sie die Moralität oder moralische Richtigkeit?“ – „Die Rechte anderer Individuen anzuerkennen, vor allem das Recht zu leben, aber auch, sich zu verhalten, wie es ihnen gefällt, solange sie dabei nicht die Rechte von irgend jemand anderem verletzen.“ (postkonventionell)

1 *Versuchen Sie in Kleingruppen zu begründen, warum die Beispielantworten dem jeweils genannten Niveau zugeordnet werden.*

2 *Kohlberg wurde als einseitiger Vertreter einer Pflichtenethik (➚ S. 312) kritisiert. Stellen Sie Merkmale der Stufenbeschreibungen zusammen, die sich mit einer Pflichtenethik verbinden lassen.*

3 *Formulieren Sie mögliche Einwände gegen Kohlbergs Stufentheorie.*

Schlüsselerfahrungen – oder: Wie wird man eigentlich ein guter Mensch?

Zu den großen Vorbildern aus dem 20. Jahrhundert gehören für viele an erster Stelle der „Urwalddoktor" Albert Schweitzer sowie der Theologe und Widerstandskämpfer im Nationalsozialismus Dietrich Bonhoeffer, für manche auch Mutter Teresa, die sich in Indien in selbstloser Weise um Waisen, Kranke und Sterbende gekümmert hat. Wie sind solche Menschen so geworden, wie sie waren? Was hat ihr Leben so nachhaltig bestimmt, dass von einer Schlüsselerfahrung gesprochen werden kann, weil diese Erfahrung eine Art Schlüssel für das Verständnis ihres Lebens geworden ist? Albert Schweitzer berichtet, wie er zu dem Entschluss kam, Urwaldarzt zu werden.

Entschluss zu einem neuen Leben

M6

Albert Schweitzer (1875–1965)

Den Plan […] trug ich schon länger mit mir herum. Sein Ursprung reicht in meine Studentenzeit zurück. Es kam mir unfasslich vor, dass ich, wo ich so viele Menschen um mich herum mit Leid und Sorge ringen sah, ein glückliches Leben führen durfte. Schon auf der Schule hatte es mich bewegt, wenn ich Einblick in traurige Familienverhältnisse von Klassenkameraden gewann, und die geradezu idealen, in denen wir Kinder des Pfarrhauses zu Günsbach lebten, damit verglich. Auf der Universität musste ich in meinem Glücke, studieren zu dürfen und in Wissenschaft und Kunst etwas leisten zu können, immer an die denken, denen materielle Umstände oder die Gesundheit solches nicht erlaubten. An einem strahlenden Sommermorgen, als ich – es war im Jahre 1896 – in Pfingstferien zu Günsbach erwachte, überfiel mich der Gedanke, dass ich dieses Glück nicht als etwas Selbstverständliches hinnehmen dürfe, sondern etwas dafür geben müsse. Indem ich mich mit ihm auseinandersetzte, wurde ich […] mit mir selber dahin eins, dass ich mich bis zu meinem dreißigsten Lebensjahre für berechtigt halten wollte, der Wissenschaft und der Kunst zu leben, um mich von da an einem unmittelbaren menschlichen Dienen zu weihen. Gar viel hatte mich beschäftigt, welche Bedeutung dem Worte Jesu, „Wer sein Leben will behalten, der wird es verlieren, und wer sein Leben verliert um meinet- und des Evangeliums willen, der wird es behalten", für mich zukomme. Jetzt war sie gefunden. Zu dem äußeren Glücke besaß ich nun das innerliche. (1931)

Albert Schweitzer beeindruckt nicht nur durch sein Leben, das in seiner zweiten Hälfte untrennbar mit der Krankenhausarbeit im westafrikanischen Lambarene verknüpft war. Mit seiner Ethik der „Ehrfurcht vor dem Leben" hat er auch einen bleibend bedeutsamen Beitrag zur Ethik geleistet. Auch diese Einsicht führt er auf eine intensive Erfahrung – eine Schlüsselerfahrung – zurück.

Ehrfurcht vor dem Leben

M7

Albert Schweitzer

Langsam krochen wir den Strom hinauf, uns mühsam zwischen den Sandbänken – es war trockene Jahreszeit – hindurchtastend. Geistesabwesend saß ich auf dem Deck des Schleppkahnes, um den elementaren und universellen Begriff des Ethischen ringend, den ich in keiner Philosophie gefunden hatte. Blatt um Blatt beschrieb ich mit unzusammenhängenden Sätzen, nur um auf das Problem konzentriert zu bleiben. Am Abend des dritten Tages, als wir bei Sonnenuntergang gerade durch eine Herde Nilpferde hindurchfuhren, stand urplötzlich, von mir nicht geahnt und nicht gesucht, das Wort „Ehrfurcht vor dem Leben“ vor mir. Das eiserne Tor hatte nachgegeben; der Pfad im Dickicht war sichtbar geworden. Nun war ich zu der Idee vorgedrungen, in der Welt- und Lebensbejahung und Ethik miteinander enthalten sind! Nun wusste ich, dass die Weltanschauung ethischer Welt- und Lebensbejahung samt ihren Kulturidealen im Denken begründet ist. (1924)

1 *Beschreiben Sie die beiden Schlüsselerfahrungen in den Berichten von Albert Schweitzer.*

2 *Führen Sie eine Umfrage in der Schule zu der Frage durch, welche Schlüsselerfahrungen für heutige Jugendliche wichtig sind.*

3 *Entwerfen Sie ein Poster zu Schlüsselerfahrungen, die für eine ethische Lebensführung – damit jemand ein „guter Mensch“ wird – wichtig sein könnten.*

Gewissen – Schuld – Vergebung

Das Gewissen wird oft als eine innere Stimme beschrieben, die sich dann im Menschen zu Wort meldet, wenn er schuldig geworden ist. Das Gewissen ist dabei nicht leicht zu fassen. Wichtige Erklärungen kommen aus verschiedenen Wissenschaften – aus der Psychologie, aus der Philosophie und aus der Theologie. An erster Stelle steht fast immer das schlechte Gewissen.

M8 Mit Schuld leben?

Fünf junge Leute sind am Wochenende unterwegs. Peter ist stolz. Nachdem er gerade den Führerschein gemacht hat, ist die Clique nicht mehr auf Eltern oder den Bus angewiesen. Anna, Steffi und Leon fahren mit ins Nachbardorf. Mit dem eignen Wagen kann man sich auch noch am späten Abend verabreden.

Die Landstraße ist eng und kurvenreich. Leichter Regen verschlechtert die Sicht. Peter liebt das Gefühl, das Steuer trotzdem sicher zu halten. Nur nicht zu schnell fahren. Plötzlich ein Schlag – ein dröhnendes Krachen, heftiger Schmerz, und alles verschwindet im Dunkel …

Auf einer Baumwiese hat man das Auto gefunden. Offenbar hatte sich das Fahrzeug mehrfach überschlagen, ehe es auf einen Apfelbaum krachte. Peter ist schwer verletzt, er wird jedoch überleben. Die drei Mitfahrer aber sind tot.

Nach zwei Tagen ist Peter wieder so weit hergestellt, dass man ihm erklären kann, was passiert ist. Wie es zu dem Unfall gekommen ist, wird nie ganz geklärt. Ist Peter zu schnell gefahren? Hat er übersteuert? Man weiß es nicht. Auf jeden Fall fühlt sich Peter schuldig. Warum hat er überlebt? Was soll er machen, wenn er den Eltern und Freunden von Anna, Steffi und Leon begegnet? Wie kann er nach alldem weiterleben?

1 *Schreiben Sie gemeinsam mit Freunden einen Brief an Peter.*

2 *Entwerfen Sie eine Ansprache, die Sie bei der Trauerfeier in der Schule halten sollen.*

Im Februar 2010 trat die damalige Bischöfin und Vorsitzende des Rates der Evangelischen Kirche in Deutschland (EKD) zurück. Bei einer Polizeikontrolle war festgestellt worden, dass sie unter Alkoholeinfluss gefahren war. Zeitungen berichteten von einer Fahruntüchtigkeit sowie davon, dass sie eine rote Ampel überfahren haben soll. Im Internet war darauf folgender Kommentar zu lesen.

Bleib bei dem, was dein Herz dir rät

M9

Ursula Ott

Es ist aus. Das Ringen um ihr Amt hat Margot Käßmann verloren. Jetzt gebührt ihr als Erstes Respekt. Die Würde des Amtes und ihre persönliche Würde hat sie damit gewahrt, sie hat einen schweren Fehler nicht nur zugegeben und öffentlich bedauert, sondern sie hat die Konsequenz gezogen: Sie tritt von allen Ämtern zurück. Und damit hat sie viel Sympathie gewonnen. Die Frau will glaubwürdig und wahrhaftig bleiben, das hat sie immer wieder gezeigt. Bleib bei dem, was dein Herz dir rät – der Abschiedssatz aus ihrer Rede heute könnte die Überschrift über ihr Leben sein. (2010)

1 *Schreiben Sie einen Brief an Frau Käßmann, in dem Sie der Entscheidung zum Rücktritt entweder zustimmen oder widersprechen.*

2 *Diskutieren Sie in Kleingruppen, ob Frau Käßmann auch dann hätte zurücktreten sollen, wenn sie nicht von der Polizei erwischt worden wäre.*

M10

1 *Nennen Sie Beispiele für Befürchtungen, die dem Karikaturisten vor Augen gestanden haben könnten.*

In der Bibel ist es besonders Paulus, der von Gewissen spricht. Für ihn ist das Gewissen Zeuge der menschlichen Schuld. Klassisch ist die von Paulus in Röm 7 gebotene Beschreibung von Gewissenskonflikten. Das Gewissen führt dem Menschen seine Schuld unausweichlich vor Augen.

M 11 Das Gewissen als Zeuge der Selbstanklage

Röm 7,15, 18–21

15 […] Ich tue nicht, was ich will; sondern was ich hasse, das tue ich. […]
18 […] Wollen habe ich wohl, aber das Gute vollbringen kann ich nicht.
19 Denn das Gute, das ich will, das tue ich nicht; sondern das Böse, das ich nicht will, das tue ich.
20 Wenn ich aber tue, was ich nicht will, so tue nicht ich es, sondern die Sünde, die in mir wohnt.
21 So finde ich nun das Gesetz, das mir, der ich das Gute tun will, das Böse anhängt.

M 12

1 *Suchen Sie Beispiele aus der Gegenwart für die von Paulus beschriebene Erfahrung von Menschen mit sich selbst („Ich tue nicht, was ich will; sondern was ich hasse, das tue ich.“). Stellen Sie eine Verbindung zum Bild her.*

2 *In der Bibel ist nicht nur vom schlechten Gewissen die Rede, sondern auch von Vergebung. Wie lässt sich z. B. Mt 18,21 ff. mit Röm 7 verbinden?*

3 *Vergleichen Sie die Beschreibung des schlechten Gewissens in Röm 7 mit den Erfahrungen von Peter in M8.*

Susanne Scherer/Pavel Ouporov: Labyrinth (1998)

Die Beschreibung der vom schlechten Gewissen bestimmten Schulderfahrung ist bei Martin Luther vorausgesetzt, wenn er in seinem „Kleinen Katechismus" die fünfte Bitte im Vater Unser („Und vergib uns unsere Schuld, wie auch wir vergeben unseren Schuldigern") erklärt und dabei sein Verständnis göttlicher Vergebung deutlich macht – die Rechtfertigung des Sünders.

Und vergib uns unsere Schuld

M 13

Martin Luther (1483–1546)

Wir bitten in diesem Gebet, dass der Vater im Himmel nicht ansehen wollt' unser Sunde und umb derselbigen willen solche Bitte nicht versagen; denn wir sind der keines wert, das wir bitten, haben's auch nicht verdienet, sondern er wollt's uns alles aus Gnaden geben; denn wir täglich viel sundigen und wohl eitel [= nur] Strafe verdienen; so wöllen wir zwarten [= wahrlich] wiederumb auch herzlich vergeben und gerne wohl tun, die sich an uns versundigen. (1529)

1 *Vergleichen Sie diese Erklärung Luthers mit der Auffassung von Paulus in Röm 7 (M11).*

Von diesem biblischen Verständnis ist auch die neuzeitliche Philosophie beeinflusst. Bei Immanuel Kant (↗ S. 60 und 151) finden wir eine ähnliche Beschreibung.

Das Gewissen als innerer Gerichtshof

M 14

Immanuel Kant (1724–1804)

Das Bewusstsein eines inneren Gerichtshofes im Menschen („vor welchem sich seine Gedanken einander verklagen oder entschuldigen") ist das Gewissen.

Jeder Mensch hat Gewissen, und findet sich durch einen inneren Richter beobachtet, bedroht und überhaupt im Respekt (mit Furcht verbundener Achtung) gehalten […]. Es folgt ihm wie sein Schatten, wenn er zu entfliehen gedenkt. […]

Diese ursprüngliche intellektuelle und (weil sie Pflichtvorstellung ist) moralische Anlage, Gewissen genannt, hat nun das Besondere in sich, dass, ob zwar dieses sein Geschäfte ein Geschäfte des Menschen mit sich selbst ist, dieser sich doch durch seine Vernunft genötigt sieht, es als auf das Geheiß einer anderen Person zu treiben. Denn der Handel ist hier die Führung einer Rechtssache (causa) vor Gericht. Dass aber der durch sein Gewissen Angeklagte mit dem Richter als eine und dieselbe Person vorgestellt werde, ist eine ungereimte Vorstellungsart von einem Gerichtshofe; denn da würde ja der Ankläger jederzeit verlieren. – Also wird sich das Gewissen des Menschen bei allen Pflichten einen anderen (als den Menschen überhaupt), d. i. als sich selbst zum Richter seiner Handlungen denken müssen, wenn es nicht mit sich selbst im Widerspruch stehen soll. Diese andere mag nun eine wirkliche oder bloß idealische Person sein, welche die Vernunft sich selbst schafft.

Eine solche idealische Person (der autorisierte Gewissensrichter) muss ein Herzenskündiger sein; denn der Gerichtshof ist im Inneren des Menschen aufgeschlagen – zugleich muss er aber auch allverpflichtend […] sein […]. Da nun ein solches moralisches Wesen zugleich alle Gewalt (im Himmel und auf Erden) haben muss, weil es sonst nicht (was doch zum Richteramt notwendig gehört) seinen Gesetzen den ihnen angemessenen Effekt verschaffen könnte, ein solches über alles Macht habende moralische Wesen aber Gott heißt: So wird das Gewissen als subjektives Prinzip einer vor Gott seiner Taten wegen zu leistenden Verantwortung gedacht werden müssen; ja es wird der letztere Begriff (wenngleich nur auf dunkele Art) in jenem moralischen Selbstbewusstsein jederzeit enthalten sein.

Dieses will nun nicht so viel sagen, als: Der Mensch, durch die Idee, zu welcher ihn sein Gewissen unvermeidlich leitet, sei berechtigt, noch weniger aber, er sei durch dasselbe verbunden, ein solches höchste Wesen außer sich als wirklich anzunehmen; denn sie wird ihm nicht objektiv, durch theoretische, sondern bloß subjektiv, durch praktische sich selbst verpflichtende Vernunft, ihr angemessen zu handeln, gegeben; und der Mensch erhält vermittelst dieser, nur nach der Analogie mit einem Gesetzgeber aller vernünftigen Weltwesen, eine bloße Leitung, die Gewissenhaftigkeit (welche auch religio genannt wird) als Verantwortlichkeit vor einem von uns selbst unterschiedenen, aber uns doch innigst gegenwärtigen heiligen Wesen (der moralisch-gesetzgebenden Vernunft) sich vorzustellen und dessen Willen den Regeln der Gerechtigkeit zu unterwerfen. Der Begriff von der Religion überhaupt ist hier dem Menschen bloß „ein Prinzip der Beurteilung aller seiner Pflichten als göttlicher Gebote". (1797)

M 15 Gerichtssaal heute

1 *Erstellen Sie eine Zeichnung zu der bei Kant beschriebenen Gerichtssituation. Nutzen Sie dabei das Bild eines modernen Gerichtssaals (M15) als Anregung.*

2 *Klären Sie, in welchem Verhältnis für Kant Gott und Gewissen zueinander stehen.*

3 *Kant versteht „Religion" hier im Sinne von „Gewissenhaftigkeit" und „Verantwortlichkeit". Vergleichen Sie dieses Verständnis mit anderen Bedeutungen des Begriffs „Religion" (S. 23 ff.).*

Im 20. Jahrhundert hat sich besonders die Psychologie mit der Frage des Gewissens beschäftigt. Sigmund Freud (1856–1939), der Begründer der Psychoanalyse* (S. 142 und 236), verstand das Gewissen als das Produkt der Verinnerlichung elterlicher Autoritätsfiguren und bezeichnete es als „Über-Ich". Im Jahre 1958 veröffentlichte der Schweizer Tiefenpsychologe und frühere Freud-Schüler Carl Gustav Jung seinen bis heute beachteten Aufsatz über das Gewissen, der auch das Verhältnis zwischen Psychologie und Glaube oder Theologie thematisiert. Anders als Freud ist Jung bereit, im Gewissen mehr zu sehen als bloß das Erbe elterlicher Autorität.

Das Gewissen in psychologischer Sicht

M 16

Carl Gustav Jung (1875–1961)

Das komplexe Phänomen des Gewissens besteht [...] gewissermaßen aus zwei Stockwerken, von denen das eine als Grundlage ein gewisses psychisches Geschehen enthält, das andere aber eine Art von Überbau darstellt, nämlich das annehmende oder verwerfende Urteil des Subjektes. [...] Woher nimmt sich das wahre und eigentliche Gewissen, das sich über den Sittenkodex erhebt und sich dessen Entscheid nicht unterwirft, seine Berechtigung? Was gibt ihm den Mut, anzunehmen, dass es nicht ein „falsches" Gewissen, eine Selbsttäuschung sei? [...] Das Gewissen [...] ist von vielen und seit alters eher als eine göttliche Intervention, denn als eine psychische Funktion verstanden worden; ja sein Diktum galt als vox dei, als Gottesstimme. Diese Auffassung zeigt, welcher Wert und welche Bedeutung diesem Phänomen beigemessen wurde und noch wird. Die Psychologie darf eine derartige Bewertung nicht übersehen, denn diese ist ebenfalls eine wohlbeglaubigte Erscheinung, die unbedingt zur Sprache kommen muss, wenn man die Vorstellung des Gewissens psychologisch behandeln will. Die Wahrheitsfrage, die man in unsachgemäßer Weise hier zu stellen pflegt, ob es denn bewiesen sei, dass Gott selber zu uns mit der Stimme des Gewissens rede, hat mit dem psychologischen Problem nichts zu tun. Die vox dei ist eine Aussage und ein Dafürhalten wie die Aussage, dass es ein Gewissen gibt. Alle psychologischen Tatsachen, die sich nicht mit Hilfe von Apparaten und exakten naturwissenschaftlichen Methoden festlegen lassen, sind Aussagen und Meinungen, denen aber psychische Wirklichkeit zukommt. Es ist psychologisch wahr, dass die Meinung besteht, die Stimme des Gewissens sei Gottes Stimme. (1958)

1 *Vergleichen Sie die psychologische Sicht Jungs mit der philosophischen bei Kant (M14).*

Das Gewissen in der Sicht der Hirnforschung

M 17

Gerhard Roth (1942)*

Bei Patienten führen Läsionen im orbitofrontalen Cortex zum Verlust der Fähigkeit, den sozialkommunikativen Kontext, z. B. die Bedeutung von Szenendarstellungen oder die Mimik von Gesichtern, zu erfassen. Ganz allgemein werden diese Patienten als gefühlskalt bis rücksichtslos eingestuft [...]. Am bekanntesten geworden ist der Fall des Ingenieurs Phineas Gage, der aufgrund einer Verletzung des orbitofrontalen Cortex von einem verantwortungsvollen, zurückhaltenden Menschen zu einem Individuum wurde, das sich rücksichtslos gegen sich selbst und andere verhielt.

In einer vielbeachteteten Studie verglich die Arbeitsgruppe um Damasio [...] das Verhalten von gesunden Versuchspersonen und von Patienten mit Läsionen im orbitofrontalen Cortex bei einem Kartenspiel, in dem man schnelle Gewinne bei sehr hohem Risiko und geringere Gewinne bei kleinem Risiko machen konnte. Erstere Strategie führte aufgrund unerwartet auftretender hoher „Strafen“ letztendlich zum Verlust des gesamten Einsatzes, die letztere Strategie schließlich zu zusätzlichem Gewinn. Die gesunden Versuchspersonen stellten nach den ersten größeren Verlusten ihr Verhalten auf die Strategie der Risikominimierung um; interessanterweise deutete sich die Erkenntnis des zu hohen Risikos bei der ersten Strategie nach einigen Verlusten in einer deutlichen Veränderung des Hautwiderstandes an, bevor die Versuchspersonen zu dieser Erkenntnis kamen. Bei manchen Versuchspersonen trat eine bewusste Erkenntnis der von ihnen angewandten besseren Strategie überhaupt nicht auf; ihr richtiges Verhalten wurde rein unbewusst gesteuert. Hingegen zeigten die Patienten mit Schädigungen im orbitofrontalen Cortex nach den ersten Verlusten keine Veränderung des Hautwiderstandes. Sie blieben auch bei der hochriskanten Strategie und verloren entsprechend ihren gesamten Einsatz. […] Die negativen Konsequenzen ihres Verhaltens lassen die Patienten buchstäblich „kalt“. […]

Der orbitofrontale Cortex lässt sich also durchaus als Sitz der „höchsten moralischen Instanz“ eines Individuums ansehen, insbesondere wenn man bedenkt, dass seine Funktion vor allem darin besteht, subcorticale affektiv-emotionale Zentren zu hemmen. Er ist also eher ein Warner denn ein Antreiber. (2001)

1 *Vergleichen Sie das Verständnis Roths mit dem von Jung (M16).*

2 *Diskutieren Sie, was es bedeutet, wenn die „höchste moralische Instanz“ im Menschen, wie Roth behauptet, in einem bestimmten Teil des Gehirns lokalisiert werden kann.*

Die neuere Theologie hat sich mehrfach darum bemüht, das theologische Verständnis des Gewissens und der Gewissenserfahrung neu zu fassen. Dabei wird besonders der Zusammenhang zwischen Gott und Gewissen wichtig. Der folgende Text nimmt vor allem Argumente des evangelischen Theologen Gerhard Ebeling (1912–2001) auf.

M 18 Das Gewissen in theologischer Sicht

Die neuere Theologie versteht das Gewissen nicht mehr einfach als Gottes Stimme im Menschen. Gott kann nicht mit moralischen Vorschriften gleichgesetzt werden.

Kritisch sieht die Theologie auch die bei der Verbindung von Glaube und Gewissen häufig anzutreffende Tendenz zu einem Rückzug in die Innerlichkeit. Der Glaube betrifft zwar durchaus das Innerste des Menschen, aber ebenso auch sein Handeln in Gesellschaft und Welt. Beim Glauben gehören Inneres und Äußeres zusammen.

Wenn vom Gewissen in der Perspektive des Glaubens gesprochen wird, ist deshalb theologisch der ganze Mensch gemeint, und zwar der Mensch vor Gott. Durch die Beziehung zu Gott verändert sich der Mensch. Er wird zu einem Wesen, das um seine Verantwortung weiß – seine Verantwortung vor Gott und deshalb auch gegenüber anderen Menschen, der Gesellschaft und der Welt insgesamt.

Theologisch gesehen gehören Gott und Gewissen also eng zusammen. Dieser Zusammenhang wird aber missverstanden, wenn der Glaube mit moralischen Vorschriften gleichgesetzt wird. Im Glauben und durch den Glauben wird der Mensch vielmehr verantwortungsfähig. Das kann auch so ausgedrückt werden, dass der Glaube aller Ethik vorausliegt, weil er den Sinn der Ethik begründet.

1 *Formulieren Sie Ihr eigenes Verständnis von Gewissen und zeigen Sie dabei, wie es sich zu dem von Jung und Roth (M16 und M17) sowie zum theologischen Gewissensverständnis (nach M18) verhält.*

2 *Dieses Teilkapitel hat verschiedene Versuche vorgestellt, das Gewissen zu erfassen: Organisieren Sie eine Diskussion mit verteilten Rollen, bei der jeweils eine Person ein bestimmtes Gewissensverständnis vertritt.*

Das gemeinsame Leben gestalten

Die Rolle der Gerechtigkeit im gemeinsamen Leben

Ethik bezieht sich nicht nur auf das Leben des einzelnen Menschen – manchmal bezeichnet man dies als den Bereich der Individualethik –, sondern ebenso auf die Gesellschaft oder das Feld der Sozialethik. Hier geht es um die Gestaltung des gemeinsamen Lebens, um die Regeln, Normen und Werte, die für die Gesellschaft maßgeblich sein sollen. Viele Menschen sind davon überzeugt, dass Gerechtigkeit dabei von zentraler Bedeutung ist.
Eine klassische Bestimmung unterschiedlicher Formen von Gerechtigkeit findet sich in der Ethik von Aristoteles (384–322 v. Chr.). Bis heute unterscheidet man in Anlehnung an Aristoteles zwischen drei Formen der Gerechtigkeit: Verteilungsgerechtigkeit, ausgleichende Gerechtigkeit, Strafgerechtigkeit.

Formen der Gerechtigkeit bei Aristoteles

M 19

Nach Aristoteles müssen zunächst zwei Grundformen der Gerechtigkeit unterschieden werden. Zum einen geht es um die „Verteilung von öffentlichen Anerkennungen, von Geld und sonstigen Werten, die den Bürgern eines geordneten Gemeinwesens zustehen". In diesem Falle kann die Gerechtigkeit in ungleicher Verteilung bestehen, etwa bei einer Verteilung nach (ungleicher) Leistung.

Zum anderen sei an „die vertraglichen Beziehungen" zwischen Menschen zu denken. Hier ist Gerechtigkeit anders auszulegen, denn es sei nicht von Bedeutung, „ob der Gute den Schlechten um etwas betrogen hat oder der Schlechte den Guten, noch auch, ob der Gute Ehebruch begangen hat oder der Schlechte: Das Gesetz schaut nur auf den Unterschied zwischen Höhe (des Unrechts und) des Schadens, es betrachtet die Partner als gleich – ob der eine das Unrecht getan und der andere es erlitten hat, ob der eine den Schaden verursacht hat und der andere davon betroffen worden ist". Das Ziel der Gerechtigkeit besteht hier darin, den Schaden als „Verletzung der Gleichheit" auszugleichen.

Als Drittes nennt Aristoteles die „Wiedervergeltung", bei der der eine erleiden soll, was er einem anderen angetan hatte. „Die Wiedervergeltung aber passt weder zu der verteilenden noch zu der regelnden Gerechtigkeit […], denn vielfach zeigt sich die Nichtübereinstimmung. Wenn zum Beispiel der Träger eines Amtes (einen Bürger) körperlich verletzt hat, so darf der Erstere nicht ebenfalls zum Ausgleich verletzt werden. Hat aber jemand den Träger eines Amtes verletzt, so muss er dies nicht nur an seinem Leib zu verspüren bekommen, sondern auch noch (zusätzlich) bestraft werden."

1 *Suchen Sie in der Presse oder im Internet nach Beispielen, in denen es um Fragen der Gerechtigkeit geht.*

2 *Recherchieren Sie dabei auch, welche Strafen in Strafprozessen verhängt werden und welches Verständnis von Gerechtigkeit dabei leitend ist.*

3 *Vergleichen Sie die gefundenen Beispiele zum Thema Gerechtigkeit mit den Gerechtigkeitsbegriffen von Aristoteles.*

4 *Wie verhalten sich die Formen der Gerechtigkeit nach Aristoteles zum Verständnis des „gerechten Friedens" (➚ S. 346)?*

Gibt es allgemein gültige Normen?

Aristoteles bleibt bei seinen Definitionen von Gerechtigkeit rein formal. Vielfach sind es aber gerade die inhaltlichen Antworten auf die Frage nach Gerechtigkeit, über die gestritten wird. Wie viel Gleichheit soll in der Gesellschaft beispielsweise beim Eigentum herrschen? Manche sehen eine Möglichkeit, diesen Streit zu lösen, im Rückgriff auf allgemein gültige Normen. Andere fragen, ob es solche Normen überhaupt geben kann. Wie wären sie gegebenenfalls zu begründen? Zwei häufig anzutreffende Begründungen ergeben sich aus dem sogenannten Naturrecht und aus der Vertragstheorie.

M 20 Das Naturrecht als Grundlage allgemein gültiger Normen

Die naturrechtliche Begründung von Normen beruft sich auf die Natur des Menschen. Neben den Trieben und Bedürfnissen wird dabei besonders in der Vernunft das kennzeichnende Merkmal des menschlichen Daseins gesehen. Ohne die Vernunft wäre der Mensch demnach nicht Mensch. Und eine solche Vernunftbegabung schließe auch eine entsprechende Sittlichkeit ein, auf deren Grundlage der Mensch sein Leben gestaltet. Vernünftige Normen müssen in dieser Sicht der Natur des Menschen entsprechen. Angemessen ist menschliches Verhalten dann, wenn es der Ordnung der Natur – der Naturrechtsordnung – entspricht. Um zu Normen zu gelangen, die für alle Menschen gültig sind, muss also gefragt und erkannt werden, welche Ordnung der Natur des Menschen gerecht wird. In diesem Sinne wird dann auch von einem „natürlichen Schönheitsempfinden" gesprochen.

1 *Stellen Sie die naturrechtliche Begründung von Normen auf die Probe, indem Sie in der Gruppe verschiedene Beispiele für „das Schöne" zusammentragen und die Beispiele gemeinsam in eine Rangordnung bringen.*

Der amerikanische Philosoph John Rawls fand die Grundlage für allgemein gültige Normen nicht in der Natur des Menschen. Einzig mögliche Grundlage war für ihn eine hypothetische Übereinkunft, der alle Menschen zustimmen könnten, wenn sie sich auf die Begründung dieser Übereinkunft nur genügend besinnen. Er entwickelte daher eine Vertragstheorie der Gerechtigkeit, die diese Erwartung erfüllen soll.

M 21 Hypothetische Übereinkunft als Grundlage allgemein gültiger Normen

John Rawls (1921–2002)

Eine menschliche Gesellschaft kann man sich als eine mehr oder weniger unabhängige Vereinigung vorstellen, die sich von einer gemeinsamen Gerechtigkeitsauffassung leiten lässt und auf die Förderung des Wohls ihrer Mitglieder abzielt. Als Gemeinschaftsunternehmen zur Herbeiführung wechselseitigen Nutzens ist sie sowohl durch Interessenkonflikt als auch durch Interessengleichheit gekennzeichnet. Interessengleichheit besteht, da die gesellschaftliche Zusammenarbeit allen ein besseres Leben ermöglicht, als jeder es führen würde, wenn er versuchte, von seiner eigenen Arbeit zu leben. Doch gleichzeitig ist es den Menschen nicht gleichgültig, wie der durch ihre gemeinsame Arbeit erzeugte größere Nutzen verteilt wird; denn jeder zieht zur Beförderung seiner eigenen Zwecke einen größeren Anteil einem geringeren vor. Eine Gerechtigkeitsauffassung nun besteht aus einer Reihe von Prinzipien zur Auswahl zwischen jenen Gesellschaftseinrichtungen, die diese Verteilung bestimmen, und zur Erzielung einer Übereinkunft hinsichtlich der angemessenen Verteilung der relativen Anteile.

Die Gerechtigkeitsauffassung des Utilitarismus* dürfte auf den ersten Blick am vernunftgemäßesten erscheinen. Man bedenke nämlich, dass jeder gewiss durch Erkenntnis seines eigenen Wohls seine Verluste und Gewinne gegeneinander abwägen kann. Man kann sich gegenwärtig ein Opfer auferlegen, um später einen größeren Vorteil zu erzielen. […] Zum Nützlichkeitsprinzip gelangt man auf ganz natürliche Weise: Ihm zufolge ist eine Gesellschaft dann richtig geordnet und folglich gerecht, wenn ihre Einrichtungen so gestaltet sind, dass dadurch die größte Summe von Befriedigungen verwirklicht wird. […]

Die Gerechtigkeitsvorschriften leiten sich aus dem einen Zweck ab, den höchsten Reingewinn an Befriedigungen zu erzielen. Prinzipiell gibt es keinen Grund, warum die größeren Gewinne einiger die geringeren Verluste anderer nicht ausgleichen sollten oder warum sich die Verletzung der Freiheit Weniger nicht durch das größere gemeinsame Wohl Vieler wettmachen lassen sollte. Es ist, zumindest in den meisten Situationen, nur zufällig der Fall, dass die größte Summe von Befriedigungen nicht auf diese Weise erlangt wird. Vom Standpunkt der Nützlichkeit aus gesehen, hat die Strenge der Gerechtigkeitsvorstellungen des gesunden Menschenverstands zwar eine gewisse Brauchbarkeit, doch als philosophische Lehre ist sie nicht vernunftgemäß.

Glaubt man also, dass jeder Angehörige der Gesellschaft prinzipiell und aus Gründen der Gerechtigkeit eine Unverletzlichkeit besitzt, die nicht einmal aus Gründen des Wohlergehens aller anderen angetastet werden darf, und dass der Freiheitsverlust einiger nicht dadurch gerechtfertigt wird, dass viele eine größere Gesamtmenge an Befriedigungen genießen, so muss man nach einer anderen Begründung der Gerechtigkeitsprinzipien suchen. […]

Die natürlichste Alternative zum Nützlichkeitsprinzip nun ist ihre traditionelle Rivalin, die Theorie des Gesellschaftsvertrags. Das Ziel dieser Theorie besteht genau darin, die Striktheit der Gerechtigkeitsforderung durch die Annahme zu erklären, dass sich ihre Prinzipien aus einer Abmachung zwischen freien und unabhängigen Personen in einem Urzustand der Gleichheit ergeben und folglich die Integrität und gleiche Souveränität jener rationalen Individuen widerspiegeln, die den Vertrag miteinander schließen. Anstelle der Annahme, eine Auffassung des Richtigen und damit auch der Gerechtigkeit sei einfach eine Erweiterung des betreffenden Entscheidungsprinzips vom Einzelnen auf die Gesellschaft als ganze, setzt die Vertragslehre voraus, dass die vernünftigen Individuen, die der Gesellschaft angehören, zusammen in einem gemeinschaftlichen Akt wählen müssen, was für sie als gerecht oder ungerecht gelten soll. Sie müssen untereinander und ein für allemal entscheiden, was als ihre Gerechtigkeitsauffassung gelten soll. Nach dieser Vorstellung wird die Entscheidung in einer angemessen definierten Ausgangssituation getroffen, zu deren hervorstechenden Merkmalen es gehört, dass jemand weder seine spätere gesellschaftliche Stellung noch auch nur sein Maß an natürlichen Begabungen und Fähigkeiten kennt. Die Gerechtigkeitsprinzipien, auf die sich alle Individuen ein für allemal verpflichten, werden ohne solche spezifischen Informationen beschlossen. Ein Schleier der Unkenntnis verhindert, dass irgendjemand aufgrund der zufälligen Faktoren sozialer Klassenzugehörigkeit oder glücklicher Anlagen bevorteilt oder benachteiligt wird. (1967)

1 *Stellen Sie die von Rawls beschrieben Auffassungen von Gerechtigkeit anhand der zentralen Begriffe im Text dar.*

Der bekannteste Teil der biblischen Ethik sind die Zehn Gebote (Dekalog). Sie werden weder aus der Natur des Menschen abgeleitet noch auf einen Vertrag zwischen den Menschen zurückgeführt. In der Übersetzung und Zählung Martin Luthers lauten sie so.

M22

Die Zehn Gebote

nach Ex 20

Das erste Gebot: Ich bin der Herr, dein Gott. Du sollst keine anderen Götter neben mir haben.
Das zweite Gebot: Du sollst den Namen des Herrn, deines Gottes, nicht missbrauchen.
Das dritte Gebot: Du sollst den Feiertag heiligen.
Das vierte Gebot: Du sollst deinen Vater und deine Mutter ehren, auf dass du lange lebest im Lande, das dir der Herr, dein Gott, geben wird.
Das fünfte Gebot: Du sollst nicht töten.
Das sechste Gebot: Du sollst nicht ehebrechen.
Das siebte Gebot: Du sollst nicht stehlen.
Das achte Gebot: Du sollst kein falsch Zeugnis reden wider deinen Nächsten.
Das neunte Gebot: Du sollst dich nicht lassen gelüsten deines Nächsten Hauses.
Das zehnte Gebot: Du sollst dich nicht lassen gelüsten deines Nächsten Weibes, noch seines Knechts, noch seiner Magd, noch seines Ochsen, noch seines Esels, noch alles, was dein Nächster hat.

1 *Gliedern Sie die Aufzählung der Gebote in zwei Teile und beschreiben Sie das Verhältnis der beiden Teile zueinander.*

2 *Diskutieren Sie, ob die Zehn Gebote für alle Menschen gelten.*

3 *Organisieren Sie eine Podiumsdiskussion mit verteilten Rollen (Vertreter des Naturrechts, der Vertragstheorie, der biblischen Ethik) zum Thema „allgemein gültige Normen". Zur Vorbereitung können Sie in arbeitsteiligen Gruppen Argumente sammeln.*

Hat Wirtschaft etwas mit Glaube und Religion zu tun?

Ökonomie gilt heute weithin als ein autonomer Bereich, in dem allein die Prinzipien des Marktes gelten sollen: Wettbewerb, Gewinnorientierung, Nachfrage als Grundlage von Preisen, ökonomische Rationalität usw. Die christliche Gesellschaftsethik schließt jedoch auch den Bereich des Wirtschaftens ein. In den letzten Jahren hat die Frage nach einer ethisch verantwortlichen Form des Wirtschaftens angesichts einer weltweiten Wirtschaftskrise enorm an Bedeutung gewonnen. Auf diese Situation bezieht sich die olgende Stellungnahme der Evangelischen Kirche in Deutschland.

M23

Wort des Rates der EKD zur globalen Finanzmarkt- und Wirtschaftskrise

1. Worum geht es in der Krise? Die globale Finanzmarkt- und Wirtschaftskrise verlangt auf allen Seiten ein umsichtiges Krisenmanagement. Die Bereitschaft zu gemeinsamem Handeln in der nationalen und internationalen Politik und zwischen Politik und Wirtschaft ist erkennbar gewachsen. Es geht aber nicht allein um die Organisation politischer Abstimmungsprozesse. Gebraucht werden auch Antworten auf tiefer liegende Fragen: Wie bildet sich Vertrauen? Auf welchem Nährboden wächst Verantwortung? Was ist nötig, damit Menschen den Mut finden, Schuld und Irrtümer einzugestehen und neue Wege zu beschreiten? Es geht um nicht weniger als um ein tragfähiges ethisches Fundament. Hier ist die gesamte Gesellschaft gefordert. Die Kirchen stehen dabei in einer besonderen Verantwortung.
2. Was ist die Aufgabe eines kirchlichen Wortes? Der Leitsatz für die kirchliche Einmischung in die Politik lautet: Die Kirchen wollen nicht selbst Politik machen, sie wollen Politik möglich machen. Die Erschütterungen der Finanzmarkt- und Wirtschaftskrise fordern genauso wie Umweltkrise und Klimawandel jenseits der kurzfristigen Bewältigung zu einem grundlegenden Wandel heraus. Orientierung für ein neues Denken und Handeln finden Christen in der biblischen Botschaft. Aus der

Gewissheit des Glaubens wächst die Zuversicht, dass diese Neuorientierung nicht zu spät kommt.

3. Was sind die Ursachen der Krise? Ausgangspunkt der Finanzmarktkrise ist ein Mangel an Verantwortung im Umgang mit Risiken. Dieser Mangel zeigte sich in Finanzmarkt- und Wirtschaftsunternehmen, im staatlichen Handeln und im individuellen Verhalten: Auf allen Ebenen griff eine Mentalität des „schnellen Geldes" um sich.
4. Wie geht es weiter? Für die Bewältigung der Krise sind konjunkturpolitische Maßnahmen und eine wirksame Regulierung der globalen Finanzmärkte nötig. Zu unterscheiden sind kurzfristig, mittelfristig und langfristig angelegte Konzepte: Kurzfristig wird der Krise in den meisten Ländern durch Konjunkturprogramme begegnet. Die Kosten werden von der Allgemeinheit getragen; letzten Endes müssen sie von den künftigen Generationen aufgebracht werden. Nicht zu leugnen ist die Gefahr, dass sich mit der Bewältigung der Krise die soziale Ungleichheit weiter verschärft, weil nach der Überbrückung durch staatliche Bürgschaften und Steuergelder zukünftige Unternehmensgewinne wieder privatisiert werden. Mittelfristig ist es erforderlich, die Finanzmärkte einer stärkeren, effizienten und globalen Regulierung zu unterwerfen. Langfristig kommt es darauf an, die Risiken für die zukünftigen Generationen, für die armen Länder und für die natürlichen Grundlagen des Lebens als den Kern künftiger Krisen zu erkennen und rechtzeitig gegenzusteuern.
5. Woran sollen wir uns langfristig orientieren? Es ist dringend geboten, über das Krisenmanagement hinaus zu denken. Die Idee einer nachhaltigen Sozialen Marktwirtschaft leitet uns bei unseren Überlegungen zur Beherrschung der Risiken einer globalen Wirtschaft. […]

Eine sozial, ökologisch und global verpflichtete Marktwirtschaft ist moralisch weit anspruchsvoller, als im Allgemeinen bewusst ist. Der individuelle Eigennutz, der ein tragendes Strukturelement der Marktwirtschaft ist, kann isoliert zum zerstörerischen Egoismus verkommen. Über die politische und wirtschaftliche Rahmensetzung hinaus ist es eine kulturelle Aufgabe, dem Eigennutz eine gemeinwohlverträgliche Gestalt zu geben. Die Balance zwischen persönlichem Wohlergehen und sozialer und ökologischer Verantwortung geht jeden an. Sie ist nicht zuletzt eine Frage des Lebensstils. (2009)

1 *Lesen Sie den Wirtschaftsteil einer überregionalen Tageszeitung und versuchen Sie, Anwendungsmöglichkeiten für die Forderungen der EKD zu finden.*

2 *Beschreiben Sie Gründe dafür, warum diese Forderungen befolgt oder nicht befolgt werden.*

Ethische Normen werden heute auch in der Industrie für die Mitarbeiterinnen und Mitarbeiter formuliert (Code of Ethics). Die Firma IBM beispielsweise hat schon vor Jahren Geschäftsgrundsätze niedergelegt, die immer wieder aktualisiert werden.

Ethische Grundsätze

M 24

IBM

Ihr tägliches Commitment, die Werte der IBM zu leben und die Geschäftsgrundsätze zu befolgen, zeichnet IBM und seine Mitarbeiter aus. Es ist nicht übertrieben zu sagen, dass die Integrität, der Ruf und die Marke der IBM in Ihren Händen liegen. […] Als Mitarbeiter der IBM können wir mit ethischen und rechtlichen Fragen konfrontiert werden, die u. U. schwierig sind. Wir sollten diese Fragen immer so beantworten, dass wir den Werten der IBM entsprechen:

- Engagement für den Erfolg jedes Kunden;
- Innovationen, die etwas bedeuten – für unser Unternehmen und für die Welt;
- Vertrauen und persönliche Verantwortung in allen Beziehungen.

Diese Werte selbst bieten uns u. U. nicht in allen Fällen die naheliegende Lösung, sie sollten jedoch als Grundlage für die zu treffenden Entscheidungen dienen. Diese Werte dienen auch als Basis der Geschäftsgrundsätze, die Ihnen eine stärkere Orientierung bei anfallenden Fragen, denen Sie sich stellen müssen, bieten. […] Sie sind dafür verantwortlich, sich an Ihren Vorgesetzten, an die Rechtsabteilung oder an Trust & Compliance zu wenden, wenn Sie Fragen bezüglich der Interpretation oder Anwendung der Geschäftsgrundsätze – oder anderer Richtlinien, Anweisungen oder Bestimmungen der IBM – haben. Ein Verstoß gegen diese Regelungen kann arbeitsrechtliche Konsequenzen nach sich ziehen, die bis zur Entlassung führen können. […]

IBM hat umfangreiche Vermögenswerte von hohem Wert. Zu diesen Vermögenswerten gehören wertvolle gesetzlich geschützte Informationen, wie das geistige Eigentum und die vertraulichen Informationen der IBM, sowie Sachvermögen und Anlagen. Der Schutz all unserer Vermögenswerte hat höchste Priorität. Ihr Verlust, Diebstahl, Missbrauch oder ihre unautorisierte Offenlegung kann die Zukunft der IBM gefährden. Sie sind persönlich dafür verantwortlich, die Vermögenswerte der IBM allgemein sowie die Ihnen besonders anvertrauten Vermögenswerte zu schützen. Dazu gehören auch die Vermögenswerte, die Sie an andere Mitarbeiter der IBM, Leiharbeiter, Kunden oder andere Personen weitergeben. Deshalb sollten Sie die Sicherheitskontrollen, -verfahren und -vorschriften der IBM kennen und verstehen. Sie sollten aufmerksam auf Situationen achten, die zum Verlust, Missbrauch, Diebstahl oder zur unautorisierten Offenlegung unserer Vermögenswerte führen können. Außerdem sollten Sie solche Situationen dem IBM-Unternehmensschutz oder Ihrem Vorgesetzten melden, sobald Sie davon erfahren. (2011)

1 *Vergleichen Sie die theologischen Grundsätze (M23) mit dem Text von IBM im Blick auf die jeweils zugrunde liegenden Normen und Ziele, an denen sich das Handeln der Menschen ausrichten soll. Interessant könnte auch ein Vergleich mit den Zehn Geboten (M22) sein.*

2 *Mithilfe des Internets lässt sich herausfinden, welche großen Unternehmen ethische Grundsätze veröffentlichen. Bereiten Sie dazu eine Präsentation vor.*

Ökologie als Herausforderung auch für die christliche Ethik

Normalerweise gehen heute alle davon aus, dass Ökologie oder Umweltschutz wichtig ist und dass es dafür gute Gründe gibt. Dennoch kommt es immer wieder zu Auseinandersetzungen und Meinungsverschiedenheiten darüber, was am Ende entscheidend sein soll. Der Philosoph und Jurist Laurence H. Tribe nimmt dies zum Anlass, unsere Argumentationsfähigkeit herauszufordern, indem er die Frage formuliert:

M 25 Was spricht gegen Plastikbäume?

*Laurence H. Tribe (*1941)*

Baudelaires Gedicht „Rêve Parisien“ entwirft im buchstäblichen Sinne ein Stillleben – die Traumlandschaft einer metallenen Stadt, in der Haine aus Kollonaden die Bäume ersetzen und Teiche aus Blei das Wasser. Prosaischer, aber kaum weniger beängstigend war kürzlich der Beschluss der Stadtverwaltung von Los Angeles, entlang dem Mittelstreifen einer Hauptverkehrsstraße über 900 Plastikbäume und Plastiksträucher in Pflanzkübeln aus Beton aufzustellen. Der Ausbau einer neuen Kanalisation hatte anscheinend nur noch 30–50 cm Erde auf dem Mittelstreifen zurückbelassen, zu wenig, als dass natürliche Bäume dort gedeihen konnten. Die Verwaltung entschied sich für ein Experiment mit künstlichen Pflanzen aus fabrikgefertigten Blättern und Zweigen, die mit

Draht an Leitungsrohren befestigt und in einem mit Kunststoff überzogenen Steingemisch „eingepflanzt" wurden. Obwohl unbekannte Täter eine Reihe von Bäumen mutwillig beschädigten und man von weiteren Anpflanzungen absah, ist nicht gesagt, dass die Sache damit ausgestanden ist. Denn wie ein Artikel in „Science" unlängst nahe legte, kann Reklame die Leute nicht nur dazu bringen, Wildnis und Natur hoch einzuschätzen, sondern ebenso gut auch „reichlich Ersatz dafür zu schaffen". „Das Bedürfnis nach einer besonderen Umwelt ist […] erlernt", heißt es in diesem Artikel, und „bewusst getroffene öffentliche Entscheidungen können diese Lernprozesse in der Weise beeinflussen, dass die Umwelt, die die Menschen für nützlich und wünschenswert zu halten lernen, eine Umwelt widerspiegelt, die aller Wahrscheinlichkeit nach billig zu haben ist. […] Mit Plastikbäumen und dergleichen lässt sich weitaus mehr anfangen, um den Leuten das Gefühl zu geben, dass sie Natur erfahren." Ein derart offenes Bekenntnis zur Annehmbarkeit einer künstlichen Umwelt mag zwar nicht gerade üblich sein, die Haltung jedoch, die darin der natürlichen Ordnung gegenüber zum Ausdruck kommt, ist alles andere als selten. In zunehmendem Maße verdrängen künstliche Objekte und künstliche Anlagen die von der Natur bereitgestellten. In Fußballstadien und Freibädern ersetzt haltbarer Kunstrasen das Gras. Im Hyatt Regency Hotel in San Francisco wandeln die Gäste zwischen mehr als hundert natürlichen Bäumen, doch lauschen sie dabei aufgezeichnetem Vogelgezwitscher, das aus Lautsprechern kommt, die im Geäst der Bäume versteckt sind. (1976)

1 *Bilden Sie zwei Gruppen und bereiten Sie ein Streitgespräch vor: Welche Gründe lassen sich für den Beschluss der Stadtverwaltung in Los Angeles anführen? Welche Gegengründe gibt es?*

Die christliche Ethik beruft sich in ökologischen Fragen heute häufig auf die „Verantwortung" des Menschen. Der evangelische Theologe und Ethiker Martin Honecker versucht, das Verständnis von Verantwortung genauer zu klären. Gleichzeitig entwickelt er Fragestellungen, die sich auf ethische Probleme anwenden lassen.

Was heißt: Verantwortung?

M 26

Martin Honecker (1934)*

Verantwortung hat es mit drei Aspekten zu tun: Wer ist für was gegenüber wem verantwortlich? […] Verantwortung trägt derjenige, der Gestaltungsmöglichkeiten hat. Es besteht wesenhaft ein Bezug zur Macht. Verantwortung trägt, wer handeln kann. Wer nichts tun kann, trägt auch keine fassbare Verantwortung. Sodann: Verantwortung hat es mit den Folgen des Handelns zu tun. Für ein unabwendbares Schicksal ist man nicht verantwortlich: Es geht also um tatsächliche Zuständigkeit und Zurechenbarkeit. Wem schuldet man für sein Tun und Lassen Verantwortung? Diese Frage wird heute unterschiedlich beantwortet: Gott, den Mitmenschen, der Gesellschaft, der Zukunft. Verantwortung bezieht sich auf eine Instanz, die Rechenschaft fordern kann. Heute wird der Bereich der Verantwortung über den Bezug zum Nächsten, zum Mitmenschen hinaus erweitert: Neben die unmittelbar evidente personale Verantwortung tritt die Verantwortung für die Umwelt und für die Zukunft.

Im Blick auf die Verantwortung für die Umwelt stellen sich sozialethisch relevante Fragen. Dabei geht es einmal um empirische Fragen (Tatsachenbehauptungen), die nachprüfbar sein müssen: Wer ist zuständig? Was sind die erkennbaren Folgen eines Handelns? Sodann geht es zugleich um Wertungen und Werturteile: Welchen Wert hat die natürliche Umwelt? Wem schulden wir Verantwortung für unseren Umgang mit der „Schöpfung"? […] Der christliche Glaube bekennt: Umwelt ist Schöpfung. Die Schöpfung hat einen Schöpfer. Der Mensch hat darum kein freies, unbegrenztes Verfügungsrecht über die Schöpfung. […] Die Schöpfung ist dem Menschen folglich nicht zur beliebigen Nutzung und Verwertung, zur Ausbeutung überlassen. Natur, Pflanzen, Tiere sind Mitgeschöpfe (Gen 1): Das führt zum Postulat der Mitkreatürlichkeit, Mitgeschöpflichkeit. Dieses Postulat ist theologisch zweifach zu bedenken:

a) Jedes Reden von Schöpfung ist einmal Glaubens- und Bekenntnisaussage, die zu den Grundaussagen christlichen Glaubens gehört. Das Bekenntnis zur Schöpfung ist ein Glaubenssatz. […]

b) Zugleich weiß freilich ebenso humane Erfahrung um die Endlichkeit und Geschöpflichkeit des Menschen. Die eigene menschliche Endlichkeit, Leiden und Tod sind Zeichen der Kreatürlichkeit des Menschen. Rücksichtsloser Umgang mit der Natur schlägt ihrerseits als Gefährdung auf den Menschen zurück: Die Vergiftung von Wasser und Luft oder die Bodenerosion, die Hungersnöte zur Folge hat, schaden dem Menschen selbst. (1995)

1 *Wenden Sie Honeckers Sicht einer Schöpfungsethik auf die Frage „Was spricht gegen Plastikbäume?“ (M25) an.*

2 *Diskutieren Sie, was der Begriff der Nachhaltigkeit für eine Schöpfungsethik bedeuten könnte.*

Welches Leben soll geschützt sein?

Die Frage nach der Würde des Menschen wird heute besonders im Zusammenhang von Genforschung und Gentherapie kontrovers diskutiert. Am weitesten reicht die Erwartung, dass man Menschen klonen könnte (reproduktives Klonen). Diese Vorstellung nimmt Charlotte Kerner in ihrem Buch „Blueprint“ und in dem darauf bezogenen Film auf. Die folgenden beiden Ausschnitte sind aus der Perspektive der schwer erkrankten Mutter, einer hochbegabten Komponistin und Pianistin von Weltrang, und der geklonten Tochter geschrieben.

M 27 Blueprint

Charlotte Kerner (1950)*

Fisher war sich nicht sicher, was die große Pianistin von ihm wollte.

„Was kann ich tun, was nicht schon andere versucht haben?“, fragte er gespannt.

Als Iris Sellin dann endlich ihr Anliegen vorbrachte, klang es wenig einleuchtend. „Klonen Sie mich“, forderte sie mehr, als sie fragte.

Einen erwachsenen Menschen noch einmal auferstehen lassen! Diesen Gedanken kannte Fisher nur zu gut. Einer der Ersten zu sein, die es wagen! Davon hatte er oft nur geträumt. Inzwischen waren nicht mehr Dutzende geklonter Eizellen nötig, um zum Ziel zu kommen. Sein Verfahren hatte das Klonen sicherer gemacht. Dadurch wurde es so viel leichter, das altmodische Tabu, keine menschlichen Klone, hinwegzufegen!

„Aber ich habe mit der neuen Methode bisher nur Mäuse und Kühe geklont.“ Fisher bemühte sich, ruhig zu bleiben. Diesen banalen Einwand brachte er nur vor, um Zeit zu gewinnen, und dabei wusste er ganz genau, wie wenig überzeugend er klang.

Iris lächelte fast herablassend. „Ich weiß, und deshalb nehmen Sie jetzt mich“, entgegnete sie, „einen willigen, weiblichen homo sapiens. Säugetier bleibt schließlich Säugetier. Ich habe nichts zu verlieren, aber alles zu gewinnen. Das gilt auch für Sie. Und ich verspreche Ihnen auch, dass ich nichts dagegen habe, die ganze Sache öffentlich zu machen. Ich bin öffentliche Auftritte schließlich gewöhnt. Niemand kann und wird am Ende gegen uns oder gegen das Klonen sein … das wissen Sie so gut wie ich.“ […]

Wer hätte etwas gegen einen zweiten Picasso oder einen zweiten Mozart einzuwenden? […] Natürlich wolltest du dich nie mit diesen ganz Großen gleichsetzen, aber Durchschnitt warst du auch nicht. Bravo!, werden die Leute rufen. Eine neue Iris Sellin, das hat sich wenigstens gelohnt.

Denn wer will schon dumme Dutzendware, die den ganzen Aufwand doch nicht wert ist. So hast du auch ihn gelockt und verführt.

Moralische Bedenken hattet ihr nicht. Welche auch? Warum sollte es gegen die Würde eines Kindes sein, dem Nachwuchs von Anfang an gute Erbanlagen mitzugeben und die genetische Lotterie, den Zufall, auszuschalten? Keine Nieten mehr, Volltreffer garantiert! Greifen Sie nur zu! Das überzeugt, um mit Sicherheit elterliche Wünsche zu befriedigen.

Die Wünsche des Klons interessierten weniger, aber woher auch solltet ihr beiden unsereins oder gar unsere Gefühle kennen? Wir waren ja noch nicht vorhanden. (2001)

„Blueprint", verfilmt mit Franka Potente

Als bekannt wurde, dass das Klonen der berühmten Pianistin erfolgreich war, erhielt Dr. Fisher zahlreiche Anfragen, die er, wie es in dem Buch von Charlotte Kerner heißt, veröffentlichte. Hier sind einige davon:

M 28 Anfragen an Dr. Fisher

Charlotte Kerner

- Ein millionenschwerer Unternehmer von Mitte fünfzig und Junggeselle will einen Klon-Sohn in Auftrag geben, um ihm später sein Imperium vererben zu können. Das Kind soll von einer Leihmutter ausgetragen werden.
- Eine Sängerin hat ihre einzige Tochter vor zwei Jahren bei einem Autounfall verloren. Die Ehe der Künstlerin hat dieses tragische Ereignis nicht verkraftet. Inzwischen ist die Sängerin Anfang vierzig und geschieden. Sie will nicht auf einen neuen Lebenspartner und zukünftigen Vater warten und wünscht sich schnellstens eine Klon-Tochter, bevor sie in die Wechseljahre kommt und es zu spät ist für eine eigene Schwangerschaft.
- Ein Mann, dessen Frau unheilbar an Krebs erkrankt ist, will seine Frau noch vor ihrem Tod klonen und von einer Leihmutter austragen lassen, damit sie später durch die Tochter noch einmal neu lebe.
- Außerdem fragt ein Elternpaar an, ob es möglich sei, einen Klon der neugeborenen Tochter zu erzeugen und als Reserve-Embryo einzufrieren. Aus diesem Rohstoff können im Bedarfsfall Haut oder andere Organe für das Original gezüchtet werden.

1 *Diskutieren Sie: Welche Hoffnungen und Befürchtungen nehmen Sie selber beim Thema Klonen wahr?*

2 *Im Buch von Charlotte Kerner heißt es, die „Gesellschaft" habe „sehr bald die Medi-Klone, die, wie im letzten Fall, aus rein medizinischem Kalkül erzeugt wurden, und die mehr psychologisch motivierten Ego-Klone" unterschieden. Führen Sie mithilfe der beschriebenen Fälle eine Umfrage in der Schule durch, um zu prüfen, ob auch die von Ihnen Befragten diese Unterscheidung treffen.*

Das reproduktive Klonen (Reproduktion eines Menschen) wird weithin abgelehnt. Anders ist dies mit dem therapeutischen Klonen (Reproduktion von Zellen zu Heilungszwecken), das bereits praktiziert wird, auch wenn es ethisch noch immer höchst umstritten ist. In diesem Falle spricht man auch von einer Embryonen verbrauchenden Therapie, weil Embryonen zunächst geklont und zur Gewinnung von therapeutisch einsetzbaren Stammzellen „verbraucht", d. h. abgetötet, werden. Die ethische Debatte reicht bis hinein in die Parlamente, die zum Teil entsprechende Gesetze erlassen haben, sich aber immer wieder neu auf veränderte Entwicklungen der Medizin einlassen müssen. Verstößt das therapeutische Klonen gegen die Menschenwürde?
Julian Nida-Rümelin, Professor für Politische Theorie und Philosophie, war Staatsminister für Kultur im Bundeskanzleramt. Sein Beitrag löste eine ganze Debatte aus.

M 29 Grenzen der Menschenwürde

Julian Nida-Rümelin (1954)*

Die Achtung der Menschenwürde ist dort angebracht, wo die Voraussetzungen erfüllt sind, dass ein menschliches Wesen entwürdigt werden, ihm seine Selbstachtung genommen werden kann. Daher lässt sich das Kriterium der Menschenwürde nicht auf Embryonen ausweiten. Die Selbstachtung eines menschlichen Embryos lässt sich nicht beschädigen. (2001)

Der Philosoph Robert Spaemann antwortete darauf:

Klonen als Verstoß gegen die Menschenwürde

M 30

Robert Spaemann (1927)*

Was hier mit menschlichen Embryonen geschieht, ist nicht Therapie, sondern das Gegenteil: Sie werden getötet, und zwar werden bestimmte existierende Embryonen getötet im Dienst wissenschaftlicher Verfahren, die vielleicht einmal in Zukunft einer unbestimmten Zahl von Menschen zu einem besseren Leben verhelfen werden. […] Der ethische Einwand dagegen ist klar: Es handelt sich um einen Verstoß gegen die Menschenwürde, die es verbietet, Menschen ausschließlich als Mittel den Zwecken anderer Menschen zu unterwerfen. (2001)

Ein weiterer Diskussionsbeitrag stammt vom Rechtsphilosophen Reinhard Merkel:

Keine Menschenwürde!

M 31

Reinhard Merkel (1950)*

Das Spezies-Argument ist sehr einfach: Der Schutz des Tötungsverbots gelte für den Embryo schon und allein deshalb, weil er biologisch der Spezies Homo sapiens angehört. Da alle geborenen Angehörigen dieser Spezies ein Grundrecht auf Leben haben, gebiete das Prinzip der Gleichbehandlung auch den Lebensschutz des Embryos.

Das Argument ist nicht haltbar, ein Musterfall dessen, was Philosophen den „naturalistischen Fehlschluss“ nennen: die (unmögliche) direkte Ableitung einer Norm aus einem Faktum. Auch diesseits aller philosophischen Argumente wäre im Übrigen unerfindlich, wie und warum die molekulare Mikrostruktur unserer DNA als solche, als ein Stück Biologie, so etwas wie fundamentale Rechte sollte begründen oder genießen können. […]

Der Leser zweifelt? Er erwäge das folgende Szenario: In einem biotechnischen Labor bricht ein Feuer aus. In dem Labor befinden sich zehn am Vortag in vitro gezeugte, lebende Embryonen und außerdem ein durch den Rauch bereits tief bewusstloser Säugling. Ein in letzter Sekunde in das Labor eindringender Retter erkennt sofort, dass er nur noch entweder den Säugling oder die zehn Embryonen retten kann. Gattungssolidarität hin oder her: Hätte irgendjemand ernsthafte Zweifel, wie sich der Retter entscheiden sollte? Und hätte irgendjemand solche Zweifel, wenn es nicht um zehn, sondern um hundert, ja meinetwegen tausend Embryonen ginge? […]

Man muss ihn freilich nicht allein nach seinem aktuellen Status beurteilen. Und genau das ist der Sinn des zweiten unserer Argumente, des Kontinuumsarguments. Was damit gemeint ist, hat am besten das BVerfG [Bundesverfassungsgericht] in seinem ersten „Fristenlösungsurteil“ von 1975 formuliert: Der menschliche Entwicklungsprozess sei „ein kontinuierlicher Vorgang, der keine scharfen Einschnitte aufweist“. Daher sei es willkürlich, einen solchen „Einschnitt“ zu markieren. Deshalb müsse der Lebens- und Würdeschutz schon mit dem Anfang der embryonalen Entwicklung einsetzen. […]

Dass ein Vorgang ein Kontinuum darstellt, bedeutet keineswegs, dass man in ihm keine gut und willkürfrei begründeten „Einschnitte“ machen könnte. Wer zweifelt, folge mir wieder in ein Beispiel der Veranschaulichung: Ein Mann von 1,50 Meter Körpergröße ist ein kleiner Mann; ein Millimeter mehr an Größe macht ganz gewiss nicht den entscheidenden Unterschied von „klein“ zu „groß“ aus. Nun fahre man mit der Addition jeweils eines Millimeters fort […]: Jedes Mal markiert der Vorgang nicht den entscheidenden Einschnitt, vor dem der Mann „klein“ und nach dem er „groß“ genannt werden muss. Wenn ich richtig rechne, muss man die Addition genau tausendmal wiederholen, um bei dem Ergebnis zu landen, dass ein Mann von 2,50 Meter Größe ein kleiner Mann sei.

Keiner dieser Übergänge stellt einen „scharfen Einschnitt“ zwischen klein und groß dar, wie ihn das Verfassungsgericht für einen Willkürausschluss verlangt. Dennoch können wir völlig willkürfrei zwischen einem kleinen Mann von 1,50 Meter und einem großen von 2,50 Meter unterscheiden, genauso wie wir zwischen stockdunkler Nacht und sonnenhellem Tag unterscheiden können […].

Das dritte unserer Argumente, das Potentialitätsargument, lautet so: Zwar mögen sich die aktuellen Eigenschaften menschlicher Embryonen nicht genau dafür eignen, Menschenwürde und Tötungsverbot zu begründen; aber seine erwartbaren künftigen Eigenschaften sind genau die, auf denen das allgemeine Menschenrecht auf Leben und Würde moralisch gründet. Diese Chance der Zukunft, gewissermaßen sein Status potentialis, darf ihm daher nicht genommen, sein Leben also nicht zerstört werden.

Der embryonale Status potentialis allein kann Lebensrecht und Menschenwürde nicht begründen. Er bezeichnet tatsächlich ein Kontinuum, das für sich genommen keine moralisch bedeutsamen Unterscheidungsmerkmale zu anderen Trägern eines Potentials künftiger Menschenexistenz aufweist, denen niemand ein Recht auf Leben wird einräumen wollen, nämlich zur Ei- und zur Samenzelle. […]

Stellen wir uns einen Humangenetiker beim Vorgang einer künstlichen Befruchtung vor. Er beobachtet unter dem Mikroskop, wie sich in der Petrischale ein einzelnes Spermium soeben anschickt, in eine Eizelle einzudringen. Blitzschnell schiebt er in letzter Sekunde ein Glasblättchen zwischen beide und verhindert die Befruchtung. Ist hier irgendetwas Verwerfliches passiert? Gewiss nicht, nicht mehr jedenfalls als bei jeder anderen Empfängnisverhütung, etwa mittels eines Kondoms. (2001)

1 *Organisieren Sie eine Kontroversdiskussion zu der Frage: Was tragen die von Merkel dargelegten Beispiele tatsächlich zur Frage der Menschenwürde bei? Lässt sich anhand dieser Beispiele über die Menschenwürde von Embryonen befinden?*

M 32 Menschen klonen

1 *Deuten Sie die dreifache Vision des geklonten Menschen in dieser Abbildung.*

2 *Entwerfen Sie ein eigenes Bild zur Frage des Klonens.*

Die Frage, ob das Klonen die Menschenwürde verletze, ist kontrovers. Entsprechende Stellungnahmen kommen u.a. aus Theologie und Kirche, Rechtswissenschaft und Philosophie. 2002 hat die Evangelische Kirche in Deutschland (EKD) eine „Argumentationshilfe“ dazu veröffentlicht. In der kontroversen Diskussion wolle die EKD nicht den Anspruch erheben, „abschließend darüber bestimmen zu können, was […] als evangelisch zu gelten habe“. Daher werden unterschiedliche Positionen dargestellt, die sich jedoch auf die Gottebenbildlichkeit (nach Gen 1,27: Gott schuf den Menschen zu seinem Bilde) und die dadurch begründete Menschenwürde berufen (↗ S. 226).

Argumente im Streit um medizin- und bioethische Fragen

M 33

Evangelische Kirche in Deutschland

Aus christlicher Sicht kann die schöpferische Liebe Gottes, der alle Menschen sich verdanken, nicht beschränkt werden auf bestimmte Entwicklungsformen und Reifungsgrade des menschlichen Lebens, noch kann die Tatsache ignoriert werden, dass werdende Eltern (aber auch andere Angehörige wie Geschwister und Großeltern) oft schon vom ersten Anfang an eine intensive personale Beziehung zu dem sich entwickelnden Kind aufnehmen, was schon lange vor den ersten spürbaren Kindsbewegungen im Mutterleib z.B. durch Ultraschall-Aufnahmen auch sinnlich wahrnehmbare Formen annimmt.

Von daher besteht in der Kammer Einmütigkeit darüber, dass die Menschenwürde und der Lebensschutz, der dem Menschen fraglos zukommt, bis in die allerersten Anfänge des Menschseins reichen und einen ethischen Schutzanspruch begründen. Uneinigkeit besteht jedoch darüber, ob alle menschlichen Embryonen als Menschen zu verstehen sind und ihnen deshalb Würde und Lebensschutz in vollem Umfang zukommt. [...]

Die entscheidende Frage ist, ob im Blick auf den menschlichen Embryo in jedem Fall unterstellt werden kann bzw. unterstellt werden muss, dass er Mensch ist. [...]

In dieser Situation stehen sich zwei Auffassungen gegenüber. Die eine hält entschieden daran fest, dass der menschliche Embryo menschlicher Verfügung entzogen und allem Entscheiden und Handeln verbindlich vorgegeben ist. Ihr zufolge handelt es sich bei jedem Embryo um einen sich entwickelnden Menschen, unabhängig von dessen tatsächlichen Entwicklungsmöglichkeiten. Vom Zeitpunkt der Verschmelzung von Ei- und Samenzelle an ist demnach von der Entwicklung eines Menschen auszugehen. Diesem kommt, wie einem jeden Menschen, als einem Geschöpf der Liebe Gottes Gottebenbildlichkeit und Menschenwürde zu. Das entscheidende Argument für diese Auffassung ist, dass es in der Entwicklung von der Keimzellenverschmelzung bis zum Ende der irdischen Existenz eines Menschen keine andere Zäsur gibt, die sich mit guten Gründen als Beginn des Menschseins verstehen ließe. [...] Aufgrund seiner Teilhabe an der Menschenwürde darf der mit der Keimzellenverschmelzung entstehende, sich entwickelnde Mensch nie zum bloßen Objekt gemacht werden, sondern muss immer auch Selbstzweck bleiben. [...]

Die andere Auffassung betont demgegenüber die konstitutive Bedeutung der Entwicklungsmöglichkeiten. Nach dieser Auffassung kann von einem sich entwickelnden Menschen nur gesprochen werden, wenn die äußeren Umstände für eine Entwicklung gegeben sind. Das vorgeburtliche Menschsein ist hiernach nicht bereits mit der Existenz des Embryos gegeben [...].

Beide Auffassungen haben ersichtlich ihre Probleme und fordern zu Rückfragen heraus. Im Blick auf die erste stellt sich die Frage, ob es wirklich plausibel ist, alle Embryonen, auch jene, bei denen es niemals zur Einnistung gekommen ist oder kommen wird, als sich entwickelnde Menschen mit Gottebenbildlichkeit und Menschenwürde zu betrachten. Sie muss sich weiterhin fragen lassen, ob sie bereit ist, die praktischen Konsequenzen zu ziehen, die sich aus dieser Sicht zu ergeben scheinen: Zurückhaltung gegenüber nidationshemmenden Verhütungsmethoden sowie gegenüber der Invitro-Fertilisation wegen derer Folgeprobleme; Lebensschutz für Embryonen von der Befruchtung an.

Die zweite Auffassung muss sich fragen lassen, ob sie nicht ungewollt einer fast unbegrenzten Verfügbarmachung und Verdinglichung menschlichen Lebens für technologische Zwecke Vorschub leistet. [...]

Ist man der Auffassung, dass jeder Embryo ein sich entwickelnder Mensch sei, so spricht gegen das sog. therapeutische Klonen, dass es sich dabei um die Erzeugung von Embryonen handelt, die ausschließlich fremdnützigen Forschungs- und Therapiezielen dienen, d.h. um die Erzeugung von Embryonen zu Forschungszwecken, die lediglich als Mittel zum Zweck behandelt werden. Das verstößt gegen den Grundsatz der Menschenwürde [...].

Anders stellt sich die Problematik des sog. therapeutischen Klonens dar, wenn man der Auffassung ist, dass nicht jeder Embryo unabhängig von seinen Entwicklungsmöglichkeiten den Status eines sich entwickelnden Menschen hat. (2002)

Zwei Beispiele aus einer Plakatserie der „Aktion Mensch“

1 *Auch die katholische Deutsche Bischofskonferenz hat sich zur Frage des Embryonenschutzes im Zusammenhang des Klonens geäußert. Recherchieren Sie entsprechende Stellungnahmen im Internet und vergleichen Sie diese mit der Stellungnahme der Evangelischen Kirche in Deutschland.*

In den rechtlichen Begründungen für die Menschenwürde, zum Beispiel im Grundgesetz, spiegelt sich die christliche Lehre von der Gottebenbildlichkeit wider.

Rechtliche Begründungen der Menschenwürde

M 34

Grundgesetz:
Art. 1,1 Die Würde des Menschen ist unantastbar. Sie zu achten und zu schützen ist Verpflichtung aller staatlichen Gewalt.

Konvention zum Schutze der Menschenrechte und Grundfreiheiten vom 4. November 1950:
Art. 2,1 Das Recht jedes Menschen auf das Leben wird gesetzlich geschützt.
Art. 5,1 Jeder Mensch hat ein Recht auf Freiheit und Sicherheit.

Das Bundesverfassungsgericht:
Wo menschliches Leben existiert, kommt ihm Menschenwürde zu; es ist nicht entscheidend, ob der Träger sich dieser Würde bewusst ist und sie selbst zu wahren weiß. Die von Anfang an im menschlichen Sein angelegten potentiellen Fähigkeiten genügen, um die Menschenwürde zu begründen.

Auch die Begründung der Menschenwürde bei Immanuel Kant kann man in einer christlichen Tradition stehend sehen. Zugleich enthält sie eine Zuspitzung, die die besondere Würde des Menschen von seiner Vernunft abhängig macht (✎ S. 60 und 151).

Das Kriterium der moralisch-praktischen Vernunft

M 35

Immanuel Kant (1724–1804)

Der Mensch im System der Natur [...] ist ein Wesen von geringer Bedeutung [...]. Allein der Mensch als Person betrachtet, d. i. als Subjekt einer moralisch-praktischen Vernunft, ist über allen Preis erhaben; denn als ein solcher [...] ist er nicht bloß als Mittel zu anderer ihren, ja selbst seinen eigenen Zwecken, sondern als Zweck an sich selbst zu schätzen, d. i. er besitzt eine Würde (einen absoluten innern Wert), wodurch er allen andern vernünftigen Weltwesen Achtung für ihn abnötigt [...]. (1797)

1 *Vergleichen Sie die drei in M33 bis M35 dargestellten Begründungen von Menschenwürde und bereiten Sie eine darauf bezogene Präsentation zur Kontroverse um das sogenannte therapeutische Klonen vor.*

2 *Stellen Sie die Gründe zusammen, auf die sich Befürworter und Gegner des sogenannten therapeutischen Klonens stützen.*

Leben in einer globalen Welt

Ethische Fragen stellen sich heute nicht nur im Blick auf die eigene Person und das eigene Leben und Handeln – und auch nicht nur hinsichtlich des Lebens in der Gesellschaft. Zunehmend haben wir es mit globalen ethischen Herausforderungen zu tun, die bis in unseren Alltag hineinreichen, beispielsweise bei Ernährung und Konsum. Darauf zielen etwa Initiativen zur Gerechtigkeit in der einen Welt. Eine wichtige Basis stellen dabei die Menschenrechte dar. Diese haben auch eine religiöse Grundlage.

M 36

1 *Entwickeln Sie Deutungen zu diesem Bild in Bezug auf Gerechtigkeit in der einen Welt.*

Menschenrechte als Erbe und Auftrag der Religion

Zu den großen Errungenschaften des 20. Jahrhunderts gehören die Menschenrechte, wie sie sich u. a. aus der biblischen und christlichen Sicht des Menschen (Menschenwürde usw.) heraus entwickelt haben und inzwischen von vielen Staaten anerkannt worden sind. Der evangelische Theologe Jürgen Moltmann sieht die entscheidende Herausforderung darin, die Anerkennung der Menschenrechte weiter auszubreiten und die Rechte selbst zugleich weiterzuentwickeln.

Menschenrechte anerkennen und weiterentwickeln

M 37

Jürgen Moltmann (1926)*

Die Einsicht in grundlegende Rechte und Pflichten der Menschen ist zusammen mit der Erkenntnis der Menschlichkeit der Menschen in vielen Kulturen entstanden. Wo immer der Begriff „Mensch“ gebildet wurde, wurden auch Rechte der Menschen als Menschen formuliert. Es handelt sich nicht um exklusiv christliche oder europäische Ideen, obgleich ausdrücklich als solche formulierte Menschenrechte in der Zeit der westlichen „Aufklärung“ in die nordamerikanischen und die europäischen Verfassungen eingegangen sind und sie gerade durch die Aufnahme in diese staatsgestaltenden Grundordnungen heute weltweite Geltung gewonnen haben. Wie andere universale Ideen auch, wie z. B. die Mathematik, haben sich die Menschenrechte aus ihrer besonderen europäischen Entstehungsgeschichte gelöst und leuchten allen Menschen unmittelbar ein, die erkennen, dass sie nicht nur Amerikaner oder Russen, Schwarze oder Weiße, Männer oder Frauen, Christen oder Juden, sondern in erster Linie „Menschen“ sind. Es gibt darum keine urheberrechtlichen Ansprüche auf die Menschenrechte, weder jüdisch-christliche noch aufklärerisch-humanistische.

Je mehr heute die Völker auf der Erde in eine gemeinsame „Weltgeschichte“ eintreten, weil sie durch die atomare Bedrohung gegenseitig und durch die ökologischen Krisen gemeinsam in tödlicher Gefahr sind, desto wichtiger werden die Menschenrechte für eine entstehende menschliche Weltgesellschaft, die jene Gefahren abwehren kann. Die Menschenrechte werden darum immer mehr zum universal gültigen und konsensfähigen Rahmen für die Beurteilung und Legitimation einer „menschlichen“ Politik. An der Anerkennung und der Verwirklichung der Menschenrechte für alle Menschen wird es sich entscheiden, ob aus dieser „geteilten“ und gefährlichen Welt eine menschliche Weltgemeinschaft in Übereinstimmung mit den kosmischen Lebensbedingungen der Erde entsteht oder ob die Menschen sich selbst und diese Erde zugrunde richten werden. Weil die Situation so extrem gefährlich ist, muss die Autorität der Menschenrechte über alle Partikularinteressen von Völkern, Gruppen, Religionen und Kulturen gestellt werden. Die religiösen Ansprüche auf partikulare Absolutheit und die rücksichtslose Durchsetzung von politischen Partikularinteressen bedrohen heute den Bestand der Menschheit selbst.

Die vorhandenen Formulierungen der Menschenrechte sind selbst unzureichend. Es muss an ihrer Erweiterung gearbeitet werden, wenn die Menschenrechte nicht selbst zum Faktor der Zerstörung unserer Welt werden sollen. Ich sehe die notwendige Erweiterung der Menschenrechte in zwei Richtungen:

1. in der Formulierung fundamentaler Menschheitsrechte und
2. in der Einordnung der Menschenrechte in die Rechte der Erde und der anderen Lebewesen. […]

Wir versuchen nun eine systematische Zusammenschau in Form einer auf Universalität drängenden Spirale der aufeinander verweisenden Menschenrechte:

1. keine individuellen Menschenrechte ohne soziale Menschenrechte;
2. keine Menschenrechte ohne das Recht der Menschheit auf Schutz vor Massenvernichtung und genetischer Veränderung und auf Überleben in der Folge der Generationen;
3. keine ökonomischen Menschenrechte ohne ökologische Pflichten gegenüber den Rechten der Natur;
4. keine Menschheitsrechte ohne das Recht der Erde. (1990)

1 *Entwickeln Sie Vorschläge dafür, welche Rechte die Natur haben soll. Beziehen Sie sich dabei auch auf den Text „Was spricht gegen Plastikbäume?“ (M25).*

Theologische und philosophische Begründungen der Menschenrechte

Die Menschenrechte, wie wir sie heute kennen, gehen sowohl auf theologische als auch auf philosophische Traditionen zurück. Dabei haben sich unterschiedliche Begründungsmöglichkeiten entwickelt, die einander unterstützen, aber auch in Spannung zueinander geraten können. Sie lassen sich im Gespräch mit dem Fach Philosophie weiter klären.

- Die Geschichte der Entwicklung von Menschenrechtserklärungen schließt verschiedene Vorstufen ein, beispielsweise in den Vereinigten Staaten von Amerika, bei denen der Einfluss religiöser und philosophischer Traditionen und Begründungsmöglichkeiten deutlich hervortritt.

- Entscheidend für die Begründung ist besonders das jeweilige Menschenbild. In der Theologie spielt die Gottebenbildlichkeit nach Gen 1,27 für die Begründung von Menschenrechten eine wichtige Rolle. Zumindest in der Philosophie der Gegenwart wird hingegen bewusst nicht auf religiöse oder theologische Voraussetzungen zurückgegriffen, da für diese keine allgemeine, von einem bestimmten Glauben unabhängige Zustimmung erwartet werden kann. Wenn beispielsweise in der Präambel des Grundgesetzes für die Bundesrepublik Deutschland von der „Verantwortung vor Gott" die Rede ist, muss dies so ausgelegt werden, dass niemand zu einem bestimmten Glauben gezwungen wird.

- Auch die Philosophie kommt bei ihren Begründungen der Menschenrechte nicht einfach ohne Aussagen über den Menschen oder ohne Menschenbilder aus. Als Begründung greift sie dabei oft auf eine universalistische Ethik zurück, sodass nach der strengen Verallgemeinerbarkeit von Normen gefragt wird.

- Die Allgemeine Menschenrechtserklärung der Vereinten Nation spricht in ihrer Präambel von der „Anerkennung der angeborenen Würde" des Menschen und von „gleichen und unveräußerlichen Rechten aller Mitglieder der Gemeinschaft der Menschen". Artikel 1 lautet: „Alle Menschen sind frei und gleich an Würde und Rechten geboren. Sie sind mit Vernunft und Gewissen begabt und sollen einander im Geiste der Brüderlichkeit begegnen." Schon in den hier gewählten Begriffen (Vernunft, Gewissen) wird ein Menschenbild erkennbar.

- Im Blick auf das Leben und Handeln von Menschen mit unterschiedlichen Glaubensüberzeugungen stellt sich die Frage, wie philosophische oder rechtliche und religiöse Begründungen zueinander stehen. Nur wenn Menschenrechte auch in den persönlichen (Glaubens-)Überzeugungen von Menschen verankert sind, gewinnen sie eine das Handeln motivierende Kraft.

Weltethos-Erklärung

Ein Beispiel für die von Jürgen Moltmann (M37) geforderte Ausbreitung der Menschenrechte ist das weithin beachtete sogenannte Weltethos. Das Parlament der Weltreligionen hat 1993 die folgende, vom katholischen Theologen Hans Küng erarbeitete Erklärung verabschiedet.

Die Prinzipien eines Weltethos

M 38

Deklaration des Parlaments der Weltreligionen

I. Keine neue Weltordnung ohne ein Weltethos

II. Grundforderung:

Jeder Mensch muss menschlich behandelt werden.

III. Vier unverrückbare Weisungen

1. Verpflichtung auf eine Kultur der Gewaltlosigkeit und der Ehrfurcht vor allem Leben
2. Verpflichtung auf eine Kultur der Solidarität und eine gerechte Wirtschaftsordnung
3. Verpflichtung auf eine Kultur der Toleranz und ein Leben in Wahrhaftigkeit
4. Verpflichtung auf eine Kultur der Gleichberechtigung und die Partnerschaft von Mann und Frau

IV. Wandel des Bewusstseins

Schon im Vorfeld der Tagung des Parlaments der Weltreligionen kam es zu lebhaften Diskussionen, bei denen die These „Weltfrieden durch Religionsfrieden!" kritisch erörtert wurde. Neben der Begründung von Hans Küng sind im Folgenden die Antworten von Vertretern des Islams und des Judentums wiedergegeben. Sie problematisieren, dass Küng die Ethik von ihrer religiösen Einbindung isoliere. Aus der Sicht der Religionen, einschließlich des Christentums, könne es nicht einfach eine dem Glauben vor- oder übergeordnete Ethik geben.

Das Humanum als ökumenisches Grundkriterium

M 39

Hans Küng (1928)*

Mein Vorschlag […]: Sollte es nicht möglich sein, mit Berufung auf die gemeinsame Menschlichkeit aller Menschen ein allgemein-ethisches, ein wahrhaft ökumenisches Grundkriterium zu formulieren, das auf dem Humanum, dem wahrhaft Menschlichen, konkret auf der Menschenwürde und den ihr zugeordneten Grundwerten, beruht? Die kriteriologische ethische Grundfrage lautet ja: Was ist gut für den Menschen? Antwort: Was ihm hilft, das zu sein, was so gar nicht selbstverständlich ist: wahrhaft Mensch! Ethisches Grundkriterium ist demnach: Der Mensch soll nicht unmenschlich, „bestialisch", sondern soll menschlich, wahrhaft menschlich, eben human leben! Er soll sein Menschsein in allen seinen Bezügen verwirklichen! Sittlich gut wäre also, was menschliches Leben in seiner individuellen und sozialen Dimension auf Dauer gelingen und glücken lässt, was eine optimale Entfaltung des Menschen in allen seinen Schichten (die Trieb- und Gefühlsschichten eingeschlossen) und allen seinen Dimensionen (seine Gesellschafts- und Naturbezogenheit inklusive) ermöglicht.

Sollte es nicht möglich sein, dass alle Religionen zumindest bezüglich dieser kriteriologischen Grundfrage übereinstimmen könnten: Gut ist für den Menschen, was ihm hilft, wahrhaft Mensch zu sein! Nach dieser Grundnorm echter Menschlichkeit, der Humanität, lassen sich gut und böse, wahr und falsch unterscheiden, lässt sich auch unterscheiden, was in der einzelnen Religion grundsätzlich gut und böse, was wahr und was falsch ist. Man kann dieses Kriterium in Bezug auf die Religion positiv oder – oft noch wirksamer – negativ formulieren:

- Zuerst positiv formuliert: Insofern eine Religion der Menschlichkeit dient, insofern sie in ihren Glaubens- und Sittenlehren, ihren Riten und Institutionen die Menschen in ihrer menschlichen Identität, Sinnhaftigkeit und Werthaftigkeit fördert und sie eine sinnvolle und fruchtbare Existenz gewinnen lässt, ist sie wahre und gute Religion. Was also human, wahrhaft menschlich, menschenwürdig ist, kann sich mit Grund auf „Göttliches“ berufen.
- Jetzt negativ formuliert: Insofern Religion Unmenschlichkeit verbreitet, insofern sie in ihrer Glaubens- und Sittenlehre, ihren Riten und Institutionen die Menschen in ihrer menschlichen Identität, Sinnhaftigkeit und Werthaftigkeit hindert und sie so eine sinnvolle und fruchtbare Existenz verfehlen hilft, ist sie falsche und schlechte Religion. Was also inhuman, unmenschlich, „bestialisch“ ist, kann sich nicht mit Grund auf „Göttliches“ berufen. (1993)

M 40 Eine Menschenrechtserklärung des Islam

Mohammed Arkoun (1928–2010)

Der Westen hatte schon immer die Tendenz, den Islam von der kulturellen Sphäre, in der die Menschenrechte begründet, verkündet und in einem ganz bestimmten Sinne erhalten wurden, auszuschließen. Als Reaktion auf diese Anschauung wurde im Rahmen einer feierlichen Sitzung in der UNESCO am 19. September 1981 auf Initiative des „Islamischen Rats“ und seines Generalsekretärs Salem Azzam die „Universelle islamische Erklärung der Menschenrechte“ verabschiedet. […]

Ich möchte nur die in der Einleitung formulierten Prinzipien in Erinnerung rufen: „Vor vierzehn Jahrhunderten hat der Islam der Menschheit einen idealen Menschenrechtskodex vermacht. Zweck dieser Rechtsordnung ist es, der Menschheit Ehrerbietung und Würde zu verleihen und Ausbeutung, Unterdrückung und Ungerechtigkeit zu eliminieren. Im Islam wurzeln die Menschenrechte in der tiefen Überzeugung, dass Gott – und zwar nur Gott allein – der Schöpfer des Gesetzes und die Quelle der Menschenrechte ist. Wegen dieses göttlichen Ursprungs dürfen weder die Staatsmänner noch die Regierung, weder die Parlamente noch die Behörden in irgendeiner Form die von Gott geschaffenen Menschenrechte beschneiden, abschaffen oder verletzen.“ […]

Die alleinige Proklamation der Menschenrechte genügt nicht; auch nicht ihre Garantie auf rein rechtswissenschaftlicher Ebene, wenn nicht gleichzeitig die Berufung des Menschen zur Transzendierung seines Seins und seiner Werke auf unwiderlegbare universelle und transgeschichtliche Lehren gegründet wird. […]

Mit der Methodik des muslimischen Rechts […] werden die theoretischen und „wissenschaftlichen“ Verfahrensweisen definiert, die uns eine religiöse Sicht des von den Juristen erarbeiteten Rechts aufzwingt. Es geht dabei um ein theoretisches Konstrukt, das die Sakralisierung des Rechts durch das „Aufzeigen“ seiner Verwurzelung in den heiligen Texten ermöglicht, d.h. dem Koran und den prophetischen Traditionen […].

Die Menschenrechte in der amerikanischen Menschenrechtserklärung sind bekanntlich eng mit ihren religiösen Ursprüngen verbunden. In der englischen und der französischen Revolution erfolgt dann ein entscheidender Schritt vorwärts in Richtung auf eine laizistische philosophische Begründung, ohne dass dies gleichzeitig einen vollständigen Bruch mit der rationalistischen Spiritualität bedeutet. (1993)

Das Humanum als „Supersystem" über den Religionen?

M 41

Eugene B. Borowitz (1924)*

Professor Küng ist heldenhaft um den Nachweis bemüht, dass seine universelle ethische Theorie für die Weltreligionen mit der Respektierung der Integrität dieser Religionen vereinbar ist. Er argumentiert vorsichtigerweise, dass jede Religion auf der Grundlage ihrer eigenen Kriterien die Dimension beurteilen muss, derzufolge sie seiner Sicht des Humanum zustimmen kann; aber er ist zuversichtlich, dass alle die Mittel und Wege dazu finden werden. Wie ich aufgezeigt habe, besitzt das Judentum eine traditionelle religiöse Grundlage zur Formulierung einer universellen ethischen Realität. Diesbezüglich kann ich nur zustimmen. Aber seine Argumentation macht vor dieser Koinzidenz der Zustimmung seitens der Religionen zu den verschiedenen Aspekten des Menschen nicht halt. Er betrachtet die universelle Ethik als ein unabhängig von ihnen existierendes Reich, so unabhängig zumindest, dass sie von dort aus beurteilt werden kann. Sie wird nolens volens zu einem „Supersystem" in dem Sinne, dass sie den Wahrheitsgehalt der Religionen bestimmt.

Wenn folglich dasjenige, das „dem menschlichen Leben gestattet, erfolgreich und glücklich zu sein … und eine optimale Entwicklung des Menschen ermöglicht", wenn das, was als „menschlich, wahrhaft menschlich und die menschliche Existenz vergrößernd" gilt, und wenn das, was hier „seinserfüllte und fruchtbare Existenz" heißt, mit den Geboten des Judentums unvereinbar sein sollte, dann ist das Judentum in diesem Punkt eben unwahr.

Ich habe gegen diese Argumentation zwei Einwände substanzieller und formeller Natur zu machen. Obwohl mir aufgrund meines religiösen Glaubens der Sinn des Wortes „human" vollauf bekannt ist, habe ich es in substanzieller Weise als Folge der modernen demokratischen Existenz nuanciert. Aber es ist mir völlig klar, dass für mich das Judentum die vorrangigere von diesen beiden Aussagen ist. Damit komme ich sogleich auf die zweite Schwierigkeit zu sprechen, die darin liegt, dass Professor Küngs Vorschlag impliziert, unsere Wahrheitserkenntnis sei letztgültiger als unser Glaube, und es gäbe ein höheres System als das, auf das ich mein Leben bis jetzt gegründet habe. Ich behaupte nicht, dass dies unmöglich ist; aber vor dem Hintergrund meines zyklischen Schwankens zwischen dem Zweifel am und der Wiederzuwendung zum Glauben halte ich dies für äußerst unwahrscheinlich. Auf jeden Fall aber hätte diese größere Wahrheit sich selbst mit außerordentlicher Kraft zu empfehlen, um meine ursprüngliche Glaubenstreue an mein Judentum zu erobern. Gerade weil der universelle Humanismus eine so schwache theoretische Grundlage in der heutigen Rationalität und der jüngsten historischen Erfahrung hat, kam es in den letzten Jahrzehnten zu einem so großen Aufblühen der neuen und der alten Religionen. (1993)

1 *Vergleichen und bewerten Sie die Positionen von Küng, Arkoun und Borowitz (M40 bis M42) miteinander.*

Eine gerechte Weltordnung für den Frieden

In der theologischen Tradition wurde nach Kriterien für den „gerechten Krieg" gesucht. Demgegenüber zielt die Friedensdenkschrift der Evangelischen Kirche in Deutschland aus dem Jahr 2007 auf eine grundlegende Umkehr im Denken. Sie stellt die Frage nach einem „gerechten Frieden" in den Mittelpunkt.

M 42 Anforderungen an eine globale Friedensordnung

Rat der Evangelischen Kirche in Deutschland

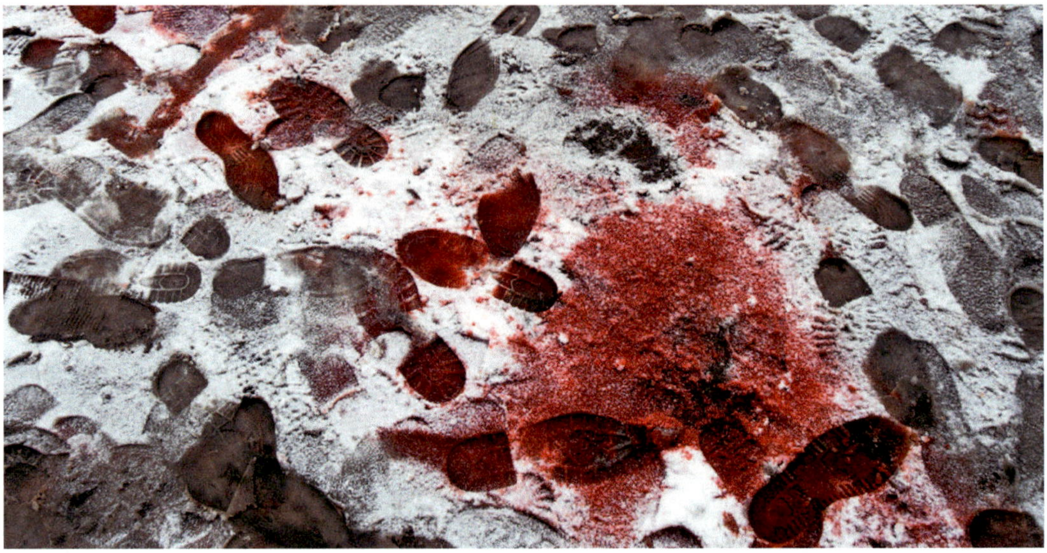

Ein globaler, gerechter Friede ist nicht in einem Ordnungsmodell zu verwirklichen, das auf voneinander gänzlich unabhängigen politischen Einheiten aufbaut, nämlich vollsouveränen Staaten, die gegeneinander das Recht zum Krieg und zur Nichteinmischung in ihre inneren Angelegenheiten reklamieren. Solange sich die Staaten auf diese Weise in einem latent anarchischen Verhältnis zueinander befinden, ist der Friede immer bedroht – sei es durch das labile Gleichgewicht der Mächte, sei es durch den Hegemonialanspruch einer militärisch überlegenen Vormacht, die sich über die prinzipielle Rechtsgleichheit der Staaten erhebt. Umgekehrt dürfte aber auch das Projekt eines Weltstaats (als konsequente Fortsetzung der Staatenbildung in einer umfassenden, gemeinsamen politischen Ordnung auf globaler Ebene) weder realistisch noch friedensfördernd sein […]. Unter Bedingungen der pluralen Staatenwelt folgt allerdings moralisch aus dem Recht der Einzelstaaten die Pflicht, auch das Recht der anderen zu achten. In der Zielperspektive eines gerechten Friedens liegt eine kooperativ verfasste Ordnung ohne Weltregierung. Die Mittel einer solchen kooperativen Weltordnung sind Institutionen auf globaler und regionaler Ebene, insbesondere internationale Organisationen und Regelwerke. Diese tragen zum einen durch verstärkte Politikkoordination und Verrechtlichung der Beziehungen zu nachhaltiger Interdependenz zwischen den Staaten bei; in diesem Rahmen müssen auch die wesentlichen friedenspolitischen Aufgaben – der Schutz vor militärischer Gewalt, die Gewährleistung der Menschenrechte, der Abbau sozialer Ungerechtigkeit und die Ermöglichung kultureller Vielfalt – angegangen werden.

3.1.1 Kollektive Friedenssicherung

Das Problem globaler Friedenssicherung ist legitim lösbar durch ein System kollektiver Sicherheit, wie es in der UN-Charta vorgezeichnet ist. Dabei handelt es sich um eine vertraglich vereinbarte zwischenstaatliche Ordnung, welche die Anwendung von Gewalt – außer zur Selbstverteidigung im Notwehrfall – verbietet, und die den Schutz des einzelnen Staates wie der zwischenstaatlichen Rechtsordnung dem gemeinsamen Handeln der Mitgliedstaaten vorbehält, das unter der Leitung einer supranationalen Entscheidungsinstanz steht. […]

3.1.2 Universalität und Unteilbarkeit der Menschenrechte

Die politische Gerechtigkeit, an der sich eine Weltfriedensordnung als Rechtsordnung orientieren muss, findet ihre Konkretisierung in den Menschenrechten. […]

3.1.3 Transnationale soziale Gerechtigkeit

Die Weltgesellschaft ist nicht nur politisch fragmentiert, sondern auch, was die Teilhabe am Wohlstand anbetrifft, von großer Ungleichheit gekennzeichnet. In der Perspektive des gerechten Friedens stellt die extreme Armut von rund 1,2 Milliarden Menschen in den unterentwickelten Gesellschaften eine besondere Herausforderung dar. Eine legitime Weltfriedensordnung ist nicht denkbar ohne die Garantie eines Mindestmaßes sozialer, d.h. verteilender Gerechtigkeit. [...] Zu einem Leben in Würde gehören außer dem Schutz des (Über-)Lebens vor allem die Chance zu einer selbstbestimmten Lebensführung und eine dazu befähigende Mindestausstattung mit Gütern. Das Postulat weltweiter Verteilungsgerechtigkeit ist darum auf Grundbedürfnisse bezogen zu verstehen: D.h., die globale Verteilung ist daran zu messen, ob sie jedem Menschen Mittel bereitstellt, die ihm Existenz, dauerhaften Unterhalt und (unter den Bedingungen des jeweiligen soziokulturellen und politischen Kontexts) ausreichende Verwirklichungschancen sichern. Daraus folgt moralisch das Postulat eines menschheitlichen Rechts auf Entwicklung, das als Recht jedes einzelnen Menschen zu verstehen ist. Dabei meint „Entwicklung" einen Prozess der Erweiterung von Fähigkeiten zur selbstbestimmten Verbesserung der Lebenssituation des Einzelnen. Dieses universelle moralische Recht jedes Menschen verpflichtet zunächst jeden anderen Menschen, im Maß des ihm Möglichen und Zumutbaren zumindest zur Verringerung von Hunger und extremer Armut beizutragen. Diese allgemeine Hilfspflicht darf sich aber nicht auf individuelle Wohltätigkeit und zwischenmenschliche Leistungen beschränken, sondern muss zum Aufbau kollektiv verantworteter Institutionen führen, die im Sinn der Befähigungsgerechtigkeit möglichst vielen wirksam helfen können. [...]

3.1.4 Ermöglichung kultureller Vielfalt

In zwei Dritteln aller Länder der Welt gibt es mindestens eine bedeutende ethnische oder religiöse Minderheitengruppe, der zehn oder mehr Prozent der Bevölkerung angehören. Etwa 900 Millionen Menschen (ein Siebtel der Weltbevölkerung) sind aufgrund ihrer ethnischen, rassischen oder religiösen Identität allerdings Formen der Diskriminierung ausgesetzt. [...] Der Schutz pluraler kultureller Ausdrucksformen, wie sie die UNESCO mit der im Oktober 2005 abgeschlossenen neuen Konvention zum Schutz der Vielfalt kultureller Ausdrucksformen zum Gegenstand hat, ist daher ein wichtiger Baustein für das friedliche Zusammenleben aller Gesellschaften. (2007)

1 *Stellen Sie die tragenden Elemente einer globalen Friedensordnung, wie sie im Text vertreten wird, zusammen.*

2 *Diskutieren Sie, ob eine „kooperativ verfasste Ordnung ohne Weltregierung" tatsächlich funktionieren kann.*

Selbst ethisch urteilen können

In diesem Kapitel ging es um Werte und Normen im Leben einzelner Menschen, in der Gesellschaft sowie im Blick auf globale Zusammenhänge. Gleichzeitig sollte die eigene ethische Urteilsfähigkeit gestärkt werden. Dafür ist die Kenntnis der Grundformen der Ethik wichtig sowie die Vetrautheit mit Verfahren der ethischen Urteilsbildung. Auch die Auseinandersetzung mit unterschiedlichen Menschenbildern, wie etwa der christlichen Sicht des Menschen, kann dabei hilfreich sein. Im Folgenden werden drei Anwendungsbeispiele vorgestellt, die Gelegenheit zu eigenem ethischen Urteil geben.

M 43 Tötung auf Verlangen: Mann spritzte seiner Ehefrau eine Überdosis

Es ist ein kalter Tag im Januar 2008, als der verhängnisvolle Entschluss in die Tat umgesetzt wird: Ein 51-Jähriger bringt seine Ehefrau um – auf ihren Wunsch hin. Die Apothekerin legt sich selbst eine Nasensonde und pumpt sich mit vier Spritzen den Betablocker Metoprolol in den Körper. Auf ihre Anweisung hin gibt der Ehemann der 48-Jährigen vier weitere Injektionen. Damit das Medikament schneller wirkt, flößt er ihr Kamillentee ein.

Gestern hat das Landgericht Fulda den Mann wegen sogenannter Tötung auf Verlangen zu zwei Jahren Haft auf Bewährung verurteilt. Das Gericht hielt ihm zugute, dass er in den letzten Stunden vor dem Tod seiner Frau in einer Stress-Situation gewesen sei. Der gläubige Christ ging bis dahin unbescholten durchs Leben und machte eine gutbürgerliche Karriere – Voraussetzungen dafür, eine Bewährungsstrafe auszusprechen.

Doch an der Tat änderte das nichts: Erst durch die Mitwirkung des Mannes habe der Suizid geklappt, stellte das Gericht fest.

1 *Beurteilen Sie den Fall anhand der Schritte der ethischen Urteilsbildung (**S. 314**).*

2 *Diskutieren Sie, ob die Strafe angemessen war.*

M 44 Ethik der Roboter

Patrick Lin

Die Verwendung von Robotern bei der militärischen Überwachung ist bekannt, doch es gibt auch wichtige zivile Anwendungsbereiche. In Südkorea patrouillieren Roboter beispielsweise auf Kinderspielplätzen, um Kinder vor pädophilen Übergriffen zu schützen, oder sie werden bei großen Sportveranstaltungen (wie beispielsweise 2006 bei der Fußballweltmeisterschaft in Seoul oder 2008 bei der Olympiade in Peking) eingesetzt.

Roboter können bei der Alarmierung verwendet werden, wie beispielsweise die menschenähnlichen Polizeiroboter in China, die Informationen herausgeben, oder die russischen Polizeiroboter, die Gesetzesvorschriften rezitieren und Warnungen aussprechen.

In Gefängnissen können Roboter also nicht nur dazu gebraucht werden, um Gebäude, sondern auch um Menschen zu bewachen. Gewisse Vorteile würden sich daraus bei der Vermeidung von Übergriffen in Gefängnissen ergeben, wie wir sie in Kuba oder im Abu-Ghraib-Gefängnis im Irak gesehen haben. Dafür spricht die emotionslose Art, mit der Roboter operieren. Damit verbunden – ich befürworte keines dieser Szenarien, sondern denke nur über den möglichen Gebrauch nach – könnten Roboter das Problem lösen, dass bei Verhören oder Folterungen Ärzte gebraucht werden.

Diese Aktivitäten stehen im Widerspruch mit der Sorgfaltspflicht und dem Hippokratischen Eid, niemandem zu schaden. Doch Roboter können die Lebenszeichen der Verhörten genauso gut kontrollieren wie ein Arzt. Sie können Injektionen verabreichen und Schmerzen kontrollierter zufügen, frei von Boshaftigkeit und Vorurteilen, die womöglich zu weit führen würden. (2012)

1 *Diskutieren Sie, ob es eine Ethik für Roboter geben kann.*

2 *Beurteilen Sie den Einsatz von Robotern bei Folterungen.*

3 *Erörtern Sie, ob sich mit Robotern, die über ein eingebautes Ethikprogramm verfügen, Kriegsverbrechen ausschließen lassen.*

Freiheit und Verantwortung

M 45

Dietrich Bonhoeffer (1906–1945)

Verantwortung und Freiheit sind einander korrespondierende Begriffe. Verantwortung setzt sachlich – nicht zeitlich – Freiheit voraus, wie Freiheit nur in der Verantwortung bestehen kann. Verantwortung ist die in der Bindung an Gott und den Nächsten allein gegebene Freiheit der Menschen. (zwischen 1940 und 1943 verfasst, posthum veröffentlicht)

1 *Interpretieren Sie den von Bonhoeffer beschriebenen Zusammenhang von Freiheit und Verantwortung.*

2 *Benennen Sie andere Auffassungen von Freiheit und benennen Sie mögliche Gründe für Bonhoeffers Position.*

Erläuterungen der mit * versehenen Begriffe

Anthropomorphismus: Vorstellung Gottes oder der Götter in Menschengestalt. Diese vermenschlichende (anthropomorphe) Sicht Gottes wird in Mythen besonders deutlich.

Apostolikum: häufig auf die Apostel zurückgeführtes Glaubensbekenntnis, das i. W. erst im 3. Jahrhundert entstand. Seit 1971 existiert im deutschen Sprachraum ein für Katholiken und Protestanten gemeinsamer Text.

atheistisch: bezeichnet eine Haltung, die nicht notwendig ein Absolutes überhaupt leugnet. Sie wendet sich aber gegen die Identifizierung des Absoluten mit einer bestimmten Gestalt. Der neuzeitliche Atheismus ist durch die Abgrenzung gegen den christlichen Gottesglauben gekennzeichnet. Außerdem will er mit der Überwindung der Religion eine neue Stufe in der Entwicklung des menschlichen Denkens herbeiführen.

Befreiungstheologie: eine vor allem in Lateinamerika entstandene christliche, vornehmlich katholische Theologie, der es um eine Befreiung vom Kolonialismus und seinen Folgen für die Entwicklung der Menschen in der sogenannten Dritten Welt geht. In den „Basisgemeinden" (als Gegensatz zur Kirchenhierarchie) soll eine Verbindung zwischen den eigenen religiösen und kulturellen Wurzeln und dem letztlich von Europa bestimmten christlichen Glauben versucht werden.

Confitemini: (von lat. confiteor; bekennen, offenbaren; wörtlich „lasst uns bekennen"); eine Bezeichnung, die u. a. von Martin Luther für Psalm 118 verwendet wurde, der traditionell als Bekenntnis Israels zu JHWH verstanden wurde.

Epistel: (griech. epistolae, lat. epistula); Auftrag, Gebot, Brief, Sendschreiben; neben den vier Evangelien im Neuen Testament die wichtigste Literaturform; die Briefe wurden auf die Apostel (Jünger Jesu) und Paulus als Autoren zurückgeführt (13 Briefe des Paulus, drei Briefe des Johannes, zwei Briefe des Petrus, je ein Brief von Jakobus und Judas). Von den Paulusbriefen werden sieben als zweifelsfrei „echt" – als von Paulus verfasst – angesehen, die übrigen Apostelnamen gelten vielen Forschern als Pseudonyme, deren Verfasser sich als Schüler der Apostel betrachten und deren Autorität in Anspruch nehmen.

Eschatologie: (griech.; die letzten Dinge); Lehre von der Endzeit des einzelnen Menschen und der Welt, der Erlösung, des Heils, des Reiches Gottes

Esoterik: (griech. eiso: nach innen; esoteros: innen, hinter): Vorstellung und Lehre von den geheimen Kräften und Zusammenhängen in und „hinter" den Dingen

Eudämonismus: (griech.; von einem guten Geist beseelt); im übertragenen Sinn: die Religion gebrauchen, um das seelische Wohlbefinden zu erlangen oder zu erhöhen.

feministische Theologie: eine Richtung heutiger Theologie, die über die Würde von Mann und Frau nachdenken will. Sie versteht sich als Befreiungstheologie (s. dort): Sie will von gesellschaftlichen und religiösen Zwängen befreien, denen Frauen unterworfen sind. Dazu stellt sie auch die kritische Frage: Inwieweit haben Theologie und Kirche zur Abwertung, Benachteiligung und Unterdrückung von Frauen beigetragen?

Hypothese: vorläufige Annahme oder unbewiesene Vermutung; Ziel etwa wissenschaftlichen Arbeitens ist es, die Hypothese zu verifizieren oder zu falsifizieren. So können komplexe Sachverhalte geklärt und Gesetzmäßigkeiten nachgewiesen werden.

Ikonographie: (griech. eikon: Bild; graphein: schreiben); Bildbeschreibung, Inhalt und Sinn bildlicher Darstellung in ihrem Zusammenhang mit Literatur, Religion oder Philosophie

Kategorischer Imperativ: nach Immanuel Kant oberste Richtschnur für eine vernunftgemäßes, sittliches Handeln; er liefert eine Verpflichtung und eine allgemeine Richtlinie, woran sich spezifisches Tun und Lassen ausrichten sollten.

kerygmatisch: (griech. Kerygma: Verkündigung); der Begriff „kerygmatischer Christus" meint den nach Ostern als Messias verkündigten Jesus, von dem das NT Zeugnis ablegt. Der Ge-

genbegriff dazu, „historischer Jesus", meint die historische Person Jesus von Nazareth, deren Umrisse man durch historische Wahrscheinlichkeitsurteile aus den Schriften des NT zu rekonstruieren versucht.

Kontemplation: (lat. contemplatio: Betrachtung – vor allem des Himmels und/oder der Natur); dem Begriff begegnet man heute vor allem im Zusammenhang mit den östlichen Religionen (wie Hinduismus und Buddhismus). Es geht um die Betrachtung des Eigentlichen, das für eine tiefe, lebenswichtige Einsicht von entscheidender Bedeutung ist. Äußere, ablenkende und zerstreuende Erfahrungen weichen in der Kontemplation der Konzentration auf das Wesentliche.

Libido: (lat. Begierde, Lust); Bezeichnung für das unbewusste sexuelle Verlangen. Nach Sigmund Freud liegt diese psychische Energie nicht nur dem sexuellen, sondern allem Lustgewinn zugrunde und kann auch in anderen Lebensbereichen wirksam werden. Die Libido kann auf die eigene Person oder auf ein äußeres Objekt bezogen sein. Sie durchläuft in Kindheit und Jugend eine stufenförmige Entwicklung (orale, anale, phallische, genitale Phase). Dass alle psychischen Beeinträchtigungen auf eine Störung der Libidoentwicklung zurückzuführen sind, ist umstritten.

Makrophänomene: Ereignisse und Erfahrungen, die viele Menschen über die Grenzen einer Gesellschaft hinaus betreffen. Im Zuge der Globalisierung haben solche Phänomene an Bedeutung gewonnen.

Neoliberalismus: Konzept für eine Wirtschaftsordnung, die durch die Steuerung aller ökonomischen Prozesse über den Markt – das heißt durch freien, funktionsfähigen Wettbewerb – gekennzeichnet ist. Das Konzept wurde im 20. Jahrhundert entwickelt und knüpft an den klassischen Liberalismus an. Es lehnt sowohl das uneingeschränkte Laissez-faire-Prinzip als auch einen Staatsinterventionismus sowie jede Form von Planwirtschaft ab. Dem Staat gestattet es lediglich Eingriffe, die mit den Interessen der Wirtschaft konform gehen.

paläontologisch, Paläontologie: (griech.: Lehre vom alten, ehrwürdigen Sein); wird als Gesamtbezeichnung für den Bereich „vorgeschichtlicher", d.h. auf Funde angewiesener Forschung verwendet, die sich auf die erste Entwicklung des Menschen und der Kultur bezieht.

Pantheismus: (griech. pan: alles; theos: Gott); im 18. Jahrhundert im Zuge der Aufklärung entstandene Bezeichnung für die Vorstellung, nach der Gott mit der Welt zu identifizieren ist: „Gott" wird als unpersönliche Größe und als Prinzip der Welt aufgefasst.

Projektion: (lat.); in der Psychologie das Übertragen von eigenen Wünschen und Vorstellungen auf andere

Psychoanalyse: (griech.: Seele, und: Auflösung); Verfahren zur Untersuchung und Behandlung von psychischen Störungen mithilfe der Traumdeutung und der Erforschung des Unbewussten; geht auf Sigmund Freud zurück.

Psychosomatik: (griech. psyche: Hauch, Seele; soma: Körper); Wissenschaft von der Bedeutung seelischer Vorgänge für Entstehung und Verlauf körperlicher Krankheiten

Raw: eine besonders respektvolle Bezeichnung für den jüdischen Rabbi, etwa: „ehrwürdiger Lehrer".

Sakrament: (lat. sacramentum: [im weiteren Sinne] der Gottheit geweiht, heiliger Gegenstand, Opfer); der Begriff kommt in der Bibel nicht vor, wohl aber die Umschreibungen „heilig"/ „Opfer". Im frühkirchlichen Sprachgebrauch entwickelt sich die Bedeutung „Geheimnis" – damit wird sacramentum zur Übertragung des griechischen Wortes „mysterion"; in diesem Wort liegt auch die Bedeutung „Absonderung", „Trennung", d.h., die „Mysterien" sind nur besonders Eingeweihten zugänglich. Für das protestantische Verständnis ergeben sich zwei wichtige Aspekte von „Sakrament": Seine (Heils-)Bedeutung hängt stets mit dem persönlichen Glauben des Einzelnen zusammen, doch kommt noch ein sichtbares Zeichen hinzu: etwa Brot und Wein im Abendmahl, Wasser in der Taufe. Luther erkannte nur die Sakramente an, die nach seiner Auffassung zweifelsfrei auf Jesus zurückzuführen waren (Taufe und Abendmahl); in der katholischen Kirche gibt es daneben weitere fünf Sakramente (Buße, Firmung, Salbung/„letzte Ölung", Priesterweihe/ Handauflegung, Ehe).

Septuaginta: (lat.: siebzig); Bezeichnung für die griechische Übersetzung des Alten Testaments (um 200 v. Chr.) nach der Legende, dass 70 Gelehrte diese Übersetzung angefertigt hätten. Sie gewann eine bedeutende Vermittlungsfunktion: Zum einen wurden damit die hebräischen Schriften im vom Hellenismus (= die griechische Leitkultur von ca. 300 v. Chr. bis 100 n. Chr.) geprägten Mittelmeerraum einer breiteren Bevölkerung zugänglich, zum anderen prägte ihre Übertragung der hebräischen Begriffe besonders stark das Griechisch des Neuen Testaments.

Sozialisation: Der vorwiegend in den Sozialwissenschaften gebrauchte Fachterminus bezeichnet das Hineinwachsen in eine Gesellschaft als einen wechselseitigen Prozess. Heranwachsende entwickeln sich zu einer handlungsfähigen Persönlichkeit, indem sie sich mit gesellschaftlichen Phänomenen auseinandersetzen. Zugleich übernehmen sie bewusst oder unbewusst Werte, Einstellungsmuster und Rollen, die für ein spezifisches Umfeld kennzeichnend sind, in denen die Prozesse des Aufwachsens stattfinden.

Stifterreligion: eine Religion, die auf einen historisch belegten Stifter zurückgeführt werden kann (z. B. Buddhismus, Christentum, Islam).

Talmud: (hebr.: Studium); ein umfangreiches Interpretationswerk vor allem zur Tora, das u. a. aus Streit- und Lehrgesprächen jüdischer Gelehrter (Rabbinen) seit der Zeit Esras und Nehemias (um 450 v. Chr.) bis etwa ins 6. Jahrhundert n. Chr. zusammengestellt wurde. Dabei entstanden unterschiedliche Teile und Sammlungen: die Mischna (bereits um 200 v. Chr. vollendet) und deren ergänzende Kommentare, die „Gemara". Beides wurde im 5./6. Jahrhundert zum Jerusalemer und babylonischen Talmud endgültig zusammengefasst.

Theodizee: (griech.: Rechtfertigung Gottes); der Begriff geht auf den Philosophen Gottfried Wilhelm Leibniz (1646–1716) zurück. Gemeint ist die Frage, wie der Glaube an Gott angesichts des Leids in der Welt zu rechtfertigen sei. Wie kann man die Macht des Bösen ernst nehmen und trotzdem von einem gerechten, gütigen und allmächtigen Gott sprechen? Christen verweisen auf einen Gott, der das Leiden auf sich genommen hat, um einen Weg zu neuem Leben zu bahnen.

Unbestimmtheitsrelation: Entdeckung (1927) des Physikers Werner Heisenberg, dass im Bereich der Quantenphysik der Messvorgang selbst die Messgenauigkeit von Messgrößen beeinflusst.

Utilitarismus: (lat.: Nützlichkeit); Theorie der Gerechtigkeit, nach der eine Handlung danach beurteilt wird, in welchem Maße sie zur Förderung des Glücks der meisten Menschen beiträgt. Der Utilitarismus hat sich in der anglo-amerikanischen Philosophie seit dem 17. Jahrhundert entwickelt.

Zaddik: (hebr.: gerecht, Gerechter); in der jüdischen Tradition Bezeichnung für einen Menschen, der rechtschaffen, religiös und moralisch verlässlich ist.

Zölibat: (lat. caelibatus: Ehelosigkeit); die aus religiösen Motiven gewählte Ehelosigkeit, vor allem die der Geistlichen in der katholischen Kirche

Zwei-Quellen-Theorie: Durch Vergleiche der Evangelien nach Matthäus, Markus und Lukas stieß man auf starke Übereinstimmungen einerseits fast aller Mk-Texte mit Lk und Mt, andererseits aber auch zwischen Lk- und Mt-Texten, die bei Mk fehlen. Da die bei Lk und Mt übereinstimmenden, über Mk hinausgehenden Texte weithin auch bei Lk und Mt in gleicher Reihenfolge erscheinen, schloss man auf eine weitere urchristliche Schrift (nach dem Inhalt „Spruchquelle, Logienquelle", „Q" genannt), die Mt und Lk gekannt haben und neben Mk in ihre Evangelien eingearbeitet haben. Die „Entdeckung" dieser (als Einzelschrift verloren gegangenen) Schrift gelang J. G. Eichhorn im Jahr 1794.

Namen- und Sachregister

H

I

J

K

L

M

Text- und Bildquellenverzeichnis

Namentlich nicht gezeichnete Texte stammen von den Verfassern der Kapitel. Wenn nicht anders angegeben, sind die Bibeltexte aus der Luther-Ausgabe von 1984 zitiert.

Cover (HG): © Dziewul-shutterstock.com, (o.): © Kailash K Soni-shutterstock.com, (m.): © Jurand-shutterstock.com, (u.): © Pressmaster – shutterstock.com

Religion – Vertrauen in das Unverfügbare

S. 10 f.: Atelier Gregor Merten/Carmen Dietrich, www.engel-der-kulturen.de.
M 1: Grafiken Arnold & Domnick, Leipzig; Zahlen nach: Der Spiegel Nr. 52/2009, S. 104 f.
M 2: Grafik Arnold & Domnick, Leipzig; Zahlen nach Bertelsmann Stiftung (Hrsg.): Woran glaubt die Welt? Analysen und Kommentare zum Religionsmonitor 2008, Gütersloh 2008, S. 34.
M 3: Grafik Arnold & Domnick, Leipzig; Zahlen nach Bertelsmann Stiftung (Hrsg.): Woran glaubt die Welt? Analysen und Kommentare zum Religionsmonitor 2008, Gütersloh 2008, S. 103.
M 4: www.andrezelck.com.
M 5: Collage von Bernhard Böttge; Zeitungsauszüge (von links nach rechts) aus: FAZ 14.8.2012, OP August 2012; FAZ Juli 2012.
M 6: Stern.
M 7: Auszug aus: http://www1.wdr.de/themen/kultur/religion/islam/islamtheologenausbildung104.html.
M 8: Bertelsmann Stiftung (Hrsg.): Woran glaubt die Welt? Analysen und Kommentare zum Religionsmonitor 2008, Gütersloh 2008, S. 102.
M 9: picture-alliance/dpa/© dpa/Hendrik Schmidt.
M 11: S. 21: Fotos: oben links: picture-alliance/KPA/Stephan Winkler; oben rechts: picture-alliance/PicturePress/Frank P. Wartenberg; unten links: picture-alliance/akg-images/Alfio Garozzo; unten rechts: Bernhard Böttge; Texte: Albert Einstein: Wie ich die Welt sehe, in: Mein Weltbild, Amsterdam 1934; Kondolenzbrief an Norman Salit, 12. Februar 1950 [Auszug]. – S. 22: Fotos: oben: Bernhard Böttge; unten links: picture-alliance/dpa/© dpa/Valdrin Xhemaj; unten rechts: dietermann/pixelio.de; Text: Friedrich Schleiermacher: Reden über die Religion, zitiert nach H. Schuster u. a. (Hrsg.): Quellenbuch zur Kirchengeschichte I/II, Frankfurt am Main/Berlin/Bonn [4]1962.
M 12: oben: © Hans Hinz-ARTOTHEK; unten: Bernhard Böttge.
M 14: Léopold Sédar Senghor: Chants d'ombre, Paris: Gallimard 1968.
M 15: John Lame Deer/Richard Erdoes: Tahca Ushte. Medizinmann der Sioux, übersetzt von Claus Biegert, München: List 1979, S. 176 f.
M 16: Zitiert nach Sophie Lange: Wo Göttinnen das Land beschützten, Bad Münstereifel: edition nebenan 1995, S. 43.
M 17: Bernhard Böttge.
M 18: oben: akg-images/Justus Göpel; unten: Bernhard Böttge.
M 19: Mircea Eliade: Das Heilige und das Profane. Vom Wesen des Religiösen, Hamburg: Rowohlt 1957, S. 8.
M 20: Ton Veerkamp: Die Vernichtung des Baal. Auslegung der Königsbücher, Stuttgart: alektor 1983, S. 343.
M 22: Eugen Drewermann: Wozu Religion?, Freiburg/Basel/Wien: Herder 2001, S. 35 ff.
M 24: Nikolaus Cusanus: De Deo Abscondito/Vom verborgenen Gott, zitiert nach Ernst Hoffmann (Hrsg.): Philosophische Bibliothek, Band 218, Leipzig 1942, S. 197; neu übertragen von Bernhard Böttge.
M 27: Der Koran. Arabisch/Deutsch, übersetzt von Max Henning, bearbeitet und herausgegeben von Murad W. Hofmann, Kreuzlingen/München: Hugendubel 2001, S. 597 f.
M 28: Zitiert nach Gerhard J. Bellinger: Knaurs großer Religionsführer, München: Droemer/Knaur 1992, S. 68.
M 29, M 30: Gerhard Szcesny: Die Antwort der Religionen, Reinbek: Rowohlt 1971, S. 105–112.
M 31: Der Spiegel Nr. 21/2002, S. 190 ff.

M 32: Friedrich Schleiermacher: Über die Religion, hrsg. von R. Otto, Göttingen: Vandenhoeck & Ruprecht [6]1967, S. 46 f., 49, 51, 54.
M 35: Charles Y. Glock: Über die Dimensionen der Religiosität, in: Joachim Matthes: Kirche und Gesellschaft. Einführung in die Religionssoziologie II, Reinbek: Rowohlt 1968, S. 151 f.
M 36: Erik H. Erikson: Der junge Mann Luther, übersetzt von Johanna Schiche, Frankfurt am Main: Suhrkamp 1975, S. 291 f.
M 37: Gerhard Ebeling: Dogmatik des christlichen Glaubens, Band 1, Tübingen: Mohr/Siebeck 1979, S. 111 ff., 125, 138 f.
S. 46, M38: Grafik: Runder Tisch der Religionen Marburg/Monika Bunk.
M 40: Wolfgang Pfüller: Pluralismus der Religionen, in: forum religion, 1/1999, S. 38.
M 41: Theo Sundermeier: Was ist Religion?, Gütersloh: Kaiser/Gütersloher 1999. S. 43 ff.
M 42: Julius Köckert: Der Kalif Harun al Raschid empfängt im Jahr 786 die Gesandten Karls des Großen in Bagdad, 1864, Öl auf Leinwand, 354 x 195 cm, München, Stiftung Maximilianeum/ © picture-alliance/akg-images.
M 43: ddp images/dapd/Hermann J. Knippertz.
M 44: Christian Wulff: Reden und Interviews 30. Juni 2010 – 1. Mai 2011, Berlin: Bundespräsidialamt 2011, S. 47; Joachim Gauck: Interview mit der Wochenzeitschrift „Die Zeit" (31. Mai 2012), aus: http://www.bundespraesident.de/SharedDocs/Reden/DE/Joachim-Gauck/Interviews/2012/05/120531-Zeit-Interview.html;jsessionid=D31F1F52CA1DD497E502BEF4F3D7361A.2_cid245.
M45: NEL, Ioan Cozacu.

Wir und die Wirklichkeit

S. 54 f.: © Nick Lippert of Tumwater, Wa.
S. 56: Godfrey Kneller: John Locke, 1697/© picture-alliance/akg-images.
S. 57: Grafik Arnold & Domnick, Leipzig.
M 1: Hans Joachim Störig: Kleine Weltgeschichte der Philosophie, Frankfurt am Main: Fischer 2004, S. 397 ff.
M 3: Paul Watzlawick: Wie wirklich ist die Wirklichkeit? München: Piper 2002, S. 84.
S. 60: Gottlieb Doebler: Immanuel Kant, 1791, 28,5 x 33 cm, Duisburg, Museum Stadt Königsberg/© picture-alliance/akg-images.
M 5: Immanuel Kant: Vorrede zur „Kritik der reinen Vernunft" (1787; [1]1781), in: Werke, Band 3, herausgegeben von W. Weischedel, Darmstadt: WBG 1983, S. 25.
S. 61: picture-alliance/APA/picturedesk.com/HERBERT NEUBAUER.
M 6: Ernst von Glasersfeld: Einführung in den radikalen Konstruktivismus, in: P. Watzlawick (Hrsg.): Die erfundene Wirklichkeit, München: Piper [15]2002, S. 19 ff.
S. 62: © Dan Race-Fotolia.com.
M 7: Ralf E. Ulrich.
M 11: Sophokles: König Oidipus, übersetzt von Heinrich Weinstock, in: Gerhard Nebel: Sophokles. König Oidipus. Dichtung und Wirklichkeit, herausgegeben von H. Schwab-Felisch und W. J. Siedler, Frankfurt am Main: Ullstein 1964, S. 16 f.
M 14: Konstantina Stephanaki.
M 15: Grafik B. Schlierf, Lachendorf.
S. 70: Islamic School/getty-images.
S. 71: picture-alliance/MAXPPP/© Costa/Leemage.
M 17: Stephen Hawking: Das Universum in der Nussschale. Übersetzt von Hainer Kober. Hamburg: Hoffmann & Campe 2001, S. 39.
S. 72: Grafik B. Schlierf, Lachendorf, nach: E. von Falkenhausen: Unterrichtspraxis zum wissenschaftspropädeutischen Unterricht, Köln: Aulis 1989.
M 19: Marc Engelhardt: Wankt Einsteins Relativitätstheorie?, in: Die Zeit, 23.9.2011 – jha: Zweiter Test am CERN, in: Spiegel online, 18.11.2011 – Patrick Illinger: Neutrinos ausgebremst, in: Süddeutsche Zeitung, 24.2.2012.
S. 73: picture-alliance/dpa/© dpa-Report/epa Keystone Martial Trezzini.
M 20: Ulrich Kattmann: Geschichte und Gesetze, in: Roland Hedewig u. a. (Hrsg.): Evolution im Unterricht, Köln: Aulis 1998, S. 2.
M 21: Werner Braunbek: Wie gewinnt die Physik ihre Erkenntnis?, in: Karl Ulmer (Hrsg.): Die Wissenschaften und die Wahrheit, Stuttgart: Kohlhammer 1966, S. 34 ff.
M 22: Boris Holzer: Mertons Trick: Die Wahrfalschaussage, in: Frankfurter Allgemeine Sonntagszeitung, 25.5.2003, S. 66.
S. 76: Kai Pfaffenbach/Reuters/Corbis.

M 23: Gabriel Cornelius von Max: Affen als Kunstrichter, 1889, Öl auf Leinwand/© bpk/Bayerische Staatsgemäldesammlungen.
M 24: Ulrich Kattmann: Basisinformationen, in: Roland Hedewig u. a. (Hrsg.): Evolution im Unterricht, Köln: Aulis 1998, S. 5 ff.
M 26: Steve Jones: Gott pfuscht auch, in: Die Zeit, 11.8.2005, S. 31.
M 27: Reinhard Junker: Spuren Gottes in der Schöpfung, herausgegeben von der Studiengemeinschaft Wort und Wissen, Holzgerlingen: SCM Hänssler Verlag ²2010, S. 147–152.
M 29: Bartolo di Fredi: Die Schöpfung des Menschen, 1356, Deckenfresko, San Gimignano, Kirche der Collegiata/© bpk/Scala.
M 30: Hans Küng: Der Anfang aller Dinge. Naturwissenschaft und Religion, München: Piper Verlag ³2011, S. 136 f.
M 31: Michael Beintker: Gott als Designer?, in: www.ekd.de/download/michael_beintker.pdf.
M 32: Banksy, © Pest Control Office.
M 33: John B. Cobb: Der Preis des Fortschritts, München 1972, S. 163 f.
M 34: Jürgen Moltmann: Gott in der Schöpfung, München: Kaiser ³1987, S. 26 ff.
S. 90: Vitalii Nesterchuk – shutterstock.com

Die Bibel verstehen

S. 92 f: Iris Kramer: Ich werde sein der ich sein werde, Acryl-Text-Montage, 2000.
M 2: www.die-bibel.de © Deutsche Bibelgesellschaft Stuttgart.
M 4: Bettina Rheims, Kreuzigung, Villa Evrard, März 1997, I.N.R.I © Bettina Rheims
M 5: links: Shrine of The Book, Photo © The Israel Museum, Jerusalem, by Meidad Suchowolski.
M 6: Gerd Theißen: Zur Bibel motivieren, Gütersloh: Gütersloher Verlagshaus 2003, S. 111 f.
M 7: http://www.bibleserver.com/ref/43008000#/text/ESV/John8.
M 8: Hans-Georg Gadamer: Wahrheit und Methode, Tübingen: Mohr/Siebeck 1960, S. 514.
M 10: Der Stürmer, 13.3.1934, S. 1.
M 15: Martin Luther: Vorrede zum Neuen Testament (1522), in: Kurt Aland (Hrsg.): Martin Luther. Die Hauptschriften, Berlin: Christlicher Zeitschriftenverlag o. J., S. 360.
M 16: Philipp Jacob Spener: Pia desideria, in: H. Schuster u. a. (Hrsg.): Quellenbuch zur Kirchengeschichte I/II, Frankfurt am Main: Diesterweg 1960, S. 144 f.
M 17: Hermann Samuel Reimarus: Fragwürdigkeiten der Auferstehungsgeschichte, in: H. Schuster u. a. (Hrsg.): Quellenbuch zur Kirchengeschichte I/II, Frankfurt am Main: Diesterweg 1960, S. 160.
M 19: Otto Knoch (Hrsg.): Vollständige Synopse der Evangelien, Stuttgart: Katholische Bibelanstalt 1988, S. 17 f.
M 20: Grafik Arnold & Domnick, Leipzig.
M 23: Susanne Heine/Peter Pawlowsky: Die christliche Matrix, München: Kösel 2008, S. 46 f.
S. 116: Lena Uphoff, Hansisches Druck- und Verlagshaus GmbH, „chrismon" – Das evangelische Magazin".
M 27: Gerhard Marcel Martin: Apokalypse. Weltuntergang innen und außen, Marburg: Verlag Blaues Schloss 2012, S. 24 f.
S. 119: oben: www.wissenundstaunen.de; Mitte: NATIONAL GEOGRAPHIC DEUTSCHLAND, Ausgabe 2/2012; unten: Gruner+Jahr, Hamburg.
M 29: GEO 02/2012, S. 80.
M 30: Zitiert nach Günther Sternberger: 2000 Jahre Christentum, Erlangen: K. Müller 1990, S. 150; © Andreas Verlag, Salzburg.
M 31: Frank Crüsemann: Das Alte Testament als Wahrheitsraum des Neuen, Gütersloh: Gütersloher Verlagshaus 2011, S. 24.
M 32: Ulrich Wendel: Editorial, in: Faszination Bibel 2/2012, Witten: SCM Bundes-Verlag, S. 3.
M 33: Katechismus der Katholischen Kirche, Leipzig: Benno 1993, S. 67 – Catéchisme pour adultes des évêques de France, Paris: Centurion 1991, S. 56.
M 34: Rat der EKD: Die Bekenntnisschriften der Evangelischen Kirche, Göttingen: Vandenhoeck & Ruprecht 1967, S. 767 f.
M 35: Arnoldshainer Konferenz (Hrsg.): Das Buch Gottes. Elf Zugänge zur Bibel, Neukirchen-Vluyn: Neukirchner 1992, S. 183.
M 36: Tim Schramm: Die Bibel ins Leben ziehen, Stuttgart: Kohlhammer 2003, S. 31 ff.
M 38: Der Spiegel 9/1991, S. 188 ff.
M 39, M 40: Der Koran. Arabisch/Deutsch, übersetzt von Max Henning, bearbeitet und herausgegeben von Murad W. Hofmann, Kreuzlingen/München: Hugendubel 2001, S. 3, 21.

M 41: Nasr Hamid Abu Zaid: Gottes Menschenwort. Für ein humanistisches Verständnis des Koran. Ausgewählt, übersetzt und mit einer Einleitung von Thomas Hildebrandt, Freiburg/Basel/Wien: Herder 2008, S. 182 f.
M 42: Petra Freudenberger-Lötz: Theologische Gespräche mit Jugendlichen, München: Kösel/Calwer 2012, S. 46 f.
S. 133: © Alexander Raths-fotolia.com.

Gott als Geheimnis

S. 134 f: © Brendan Powell Smith from The Brick Bible: A New Spin on the Old Testament, Used with permission by Skyhorse Publishing, Inc.
S. 136: Einleitungstext: Oliver Demont/Dominik Schenker: Ansichten vom Göttlichen. 22 Jugendliche, Zürich: Salis 2009, S. 108.
M 1: Oliver Demont/Dominik Schenker: Ansichten vom Göttlichen. 22 Jugendliche, Zürich: Salis 2009, S. 42 f.
M 2: Zitiert nach Kurt Aland (Hrsg.): Luther Deutsch, Band 3, Göttingen: Luther ^{4}1983, S. 20 ff.
M 3: HA Schult: Goldener Vogel, 1989; picture-alliance/dpa/dpaweb/© dpa/Foto: Jörg Carstensen/© VG Bild-Kunst, Bonn 2013.
M 4: Hans-Joachim Neubauer: Gott war nicht geladen, in: Christ & Welt 10/2012, S. 2.
M 5: oben: Campus für Christus – unten: Buskampagne.de/Evelin Frerk.
M 6: Ludwig Feuerbach: Das Wesen der Religion, herausgegeben von A. Esser, Stuttgart: Reclam 1969, S. 53 ff.
M 7: Karl Marx: Einleitung zur Kritik der Hegelschen Rechtsphilosophie, in: MEW, Band 1, Berlin: Dietz 1957 ff., S. 378 f.
M 8: Sigmund Freud: Der Mann Mose und die monotheistische Religion, Frankfurt am Main: S. Fischer 1975, S. 127.
M 9: Sigmund Freud: Die Zukunft einer Illusion, Frankfurt am Main: S. Fischer 1993, S. 133 ff.
M 10: Richard Dawkins: Der Gotteswahn, Berlin: Ullstein ^{10}2011, S. 46, 222 f.
M 11: Dietrich Bonhoeffer: Widerstand und Ergebung, Gütersloh: Siebenstern, S. 132, 135, 155, 174.
M 12: Alexander Garth: Kein Gott – eine gute Nachricht? Atheismus auf Missionstour, in: Karsten Krampitz/Uwe von Seltmann (Hrsg.): Leben mit und ohne Gott. Beiträge zur inneren Sicherheit, München: F. A. Herbig 2010, S. 209.
M 13: Egon Schiele: Dr. Hugo Koller, 1918, Öl auf Leinwand, 140,3 x 109,6 cm, Österr. Galerie im Belvedere/© akg-images/Erich Lessing.
M 14: Thomas von Aquin: Summa Theologica. Gottes Dasein und Wesen, in: Werke, Band 1, übersetzt von Jürgen Eibach, herausgegeben von der Albertus-Magnus-Akademie, Walberberg/Köln, Graz: Akademische Verlagsanstalt 1982, S. 44 f.
M 15: Hildegard von Bingen: Scivias – Wisse die Wege, in: Marie Veit: Hildegard von Bingen. Aus: L. Schottroff/J. Thiele (Hrsg.): Gotteslehrerinnen, Stuttgart: Kreuz 1989, S. 59 ff.
S. 149: Erich Till: Luther, 2003 © Cinetext, Frankfurt am Main.
M 16: Martin Luther: Die Heidelberger Disputation, in: Kurt Aland (Hrsg.): Luther Deutsch, Band 1, Göttingen: Luther ^{4}1983, S. 388 ff.
M 17: Immanuel Kant: Kritik der reinen Vernunft, in: Werke, Band 4, herausgegeben von W. Weischedel, Frankfurt am Main: Insel 1956, S. 682, 693.
M 18: Immanuel Kant: Religion innerhalb der Grenzen der bloßen Vernunft, in: Werke, Band 7, herausgegeben von W. Weischedel, Frankfurt am Main: Insel 1956, S. S. 763 f., 806 f.
M 19: Hans-Georg Rauch: Kuscheltier, 1993.
M 21: Dirk Tornede.
M 24: Marcus van Loopik, Pessach – Auszug aus Ägypten, Radierung.
S. 160: Die Heilige Dreifaltigkeit, um 1390, Fresko, Urschalling/Chiemgau, St. Jakobus/© Berger, Prien.
M 28: Wilfried Härle: Warum drei?, in: ders.: Trinität ist kein theologisches Kreuzworträtsel, Schönberger Hefte 2/2007, S.3–7.
M 29: KINDER ZEIT 8.3.2012, S. 43 – Foto: © Ryu Voelkel.
M 30: Wolfgang Huber: Angst, Fragen, Zweifel, in: KINDER ZEIT 24.3.2011, S. 47.
M 32: Hans Jonas: Der Gottesbegriff nach Auschwitz, Frankfurt am Main: Suhrkamp 1987, S. 38 ff.
M 33: Martin Gerke/Heinz Rupp (Hrsg.): Schreiben statt Schweigen. Die Schüler der Albertville-

Realschule schreiben zum Amoklauf von Winnenden, Stuttgart: Verlag und Buchhandlung der Evangelischen Gesellschaft GmbH 2011, S. 91 f., 104 f.
M 34: Wolfgang Klein: Traueransprache für die Opfer von Erfurt, in: Schule und Kirche 2/2002, S. 4 ff.
M 35 Uwe Appold: Das neue Jerusalem, Off 21,1–27, 200 x 480 cm, Acrylfarbe, Sand, Blattgold, Schichtholz auf Leinwand. Aus dem Zyklus: Apokalypse, 1995–1999; www.uwe-appold.de
M 36: Dietrich Bonhoeffer: Einige Glaubenssätze über das Walten Gottes in der Geschichte, in: ders.: Widerstand und Ergebung, Gütersloh: Siebenstern, S. 18f.
M 37: Robert Schuster (Hrsg.): Was sie glauben. Texte von Jugendlichen, Stuttgart: Steinkopf 1984, S. 45 – Hans-Georg Ziebertz/Boris Kalbheim/Ulrich Riegel: Religiöse Signaturen heute. Ein religionspädagogischer Beitrag zur empirischen Jugendforschung, Gütersloh/Freiburg im Breisgau: Gütersloher Verlagshaus/Herder Verlag 2003, S. 344.
M 38: Kirchenamt der EKD (Hrsg.): Christlicher Glaube und nichtchristliche Religionen – Theologische Leitlinien. Ein Beitrag der Kammer für Theologie der Evangelischen Kirche in Deutschland, Hannover: EKD-Texte Nr. 77, 2003, S. 8.
M 39: Schalom Ben-Chorin: Jüdischer Glaube, Tübingen: Mohr/Siebeck ^{2}1979, S. 59, 66, 122 f., 127 f.
M 40: Muhammad Salim Abdullah: Islam für das Gespräch mit Christen, Gütersloh: Gütersloher Verlagshaus ^{2}1995, S. 33 ff., 39 ff.
M 41: Der Koran. Übersetzung von Adel Theodor Khoury unter Mitwirkung von Muhammad Salim Abdullah, Gütersloh: Gütersloher Verlagshaus ^{2}1992, S. 15 f., 231, 484.
M 42: Daisetz Teitaro Suzuki: Wesen und Sinn des Buddhismus, Freiburg: Herder ^{2}1993, S. 36 ff.
M 43 © Burkhard Mohr.
M 44: Rafik Schami: „Wie sehe ich aus", fragte Gott. Mit Illustrationen von Sandra Beer, Frankfurt am Main: Hansisches Druck- und Verlagshaus GmbH 2011, S. f., 23.

Wer ist Jesus für uns heute?

S. 177 f: Unbekannter Künstler: Ich suche dein Gesicht, 1989/© Israel Museum, Jerusalem.
S. 178: Bild 1: Matthias Grünewald: Christus am Kreuz mit Maria und Johannes, Badische Kunsthalle Karlsruhe/picture-alliance/Artcolor – Bild 2: Praise Jesus, Wallpaper – Bild 3: Rembrandt Harmensz Van Rijn: Christuskopf, um 1655, Öl auf Eichenholz, 25 x 21,6 cm, Gemäldegalerie, Staatliche Museen zu Berlin/© bpk/Gemäldegalerie SMB/Jörg P. Anders – Bild 4: Christus als Pantokrator, Ikone aus dem Katharinenkloster, Sinai (6.Jhd.) – Bild 5: Otto Pankok: Christus zerbricht das Gewehr (1950), Otto Pankok, Die Holzschnitte, Droste Verlag, Düsseldorf 1985, WH 344 – Bild 6: Christus als guter Hirte, Calixtus-Katakombe Rom/© akg-images/Pirozzi.
M 1: Texte von Lena und Silke in: Tobias Ziegler: Jesus als „unnahbarer Übermensch" oder „bester Freund"? Zugänge Jugendlicher als Herausforderung für Religionspädagogik und Theologie, Neukirchen-Vluyn: Neukirchener 2006, S. 240 f., 262 – Text von Timo in: Tobias Ziegler: Jesusbilder Jugendlicher in elementarisierender Perspektive, in: Friedrich Schweitzer (Hrsg.): Elementarisierung im Religionsunterricht. Erfahrungen, Perspektiven, Beispiele, Neukirchen-Vluyn: Neukirchener 2003, S.161–186.
M 2: Begleitmaterial zum Film „Ernst und das Licht" (A. T. Jensen, Dänemark 1995). Herausgegeben in Zusammenarbeit von FWU, Grünwald/Katholisches Filmwerk, Frankfurt am Main.
S. 182: Ernst und das Licht, A. T. Jensen, 1995, m&m produktion.
S. 183: André Poloczek.
M 3: Eric-Emmanuel Schmitt: Das Evangelium nach Pilatus, Zürich: Amman 2005, S. 56 ff.
M 4: Gerd Theißen: Vom historischen Jesus zum verkündigten Gottessohn, in: EvTh 68/2008, S. 285–304.
M 5: Dialog aus: Jesus. Spielfilm, Regie: Roger Young, 1999; Transkription des Filmdialogs von Tobias Ziegler.
S. 187: „Jesus", Roger Young, 1999, Five Mile River Films.
M 6: Christoph Burchard: Die Anfänge des Christentums, Stuttgart/Berlin/Köln/Mainz: Kohlhammer 1987, S. 12 f.

M 7: Grafik Arnold & Domnick, Leipzig.
M 8: Text Josephus Flavius zitiert nach Theißen/Merz: Der historische Jesus, Göttingen: Vandenhoeck & Ruprecht ²1997, S. 411 – Texte Tacitus und Plinius in: Johannes B. Bauer: Die Zeit Jesu. Herrscher, Sekten und Parteien, Stuttgart: KBW 1969, S. 41 f. – Der Talmud zitiert nach Theißen/Merz: Der historische Jesus, Göttingen: Vandenhoeck & Ruprecht ²1997, S. 83.
M 9: Klaus Berger/Christine Nord: Das Neue Testament und frühchristliche Schriften, Frankfurt am Main: Insel 2003, S. 1335.
M 11: Hugo van der Goes: Anbetung der Hirten, Mittelbild des Portinari-Altars, 1476/1477, Holz, 249 x 300 cm, Florenz, Uffizien/© Blauel/Gnamm – ARTOTHEK.
M 12: Peter Müller/Gerhard Büttner/Roman Heiligenthal/Jörg Thierfelder: Die Gleichnisse Jesu, Stuttgart: Calwer 2002, S. 114.
M 13: Jürgen Moltmann: Wer ist Christus für uns heute?, Gütersloh: Chr. Kaiser/Gütersloher Verlagshaus 1994, S. 11 f.
M 14: Wolfgang Huber: Der christliche Glaube. Eine evangelische Orientierung, Gütersloh: Gütersloher Verlagshaus 2008, S. 105 ff.
S. 197: Rembrandt Harmensz van Rijn: Das Gleichnis von den Arbeitern im Weinberg, 1637, Öl auf Holz, 31 x 42 cm, St. Petersburg, Staatliche Ermitage/© picture-alliance/akg-images.
S. 198: Svea Schade, Berlin.
M 15: Kurt Marti: geduld und revolte. die gedichte am rand, Stuttgart: radius 1995.
M 17: Martin Luther King: Kraft zum Lieben. Betrachtungen und Reden des Friedensnobelpreisträgers, Neukirchen-Vluyn: Aussaat 1997.
M 18: Erich Fried: Als ich mich nach dir verzehrte, Berlin: Wagenbach 1990, S. 13.
M 19: © by A. L. I.
M 20: Text von Hans Jürgen Rundnagel, bearbeitet von Tobias Ziegler.
S. 202: akg-images/Jürgen Sorges.
M 22: Klaus Berger: Darf man an Wunder glauben? Gütersloh: GTB 1999, S. 126.
M 24: Dorothee Sölle/Luise Schottroff: Jesus von Nazaret, München: dtv, S. 113 f.
M 25: Tobias Ziegler: Jesus als „unnahbarer Übermensch“ oder „bester Freund“? Zugänge Jugendlicher als Herausforderung für Religionspädagogik und Theologie, Neukirchen-Vluyn: Neukirchener 2006.
M 27: Wolfgang Huber: Der christliche Glaube. Eine evangelische Orientierung, Gütersloh: Gütersloher Verlagshaus 2008, S. 118 ff.
M 28: José Clemente Orozco: Christus zerstört sein Kreuz, 1932/1934/© INTERFOTO/PHOTOAISA/© VG Bild-Kunst, Bonn 2013.
M 29: links: Matthias Grünewald: Isenheimer Altar, 1512/1516, Öl auf Holz, Musée Unterlinden Colmar/© bpk/Jochen Remmer – rechts: Franz Friedrich: Auferstehung, 2001, Acrylmalerei/© Franz Friedrich, Rottweil.
M 30: Carsten Peter Thiede/Gerd Lüdemann: Die Auferstehung Jesu – Fiktion oder Wirklichkeit? Ein Streitgespräch, Basel/Gießen: Brunnen 2001, S. 47 ff.
M 31: Dorothee Sölle/Luise Schottroff: Jesus von Nazaret, München: dtv, S. 127 ff.
M 32: Kurt Beck: Fest der Befreiung. Vom österlichen Aufbruch und Neubeginn des Lebens, in: Zeitzeichen. Evangelische Kommentare zu Religion und Gesellschaft, 9. Jg. 2008, Heft 3, S. 17.
M 33: Aiman Mazyek, Zentralrat der Muslime in Deutschland e. V. (ZMD): Jesus im Islam, in: Das islamische Wort (SWR: 7. Dezember 2007); http://www.swr.de/contra/-/id=2902924/property=download/nid=7612/19gs66j/index.rtfv.
M 34: Der Koran. Übersetzung von Adel Theodor Khoury, Gütersloh: Gütersloher Verlagshaus, ²1992.
M 35: Walter Homolka: Jüdische Zugänge zu Jesus, in: Sonntagsblatt Bayern: Glaubenskurs Teil 37 http://www.sonntagsblatt-bayern.de/news/aktuell/2011_07_24_01.htm.
M 36: Marc Chagall: Exodus, 1952/1966, Öl auf Leinwand, 130 x 162 cm, Nizza, Musée national Marc Chagall/© bpk/RMN – Grand Palais/Gérard Blot/© VG Bild-Kunst, Bonn 2013.
M 37: links: bpk/Enrie – rechts: ddp images/SIPA.
M 38: Wolfdietrich Schnurre: Der Schattenfotograf, München 1978, S. 65.

Was ist der Mensch?

S. 218 f.: © Elliott Erwitt/Magnum Photos/Agentur Focus.
M 1: dpa/Frankfurter Rundschau, 20. Mai 2003.
S. 220: Bill Sanderson/SPL/Agentur Focus.
M 2: Erich Fried: Ich, in: Was ist der Mensch? Ein Bilderzyklus zur EKD-Synode 2002.
M 3:Richard David Precht: Wer bin ich – und wenn ja, wie viele? Eine philosophische Reise, München: Goldmann [44]2007, S. 64 f., 68 ff.
S. 222: links: picture-alliance/dpa/© dpa – Bildarchiv/epa Wang Weidang – rechts: Sascha Paustian.
M 4: Ulrike Bail u. a. (Hrsg.): Bibel in gerechter Sprache, Gütersloh: Gütersloher Verlagshaus 2006, S. 1046.
S. 224: akg/Science Photo Library.
M 6: Christiane Nüsslein-Volhard: Von Genen und Embryonen, Stuttgart: Reclam 2004, S. 13 f., 46 ff., 67 f.
M 8: Jürgen Ebach: Bibelarbeit zu 1. Mose 1,26–2,3, in: Theodor Bolzenius u. a.: Ihr sollt ein Segen sein. Dokumentation zum Ökumenischen Kirchentag 28.5.–1.6.2003 in Berlin, Gütersloh/Kevelaer: Gütersloher/Butzon & Becker 2004, S. 178–194.
M 9: Wolfgang Huber: Der christliche Glaube. Eine evangelische Orientierung, Gütersloh: Gütersloher Verlagshaus 2008, S. 38–41.
M 10: Peter Singer: Praktische Ethik, Stuttgart: Reclam [2]1994, S. 232–244.
S. 229: © Gerhard Mester.
M 11: Ulrich Bach: Bausteine für ein theologisches Nachdenke, über Menschenbild und Menschenwürde, in: ders.: „Gesunde" und „Behinderte". Gütersloh: Gütersloher Verlagshaus 1994, S. 56 f., 66–71.
M 12: Keith Haring: Ohne Titel, 1985/© Keith Haring Foundation, New York.
M 13: Zitiert nach: Kurt Aland (Hrsg.): Luther Deutsch, Band 2, Göttingen: Vandenhoeck & Ruprecht 1962, S. 251 f., 254, 273 f.
S. 234: picture-alliance/©Leemage.
M 14: Johann Gottfried Herder: Ideen zur Philosophie der Menschheit, in: Werke Band 6, herausgegeben von M. v. Bollacher, Frankfurt am Main: Deutscher Klassiker Verlag 1989, S. 145 ff.
M 15: René Magritte: Der Therapeut, 1937, Öl auf Leinwand, 92 x 65 cm, Paris, Private Collection/The Bridgeman Art Library/© VG Bild-Kunst, Bonn 2013.
M 16: Sigmund Freud: Vorlesungen zur Einführung in die Psychoanalyse, in: Werke Band 1. Studienausgabe, herausgegeben von A. Mitscherlich, Frankfurt am Main: S. Fischer 1969, S. 283 f.
M 17: Jean-Paul Sartre: Der Existentialismus ist ein Humanismus. Übersetzt von Vincent v. Wroblewsky, Reinbek: Rowohlt 2000, S. 149 ff., 155.
M 18: Richard Sennett: Der flexible Mensch. Die Kultur des neuen Kapitalismus, Berlin: Berliner Taschenbuch Verlag 2006, S. 10 ff.
M 20: Text A: Jean-Jacques Rousseau: Emile oder Über die Erziehung. Übersetzt von Eleonore Sckommodau, Stuttgart: Reclam 1976, S. 108 – Text B: Jean-Jacques Rousseau: Diskurs über die Ungleichheit. Herausgegeben und übersetzt von H. Meier, Paderborn: Schöningh [4]1997, S. 173, 189, 191, 79 – Text C: Jean-Jacques Rousseau: Der Gesellschaftsvertrag. Übersetzt von H. Denhardt, Stuttgart: Reclam 1971, S. 17 f.
S. 241: Rembrandt Harmensz Van Rijn: Adam und Eva, 1638.
M 21: Thomas Hobbes: Leviathan oder Stoff, Form und Gewalt eines bürgerlichen und kirchlichen Staates. Herausgegeben von I. Fetscher, übersetzt von Walter Euchner, Frankfurt am Main: Suhrkamp 1984.
M 22: Franz M. Wuketits: Warum uns das Böse fasziniert, Stuttgart/Leipzig: Hirzel 2000, S. 118 ff.
M 23: Martin Luther: Scholien zur Römerbrief-Vorlesung, in: Werke Band 56, Weimarer Ausgabe, S. 269.
S. 245: Lukas Cranach: Gesetz und Evangelium, um 1530, Kupferstich, 22,3 x 32,4 cm/© The Trustees of the British Museum.
M 24: Aus einem Interview mit Elsa Tamez, in: Junge Kirche, 1992, S. 15 f.
M 25: Helga Kuhlmann: Abschied von der Perfektion. Überlegungen zu einer „frauengerechten" Rechtfertigungstheologie, in: Irene Dingel (Hrsg.): Feministische Theologie und Gender-Forschung, Leipzig: Evangelische Verlagsanstalt 2003, S. 95–122.
M 26: Wilhelm Gräb: Rechtfertigung, in: Lexikon der Religionspädagogik. Herausgegeben von Norbert Mette und Folkert Rickers, Neukirchen-Vluyn 2001, Spalte 1589 ff.

M 27: Xenia Hauser: Der geteilte Himmel, 1999 © VG Bild-Kunst, Bonn 2013.
M 28: Martha C. Nussbaum: Konstruktion der Liebe, des Begehrens und der Fürsorge. Übersetzt von Joachim Schulte, Stuttgart: Reclam 2002, S. 200–213.
M 31: René Magritte: Die Liebenden, Museum of Modern Art, New York, USA/The Bridgeman Art Library/© VG Bild-Kunst, Bonn 2013.
M 32: links: © Laurin Rinder – shutterstock.com – rechts: © Sebastian Wahsner – shutterstock.com.
M 33: Philippe de Champaigne: Vanitas-Stillleben mit Tulpe, Schädel und Stundenglas, um 1640, Öl auf Holz, Musée de Tesse, Le Mans, France/© Giraudon/The Bridgeman Art Library.
M 34: Hans Martin Barth: Dogmatik, Gütersloh: Gütersloher Verlagshaus 2001, S. 737 f.
M 35: Daisetz Teitaro Suzuki: Wesen und Sinn des Buddhismus, Freiburg/Basel/Wien: Herder 1994, S. 94 f.
M 36: G. Mayer: Das Judentum, zitiert nach: Hans Martin Barth: Dogmatik, Gütersloh: Gütersloher Verlagshaus 2001, S. S. 748.
S. 257: Harmjan Dam.
M 37: Abu-r Rida: Was ist Islam? Islamische Bibliothek, Düsseldorf: IB-Verlag 1999, S. 45 ff.
M 38: Jürgen Moltmann: Mensch, Gütersloh: Gütersloher Verlagshaus 1983, S. 168 f.
M 39: Igor Stramyk – shutterstock.com.
M 40: Elisabeth Moltmann-Wendel: Das Land wo Milch und Honig fließt. Perspektiven einer feministischen Theologie, Gütersloh: Gütersloher Verlagshaus 1985, S.155, 165–169.

Umstrittene Kirche

S. 262 f.: oben: akg-images – unten: picture-alliance/AP Photo/MATTHIAS RIETSCHEL.
M 1: Grafik Arnold & Domnick, Leipzig.
M 2: Grafik Arnold & Domnick, Leipzig.
M 3: Grafik B. Schlierf, Lachendorf; Datenbasis: EKD-Mitgliedschaftsstudien 1972–2002.
M 4: S. 266 oben: Oliver Spies – unten links Harmjan Dam – unten rechts: Harmjan Dam – S. 267: © Jan Schuler – fotolia.com.
S. 268: Satire auf den Zölibat, 1. Hälfte 17. Jh., anonym, Öl auf Holz, 29,7 x 41,5 cm, Utrecht, Museum Catharijneconvent/© picture-alliance/akg-images.
M 5: Giovanni Boccaccio: Decamerone (1353). Nacherzählung, in: Eckard Nordhofen: Die Mädchen, der Lehrer und der liebe Gott, Stuttgart: Reclam 1998, S. 39 ff.
S. 269: Grafik Arnold & Domnick, Leipzig.
M 7: Wolfgang Huber: Kirche, Stuttgart: Kreuz 1979, S. 62 ff.
S. 270: picture-alliance/rtn – radio tele nord/ulrike blitzner.
M 8: Karl Lehmann: Jesus hat die Kirche gewollt. Reihe „Antwort des Glaubens“, Freiburg/Breisgau: Informationszentrum Berufe der Kirche 1996, S. 5–13.
S. 271: picture-alliance/Erwin Elsner.
S. 272: ddp images/dapd/Uwe Meinhold.
S. 274: links: Lucas Cranach: Porträt von Martin Luther, 1529/© picture alliance/Everett Collection – rechts: Lucas Cranach d. Ä.: Philipp Melanchthon, 1532/© picture-alliance/akg-images.
M 11: Philipp Melanchthon: Das Augsburger Bekenntnis. Artikel 7: Von der Kirche, in: Evangelisches Gesangbuch, Hannover/Göttingen: Lutherisches Verlagshaus/Schlütersche/Vandenhoeck & Ruprecht 1994, Nr. 808.
M 12: Georg Denzler/Volker Fabricius (Hrsg.): Die Kirchen im Dritten Reich, Band II: Dokumente, Frankfurt am Main: Fischer, [19]1986, S. 91 f.
M 13: Kirchen- und Theologiegeschichte in Quellen, Band 5, herausgegeben von M. Greschat und H. W. Krumwiede, Neukirchen-Vluyn: Neukirchener 1999. Zitiert nach: Konfessionskundliches Institut des EB (Hrsg.): Was eint? Was trennt?, Bensheim 2002, S. 29.
S. 276: picture-alliance/© dpa/Riccardo De Luca.
M 14: Kirchen- und Theologiegeschichte in Quellen, Band 5, herausgegeben von M. Greschat und H. W. Krumwiede, Neukirchen-Vluyn: Neukirchener 1999. Zitiert nach: Konfessionskundliches Institut des EB (Hrsg.): Was eint? Was trennt?, Bensheim 2002, S. 34.
M 16: Fulbert Steffensky: Das Haus, das die Träume verwaltet, Würzburg: Echter 1998, S. 10 f.
M 17: Wolfgang Huber: Kirche in der Zeitenwende. Gesellschaftlicher Wandel und Erneuerung

der Kirche, Gütersloh: Bertelsmann Stiftung [3]1999, S. 10 f.
S. 281: Grafik Arnold & Domnick, Leipzig.
M 19: Anthony de Mello: Geschichten, die gut tun, Freiburg: Herder 2001, S. 189 f.
M 20: Doris Michel-Schmidt: Mein Weg zurück in die Kirche, Würzburg: Echter 2003, S. 115 f., 122 f.
M 21: Grafik Arnold & Domnick, Leipzig.
M 22: Seite 286: oben links: Harmjan Dam – oben rechts: © jy cessay – fotolia.com – unten: © JackF – fotolia.com – Seite 287: Harmjan Dam.
M 23: Anselm Grün: Vom Schutz des Heiligen, Münsterschwarzach: Vier Türme 2001, S. 28 ff.
M 24: John Hick: Gott und seine vielen Namen, Frankfurt: Lembeck 2001, S. 44 f., 56 f.
M 25: Hans-Martin Barth: Dogmatik. Evangelischer Glaube im Kontext der Weltreligionen, Gütersloh: Kaiser 2001, S. 714 f., 686.
M 26: Christian Troll: Muslime fragen, Christen antworten, Regensburg: Friedrich Pustet 2003, S. 70 ff.
S. 291: www.lenmunnik.nl.
M 27: Klarheit und gute Nachbarschaft. EKD-Handreichung, Hannover 2006, Auszüge S. 47 (Text A), S. 18 (Text B), S. 71 und 74 (Text C), S. 36 (Text D).
M 28: Kirchen- und Theologiegeschichte in Quellen, Band 5, herausgegeben von M. Greschat und H. W. Krumwiede, Neukirchen-Vluyn: Neukirchener 1999, S. 308.
S. 295 bis 300: Grafiken B. Schlierf, Lachendorf.
M 29: Kirchen- und Theologiegeschichte in Quellen, Band 1, herausgegeben von A. M. Ritter, Neukirchen-Vluyn: Neukirchener 1977, S. 15.
M 30: Kirchen- und Theologiegeschichte in Quellen, Band 1, herausgegeben von A. M. Ritter, Neukirchen-Vluyn: Neukirchener 1977, S. 124.
S. 296: picture-alliance/akg-images/Erich Lessing.
M 31: Zitiert nach: Rudolf Kekow/Manfred Daum: Staat und Kirche, Frankfurt am Main: Diesterweg 1971.
S. 297: picture-alliance.
M 32: Kirchen- und Theologiegeschichte in Quellen, Band 2, herausgegeben von R. Mokrosch und H. Walz, Neukirchen-Vluyn: Neukirchener 1980, S. 107.
S. 298: akg-images/Electa.
M 33: Zitiert nach: Heiko Obermann: Die Kirchen im Zeitalter der Reformation. Band 3 in der Reihe Kirche und Theologiegeschichte, Neukirchen-Vluyn: Neukirchener 2004, S. 130 f.
M 35: Georg Denzler/Volker Fabricius (Hrsg.): Die Kirchen im Dritten Reich, Band II: Dokumente, Frankfurt am Main: Fischer [19]1986, S. 37 ff.
S. 301: picture-alliance/dpa-Bildarchiv.
M 36: Georg Denzler/Volker Fabricius (Hrsg.): Die Kirchen im Dritten Reich, Band II: Dokumente, Frankfurt am Main: Fischer [19]1986, S. 52 f.
S. 302: Christian Gremmels/Renate Bethge (Hrsg.): Dietrich Bonhoeffer – Bilder eines Lebens © 2005, Gütersloher Verlagshaus, Gütersloh, in der Verlagsgruppe Random House GmbH.
M 37: Zitiert nach: Renate Wind: Dem Rad in die Speichen fallen, Gütersloh: Gütersloher Verlagshaus 1994, S. 63.
M 38: Kirchen- und Theologiegeschichte in Quellen, Band 5, herausgegeben von M. Greschat und H. W. Krumwiede, Neukirchen-Vluyn: Neukirchener 1999, S. 328.
S. 304: picture-alliance/ZB/© dpa – Report/Waltraud Grubitzsch.
S. 306: picture-alliance/ © Gierth/Helga Lade.
M 39: Kirchenamt der Evangelischen Kirche in Deutschland (Hrsg.): Kirche der Freiheit. Perspektiven für die evangelische Kirche im 21. Jahrhundert, Hannover 2006, S. 44, 49, 59, 77.

Werte und Normen für Mensch, Gesellschaft und globale Welt

S. 308 f.: chatchaisurakram – fotolia-com.
S. 309: Texte aus: Deutsche Shell (Hrsg.): Jugend 2002, Frankfurt am Main: Fischer 2002, S. 274 f., 321.
M 1: Fernando Savater: Tu, was du willst. Ethik für die Erwachsenen von morgen. Übersetzt von Wilfried Hof, Weinheim/Basel: Beltz 2001, S. 57 f., 62 f. (© Campus Verlag 1993, 7. Auflage 2000)

M 2: Jenny Holzer: Protect me from what I want, 1991, Holzpostkarte/ © VG Bild-Kunst, Bonn 2013.
M 4: Zitiert nach: Gerhard Steiner (Hrsg.): Die Psychologie des 20. Jahrhunderts, Band 7: Piaget und die Folgen, Zürich: Kindler, 1978, S. 357 (leicht verändert).
M 5: Zitiert nach: Gerhard Steiner (Hrsg.): Die Psychologie des 20. Jahrhunderts. Band 7: Piaget und die Folgen, Zürich: Kindler, 1978, S. 358 f.
M 6: Albert Schweitzer: Aus meinem Leben und Denken, Hamburg: Meiner 1954. S. 71 f.
M 7: Albert Schweitzer: Aus meinem Leben und Denken, Hamburg: Meiner 1954. S. 132.
M 9: Ursula Ott: Käßmann-Rücktritt: Sie wird fehlen. Sehr!, in: http://www2.evangelisch.de/themen/religion/kaessmann-ruecktritt-sie-wird-fehlen-sehr13119
M 10: © Thomas Plaßmann.
M 12: © Scherer & Ouporov, 1998.
M 13: Martin Luther: Der kleine Katechismus, in: Die Bekenntnisschriften der evangelisch-lutherischen Kirche, Göttingen: Vandenhoeck & Ruprecht [7]1976, S. 514.
M 14: Immanuel Kant: Die Metaphysik der Sitten, in: Werke Band VIII. Herausgegeben von W. Weischedel, Wiesbaden: Suhrkamp/Insel 1956, S. 573 ff.
M 15: Aljoscha Gonschior.
M 16: Carl Gustav Jung: Das Gewissen, in: Studien aus dem C. G. Jung-Institut Zürich, VII/1958. Zitiert nach: Nikolaus Petrilowitsch (Hrsg.): Das Gewissen als Problem, Darmstadt: WBG 1966, S. 38, 46, 50.
S. 323: www.foto-begsteiger.com
M 17: Gerhard Roth: Fühlen, Denken, Handeln. Wie das Gehirn unser Verhalten steuert, Frankfurt am Main: Suhrkamp 2003, S. 282 ff.
M 21: John Rawls: Eine Vertragstheorie der Gerechtigkeit, in: Norbert Hoerster (Hrsg.): Recht und Moral. Texte zur Rechtsphilosophie, München: dtv [2]1980, S. 167 ff.
M 23: Wie ein Riss in einer hohen Mauer. Wort des Rates der Evangelischen Kirche in Deutschland zur globalen Finanzmarkt- und Wirtschaftskrise. EKD-Texte 100, Hannover 2009, S. 7 f.
M 24: http://www-05.ibm.com/de/ibm/engagement/governance/pdf/BCG2013.pdf.
M 25: Laurence H.Tribe: Was spricht gegen Plastikbäume? Übersetzt von Hannelore Kobbe, zitiert nach: Dieter Birnbacher (Hrsg.): Ökologie und Ethik, Stuttgart: Reclam 1980, S. 20 f.
M 26: Martin Honecker: Grundriss der Sozialethik, Berlin/New York: de Gruyter 1995, S. 236 ff.
M 27: Charlotte Kerner: Blueprint Blaupause, Weinheim: Beltz & Gelberg 2003, S. 18 f.
S. 333: Cinetext Bildarchiv.
M 28: Charlotte Kerner: Blueprint Blaupause, Weinheim: Beltz & Gelberg 2003, S. 48 f.
M 29: Julian Nida-Rümelin: Wo die Menschenwürde beginnt, in: ders.: Ethische Essays, Frankfurt am Main: Suhrkamp 2002, S. 407.
M 30: Robert Spaemann: Gezeugt, nicht gemacht, in: Julian Nida-Rümelin: Ethische Essays, Frankfurt am Main: Suhrkamp 2002, S. 418 f.
M 31: Reinhard Merkel: Rechte für Embryonen?, in: Julian Nida-Rümelin: Ethische Essays, Frankfurt am Main: Suhrkamp 2002, S. 431 ff.
M 32: SPIEGEL-Verlag, Hamburg.
M 33: Evangelische Kirche in Deutschland: Im Geist der Liebe mit dem Leben umgehen. Argumentationshilfe für aktuelle medizin- und bioethische Fragen. EKD-Texte 71, Hannover 2002.
M 34: Urteile des BVerfG, Band 39/1, S. 41.
M 35: Immanuel Kant: Die Metaphysik der Sitten, in: Werke Band VIII. Herausgegeben von W. Weischedel, Wiesbaden: Suhrkamp/Insel 1956, S. 568 f.
M 36: Corbis Images.
M 37: Jürgen Moltmann: Gott im Projekt der modernen Welt, Gütersloh: Kaiser/Gütersloher Verlagshaus 1997, S. 111 f., 114.
M 39: Hans Küng: Kein Weltfriede ohne Religionsfriede, in: Hans Küng/Karl-Josef Kuschel (Hrsg.): Weltfrieden durch Religionsfrieden, München/Zürich: Piper 1993, S. 37 f.
M 40: Mohammed Arkoun: Der Ursprung der Menschenrechte aus der Sicht des Islam, in: Hans Küng/Karl-Josef Kuschel (Hrsg.): Weltfrieden durch Religionsfrieden, München/Zürich: Piper 1993, S. 53, 63 f.
M 41: Eugene B. Borowitz: Zur Problematik des interreligiösen Dialogs aus der Sicht des Judentums, in: Hans Küng/Karl-Josef Kuschel (Hrsg.): Weltfrieden durch Religionsfrieden, München/Zürich: Piper 1993, S. 79 ff.

S. 346: Panos Pictures/VISUM/Paul Lowe.
M 42: Aus Gottes Frieden leben – für gerechten Frieden sorgen. Eine Denkschrift des Rates der Evangelischen Kirche in Deutschland, Gütersloh: Gütersloher Verlagshaus 2007, S. 57 ff.
M 43: FR 6.8.2009.
M 44: SZ 5./6. Januar 2012, S. 16.
S. 349: ddp images/dapd/Joerg Koch.
M 45: Dietrich Bonhoeffer: Ethik. Zusammengestellt und herausgegeben von Eberhard Bethge, München: Chr. Kaiser Verlag 1975, S. 264.